21世纪法学系列教材

国际商法

International Business Law

｜第三版｜

主　编｜左海聪

法律出版社
——北　京——
始创于1954年

好书,同好老师和好学生分享

图书在版编目(CIP)数据

国际商法 / 左海聪主编. -- 3 版. -- 北京 : 法律出版社, 2023(2024.7 重印)
ISBN 978 - 7 - 5197 - 7050 - 1

Ⅰ. ①国… Ⅱ. ①左… Ⅲ. ①国际商法－高等学校－教材 Ⅳ. ①D996.1

中国版本图书馆 CIP 数据核字(2022)第 158045 号

国际商法(第三版)
GUOJI SHANGFA(DI - SAN BAN)

左海聪 主编

责任编辑 郑怡萍
装帧设计 凌点工作室

出版发行 法律出版社
编辑统筹 法律教育出版分社
责任校对 王晓萍
责任印制 刘晓伟
经　　销 新华书店

开本 787 毫米×1092 毫米 1/16
印张 27.5 **字数** 571 千
版本 2023 年 1 月第 3 版
印次 2024 年 7 月第 2 次印刷
印刷 三河市龙大印装有限公司

地址:北京市丰台区莲花池西里 7 号(100073)
网址:www.lawpress.com.cn
投稿邮箱:info@lawpress.com.cn
举报盗版邮箱:jbwq@lawpress.com.cn

销售电话:010 - 83938349
客服电话:010 - 83938350
咨询电话:010 - 63939796

书号:ISBN 978 - 7 - 5197 - 7050 - 1
定价:59.00 元

凡购买本社图书,如有印装错误,我社负责退换。电话:010 - 83938349

出 版 说 明

法律出版社作为中国历史悠久、品牌积淀深厚的法律专业出版社，素来重视法学教育图书之出版。

原“21 世纪法学规划教材”系列作为本社法学教育出版的重心，延续至今已有十余年。该系列一直以打造新世纪新经典教材为己任，遍揽名家新秀，因其卓越品质而颇受瞩目并广受肯定。当前，根据法学教育发展变化的客观需要，本社将原有教材系列调整重组，形成新编“21 世纪法学系列教材”，以便更好地为法学师生服务。

中国的法学教育正面临深刻变革，未来的法学教育势必以培养高素质法律人才为目标，以知识教育与应用教育相结合、职业教育与素质教育相结合、精英教育与大众教育相结合为导向，法学教育图书的编写与出版也将由此进入变革与创新的时代。

为顺应未来法学教育的改革方向和发展趋势，本社将应时而动，为不同学科、不同层次、不同阶段、不同需求的法学师生量身打造法学教材及教学辅助用书。在教材方面，将推出课堂教学系列、实训课程系列、通识课程系列、简明本系列、双语教学系列等；在教学辅助用书方面，将推出案例教程系列、法规教程系列、练习与测验系列、法学讲座系列、专业培训系列等。或革新，或全新，以厚基础、宽口径、多元化、开放性为基调，力求从品种、内容和形式上呈现崭新风采，为法学师生提供更好的教本与读本，同享教材规划之盛。

“好书，同好老师和好学生分享。”本社在法学教育图书出版上必将继往开来，以精益求精的专业态度，打造全新“21 世纪法学系列教材”，传播法学知识，传承法学理念，辅拂法律教育事业，积累法律教育财富，服务万千法学师生和明日法治英才。

法律出版社
2015 年 1 月

作 者 简 介

（以撰写章节先后为序）

左海聪 法学博士，对外经济贸易大学二级教授，国家级涉外法治研究基地对外经济贸易大学涉外法治研究院首席专家，入选教育部马克思主义理论和研究建设工程首席专家和教育部新世纪优秀人才，兼任中国法学会世界贸易组织法研究会副会长、中国法学会国际经济法学研究会副会长、中国大百科全书法学卷国际经济法分支副主编、最高人民法院特邀咨询员、中国国际经济贸易仲裁委员会和深圳国际仲裁院仲裁员，曾任武汉大学国际法研究所教授、南开大学法学院院长、乔治城大学国际经济法研究所富布赖特研究学者。主持国家社科基金重大项目、重点项目和青年项目，教育部、司法部等国家和省部级项目10余项。著有《国际经济法的理论与实践》《国际经济法》《国际商法》《国际贸易法》，主编、参编著作14部，在《法学研究》、《人民日报（理论版）》、《统一法评论》（英文）等学术刊物上发表中英文学术论文80余篇。研究和教学成果获第二届中国法学优秀成果奖、司法部法学教材与科研成果奖等省部级奖励10余次。

郭载宇 法学博士，最高人民法院民四庭法官。参著《涉外民事诉讼管辖权问题研究》。

孙占利 法学博士，广东财经大学法学院教授，广东财经大学智慧法治研究中心（广东省法学会法治研究基地）主任。主持国家社科基金重大项目、一般项目等15项。著有《电子订约法研究》《信息网络法学》《电子商务法》《人工智能与互联网前沿法律问题研究》《国际经济法》，参编《国际法》《国际商法》等10部著作，发表学术论文50多篇，曾获广东省法学会优秀研究成果一等奖、南粤优秀教师等奖励，参与电子商务法等立法工作。

张海燕 法学博士，中南大学法学院副教授，美国华盛顿大学访问学者，中国国际经济法学会理事，湖南省知识产权研究院研究员。主持国家社会科学基金项目1项，省部级课题多项。著有《遗传资源知识产权保护法律问题研究》，发表学术论文10余篇。

吴思颖 法学博士，北京大成（广州）律师事务所高级顾问、专职律师，广州、珠海等多家仲裁委员会仲裁员，入选广东省涉外律师领军人才。曾在广东省高级人民法院涉外商事庭从事审判工作多年。著有《国际商事合同法统一化：原理、目标和路径》，发表学术论文多篇。

罗　洁 武汉大学法学博士和法国巴黎第十一大学法学博士，中南财经政法大学法学院副教授。著有《〈联合国国际货物销售合同公约〉统一解释问题研究》，发表学术论文多篇。

向　前　法学博士，湖北经济学院讲师。主持和参与天津市哲学社会科学规划项目、国家法治与法学理论研究项目、国家社科基金重点项目、商务部项目10余项。著有《国际商法的自治性研究》，发表专业学术论文20余篇。2013年获天津市市级教学成果一等奖。

张川华　法学博士，天津财经大学法学院讲师、特聘副教授，主持教育部青年基金项目1项。著有《国际货币合作法律化研究》，发表学术论文多篇。

第三版前言

本次修订由第二版原作者承担各自撰写部分的增删，由主编最后统稿。修订内容主要包括以下三个方面：

第一，完善理论、原理和规则的阐述。在绪论方面，增加了对罗伊·古德教授跨国商法理论的阐述。在原理和规则方面，增加了对《新加坡调解公约》和《承认与执行外国民商事判决公约》的论述，依据《国际贸易术语解释通则》(2020 年版)对《国际贸易术语解释通则》一章相关内容进行了修订，完善了《联合国国际货物销售合同公约》和《国际商事合同通则》的部分内容，加强了对国际公路运输和铁路运输统一规则与国际海上保险法、国际融资租赁法的阐述。

第二，增加一批典型判例。全书共增加了 20 余个判例，涉及绪论、国际货物买卖、国际货物运输、海上保险、国际支付、国际借贷、国际融资租赁、国际担保、移动设备国际利益等领域的法律问题。新增判例中包括中国最高人民法院，德国、英国、奥地利最高法院的 5 个判例。

第三，每章增加“延伸阅读”部分。这一部分，列举经典的或影响力较大的著作、论文或判例，为读者进一步研究相关问题提供线索。

左海聪

2022 年 11 月于北京朝阳惠新里

第二版前言

自本书面世以来，承蒙广大读者抬爱，印刷数次，销售逾2万册。本次修订的目的除了内容更新外，还希望进一步夯实本学科的理论基础并反映全球化时代国际商法判例法的发展。本次修订的主要内容如下：

第一，内容更新。增加“移动设备国际担保统一法：《移动设备国际利益公约》”一章，对2010年《国际贸易术语解释通则》《蒙特利尔公约》《鹿特丹规则》进行阐述，对其余各章的内容也作了不同程度的更新。

第二，加强绪论的内容。增加了关于国际商法学说的简要论述，对国际商法渊源的阐释有了较大的变化，希望借此进一步夯实本学科的理论基础。值得一提的是，本书主编自2011年以来发起出版了“国际商法学术丛书”，目前已经出版4部专著，这套系列丛书为读者进一步研讨国际商法理论和实务问题提供了有益的资料。

第三，反映判例法的发展。增加了10余个典型判例，其中包括最高人民法院在国际货物买卖、提单、海上保险、信用证领域的5个判例。第一版教材在使用中读者对教材中的判例给予了充分肯定，新判例的增加既可以增强本门课程的生动性和研讨性，也可以更好地反映国际商法领域的判例法发展。

本次新版，作者阵容及分工有所调整：第一章、第二章第一节至第二节、第三章、第四章、第六章、第七章、第八章、第九章、第十章第一节至第五节、第十五章第一节至第四节、第十五章第六节，由左海聪撰写；第二章第三节，由郭载宇撰写；第五章、第十章第六节，由孙占利撰写；第十一章、第十五章第五节，由张海燕撰写；第十二章，由吴思颖撰写；第十三章，由罗洁撰写；第十四章，由向前撰写；第十五章第七节，由张川华撰写。

此外，本书在各章之后还增加了启发性和研讨性的思考题，在全书之后附了参考书目，希望能够为教师、同学和其他读者的教与学提供便利。

左海聪

2013年7月于南开大学西南村

前　言

1998年,本书作者之一在其论文《论国际法部门的划分》中提出了"国际法四部门说"的观点,认为在国际公法、国际私法和国际经济法之外,国际法还应该有另一个独立的法律部门:国际商法。2005年该作者又发表了《国际商法是一个独立的法律部门——兼谈国际商法学是一个独立的法律学科》一文,进一步界定了国际商法的内涵与外延,廓清了国际商法与相邻学科的分野与关联。目前呈现在读者面前的这本书即是上述学术观点的践行。

尽管我国法学界一直未能确定国际商法的独立部门地位,法科学生也只是在"国际经济法"学科中学习国际商法的相关知识,但是在商学院国际商法一直是一门独立的课程。书店虽不乏国际商法教材,但本书的意趣和内容与目前的国际商法教材有较大的不同。

首先,本书强调国际商法与国际经济法的分野。本书仅讨论调整国际商事关系的私法,不涵盖调整国际经济管理关系的公法。"二战"前后,调整国家间经济管制关系的法律和调整跨国私人商事交易关系的法律均获得了较大的发展,需要确立新的法学部门或在法学院开设新的课程。欧陆、英国和日本学者从传统的部门法划分标准出发,选用"国际法""经济法""商法"等关键词组合成"国际经济法"和"国际商法",分别指称调整国家间经济管制关系的法律和调整跨国私人商事交易关系的法律,其表述相当清晰,与传统的法律部门也没有重叠。美国学者的用语相对多样化。目前主流的做法是使用了"国际商事交易"这一特定用语来同时指称调整国家间经济管制关系的法律和调整跨国私人商事交易关系的法律。美国有的学者也使用"国际经济法"一词,主要指称调整国家间经济管制关系的法律,这与欧陆、英国和日本使用"国际经济法"一词所指称的内容基本是一致的。中国学者没有将调整国家间经济管制关系的法律和调整跨国私人商事交易关系的法律分别指称,这与美国相同而与欧陆、英国、日本不同,但中国的关键词是"国际经济法",与美国使用的"国际商事交易"一词迥异。仅就"国际经济法"一词所指称的范围而言,美国与欧陆、英国、日本基本相同,均指称调整国家间经济管制关系的法律;中国与美国、欧陆、英国、日本均不同,中国的指称范围要广泛一些,既包括调整国家间经济管制关系的法律,也包括调整跨国私人商事交易关系的法律。本书将国际商法和国际经济法分立为独立的学科,比较符合国际学术界的通行做法和趋势。

其次,本书认为国际商法是统一法和实在法。第一,国际商法是实在法,是以国际公约和国际惯例为渊源形式并为法院和仲裁机构在解决国际商事争议时所适用的法律;它不是存在于理论形态的比较法。第二,国际商法是统一私法,是独立于国内民商法,专门而且统一适用于国际商事关系的法律;国内民商法不属于国际商法的范围。第三,从范围上看，国际商法包括国际商事代理法、国际商事合同通则、国际货物买卖法、国际货物运输法、国际货物运输保险法、国际支付法、国际借贷法、国际融资租赁法、国际投资合同法、国际担保法、国际知识产权保护法、国际知识产权交易法与国际民事诉讼和国际商事仲裁法。将上述领域的法律规范纳入国际商法的范围，是因为在这些领域存在统一的国际商事惯例或公约；而在公司法等领域，由于不存在统一的国际商事惯例或公约，因而不属于国际商法的范畴。将国际商法视为统一私法，是以国际商业社会的存在为前提，以国际商业社会要求统一的法律为逻辑起点的；从学术上看，与斯密托夫教授的“新商人法理论”和戈德曼的“商人自治法”理论是相近的。强调国际商法的统一法性质，必然以国际商事惯例作为国际商法的核心渊源，必然将国际统一条约和国际商事法律重述视为与国际商事惯例密切关联的两类渊源。这样的学术理念在全书一以贯之，读者可以用心揣摩。

最后，本书强调案例的运用。本书的每一章都有案例，旨在对传统的大陆法系“概念法学”的教学模式进行适度地调整，引入普通法系重视判例的教学方法。本书所选案例涵盖甚广，既有普通法系国家的重要国际商事判例，也有大陆法系和我国的典型案例，还有国际商事仲裁中有影响的裁决。在案例的讨论上，不但陈述案情，也言及当事人的主要争点，并将法官、仲裁员的法律解释与推理和盘托出。相信本书的案例对本课程的学习会有一定的帮助。

本书是集体合作的结晶。全书的撰写分工如下：第一章、第二章、第三章、第四章第一节至第十节、第五章、第六章、第七章、第八章、第九章、第十三章第一节至第四节及第六节，由左海聪撰写；第四章第十一节、第十一章，由吴思颖撰写；第十章、第十三章第五节，由张海燕撰写；第十二章，由罗洁撰写，第十四章，由孙占利撰写。

本书作者感谢教育部新世纪优秀人才支持计划的资助（项目号：NCET－05－0629）。
我们也热忱期待学术界同仁和实务界人士提出宝贵的修改意见，以不断完善本书。

缩略语表

全　称	简　称
《联合国国际贸易法委员会国际商事仲裁示范法》	《贸法会国际商事仲裁示范法》
《承认和执行外国仲裁裁决公约》 The New York Convention on the Recognition and Enforcement of Foreign Arbitral Awards	《纽约公约》 New York Convention
《联合国国际货物销售合同公约》 United Nations Convention on Contracts for the International Sale of Goods	《销售公约》 CISG
国际统一私法协会《国际商事合同通则》 UNIDROIT Principles of International Commercial Contracts	《国际商事合同通则》 PICC
国际商会《跟单信用证统一惯例》 （第400号出版物、第500号出版物、第600号出版物） ICC Uniform Customs and Practice for Documentary Credits	《跟单信用证统一惯例》 UCP（UCP400、UCP500、UCP600）
1929年《关于统一国际航空运输某些规则的公约》 Convention for the Unification of Certain Rules Relating to International Air Carriage 1929	《华沙公约》 Warsaw Convention
《统一提单的若干法律规定的国际公约》 International Convention for the Unification of Certain Rules of Law Relating to Bills of Lading	《海牙规则》 Hague Rules
国际统一私法协会《国际保付代理公约》 UNIDROIT Convention on International Factoring	《国际保理公约》 Convention on International Factoring
国际商会《国际贸易术语解释通则》 ICC International Rules for the Interpretation of Trade Terms	《国际贸易术语解释通则》 Incoterms

1999 年《统一国际航空运输某些规则的公约》 Convention for the Unification of Certain Rules for International Carriage by Air 1999	《蒙特利尔公约》 Montreal Convention of 1999
《联合国全程或部分海上国际货物运输合同公约》 United Nations Convention on Contract for the International Carriage of Goods Wholly or Partly by Sea	《鹿特丹规则》 Rotterdam Rules
国际统一私法协会《移动设备国际利益公约》 UNIDROIT Convention on International Interests in Mobile Equipment	《开普敦公约》 Cape Town Convention
《联合国国际贸易法委员会仲裁规则》 UNCITRAL Arbitration Rules	《贸法会仲裁规则》
国际私法统一协会《国际货物销售代理公约》 UNIDROIT Convention on Agency in the International Sale of Goods	《代理公约》
《有关修改统一提单若干法律规则的国际公约的议定书》 Protocol to Amend the International Convention for the Unification of Certain Rules of Law Relating to Bills of Lading	《维斯比规则》 Visby Rules
《联合国海上货物运输公约》 United Nations Convention on the Carriage of Goods by Sea	《汉堡规则》 Hamburg Rules
《联合国独立担保和备用信用证公约》 United Nations Convention on Independent Guarantees and Stand – by Letters of Credit	《独立担保和备用信用证公约》
《保护工业产权巴黎公约》 Paris Convention for the Protection of Industrial Property	《巴黎公约》 Paris Convention
《专利合作条约》 Patent Cooperation Treaty	《专利合作条约》 PCT
《商标国际注册马德里协定》 Madrid Agreement Concerning the International Registration of Marks	《马德里协定》 Madrid Agreement
《保护文学和艺术作品伯尔尼公约》 Berne Convention for the Protection of Literary and Artistic Works	《伯尔尼公约》 Berne Convention

《世界知识产权组织版权条约》 WIPO Copyright Treaty	《版权条约》 WCT
《世界知识产权组织表演和录音制品条约》 WIPO Performances and Phonograms Treaty	《表演和录音制品条约》 WPPT
《合同担保统一规则》(1978 年国际商会第 325 号出版物) Uniform Rules for Contract Guarantees	《合同担保统一规则》 URCG325
《见索即付保函统一规则》(1992 年国际商会第 458 号和 2010 年第 758 号出版物) Uniform Rules for Demand Guarantees	《见索即付保函统一规则》 URDG458/URDG758
《联合国关于调解所产生的国际和解协议公约》 United Nations Convention on International Settlement Agreements Resulting from Mediation	《新加坡调解公约》 Singapore Convention on Mediation
海牙《选择法院协议公约》 Hague Convention on Choice of Court Agreements	《选择法院协议公约》
《关于向国外送达民事或商事司法文书和司法外文书公约》 Convention on the Service Abroad of Judicial and Extrajudicial Documents in Civil or Commercial Matters	《海牙送达公约》 Hague Service Convention
1970 年《关于从国外调取民事或商事证据的公约》 Convention on the Taking of Evidence Abroad in Civil or Commercial Matters 1970	《海牙取证公约》 Hague Evidence Convention
联合国国际贸易法委员会《电子商务示范法》 UNCITRAL Model Law on Electronic Commerce	《电子商务示范法》
《区域全面经济伙伴关系协定》 Regional Comprehensive Economic Partnership	RCEP
联合国国际贸易法委员会《电子商业示范法颁布指南》 Guide to Enactment of the UNCITRAL Model Law on Electronic Commerce	《电子商业示范法颁布指南》
《国际海事委员会海运单统一规则》 CMI Uniform Rules for Sea Waybills	《海运单统一规则》
《关于铁路货物运输的国际公约》 Convention Concerning International Carriage of Goods by Rail	《国际货约》 CIM

《国际铁路货物联运协定》 Agreement on International Railroad Through Transport of Goods	《国际货协》 CMIC
《国际公路货物运输合同公约》 Convention on the Contracts for the International Carriage of Goods by Road	《国际公路运输公约》 CMR
国际商会《托收统一规则》(1995 年国际商会 522 号出版物) ICC Uniform Rules for Collection	URC522
联合国国际贸易法委员会《国际贷记划拨示范法》 UNCITRAL Model Law on International Credit Transfers	《国际贷记划拨示范法》
国际统一私法协会《国际融资租赁公约》 UNIDROIT Convention on International Financial Leasing	《国际融资租赁公约》
国际统一私法协会《租赁示范法》 UNIDROIT Model Law on Leasing	《租赁示范法》
《移动设备国际利益公约关于航空器设备特有事项的议定书》 Protocol to the Convention on International Interests in Mobile Equipment on Matters Specific to Aircraft Equipment	《航空器设备特有事项的议定书》
《移动设备国际利益公约关于铁路机车车辆特有事项的卢森堡议定书》 Luxembourg Protocol to the Convention on International Interests in Mobile Equipment on Matters Specific to Railway Rolling Stock	《铁路机车车辆特有事项的议定书》
《移动设备国际利益公约关于空间资产特有事项的议定书》 Protocol to the Convention on International Interests in Mobile Equipment on Matters Specific to Space Assets	《空间资产特有事项的议定书》
《移动设备国际利益公约关于采矿、农业和建筑设备特有事项的议定书》 Protocol to the Convention on International Interests in Mobile Equipment on Matters Specific to Mining, Agricultural and Construction Equipment	《采矿、农业和建筑设备特有事项的议定书》
《与贸易有关的知识产权协定》 Agreement on Tread – related Aspects of Intellectual Property Rights	《与贸易有关的知识产权协定》 TRIPS 协定

目　录

第一章　绪　　论

第一节　国际商法的概念和特点

一、国际商法的定义

国际商法(international commercial law, international business law or international trade law),指调整国际商事关系的统一实体和程序规范的总称。

国际商法作为一个法律部门具有以下三个特征:

1. 国际商法调整的社会关系是一种具有国际因素的关系。国际商法调整的社会关系是一种商事关系,这种商事关系具有国际因素,即商事关系的主体、客体或内容至少有一项具有国际因素。商事交易的主体,如果一方、双方或多方具有不同国籍,或其住所、营业所位于不同的国家,即为主体具有国际因素;主体不具有国际因素,但商事关系所指向的标的位于另一国家或产生、变更、消灭商事关系的法律事实发生在另一国家,也可认为具有国际因素。

以上是从广泛意义上来理解国际商事关系的国际性的。这种理解为国际商事仲裁、我国司法实践所认同。1985 年《贸法会国际商事仲裁示范法》第 1 条第 3 款规定,国际仲裁包括:(1)营业地在不同国家的当事人之间的争议的仲裁;(2)仲裁地和当事人的营业地位于不同国家的仲裁;(3)主要义务履行地和当事人的营业地位于不同国家的仲裁;(4)与争议标的的关系最密切的地点和当事人的营业地位于不同国家的仲裁;(5)当事各方明确同意仲裁标的与一个以上国家有关的仲裁。我国《民事诉讼法》和《仲裁法》均未对“国际”或“涉外”作出规定,1992 年最高人民法院《关于适用〈中华人民共和国民事诉讼法〉若干问题的意见》(以下简称《民诉意见》)第 304 条规定,当事人一方或双方是外国人、无国籍人、外国企业或组织,或者当事人之间民事法律关系的设立、变更、终止的法律事实发生在外国,或者诉讼标的物在外国的民事案件,为涉外民事案件。这一解释也可以适用于涉外仲裁。可见,《贸法会国际商事仲裁示范法》和我国法律都是从广泛意义上来理解“国际”或“涉外”之含义的。

2. 国际商法调整的社会关系是一种商事关系。商事关系,指平等商事主体之间的财产关系。平等主体指自然人、法人和非法人企业,财产关系包括商事代理关系、物权关系、知识产权关系和债权关系。婚姻家庭、收养和继承等民事关系不属于国际商法所调整的商事关系的范围。

《贸法会国际商事仲裁示范法》对“商事”一词的注释说明是:“商事”一词应作广义的理解,以便包括产生于所有具有商事性质关系的事项,无论这种关系是否为合同关系。

具有商事性质关系的事项包括但不限于下列交易:任何提供或交换货物或服务的贸易交易,买卖合同,商事代表或代理,保付代理,租赁,咨询,设计,许可,投资,融资,银行,保险,开发协议或特许,合资经营和其他形式的工业或商业合作,客货的航空、海上、铁路或公路运输。我国《仲裁法》第2条规定,平等主体的公民、法人和其他组织之间发生的合同纠纷和其他财产权益纠纷,可以仲裁。另我国在加入1958年《纽约公约》时对商事争议作了保留,在保留声明中提到,"契约性和非契约性商事法律关系"具体是指:由于合同、侵权或者根据有关法律规定而产生的经济上的权利义务关系,例如货物买卖、财产租赁、工程承包、加工承揽、技术转让、合资经营、合作经营、勘探开发自然资源、保险、信贷、劳务、代理、咨询服务,海上、民用航空、铁路、公路的客货运输,以及产品责任、环境污染、海上事故和所有权等,但不包括外国投资者与东道国政府之间的争端。

3. 国际商法仅指调整国际商事关系的统一实体和程序规范,不包括冲突规范和国内民商法。依据冲突规范确定适用于国际商事关系的国内法,是调整国际商事关系的传统方法。这被称为间接调整方法。国际商法,首先,是直接适用于国际商事关系的实体法,它直接规定国际商事主体在国际商事关系中的权利义务,这是一种直接调整方法。其次,国际商法也包括调整国际商事关系的统一程序法,包括涉外仲裁的承认与执行、国际调解协议的承认与执行以及外国法院判决的承认与执行等领域的国际公约。国际商法有别于冲突规范,也不同于各国民商法。

二、国际商法的特点

国际商法作为一类法律规范具有独立性、自治性和统一性的特点。

(一)独立性

关于国际商法是否构成一个独立的法律体系,国内外学术界一直有不同的认识。施米托夫、戈德曼等学者是持肯定态度的,他们认为,国际商法是一个自治的法律体系。但也有一些国外学者持否定态度。[1] 我国学者虽然也有不同意见,[2]但一般都肯定国际商法是一个自治性的法律体系,在国际商事案件中适用国际商法是一个趋势。例如,徐国建认为,现代商人法是"二战"后国际法学界某些学者因不满于国际贸易合同受制于内容彼此相异的各主权国家国内法的状况而积极寻求的一种独立运用于国际贸易关系并且能够反映国际贸易活动特征的法律制度;现代商人法是针对冲突法的缺陷并为取代它而产生的,因此冲突规范与现代商人法无法结合在一起。[3] 黄进、胡永庆认为,现代商人法是调整国际商事交易的不依赖于国内法律制度的具有跨国性质的规范体系,它是一个自治性的法律体系,但这一体系仍不完善;现代商人法作为一种实体法的方法在调整涉外民事

---

〔1〕 See V. L. D. Wilkinson, *The New Lex Mercatoria: Reality or Academic Fantasy?*, Journal of International Arbitration, 1995; F. A. Mann, *Private Arbitration and Public Policy*, 4 Civil Justice Quarterly, 1985.

〔2〕 参见徐国建:《现代商人法论》,载《中国社会科学》1993年第3期;黄进、胡永庆:《现代商人法论——历史和趋势》,载《比较法研究》1997年第2期;左海聪:《论国际法部门的划分》,载《中国国际私法与比较法年刊》1998年卷;左海聪:《国际商法是独立的法律部门》,载《法商研究》2005年第2期;郑远民:《现代商人法研究》,法律出版社2001年版;姜世波:《国际商法理论问题研究》,中国公安大学出版社2006年版。

〔3〕 参见徐国建:《现代商人法论》,载《中国社会科学》1993年第3期。

关系上与冲突法相互依存,相互补充。[4] 可以说,我国学者对国际商法的现实存在给予了积极肯定,对其未来的持续发展也持乐观的态度。

从实践的角度看,对国际商事诉讼和仲裁中国际商事条约和惯例是否得到实质性的适用进行实证考察将有助于明晰国际商法的独立性问题。关于国际条约和惯例在涉外商事案件中适用的数目[5],已有的一些案件数据库能够提供若干实证信息。例如,国际统一私法协会(UNIDROIT)的 Unilex 数据库就收集了适用《销售公约》和《国际商事合同通则》的部分案件数目(包括诉讼和仲裁案件),美国佩斯大学国际商法研究所的《销售公约》数据库也试图汇总适用该公约的案件数。从 Unilex 的数据来看,从 1988 年至 2010 年,已有 861 件案件适用该公约,其中 2000 ~ 2009 年的适用数分别为:48、32、48、27、36、39、38、38、30、28,10 年间共 364 件,平均每年 36 件。[6] 从 1994 年到 2010 年,共有 235 件案件适用了《国际商事合同通则》,其中 2000 ~ 2009 年的适用数分别为:13、18、23、21、22、13、13、17、13、13,10 年间共 166 件,平均每年 17 件。[7] 佩斯大学的数据库显示,2000 ~ 2010 年适用《销售公约》的 2000 多件案件中,中国有 196 件,而 Unilex 数据库的 861 件《销售公约》案件中,中国仅有 9 件案件,相差很大。而按照联合国国际贸易法委员会的统计,截至 2016 年 5 月,已经有不少于 4500 件司法和仲裁案件适用了《销售公约》。[8] 由此可见,由于收集的渠道有限,上述数据远远不是世界各国适用该公约和该通则的所有数目,但是从上述数据中可以得出的一个结论是:《销售公约》和《国际商事合同通则》自生效和出台以来在世界范围内得到了持续的关注和适用。

可以认为,尽管我们现在无法确知在国际商事案件中适用国际商法和国内民商法的精确数字,也无法获得国际商事案件中适用国际商法和国内民商法的具体比例,但是,国际商法作为一个与国内法并列和独立的渊源为各国法院和仲裁庭所适用已是一个不争的事实,而且随着经济全球化的推进以及更多国际商法的编纂和制定,越来越多地适用国际商法将是一个不可逆转的趋势。国际商法应该被视为一个独立或相对独立的法律领域。

(二)自治性

所谓自治性,指的是这类规范是由商人们在从事国际商事交易过程中自发形成、自主发展和自我实施的。自发形成,指这些规则不是源于国家机关的制定,而是源于商人们的商事实践,主要是通过不断创设各种类型和各个行业的商业惯例而形成的,因此其最初和最基本的形态是习惯法而不是制定法,是民间法而不是国家法。自主发展,指的是商人们可以通过自己的行会和借助于法律专家不断地自我编纂、改进和完善其法律,以适应国际商业形势的变化。自我实施,主要指商人们可以通过行业协会的制裁、国际商事仲裁的解释和适用,确保法律规则的实施,惩罚违规者。国际商法的自治性,已经在中世纪被商人法的实践所证实。在中世纪商人法被吸纳到国内法之后,在国际商业中商人习惯法并没

---

[4] 参见黄进、胡永庆:《现代商人法论——历史和趋势》,载《比较法研究》1997 年第 2 期。

[5] 此处所指适用,包括纯粹适用国际商法和既适用国际商法也适用国内法的情形,个别例子还包括实际上并未适用国际商法但对是否适用国际商法作为先决问题进行过讨论的情形。

[6] 资料来源:www.unidroit.org.

[7] 资料来源:www.unidroit.org.

[8] 参见联合国国际贸易法委员会:《贸易法委员会销售合同公约判例法摘要汇编》(2016 年版),“引言”。

有消失,仍然在发挥作用,只是其光芒有所削减而已。而自 19 世纪开始,这种商人习惯法再度兴起,发出耀眼的光芒,出现了大量的国际商事惯例、条约和重述,这就是新商人法,即我们所称的国际商法。现代国际商法不仅以国际商事惯例为基本渊源,也包含大量的由国家间相互谈判而缔结的国际商事条约。它的实施也不再只靠行业协会、商事仲裁,还依靠国家法院的审判以及对仲裁裁决、法院判决的强制执行。条约的出现、法院的作用,扩大了国际商法的调整范围,加强了国际商法的效力,使它作为一个独立的法律体系的地位更为牢固,使它与国家法和国家行为有了密切的联系,但自治性作为其本原性特质则继续得以保持。正如施米托夫所指出的,国际商法制度的特点之一是它趋向于自治,即尽可能地规定出独立于各国国内法制的规则。[9] 因此,国际商法的自治性内在地要求国际商法独立于国内民商法,尽管它与国内民商法有着密切的联系。[10]

(三)统一性

统一性意味着国际商法是统一适用于全球范围或至少是区域范围国际商事关系的规范。例如,《跟单信用证统一惯例》,它就被世界各国的银行、商人在信用证业务中所普遍遵循,也为各国的法院和仲裁机构在解决信用证争议中所普遍适用。又如,《华沙公约》就曾经在缔约国之间创设了一套脱离于国内航空运输法的国际运输规则。因此,国际商法是一种真正的世界法、非国内法和跨国法。国内民商事法律关系由本国统一的民商法调整,这为国内民商事关系提供了可预见性。但民商事活动一旦跨越国界,由于关涉不同国家的民商法,法律适用的统一性就不再是一个预设的条件,而成为一个需要去争取的目标了。因此,国际商法从产生那一刻起,就肩负着为国际商事交易提供一套统一法律的使命。普遍性的国际商事惯例,由于为世界各国的商人所接受,实现了该领域法律的统一。国际商事条约的产生,也无不以统一该领域的某些法律规则为宗旨,《销售公约》《海牙规则》《华沙公约》《国际保理公约》《国际融资租赁公约》等,概莫能外。而一项国际商事条约在缔约国间创造了一个摆脱国内民商法的独立的统一法秩序,如果绝大多数国家都是该公约的缔约国,该公约就成为具有普遍意义的统一法。[11] 国际商法的统一性,也使国际商法独立于国内民商法。

三、国际商法与相邻部门的关系

(一)国际商法与国际私法

两者的调整方法有质的不同。国际私法采取间接调整的方法,其作用在于指明涉外

---

〔9〕 参见[英]施米托夫:《国际贸易法文选》,赵秀文译,中国大百科全书出版社 1993 年版,第 217 页。

〔10〕 关于自治性更详尽的讨论,参见向前:《国际商法自治性研究》,法律出版社 2011 年版。

〔11〕 关于国际统一实体公约的统一法宗旨,英国上议院法官于 1996 年在 Abnett v. British Airways Pls 案中对统一性的解释具有典型意义。在该案中上议院法官认为,《华沙公约》的名称为"关于统一国际航空运输某些规则的公约"。其中"统一某些规则"这一用语告诉我们两件事。第一,公约的目的是要统一其所适用领域的规则。为达到这一目的,对公约所包含的统一规则主张例外是不允许的,当然公约本身所规定的例外除外。第二,公约只涉及某些规则,公约并非旨在提供一项综合的法典,它是对部分事项的协调,只指向其所规定的事项。See All England Law Reports, Vol. 1996, pt. 1, p. 193 (1996); Ray August, *International Business Law, Text, Cases and Readings*, 4th ed., Pearson Education, Inc., 2004, p. 643 – 646.

民商事活动中所适用的实体法,它本身是一种特殊的程序法;国际商法的主体部分是实体法,其实体规则、救济方法和救济程序具有自身的特点。从历史角度看,国际商法是在传统的国际私法间接调整方法不能完全适应国际商事交易迅速发展需要的历史条件下产生的。国际商法直接规定各国商人间的权利义务,由各国商人在交易中自由适用,并主要通过国际商事仲裁和国际民事诉讼解决法律纠纷,从而大大提高了国际商事交易的确定性和可预见性。

国际商法与国际私法也有着密切的联系。对于一个具体的国际商事纠纷,如果在适用国际商法不能解决全部问题时,则仍需要适用国际私法确定所适用的国内民商法来解决。

国际商法、国际私法和国际民商事纠纷解决程序法(国际民事诉讼及国际商事仲裁法)构成了解决国际民商事法律纠纷的法律整体。

(二)国际商法与国际经济法

国际经济法是调整国家间经济交往的公法,国际商法是调整私人间国际商事活动的私法,两者在实体规范、救济方法和救济程序上有很大的不同。前者以非歧视待遇,资本、货物和技术流动的自由化为目标取向,后者以意思自治、诚实信用等为基础;前者以要求承担国家责任为救济方法,以国家间的争端解决机制(如世界贸易组织争端解决机制)为救济程序,后者以要求承担民事责任为救济方法,以国际民事诉讼国际商事仲裁为救济程序。

两者具有一定的联系。国际经济法的主体虽然主要为国家,但国家间缔结的国际经济条约所产生的权利却间接由国际商法的主体(尤其是跨国公司)享有,跨国公司事实上是国际经济法的主要推动者。

第二节 国际商法的产生和发展

一、现代国际商法产生前调整国际商事交易的法律

(一)中世纪商人法

规范国际商事交易的各国现行商法主要历史渊源并不是罗马法,而是中世纪的商人自治法,即商人们在商业实践中形成的习惯性规则或做法。它在11世纪出现于威尼斯,后来随着航海贸易的发展逐步扩及意大利、西班牙、法国、德国和英国。商人自治法的内容较广泛,包括货物买卖合同的标准条款、两合公司、海上运输及保险、汇票、破产程序等方面的习惯性规则。[12] 商人自治法具有以下特征:第一,它独立于当时封建王朝的地方性法律之外,是在商人间自发地形成的,是规范商事交易的自治性习惯规则。第二,具有普遍性,适用于欧洲各国以及东、西方贸易,是一种真正的统一规则。第三,它的适用和解释并不是由一般法院的法官来进行,而是由商人自己组织的法院进行。这种商人自治法院实质上类似于现代的国际商事仲裁或调解。第四,商人自治法强调合同自由和财产转让自由,取消法律上烦琐的形式,按照公平合理的原则审理案件,而不是抽象地死抠罗马

〔12〕 参见冯大同主编:《国际商法》,对外经济贸易大学出版社1991年版,第2页。

法的条文。

商人习惯法所具有的普遍性和优于一般法律的潜在特征,使它在中世纪成为扩大整个西方世界的商事交往的基础。商人自治法的影响一直持续到资本主义革命时期,并于那时被各国的商法所吸收。卢卡斯的故事是商人法在全欧洲普遍有效的一个典型实例。

案例 1-1 | 卢卡斯案

1292 年,一位叫卢卡斯的伦敦商人从一位德国商人那里买了 31 英镑的货物,没有付钱就偷偷离开了里恩的集市,也没有按照商法到集市法庭去回应对他的指控。卢卡斯从里恩逃到圣博托尔夫,再逃到林肯、赫尔,最后回到伦敦。那个德国商人则一路追来,追到伦敦。伦敦商人担心自此以后任何一国商人都不愿意在伦敦市民未付足货款的情况下就把东西卖给他们。在这种担心之下,伦敦商人提议将卢卡斯关进伦敦塔。他的案件最终根据人身保护状由国会的政务会加以复审。[13]

(二)国内民商法与商人法并存时期

在 18、19 世纪,各国采取不同的方式将商人自治法纳入国内法,从此,国际商事交易便由国内商法与国际私法结合调整。在英国,大法官曼斯菲尔特通过案件的审理把中世纪的商人自治法吸收到普通法中,使其成为普通法的一部分。(本书第十章的 Miller v. Race 就是一个典型判例)

与英国通过司法判例的形式将商人自治法纳入国内法的方式不同,法国和德国主要采取法典编纂的方式。法国在路易十四时期,颁布了《法国商事条例》(1673 年)和《法国海商条例》(1681 年),在拿破仑时期则于 1807 年颁布了《法国商法典》。德国于 1861 年公布了第一部《德国商法典》,在 1897 年又通过了新的《德国商法典》。日本也于 1890 年通过第一部《日本商法典》,在 1899 年又公布和实施了新的《日本商法典》。[14] 与法国、德国、日本等采取民法典、商法典分立的国家不同,1881 年《瑞士债务法典》、1934 年《荷兰民法典》和 1942 年《意大利民法典》则是将商法订入债务法典或民法典中。

商人自治法成为国内商法后,要适用于国际商事交易纠纷就必须依赖冲突法规则的指引。为此,大陆法系国家都相继制定了有关冲突规则的法律,如《法国民法典》第 3 条、第 11 条、第 47 条、第 48 条、第 170 条、第 999 条、第 1000 条、第 2123 条、第 2128 条等,1896 年《德国民法施行法》和 1898 年《日本法例》;英国则以法院判决作为先例确立冲突法规则,1896 年戴赛出版的《法律冲突法》则归纳并逐条解释了英国判例中的冲突法规则。[15]

尽管商人法被吸收到国内商法之中,但作为调整跨国商事交易的习惯法则一直存在下来,生生不息。

二、现代国际商法的产生

从 19 世纪末开始,直接规定国际商事交易关系中当事人权利义务的条约和惯例逐渐

---

〔13〕 See Hubert Hall ed., *Selected Cases concerning the Law Merchant*, Ⅲ(London,1932), p. 175.

〔14〕 德、法、日商法典的内容,可参见李玉泉、何绍军、左海聪等主编:《中国商事法》,武汉大学出版社 1995 年版,第 14~17 页。

〔15〕 参见韩德培主编:《国际私法》(修订本),武汉大学出版社 1989 年版,第 14~18 页。

增多。1896年国际海事委员会(Comité Maritime International,CMI)成立,总部设于比利时的安特卫普,由各会员国的国内海事委员会和一些个人会员组成,致力于海事私法的统一。此外,国际法协会(International Law Association,ILA)也把制定统一私法作为其宗旨之一。1919年,第一次世界大战结束后一年,国际商会(International Chamber of Commerce,ICC)成立。该组织总部设在巴黎,由国际商业组织和企业组成,并在众多国家成立分会,主要从事贸易与银行惯例的编纂和研究工作。1926年由国际联盟支持,在罗马设立的国际统一私法协会,作为一个政府间的国际组织,其主要任务即是制定统一的国际商法。可以认为,国际商法或者新商人法作为一个独立的法律体系产生于19世纪末20世纪初。

谁需要国际商法?商人,从事国际商业的商人。这与国际经济法的产生动力是一样的。为什么需要国际商法?希望能像从事国内商业一样有一套统一的规则,摆脱适用不同国家的民商法所带来的困境。

传统的通过冲突规范确定适用于国际商事关系的国内法的方法,使国际商业面临从事国内商业所没有的法律障碍,因为商人需要熟悉外国民商法。商人不熟悉外国的民商法,他不可能熟悉多个外国的民商法;他更不愿选择他不熟悉的外国民商法;他不知道他的商业行为将受何种法律调整;他担心外国法院处理争议时对本国当事人会有偏袒。总之,由于要面对不同国家的民商法,法律本应有的可预见性和一致性不复存在,法律成了国际商业的障碍。

理想的解决方法当然是创设一套独立于各国民商法的统一适用于国际商业的法律。正如《销售公约》序言所述及的:采用照顾到不同的社会、经济和法律制度的国际货物买卖合同统一规则,将有助于减少国际贸易的法律障碍,促进国际贸易的发展。

如何创设一套独立于各国民商法的统一适用于国际商业的法律呢?由各国参与制定条约,最后形成全球合同法乃至全球商法,这是一种方法。由商人们借助于法律专业人士的帮助编纂自发形成的规则,也是一种方法。事实上,在商人们的推动下,两种方法都得到了运用。遗憾的是,一个多世纪过去了,今天人类还没有完全实现这一目标。

三、国际商法的发展

国际商法在20世纪和21世纪获得了巨大的发展,国际商法立法机构相继设立,拟定了众多的国际公约、示范法和国际商事惯例;国际商事仲裁备受欢迎,成为解决国际商事纠纷的主要途径;各国法院在审理国际商事案件时也越来越多地适用国际商法,并日益尊重国际商事仲裁。

1. 国际商事立法机构相继成立,国家和国际商业组织积极参与国际商事立法活动。在20世纪之前,从事国际商法制定的机构只有国际海事委员会和国际法协会。进入20世纪,历史见证了多个重要国际商事立法机构的陆续成立。1919年国际商会成立。1926年,作为国际联盟的附属机构,国际统一私法协会成立。国际联盟解散后,国际统一私法协会又于1940年再度成立。该组织总部设在意大利罗马,其成员由国家组成,其宗旨是对协调国家间私法(尤其是商法)的现实需要和各种方法进行研究,起草各种法律文件。[16] 1945年,联合国成立后,其欧洲经济委员会曾编纂过一些关于特定交易的格式合

〔16〕 See UNIDROIT, An Introduction to the UNIDROIT, 16 September 2002.

同。1966年,联合国第21届大会决定成立联合国国际贸易法委员会,该组织于1968年正式开始工作,是联合国专门从事统一国际商事立法的机构。此外,一些由商人组成的行业协会,如谷物与饲料贸易协会、国际羊毛织品机构、波罗的海国际航运公会等,也对特定交易制定格式合同。

上述政府间组织和民间组织及其立法工作有以下特点:(1)组织本身都获得了巨大发展,具备了广泛的代表性。这种发展,主要是缘于"二战"后一大批发展中国家获得独立,其政府加入上述政府间国际机构,其私人企业加盟民间机构和行业协会。(2)发达国家,尤其是欧洲国家及其商人主导了上述机构的立法活动。如同国际公法曾是欧洲公法一样,国际商法首先也是在欧洲发展起来,逐渐扩展到世界其他地区;兼之发达国家具有法治传统,立法经验丰富、研究积累深厚、法律专家充足,其占据主导地位实为不可避免。发达国家中,德、法、意等大陆法国家以比较法和法律编纂方面的技能见长,而英、美由于其商业实践对世界影响最大也优势明显。(3)立法的方法主要有,起草公约供外交会议通过,制定示范法供各国立法采用,编纂国际商事惯例供商人选择使用,对一般法律原则进行法律重述。其中,国际商会主要从事惯例的编纂,基本上不从事公约和示范法的起草。国际统一私法协会和联合国国际贸易法委员会都是具有普遍性的国际商法制定机构,并且都运用各种统一法的方法,两者的职能和宗旨是重合的,因而在一定程度上存在相互竞争。但由于两者沟通较好,在立法项目上相互重复的情况并不多见。

2. 国际商事实体法已蔚然大观,初步形成体系。自20世纪以来,国际商事实体法获得了巨大的发展,以国际商事公约、国际商事惯例、普遍性格式合同和示范法为渊源形式的国际商事实体法已形成体系,涵盖了国际商事交易的许多重要领域。(1)国际公约。国际统一私法协会、联合国国际贸易法委员会和国际海事委员会制定了关于国际代理、国际货物买卖、国际货物运输、国际支付、国际融资租赁的一系列公约。(详见本章第三节)(2)国际惯例。国际商会和其他机构制定了多种国际惯例,涵盖贸易术语、托收、信用证、海上保险条款、国际保理、国际特许经营等领域。(详见本章第三节)(3)法律重述。主要有国际统一私法协会制定的《国际商事合同通则》。(4)示范法。在电子商务方面,有联合国国际贸易法委员会1996年制定的《电子商务示范法》。

上述立法活动有以下特色:(1)国际商事立法机构总是首先在国际商法中选择那些发展成熟的特定领域作为其立法议题,例如,早期在传统议题(如货物买卖、海上运输、贸易术语、票据、信用证等)方面的立法就是如此;同时对于新出现的国际商业交易形式,国际商事立法机构往往也总能作出及时反应。在多式联运、电子商务、国际保理等方面的立法则属此列。(2)从国际商会、国际统一私法协会和联合国国际贸易法委员会所运用的立法方法来看,如前所述国际商会方法单一,只从事惯例的编纂。国际统一私法协会和联合国国际贸易法委员会在20世纪80年代中期之前,只进行国际公约的制定,但此后,都开始重视惯例或示范法等软法的制定,国际统一私法协会制定了《国际商事合同通则》,使其声名大振。联合国国际贸易法委员会也制定了很有影响的《电子商务示范法》。这表明了国际商事立法机构在立法方式上的一种重大转变。(3)上述公约和惯例中,以《国际贸易术语解释通则》、《跟单信用证统一惯例》、《销售公约》、《海牙规则》和《国际商事合同通则》影响最为深远。《跟单信用证统一惯例》规定了银行处理跟单信用证业务的详尽规则，现已为世界各国银行采用，成为普遍性的国际商事惯例。《国际贸易术语解释通则》对买卖双方在交货、风险转移等方面的义务分11种情形作了明确的规定，除北美外，世界其他各国的商人已普遍将其用于国际货物买卖合同的谈判和履行中。《销售公约》统一了关于国际货物买卖合同的订立和双方权利义务的规定，已为世界上90多个国家所接受，其中包括除英国和印度之外的所有贸易大国。《海牙规则》为海上承运人规定了强制性义务，为绝大多数海运国家所接受。《国际商事合同通则》试图创设一套专门规范国际商事合同的规则体系。(4)国际商事立法强调国际惯例和国际法律重述的优先适用。例如，《销售公约》第9条就规定，合同当事人应被视为已默示同意普遍接受的国际惯例适用于他们之间的合同。这意味着，国际惯例应优先于公约本身和国内法的适用。依据《国际商事合同通则》的规定，该通则在两种情形下可作为国际商事合同所适用的法律。一种情形是当事人明示选择时。另一种情形是当事人选择"一般法律原则"、"国际商事惯例和习惯"或"商人法"作为合同所适用的法律时。这开辟了一条使国际商事合同真正摆脱国内法的道路。如果它能像《跟单信用证统一惯例》那样获得全球认同，就能成为调整各类国际商事合同的全球统一法。(5)20世纪80年代中后期以来，受经济全球化的影响，国际商法的发展更为迅速。传统的国际商法领域在逐步实现现代化，《蒙特利尔公约》和《鹿特丹规则》的制定是典型的实例。同时国际商业社会与国家密切合作创造一些新的国际商法制度，《开普敦公约》就是一个典型的例子。

3. 国际商事争端解决富有成效。国际商法的自治性要求争端解决的自治性，因此商人们更愿意选择自治性争端解决途径——国际商事仲裁，当他们不得不运用国际诉讼时，他们又希望各国法院能够尊重和适用国际商事规则，而不是适用国内法。

国际商事争端解决富有成效，具体表现如下：(1)国际商事仲裁成为解决国际商事纠纷的主要途径。20世纪，苏黎世商会仲裁院、斯德哥尔摩商会仲裁院、国际商会仲裁院、美国仲裁协会、中国国际经济贸易仲裁委员会相继于1911年、1917年、1923年、1926年和1956年成立。这些仲裁机构，加上1892年成立的伦敦国际仲裁院等机构，构成了当今世界的主要仲裁机构。它们每年受理国际商事案件4000件左右。[17] 此外，还有更多的国际商事案件通过临时仲裁解决。国际商事仲裁成为解决国际商事纠纷的主要途径。(2)各国均确认仲裁协议之排除法院管辖的效力，同时承认仲裁条款的独立性和仲裁庭对自身管辖权的裁定权。大陆法系国家，在19世纪就确认仲裁协议排除法院管辖。英美法国家则长期坚持"法院管辖权不容剥夺"的原则。1925年《美国联邦仲裁法》规定，法院有义务应当事人依据仲裁协议提出的中止诉讼的请求，从而改变了奉行已久的原则。1979年《英国仲裁法》也确认了仲裁协议排除法院管辖的效力。1923年日内瓦《仲裁条款议定书》和1958年《纽约公约》均确认仲裁协议排除法院管辖的效力。(3)1958年《纽约公约》缔结后，先后有100多个国家参加，其中包括所有在仲裁和国际经济交往上重要的国家。这些参加国的法院均有义务承认和执行另一参加国仲裁庭的裁决，这使国际商事仲裁在执行力上拥有了法院诉讼无法比拟的优势。(4)各国法院一般均对国际商事仲裁进行各种必要的支持，如协助当事人指定仲裁员，协助当事人或仲裁庭取证，采取财产

〔17〕 参见赵健：《国际商事仲裁的司法监督》，法律出版社2000年版，第61页。

保全措施,等等。(5)1976 年,《贸法会仲裁规则》问世,其后为许多仲裁中心和仲裁机构所采用。1985 年《贸法会国际商事仲裁示范法》通过,该示范法反映了国际商事仲裁领域的最新发展,吸收了国内和国际仲裁立法的先进成果,较好地平衡了当事人意思自治和法院的司法监督,对各国制定和改进其仲裁立法产生了深远影响。1958 年《纽约公约》、1976 年《贸法会仲裁规则》和 1985 年《贸法会国际商事仲裁示范法》使国际商事仲裁法趋于统一。

四、国际商法学及其学说

(一)国际商法学的产生和发展

法律部门的产生必然要求有对应的法律学科,国际商法也不例外。世界上最早对国际商法进行系统研究的当属英国的施米托夫教授,他在 1948 年就出版了《出口贸易:国际贸易的法律与实务》一书。从 20 世纪 40 年代到 60 年代,欧美一部分商法学者和国际法学者专注于国际商事条约和惯例的各种专题和综合研究,成为一个新的法学职业研究群体——国际商法学者,而他们所研究的国际商法也成了一门新的学科。20 世纪 60 年代,在法国、苏联和美国也出现了同样类型的教科书,如法国教授 Philippe Kahn 所著《国际商业买卖》(1961 年),苏联学者 D. M. Genkin 的教材《苏联对外贸易和法律调整》(1961 年),美国 W. S. Surrey 和 C. Shaw 合著的《国际商事交易法律指南》(1963 年)。[18] 可以认为,在 20 世纪 60 年代,西方国家就基本确立了国际商法学的独立法学部门地位。

20 世纪 70 年代至 90 年代,国际商法教材进一步发展。英国施米托夫的教材不断修订,哈罗尔德·伯尔曼在哈佛大学运用 Surrey 的教材讲授国际贸易法之后,也出版了自己的《国际贸易法》。中国的沈达明、冯大同在 1982 年出版了《国际商法》,1989 年出版了《国际贸易法新论》。

进入 21 世纪,国际商法教学和研究得到进一步发展。以欧美的教材为例。在英国,施米托夫的《出口贸易:国际贸易的法律与实务》在 2000 年出了第十版,2007 年出了第十一版。在欧洲大陆,Hans van Houtte 教授的《国际贸易法》于 2002 年出了第二版。牛津大学古德教授和海德堡大学克隆可教授等合著的基于国际商事统一法的《跨国商法》2007 年初版,2015 年出了第二版,该教材被英国、欧洲大陆、美国、日本的多所法学院采用。[19] 在美国,目前流行甚广的教材是圣地亚哥大学教授福尔索穆(R. H. Folsom)与其他三位教授一起合著的《国际商事交易》[20] 以及奥古斯特教授独著的《国际商法》。[21] 在中国,沈四宝、王军、焦津洪出版了主要面向商科学生的《国际商法》,并经过两次修订。南开大学率先开设了《国际商法》法学本科课程,并出版了基于国际商事统一法理念的《国际商法》。

我国自改革开放后才重视国际商法的研究。在 20 世纪 70 年代末和 80 年代初有些

---

〔18〕 参见[英]施米托夫:《国际贸易法文选》,赵秀文译,中国大百科全书出版社 1993 年版,第 30 页。

〔19〕 See Roy Goode, Herbert Kronke and Ewan Mckendrick, *Transnational Commercial Law: Texts, Cases and Materials*, 2nd edition, Oxford University Press, 2015.

〔20〕 See R. H. Folsom, M. W. Gordon, J. A. Spanogle and P. L. Fitzgerald, *International Business Transactions*, West Publishing Co., 2005, 8th edition.

〔21〕 See Ray August, *International Business Law*, Pearson Education, Inc., 2004, 4th edition.

院校曾开设国际商法课程,并招收国际商法专业的本科生和硕士生。1982年国家教育委员会(现教育部)正式将国际经济法列为与国际法、国际私法相并列的法学二级学科。自那以来,尽管经贸大学和综合大学的商学院仍然开设国际商法课程,但在法学专门教育中,我国法学界的一般做法是将国际商法作为广义国际经济法的一部分或作为大国际私法的一部分。这两种做法都有一定的局限性。大国际私法将直接和间接调整国际民商事关系的法律置于一体,可以获得对调整国际商事关系法律的整体认识,但目前还很难逾越各国学者长期以来将国际私法主要视为冲突法这一约定俗成的做法所导致的障碍。广义国际经济法将公法和私法融于一体,可以较为全面地把握企业从事国际商业所面临的各种跨国法律问题,但无法成立一个和谐贯通的学科体系。

(二)国际商法学说

自20世纪以来,围绕着国际商法是否存在,是否能成为独立的体系,其法律渊源如何,其与国内法、国际私法的关系等问题,一直存在理论争论。施米托夫和戈德曼的商人法学说产生于20世纪50年代至60年代,迄今仍然具有深远影响。20世纪末以来,随着经济全球化的推进,商人法学说得到了进一步的发展,伯格、博奈尔的国际商法学说也产生了较大影响。

1. 施米托夫“新商人法理论”

施米托夫于1954年在伦伯特“国际共同法”的基础上提出了“新商人法理论”。他关于商人法渊源及其与国内法关系的主要观点有:(1)国际商法的发展阶段。他认为,国际商法经历了中世纪商人习惯法、商人习惯法被纳入国内法和从19世纪开始的新商人法三个时期。1957年他在赫尔辛基大学发表演讲时指出:“我们正在开始重新发现商法的国际性,国际法—国内法—国际法这个发展圈子已经完成。各地商法发展的总趋势是摆脱国内法的限制,朝着国际贸易法这个普遍性和国际性的概念发展。”〔22〕(2)国际商法的渊源。国际商法的渊源包括国际立法和国际商事惯例。国际立法包括国际公约和统一示范法,统一示范法通过由国家立法接受的方式起到统一作用。国际商事惯例包括为国际商业界采纳的货物买卖共同条件与标准合同格式。他将国际商法称为新的商人习惯法,包括国际立法和国际商事惯例。国际公约成为国内法的一部分并取代国内法的相应部分从而得到适用,国际商事惯例在当事人接受时对当事人有约束力。〔23〕(3)国际商法与国内法的关系。他正确地注意到新商人法是在民族国家建立后兴起的,它不可能脱离国内法这一事实而独立发展。他认为,合同法中的当事人意思自治原则是国际贸易自治法据以存在的基础。国家主权并不反对当事人在该领域内发展国际贸易自治法,但该法应尊重各国法律制度中的公共秩序规定的限制。〔24〕认为国际贸易法具有国际法或超国家法的性质的看法都是错误的,因为国际贸易法的自治特征基于所有主权国家的同意或许可。其在性质上也不同于国际公法。因为它归根结底是建立在国内法的基础上的,但又是由国际商业界在与各主权国家无利害关系的领域内发展起来的。阐明国际贸易法特征的最

---

〔22〕[英]施米托夫:《国际贸易法文选》,赵秀文译,中国大百科全书出版社1993年版,第12页。

〔23〕参见[英]施米托夫:《国际贸易法文选》,赵秀文译,中国大百科全书出版社1993年版,第20~24页。

〔24〕参见[英]施米托夫:《国际贸易法文选》,赵秀文译,中国大百科全书出版社1993年版,第248页。

好方式是把它称为跨国法。[25]

2. 戈德曼的“自治商人法”理论

自20世纪50年代起,法国的戈德曼几乎与英国的施米托夫在同一时期内提出了自己的商人法理论。戈德曼的核心观点有:(1)国际商法的渊源。他认为经编纂的惯例、一般条件、国际公约以及国际企业的章程都是国际商法的正式渊源,因为这些规则具有足够的普遍性,是由合法机构制定的并得到有效实施。[26] (2)商人法的约束力。他认为,商人法是由商人自己创造的法律,商人法渊源本身作为法律就具有约束力,不需要经由国内法才具有约束力。作为非国家法律渊源,商人法渊源创设了一个非国家法的自治的法律体系。因此,援引商人法的合同或适用商人法的仲裁裁决并非没有准据法,只是其准据法是作为非国家法的商人法。[27] (3)商人法与国内法的关系。首先,他认为,商人法在解决国际商事纠纷中并没有处于垄断地位,国内法和国际公法也可以发挥作用。其次,商人法在某种程度上需要国内法的支持,而在适用了商人法的仲裁裁决的执行问题上尤其如此。最后,商人法与外国法具有同样的地位,如果当事人选择了商人法或跨国实体规则,商人法可以在国内法院适用,而且可以排除法院地国家强制性规则的适用,但不能违反国际公共政策。[28]

尽管施米托夫和戈德曼的商人法理论有相同之处,例如,都承认商人之间可以自发地形成法律规则,现代商人法已经是一个独立的法律部门。两者的学说也有重大的差异。首先,施米托夫强调国际商法渊源的实证性,国际条约、示范法和国际商会的法律文件等规范性文件才是商人法的渊源,非成文的商事惯例只有在具体的交易中被当事人引入合同时才具有规范效果,它们不具有普遍约束力。戈德曼则认为,国际商事惯例,无论是成文还是非成文的,都是商人法的核心渊源,直接对当事人具有约束力,不需要当事人的援引。其次,施米托夫更强调国家法对商人法的影响和作用,商人法是建立在国家法的基础之上的,因此,在他的理论中商人法的自治性是源于国内法的意思自治原则,而戈德曼虽然承认国家法与商人法都调整国际商事交易,但商人法的自治性是纯粹的,并不依赖任何其他的法律体系包括国内法,因此,商人法可以而且应该被当事人选择适用,仲裁庭应该尊重这种选择。

施米托夫的实证法导向的国际商法学说产生了重大影响,在他的倡议下,联合国成立了国际贸易法委员会,制定了《销售公约》等重要的国际商事公约,使国际商事条约统一法成为各国法院和仲裁机构审理国际商事案件时优先的、独立的和排他的渊源;同时也促进了各专业领域国际商事惯例的编纂。以戈德曼为代表的国际商法学说则与国际商业实践一道推动了不少国家在仲裁法、民事诉讼法或国际私法中将国际商事惯例和商人法视为可以适用的法律。自20世纪80年代以来,欧洲大陆国家一系列关于仲裁法律适用的规定中均规定商人法可以作为准据法。例如,1981年《法国民事诉讼法典》第五编第1496

---

〔25〕 参见[英]施米托夫:《国际贸易法文选》,赵秀文译,中国大百科全书出版社1993年版,第248页。

〔26〕 See Filip De Ly, *International Business Law and Lex Mercatoria*, North – Holland, 1992, p. 211.

〔27〕 See Filip De Ly, *International Business Law and Lex Mercatoria*, North – Holland, 1992, p. 213 – 214.

〔28〕 See Filip De Ly, *International Business Law and Lex Mercatoria*, North – Holland, 1992, p. 214 – 215.

条第1款规定,仲裁庭应当根据当事人约定的法律规则解决争议,当事人没有约定的,仲裁庭应根据其认为适当的法律规则解决争议。1986年《荷兰仲裁法》采取与上述法国法相似的规定。1987年《瑞士联邦国际私法法规》第187条规定,仲裁庭应当根据当事人约定的法律规则解决争议,当事人没有约定的,仲裁庭应根据与案件有最密切联系的法律规则解决争议。1998年《德国民事诉讼法》第1051条第1款规定,仲裁庭应当根据当事人约定的法律规则解决争议,当事人没有约定的,仲裁庭应适用与仲裁事项有最密切联系的国家的法律。一般认为,采用"法律规则"而非"法律"的表达,表明了可以将商人法等民间法作为准据法。

3. 伯格的商人法渐进性编纂理论

世纪之交,全球化方兴未艾,国际商法的编纂出现了非正式化的形式,即由法律专家以私人的身份运用重述、清单等方式对商人法或国际合同法进行渐进性和灵活性的编纂。围绕着《国际商事合同通则》的制定和传播,国际商法学者对法律重述引入国际商法这一重大法律现象进行了多角度的阐释,意大利的博奈尔教授作为《国际商事合同通则》的主要发起人,是其中的代表人物之一。他出版了《国际商事合同法律重述》一书,对《国际商事合同通则》的意义、方法和内容进行了探讨。[29] 德国学者伯格也采用渐进性的方法编纂出一个关于商人法原则、规则和标准的清单。伯格还对商人法理论进行了深入地阐述。

伯格的主要论点包括:(1)随着《国际商事合同通则》和《欧洲合同法原则》的出现,国际商法的立法实现了范式的改变——"立法私有化"或称"立法去中心化",国际商事法律的协调和统一不再仅仅由国家之间商议的统一法形式(国际条约或示范法)推动,而是正在被"私有化"。法律渊源理论的改变(法律多元主义)是"立法私有化"的理论前提和基础、契约合意是"立法私有化"的核心、自我规制是"立法私有化"的效力保障。[30] (2)伯格对反对商人法为自治性法律体系的观点进行了系统的理论反驳。他认为,这些反对论要么基于结构假设要么基于理论假设。以立法私有化相关内容为理论基础,通过对"体系""法律"等概念的理解,这些结构假设和理论假设都是不能成立的;商人法具有体系性、法律性和自治性,构成一个自治的跨国法律体系,是独立于国内法和国际法的第三法律秩序。[31] (3)渐进性编纂以"功能性法律比较"为方法论基础。该方法论是比较法学的基本方法,渐进性编纂中的"功能性法律比较"结合了国际商业社会的特殊社会现实,赋予了该方法论新的特点,从而为商人法提供了一个合理的方法论基础。[32] (4)清单的方法与重述的方法相比具有自生的优势和特点。重述没有指明哪些规则是现实中的商人法,哪些不是,因而没有解决找法的问题;同时重述仅包括合同法领域的规则,没有包括其他领域如投资领域和仲裁领域的商人法。[33] 伯格自己所列的清单则全部是现实中的商人

---

〔29〕 See M. J. Bonell, *An International Restatement of Contract Law: The UNIDROIT Principles of Intrnational Commercial Contracts*, 2nd ed., Transnational Publishers Inc., 1997.

〔30〕 See Klaus Peter Berger, *The Creeping Codification of the Lex Mercatoria*, Kluwer Interntational, 1999, p. 26 – 30.

〔31〕 See Klaus Peter Berger, *The Creeping Codification of the Lex Mercatoria*, Kluwer Interntational, 1999, p. 32 – 116.

〔32〕 See Klaus Peter Berger, *The Creeping Codification of the Lex Mercatoria*, Kluwer Interntational, 1999, p. 44 – 53.

〔33〕 See Klaus Peter Berger, *The Creeping Codification of the Lex Mercatoria*, Kluwer Interntational, 1999, p. 207 – 208.

法,覆盖领域比重述宽,而且更重视仲裁判例法。[34]

4.罗伊·古德的跨国商法学说

古德是21世纪实证学派的代表,在理论上达到了新的高度。在戈德曼的自治法理论上发展出自己的"纯粹"国际商法理论。其主要学术贡献和核心理论观点包括以下两种:

(1)对重要概念进行澄清。将商人法与跨国商法进行区分,古德认为,商人法从其性质上来看是不成文的习惯,而跨国商法的概念大于商人法,它不仅包括作为习惯法的商人法,还包括国际商事公约等渊源。[35] 托斯认为,古德将商人法限定为未经编纂的商事习惯,是对商人法概念的澄清,而且这一概念澄清具有重要的意义;在施米托夫的理论中,未编纂的商事习惯只是形成中的习惯,因为尚未成熟,因而被排除在商人法的范围之外。而在戈德曼的理论中,未编纂的商人法是商人法的一部分,而经编纂的商事惯例也是商人法的一部分。[36]

(2)阐明国际商法各渊源的关系。关于国际商事惯例的构成要件,古德认为,尽管采用了惯例而不是习惯的表达,国际商事惯例要成为法律,必须是反复重复的行为并被认为是法律义务,这与国际习惯法规则必须要经过成为通例和获得法律确信相似。[37] 关于国际商事惯例的分类,古德认为,国际商事惯例既可以是具体领域和行业的特定性惯例,也可以是具有普遍意义的可以适用于各种合同领域的一般原则和规则。[38] 关于国际商事惯例与一般法律原则的关系,古德认为,国际商事惯例区别于一般法律原则的本质特征在于,它针对一定的贸易形式,或与国际贸易相联系的金融或其他契约性活动。但是,一旦惯例获得了普遍的承认,从而独立于任何特定国际贸易活动形式,它就不再是惯例,而是提升为一般法律原则。例如,约定必须信守原则和情势变更原则。[39] 关于国际商事惯例与国际商事条约的关系,古德认为,国际商事公约可以是对国际惯例的编纂,成为国际商事惯例的证据,而被证明的国际商事惯例也可以对非缔约国产生效力;公约也可以创设惯例,使一些新规则逐渐成为普遍接受的惯例。[40] 关于国际商事惯例与国际组织通过的国际商事法律文件的关系,古德认为,国际商会编纂的关于贸易术语、信用证和独立担保的规则、格式合同并非法律,它们只在当事人接受的时候才具有约束力,它们是国际商事惯例的证明材料。[41] 而《国际商事合同通则》比较特殊,它可以帮助法官和仲裁员确定国际商事法律原则和规则,但却可以归属于法学家的权威学说。[42]

---

〔34〕 See Klaus Peter Berger, *The Creeping Codification of the Lex Mercatoria*, Kluwer Interntational, 1999, p. 210 - 227.

〔35〕 See Roy Goode, *Usage and Its Reception in Transnational Commerical Law*, 46 Int'l & Comp. L. Q. 1 (1997), p. 3.

〔36〕 See Orsolya Toth, *The Lex Mercatoria in Theory and Practice*, Oxford University Press, 2017, p. 51.

〔37〕 See Roy Goode, *Usage and Its Reception in Transnational Commerical Law*, 46 Int'l & Comp. L. Q. 1 (1997), p. 7 - 9.

〔38〕 See Roy Goode, *Usage and Its Reception in Transnational Commerical Law*, 46 Int'l & Comp. L. Q. 1 (1997), p. 11 - 12.

〔39〕 See Roy Goode, *Usages and Its Reception in Trannational Commercial Law*, 46ICLQ, 1997, p. 16.

〔40〕 See Roy Goode, *Usages and Its Reception in Trannational Commercial Law*, 46ICLQ, 1997, p. 18 - 25.

〔41〕 See Roy Goode, *Usages and Its Reception in Trannational Commercial Law*, 46ICLQ, 1997, p. 25 - 26.

〔42〕 See Roy Goode, *Usages and Its Reception in Trannational Commercial Law*, 46ICLQ, 1997, p. 27.

施米托夫、戈德曼、伯格和古德等学者的观点一方面对其时代的国际商法现状进行理论总结，对国际商法的渊源以及在法律体系中的地位做出自己的阐述，另一方面也推动了国际商法实践的发展。他们的理论各有所侧重，分别强调国际商法的实证性、纯粹自治性、渐进性编纂和跨国实体性。但他们的一个共同点就是，现代商人法或国际商法给国际商业提供统一的规则，构成国内法和国际法之外的第三法律秩序。

第三节　国际商法的渊源

国际商法的渊源，指国际商事法律规范的表现或存在形式，也就是说，法院或仲裁庭所适用的法律规则在形式上是如何表现出来或存在的。国际商法的渊源有国际商事条约、国际商事惯例、法律重述、一般法律原则、司法判例和国际商事仲裁裁决，示范法和法律学说则是辅助性的渊源。

一、国际商事条约

国际商事条约，是国家间缔结的、规定缔约国当事人在国际商事交易关系中权利义务的书面协议。国际贸易条约对缔约国具有拘束力，因而是国际商法的重要渊源。国际商事条约，按条约的缔约方数目划分，可分为双边、区域性和普遍性国际条约。其中，对国际商事交易最具影响的当属普遍性的统一私法公约，即由多数国家参加的，旨在统一与国际商事交易有关的私法条约。由于国际商法统一化运动迅猛和持续的发展，国际商事交易很多领域都有了一项或数项国际统一公约，从而在这些领域创设了优先于国内民商法适用并排除国内民商法适用的新的法律秩序，为消除因各国民商法的歧义而给国际商事交易的扩展造成的消极影响发挥了重要的作用。

国际商事条约作为国际商法的渊源有利有弊。其优点在于对缔约国具有确定的法律约束力，缔约国往往还通过并入或转化的方法使其成为国内法的一部分，从而由本国法院或仲裁庭在具体的案件中适用。其弊端也颇多。一是其生效较难，许多经过艰苦谈判、耗费大量人力物力的公约由于批准国有限而未能生效；二是缔约国的数量往往有限，仅仅在缔约国之间实现了法律的统一；三是修改困难，有时不能适应国际商事实践发展的需要；四是即便进行修改，又同样面临生效难、参加国有限的问题，即使生效，也会产生由于一部分其前身条约的参加国参加新公约，另一部分则选择留在前身条约，而导致该法律领域出现支离破碎的情形。

主要的国际商事统一法公约如下：

1. 关于国际代理的公约：《代理公约》（日内瓦，1983 年 2 月 15 日），但尚未生效。

2. 关于国际货物买卖的公约：(1)《国际货物买卖统一法公约》（海牙，1964 年 7 月 1 日）。(2)《国际货物买卖合同成立统一法公约》（海牙，1964 年 7 月 1 日）。(3)《销售公约》（维也纳，1980 年 4 月 1 日）。(4)《联合国国际货物买卖时效期限公约》（纽约，1974 年 6 月 14 日）。

3. 关于国际货物运输的公约：(1)《海牙规则》（布鲁塞尔，1924 年 8 月 25 日）。(2)《维斯比规则》(布鲁塞尔,1968年2月23日)。(3)《汉堡规则》(汉堡,1978年3月31日)。(4)《鹿特丹规则》(纽约,2008年12月11日)。(5)《华沙公约》(华沙,1929年10月12日)。(6)《海牙议定书》(海牙,1955年9月28日)。(7)1971年《危地马拉城议定书》。(8)1961年《瓜达拉哈拉公约》。(9)1975年4个《蒙特利尔议定书》。(10)1999年《蒙特利尔公约》。(11)《国际货协》(1951年)。(12)《国际货约》(1961年)。(13)联合国《国际货物多式联运公约》(1980年5月24日),迄今尚未生效。

4. 关于国际支付的公约:(1)《汇票、本票统一法公约》(日内瓦,1930年6月7日)。(2)《统一支票法公约》(日内瓦,1931年3月19日)。(3)《联合国国际汇票与国际本票公约》(1988年12月9日),迄今尚未生效。(4)《保理公约》(渥太华,1988年5月28日)。

5. 关于国际融资租赁的公约:《国际融资租赁公约》(渥太华,1988年5月28日)。

6. 关于国际担保的公约:(1)《独立担保和备用信用证公约》(1995年);(2)《开普敦公约》(南非开普敦,2001年10月)。

7. 关于知识产权保护的国际公约:(1)《巴黎公约》(巴黎,1883年,现行文本是1967年文本);(2)《专利合作条约》(华盛顿,1970年6月19日,现行文本是2001年文本);(3)《马德里协定》(马德里,1891年,现行文本是1979年文本);(4)《伯尔尼公约》(伯尔尼,1886年9月9日,现行最新文本为1971年文本);(5)《版权条约》(日内瓦,1996年12月20日);(6)《表演和录音制品条约》(日内瓦,1996年12月20日)。

二、国际商事惯例

(一)国际商事惯例的含义

国际商事实践中在特定双方当事人之间经常会形成一些通常做法(practice),这些通常做法可以视为特定双方当事人之间的惯例,对当事人通常也有约束力。

国际商事惯例(usage),指从事特定的国际商事交易的商人们在商业实践中自发形成的、为交易当事人所广泛知道并惯常遵守的不成文规则或程序。国际商事惯例,是具有一定的普遍性的通常做法。

国际商事惯例成为法律需要通例和法律确信两个环节。

从性质上来说,国际商事惯例,既不是国内习惯法,也不是国际公法意义上的习惯法,而是国际商人间的自治性惯例。

关于这些自治性规则是否是法律的问题,理论界和实务界均无定论。一些论者认为,这些自治性规则既不是国内法,也不是国际法,因而不是法律;另一些论者认为,它们虽然不是由国内立法机关制定或由司法机关认可的调整国内商事关系的规则,也不是调整国家间关系的规则,但具有法律规则的特性,应视为国内法、国际法之外的第三类法律,或称第三法律秩序。[43]

本书作者同意后一种观点。法律是以规定当事人权利义务的方式确立的、可以强制执行的规则,当事人违反该规则将承担由国家强制力或其他强制力保证实施的责任。国际商事惯例以规则的形式确立了当事人之间的权利义务,而一方当事人对这些规则的违

〔43〕 参见郑远民:《现代商人法研究》,法律出版社2001年版,第34~73页。

反,将损害另一方当事人的权利,经另一方当事人诉诸仲裁或诉讼,损害方将被裁定和被强制承担民事责任,行业协会也可以对损害方实施惩罚。因此,国际商事惯例是法律。

这种平等主体之间在国际商事交易中自发形成的习惯性规则,与国内法中平等主体之间形成的民商事习惯以及作为平等主体的国家与国家之间所形成的国际习惯并无不同。既然可以确认国内民商事习惯和国际习惯的法律性,就应该确认国际商事惯例的法律性。

国际商事惯例作为具有一定普遍性的法律,当然对不特定的当事人具有约束力。国际商事惯常做法对特定当事人也具有约束力,可以视为特定当事人之间有约束力的规则。国际商事惯常做法、惯例的这种约束力,并不以当事人在合同中明确援引为条件,尽管在实践中当事人为了明确起见经常将国际商事惯例引入合同。

值得一提的是,现代国际商业实践中,当事人不仅将惯例作为合同的准据法,还将国际公约作为合同准据法。例如,在买卖合同中,将《国际贸易术语解释通则》作为贸易术语解释的准据法,在开立信用证时,将《跟单信用证统一惯例》作为信用证交易的准据法,在海上运输合同和航空运输合同(通常体现为提单和航空货运单)中将《海牙规则》和《蒙特利尔公约》作为合同的准据法。将惯例作为合同的准据法,明确了惯例在具体交易中的法律性质。将国际公约作为准据法,如果这种选择为世界各国的商人所采用,则一方面可以突破国际公约缔约国数量有限所带来的不足,另一方面还可以由此将国际公约演化为国际惯例,从而获得普遍和自动的约束力。

(二)国际商事惯例的优点和不足

国际商事惯例作为国际商法的渊源,具有明显的优点:一是可以通过各国商人的认同和接受,获得普遍性;二是具有灵活性,可随国际商业的变化与时俱进。

国际商事惯例的不足之处在于:第一,它是非成文的,当事人和法官、仲裁院在适用时需要进行证明和发现;第二,国际商事惯例通常是在各个专门领域产生的,容易被人视为不成体系。

(三)国际商事条约和国际商事惯例的关系

国际商事条约的一些内容往往是对国际商事惯例的编纂,国际商事惯例并不因为被编纂就消失了。相反,在作为国际商事条约的一部分而被编纂的国际商事惯例对缔约国当事人具有确定的约束力的同时,国际商事惯例对非缔约国当事人仍然具有约束力。

这样,国际商事条约也往往同时具有成文的国际商事惯例的作用。因此,法院和仲裁机构在处理国际商事纠纷时应注意区分国际商事条约中的规定哪些是对国际商事惯例的编纂,哪些是新发展的规则,从而决定国际商事条约对非缔约国是否适用。

当然,并非国际商事条约的所有规定都是对国际商事惯例的编纂。国际商事条约中有的规定是缔约国达成的新规则,因而只对缔约国有约束力。如果这些规则在商业实践中又逐渐发展成为国际商事惯例,那么其性质又发生转变,而变得对缔约国和非缔约国都具有约束力。

(四)国际商事条约与国际商事惯例的适用顺序

在一个具体的商事案件中,国际商事条约和国际商事惯例的适用因国际商事条约的性质不同而有所不同。如果国际商事条约是像《海牙规则》那样的强制性条约,则应优先于国际商事习惯和惯例的适用,因为它反映了缔约国共同同意的公共政策,应优先于任意性的国际商事习惯和惯例。但如果国际商事条约是像《销售公约》那样的任意性条约,则任意性的国际商事习惯和惯例(如《国际贸易术语解释通则》和《跟单信用证统一惯例》)应优先于条约适用,因为这些习惯和惯例往往是就更为具体的事项作出规定,而且更能体现商人的实践和合理期待。

如果将国内法、合同和惯常做法考虑在内,则适用顺序应是:条约中的强制性规定、国内法中的强制性规定、合同条款中的规定、特定当事人之间的惯常做法、习惯和惯例、条约中的任意性规定、国内法中的任意性规定。理由是:条约和国内法中的强制性规定反映了公共政策,不容当事人的协议减损,应优先适用,而条约中的强制性规定作为国际法,反映了缔约国的共同意志,应优先于国内法适用;合同条款明确无误地表明了当事人的意思,应优先于任何其他任意性规定;惯常做法,是特定当事人之间的特别规则,构成了相互间的合理期待,往往比普遍性的习惯和惯例更为具体,应优先于习惯和惯例适用;同理,国际商事习惯和惯例应优先于任意性条约;对于条约缔约国,条约的任意性规定应优先于本国国内法中的任意性规定。

案例 1－2　St. Paul Guardian Insurance v. Neuromed Medical Systems & Support GmbH〔44〕

此案是揭示国际商事惯例和条约关系的一个典型判例。该案由美国纽约南区法院于2002年审结。基本案情是:一家美国公司 Shared Imagining 与一家德国公司 Neuromed Medical Systems & Support GmbH(以下简称 Neuromed)签订了一份买卖合同,销售一个西门子核磁共振成像系统。在一页纸的买卖合同中,"产品条款"规定,系统将以完备的功能交付。"交货条件"条款规定,CIF 纽约海港,买方清关和支付关税,并负责将货物运至伊利诺伊州卡尔马特市。"支付条件"条款规定,通过货币转账转至卖方的账户,预付定金 \$93,000;装船前支付 \$744,000;接收设备后三天内支付 \$93,000。"弃权条款"规定,在货款全部支付前 Neuromed 保留对设备的所有权。货物到达卡尔马特市后,买方发现货物受损需要进行大的修理。买方向保险人 St. Paul Guardian Insurance 索赔。保险人赔付后以代位权人的身份起诉 Neuromed。Neuromed 认为,在 CIF 条件下,将货物在装运港交付货物后,风险即转移到买方,因此它不应承担责任。原告认为,CIF 条件在本案不适用,因为被告保留了货物所有权,就应该承担货物的风险。

法官认为,被告的专家意见书是对德国法的准确阐述。首先,合同选择德国法为准据法。依据德国法,《销售公约》是德国法的一部分,由于当事人所在的国家都是公约缔约国,为实现公约统一国际货物买卖法的目的和德国加入公约的目的,本案应适用公约。其次,由于合同中使用了 CIF,《国际贸易术语解释通则》关于 CIF 的规定应予适用。理由是:(1)《销售公约》第 9 条第 2 款规定,对于双方当事人已经知道或理应知道的,在国际商事交易上已为有关特定贸易所涉同类合同的当事人所广泛知道并为他们所经常遵守的惯例,除非当事人另有明示协议,否则视为当事人已默示地同意受其约束。《国际贸易术

〔44〕 See Lexis United States District Court Case, No. 5096(2002); Ray August, *International Business Law, Text, Cases and Readings*, 4th ed., Pearson Education, Inc., 2004, p. 594－597.

语解释通则》即属于这种惯例,即使合同中没有提及《国际贸易术语解释通则》,但提及CIF本身就表明《国际贸易术语解释通则》将适用于该合同。(2)《德国商法典》第346条确认商事惯例具有法律的效力。

(五)主要的国际商事惯例

广泛意义和普遍意义的惯例许多都已编纂成文。普遍意义的成文惯例主要就是国际商会制定的有关贸易术语、多式联运单证、托收、信用证和独立保函的五个文件。广泛意义的成文惯例表现为国际组织、贸易协会或公司制定的标准合同或标准合同条款,如联合国欧洲经济委员会制定的关于成套设备交易,谷物、柑橘、煤炭与钢铁产品交易的格式合同;油脂油籽协会、谷物与饲料协会制定的格式合同;伦敦保险业协会制定的货物运输保险条款;波罗的海国际航运公会制定的"金康"航程租船格式合同等。现列举重要的惯例文件如下:

1. 关于国际货物买卖的惯例:(1)《国际贸易术语解释通则》(Incoterms),国际商会1936年制定,现行文本为2020年文本。(2)联合国欧洲经济委员会制定的上述格式合同。

2. 关于国际货物运输及保险的惯例:(1)《统一杂货租船合同》,波罗的海国际航运公会制定。(2)《贸发会议/国际商会多式联运单证规则》,贸发会议和国际商会制定。(3)海洋运输公司制定的提单条款。(4)《协会货物条款》,伦敦保险协会1912年制定,现行文本为1982年修订本。

3. 关于国际支付的惯例:(1)《托收统一规则》,国际商会1967年制定,现行文本为1995年修订本。(2)《跟单信用证统一惯例》,国际商会1930年制定,现行文本为2007年修订本。(3)《国际保理惯例守则》,国际保理商联合会1988年制定,现行文本为1997年修订本。

4. 关于国际借贷的惯例:各大银行的国际借贷格式合同,特别是英美等国的银行借贷格式合同包含了长期以来形成的惯例规则。

5. 关于国际担保的惯例,除国际担保合同中的惯例规则外,还包括国际商会编纂的惯例规则:(1)国际商会《合同担保统一规则》。(2)国际商会《见索即付保函统一规则》。(3)国际商会《国际备用信用证惯例》(International Standby Practice,1998年国际商会第590号出版物,也称ISP98)。

三、法律重述

国际统一私法协会在对国际商事合同通则进行编纂时没有采用公约这一硬法的方式,也没有采用示范法、指南的方式,而是采用了对国际商事合同的一般原则进行重述的方式,这在国际商事统一法领域是第一次。其成果就是1994年首次公布、2004年和2010年两次修订的《国际商事合同通则》。

《国际商事合同通则》起草者们的灵感源于美国法学会所进行的法律重述工作。在美国,为了克服判例法的日益不确定性和过分复杂性,美国法学会全面收集有关领域的判例法,从中抽象出一般规则,并编纂成法律条文,即将判例法系统化、条理化和简单化。这就是所谓的法律重述。[45] 法律重述具有自身独特的形式,即包括黑体条文(black - letter

---

〔45〕 参见薛波主编:《元照英美法词典》,法律出版社2003年版,第1191页。

clause)、正式评论、实例阐释和报告员注释四个部分。[46] 除非被法域中最高级别的法院正式采纳为法律,否则重述中的条款对法院并无约束力。

《国际商事合同通则》在形式上也包括黑体条文、正式评论、实例阐释等几部分的内容,整体上对法院和仲裁机构没有约束力。这与美国的法律重述相似。

从结构上看,1994 年版的《国际商事合同通则》由序言及七章共八个部分构成。2004 年的版本又增加了三章内容。形式上与大陆法系国家的法典很相似。

但是,《国际商事合同通则》有着美国合同法重述所不具备的功能和特点,那就是:它可以作为国际商事合同的适用法;它与国际商事惯例具有密切的关联性。

美国法学会的法律重述对于美国法官来说,只是作为其确定所适用的法律规则的参考,其作用只比重要的教科书略大。[47] 但《国际商事合同通则》的立法目的并不限于此,其更深远的目的是成为国际商事合同所适用的法律。

根据 Unilex 的数据,《国际商事合同通则》实际被采纳的情况超过了 1994 年公布时最为乐观的预测。至 2005 年 3 月,法院和仲裁庭一共在 90 件案件中主要或部分地适用了该通则,其中 21 件是诉讼案件,69 件是仲裁案件。而且该通则在仲裁或诉讼实践中作为合同准据法的实例已达数十例。由于 Unilex 数据库无法囊括所有的实例,现实中该通则被适用的实例肯定将超过数据库中的数字。这表明该通则既不是纸面上的法律,也不是纯粹的学理知识,而是实实在在地解决国际商事合同纠纷的重要法律渊源之一。

10 年之内 90 个适用实例,这个数目并不算少。《销售公约》获得 100 个适用实例,也经过了 4 年时间。[48] 考虑到《国际商事合同通则》整体上的非约束性和公约的约束力,上述数据是具有相当的说服力的。

美国法学会的法律重述,是全面收集有关方面的判例法,从中抽象出一般规则,并编纂成法律条文。其重述的对象仅限于判例法,不涉及惯例和习惯。而《国际商事合同通则》的起草者不仅从判例法中抽象出一般规则,也运用比较法的方法从各国合同法中归纳出相同的规则(合同法的一般法律原则),还以国际商业惯例和习惯作为其起草渊源。[49]

四、一般法律原则

法律原则,按照《布莱克法律词典》的解释,指法律的基础性真理或原理,为其他规则提供基础性或本源的综合性规则或原理,是法律行为、法律程序、法律决定的决定性原则。[50] 国际商法中的一般法律原则,主要指国际商事条约、国际商事惯例和国际商事重述中的一般原则,它们为国际商法的具体规则提供基础和本源,属于综合性的规则或原理。各国民商法中的共同原则或规则,如果在国际商事交易中得到体现和遵行,也可以成

---

〔46〕 See *Black's Law Dictionary*, 8th ed., p. 1339.

〔47〕 参见[德]K. 茨威格特、[德]H. 克茨:《比较法总论》,潘汉典等译,法律出版社 2003 年版,第 367 页。

〔48〕 See M. J. Bonell, *UNIDROIT Principles 2004 – The New Edition of the Principles of International Commercial Contracts Adopted by the International Institute for the Unification of Private Law*, Uniform Law Review 2004, p. 5 – 40.

〔49〕 关于通则更详尽的论述,参见朱雅妮:《国际商法视野中的法律重述》,法律出版社 2011 年版。

〔50〕 See *Black's Law Dictionary*, West Publishing Co., 1983, p. 1074.

为国际商法中的一般原则或规则。

国际商法,作为一种以国际商事惯例为核心渊源的自治法,具有较大的变动性和灵活性,因此,尤其需要一般法律原则发挥功能。

《销售公约》第7条规定,凡是公约中没有明确解决,但又属于公约范围的问题,应当按照本公约依据的一般法律原则处理。这一规定表明,在适用国际商事公约时,如果缺乏具体规则,可以通过法律原则的解释填补法律漏洞。

《国际商事合同通则》前言部分规定,当事人同意合同受一般法律原则、商人法(或类似措辞)管辖时,可以适用该通则。这一规定意味着《国际商事合同通则》包含了国际商法的一些一般原则。《国际商事合同通则》本身的用语"principles"就是原则的意思,但《国际商事合同通则》除了原则外,还包含很多具体的规则。正如罗瑟所指出的,事实上,《国际商事合同通则》是法律原则和标准的一般性阐述,并且其中包含了具体的实施规则。这些规则和法律原则之间相互作用,正如任何规范体系中最核心的特征那样。在《国际商事合同通则》中,各个操作性具体规则的确切含义要在相应章节所反映的基本原则中才能确定。[51]

国际商法中的一般原则具体包括哪些?这是一个尚不十分明确的问题。意思自治、诚实信用、强制性规则优先这些基本原则无疑属于一般原则,在合同履行、违约救济、救济程序等领域也会存在一些一般原则。例如损失补偿原则、正当程序原则等。德国敏斯特大学的伯格教授依据国际商事实践(包括仲裁实践)列举了一个关于商人法的开放式清单[52],这对于我们理解国际商法的一般原则和规则具有重要参考价值。

案例1-3 | Turkish company Pabalk ticaret v. French company Norsolor

在该案中[53],土耳其公司因为法国公司终止代理协议而提起仲裁。在维也纳审理案件的仲裁员认为适用某个国内法很困难,于是适用了商人法的善意原则作出了裁决。当土耳其公司向法国法院申请仲裁裁决执行时,法国公司诉至法国巴黎地方法院,认为仲裁员适用的商人法不是法律而是公平原则和惯例,仲裁员未经当事人同意进行了越权裁决。法院认为,仲裁员根据ICC仲裁规则适用了他认为适当的冲突规则指定的法律。该仲裁裁决也被以同样的理由诉至奥地利法院。维也纳商事法院认为,仲裁员是根据法律而不是衡平原则作出裁决,尽管他们使用了衡平的用语。但是,维也纳上诉法院推翻了该判决,理由是仲裁员没有被授权适用商人法。在上诉中,奥地利最高法院推翻了上诉法院的判决,认为仲裁员就该案适用所有法律体系的一般法律原则没有违反任何法律的强制性规定。

五、司法判例和国际商事仲裁裁决

国际商事仲裁庭的仲裁裁决都只对个案和个案当事人有效,裁决中对法律所作的解

---

〔51〕 See A. Rosett, *UNIDROIT Principles and Homonization of International Commercial Law: Focus on Chapter Seven*, 27 Uniform Law Review(1997), p. 441.

〔52〕 See Klaus Peter Berger, *The Creeping Codification of the Lex Mercatoria*, Kluwer Law International, 1999.

〔53〕 See ICC Award 3131/1979, 9YB. Com. Arb. 1984, p. 109-110.

释对其他同类性质案件的处理并无拘束力,因此,国际商事仲裁裁决并不构成正式的法律渊源。国内司法判例在英美法系国家是主要的法律渊源,法院的判决作为"先例",其中的法律规则成为同级和下级法院判案时所适用的法律。而在大陆法系和我国,判例不构成正式的法律渊源。

虽然国际商事仲裁裁决和大陆法系以及我国的司法判例不是正式的法律渊源,但法官、仲裁员的裁判仍然具有指导意义和说服意义。根据同案同判的原则,法院、仲裁机构和当事人也都会重视以前的判例。

典型的国际商事判例往往对模糊的法律规定或者法律空白作出发展,或者对疑难的法律问题提出创造性的解决方案,其作用有时并不亚于正式的法律渊源。

由于各国法院和仲裁机构独立对国际商法进行解释和适用,如何在世界范围内实现对国际商法的统一解释就成为一个大的难题。[54] 目前主要的解决方法是依靠各国法院和仲裁机构在裁决案件时对其他主要商事大国法院和仲裁机构的裁判予以适当关注和参考。鉴于此,联合国国际贸易法委员会、国际统一私法协会和国际海事委员会都编纂了自己的判例数据库,为法官、仲裁员、律师、商人和学者了解国际商法的判例法发展提供了重要的资料。

六、辅助渊源

(一)示范法

示范法在美国法中是由统一州法委员会全国会议起草的供各州立法机关采纳的法律,如《美国统一商法典》《美国示范刑法典》,在国际商法领域指由国际机构指定的供各国立法机关起草本国商事法时采纳的法律,如联合国国际贸易法委员会指定的关于电子商务、商事仲裁方面的示范法。示范法旨在减少各国民商法的差异,而非形成统一的法律。

示范法在作为各国民商立法的示范的同时,也可能被国际商事主体视为一种商事惯例。

(二)学说

法学家的学说不是正式的法律渊源。但如果学说对法律的解释或发展合乎规律,澄清了法律规定的模糊内容或填补了法律的漏洞,并被法官采用,也可起到法律的作用。有的国家在法律中还规定,法律无规定者,依习惯,无习惯者,依法理。

第四节　国际商法的基本原则

国际商法的基本原则,是制定、实施和研究国际商法的出发点,是国际商法中具有一般意义或核心作用的规则,表明了国际商法的基本取向。

国际商法的基本原则与国内商法的基本原则大体上是一致的。概括起来,应包括以下几个原则:意思自治原则、诚实信用原则、公共秩序原则、保障交易简便迅捷原则等。[55]

---

〔54〕 参见罗洁:《联合国国际货物销售合同公约统一解释问题研究》,吉林大学出版社2010年版。

〔55〕 关于商事法的基本原则的相关论述参见左海聪:《商事法的几个基本理论问题》,载《法学评论》1996年第3期。

一、意思自治

意思自治，意味着当事人可以通过自己的自主意思来选择交易对象、交易方式和交易内容，也可以变更交易内容，还可以自主解决商事纠纷。意思自治原则先是习惯法原则，再由国际商法文件编纂为成文法原则。

意思自治原则是国际商法的基础。正是这一习惯法原则的存在，才使国际商事惯例成为当事人之间的法律并优先于公约和国内法适用，成为国际商法的核心渊源。也正是这一原则的存在，使国际商事合同的具体规定可以优先于惯例、公约和国内法适用，成为明确当事人权利义务的主要依据。

二、诚实信用

在民商事交易中，诚实处事，不弄虚作假，讲求信用，不随意悔约，是各国民商法对商事主体的共同要求。国际商事交易由于是异地交易，交易过程又力求简便迅捷，并存在大量的惯例，更需要运用这一原则来规范当事人的行为。与意思自治原则一样，诚实信用原则既是习惯法原则，也是成文法原则。在国际商事法律文件中，《国际商事合同通则》总则即规定，当事人在国际商事交易中应根据诚实信用原则和公平交易原则行事，而且当事人不得排除或限制此项义务。《销售公约》第 7 条也规定，在解释公约时，应考虑到在国际商事交易上遵守诚信的需要。因此，法院或仲裁庭在处理案件时，就应按这一要求来衡量债务人的履行义务行为。此外，诚实信用原则在法律适用上也赋予了司法人员一定的自由裁量权，使其在法律规定模糊或法律规定不足时可作出解释或补充以裁决案件。

三、公共秩序

这里的公共秩序应作广义的理解，既包括社会存在和发展所必需的一般秩序，也包括国家利益和社会公众利益。私人间的交易不得损及公共秩序，这是各国民商法和国际商法的一个基本原则，这一原则是对意思自治原则的一个限制。《国际商事合同通则》总则即规定，该通则的任何规定都不得限制根据国际私法规则所适用的强制性规则的适用，无论这些强制性规则是国内的、国际的还是超国家的。〔56〕在国际商事交易中，常见的强制性规则主要是外汇管理法、进出口许可法、管制限制贸易行为法中的有关规定。〔57〕这些强制性规则都体现了国家的公共政策。

四、保障交易简便迅捷

国际商事交易贵在迅速，为达到迅速交易的目的，在商事实践中逐渐形成了种种简化交易程序或过程的方法和制度，比如各种标准合同、提单、保险单及票据的使用以及提单、保险单、票据的流通等。商事交易过程的定型化，交易内容的单证化使交易过程变得十分简便，大大缩短了每笔交易的时间，从而达到了迅捷交易和不断盈利的目的。商事法不仅

---

〔56〕《国际商事合同通则》第 1.4 条。

〔57〕《国际商事合同通则》第 1.4 条。

对这些简便制度和方法加以肯定和规范,而且广泛采取短期消灭时效的制度,确保每一具体的商事交易包括海商、保险、票据交易在较短的法定时间内有一个确定的结果。国际商事交易私法保障国际贸易简便迅捷进行的主旨是十分明显的。

第五节 学习国际商法的意义

一、有助于法科学生形成完整的国际法学和法学知识体系

国际法传统上分为国际公法和国际私法两个部门,国际公法学和国际私法学也早已成为成熟的法律学科。以"二战"结束前后确立的布雷顿森林体系为标志,国际经济法作为一个法律部门正式形成,国际经济法学在20世纪70年代逐渐成为独立的学科,并随着世界贸易组织的成立而在世界范围内成为广为接受的学科。国际商法作为一个法律部门于19世纪末和20世纪初产生,于20世纪60年代成为独立的法律学科。

国际商法具有不同于国际公法、国际私法和国际经济法的发展轨迹、调整对象、运行原理和基本原则,国际商法学应该作为一个独立的学科体系讲授。但是目前我国高校的法学教育中国际商法的讲授尚未普及,影响了学生统一法意识的形成。开设国际商法课程,有助于学生掌握国际商法的基本原理、核心规范和典型判例,形成完整的国际法学和法学知识体系。

二、有助于促进国际商事合作,维护中国主权、安全和发展

国际商事合作是国际经贸合作的重要组成部分。习近平总书记指出,"引入各方普遍支持的规则标准,推动企业在项目建设、运营、采购、招投标等环节按照普遍接受的国际规则标准进行"。[58] 这一重要论述,为国际商事合作中国际商事条约和国际商事惯例的制定和实施指明了方向,确立了目标,也凸显出国际商法在国际商事合作中的重要作用。我国作为新兴市场国家的代表,在国际经贸规则制定中的作用日益显著。学习国际商法,有助于我国政府、行业协会在国际商事合作中参与和引领国际商事规则和标准的制定,推动构建人类命运共同体。

坚持统筹推进国内法治和涉外法治,是习近平法治思想的核心要义之一。统筹推进国内民商法治和国际商事法治,既有助于国内民商法治的完善,也有益于在国际商事法治中扩大我国民商法律制度的影响力。

三、有助于保障我国企业在跨国商事交易和经营中的合法权益

国际商法对于我国企业开展跨国商事交易,尤其是国际贸易、国际直接投资、海外工程承包、国际运输、国际保险、国际融资、国际知识产权许可,具有重要作用。我国企业在全球商事竞争中的实力不断增强,业绩日益突出,与我国企业成功运用国际商法密不可

---

〔58〕《习近平谈治国理政》(第3卷),外文出版社2020版,第491页。

分。近年来,在加强涉外法治的背景下,国际商法维护企业涉外利益的意义愈显重要。学习和运用国际商法,既有助于我国企业更为有效地开展国际商事交易,提升国际竞争力;又有助于我国法律专业人士通过法律服务、仲裁和司法实践维护我国企业的涉外法律利益。

思考题

1. 在国际商法诸渊源中,国际商事惯例居于何种地位?为什么?
2. 结合 St. Paul Guardian Insurance v. Neuromed Medical Systems & Support GmbH 评析国际商事条约和国际商事惯例的关系。
3. 如何理解国际商法的独立性、自治性和统一性?
4. 为什么国际统一私法协会、联合国国际贸易法委员会、国际海事委员会都有自己的判例数据库?
5. 施米托夫、戈德曼、伯格和古德的国际商法学说有何异同?

延伸阅读

关于国际商法学的基本理论分析,国内外学者著述丰富,可以进一步阅读施米托夫、伯格、古德等学者的以下著作。[英]施米托夫:《国际贸易法文选》,赵秀文译,中国大百科全书出版社 1993 年版;Philip De Ly, *International Business Law and Lex Mercatoria*, North Holland, 1992; Klaus Peter Berger, *The Creeping Codification of the Lex Mercatoria*, Kluwer Interntational, 1999; Roy Goode, Herbert Kronke and Ewan Mckendrick, *Transnational Commercial Law: Texts, Cases and Materials*, 2nd ed., Oxford University Press, 2015; Orsolya Toth, *The Lex Mercatoria in Theory and Practice*, Oxford University Press, 2017;姜世波:《国际商法理论问题研究》,中国人民公安大学出版社 2006 年版;郑远民:《现代商人法研究》,法律出版社 2001 年版;吴思颖:《国际商事合同法统一化:原理、目标和路径》,法律出版社 2011 年版。

关于国际商法的概念,可以参考 Clive M. Schmitthoff, *International Business Law: A New Law Merchant*, 2 Current Law and Social Problems (1961);黄进、胡永庆:《现代商人法论——历史和趋势》,载《比较法研究》1997 年第 2 期;徐国建:《现代商人法论》,载《中国社会科学》1993 年第 3 期;左海聪:《国际商法是独立的法律部门——兼谈商法学是独立的法学部门》,载《法商研究》2005 年第 2 期;向前:《"新商人法"理论——施米托夫国际商法思想评述》,载《青海社会科学》2012 年第 6 期。

关于国际商法各渊源的关系,可以参考 Roy Goode, *Usages and Its Reception in Trannational Commercial Law*, 46ICLQ, 1997;左海聪:《国际商事条约和国际商事惯例的特点及相互关系》,载《法学》2007 年第 4 期;左海聪、孙莉:《论〈联合国国际货物销售合同公约〉中商事惯例的规范性效力——基于公约第 9 条第 2 款的分析》,载《法学评论》2017 年第 2 期;宋阳:《自治性商事规则法源地位否定论》,载《当代法学》2018 年第 3 期。

第二章　国际商事争议的解决

国际商事争议，是指国际商事交往中各当事人之间在权利义务方面所发生的各种纠纷。国际商事争议具有以下特点：(1)争议含有国际因素，即争议的主体、客体或内容至少含有一个国际因素或涉外因素。这一特点使国际商事争议与纯粹的国内商事争议区别开来。(2)争议限于商事上的私法争议。这一特点使国际商事争议与国际民事争议、国家之间的国际公法上的争议和世界贸易组织(WTO)中的争议区别开来。

国际商事争议的解决方式主要包括协商、调解、仲裁和诉讼等。协商和调解属于非裁判性的解决方式，仲裁和诉讼属于裁判性的解决方式。协商是当事人自行解决争议的方式，调解、仲裁和诉讼则是由第三方参与的解决方式。

第一节　协商和调解

一、协商

协商，也称谈判，是争议当事人在自愿的基础上直接进行磋商自行达成和解协议，从而解决争议的一种方式。当事人达成的和解协议，事实上就是一项新合同或构成对原合同的变更。对和解协议的违反，构成违约。和解协议是否有效，可以适用一般合同法的规定。一般来说，只要和解协议不违反法律的强制性规定或社会公共利益，就是有效的。

协商具有明显的优点：(1)既可以节省律师代理费、仲裁费或诉讼费，也可以节省时间。(2)协商基于自愿，表明双方在争议问题上具有妥协和合作的意愿，双方的磋商一般也是在友好的气氛中进行，从而有利于灵活有效地解决争议，也有利于当事人今后的合作。(3)协商中没有第三方的参加，有利于保守商业秘密。(4)自愿达成的和解由于重新平衡了当事人的利益，往往能够得到自动的执行。现实中，绝大多数争议都是通过协商解决的，通过仲裁和诉讼所解决的争议只是露出海面之冰山一角。

如果当事人分歧严重，无法达成和解，则只能通过寻求仲裁或诉讼解决争议。

二、调解

(一)调解的概念

调解，是当事人自愿将争议提交第三方，并在第三方的主持和推动下达成和解协议，从而解决争议的一种方法。

调解和协商的相同之处在于两者都是在自愿的基础上进行的，目的都是达成和解。

两者的不同在于调解有第三方的介入和主持，协商则没有第三方的介入。

调解中的第三方称为调解员。调解员的主要作用是促成争议双方达成和解。为此，调解员可以按照当事人约定的程序查明争议的事实，协助当事人分析争议的问题，传达双方当事人的意见和解决方案，以找出妥善的解决方法。调解员可以分别与当事人讨论案件，也可以在双方当事人都在场时讨论案件。调解员可以促成当事人达成和解协议，也可以应当事人的请求提出自己的和解方案。对调解员的和解方案，当事人可以接受，也可以不接受。如果当事人接受了调解员的和解方案，或者自行达成了和解协议，调解即告成功。

如果调解达成协议后仅有当事人在协议上签字，该协议称为和解书或和解协议，如果调解员也在协议上签字，该协议称为调解书或调解协议。

以上所说的调解是一般意义上的调解，由临时选定的调解员或由专门的调解机构进行调解。调解达成的和解书、调解书具有合同的效力，如果一方反悔或不履行协议，应视为违约。

如果一般意义上的调解未能达成和解，则当事人可以进入仲裁或诉讼程序。在仲裁或诉讼中，仲裁庭或法庭也可以进行调解。这种调解视为仲裁或诉讼程序的一部分，如果达成和解，则调解书或判决书（裁决书）具有强制执行的法律效力。一方当事人不执行，另一方当事人有权向法院申请强制执行。

（二）临时调解和专门机构调解

临时调解，也称民间调解，指由争议当事人临时选任的调解员主持的调解。该调解员可以是个人，也可以是机构。如果是机构，应为专门调解机构之外的机构。

专门机构调解，指由设在商会或仲裁协会内部的专门调解机构主持的调解。商会或仲裁协会通常将调解程序和仲裁程序分开，分别适用调解规则和仲裁规则。调解不成需要仲裁时，原调解人不得担任仲裁员。

我国的专门调解机构主要是中国国际贸易促进委员会/中国国际商会调解中心（原名中国国际贸易促进委员会/中国国际商会北京调解中心）及其各分会的调解中心。该调解中心于1987年在北京成立，现在已在全国各地的中国国际贸易促进委员会分会设立30余家调解中心。截至1999年年底，该调解中心及其分会已受理案件2000多起，调解成功率在80%以上。

专门机构调解中还有一种联合调解，是由两个国家的专门调解机构依据机构间的联合调解规则联合进行的调解。中国国际贸易促进委员会/中国国际商会调解中心与德国汉堡的北京—汉堡调解中心、美国仲裁协会的纽约调解中心、英国伦敦国际仲裁院等签订了合作协议，并共同制定了联合调解规则。

临时调解和专门机构调解具有一定的优越性。它与协商一样，也是在自愿的基础上进行的，可以快捷、友好地解决争议，有利于当事人继续合作；调解人的介入和调解人的专业知识和能力有助于争议的解决。但是，如果双方分歧较大，无法调和，则调解不但不能解决争议，还会造成时间上的拖延。

（三）仲裁调解和法院调解

仲裁调解和法院调解，是在仲裁程序或诉讼程序中由仲裁庭或法庭进行的调解。调解可以由当事人提出,也可以由仲裁庭或法庭自行提出。

依据我国《仲裁法》第51条、第52条的规定,仲裁调解成功(包括庭外和解),仲裁庭应当制作调解书或根据和解协议的结果制作裁决书。调解书经双方当事人签收后,具有法律效力。调解书与裁决书具有同样的强制执行效力。

依据我国《民事诉讼法》的规定,法院调解达成协议的,由法院制成调解书并由审判员、书记员签名,加盖人民法院印章,送达双方当事人。调解书经双方当事人签收后,即具有强制执行效力。

调解不成,或在调解书签收前当事人反悔的,仲裁庭或法庭应及时作出裁决或判决。

(四)《新加坡调解公约》及其影响

2020年9月12日,《新加坡调解公约》正式生效。《新加坡调解公约》是国际商事争议解决制度演进史上的一座里程碑,其诞生标志着国际调解协议可跨国执行,使国际商事调解制度成为诉讼、商事仲裁之外具有独立救济功能的国际商事争议解决方式。公约对调解的定义是:"调解"无论使用何种称谓或者进行过程以何为依据,指由一名或者几名第三人("调解员")协助,在其无权对争议当事人强加解决办法的情况下,当事人设法友好解决其争议的过程。

《新加坡调解公约》第3条"一般原则"规定了国际调解协议在缔约方的可执行性:其一,缔约方应根据本公约规定的条件,设定本国程序规则以执行国际调解协议;其二,当事方可在缔约方境内程序中依据国际调解协议主张争议事项已解决。

国际调解协议具有可执行性,需具备以下条件:(1)需是书面达成并由当事双方签署的和解协议;(2)有证据显示协议源自调解。

《新加坡调解公约》也规定了法院可以拒绝执行调解协议的情形,包括违反申请执行国的公共政策、争议是不得调解的、调解员违背公正性和独立性等调解准则等。

第二节　国际商事仲裁

仲裁作为解决争议的一种方法,由来已久。仲裁作为解决国际商事争议的方法,是随着国际贸易的发展而由商人们在实践中开始运用的。在欧洲中世纪,存在普遍的商人习惯法,也存在通过适用商人习惯法解决商事争议的商人法院。这种商人法院由商人自发设立,与国内法院由立法设立这一特点大不相同,事实上具有现代仲裁庭的性质。

1889年,英国为了解决它和欧洲各国商人在国际贸易中发生的纠纷,公布了第一部仲裁法,首次通过立法确立了国际贸易中的仲裁制度。[1]

20世纪以来,特别是1958年《纽约公约》解决了仲裁裁决在外国的承认和执行问题后,仲裁更具有了诉讼所难以企及的优势,成为解决国际商事争议最为普遍的方法。

---

〔1〕 参见韩德培主编:《国际私法》,高等教育出版社2000年版,第483页。

一、国际商事仲裁的概念、性质和特点

(一)国际商事仲裁的概念和性质

仲裁,是当事人在争议发生前或发生后达成协议,自愿将其争议交给他们共同选定的第三者居中评判是非,并依据法律或公平原则作出具有强制执行力的裁决的一种方法。

国际商事仲裁,不同于国际公法上的国际仲裁,也不同于国内商事仲裁,是解决具有国际因素的商事争议的仲裁。

国际商事仲裁的性质取决于仲裁的性质。对于仲裁的性质,有着不同的观点。但无论从仲裁的起源和发展来看,还是从世界各国的普遍实践来看,仲裁制度最根本的属性在于尊重当事人的自主意志,实行当事人自愿原则,当事人在仲裁全过程中享有充分的自主权;而当事人承认并履行仲裁裁决,也是由于协议的约束,因此,它具有明显的契约性。

(二)国际商事仲裁的特点

国际商事仲裁与协商、调解都是自愿基础上的解决方法,但它是一种第三者程序,这使它区别于协商;它与调解都是一种第三者程序,但仲裁裁决是当事人必须要接受的,是具有强制执行力的。

国际商事仲裁与司法诉讼有很大区别,它有许多不同于司法诉讼的特点:

1. 法院管辖权是一种法定管辖权,一方当事人向法院起诉时,无须事先征得对方同意,可由有管辖权的法院发出传票传唤对方出庭;而国际商事仲裁机构都是民间组织,它没有法定的管辖权,只能受理双方当事人根据仲裁协议提交给它处理的案件。如果双方当事人没有达成仲裁协议,任何一方都不能强迫对方同意接受仲裁。

2. 法庭的法官是由法院指派的,当事人没有选择或指定的权利,仲裁庭的仲裁员则是可以由当事人指定的。

3. 法院审理民事案件,除极少数涉及国家机密、商业秘密和个人隐私外,都必须公开进行,并严格执法;而仲裁一般都是不公开的,仲裁程序一般都是在保密状态下进行的,而且仲裁员不必像法官那样严格执行法律,可以更多地考虑商业惯例。

4. 仲裁程序具有明显的自治性。除可以指定仲裁员之外,当事人还可以选择仲裁所适用的程序法、仲裁所适用的仲裁规则,而法院只适用本国程序法。

5. 诉讼一般实行二审终审制,有的国家是三审终审;仲裁裁决一般都是一裁终局,这样可以节省时间和费用。

6. 仲裁裁决与法院判决具有相同的法律效力,都可以在法院强制执行,而且与法院判决相比,仲裁裁决在外国执行时还有明显的优势。因为,100 多个国家都是 1958 年《纽约公约》的缔约国,它们有义务相互承认和执行彼此的仲裁裁决。

7. 国际商事争议的当事人往往互不信任对方国家法院的公正性,都力图在本国法院处理争议,而仲裁具有中立性,当事人指定的仲裁员并不代表该当事人,仲裁员应该居中评判是非,作出裁决,这也使当事人在无法就法院管辖达成一致时选择仲裁。

当然,与诉讼相比,仲裁也具有一定的局限性。如仲裁在一定程度上受到法院的监督,仲裁缺少第三人程序,等等。

二、国际商事仲裁机构

根据国际商事仲裁机构组织形式的不同,可将其区分为临时仲裁庭和常设仲裁机构。由临时仲裁机构进行的仲裁称为临时仲裁(ad hoc arbitration),由常设仲裁机构进行的仲裁称为机构仲裁(institutional arbitration)。

(一)临时仲裁庭

临时仲裁庭,是指根据双方当事人的仲裁协议,在争议发生后由双方当事人推荐的仲裁员临时组成的,负责审理当事人之间的有关争议,并在审理终结作出裁决后即行解散的仲裁机构。其设立目的在于专门解决当事人之间某一特定争议。

临时仲裁庭没有固定的组织、规则和仲裁员等,是一种临时性的组织。争议双方当事人在选择仲裁员、决定仲裁程序和适用法律等方面享有充分的自由权,因而由其来审理国际商事案件具有极大的灵活性。临时仲裁曾经是仲裁的主要方式,现在仍被广泛采用。许多国家的仲裁法都对临时仲裁作了规定,目前,我国仲裁法对临时仲裁尚未作出规定。

(二)常设仲裁机构

常设仲裁机构,是指依据一国国内立法成立的,有固定的名称、地址、组织形式、组织章程、仲裁规则和仲裁员名单,并具有完整办事机构和健全行政管理制度的用于处理国际商事争议的仲裁机构,故又称为有行政管理的仲裁。现在,机构仲裁已是仲裁的主要方式。在我国,由于仲裁法对临时仲裁未作规定,当事人在我国仲裁必须选定常设仲裁机构。

应当指出的是,常设仲裁机构具有管理机构的性质,它本身并不直接进行仲裁,而只是接受仲裁申请,并在其主持下帮助争议双方组成仲裁庭,提供仲裁场所及其他行政管理方面的服务,如记录、文件送达等。

国际上主要的常设仲裁机构包括:(1)国际商会仲裁院(ICC International Court of Arbitration),成立于1923年,隶属于国际商会,秘书处设在巴黎。国际商会仲裁院设主席1人,副主席5人,秘书长1人,每个参加国国家委员会指派成员1人。我国于1996年参加国际商会。在国际商会仲裁的当事人可以选择在巴黎以外的其他地点仲裁,仲裁适用的法律如果没有选定,一般情况下适用的将是仲裁地的法律。

(2)斯德哥尔摩商会仲裁院(Arbitration Institute of the Stockholm Chamber of Commerce),成立于1917年,隶属于斯德哥尔摩商会。

(3)苏黎世商会仲裁院(Court of Arbitration of the Zurich Chamber of Commerce),成立于1911年,由于瑞士所处的地理上的优势和中立国地位,1937年苏黎世商会公布了包含受理国际案件的仲裁规则以后,国际商事仲裁在苏黎世仲裁逐渐增多。

(4)伦敦国际仲裁院(London Court of International Arbitration),成立于1892年,原名为伦敦仲裁会,1903年改为伦敦仲裁院,1981年改为伦敦国际仲裁院。它是全世界最早创立的全国综合性的常设仲裁机构,由伦敦市府、伦敦商会和女王特许仲裁员协会共同组成的管理委员会管理。伦敦国际仲裁院的日常工作由女王特许仲裁员协会负责。伦敦国际仲裁院的主要职能是为解决国际商事争议提供各种服务和便利。它备有一份包括30多个国家的具有丰富经验的国际仲裁员名单。通常在国际商事仲裁中,仲裁院倾向于从以上名单中任命仲裁员,并且独任仲裁员和仲裁庭主席总是由中立国国籍的人士担任。

(5)美国仲裁协会(American Arbitration Association),成立于1926年,其总部设在纽约市,并在美国的其他24个主要城市设有分会。它是一个非政府的、非营利的、独立的组织,由从全国各行业和各种社会集团中选任的董事会管理。它有400多名专职管理人员,备有一份6万多名能处理各种案件的仲裁员名单。协会制定有国际仲裁规则,也允许当事人可选择适用《贸法会仲裁规则》。

(6)世界知识产权组织仲裁中心(WIPO Arbitration and Mediation Center),成立于1993年9月,于1994年10月正式运作,设在瑞士日内瓦。中心是世界知识产权组织国际局的一个机构,设有仲裁协会和仲裁咨询委员会。中心制定有自己的仲裁规则和调解规则,备有调解员名册和仲裁员名册。

(7)中国国际经济贸易仲裁委员会(China International Economic and Trade Arbitration Commission,CIETAC),是中国国际贸易促进委员会属下的一个民间性全国常设仲裁机构,该会成立于1954年,于1956年正式开始工作。总部设在北京,受理各类涉外经济贸易仲裁案件。仲裁委员会由主任1人、副主任和委员若干人组成。仲裁委员会设有秘书局,负责处理仲裁委员会的日常事务。另外,仲裁委员会还专门设立了仲裁员名单,仲裁员由仲裁委员会从对法律、经济贸易、科学技术等方面具有专门知识和实际经验的中外人士中聘任。中国国际经济贸易仲裁委员会自成立以来曾数次修订其仲裁规则,现行规则为2000年10月1日起施行的新规则。而且自2000年10月1日起,中国国际经济贸易仲裁委员会同时使用"中国国际商会仲裁院"的名称。中国国际经济贸易仲裁委员会自成立以来,受理案件数量逐年上升,近几年的受理案件数量已跃居世界主要常设仲裁机构的前列,而且其裁决的公正性也得到了国内外的公认。

(8)中国海事仲裁委员会(China Maritime Arbitration Commission,CMAC),是中国国际贸易促进委员会属下的一个专门的民间性全国常设仲裁机构,总部设在北京,成立于1959年1月。中国海事仲裁委员会主要受理海商海事争议。中国海事仲裁委员会的仲裁规则曾数次修订,现行规则为2001年1月1日起施行的新规则。

(9)香港国际仲裁中心(Hongkong International Arbitration Center),成立于1985年,它是按照香港公司法注册的非营利性公司。中心理事会由不同国籍的商界、律师界和其他各界的专业人士组成。中心的仲裁事务由董事会领导下的管理委员会和秘书长尽心管理。秘书长由一名律师担任,秘书长同时还是中心的行政负责人。

三、国际商事仲裁协议

(一)国际商事仲裁协议的概念和类型

国际商事仲裁协议是指在国际商事活动中,双方当事人将他们之间业已发生或将来可能发生的争议交付仲裁解决的一种书面协议。仲裁协议是仲裁的基石,它既是一方当事人将争议提交仲裁的依据,也是仲裁机构受理案件的依据。仲裁协议一般要求采用书面形式。

仲裁协议有两种类型:仲裁条款(arbitration clause)和仲裁协议书(submission to arbitration agreement)。

仲裁条款,指当事人在订立合同时,在合同中订入的,约定双方当事人同意把他们将来可能发生的合同争议提交仲裁解决的条款。仲裁条款在国际商事合同中非常普遍,是仲裁协议的主要表现形式。

仲裁协议书,是双方当事人为了将有关争议提交仲裁解决而专门订立的一个单独协议。订立仲裁协议书,一般适用于争议发生后双方协商提交仲裁的情形,实践中运用较少。

仲裁条款和仲裁协议书通常以书面合同或协议为载体,同时也可以通过双方当事人的往来信函、电传、电报以及其他书面材料来证明,只要这种文件内含有双方当事人同意把他们已经发生或将来可能发生的有关争议提交仲裁的意思表示即可。

(二)国际商事仲裁协议的内容

国际商事仲裁协议应包括哪些内容,各国立法及有关国际条约的规定各不相同。实践中,一般来说,一项仲裁协议应具备以下四个方面的内容:(1)提交仲裁的事项;(2)仲裁地点和仲裁机构;(3)仲裁规则;(4)裁决的效力。

中国国际经济贸易仲裁委员会推荐的示范仲裁条款为:"凡因本合同引起的或与本合同有关的任何争议,均应提交中国国际经济贸易仲裁委员会,按照申请仲裁时该会现行有效的仲裁规则进行仲裁。仲裁裁决是终局的,对双方均有约束力。"

我国《仲裁法》第16条第2款规定,仲裁协议应当具有下列内容:(1)请求仲裁的意思表示;(2)仲裁事项;(3)选定的仲裁委员会。《仲裁法》第18条规定,仲裁协议对仲裁事项或者仲裁委员会没有约定或约定不明确的,当事人可以补充协议,达不成补充协议的,仲裁协议无效。可见,我国仲裁法排除临时仲裁,并将仲裁协议载有仲裁事项和仲裁委员会作为仲裁协议有效的必要条件。

(三)国际商事仲裁协议的有效性

1. 仲裁协议的有效要件

对于仲裁协议的有效要件,各国仲裁立法和国际公约的规定不尽相同,但对构成有效仲裁协议的基本条件的规定是一致的。一项有效的仲裁协议应具备以下几个条件:

(1)具有合法的形式。当事人所签订的仲裁协议必须符合有关国家,包括当事人选择适用的法律的国家、仲裁地国和仲裁裁决执行地国对仲裁协议所规定的形式上的要求。形式要求,主要体现为要求书面形式,这是世界各国法律所普遍采用的做法。如前所述,我国仲裁法将仲裁协议载有仲裁事项和仲裁委员会也作为仲裁协议有效的必要条件。

根据1996年12月12日最高人民法院《关于同时选择两个仲裁机构的仲裁条款效力问题的函》规定,如果当事人约定在两个或两个以上的仲裁机构仲裁的,争议发生后当事人可以选择其中的一个仲裁机构进行仲裁;人民法院不行使管辖权。

(2)由合格的当事人签订。即仲裁协议的当事人必须具有行为能力,无行为能力的人订立的仲裁协议无效。

(3)仲裁协议是在自愿基础上订立的,是双方的真实意思表示。经胁迫订立的仲裁协议无效。

(4)内容合法。仲裁协议的内容必须不违反有关国家法律的强制性规定,并且约定提交仲裁的事项必须是有关国家的法律允许提交仲裁的事项。法律允许提交仲裁的问题就是可仲裁性问题。我国《仲裁法》第 3 条规定，婚姻、收养、监护、扶养、继承纠纷和依法应当由行政机关处理的行政争议不能仲裁。

2. 仲裁协议有效性的认定

我国《仲裁法》第 20 条规定，当事人对仲裁协议的效力有异议的，可以请求仲裁委员会作出决定或者请求人民法院作出裁定。一方请求仲裁委员会作出决定，另一方请求人民法院作出裁定的，由人民法院裁定。

对仲裁协议的效力异议案件，由仲裁委员会所在地中级人民法院管辖，当事人对仲裁委员会没有约定或约定不明的，由被告所在地的中级人民法院管辖。

1995 年 8 月 28 日最高人民法院《关于人民法院处理与涉外仲裁及外国仲裁事项有关问题的通知》规定：凡起诉到人民法院的涉外、涉港澳和涉台经济、海事海商纠纷案件，如果当事人在合同订立中订有仲裁条款或者事后达成仲裁协议，人民法院认为该仲裁条款或者仲裁协议无效、失效或者内容不明确无法执行的，在决定受理一方当事人起诉之前，必须报请本辖区所属高级人民法院进行审查；如果高级人民法院同意受理，应将其审查意见报最高人民法院。在最高人民法院未作答复前，可暂不予受理。

关于仲裁协议的法律适用，国际上通常都是按照普通合同的法律适用规则来决定的。

3. 仲裁协议的独立性

各国法律一般规定，在决定仲裁协议的有效性时，不受主合同是否有效的影响，仲裁协议独立于主合同。我国《仲裁法》第 19 条规定，仲裁协议独立存在，合同的变更、解除、终止或者无效，不影响仲裁协议的效力。

(四) 国际商事仲裁协议的法律效力

一项有效的仲裁协议会产生以下几方面的法律效力：

1. 对双方当事人有严格的约束力。双方当事人都承担义务，在发生争议且协商未果时通过仲裁解决争议。

2. 是有关仲裁机构行使仲裁管辖权的依据。有效的仲裁协议表明了当事人提交仲裁的意愿，是当事人对仲裁机构的授权，构成仲裁机构行使仲裁管辖权的依据。如果没有仲裁协议或仲裁协议无效，当事人不得提交仲裁，即使一方要求仲裁，仲裁机构也无权受理。同时，仲裁机构也受仲裁协议所约定的仲裁时限的约束，如果仲裁裁决超出了仲裁协议的范围，则超出部分的裁决无效。

3. 排除法院的管辖权。绝大多数国家的仲裁法都规定，有效的仲裁协议在赋予仲裁机构管辖权的同时，排除了法院的管辖权。这是仲裁制度成为有效的独立争端解决制度的前提，也是对当事人意愿的尊重。

4. 是强制执行仲裁裁决的依据。有效的仲裁协议，在赋予仲裁机构管辖权的同时也使仲裁裁决具有强制执行力。

四、国际商事仲裁程序

(一) 仲裁申请和受理

1. 仲裁申请

仲裁申请，是指仲裁协议中所约定的争议事项发生以后，仲裁协议的一方当事人依据该项协议将有关争议提交他们所选定的仲裁机构,从而提起仲裁程序的行为。按照国际商事仲裁中的一般做法,如果双方当事人选择某常设机构进行仲裁,当事人应将仲裁申请书提交给该常设仲裁机构;如果双方当事人约定设立临时仲裁机构来审理有关争议,则当事人必须将仲裁申请书直接送交另一方当事人,因为只有当双方当事人选出仲裁员以后才能组成受理争议的临时仲裁机构。

仲裁申请书类似于诉讼程序中的起诉状,提出申请书的一方当事人叫申请人,对方当事人叫被申请人。

各仲裁机构的仲裁规则对仲裁申请书的内容都有具体规定。申请人在提交仲裁申请书时,应附申请人仲裁请求所依据的事实的证明文件,还应按照仲裁委员会制定的仲裁费用表的规定预缴仲裁费。

2. 仲裁的受理

仲裁机关在收到申请人提交的仲裁申请书及有关材料后,应立即进行初步审查以决定是否立案受理。一般来说,审查事项包括:(1)仲裁条款或仲裁协议是否有效,该仲裁机构是否享有对该争议的管辖权;(2)请求仲裁事项是否属于仲裁协议范围之内或是否能进行仲裁;(3)是否超过仲裁时效,如《联合国货物买卖销售合同公约》规定买卖合同的时效为4年,如果涉外仲裁机构受理国际货物买卖案件时,超过了这一时效,将不予受理;(4)有具体的仲裁请求及所依据的事实和理由;(5)仲裁协议当事人的名称和仲裁申请书申请人和被申请人的名称是否一致等。

仲裁机构受理案件后,应立即向申请人发出受案通知,并一同将仲裁机构的仲裁规则及仲裁员名册发送给申请人。同时仲裁机构也将向被申请人发出仲裁通知,并一同将仲裁申请书副本及其附件、仲裁机构的仲裁规则及仲裁员名册发送给被申请人。

3. 答辩

被申请人在收到仲裁申请书后,应在一定期限内提交答辩书及有关证据材料。答辩书的内容应对申请人在仲裁申请书中提出的请求、陈述的事实和依据的理由加以回答、抗辩和反驳。仲裁答辩书和仲裁申请书一样,一般也应写明答辩的事实、理由及证据、争议的焦点及被申请人对此的意见等。被申请人不提交答辩书的,不影响仲裁程序的进行。

被申请人应在仲裁通知指定的期限内或在答辩书中指定仲裁员或委托仲裁机构代为指定。

如果被申请人对申请人提请仲裁,或对仲裁委员会的管辖权有异议,被申请人可在答辩期限内提出,在此情况下,仲裁机构应先就管辖权问题作出决定后,再进行案件的仲裁程序。

4. 反请求

被申请人如要提出反请求,则应在答辩书写明反请求及所依据的事实和理由,也可另行提出反请求书。各国仲裁机构的仲裁规则对反请求都作了规定。一般来说,反请求应具备以下条件:(1)反请求的申请人应是仲裁申请书中的被申请人,而反请求中的被申请人则应是仲裁申请书中的申请人;(2)反请求和请求应基于同一事实或同一法律关系;(3)反请求应在一定期限内提出。

反请求受理之后,反请求人也应按规定交纳仲裁费用。反请求一般和申请人的请求合并审理,但通常分别裁决。此外如果在审理过程中,申请人撤回仲裁申请,不影响反请求审理的继续进行。

5. 请求和反请求的修改

申请人可以对仲裁请求提出修改,被申请人也可以对反请求提出修改,但是仲裁庭认为其修改的提出过迟而影响仲裁程序正常进行的,可以拒绝修改。

6. 仲裁代理

各仲裁规则均规定,无论是申请人还是被申请人都有权委托代理人代为参加有关的仲裁活动。接受委托的仲裁代理人,应向仲裁委员会提交授权委托书。《中国国际经济贸易仲裁委员会仲裁规则》规定,中国公民和外国公民均可担任仲裁代理人。

7. 财产保全和证据保全

当事人申请财产保全,仲裁委员会应当将当事人的申请提交被申请人住所地或其财产所在地的人民法院作出裁定。我国《民事诉讼法》第 279 条规定:“当事人申请采取保全的,中华人民共和国的涉外仲裁机构应当将当事人的申请,提交被申请人住所地或者财产所在地的中级人民法院裁定。”据此,在我国涉外仲裁机构仲裁,当事人需申请保全措施的,应当向仲裁机构提出,仲裁机构不对申请加以审查,只将当事人的申请提交给主管法院,由主管法院审查后作出是否准予保全的裁定。按照 1992 年最高人民法院《民诉意见》第 317 条的规定,人民法院裁定采取保全的,应当责令申请人提供担保,申请人不提供担保的,裁定驳回申请。

当事人申请证据保全,仲裁委员会应当将当事人的申请提交证据所在地的中级人民法院作出裁定。

(二)仲裁庭的组成

1. 仲裁员的指定或选定

各国仲裁立法和仲裁规则对合议庭仲裁员的指定和独任仲裁员的指定均有明确规定。

对于合议庭仲裁员的人数,如果当事人在仲裁协议中没有作出约定,除极少数国家外,一般规定由 3 人组成。当事人双方各指定 1 名仲裁员,但对首席仲裁员的指定,各国仲裁立法和仲裁规则规定不尽相同。有的规定,首席仲裁员由当事人双方指定的仲裁员协商确定,在协商不成的情况下,则由仲裁机构或其他有权机构指定;有的则直接规定首席仲裁员由仲裁机构或其他有权机构指定。此外,在当事人未能在一定期限内指定仲裁员时,一般规定由仲裁机构或其他有权机构代为指定。

对于独任仲裁员的指定,多数仲裁立法和仲裁规则都承认仲裁当事人双方选定独任仲裁员的自主权。只有当事人双方在一定期限内不能达成一致意见时,才由仲裁机构或其他有权机构代为指定。

2. 仲裁员的回避和更换

仲裁员是仲裁审理的直接执行者,不仅仲裁员的品质、知识等因素对案件有重要影响,而且,仲裁员和当事人之间的关系也会直接影响仲裁案件的审理,因此,各国仲裁立法和仲裁规则都对仲裁员的回避作了明确规定。《贸法会仲裁规则》第 10 条第 1 款规定,如遇足以使人对任何仲裁员的公正或独立引起正当怀疑的情况存在,可对该仲裁员提出异议。《美国仲裁协会国际仲裁规则》第 8 条第 1 款也规定,如存在对仲裁员的公正性和独立性产生正当的怀疑的情况时,一方当事人可以要求该仲裁员回避。但对于具体的回避理由,各国仲裁立法和仲裁规则一般不作具体规定。我国《仲裁法》第 34 条规定了仲裁员回避的具体情形:仲裁员是本案当事人或者当事人、代理人的近亲属;仲裁员与本案有利害关系;仲裁员与本案当事人、代理人有其他关系,可能影响公正仲裁的;仲裁员私自会见当事人、代理人,或者接受当事人、代理人的请客送礼的。

当事人申请回避,应在一定期间内提出,否则将视为放弃申请回避的权利。一般来说,当事人应在第一次审理开庭之前提出申请回避,如果要求回避的理由是在第一次开庭审理后才得知,应在最后一次开庭审理终结以前提出。

当事人申请仲裁员回避应以书面形式提出并送交仲裁机构。仲裁机构收到当事人要求回避的申请后,应通知另一方当事人和仲裁员,如另一方当事人表示接受,则该仲裁员应当离职,被要求回避的仲裁员也可以主动提出离职。许多仲裁规则规定在这两种情况下仲裁员的回避并不表明当事人申请回避的理由是正当的。如果另一方当事人不同意回避要求,或被要求回避的仲裁员没有离职,则由仲裁机构对当事人的回避理由进行审查,并作出是否回避的决定。

仲裁员的回避也包括首席仲裁员在内。如果某一仲裁员回避,各仲裁规则均规定应依照原指定仲裁员的程序重新指定。

除因仲裁员的回避发生仲裁员更换外,仲裁员还可能因辞职、死亡、成为无行为能力人等原因不能继续工作,在此情况下就应根据仲裁规则补选仲裁员,重新组成仲裁庭审理有关争议。

发生仲裁员更换后,重新组成的仲裁庭对以前已进行的审理是否需要重复进行,各国仲裁立法和仲裁规则一般规定应由重新组成的仲裁庭决定,但如果是独任仲裁员或首席仲裁员被更换,则应重复以前进行的审理。如《贸法会仲裁规则》第 14 条规定,独任仲裁员或首席仲裁员被更替时,以前举行过的任何听证均应重复进行,倘其他仲裁员被更替时,仲裁庭得自行决定哪些听证得予重复。

我国《仲裁法》和《中国国际经济贸易仲裁委员会仲裁规则》对仲裁员的回避和更换作了明确规定,这些规定和国际上的通行做法是一致的。对于重新组成的仲裁庭对以前已进行的审理是否需要重复进行,我国《仲裁法》和《中国国际经济贸易仲裁委员会仲裁规则》规定由仲裁庭决定。

(三)仲裁审理

仲裁审理是指仲裁庭以一定的方式和程序收集和审查证据,询问证人、鉴定人,并对整个争议事项的实质性问题进行全面审查的仲裁活动。仲裁审理在整个仲裁程序中占有重要地位。

仲裁审理的方式大体上可分为两种,一种是口头审理,又称开庭审理;另一种是书面审理,又称不开庭审理。各国仲裁立法和仲裁规则大都规定,当事人双方可自由选定口头审理或书面审理,在当事人没有作出约定时,则采用口头审理的形式进行。但英国、德国等则规定,仲裁审理必须采用口头审理的方式。

1. 口头审理

口头审理,是指双方当事人或者其代理人亲自出庭,以口头答辩的方式,接受仲裁庭对案件的审理。在开庭审理时,一般的程序是先由首席仲裁员宣布仲裁庭的组成人员,如果双方当事人对组成仲裁庭的仲裁员没有异议,再由仲裁员宣读双方当事人出庭人员名单,双方当事人对对方出庭人员的身份如有异议,可以提出。如果没有异议,首席仲裁员就宣布庭审开始。先由申请人陈述案情,讲明事实,然后由被申请人答辩,再由仲裁庭提问。

事实调查结束后,由当事人双方进行辩论。最后,由仲裁庭总结开庭情况。如果认为案情清楚,可以进行裁决,仲裁庭就在闭庭前宣布审理终结,即将作出裁决;如果认为还需双方当事人提交材料及有关证据,也应在闭庭前向双方当事人提出,并规定提交材料的日期;如果认为还需再次开庭审理,也可以向双方当事人宣布。在开庭时,仲裁庭文秘人员应做好开庭记录和录音,当事人或者代理人以及证人应在开庭笔录上签字。

一旦确定案件需要进行开庭审理时,仲裁机构(一般是秘书处)应根据仲裁规则的规定,确定开庭日期和地点,并在开庭前的一定时间内向当事人送达开庭通知。如一方当事人有正当理由,可以在开庭前一定时间内提出延期开庭的请求。

关于仲裁庭开庭审理案件是否公开进行的问题,各仲裁规则一般规定除当事人双方同意公开审理外,仲裁审理应不公开进行。如《贸法会仲裁规则》第25条规定:"除当事人另有相反意见外,听证应秘密进行;仲裁庭在某一证人提供证词时,得要求其他证人或所有证人退庭;仲裁庭得自由决定讯问证人的方法。"我国《仲裁法》第40条规定:"仲裁不公开进行。当事人协议公开的,可以公开进行,但涉及国家秘密的除外。"

在开庭审理中,还有一个缺席审理的问题,即在开庭审理时,当事人或者其代理人接到开庭通知,没有正当理由而不到庭,或者未经仲裁庭许可中途退庭,仲裁庭在该当事人或其代理人不出席的情况下进行的审理。各仲裁规则对此都有明确规定,如《贸法会仲裁规则》第28条第2款规定:"如当事人一方经按照本规则如期、合法通知后,无充分理由而不出席听证会时,仲裁庭得继续进行其仲裁程序。"

关于证据责任,均采取"谁主张谁举证"的原则。我国《仲裁法》第43条规定,当事人应当对自己的主张提供证据。仲裁庭认为有必要收集的证据,可以自行收集。

2. 书面审理

书面审理是双方当事人或者他们的代理人可以不必亲自到庭,仲裁庭只根据双方当事人提供的书面证据材料,如仲裁申请书、答辩书、合同、双方往来函电以及证人、专家报告等,对争议案件进行审理。采用书面审理方式一般须经双方当事人同意或双方当事人提出书面审理申请才能进行。

3. 仲裁适用的实体法

国际商事仲裁适用的实体法可以是当事人选定的国内法,也可以是国际商事统一法。《贸法会国际商事仲裁示范法》第28条第1款规定,仲裁庭依照当事人选定的法律规则对争议作出决定。通过指称选择"法律规则"而不是"法律",示范法扩大了当事人在指定对争议实体事项所适用的法律方面可能享有的选择范围。例如,当事人可约定采用已在某一国际论坛上详细制定但尚未被纳入任何国内法律制度中的法律规则,如《国际商事合同通则》。当事人还可直接选择某一文件作为管辖仲裁的整套实体法,如《销售公约》,该条第2款在当事人未选择法律规则时的处理仍然采取较为传统的规定,即仲裁庭应当适用其认为适用的冲突法规则所指向的法律(国内法)。该条第4款还规定,在任何情况下,仲裁庭都应当按照合同条款并考虑适用于该项交易的贸易惯例作出决定。这里的"考虑",通常意味着仲裁庭对国际商事惯例的尊重。

(四)仲裁裁决

1. 裁决的类型、形式和内容

仲裁裁决,是指仲裁庭对仲裁当事人提交的争议事项进行审理后作出的结论性意见。仲裁庭作出最后裁决后,整个仲裁程序即宣告终结。

仲裁裁决大体上可以分为以下三类:(1)中间裁决,又称为临时裁决。仲裁庭认为有必要或当事人提出请求并经仲裁庭同意时,可以在仲裁过程中的任何时候就案件的任何问题作出中间裁决。如对保全措施,仲裁机构一般是用中间裁决的方式作出的。《贸法会仲裁规则》第26条第2款、《美国仲裁协会国际仲裁规则》第22条第2款就作了这样的规定。中间裁决不对当事人的责任问题作出结论,它只是仲裁庭查清事实或对案件重要问题作出临时性措施的一种手段,以便仲裁庭作出最后裁决。(2)部分裁决。仲裁庭在案件审理过程中,如果认为案件的某部分事实已经查清,并且有必要先行作出裁决的,就对该部分事实作出裁决。部分裁决一经作出,即具有法律约束力,在性质上和终局裁决一样,只不过是在最后审理终结前作出的。已经在部分裁决中裁决的事项,在终局裁决中就不得再次进行裁决。(3)最后裁决,又称终局裁决。仲裁庭在审理终结后,对争议的所有问题或遗留下来的问题,作出最后裁决。最后裁决一经作出,即具有法律约束力,当事人既不能向法院起诉,也不能请求其他机构变更仲裁裁决。各仲裁规则对以上三种类型的裁决都作了规定。此外,在仲裁审理中,当事人或其代理人接到开庭通知而又没有正当理由拒不到庭,仲裁庭在一方当事人或其代理人不出席的情况下作出裁决,这种裁决被称为缺席裁决。各仲裁规则都赋予仲裁庭作出缺席裁决的权力,并且规定缺席裁决和当事人出席作出的裁决具有同样的效力。

无论什么类型的裁决,各国仲裁立法和仲裁规则都要求以书面形式作成。有些国家还要求仲裁裁决必须以公证书的形式作成,如西班牙和葡萄牙等国法律便有这类要求,美国有些州的法律也要求裁决须具有公证人的印签。仲裁裁决是否必须由仲裁庭全体或多数仲裁员签名,各国规定不尽一致。多数国家主张以全体仲裁员签名为原则,以多数仲裁员签名为例外。如《法兰西共和国仲裁法令》第33条规定,仲裁裁决由全体仲裁员签字,如有少数仲裁员拒绝签字,其余的仲裁员应注明这一点。《贸法会仲裁规则》第32条第4款和《美洲国家商事仲裁委员会仲裁规则》第32条第4款也明确规定,如果3名仲裁员中有1人未能在裁决书上签名,则应在裁决中说明未能签名的原因。《瑞典1929年仲裁法》第17条和第20条更是严格规定,裁决书应由仲裁员签字,在裁决书由多数仲裁员签名的情况下,只有在该裁决书上附有没签字的仲裁员曾参加裁决的证明时,该项裁决才属有效裁决。

仲裁裁决的内容,一般应包含如下几项:(1)仲裁机构的名称、裁决书编号、仲裁员的姓名和地址、当事人双方的名称和住所地、代理人和其他参与人的姓名;(2)仲裁请求;

(3)争议事实;(4)裁决理由;(5)裁决结果;(6)仲裁费用的负担;(7)裁决的日期和地点。如果当事人协议不愿写明争议事实和裁决理由的,以及按照双方当事人和解协议的内容作出裁决的,可以不列明争议事实和裁决理由。

2. 裁决作出的期限

在国际商事仲裁中,为了加速仲裁程序,确保仲裁双方当事人的经济利益,避免因仲裁时间过长而造成当事人的经济损失,许多国家的仲裁立法或仲裁规则明确规定了仲裁庭作出仲裁裁决的期限。如果某项裁决于裁决期限届满后作出,有关当事人可以以此为理由向有管辖权的法院提出撤销该项裁决的请求。

各国仲裁立法和仲裁规则对于裁决作出的限期,规定并不一致,如《美国统一仲裁法》第 8 条第 2 款规定,仲裁当事人双方可以通过协议自行约定裁决作出的期限,如果双方当事人没有约定,应当由有管辖权的法院应任何一方当事人的请求加以指定。仲裁双方当事人还可以在其约定或法院指定的裁决期限届满前或届满后,用书面形式加以延长。如裁决书没有在规定的期限内作成,则任何一方当事人都可以在该项裁决书送达前通知有关仲裁庭,对该项裁决的期限表示异议。但只有当有关当事人依法对此明确表示异议时,才认为他已否定这一裁决期限,否则,该项裁决仍应视为有效裁决。《国际商会调解与仲裁规则》第 18 条也规定裁决作出的期限为 6 个月,但起算日期应从当事人双方和仲裁庭共同签署委托仲裁范围授权书之日开始。《斯德哥尔摩商会仲裁规则》第 17 条规定仲裁庭应在 1 年以内作出裁决,但裁决期限不是从申请仲裁之日起算,而是从指定仲裁庭之日起算。同时仲裁机构也可以基于任何一方当事人的申请,或应仲裁法庭的要求延长裁决期限。此外,巴黎仲裁院还可以在特殊情况下延长仲裁期限,但只有仲裁员或仲裁院本身才有权主动提出延期。

3. 裁决的效力

裁决的效力,是指裁决的定案效力。一项终局裁决只要是合法有效的,即可构成定案。任何一方当事人都无权向法院起诉或请求其他机构变更裁决,法院和其他任何机构都必须承认该项裁决是对案件中应决定的事项所作的正确的解决,而且,除非当事人双方一致同意,任何一方都无权不理会或否定该项裁决。各国立法和仲裁规则对此作了比较一致的规定,如《伦敦国际仲裁院仲裁规则》第 16 条第 8 款规定:“一经同意按照本规则仲裁,当事人就承担了毫不迟延地执行裁决的义务,并放弃了任何形式的上诉或诉诸法院或其他司法机构的权利,只要这种放弃是可以有效作出的。裁决应当是终局的,并且自作出之日起对所有当事人具有约束力。”我国《民事诉讼法》第 280 条规定,经中华人民共和国的涉外仲裁机构裁决的案件,当事人不得向人民法院起诉。

当然,并不是所有的仲裁裁决都具有法律效力。如果在案件审理过程中,出现仲裁员失职或越权等行为,严重违反审理程序时,当事人可以对该仲裁机构作出的裁决的有效性提出异议。在这种情况下,一方当事人可以在一定期限内向裁决作出地法院申请撤销该仲裁裁决,宣布该裁决是无效的。一般来说,构成裁决无效的理由大致有如下几项:(1)缺乏有效的仲裁协议作为依据而作出的裁决;(2)提交仲裁的争议事项是属于违反执行地国法律强制性规定的,即该项争议属于不能提交仲裁的事项,只能通过司法程序解决;(3)至少有一名仲裁员不具备资格,或不是按正当方式指定的;(4)裁决是以贿赂、欺诈或其他不正当的方法作出的,以致裁决显失公平;(5)裁决书未经仲裁员签名的;(6)裁决处理的案件是法院正在审理的案件。裁决一旦出现上述任何一种情况,均有可能被当事人提请法院宣布无效,该裁决将不会得到执行。我国《仲裁法》规定,当事人提出证据证明涉外仲裁裁决有违反《民事诉讼法》第281条规定的情形之一的,可以向仲裁地中级人民法院申请不予执行。《民事诉讼法》第281条规定的4种情形为:(1)当事人在合同中没有订有仲裁条款或事后没有达成书面仲裁协议的;(2)被申请人没有得到指定仲裁员或进行仲裁程序的通知,或者由于其他不属于被申请人负责的原因未能陈述意见的;(3)仲裁庭的组成或者仲裁的程序与仲裁规则不符的;(4)裁决的事项不属于仲裁协议的范围或者仲裁机构无权仲裁的。人民法院认定执行该裁决违背社会公共利益的,应当裁定不予执行。[2]

如果一项裁决因当事人提出异议而被法院宣布该裁决无效或被撤销,或者因为裁决含混不清而无法执行,在这种情况下,该裁决显然不具有定案效力。但是否因此导致了仲裁协议的失效,各国法律规定不一致,如瑞典的法律认为,在此情况下当事人可不受约束地向法院提起诉讼,因为至少就向法院起诉来说,原仲裁协议的障碍已被排除。我国《民事诉讼法》第282条规定,仲裁裁决被人民法院裁定不予执行,当事人可以根据双方达成的书面仲裁协议重新申请仲裁,也可以向人民法院起诉。

五、国际商事仲裁裁决的承认与执行

(一)国际商事仲裁裁决承认与执行的国际立法

由于国际商事仲裁裁决经常涉及一国以外的当事人或物,它的承认与执行需要在另一国得到实现。为了解决国际商事仲裁裁决的承认与执行问题,国际上先后缔结了多个双边和多边国际条约,如1889年南美国家签订的《蒙德维的亚国际民事条约》,1928年第六次美洲国家会议制定和通过的《布斯塔曼特法典》,均规定了关于外国仲裁裁决的承认与执行;1923年在国际联盟主持下,10个欧洲国家签署了《关于承认仲裁条款的日内瓦议定书》,该议定书责成各缔约国在当事人处于缔约国管辖范围内的情况下,承认在其中任何一个缔约国境内所签订的仲裁协议或仲裁条款,如果裁决是在某一缔约国境内作出的,这个国家就应该执行该项裁决。在国际联盟主持下于1927年还签署了《关于执行外国仲裁裁决的日内瓦公约》,该公约规定在一定条件下,各缔约国应执行依上述日内瓦议定书签订的仲裁协议和仲裁条款所作出的裁决,即便当有关裁决是在执行裁决国以外的国家作成时也是如此。

在多边条约中,目前最重要、参加国最多、影响最广泛的是在联合国主持下,于1958年在纽约通过的《纽约公约》。在各缔约国之间,该公约取代了上述1923年和1927年的条约。从内容上看,它相对于后者而言,扩大了承认和执行外国仲裁裁决的范围,放宽了

---

〔2〕 应当注意的是,我国《仲裁法》第58条对撤销国内仲裁裁决规定了不同的情形:(1)没有仲裁协议的;(2)裁决的事项不属于仲裁协议的范围或者仲裁委员会无权仲裁的;(3)仲裁庭的组成或者仲裁的程序违反法定程序的;(4)裁决所根据的证据是伪造的;(5)对方当事人隐瞒了足以影响公正裁决的证据的;(6)仲裁员在仲裁该案时有索贿受贿,徇私舞弊,枉法裁决行为的。

承认和执行外国仲裁裁决的条件,简化了承认和执行外国仲裁裁决的程序,从而大大便利了外国仲裁裁决的承认和执行。该公约自1959年6月7日起生效。

(二)承认和执行外国仲裁裁决的条件和程序

根据《纽约公约》的规定,各缔约国应承认仲裁裁决具有约束力,并且需依照裁决被承认或执行地的程序规则予以执行。各缔约国在承认或执行外国仲裁裁决时,不得比承认和执行国内仲裁裁决附加更为苛刻的条件或者征收过多的费用。

《纽约公约》以排除的方式规定了承认和执行外国仲裁裁决的条件,即被请求承认和执行的裁决具有公约规定的排除情形时,被请求执行国家有权拒绝承认和执行。这些条件包括以下几个方面:(1)签订仲裁协议的当事人,根据该国对其适用的法律存在某种无行为能力的情况,或根据仲裁协议所选择的准据法,或依裁决作出地国的法律,证明该仲裁协议是无效的。(2)被申请人未接到关于指派仲裁员或关于进行仲裁程序的适当通知,或者由于其他情况未能对案件进行申辩。(3)裁决所处理的事项,不是交付仲裁的事项,或不包括在仲裁协议规定之内,或超越仲裁协议的范围。(4)仲裁庭的组成或仲裁程序同当事人之间的协议不符,或者当事人没有这种协议时同仲裁进行地所在国家的法律不符。(5)裁决对当事人还未产生约束力,或者裁决已经由作出裁决的国家或据其法律作出裁决的国家的管辖当局撤销或停止执行。

此外,《纽约公约》还规定,如果被请求承认和执行仲裁裁决的国家的管辖当局查实有下列情形之一的,也可以拒绝承认和执行:(1)依裁决执行地国的法律,争议的事项不得以仲裁方法解决的。(2)承认或执行该项裁决将和该国的公共秩序相抵触的。

依照《纽约公约》规定,为了获得对仲裁裁决的承认和执行,申请承认和执行裁决的当事人应该在申请时提供:(1)经正式认证的裁决正本或经正式证明的副本;(2)属公约范围的仲裁协议正本或经正式证明的副本;(3)如果仲裁裁决或仲裁协议不是用裁决所需承认或执行的国家的官方文字写成,申请承认或执行裁决的当事人应当提供这些文件的此种文字译本。译本应由一个官方的或宣过誓的翻译员或外交、领事人员证明。

(三)我国承认和执行外国仲裁裁决的一般规定

根据1986年12月2日全国人民代表大会常务委员会《关于我国加入〈承认及执行外国仲裁裁决公约〉的决定》、1987年4月10日最高人民法院《关于执行我国加入的〈承认及执行外国仲裁裁决公约〉的通知》以及《民事诉讼法》的有关规定,我国承认和执行外国仲裁裁决的现行法律制度包括以下内容:

1. 我国在加入《纽约公约》时作了互惠保留和商事保留的声明。根据前者,我国仅对在公约成员国的领土内作成的仲裁裁决的承认和执行适用该公约;根据后者,我国仅对按照我国法律属于契约性和非契约性的商事法律关系所引起的争议适用该公约。

2. 在《纽约公约》成员国领土内作成的外国仲裁裁决需在我国承认和执行的,由裁决执行申请人向我国下列地点的中级人民法院提出申请:(1)被执行人为自然人的,为其住所地或其居住地的中级人民法院;(2)被执行人为法人的,为其主要办事机构所在地的中级人民法院;(3)被执行人在我国没有住所、居所或主要办事机构,但有财产在我国境内的,为其财产所在地的中级人民法院。

3. 我国有管辖权的人民法院接到裁决执行申请人的申请后,应对申请承认和执行的外国仲裁裁决进行审查。如果不具有《纽约公约》规定的拒绝承认和执行的情况,应裁定其效力,并依照《民事诉讼法》规定的程序执行。否则,应裁定驳回申请,拒绝承认与执行。

4. 仲裁裁决一方当事人向我国法院申请承认和执行外国仲裁裁决的,该项申请应当在《民事诉讼法》第246条规定的申请执行的期限内提出,申请执行的期限为两年,以规定的履行期间的最后一日起计算,裁决规定分期履行的,从规定的最后一期履行期限届满之日起计算。

5. 对于在非公约成员国境内作出的仲裁裁决需要在我国承认和执行的,应按我国《民事诉讼法》第290条规定的条件和程序办理,即按照互惠原则办理。

第三节 国际民事诉讼

一、国际民事诉讼和国际民事诉讼法

国际民事诉讼,是指诉讼程序中含有国际因素的民事诉讼,与国内民事诉讼相比,国际民事诉讼的主要不同之处在于:(1)国际民事诉讼中的案件的管辖连结点一般散布在不同的国家或地区,不同国家或地区的法院依据其国内法或相关条约,基于属人管辖、属地管辖或协议管辖等原则,对同一案件都享有管辖权,使案件的管辖权问题具有国际性;(2)司法文书的送达、证据的调取、判决的承认与执行等需要有关机构或外国法院的协助,使民事诉讼的某一进程不限于某一国家或地区;(3)讼争一方或双方是外国当事人,使某些制度,如外国当事人的诉讼地位、外国当事人委托代理人参加诉讼的制度等具有不同于国内民事诉讼的规定。

国际民事诉讼和国际商事仲裁都是解决国际民事争议的常用纠纷解决途径,但二者有着本质区别。与国际商事仲裁相比,国际民事诉讼是由国家的司法机关而非民间团体性质的仲裁机构来审理案件,其管辖权来自国家的强制力而非当事人的合意,大多实行两审终审制而非一裁终局制。一般说来,国际商事仲裁比国际民事诉讼更加灵活,更能体现当事人的意思自治,但其一定程度上受到法院的监督和制约。

国际民事诉讼法,是指国际民事诉讼程序的各种法律规范的总和,其渊源主要有国内立法和国际立法,国内立法主要是各国的民事诉讼法或相关判例,国际立法方面,目前国际社会尚不存在统一的民事程序法典,但就民事诉讼的某些问题,或诉讼进程的某些方面,国际社会通过缔结多边或双边条约制定了一些规范。

二、国际民事诉讼中的管辖权

(一)概述

国际民事诉讼中的管辖权,是指一国法院受理具有国际因素的民事案件的权限。对案件享有管辖权,是一国法院行使司法权、审判国际民事案件的前提条件。案件由哪一个

国家或地区的法院行使管辖权,一定程度上影响裁判的结果,并直接关系判决能否被其他国家或地区的法院承认和执行。相对国内民事案件的管辖权而言,国际民事案件的管辖权存在两次划定的过程,第一次是在不同国家的法院之间的划定,这是典型的国际民事诉讼管辖权要处理的问题。第二次则是该案确定由某国法院管辖后,案件在该国不同地域、不同层级或不同体系的法院之间的分配。

(二)国际社会确定管辖权的一般原则

1. 属地管辖原则

属地管辖,也叫地域管辖,是采用一些与地域有关的因素作为确定法院对国际民事案件管辖权的标准,强调一国法院对所属国境内涉及一切人和物以及法律事件和行为的案件具有管辖权。常见的属地管辖因素包括:当事人的住所地、居所地或惯常居所地,诉讼标的物所在地,被告财产所在地,有关的法律行为和法律事件的发生地,如合同签订地、合同履行地、侵权行为发生地等。英国、美国、德国以及北欧国家都是以属地管辖作为确定国际民事案件管辖权的基本原则。

2. 属人管辖原则

属人管辖是以当事人的国籍作为确定法院国际民事案件管辖权的标准。属人管辖侧重于诉讼当事人的国籍,强调一国法院对涉及本国国民的国际民事案件具有管辖权。例如,法国的法律规定,如果当事人具有本国国籍,本国法院即具有管辖权。

3. 协议管辖原则

协议管辖,是指以当事人选择管辖法院的协议作为确定法院国际民事案件管辖权的标准,是意思自治原则在国际民事案件管辖权问题上的具体表现。目前,各国一般都承认当事人对国际民事案件协议选择管辖法院的权利,但对当事人的选择有不同程度的限制。例如,我国《民事诉讼法》规定,当事人所做选择不得违反我国关于级别管辖和专属管辖的规定。

案例 2-1 | M/S Bremen v. Zapata Off-shore Co.[3]

1967 年,以休斯敦为基地的美国公司 Zapata 与一家德国公司 Unterweser 签订一份拖航合同。由德国公司将 Zapata 的一个海上钻探平台从美国路易斯安那拖至意大利的亚得里亚海某地点。1968 年 1 月 5 日,德国公司的深海拖船 Bremen 拖载 Zapata 的海上钻探平台从路易斯安那出发。1 月 9 日,因遭遇严重风暴,海上钻探平台在墨西哥湾遭受严重损失。Zapata 于是通知 Bremen 将海上钻探平台拖至佛罗里达的坦帕港。

拖航合同的法院选择条款规定,由此带来的任何争议必须在伦敦法院处理。合同还有两个条款旨在免除德国公司的拖航责任。1968 年 1 月 12 日,Zapata 不顾合同的法院选择条款,在坦帕的联邦地方法院提起海事诉讼,包括对德国公司的对人诉讼和对 Bremen 的对物诉讼,以拖航过失和违反合同为由要求赔偿 3,500,000 美元的损失。德国公司对美国法院的管辖提出管辖异议,理由是:法院选择条款使美国法院没有管辖权;或者美国法院是不方便法院;或者应搁置该案件等待将案件提交伦敦法院。德国公司随后在伦敦

---

〔3〕 See Supreme Court of the United States, 1972. 407 U. S. 1, 92 S. Ct. 1907, 32 L. Ed. 2d 513.

高等法院以 Zapata 违反合同为由提起诉讼要求赔偿损失。Zapata 在伦敦高等法院出庭就管辖权提出异议。伦敦高等法院以法院选择条款赋予其管辖权为由拒绝了 Zapata 的异议。

联邦地方法院驳回了德国公司的管辖异议,其主要依据是上诉法院在 Carbon Black Export,Inc. v. The Monrosa 案中的判决。在该案中,上诉法院认为,很多美国法院的传统观点就是:剥夺美国法院管辖权的约定属于违反公共政策因而是不可实施的。本案的法院选择条款同样不可实施。

德国公司向联邦上诉法院提起上诉。联邦上诉法院维持联邦地方法院的裁定。联邦上诉法院还认为,联邦地方法院是方便法院。值得注意的是,在 14 名法官组成的法庭中,有 6 名法官对维持原裁定持反对意见。

德国公司继续上诉到美国最高法院。美国最高法院认为,基于目前的国际商业交易现状,一味地坚持 Carbon Black 案的判决已不合时宜。至少 20 年来我们看到了以美国为基地的企业海外商业活动的扩张,距离障碍不再像以前能将商业限于一个狭隘的领土内。本案中我们就看到了一家有特殊专长的美国公司与一家外国公司签约将一台复杂的机器拖经数千英里的海洋。如果不顾严肃的合同,坚持所有的争议只能依据美国法律在美国法院解决的狭隘观念,将几乎不会鼓励美国商业和产业的扩展。法院选择条款长期以来不被美国法院所支持。许多法院以违反公共政策或剥夺法院管辖权为由否定法院选择条款的效力,但也有一些法院倾向于对法院选择条款持更友好的态度。本案中 6 名法官在反对意见中就对这种观点做了很好的阐述。这种观点认为,法院选择条款应初步推定为有效,除非异议方能证明这种约定管辖是不合理的,否则就应是可以执行的。我们认为,这是正确的原则,应为处理海商案件的联邦地方法院所遵循。

本案中,法院选择条款应予以执行,除非 Zapata 能证明这种执行不合理、不公平,或者条款因为欺诈或显失平衡而无效。由于本案合同由双方当事人自由缔结,选择伦敦作为诉讼地是双方的合理行为,其目的是使其国际交易具有确定性,并为合同争议提供一个有经验和有能力处理海事争议的中立法庭。因此,本案的法院选择条款应予以执行。这并不是剥夺联邦地方法院的管辖权,而是为了尊重当事人通过合同所体现的合理期待,合同的管辖选择条款应予执行。

4. 专属管辖原则

专属管辖,是指对特定类型的案件由特定法院行使管辖权,强调一国法院对与其本国利益具有密切联系的案件所具有的排他的管辖权。至于哪些因素被视为与本国利益具有密切联系,各国规定不一,但普遍将涉及不动产纠纷的案件列为专属管辖的范围。

5. 我国的国际民事案件管辖权

(1)特殊地域管辖。《民事诉讼法》第 272 条规定,因合同纠纷或者其他财产权益纠纷,对在我国领域内没有住所的被告提起的诉讼,如果合同在我国领域内签订或者履行,或者诉讼标的物在我国领域内,或者被告在我国领域内有可供扣押的财产,或者被告在我国领域内设有代表机构,可以由合同签订地、合同履行地、诉讼标的物所在地、可供扣押财产所在地、侵权行为地或者代表机构住所地人民法院管辖。该条规定是专门针对被告在我国领域内没有住所地的合同和其他财产纠纷案件的特殊地域管辖。我国法院对涉外民商事案件行使管辖权的依据并非仅限于《民事诉讼法》第 272 条列举的情形。例如,根据《民事诉讼法》第 23 条,对不在中华人民共和国领域内居住的人提起的有关身份关系的诉讼,由原告住所地法院管辖。又如,《民事诉讼法》对海事诉讼案件的管辖也做了特别规定,根据《民事诉讼法》第 31 ~33 条,船舶碰撞或者其他海事损害事故请求损害赔偿提起的诉讼,由碰撞发生地、碰撞船舶最先到达地、加害船舶被扣留地或者被告住所地人民法院管辖;因海难救助费用提起的诉讼,由救助地或者被救助船舶最先到达地人民法院管辖;因共同海损提起的诉讼,由船舶最先到达地、共同海损理算地或者航程终止地的人民法院管辖。如果这些海事案件具有涉外因素,则应依上述规则确定我国法院的管辖权。

(2)协议管辖。《民事诉讼法》第 35 条规定,合同或者其他财产权益纠纷的当事人可以书面协议选择被告住所地、合同履行地、合同签订地、原告住所地、标的物所在地等与争议有实际联系的地点的人民法院管辖,但不得违反本法对级别管辖和专属管辖的规定。[4] 涉外司法审判实践中,涉外民商事纠纷案件的当事人协议约定外国法院对其争议享有非排他性管辖权时,可以认定该协议并没有排除我国法院的管辖权。如果一方当事人向我国法院提起诉讼,我国法院依照民事诉讼法对案件享有管辖权的,可以受理。[5] 关于可以协议选择的管辖法院的范围,除了《民事诉讼法》第 35 条列举的管辖连接点外,当事人协议选择《民事诉讼法》第 272 条所列举的管辖连接点时,该选择也应被认定为有效。《民事诉讼法》第 35 条的规定要求协议选择的法院与争议有实际联系,但我国的《海事诉讼特别程序法》并不要求协议选择的管辖法院与争议存在实际联系。该法第 8 条规定,“海事纠纷的当事人都是外国人、无国籍人、外国企业或者组织,当事人书面协议选择中华人民共和国海事法院管辖的,即使与纠纷有实际联系的地点不在中华人民共和国领域内,中华人民共和国海事法院对该纠纷也具有管辖权”。

(3)应诉管辖。《民事诉讼法》第 130 条规定,人民法院受理案件后,当事人对管辖权有异议的,应当在提交答辩状期间提出。人民法院对当事人提出的异议,应当审查。异议成立的,裁定将案件移送有管辖权的人民法院;异议不成立的,裁定驳回。当事人未提出管辖异议,并应诉答辩的,视为受诉人民法院有管辖权,但违反级别管辖和专属管辖规定的除外。[6]

(4)专属管辖。《民事诉讼法》第 273 条规定,因在我国履行中外合资经营企业合同、中外合作经营企业合同、中外合作勘探开发自然资源合同发生纠纷提起的诉讼,由我国法院管辖。对这三类案件,当事人不得协议选择其他国家法院管辖,但有效的仲裁条款则可排除专属管辖。根据《民事诉讼法》第 34 条的规定,因不动产纠纷提起的诉讼,由不动产所在地人民法院管辖;因港口作业中发生纠纷提起的诉讼,由港口所在地人民法院管辖;因继承遗产纠纷提起的诉讼,由被继承人死亡时住所地或者主要遗产所在地人民法院管辖。

---

〔4〕 为统一国内案件与涉外案件的协议管辖规则,2012 年修正的《民事诉讼法》将原先专门规范涉外民事案件协议管辖问题的第 242 条予以删除。

〔5〕 2005 年 12 月最高人民法院发布的《第二次全国涉外商事海事审判工作会议纪要》第 12 条。

〔6〕 为统一国内案件与涉外案件的应诉管辖规则,2012 年修正的《民事诉讼法》将原先专门规范涉外民事案件应诉管辖问题的第 243 条予以删除。

(5)集中管辖。由于涉外民商事案件在管辖权、送达、调查取证、判决承认与执行等程序中的特殊制度,案件实体审理过程中需要根据冲突法规范确定应适用的法律,为保障涉外民商事案件的审判质量,目前,我国法院对某些类型的涉外民事案件实行集中管辖制度。所谓集中管辖,是指对涉外合同和侵权纠纷,信用证纠纷,申请撤销、承认与强制执行国际仲裁裁决的案件,审查有关涉外民事仲裁条款效力的案件,以及申请承认和强制执行外国法院民事判决、裁定的案件,并非所有的法院均可行使一审管辖权,只能由特定的法院行使一审管辖权,具体包括:国务院批准设立的经济技术开发区人民法院;省会、自治区首府、直辖市所在地的中级人民法院;经济特区、计划单列市中级人民法院;最高人民法院指定的其他中级人民法院;高级人民法院。涉及我国香港特别行政区、澳门特别行政区和台湾地区当事人的民事纠纷案件的管辖,参照集中管辖的规定处理。发生在与外国接壤的边境省份的边境贸易纠纷案件、涉外房地产案件和涉外知识产权案件,不属于集中管辖的范畴。[7]

(三)管辖豁免

管辖豁免,是指国家或国际组织及其派驻他国的外交代表在驻在国享有司法管辖、诉讼程序和强制执行的豁免权,这是"平等者之间无管辖权"之国际法基本原则在国际民事案件管辖权问题上的体现。我国业已加入的《维也纳外交关系公约》和《维也纳领事关系公约》,以及我国随后制定的《外交特权与豁免条例》《领事特权与豁免条例》对此均有明确规定。《民事诉讼法》第 268 条也规定,对享有外交特权与豁免的外国人、外国组织或者国际组织提起的民事诉讼,应当依照我国有关法律和我国缔结或者参加的国际条约的规定办理。

当讼争法律关系的一方是外国主权国家时,法院能否行使管辖权,各国理论和实践中存在"绝对豁免说"和"限制豁免说"。"绝对豁免说"主张国家所实施的一切行为都享有豁免的权利,"限制豁免说"则将国家行为区分为行使统治权的治权行为和从事商业性活动的事务性行为,主张国家只有实施治权行为才享有豁免权,而实施事务性行为则不能享受豁免。目前,主张"限制豁免说"的国家在不断增加。

对涉及国家、国际组织,以及外交代表等诉讼主体的案件的受理,我国建立了案件层报制度。凡涉及在中国享有特权与豁免的主体为被告、第三人的民事案件,人民法院应在决定受理之前,报请本辖区高级人民法院审查;高级人民法院同意受理的,应当将其审查意见报最高人民法院。在最高人民法院答复前,一律暂不受理。[8]

(四)各国法院之间的管辖权冲突、协调及行使

各国关于民商事诉讼的管辖权规则不尽一致,甚至存在较大差异,导致国际社会存在对同一争议不同国家或地区的法院都可以依据其管辖权规则行使管辖权的现象。具体而言,民事案件管辖权的某些构成因素可能分布在不同的法域,使有关国家或地区的法院对同一民事案件均存在行使管辖权的依据。例如,作为属人管辖连接因素的原被告国籍不同一,作为属地管辖连接因素的当事人住所地与法律关系的发生、变更或消灭地(如合同

---

[7] 2002 年 2 月 25 日,最高人民法院《关于涉外民商事案件诉讼管辖若干问题的规定》。

[8] 2007 年 5 月 22 日,最高人民法院《关于人民法院受理涉及特权与豁免的民事案件有关问题的通知》。

签订地、合同履行地等)位于不同国家,或者争议标的物分别位于不同国家等,使不同国家或地区的法院对同一纠纷都存在可行使管辖权的依据。如果一国国内出现不同地域、不同层级法院对同一争议都有管辖权的情况,该国的司法机构可通过相关民事程序法予以协调解决,但在国际社会,既缺乏此种可协调不同国家法院管辖权的司法机构,目前也缺乏普遍适用的统一的国际规则。为了减少或者消除管辖权冲突所带来的不利影响,有关国际组织就各国法院管辖权的协调问题推动制定了一些国际公约,如 1968 年欧共体《民事司法管辖权和判决执行公约》、1971 年海牙《承认与执行外国民事和商事判决的公约》及补充议定书等。这些公约有的只是区域性公约,有的成员国过少,影响力有限。1992 年,海牙国际私法会议开始着手起草一项"混合公约",对各国法院的管辖依据(直接管辖权),以及一国法院承认与执行外国法院判决时对外国法院的管辖权问题进行判断的依据(间接管辖权)进行规定。因各国分歧过大,最终仅于 2005 年通过了一项调整范围较为有限的《选择法院协议公约》。2019 年,海牙国际私法会议通过了涉及间接管辖权的《承认与执行外国民商事判决公约》后,又于 2020 年开启了推动国际社会就直接管辖权问题制定统一规则的进程。

1. 平行诉讼

平行诉讼,又称"双重起诉""诉讼竞合",是指相同当事人就同一纠纷在两个或两个以上国家的法院进行诉讼的现象。典型的平行诉讼表现为两种方式:其一,某甲就同一纠纷在两个或两个以上国家的法院起诉某乙;其二,某甲就某纠纷在 A 国法院起诉某乙,某乙就该纠纷在 B 国法院起诉某甲。如果前述法院依据其国内管辖权规则,对于该民商事案件都有管辖权且都实际行使了管辖权,就形成了平行诉讼的现象。

平行诉讼的实质是一种管辖权的冲突,虽然可以使当事人获得更多的诉讼机会,但会造成当事人精力和金钱的耗费和司法资源的浪费,而且极易形成冲突判决,给判决的承认与执行带来诸多障碍,有可能并不利于保护当事人的利益。在一国国内,通常不允许同一案件在不同法院同时进行审理。但在国际社会,缺少对此类冲突进行协调的机构和规则。目前,平行诉讼问题的解决更多的是依靠各自的国内法机制。归纳而言,各国主要采取如下几种措施:

(1)中止本国诉讼或驳回当事人在本国的起诉。在美国,法院综合考虑案件审理是否方便、法院受理案件的先后顺序、外国法院给予的救济是否充分、是否存在影响法院管辖权行使的决定性因素等情况后,如果决定中止本国诉讼,一般依未决诉讼案件原则(The Lis Alibi Pendens Doctrine)发布未决诉讼命令以中止本国的诉讼,此种情形下外国法院的判决通常可获得美国法院的承认和执行。如果外国法院诉讼未进行下去,则美国法院的诉讼可恢复。英国对平行诉讼的处理与美国相似。是否中止诉讼,英国法院要考虑如下因素:案件审理的便利条件和费用、契约准据法的适用、缔约各方与法院地国的密切联系程度、原告的相关权利是否会受到侵害等。德国、法国、意大利和瑞士等国通常采用预测理论,以外国法院所作判决是否会得到本国法院的承认为标准,来决定本国法院所采取的措施。如果外国法院所作判决预期能得到本国法院的承认,则或者中止本国法院的诉讼,或者驳回当事人在本国的起诉。还有的国家以案件受理顺序为判断标准,在发生平行诉讼时,原则上由最先受理案件的国家的法院行使管辖权,后受理案件的法院中止或驳回在本国的诉讼。1968 年欧共体《民事司法管辖权和判决执行公约》第 21 条、《希腊民事诉讼法》第 222 条对此都有规定。[9]

(2)发布禁诉令(Anti – suit Injunction)或采取类似措施,间接干预外国法院的诉讼。禁诉令,是指一国法院对系属于该国法院管辖的案件当事人作出的禁止其在外国法院提起或参加诉讼的命令,违反禁诉令的当事人将面临法院的制裁。目前,禁诉令主要为英美法系国家如英国、美国、加拿大、澳大利亚等国采用。大陆法系国家不存在专门的禁诉令制度,但司法实践中也采取过禁止当事人在外国法院启动或推进不当诉讼的措施。例如,在某离婚案件中,德国最高法院作出过命令当事人停止在外国法院的诉讼活动并承担赔偿责任的裁判;[10] 在某破产案件中,法国最高法院也为保护其破产程序签发过禁诉令[11]。在我国,有的海事法院以《海事诉讼特别程序法》规定的海事强制令为依据,裁定命令当事人申请解除在外国法院的财产保全措施,或者停止在域外的诉讼。近年来,我国审理知识产权案件的法院以《民事诉讼法》第 103 条关于行为保全的原则性规定为制度基础,作出过关于禁止当事人必须为某种诉讼行为或不为某种诉讼行为的裁定。相比大陆法系国家所采取的类似措施而言,禁诉令在英美法系国家运用得更为广泛。通常情形是,如果审理案件的法院或者仲裁庭认定一方当事人的行为违反了当事人之间关于争议解决方式的约定,又在其他国家的法院提起了诉讼,即会发布命令,命令违反协议的一方停止在其他国家法院的诉讼。禁诉令针对的虽然是当事人,但会对在外国法院进行的诉讼间接产生干预。为此,欧洲法院在 Turner v. Grovit 一案中,明确指出不允许 1968 年欧共体《民事司法管辖权和判决执行公约》的成员国法院签发禁止当事人在其他成员国诉讼的禁诉令。但在该公约范围之外,实行禁诉令制度的国家仍有可能向当事人签发禁诉令。[12]

(3)允许诉讼并存,在判决的承认与执行环节解决管辖权冲突问题。美国大多数法院认可同时并存的平行诉讼,如果本国法院和外国法院都作出了判决,以其中首先做出的判决来定案。[13] 英国法也规定,当事人可以英国法院先期作出判决为由,对另一外国法院的判决提出抗辩;当存在两个对立的外国判决时,先作出的判决将被承认,后一判决将不被承认。根据《意大利民诉法》第 3 条,其允许平行诉讼的同时进行,但意大利法实际上禁止承认针对同一事项的外国判决。[14] 印度、巴基斯坦、缅甸等国的民事诉讼法典的解释也都允许国内外同一诉讼的并存,认为诉讼正在外国法院进行的事实,并不妨碍本国法院受理基于同一诉因而提起的诉讼。[15]

---

〔9〕 参见徐卉:《涉外民事诉讼管辖权冲突的解决途径》,载陈光中主编:《诉讼法论丛》第 5 卷,法律出版社 2000 年版,第 675 页。

〔10〕 See Markus Lenenbach, *Antisuit Injunction in England, Germany and the United States: Their Treatment Under European Civil Procedure and the Hague Convention*, p. 273 – 275.

〔11〕 参见欧福永:《国际民事诉讼中的禁诉令》,北京大学出版社 2007 年版,第 110 ~ 111 页。

〔12〕 See *Dicey, Morris and Collins on the Conflict of Laws*, 14th. ed., London: Sweet & Maxwell, 2006, p. 510 – 511.

〔13〕 参见张茂:《美国国际民事诉讼法》,中国政法大学出版社 1999 年版,第 115 页。

〔14〕 参见徐卉:《涉外民事诉讼管辖权冲突的解决途径》,载陈光中主编:《诉讼法论丛》第 5 卷,法律出版社 2000 年版,第 686 ~ 687 页。

〔15〕 参见倪征日奥:《国际法中的司法管辖权问题》,世界知识出版社 1985 年版,第 142 页。

(4)我国的立法和司法实践。我国现行《民事诉讼法》并未对平行诉讼问题作出规定,但最高人民法院制定的相关司法解释对此问题作了相应的规定,最高人民法院《关于适用〈中华人民共和国民事诉讼法〉的解释》(以下简称《民诉解释》)第531条规定我国法院和外国法院都有管辖权的案件,一方当事人向外国法院起诉,而另一方当事人向我国法院起诉的,我国法院可予受理。判决后,外国法院申请或者当事人请求我国法院承认和执行其判决的,不予准许,但双方共同缔结或者参加的国际条约另有规定的除外。另外,针对离婚案件,《民诉解释》第15条规定,“中国公民一方居住在国外,一方居住在国内,不论哪一方向人民法院提起离婚诉讼,国内一方住所地人民法院都有权管辖。国外一方在居住国法院起诉,国内一方向人民法院起诉的,受诉人民法院有权管辖”。可见,我国对平行诉讼采取的措施是允许国内外法院对同一案件行使管辖权,但对外国法院作出的判决一概不予承认。甚至有人认为,即使外国法院已经作出了终审判决,也不影响我国法院受理此案。我国法院作出判决后,对外国法院的裁判不予承认。[16] 近年来,最高人民法院对平行诉讼问题的处理较以前稍显灵活,虽然仍强调我国的上述立场,但对于是否受理可由我国法院根据案件具体情况决定。如果外国法院判决已经被我国法院承认和执行的,人民法院不应受理。[17]

2. 不方便法院原则(forum non convenience doctrine)

国际民事诉讼中的不方便法院原则,是指某国法院依其法律对某案件虽具有管辖权,但从方便当事人和证人参加诉讼、证据收集,进而方便法院审理的角度出发,认为诉讼在另一国法院进行可能更为便利时,暂时中止对案件的审理或者放弃对该案行使管辖权的一种制度。[18] 法院一旦决定适用不方便法院原则,会驳回原告在本院提起的诉讼,或者中止该诉讼。目前,英国、美国、加拿大和澳大利亚等国通过判例确立了不方便法院原则,部分大陆法系国家如荷兰、日本等国也通过立法接受了这一原则。

案例2-2 | 印度博帕尔毒气惨案[19]

1984年12月3日,印度博帕尔市的一家化工厂发生化学品泄漏事故,导致当地居民2000多人丧生,随后几年里死亡人数逾4000人。泄漏事故也给当地环境造成了严重破坏。该化工厂是由联合碳化印度有限公司拥有和经营的,美国联合碳化公司持有该公司50.9%的股份,印度政府持有其22%的股份,其余股份由2万多名印度人持有。

事故发生后,印度政府颁布了一项《博帕尔毒气泄漏惨案法》,规定印度政府在印度以及与该案有联系的其他地方有代表印度受害原告的专属权利。1985年4月8日,受害者和印度政府在美国纽约南部联邦地方法院起诉美国联合碳化公司,索赔总额约31.2亿美元。

受害者和印度政府选择在美国法院起诉,是基于如下考虑:首先,联合碳化印度有限公司是一家有限责任公司,事故发生时净资产仅为9530万美元,显然不足以赔偿受害人

〔16〕 参见马原主编:《〈民事诉讼法适用意见〉释疑》,中国检察出版社1994年版,第217页以下。

〔17〕 2005年12月最高人民法院发布的《第二次全国涉外商事海事审判工作会议纪要》第10条。

〔18〕 See *Black's Law Dictionary*, 9th ed., p. 726.

〔19〕 参见姚梅镇、余劲松主编:《国际经济法成案研究》,武汉大学出版社1995年版,第1~10页。

损失;其次,虽然联合碳化印度有限公司是一个独立企业法人,在印度完全由印度人经营和管理,但它是美国联合碳化公司这一跨国公司的组成部分,其经营管理、组织结构、财务和技术资源均受制于母公司即美国联合碳化公司,印度子公司仅为母公司的"代理人"或"化身";最后,博帕尔化工厂是美国联合碳化公司设计和建造的,从事的是危险化工品生产,美国联合碳化公司负有防止毒气泄漏、向人们警示生产环节的相关危险、保障人员和财产安全的义务,但美国联合碳化公司违反了这些义务。

美国联合碳化公司请求法院以"不方便法院"为由驳回相关起诉。美国法院认为,首先,与事故相关的资料收集、调查取证需要在事故发生地进行,众多的受害人和证人均位于印度,应适用的准据法也是印度法,诉讼在印度法院进行显然更为方便;其次,该案虽与美国有关系,但联系并不紧密,且印度在该案中的利益显然高于美国;最后,尽管原告辩称,印度的法律设计尚不足以解决如此复杂的诉讼,其调查制度、共同诉讼制度、私法救济等都存在诸多限制,且印度法院案件积压严重,可能导致案件审理的无限期拖延,但美国法院认为印度的法律制度已经发展到可以处理如此复杂诉讼的程度,实体法方面可以参照英国相关的判例,程序法方面,印度立法机构可以通过立法消除相关诉讼障碍。总之,印度法院是一个适当的替代法院。

1986年6月,纽约南部联邦地方法院以"不方便法院"为由驳回了原告的起诉,原告的上诉亦被驳回,此后诉讼在印度法院进行。1989年2月,印度政府与美国联合碳化公司达成赔偿协议,美国联合碳化公司最终向受害者支付了总计4.7亿美元的赔偿款。

美国关于不方便法院原则的司法实践颇具代表性。一般认为,美国不方便法院原则的确立源于美国联邦法院对海湾石油公司诉吉尔伯特(Gulf Oil Corp. v. Gilbert)一案的审理。在该案中,美国联邦最高法院确立了适用该原则的利益平衡方法:最重要的是当事人的私人权益,同时也要考虑公共利益。[20]

归纳看来,不方便法院原则的适用条件包括:(1)依照其本国法律,法院自身对案件具有管辖权。(2)审理案件的法院是否为不方便法院。对此,美国法院考虑的因素主要有被告是否方便参加诉讼、判决的可执行性、证据的获得是否方便、争议行为或事件发生的地点、对所有当事人送达的可能性、外国法院正在进行的未决诉讼、语言因素、案件积压情况等。(3)外国法院是否为合适的替代法院。构成合适替代法院的因素一般包括外国法院对案件具有管辖权、与诉讼的关系更为密切。如果存在外国法院对案件不具有管辖权、原告无法在外国法院起诉、外国法院存在偏见或贪腐、外国法院不当适用实体法规则和程序法规则等情形,该外国法院将不被视为合适的替代法院。[21] 对上述基本条件的判断,很大程度上取决于案件审理法院的自由裁量。

近年来,我国司法实践中也开始逐步确立不方便法院原则。如果符合下列条件,我国法院可以"不方便法院原则"为由裁定驳回原告的起诉:(1)被告提出适用"不方便法院原则"的请求,或者提出管辖异议而受诉法院认为可以考虑适用不方便法院原则;(2)受理案件的我国法院对案件享有管辖权;(3)当事人之间不存在选择我国法院管辖的协议;

---

〔20〕 参见张茂:《美国国际民事诉讼法》,中国政法大学出版社1999年版,第101页。

〔21〕 李双元、谢石松:《国际民事诉讼法概论》,武汉大学出版社2001年版,第327页。

(4)案件不属于我国法院专属管辖;(5)案件不涉及我国公民、法人或者其他组织的利益;(6)案件争议发生的主要事实不在我国境内且不适用我国法律,我国法院若受理案件在认定事实和适用法律方面存在重大困难;(7)外国法院对案件享有管辖权且审理该案件更加方便。[22]需要强调的是,如果被告未提出管辖权异议,即使案件存在不方便管辖因素,我国法院也不主动适用。[23]

三、域外民事诉讼中的司法协助(互助)

国际民事诉讼中的司法协助,是指一国法院或相关机构基于他国法院或相关机构的请求,在本国境内协助实施一定司法行为的制度。关于司法协助的范围,有广义和狭义之分,狭义的司法协助仅涉及代为送达诉讼文书、代为调查取证,广义的司法协助还将外国法院判决的承认与执行、外国仲裁裁决的承认与执行包括在内。我国的立法和司法实践采广义说。[24]

国际司法协助需要各国的具体机构实际实施,根据司法协助中各自职责的不同,存在中央机关、主管机关和外交机关的相对划分。中央机关是指一国以开展民商事司法协助为目的而指定或设置的起联系和转递作用的机关,各国指定的中央机关并不一致,较为常见的是各国的司法部。主管机关是司法协助事务的执行机构,大多是司法机关。如果请求国与被请求国之间不存在条约关系但存在正常的邦交关系,则可由本国外交机关与被请求国外交机关联系转递司法协助请求及办理其他相关事宜。

(一)域外送达

1. 域外送达的概念、意义和性质

国际民事诉讼中的域外送达,是指一国法院或相关机构依据多边或双边司法协助条约规定的途径,或通过其他途径,将司法文书送达给位于该外国的当事人的行为。将司法文书送达给当事人,是对当事人基本诉讼权利的保障,是正当程序的内在要求,是某些诉讼期限的时间起算点。司法文书送达对法院和当事人都具有非常重要的意义。

各国对文书送达的性质存在不同的认识。英美法系认为,送达属于应由当事人或其律师完成的事项,即使是协助在外国法院进行的诉讼,也被认为是属于"私"的性质,不能与"国家(州)的特权"联系在一起。[25] 与此相反,在大陆法系国家,送达被视为国家司法机关执行职权的行为,由法院或专司送达的官员完成。如果外国法院向其境内进行送达司法文书必须得到其许可,并且符合其法律规定的方式,否则即构成对其主权的侵犯。在我国,送达是专属于人民法院的职权,只能由法院执行。

2. 域外送达的依据

域外送达的条约依据主要是双边司法协助条约和多边国际公约,其中最具代表性的公约是1965年《海牙送达公约》。另外,还存在一些区域性的送达公约,如1997年《欧盟

---

〔22〕 2005年12月最高人民法院发布的《第二次全国涉外商事海事审判工作会议纪要》第11条。

〔23〕 2008年1月最高人民法院发布的《全国法院涉港澳商事审判工作座谈会纪要》第7条。

〔24〕 为行文方便,此处仅讨论域外送达和域外取证问题,至于外国法院判决以及外国仲裁机构裁决的承认与执行问题,本书另设篇幅专门介绍。

〔25〕 参见唐安:《涉外民事诉讼程序中的送达问题》,载《中国国际法年刊》(1993年),第295页。

成员国间送达民商事司法文书及司法外文书的公约》、2000年欧盟理事会《关于送达的第1348/2000号（欧共体）条例》等。如果两国之间不存在条约关系但存在邦交关系，还可依互惠原则协助办理送达事宜。

3. 域外送达方式之一：直接送达

直接送达，是指审理案件的法院直接或通过其本国的驻外代表机关，将有关的文书送达给位于他国的当事人的送达方式。[26] 直接送达主要有如下几种方式：

（1）外交代表或领事送达。外交代表或领事送达，是指一国法院将需要在国外送达的文书委托给本国驻该外国的外交代表或领事代为送达，这是国际社会普遍承认和采用的一种方式。外交代表或领事送达的送达方式一般都要求不违反所在国的法律。而且，大多数国家的立法和有关的国际条约都规定此种送达只能针对送达国所属国国民，并且不能采取强制措施。实践中，当法院委托本国驻受送达国的使领馆向位于受送达国境内的本国（法院地国）公民送达时，使领馆工作人员采取邮寄送达是比较常见的方式。但是，也有一些国家对外交代表或领事送达持相反的态度，认为外国官员在内国境内接受其本国法院的委托代为履行诉讼行为，是对内国主权的侵犯。如比利时、卢森堡、挪威和埃及等国在批准1965年《海牙送达公约》的声明中明确反对这种送达方式。

（2）邮寄送达。邮寄送达，是指一国法院直接将诉讼文书邮寄给国外的诉讼当事人的送达方式。对此，各国立法和司法实践中所持的态度不尽相同。英美法系国家、法国等允许邮寄送达，有的国家则不允许。我国对于《海牙送达公约》中规定的邮寄送达方式提出了保留，反对外国法院对位于我国境内的当事人进行邮寄送达。但如果《海牙送达公约》的缔约国对邮寄送达方式未提出保留，则我国法院可以向位于该国的当事人进行邮寄送达。需要讨论的是，如果案件争议仅涉及私人主体之间的财产纠纷，受送达国对邮寄送达方式提出了保留，但位于受送达国的当事人明确表示接受外国法院的邮寄送达，该邮寄送达是否有效，存在不同看法。应注意的是，即使保留国认为该送达无效，但如果位于保留国的当事人在判决作出国有可供执行的财产，特别是案件当事人不涉及保留国公权力机构，争议事项不涉及保留国的公序良俗时，在此前提下，尽量尊重当事人的程序处分权，通过邮寄送达快速缩短耗时的跨国程序具有一定的积极意义。

（3）由有权进行送达的私人机构或个人进行送达。此种送达的具体操作方式是，法院将文书交给获得授权的私人机构，或者一定身份的个人，例如当事人委托的律师进行送达。这种送达方式一般为英美法系各国所承认和采用。

（4）公告送达。公告送达，是指将需要送达的司法和司法外文书的内容用张贴公告、登报或广播的方式告知有关的当事人，自公告之日起经过一定的时间即视为送达。许多国家的民事诉讼立法都规定，在一定的条件下可采用公告送达的方式，但各国对公告送达方式采用的前提条件和期间规定不一。

（5）按当事人协商的方式送达。此种送达方式是指法院可以依据双方当事人协商一致的方式送达诉讼文书，也主要为英美法系国家所承认和采用。

---

〔26〕严格来说，直接送达并未借助他国法院或有关司法机关的协助，不属于国际司法协助的范畴。但为行文方便，将直接送达置于此处一并予以介绍。

4. 域外送达方式之二:间接送达

间接送达[27],是指一国法院在审理国际民事案件时,通过一定途径向外国法院或相关机构提出司法协助请求,请求其向位于受送达国境内的当事人送达有关文书的送达方式。此种送达方式下,文书的送达系借助他国法院或有关机构的协助而完成。间接送达的具体程序如下:

(1)请求的提出。即使是不将送达视为公法行为的英美法系国家,也不会允许他国司法人员径直进入本国境内为送达行为,遑论视送达为公法行为的大陆法系国家。出于对受送达国司法主权的尊重,以及工作的便利,审理案件的法院首先应向受送达国提出协助送达的书面请求。请求书一般应具备一定的形式要件,而且,请求书和需送达的文书需以请求国的官方文字或缔约国间商定的文字写成,并附有用被请求国文字翻译的译本。

(2)请求书及诉讼文书的传递。请求书及诉讼文书的传递必须经过一定的程序和方式,否则就可能遭到被请求国的拒绝。至于通过什么样的途径来递交有关请求书和所需送达的文书,各国立法和国际条约的规定都不尽相同。如果两国之间存在多边或双边司法协助条约关系,一般是通过公约或条约中规定的中央机关传递。其程序一般都是先由请求法院作成请求书,连同所要送达的文书,交给本国的中央机关,由本国的中央机关转交给受送达国的中央机关,然后由受送达国中央机关递交给受送达国法院或其他机构进行送达,送达结果最后沿原路径反馈给请求送达的法院。如果两国间不存在条约关系但存在邦交关系,则可通过外交机关传递,此种送达一般称为外交送达。其程序一般是由请求国的主管法院将请求书和需送达的文书交给本国的外交部门以便其转递给被请求国的外交部门,然后由被请求国的外交部门转交给该国的法院或相关机构进行送达。

(3)请求的执行。从1965年《海牙送达公约》的规定和一些国家的实践来看,一国执行外国提出的送达请求的方式主要有三种:第一,正式送达。由被请求国法院依其国内法,按照在国内诉讼中对位于其境内人员送达文书的方式进行送达。[28] 这是被请求国执行请求国送达请求的一项普遍原则,也是1965年《海牙送达公约》规定的执行外国请求送达的最主要方式。第二,特定方式送达。由被请求国法院按照请求国法院所请求采用的特定方式进行送达,除非这一方式与被请求国法律相抵触。[29] 第三,非正式送达。是指在受送达人自愿接收时,无须严格遵循有关译文等形式上的要求而向其送达文书,在受送达人拒绝时,再改用正式送达方式。[30]

此外,为提高域外送达的效率和成功率,1965年《海牙送达公约》还鼓励减少转递环节的送达方式。如果被请求国不持异议,请求国执行送达任务的工作人员可直接通过受送达国执行送达任务的工作人员完成文书送达,任何在司法程序中有利害关系的人也可直接通过被请求国执行送达任务的工作人员完成文书送达。

---

〔27〕 在有的论著中,间接送达被称为"代为送达",请参见徐宏:《国际民事司法协助》,武汉大学出版社1996年版,第168页。

〔28〕 1965年《海牙送达公约》第5条第1款第1项。

〔29〕 1965年《海牙送达公约》第5条第1款第2项。

〔30〕 1965年《海牙送达公约》第5条第2款。

5. 执行情况的通知

不管送达成功与否,一般都要将送达结果通过适当的途径通知请求送达的机构。实践中普遍采用送达回证或送达证明的方式对送达结果予以证明。送达回证或送达证明一般都注明送达的情况,如执行送达人员的信息、送达的方式、地点、日期,以及受送达人的签收情况等。如果送达未成功,亦应注明相关原因。送达回证或送达证明一般仍通过原先的送达途径逐级反向传递回请求送达的法院。一般说来,送达不成功主要是存在一些客观障碍,最为常见的是送达地址不详或受送达人地址发生变更。有时候则是受送达国拒绝予以送达,常见的原因包括请求书不符合要求,涉及受送达国主权和安全、公共秩序以及专属管辖权等问题。[31]

另外,请求送达的国家一般不需向受送达国支付送达费用,但是,也有一些国家如美国、澳大利亚、新加坡等国要求提出请求的一方支付一定的费用,费用的多少有的是预先给出计算的标准,有的是以送达过程中所实际发生的费用为标准。

6. 我国的域外送达制度

(1)主要依据。我国开展域外送达制度的法律依据主要是:第一,1965 年《海牙送达公约》[32],以及我国同有关国家签订的双边司法协助协定。[33] 第二,《民事诉讼法》涉外编的相关规定。第三,1986 年 8 月 14 日由最高人民法院、外交部、司法部联合发出的《关于我国法院和外国法院通过外交途径相互委托送达法律文书若干问题的通知》以及最高人民法院就域外送达问题单独发布的一些司法解释。第四,香港特别行政区、澳门特别行政区回归以后,最高人民法院和香港特别行政区、澳门特别行政区有关机构分别达成了《关于内地与香港特别行政区法院相互委托送达民商事司法文书的安排》《关于内地与澳门特别行政区法院就民商事案件相互委托送达司法文书和调取证据的安排》。海峡两岸关系协会和台湾海峡交流基金会签订的《海峡两岸共同打击犯罪及司法互助协议》及最高人民法院配套制定的司法解释等。

(2)送达途径。关于直接送达,可依条约、《民事诉讼法》涉外编和最高法院发布的相关司法解释径直进行,无须借助外国法院或有关机构的协助。我国《民事诉讼法》规定的涉外直接送达方式包括外交代表或领事送达,向当事人位于我国境内的代理人、分支机构、业务代办人送达,邮寄送达,传真及电子邮件送达,公告送达等。为保障送达的成功率和提高送达的效率,除公告送达外,上述其他送达方式可以同时并用。

关于间接送达,分为如下三种方式:第一,以条约为依据的送达。我国进行司法文书域外送达的中央机关为司法部,主管机关为最高人民法院,公约成员国驻华使领馆向司法部转送该国法院或其他机关的送达请求,或者公约成员国的有权机构直接向司法部递交

---

[31] 参见徐宏:《国际民事司法协助》,武汉大学出版社 1996 年版,第 178 ~ 184 页。

[32] 最高人民法院、外交部、司法部于 1992 年 3 月 4 日发布的《关于执行〈关于向国外送达民事或商事司法文书和司法外文书公约〉有关程序的通知》、1992 年 9 月 19 日发布的《关于执行海牙送达公约的实施办法》又进一步就 1965 年《海牙送达公约》在我国的适用作了规定。

[33] 如果缔约国同时与我国签订有双边司法协助协定,根据《海牙送达公约》第 11 条,以及最高人民法院、外交部和司法部《关于执行〈关于向国外送达民事或商事司法文书和司法外文书公约〉有关程序的通知》第 7 条,应当优先适用双边司法协助协定。

请求后，由司法部转递给最高人民法院，最高人民法院将需要送达的文书交有关地方人民法院执行送达事宜。送达回证或送达证明书由有关人民法院通过最高人民法院反馈司法部，再由司法部送交给向其递交请求的机构。我国法院若请求公约成员国向位于该国的该国公民或第三国公民、无国籍人送达司法文书的，应通过对应的高级人民法院向最高人民法院递交，由最高人民法院送司法部转递给该成员国的中央机关。必要时，也可由最高人民法院送我国驻该国使领馆转递给该国的中央机关。第二，外交送达。与我国就送达问题无条约关系但存在邦交的国家的法院，需委托我国法院向我国公民或法人以及在华的第三国或无国籍当事人送达法律文书，由该国驻华使馆将法律文书交外交部领事司转递给有关高级人民法院，再由该高级人民法院指定有关中级人民法院执行送达事宜。我国法院通过外交途径向国外当事人送达法律文书，须经高级人民法院审查后联系外交部领事司转递。第三，与港、澳、台地区的文书协助（互助）送达。根据最高人民法院《关于内地与香港特别行政区法院相互委托送达民商事司法文书的安排》，双方委托送达司法文书，均须通过各高级人民法院和香港特别行政区高等法院进行。最高人民法院司法文书可以直接委托香港特别行政区高等法院送达。内地与我国澳门特别行政区的区际文书送达，均须通过各高级人民法院和澳门特别行政区终审法院进行，相关程序和要求与内地和我国香港特别行政区安排类似。大陆和台湾地区的司法文书送达，也已经建立起初步的协助渠道。

（二）域外取证

1. 域外取证概述

域外取证，是指为案件审理之需，一国法院、有关外交机关、特定人员或当事人通过一定途径从域外调查、收集、核对证据的行为。依据取证主体和实施方式的不同，可将域外取证分为直接取证和间接取证。直接取证，是指无需取证地国主管机关的协助而径直调取证据的行为，根据取证主体的不同，又可以进一步区分为外交和领事人员取证、当事人或其诉讼代理人自行取证以及特派员取证三种方式。间接取证，是指通过取证地国主管机关的协助调取证据的行为。

为规范域外取证，国际社会缔结了一些双边司法协助条约和多边条约。较有影响的普遍性多边条约有1970年《海牙取证公约》、1954年海牙《民事诉讼程序公约》，代表性的区域性公约有1975年《美洲国家间关于国外取证的公约》、2001年欧盟理事会《关于民商事案件域外取证协助规则》等。

关于取证的形式，一般包括询问当事人、询问证人、询问鉴定人、对有关文件的真实性或有关签名的真实性的核对、对有关证据的提取或保全等。

2. 直接取证

（1）外交和领事人员取证。这是一种由外交和领事人员在驻在国境内向本国国民调取证据，以协助本国法院所进行的诉讼的一种取证方式。除葡萄牙、丹麦等少数国家外，多数国家都基于条约或互惠给予外交和领事人员这种权力，但该取证行为不得违反驻在国的法律，不得采取强制措施，且只能针对本国国民。

（2）当事人或其诉讼代理人自行取证。这种取证方式主要存在于英美法系国家，特别是美国。这种取证方式意味着在一国法院诉讼的当事人或其委托的诉讼所在地国的代理人可直接到他国调取证据。1970年《海牙取证公约》并不否定这一种取证方式,但允许成员国对这种取证方式做出保留,事实上许多国家都对这一规定提出了保留。在涉外民商事案件的审判实践中,当事人实际上可通过委托证据所在地国而非诉讼所在地国的代理人调取证据,然后办理相应证明手续的方式,以达到域外调取证据的目的。

(3)特派员取证。这是一种审理案件的法院委派专门的官员至他国调取证据的取证方式,该方式主要为英美法系国家所采用。关于特派员取证的适用条件,1970年《海牙取证公约》第17条的规定较具代表性:取证地国的主管机关已经给予特派员一般性或对案件的许可,特派员在遵守主管机关所设定条件的情况下,可在取证地国调取证据。但特派员实施取证行为时不能采取强制措施,虽可以按照派遣国法律所规定的方式和程序取证,但该方式和程序须不为取证地国法律所明文禁止。

3. 间接取证

间接取证的程序与间接送达大体类似,先是法院按照规定的样式制作请求书,向外国法院或有关机关提出调取特定证据的请求,证据所在地国的主管机构审查同意的,则指派本国的有关法院或机构按照内国诉讼中取证所采用的程序和方式调取证据,之后再将有关证据材料逐级回递给提出请求的机构。如果未能调取证据,也应将有关情况和理由通知请求机构。如果调取证据请求的实施可能危及证据所在地国的国家安全,或者可能违背其公共秩序,或基于其他正当理由,证据所在地国可对请求予以拒绝。

4. 我国的域外取证

我国《民事诉讼法》第283条、第284条规定,根据我国缔结或参加的国际条约,或者按照互惠原则,人民法院和外国法院可以相互请求,代为调查取证,外国法院请求协助的事项有损于我国的主权、安全或者社会公共利益的,人民法院不予执行。外国驻中华人民共和国的使领馆可以向该国公民调查取证,但不得违反中华人民共和国的法律,并不得采取强制措施。除此之外,未经我国主管机关准许,任何外国机关或者个人不得在我国领域内调查取证。

公约方面,我国已经加入1970年《海牙取证公约》,该公约于1998年2月6日起对我国生效。该公约也适用于我国香港特别行政区和澳门特别行政区。我国加入时对《海牙取证公约》中的外交或领事官员向驻在国国民及第三国国民取证、特派员取证以及外国当事人或代理人取证等方式提出保留。关于公约的工作机制,我国指定司法部为中央机关,最高人民法院为主管机关。

区际司法协助方面,内地与澳门特别行政区已经达成相互调取证据的相关规定。通过高级人民法院和澳门特别行政区终审法院,内地与澳门特别行政区相互可代为调取证据,范围包括:代为询问当事人、证人和鉴定人,代为进行鉴定和司法勘验,调取其他与诉讼有关的证据。[34] 大陆和台湾地区之间的相互调查取证也已经形成框架,人民法院办理海峡两岸调查取证司法互助业务,限于与台湾地区法院相互协助调取与诉讼有关的证据,包括取得证言及陈述,提供书证、物证及视听资料,确定关系人所在地或者确认其身份等,

---

〔34〕 有关内容参见最高人民法院《关于内地与澳门特别行政区法院就民商事案件相互委托送达司法文书和调取证据的安排》。

进行勘验、检查、扣押、鉴定和查询等。[35]

四、域外法院判决的承认与执行

一国法院所作判决的效力仅限于该国境内，即使判决具有涉外因素，其效力也不能当然及于他国，这是对他国司法主权的应有尊重，是国际社会所公认的准则。但是，国际民商事案件的国际性使判决结果常涉及位于他国的人或物，如果僵硬地理解司法主权原则，对外国法院的判决一概不予承认和执行，某些情形下甚至会损害本国当事人的利益，因此，目前各国的国内立法几乎都存在承认和执行外国法院判决的制度。外国法院判决的承认与执行，是两个不同的问题。如果外国法院判决具有执行内容，承认该判决在本国的效力是执行该判决的前提条件，承认该判决的目的是执行该判决的相关内容；如果判决本身无执行内容，例如，不涉及财产分配的单纯的离婚判决，则不存在执行的问题，仅存在承认判决的问题。

（一）各国承认与执行外国法院判决的条件

关于承认和执行外国法院判决的具体适用条件，各国规定不尽相同。综观有关条约和各国国内立法，可概括为如下几个方面：

1. 作出判决的法院对案件有合格的管辖权，这几乎是国际社会公认的承认和执行外国法院判决的条件。应依据哪一国家的法律来判断原判国法院是否有合格的管辖权，国际社会主要存在如下几种做法：(1)大部分国家的法律规定依被请求国的内国法来确定；(2)依请求国即判决作出国的内国法来确定；(3)同时依判决作出国和被请求国两国的法律来确定；(4)依据条约的规定来确定。需要强调的是，几乎所有的国家都认为判决作出国法院的管辖权不得与被请求国的专属管辖权相冲突，如果存在冲突，该判决不可能得到被请求国的承认和执行。有的国家甚至认为只要不违反本国的专属管辖规定，外国法院的判决便可得到承认。

2. 判决须已生效或具有执行力。外国法院判决必须已经生效或具有执行力是其能获得承认和执行的基本前提条件。至于应依哪一国法律来判断外国法院判决是否生效，大多数学者认为应依据判决作出国的法律。为此，被请求国法院一般会要求提供判决作出国法院或该国有关机关出具的判决生效证明。

3. 判决是依据公正的审判程序作出的。向被请求国申请承认和执行判决的一般是胜诉的原告方，被请求国法院就程序公正问题进行审查时，关注的重点往往是败诉的被告的诉讼权利是否得到了保障。如果被告诉讼权利被侵犯，则判决可能因不符合程序正义要求不被承认和执行。被告诉讼权利被侵犯最主要的表现形式为：(1)被告未经合法传唤，导致其未能出庭应诉抗辩；(2)被告无诉讼行为能力且未得到适当代理。关于被告的合法传唤，如果传票已通过合法方式实际送达给被告，而被告拒绝出庭或放弃出庭，法院作出缺席判决后，被告未参加诉讼往往不会成为判决不被承认的理由，但如果被告系经公告送达传票的方式传唤最终未到庭，法院因此而作出的缺席判决存在不被英美法系国家法院承认或执行的风险。

---

〔35〕 有关内容参见最高人民法院《关于人民法院办理海峡两岸送达文书和调查取证司法互助案件的规定》。

4. 判决不与其他相关判决相抵触。如果外国法院的判决与被请求国法院就同一争讼案件作出的判决相冲突,或者与第三国法院就同一争讼案件作出的、已得到被请求国法院承认的判决相冲突,该外国法院的判决往往不会被被请求国法院承认。

5. 不违反被请求国的公共秩序。这是国际社会公认的承认和执行外国法院判决的条件。至于哪种情况下被请求国可援引公共秩序保留而拒绝承认外国法院的判决,国际社会并无统一的标准,取决于被请求国对具体个案的分析。

6. 判决作出国与被请求国之间存在互惠关系。从目前国际社会的实践来看,除了允许本国法院对外国法院判决进行实质性审查的国家,以及只允许内国法院基于有关国际条约承认和执行外国法院判决的国家之外,大多数国家的立法都不同程度地允许本国与他国在不存在条约关系时可基于互惠原则承认和执行外国法院的判决。

(二)承认和执行外国法院判决的程序

1. 向被请求国提出申请。至于申请应由谁提出,各国法律规定不一。有的国家规定只能由利害关系人提出,有的国家规定只能由原判法院提出,还有的国家规定利害关系人和原判法院均可提出。依我国《民事诉讼法》第287条、第288条之规定,我国法院作出的判决需向外国法院申请承认和执行的,以及外国法院作出的判决需我国法院承认和执行的,既可由当事人提出申请,也可由法院依照相关双边条约或国际条约的规定,或者按照互惠原则提出申请。

2. 对申请事项的审查。对外国法院判决的审查,国际社会存在实质审查和形式审查两种不同的模式。实质审查是指对外国判决从事实和法律两方面进行审核,并有权根据本国的法律全部推翻或部分变更外国判决或不予承认;形式审查是指被请求国仅审查外国法院的判决是否符合本国法律规定的承认或执行的条件,不对判决结果作任何变动。

3. 承认和执行外国法院判决。各国关于承认和执行外国法院判决的程序大致可以分为如下两种:(1)以法国、德国和俄罗斯为代表的国家所采用的执行令程序。被请求国如认为外国法院判决符合承认和执行的条件,即由该国发出予以承认的裁定,若判决涉及执行内容,再发出执行令。我国的司法实践大致采用这种模式。(2)以英、美为代表所采用的登记程序和重新审理程序。英国将判决作出国区分为两种情况,对于英联邦国家和欧共体各国法院所作出的判决适用登记程序。利害关系人提交执行申请后,只要外国法院判决符合所规定的条件,即可予以登记并交付执行。而对于上述范围外的其他国家法院所作判决,则需进行重新审理,确定外国法院判决与英国有关立法不相抵触时,作出一个与该外国法院判决内容相同的判决,然后按规定的执行程序予以执行。[36]

(三)国际社会为统一判决承认与执行规则的努力:历史和最新成果

1. 概述

1958年《承认及执行外国仲裁裁决公约》是仲裁裁决承认和执行问题国际合作的一项重要成果,但外国法院民商事判决的承认和执行,国际社会尚缺乏全面的、有广泛影响力的司法机制。虽然国际社会通过不懈努力形成了一些成果,例如拉丁美洲国家之间于1928年缔结了《布斯达曼特法典》,欧共体国家之间于1968年、1988年分别制定了《民商

〔36〕 参见韩德培主编:《国际私法》,高等教育出版社2000年版,第470页。

事司法管辖权和判决执行公约》,1971 年海牙《承认与执行外国民商事判决公约》及其补充议定书等,但这些公约有的只是区域性公约,有的成员方过少,影响力有限。为此,国际社会仍在谋求制定一项全面的公约以统一外国法院判决的承认与执行问题,2005 年海牙《选择法院协议公约》便是国际社会努力的最新成果。

2. 2005 年海牙《选择法院协议公约》

1995 年 10 月,海牙国际私法会议设立工作小组,就国际民商事案件的管辖权和判决的相互承认与执行问题统一规则的制定开展工作。1999 年 10 月,海牙国际私法会议形成《民商事管辖权及外国判决公约(草案)》,规定了三类管辖权以及与此对应的判决的承认和执行,但因各主要谈判方尤其是欧美立场严重对立,海牙国际私法会议最终决定仅就可能达成共识的管辖权依据,即基于当事人意思自治而形成的"选择法院协议"(choice of court agreement)为基础开展工作,最终成果即《选择法院协议公约》于 2005 年 6 月在海牙国际私法会议外交大会艰难通过。

《选择法院协议公约》适用于当事人就国际民商事案件签订的排他性选择法院协议,所谓排他性选择法院协议,是指当事人为解决已经或可能发生的争议,而签订的指定某缔约国的法院,或某缔约国的一个或多个特定法院并排除任何其他法院管辖的协议。除非当事人另有明示约定,该指定应被视为具有排他性。[37]《选择法院协议公约》的核心内容有三项:

(1)被选择的法院对该协议项下的争议具有管辖权,必须对该争议进行审理,不得以该争议应由另一国法院审理为由拒绝行使管辖权,除非根据该国法律协议无效。

(2)已经受理案件,但不属于当事人协议选择的缔约国法院,应当中止或放弃相关诉讼程序,除非存在公约规定的例外情形。这些例外情形包括:根据被选择法院所在国法律,该协议无效;根据已受理案件法院所在国法律,一方当事人缺乏缔约能力;承认该协议有效将导致明显的不公正或明显违背受理案件所在国的公共政策;基于当事人不可控制的例外原因,该协议不能合理得到履行;被选择的法院已决定不审理该案。[38]

(3)被选择的法院所作出的判决,必须得到缔约国法院的承认和执行,被请求法院不应对原审法院所作判决作实质性审查。如果被请求法院拒绝承认和执行该判决,拒绝承认和执行的理由应仅限于公约规定的范围,主要包括:根据被选择国法院的法律,该选择协议无效;根据被请求国法律,一方当事人缺乏缔结该协议的能力;相关诉讼程序存在瑕疵或明显有违被请求国的程序公正;该判决是利用相关程序欺诈而获得;承认或执行该判决明显有悖于被请求国的公共政策;承认或执行该判决将与被请求国或他国就相同争议所作判决发生冲突。[39]

按照《选择法院协议公约》规定的生效条件,《选择法院协议公约》已经于 2015 年 10 月 1 日正式生效。现有墨西哥、欧盟各成员国、新加坡、英国等 32 个缔约方。美国、以色列等已先后签署该公约,但尚未履行国内批准程序。我国于 2017 年 9 月 2 日签署了该公

〔37〕《选择法院协议公约》第 3 条第 1 项、第 2 项。

〔38〕《选择法院协议公约》第 6 条第 1 项至第 5 项。

〔39〕《选择法院协议公约》第 9 条第 1 项至第 7 项。

约,虽然尚未最终批准该公约,但签署该公约促进了我国区际司法协助的发展。2008 年,以《选择法院协议公约》为蓝本,最高人民法院与香港特别行政区经协商,达成了《关于内地与香港特别行政区法院相互认可和执行当事人协议管辖的民商事案件判决的安排》。

3. 2019 年海牙《承认与执行外国民商事判决公约》

2019 年 7 月 2 日,海牙国际私法会议第 22 届外交大会通过了《承认与执行外国民商事判决公约》,该公约通常也被称为《海牙判决公约》。中国及其他各国代表对最终的公约文本予以了确认。《承认与执行外国民商事判决公约》系统规定了承认与执行外国民商事判决的范围、条件和程序等,是全球首个全面确立民商事判决承认和执行规则的国际公约。该公约与 2005 年《选择法院协议公约》相互补充,为判决的全球流通提供了更大的可预见性和确定性。《承认与执行外国民商事判决公约》的通过将为国际贸易、跨境商业在内的国际民商事活动提供更优质、高效、低成本的司法保障,对国际民商事领域司法合作有着深远的影响。《承认与执行外国民商事判决公约》主要内容包括:

(1)《承认与执行外国民商事判决公约》的适用范围。《承认与执行外国民商事判决公约》适用于缔约国之间就民商事判决的相互承认与执行。对于何谓民商事判决,《承认与执行外国民商事判决公约》未给出明确定义,仅特别强调不适用于税收、关税或行政事项。另外,并非所有的民商事判决或民商事判决涉及的事项都在公约调整范围之内。自然人的身份与法律能力,家事案件,[40]诽谤,隐私,涉及相关海洋污染、海事诉讼责任限制和共同海损的海事案件,旅客和货物运输,知识产权,破产、破产和解、关于金融机构的解决方案,合伙的效力或者解散、缔约国机关所做决定的效力,公共登记事项的有效性,涉及相关公法行为的事项如武装人员和执法人员执行公务的活动,反托拉斯事项,通过国家单边措施进行的主权债务重组,这些事项《承认与执行外国民商事判决公约》也不予调整。

(2)承认或执行缔约国判决的一般原则和基本要件。对于缔约国法院作出的有效的、可执行的判决,另一缔约国应予承认或执行,此乃《承认与执行外国民商事判决公约》的一项基本要求。而且被请求国法院对请求承认或执行的判决以形式审查为原则,不得做实质性审查,除非是出于适用《承认与执行外国民商事判决公约》的需要。对于承认或执行判决应满足的基本要件,《承认与执行外国民商事判决公约》第 5 条和第 6 条进行了详细规定。

(3)不予承认或执行的事由。如果被请求国不予承认或执行缔约国的判决,其不予承认或执行的理由应仅限于《承认与执行外国民商事判决公约》规定的范围:第一,送达或通知程序存在瑕疵。包括对被告进行送达或通知时未预留足够时间致使被告未能应诉答辩,以及对于被请求国境内的被告的送达或通知方式违反了被请求国的基本制度。第二,判决是通过欺诈方式获得。第三,承认或执行判决将明显违背被请求国的公共政策。第四,当事人通过协议约定或信托文书指定了其他国家的法院而非判决作出国法院为管

---

〔40〕《承认与执行外国民商事判决公约》第 2 条第 1 款第 2 项至第 4 项所规定的家事案件包括:涉及扶养义务、遗嘱与继承,以及其他家庭法事项,包括婚姻财产制度以及由婚姻或者类似关系产生的其他权利义务的,公约不予适用。

辖法院。第五,就同一争议,待承认的判决与被请求国法院作出的判决存在冲突。第六,就同一争议,待承认的判决与第三国法院所作出的判决存在冲突,而第三国法院所作出的判决符合被请求国所规定的承认条件。

(4)在某些情形下被请求国可拒绝或推迟对判决的承认或执行[41]:第一,在判决作出国该判决可予再审,或者判决尚未超过再审、上诉的期限;第二,就同一争议,被请求国法院正在审理,且受理案件的时间先于判决作出国法院;第三,该争议与被请求国存在紧密联系。对于这三种情形,如果被请求国拒绝承认或执行判决的,不妨碍此后对该判决再次申请承认或者执行。

(5)判决的部分承认或执行问题。如果一项判决当事人仅就可分割的部分申请承认或者执行,或者仅部分判决可以被承认或者执行,则该部分判决应当予以承认或执行。[42]根据《承认与执行外国民商事判决公约》第10条,如果判决裁判的损害赔偿并不具有用于补偿被告实际损失或损害的性质,例如判决确定的赔偿属于惩罚性赔偿或惩戒性赔偿性质,则对此部分赔偿可不予承认或执行。[43]

(6)关于承认或执行的程序。《承认与执行外国民商事判决公约》第13条规定,承认判决、宣告判决可予执行或者登记判决以便执行,以及判决的执行程序,适用被请求国的法律,但公约另有规定的除外。被请求国法院应迅速办理。被请求国法院不应该以判决应在另一国家承认或者执行为理由拒绝承认或执行判决。

此外,《承认与执行外国民商事判决公约》还对应提交的文件、申请承认或执行的费用、司法和解协议的承认或执行、先决问题等进行了规定。

(四)我国的司法实践

关于域外法院判决的承认与执行,我国与域外签订的诸多司法协助(互助)双边条约中,很多都涉及判决的相互承认和执行。

关于外国法院判决的承认与执行,我国《民事诉讼法》第280条、第281条、第282条对此也作了原则性规定。首先,关于承认和执行的依据。一般是依据我国缔结或者参加的国际条约所规定的条件和程序进行。如果不存在条约关系的,则可以按照互惠原则进行。为促进判决的国际流通,我国还提出了推定互惠倡议并付诸实施。[44] 其次,关于具体的程序。我国法院作出的生效裁判,如果被执行人或者其财产不在中华人民共和国领域内,当事人请求执行的,可以直接向有管辖权的外国法院申请承认和执行,也可以由我国法院依照条约的规定,或者按照互惠原则,请求外国法院承认和执行;外国法院作出的发生法律效力的判决、裁定,需要我国法院承认和执行的,可以由当事人直接向我国有管

---

〔41〕《承认与执行外国民商事判决公约》第4条第4款、第7条第2款。

〔42〕《承认与执行外国民商事判决公约》第9条。

〔43〕《承认与执行外国民商事判决公约》第10条。

〔44〕2017年6月8日,第二届中国—东盟大法官论坛在广西南宁通过了《南宁声明》。其中,《南宁声明》第7项规定:"区域内的跨境交易和投资需要以各国适当的判决的相互承认和执行机制作为其司法保障。在本国国内法允许的范围内,与会各国法院将善意解释国内法,减少不必要的平行诉讼,考虑适当促进各国民商事判决的相互承认和执行。尚未缔结有关外国民商事判决承认和执行国际条约的国家,在承认与执行对方国家民商事判决的司法程序中,如对方国家的法院不存在以互惠为理由拒绝承认和执行本国民商事判决的先例,在本国国内法允许的范围内,即可推定与对方国家之间存在互惠关系。"

辖权的中级人民法院申请承认和执行,也可以由外国法院依照该国与我国缔结或者参加的国际条约,或者按照互惠原则,请求人民法院承认和执行。人民法院对申请或者请求承认和执行的外国法院作出的生效裁判进行审查后,认为不违反我国法律的基本原则或者国家主权、安全、社会公共利益的,裁定承认其效力,需要执行的,发出执行令予以执行。违反我国法律的基本原则或者国家主权、安全、社会公共利益的,则不予承认和执行。

我国与香港特别行政区、澳门特别行政区和台湾地区关于域外法院判决的承认与执行达成了相关协议。根据最高人民法院与香港特别行政区达成的《关于内地与香港特别行政区法院相互认可和执行当事人协议管辖的民商事案件判决的安排》,内地法院和香港特别行政区法院在具有书面管辖协议的民商事案件中作出的须支付款项的具有执行力的终审判决,当事人可以根据该安排向内地法院或者香港特别行政区法院申请认可和执行。最高人民法院与我国澳门特别行政区也达成了《关于内地与澳门特别行政区相互认可和执行民商事判决的安排》。1998 年,最高人民法院制定司法解释,就大陆法院认可台湾地区有关法院民事判决的问题作出了规定,但该司法解释是一项单向安排,并不涉及台湾地区有关法院承认大陆法院判决的问题。[45] 2009 年,大陆与台湾地区协商制定了《海峡两岸共同打击犯罪及司法互助协议》,就判决的相互承认与执行问题进行了原则性规定,根据该协议第 10 条,双方同意基于互惠原则,于不违反公共秩序或善良风俗之情况下,相互认可及执行民事确定裁判与仲裁裁决。据此,我国内地(大陆)与我国香港特别行政区、澳门特别行政区及我国台湾地区就判决的相互承认与执行问题,不同程度地建立起了相应的规范。

五、国际民事诉讼中的其他制度和现象

除了前述问题之外,国际民事诉讼还存在一些特有的诉讼制度和现象。

(一)关于外国人的民事诉讼地位

外国人的民事诉讼地位是指外国人具有的民事诉讼权利能力和行为能力,即根据内国法或国际条约的规定,外国人在内国境内享有什么样的民事诉讼权利,承担什么样的民事诉讼义务,并能在多大程度上通过自己的行为行使民事诉讼权利和承担民事诉讼义务。

正如一国承认外国人在内国的民事法律地位是产生国际民事法律关系的前提一样,一国承认和赋予外国人在内国的民事诉讼地位是开始和进行国际民事诉讼程序的先决条件。规定外国人民事诉讼地位的法律规范是国际民事诉讼法的重要组成部分,各国有关民事诉讼的国内立法以及相关国际条约均对此作了明确规定。

1. 有关外国人的民事诉讼地位的一般原则

现今,各国在外国人民事诉讼地位问题上的一般原则是给予外国人跟内国人同等的民事诉讼地位,即国民待遇原则。各国应避免对外国公民和法人在民事诉讼地位方面采取低于内国公民和法人的待遇,从而使其在诉讼中处于不利的境地。同时,为了保证本国

---

〔45〕 参见 1998 年 5 月 22 日最高人民法院发布的《关于人民法院认可台湾地区有关法院民事判决的规定》的相关内容。

国民在国外也能得到所在国的国民待遇,各国的民事诉讼立法一般都赋予内国的外国人享有国民待遇的同时,也规定要以同等或互惠为条件。对于此等互惠或对等,各国一般采取推定原则,即如果对方国家无相反的规定或相反的司法实践,即推定其对本国在该国的国民民事诉讼地位上是享受平等待遇的;而一旦证实某一外国国家对本国在该国的国民民事诉讼地位加以限制,则根据对等原则,亦有权限制对方国家国民在本国的民事诉讼地位。

依据我国《民事诉讼法》第5条规定,外国人、无国籍人、外国企业和组织在我国法院起诉、应诉,同我国公民、法人和其他组织有同等的诉讼权利义务;外国法院对我国公民、法人和其他组织的民事诉讼权利加以限制的,我国法院对该国公民、企业和组织实行对等原则。由此,我国也是采取以对等为条件的国民待遇原则。

2. 外国人的诉讼行为能力

在国际民事诉讼法上,解决外国人的民事诉讼行为能力,跟国际私法上解决外国人的民事行为能力有相似之处,其所适用的准据法通常就是外国人的属人法。如德国、日本等大陆法系国家规定外国人的民事诉讼行为能力受其本国法支配,而英美法系也原则上适用当事人的住所地法来确定外国人的诉讼行为能力。同时,往往还补充规定,如果根据法院地法有关外国人有民事诉讼行为能力,则即便其依其属人法没有民事诉讼行为能力,也认为该外国人有民事诉讼行为能力。

我国《民事诉讼法》虽未对民事诉讼行为能力作出明确规定,但司法实践与上述原则和规定相同。

(二)诉讼代理制度

各国立法都允许国际民事诉讼程序中的外国当事人委托诉讼代理人代为进行诉讼行为。但一般都要求,外国当事人如果要委托律师进行诉讼代理,则只能委托在法院地国执业的律师。

此外,在国际社会的司法实践中,还存在一种领事代理制度,即一个国家的领事可以依据有关国家的立法和有关国家的条约规定,在其管辖范围内的驻在国法院依职权代表其本国国民参与有关的诉讼,以保护有关个人或法人在驻在国的合法权益。1963年《维也纳领事关系公约》即肯定了领事代理制度。

根据我国《民事诉讼法》的有关规定以及相关司法解释,外国人在中国参与诉讼时,可以自己进行,也可以委托代理人进行。外国人可以委托其本国人为诉讼代理人,还可以委托其本国律师以非律师身份为诉讼代理人。但需要委托律师代理诉讼的,必须委托中华人民共和国的律师。外国驻华使领馆官员,受本国公民的委托,可以以个人名义担任诉讼代理人,但在诉讼中不享有外交特权和豁免权。外国驻华使领馆可以授权其官员以外交代表身份为其本国公民在我国聘请中国律师或中国公民代理诉讼。

外国人委托中国律师或中国公民代理诉讼,从我国领域外寄交或者托交的授权委托书应当经所在国公证机关证明,并经我国驻该国使领馆认证,或者履行我国与该国缔结的有关条约中规定的证明手续后,才具有效力。

(三)诉讼费用担保制度

国际民事诉讼法中的诉讼费用担保制度是指审理国际民事案件的法院依据其内国诉

讼立法的规定,要求作为原告的外国人在起诉时提供以后可能判决由其负担的诉讼费用的担保。这里的诉讼费用不包括案件的受理费,而是指当事人、证人、鉴定人、翻译人员的旅差费、出庭费和其他诉讼费用。在现代国际社会的各国法律体系中,除保加利亚、埃及、智利、葡萄牙等少数国家不要求原告提供诉讼费用担保以外,其他各国的法律都在不同程度上对外国原告规定了该项义务。

我国目前没有要求外国人在我国进行诉讼提供诉讼费用担保,但以互惠为前提。

(四)国际商事争议解决领域的国际商事法庭(院)

随着国际商事交往的日益增多,越来越多的商事争议需要迅速得到处理。国际商事仲裁是解决国际商事争议的重要渠道。与诉讼相比,国际商事仲裁在国际商事争议解决方面显得更为灵活,当事人的意思自治更容易得到体现。如果争议是通过诉讼途径解决的,如何适度缓解诉讼程序的僵化,提升诉讼解决国际商事争议的效率和灵活性,为诉讼中的当事人提供更好的争议解决体验,成立专门的商事法庭(院)是国际社会的有益尝试。国际商事法庭(院)主要审理涉及国际贸易、运输、金融、保险、公司等商事纠纷的案件。将国际商事争议交由熟悉商业规则和商事审判的国际商事法庭(院)审理,有助于争议的迅速高效解决,从而促进国际商事的发展,国际商事法庭(院)的历史可以追溯至1895年英国设立的国际商事法院。近年来,美国、法国、澳大利亚、卡塔尔、阿联酋、新加坡、印度、哈萨克斯坦、荷兰等国先后设立了各自的国际商事法庭(院)。

为依法公正及时审理国际商事案件,平等保护中外当事人合法权益,2018年7月,我国在最高人民法院层面设立了国际商事法庭,其中第一国际商事法庭设在广东省深圳市,第二国际商事法庭设在陕西省西安市。国际商事法庭是最高人民法院设立的专门处理国际商事纠纷的常设审判机构,审理影响较大的第一审国际商事案件[46]。案件审理由三名或者三名以上法官组成合议庭进行,实行一审终审。最高人民法院国际商事法庭设立了调解、仲裁与诉讼有机衔接的“一站式”多元纠纷解决平台,支持当事人选择其认为合适的方式解决国际商事纠纷。为凸显争议解决的专业化、国际化特征,最高人民法院国际商事法庭首创了国际商事专家委员会制度,吸收世界各国精通国际法及其本国法的法律专家共同参与国际商事纠纷的化解。

思考题

1. 在 M/S Bremen v. Zapata Off - shore Co. 案中,当事人是如何辩驳的?美国联邦最高法院是如何判决的,对美国商业有何影响?
2. 《纽约公约》对国际商事仲裁、国际商法有何意义?
3. 《新加坡调解公约》对缔约方有哪些影响?
4. 《承认与执行外国民商事判决公约》的缔结有何意义?

---

[46] 涉及最高人民法院国际商事法庭设立和运行程序的司法文件主要包括:最高人民法院《关于设立国际商事法庭若干问题的规定》、《国际商事法庭程序规则(试行)》和《国际商事专家委员会工作规则(试行)》等。

延伸阅读

关于国际商事仲裁和国际民事诉讼的一般分析，可以参阅李双元、谢石松：《国际民事诉讼法概论》，武汉大学出版社2001年版；Gary B. Born, *International Commercial Arbitration: Cases and Materials*, Kluwer Law International, 2011。

关于《新加坡调解公约》，可以参阅孙南翔：《〈新加坡调解公约〉在中国的批准与实施》，载《法学研究》2021年第2期；Michel Kallipetis, *Singapore Convention Defences Based on Mediator's Misconduct: Articles* 5.1 (*e*) *and* (*f*), 20 Cardozo Journal of Conflict Resolution 1197, 1201 (2019)。

第三章　国际商事代理法

第一节　概　　述

一、代理的概念和分类

在国际商事交易中，代理的作用十分重要，有人甚至认为其作用不亚于合同。我国许多企业在外国指定代理人，通过他们开拓国际市场；反过来，外国企业也指定中国代理人为其开拓中国市场。

代理，是指代理人受本人的委托或依法律的规定，代表本人与第三人订立合同或为其他法律行为，由此产生的权利义务直接对本人发生效力的法律制度。事实上，大陆法与英美法关于代理概念的理解有很大的不同。在德国，代理理论的基础是区别论（theory of seperation），即在概念上严格区分委任合同和代理权。委任指的是受托人和委托人的内部关系，而代理权则指受托人为委托人利益而与第三人缔约的权限。按照区别论，即使本人在委托合同中对代理人的权限予以了限制，原则上该限制并不对第三人产生约束力。因此，有利于保护第三人的利益。英美法代理理论的基础是等同论（theory of identity），即代理人的行为等同于本人的行为，代理人视为本人的另一个自我。

在分类上，大陆法与英美法也有很大的不同。大陆法系国家民法所规定的代理一般指代理人以本人的名义为法律行为，法律后果直接由本人承担。民商分立的大陆法系国家的商法通常对行纪——受托人为委托人的利益，但以自己的名义为商事行为，行为的后果间接由委托人承担——作出规定。严格来说，代理和行纪是不同的法律制度。但在学术研究中，人们也把代理和行纪称为直接代理和间接代理。

英美法根据代理人从事代理行为时是否披露本人及其姓名而分为披露本人的代理、部分披露本人的代理和未披露本人的代理。披露本人的代理指代理人在从事代理行为时，既披露本人的存在，也披露本人的姓名。披露本人的代理也称显名代理。部分披露本人的代理，指代理人在从事代理行为时，只披露本人的存在，但不披露本人的姓名，如在合同中注明“代理本人”或“作为代理人”的字样。部分披露本人的代理也称隐名代理。未披露本人的代理，指受托人以自己的名义行为，既未披露委托人的存在，也未披露委托人的姓名。由上可见，英美法的显名代理与大陆法的直接代理是相当的，但英美法的未披露本人的代理在大陆法则不属于代理的范畴。英美法代理的范围要宽于大陆法。

代理还有其他分类。如根据代理权产生的途径可以分为法定代理和委托代理。根据代理权限范围的不同可以分为一般代理和独家代理。根据代理业务内容的不同还可分为外贸代理、运输代理、保险代理等。

代理涉及两种关系，一种是代理人与本人的委托关系，也被称为代理的内部关系，主要受委托合同的调整，法律规定起补充作用；另一种是本人、代理人与第三人之间的外部关系，通常由特定的法律规范调整。

二、有关代理的国际法律文件

（一）1983年《国际货物销售代理公约》

为了消除各国代理制度对国际贸易的障碍，1983年在日内瓦召开的外交会议通过了由国际统一私法协会起草的《代理公约》。按照公约的规定，经10个国家核准一年后公约生效。目前仅有智利、摩洛哥、瑞士、意大利和法国签署了公约，意大利和法国核准了公约，南非和摩洛哥加入了公约，因此公约尚未生效。《代理公约》共5章35条，5章依次为适用范围和总则、代理权的设定和范围、代理行为的法律效力、代理权的终止和最后条款。

《代理公约》的适用范围是代理人、有权或意欲有权代表本人的人与第三人订立国际货物销售合同的情形，《代理公约》同时也调整代理人为订立国际货物销售合同或与该合同的履行而实施的任何行为。至于代理人是以其自己的名义还是以本人的名义实施行为在所不问。但是，《代理公约》只涉及以本人或代理人为一方与第三人为另一方之间的关系。[1] 也就是说，《代理公约》只处理国际货物销售代理的外部关系。

该公约对大陆法和英美法的分歧作了富有价值的协调，是迄今为止最为成功和完备的关于国际代理的统一法公约。

（二）《国际商事合同通则》的有关规定

2004年《国际商事合同通则》第二章新增一节“代理权”，对缔约代理人的权限作了较为完备的规定，共10段。其规定代表了国际商法学界对国际商事代理法的最新认识，也是对国际商事代理法律实践的系统编纂。

《国际商事合同通则》管辖代理人权限，而代理人权限指代理人影响另一个人（本人）和第三人的合同法律关系的权限，无论代理人是以自己的名义还是以本人的名义。《国际商事合同通则》只管辖代理的外部关系，即本人或代理人作为一方当事人与第三人作为另一方当事人之间的关系。

第二节　代理权的设定和终止

一、代理权的设定和范围

《代理公约》和《国际商事合同通则》规定，本人对代理人的授权既可以是明示，也可以是默示。《代理公约》还规定，授权无需以书面形式授予或证明，亦不受其他任何形式要求的约束。授权可以采取任何形式，包括证人加以证实。[2]

关于代理权的范围，《代理公约》和《国际商事合同通则》都规定，代理人为实现授权

---

〔1〕《代理公约》第1条。

〔2〕《代理公约》第9条第1款。

之目的,有权采取一切必要行为。[3]

二、代理权的终止

代理权可以因当事人的行为而终止,也可以因代理所适用的法律而终止。《代理公约》规定,因当事人的行为而终止代理权的情形包括:本人和代理人同意终止代理关系;与授权代理相关的交易已经完成;本人撤回授权或代理人放弃代理权,无论撤回或放弃是否符合代理协议的条款。[4] 可见,《代理公约》的规定只是包括了绝大多数国家的法律所共同认同的做法,同时,《代理公约》关于撤回和放弃的规定显然并不影响本人和代理人之间因违反代理协议而请求对方赔偿损失的权利。

《代理公约》第18条规定,代理权可以因代理所适用的法律而终止。并未一一列举诸如死亡、丧失行为能力、破产、履行不能或代理行为成为非法等事由。因而仍然将这一问题保留给各国法律解决。

关于代理权终止对第三人的效力问题,《代理公约》和《国际商事合同通则》没有采用依代理权所适用的法律的做法,而是创设了一条一般规则,即除非第三人知道或应该知道代理权的终止或导致代理权终止的事实,代理权的终止不能影响第三人。[5]

《代理公约》第20条规定,代理权虽已终止,为了使本人或其继承人的利益免遭损失,代理人仍然有权代理本人或其继承人实施必要的行为。尽管这一规定主要涉及本人和代理人的内部关系,但与第三人也有关系。如果第三人知道这一情势,他也有尊重代理人的代理权的义务。《国际商事合同通则》第2.2.10条第2款也作了类似的规定。

第三节　代理行为的法律效力

一、在代理权范围内代理行为的法律效力

(一)大陆法、英美法和国际文件的规定

1. 大陆法、英美法的规定

如前所述,在德国,代理理论最为显著的特征是在概念上严格区分委任和代理权。委任指的是受托人和委托人的内部关系,而代理权则指受托人为委托人利益而与第三人订约的权限。《德国民法典》对于代理采"名义"标准,要求代理人须在授权范围内以本人名义行为。[6] "以本人名义行为"并不意味着要在每次与第三人交易时明示系以本人名义或表明系代表本人为行为。当情况表明代理人系代表本人为行为时,不使用本人的名义亦可(《德国民法典》第164条,《瑞士联邦债务法典》第32条第2款,《埃及民法典》第106

---

〔3〕《代理公约》第9条第2款;《国际商事合同通则》第2.2.2条第2款。
〔4〕《代理公约》第17条。
〔5〕《代理公约》第19条;《国际商事合同通则》第2.2.10条第1款。
〔6〕《德国民法典》第164条。

条)。[7] 如果被委任人以委任人自己利益名义行为,被委任人通常被认为是行纪人,尽管法律著述将行纪称为间接代理——以与将代理人以本人名义行为称为直接代理相对应,但此时得以适用的是行纪合同的规定而非代理法。而法国的代理法虽不以区分委任和代理权理论为基础,亦同样要求代理人需以本人名义行为。[8]

然而,英美法对此问题采"责任标准"[9],即如果代理人与本人之间的基础合同表明本人须对代理人对第三人行为负责,本人与第三人都直接受代理行为的约束而无论代理人以何人名义行为。因此,如果第三人知晓代理人与本人之间的代理关系(无论是否表明了本人的身份),那么其与代理人订立之合同就直接约束其与本人之间的关系,这就是所谓"披露了本人的代理"。对于未披露本人的代理,普通法规定了本人的介入权和第三人的选择权。

英美法中的代理法较之大陆法显得更加灵活,更符合商业现状,这也许就是《代理公约》及国际统一私法协会 2004 年《国际商事合同通则》均采用披露委托人代理和未披露委托人代理规则的原因。

2.《代理公约》的规定

《代理公约》第 12 条规定:"代理人在授权范围代表本人所为的行为,如果第三人知道或理应知道代理人是以代理身份进行的,则代理人的行为直接约束本人及第三人,除非有情况表明,代理人认为行为只约束他自己。"

按照博奈尔教授的论述,《代理公约》第 12 条系遵循了英美法中披露本人代理的原则,与传统大陆法系的路径有很大的不同。[10]

《代理公约》第 13 条第 1 款规定:在下列情况下,代理人在委托人的授权范围内以自己的名义行为,其行为仅约束代理人自己与第三人:(a)第三人不知或理应不知道代理人以代理人身份行为;(b)存在表明代理人的行为只约束他自己的情况,如涉及行纪合同。

《代理公约》第 13 条第 2 款规定:(a)当代理人因第三人不履行义务或因其他理由未履行或无法履行其对委托人的义务时,委托人可以对第三人行使代理人代表委托人所取得的权利,但同时,委托人要受到第三人可能对代理人提出的任何抗辩的限制;(b)当代理人未履行或无法履行其对第三人的义务时,第三人可以对委托人行使其对代理人的权利,同时第三人要受到代理人对其提出的抗辩以及委托人对代理人提出的抗辩的限制。

《代理公约》第 13 条对于英美法未披露委托人代理规则和大陆法上的行纪规则进行了折中。因为英美法中的未披露委托人的代理在大陆法系中被认为是一种间接代理,因而由行纪规则而非由代理法进行调整;相反,大陆法系中行纪在英美法系中则被认为是一种披露委托人的代理,因而在委托人与第三人之间建立了直接的关系。

《代理公约》第 13 条首先承认了销售合同仅约束第三人与代理人的一般原则。不仅

---

〔7〕 See Gamal Mourist Badr, *Agency: Unification of Material Law and of Conflict Rules*, Recueil Des Cours, 1984, p. 74.

〔8〕 《法国民法典》第 1984 条。

〔9〕 C. M. Schmitthoff, *Agency in International Trade*, Recueil Des Cours, 1970, p. 139 – 141.

〔10〕 See M. J. Bonell, *The* 1983 *Geneva Convention On Agency in the International Sale of Goods*, American Journal of Comparative Law, Vol. 32, 1984, p. 734.

在第三人不知晓与之订立销售合同的相对方的代理权时,而且在相对方公开以行纪人身份为行为的情况下均采取了大陆法系的行纪规则。随即第 13 条在规定补救措施时采用了未披露本人代理的规定,即仅当代理人未能履行销售合同时,其委托人可要求介入,第三人可行使其选择权。考虑到英美法中委托人的介入权和第三人的选择权并不需要这样的条件,可以认为第 13 条与英美法中的未披露本人的代理规则还是有很大区别的。

3.《国际商事合同通则》的规定

《国际商事合同通则》第 2.2.3 条(披露本人的代理)与《代理公约》第 12 条相类似,第 2.2.4 条(未披露本人的代理)则与上述公约的第 13 条大相径庭。第 4 条规定:当代理人在代理权限范围内行为而第三人不知且不应知道代理人系以代理人身份行为,代理人的行为只影响代理人与第三人之间的关系。但是,当代理人代表一商业实体与第三人签约时,代理人表现出其系该商业实体的业主(owner)而为行为时,第三人一旦知晓真正业主,可对后者行使其对代理人的权利。《国际商事合同通则》对业主的例释是:制造商 A 在将自己的资产转让给一个新成立的公司 X 后,继续以自己的名义与供应商 B 签订合同,而没有向 B 披露其事实上只是 X 的常务董事。B 在发现 X 的存在后,有权直接对 X 主张合同中的权利。

《国际商事合同通则》仅就第三人对业主有认识错误这一具体问题作出规定,没有对委托人的介入权和第三人的选择权等事项作出规定,事实上表明了《国际商事合同通则》对未披露本人代理的一种新认识:在国际商业中,未披露本人代理通常只约束代理人和第三人;英美法中的介入权和选择权不宜引入国际商业。

(二)我国《民法典》的规定

我国《民法典》第 925 条(原《合同法》第 402 条)规定,"受托人以自己名义,在委托人的授权范围内与第三人订立的合同,第三人在订立合同时知道受托人与委托人之间的代理关系的,该合同直接约束委托人与第三人;但是,有确切证据证明该合同只约束受托人和第三人的除外"。本条借鉴了《代理公约》第 12 条的规定。

依据《民法典》第 925 条的规定,如果外方当事人知晓委托人与受托人之间的委托关系,那么委托人,即生产性企业或产品的最终用户——无论是否有能力缔结合同,也无论其通过受托人行为时是否以委托人名义——均能在委托人与外方当事人之间建立一种直接的销售合同关系。生产性企业及产品最终用户对这一新条款表示满意,因为他们得以充分参与销售合同的谈判过程并直接享有权利。另外,受托人再也无须对外方当事人履行销售合同,从而使那种外贸代理人获取 1% ~3% 的佣金,却要在交易移转给委托人之前承担全部交易风险的现象不复存在。因而外贸公司同样也对这一条款表示欢迎。

必须指出的是,《民法典》第 925 条与《代理公约》第 12 条在一些方面还是存在区别的,尤其体现在适用条件上。第 12 条的措辞系"第三人知道或理应知道代理人以代理人身份行为",而第 925 条则省略了"或理应知道"的措辞,并代之以"代理人以自己名义缔约"。根据有关解释规则,对"理应知道"这一措辞的省略意味着在此种情况下排除了第 925 条的适用。此外,仅仅表述为"代理人以自己名义缔约"与第 12 条"代理人以代理人身份行为"的措辞并无任何实质差异,因为后者包括了代理人以自身名义行为和以本人名义行为的情况,而在中国法中,如果代理人以本人名义行为,代理关系受《民法典》中关于代理行为规定的调整,因而,第925条仅需规定代理人以自身名义行为的情况。

总的来说,第925条反映了对大陆法系代理规则的重大背离。英美法中的披露委托人的代理规则被引入进来,但直接代理与行纪理制度仍然存在。

案例3-1 | 许明诉武汉银丰公司和武汉有线公司案

1999年12月3日,达科公司与武汉有线电视台订立国际货物销售合同,由前者向后者销售一套电视宽带网。上述合同签订当日,武汉有线电视台又与武汉银丰公司签订销售合同,由后者向前者销售同一套电视宽带网。随后,武汉银丰公司与中电武汉公司签订进口代理协议,由后者代理进口上述宽带网。达科公司委托香港明宝行作为该项商务合同的代理。香港明宝行与中电武汉公司签订了买卖合同。香港明宝行履行交货后,仅收到中电武汉公司给付的810,000美元,余款1,890,000美元未支付,明宝行的东主许明将中电武汉公司、银丰公司和武汉有线电视台诉至武汉市中级人民法院,要求承担连带责任,庭审中,许明变更诉讼请求为请求判令武汉有线公司承担全部责任(武汉电视台在诉讼期间实行网台分离,其网络资产和权益由武汉有线公司承担)。

法院认为,达科公司与武汉有线电视台之间的合同关系成立,但因武汉有线电视台没有进口权,成立的合同并未生效;银丰公司与武汉有线公司是委托代理关系,他们之间订立的合同是以合法的形式掩盖了非法的目的,其效力不予认可;香港明宝行与中电武汉公司签订的国际货物买卖合同为有效合同;中电武汉公司是银丰公司的转代理人;本案应适用《合同法》第402条而不是外贸代理的行政法规;在银丰公司没有付款的情况下,委托人武汉有线公司应该直接承担责任。法院因此判令:武汉有线公司偿付香港明宝行1,890,000美元货款及逾期滞纳金。判决下达后,武汉有线公司与银丰公司不服判决,向湖北省高级人民法院提起上诉。在上诉庭审中,武汉有线公司和银丰公司均主张,他们之间是买卖关系,而不是代理关系。关于武汉有线公司与达科公司的关系,上诉法院认为,武汉有线公司与达科公司的定购合同并未履行,只是一份意向性购买设备的协议,因武汉有线公司不具有外贸经营权,该合同违反了《对外贸易法》第8条和第9条,是无效的;武汉有线公司依据上述无效合同向达科公司直接出具委托书,不仅该委托书未经银丰公司同意因而对银丰公司没有约束力,而且银丰公司亦无进口经营权,该委托书也是无效的;原审法院认为,武汉有线公司与达科公司订立的合同为基础合同,以后的一系列行为均是履行该订购合同,缺乏事实和法律依据。法院进而认为:武汉有线公司与银丰公司之间为买卖关系;银丰公司与中电武汉公司为代理关系;中电武汉公司与许明是买卖关系;许明与武汉有线公司无直接的法律关系。因此,许明只能向中电武汉公司索赔,《合同法》第402条不能适用。[11]

许明向最高人民法院申请再审称:武汉有线公司与武汉银丰公司YF99118号买卖合同有明显的非法目的,为无效合同;武汉有线公司与达科公司签订的WHCATV1299SCH号订购合同,自成立之时即为有效,且已实际履行,达科公司在与武汉有线公司签订了买卖合同后,武汉有线公司又向达科公司出具了以武汉银丰公司为进出口商的委托书,达科

---

〔11〕 湖北省高级人民法院民事判决书,(2002)鄂民四终字第53号。

公司有理由认为武汉有线公司与武汉银丰公司之间为委托代理关系,武汉银丰公司没有进出口经营权,并不改变武汉有线公司与武汉银丰公司之间的委托关系;武汉有线公司与武汉银丰公司共同签订的YF99118买卖合同不能对抗武汉有线公司的权利人。最高人民法院经审查认为,涉案合同的签订及履行均发生在《合同法》实施之后,应适用合同法确认双方之间的权利义务关系。武汉有线公司虽向达科公司出具委托书,载明"我台委托武汉银丰公司作为合同WHCATV1299SCH的外贸代理商,并负责代表我台和达科公司签订外贸合同",但许明据以向武汉有线公司主张货款的合同为香港明宝行与中电武汉公司签订的编号为×××-59002HK《订购合同》,该合同的相对方为中电武汉公司。虽然中电武汉公司依其与武汉银丰公司签订的编号为×××委托代理合同成为武汉银丰公司的代理人,但许明并无证据证明其在与中电武汉公司签订《订购合同》时,知晓武汉银丰公司与中电武汉公司的委托代理关系,许明亦无证据证明其在与中电武汉公司签订《订购合同》时,知晓武汉有线公司与中电武汉公司之间是否存在委托代理关系。因此,许明依据《合同法》第402条的规定向武汉有线公司主张权利没有事实依据,原审法院对其该项主张不予支持并无不当。许明的再审请求被驳回。[12]

《民法典》第926条规定:"受托人以自己名义与第三人订立合同时,第三人不知道受托人与委托人之间的代理关系的,受托人因第三人的原因对委托人不履行义务,受托人应当向委托人披露第三人,委托人因此可以行使受托人对第三人的权利。但是,第三人与受托人订立合同时如果知道该委托人就不会订立合同的除外。受托人因委托人的原因对第三人不履行义务,受托人应当向第三人披露委托人,第三人因此可以选择受托人或者委托人作为相对人主张其权利,但是第三人不得变更选定的相对人。委托人行使受托人对第三人的权利的,第三人可以向委托人主张其对受托人的抗辩。第三人选定委托人作为其相对人的,委托人可以向第三人主张其对受托人的抗辩以及受托人对第三人的抗辩。"

很明显,《民法典》第926条几乎是移植了《代理公约》第13条的内容。值得注意的是,中国《民法典》中"未能履行义务"指的是狭义上的不履行,而不包括履行不符,这表明,中国的外贸公司作为代理人援引《民法典》第926条的条件与《代理公约》第13条相比要严格一些。

二、无权代理和越权代理的法律效力

(一)一般原则

《代理公约》和《国际商事合同通则》都规定,当代理人未经授权或超越代理权限范围行事时,其行为对本人和第三人没有约束力。为保护善意第三人的利益,《代理公约》同时也肯定了表见代理:如果本人的行为使第三人合理并善意地相信代理人有权代表本人为某种行为,并且相信代理人是在该项授权范围内行事,则本人不得以代理人无代理权为由对抗第三人。

---

〔12〕 最高人民法院民事裁定书,(2011)民监字第778号。

(二)无权代理或越权代理的追认

《代理公约》第15条规定,代理人未经授权或超越代理权限范围的行为,可以由本人予以追认。一经追认,代理人的行为即发生如同自始即经授权同样的效力。追认没有任何形式要求,可以是明示的,也可以是从本人的行为推断出来的。追认一经送达第三人或通过其他方式使第三人知道时生效,而且一经生效就不可撤销。尽管在追认时,代理人的行为尚未全部完成,追认仍然有效。

追认要生效,还需要满足一些条件。《代理公约》第15条第2款、第3款规定:如果在代理人作为时第三人不知道或应该不知道缺乏代理权限,第三人在本人追认之前的任何时间已通知拒绝受追认的约束,则第三人不对本人承担责任;如果本人的追认不是在合理的时间内作出的,第三人在立即通知本人拒绝接受后可以不受追认的约束。但是,如果第三人知道或应该知道代理人缺乏代理权限,第三人在其与代理人达成的追认期间届满前或者在未达成追认期间而由第三人指定的合理期间届满前不能拒绝受追认的约束。《代理公约》第15条第4款规定,第三人可以拒绝接受部分追认。

《国际商事合同通则》第2.2.9条的规定较为简略。仅规定代理人未经授权或超越代理权限范围的行为,可以由本人予以追认。一经追认,代理人的行为即发生如同自始即经授权同样的效力;第三人可以通知本人并明确合理的追认期限,如果在该期限本人没有追认,则不能再追认;如果在代理人作为时第三人不知道或应该不知道缺乏代理权限,第三人在本人追认之前的任何时间已通知拒绝受追认的约束,则第三人不对本人承担责任。

(三)无权或越权代理人对第三人的责任

《代理公约》第16条规定,无权或越权代理人在未经追认时,应对第三人负赔偿责任,赔偿应使第三人恢复到如果代理人有权限并在权限范围内为代理行为时本应有的地位。如果第三人知道或应该知道代理人无权或越权,则代理人不承担责任。《国际商事合同通则》的规定与其类似。

三、可撤销的代理

代理关系中,代理人只应为本人的利益行事,不能为自己或他人的利益为代理行为。如果代理人同时为双方当事人做代理,或代理人代表本人与自己为代理行为,则可能产生利益冲突。如果产生利益冲突,本人可以撤销代理行为。《国际商事合同通则》第2.2.7条对此作了规定。但《国际商事合同通则》没有使用无效代理的概念,而是采用可撤销代理的概念,具有更大的灵活性。《国际商事合同通则》第2.2.7条还规定,如果本人同意了或知道或理应知道这种有利益冲突的代理,或者代理人披露了这种利益冲突而本人没有在合理时间内表示反对,则本人不得撤销代理行为。

四、转代理

代理人在履行代理行为时,可能会发现利用另外一个人的服务更方便,甚至是必需的,这时,他通常可以转托该人代为代理行为。《国际商事合同通则》第2.2.8条规定,如果期待只由代理人自己为代理行为是不合理的,代理人应具有委任转代理人的权利。在转代理情况下,转代理人的行为直接约束本人和第三人。

思考题

1. 分析在许明案中,三级法院的法律解释和推理。
2. 比较中国《民法典》与《代理公约》《国际商事合同通则》关于未披露本人代理的规定。

延伸阅读

关于代理法律问题的一般分析,可以进一步参阅徐海燕:《英美代理法研究》,法律出版社2000年版;Gamal Mourist Badr, *Agency: Unification of Material Law and of Conflict Rules*, Recueil Des Cours,1984; C. M. Schmitthoff, *Agency in International Trade*, Recueil Des Cours, 1970。

关于《国际货物买卖代理的日内瓦公约》的阐述,可以参阅 M. J. Bonell, *The 1983 Geneva Convention on Agency in the International Sale of Goods*, American Journal of Comparative Law, Vol. 32, 1984。

关于我国的商事代理制度,参阅左海聪、张川华:《外贸代理的类型化及法律适用——以我国〈合同法〉第402、403条为视角》,载《法学论坛》2009年第4期。

第四章 《国际商事合同通则》

第一节 概 述

一、《国际商事合同通则》的产生

由于对采取有约束力的国际公约或示范法统一国际商法的方式所带来弊病的深切感受，一直以来越来越多的学者和实务人士主张采取非法律的方式来统一国际商法。采取非法律的方式统一国际商法又有两种途径，一种是对特定的交易订立示范条款或示范合同，另一种是对国际商事合同的普遍原则进行国际重述。《国际商事合同通则》就是依循后一途径。

1971年，国际统一私法协会理事会决定将该项目列入协会的工作计划，由 René David，Clive M. Schmitthoff，Tudor Popescu 三位教授组成筹划委员会，研究项目的可行性。此后直到1980年才成立一个特别工作组来准备《国际商事合同通则》各章的草案。该工作组的成员由合同法和国际商法领域的权威专家组成，代表了世界各主要法系。工作组成员多数为学者，其余为高级法官或公务员，他们均以个人身份参加起草工作。

工作组在其成员中指定了一些人担任《国际商事合同通则》不同章节的报告人，并委托他们向工作组提交各章节草案及注释。草案和注释经工作组讨论后，还送交众多专家征求意见。

1994年5月，理事会将最后定稿的《国际商事合同通则》公布于世。《国际商事合同通则》由序言及七章共八个部分组成。序言述明《国际商事合同通则》的目的，其余七章共118条，分别规定总则、合同的成立、合同的效力、合同的解释、合同的内容、合同的履行和合同的不履行。《国际商事合同通则》除包括序言和118个条款外，对每个条款都附有评论，对很多条款，还附加了例释。

2004年《国际商事合同通则》又增加了三章内容。现在，《国际商事合同通则》在序言之外的十章分别是总则，合同的成立与代理权，合同的效力，合同的解释，合同的内容，合同的履行，合同的不履行，抵消，权利的转让、义务的转移和合同的转让，时效。2010年《国际商事合同通则》又进行了第二次修订，增加了多个债务人和债权人、长期合同等内容。

二、《国际商事合同通则》的功能[1]

（一）一般分析

《国际商事合同通则》的前言说明了制定《国际商事合同通则》的目的和功能。制定

---

〔1〕 参见左海聪：《试析〈国际统一私法协会国际商事合同通则〉的性质和功能》，载《现代法学》2005年第5期。

《国际商事合同通则》的目的,就是为国际商事合同叙明一般规则。而由于《国际商事合同通则》的叙明是一种法典化的重述,《国际商事合同通则》就具备了六种功能:当事人同意合同受《国际商事合同通则》管辖时,《国际商事合同通则》应该作为合同所适用的法律;当事人同意合同受一般法律原则、商人法(或类似措辞)管辖时,可以适用《国际商事合同通则》;当事人没有选择合同所适用的法律时,可以适用《国际商事合同通则》;可以用于解释或补充国际统一法律文件;可以用于解释或补充国内法;可以作为国内和国际立法的范本。在这六种功能中,第六种是示范法的功能,而其余五种功能的实现,都体现为《国际商事合同通则》不同程度地适用于具体的国际商事合同纠纷。而且在这五种功能中,前三种功能可以归结为《国际商事合同通则》作为准据法的功能,后两种可以概括为《国际商事合同通则》作为解释和补充工具的功能。

(二)《国际商事合同通则》作为示范法的功能

《国际商事合同通则》前言评论部分的第 7 段认为,鉴于《国际商事合同通则》的内在优点,它可以作为国内或国际立法者起草立法时的范本,无论是起草一般合同法还是特定类型的交易法。就国内立法而言,《国际商事合同通则》对于缺乏现代合同法的国家和经济转型国家尤其具有借鉴意义。就国际立法而言,《国际商事合同通则》会成为起草公约和示范法的参考资料。

《国际商事合同通则》作为示范法对许多国家合同法的制定和修订产生了影响。荷兰新民法典的制定、加拿大魁北克新民法典的制定、德国债法的修订、俄罗斯民法典的制定、爱沙尼亚新债法的起草、立陶宛民法典的制定、捷克民法典的制定、美国统一商法典买卖编的修订、中国合同法的制定、阿根廷新民法典的制定都借鉴或参考了《国际商事合同通则》的有关规定。

《国际商事合同通则》的起草均由国际一流的合同法和国际商法专家担当。它的内容具有全面性和先进性,代表了当代国际商事合同理论研究和实践经验的最高成就。因此,它对各国合同法的制定和修订产生如此大的影响,自在情理之中。

(三)《国际商事合同通则》作为国际商事合同准据法的功能

1. 当事人同意合同受《国际商事合同通则》管辖时,《国际商事合同通则》应该作为合同的准据法。《国际商事合同通则》前言评论部分的第 4 段认为,《国际商事合同通则》代表一种合同法规则体系,这些规则为各国现存法律体系所普遍采用,或者最能适应国际商事交易的特殊要求,因此,当事人有理由明确选择《国际商事合同通则》作为其合同的适用法,以替代选择某一国内法。

《国际商事合同通则》建议当事人在明示选择《国际商事合同通则》时,最好与仲裁条款一同使用。因为在仲裁中,如果当事人授权仲裁员根据"公平及善意原则"裁决,仲裁员当然可以将当事人所选择的《国际商事合同通则》作为适用的法律;即便没有此授权,允许仲裁员依据国内法之外的法律规则作出裁决也是一种发展趋势。例如,1985 年《贸法会国际商事仲裁示范法》第 28 条第 1 款和 1965 年《解决国家与他国国民之间投资争议公约》第 42 条第 1 款就都规定,仲裁庭可以适用国内法外的法律规则。但如果由法院审理,法院可能不认可这一选择。

根据 Unilex 的数据,当事人明示选择《国际商事合同通则》作为准据法的实例有

7例。

《国际商事合同通则》明确声称，自己就是国内法外的“法律规则”，而且是一套系统的、反映了各国合同法一般原则和国际商事交易特殊要求的规则，当事人完全有理由选择《国际商事合同通则》作为合同的准据法。这真正开辟了一条使国际商事合同摆脱国内法而适用专门的统一法的道路。考虑到《国际商事合同通则》体系的完整性、适用范围的广泛性，如果国际合同当事人越来越多地选择《国际商事合同通则》作为合同准据法，就能越来越多地发挥《国际商事合同通则》的统一作用。

现实中采纳《国际商事合同通则》作为准据法的情形还不是很多，表明商人对《国际商事合同通则》了解不多，商人对在自己的交易中适用统一法的自觉性还较差。未来借助于经济全球化地推动、国际商业社会共同意识的形成、法律专业人士的宣传以及适用《国际商事合同通则》的示范效果，情形可能会有很大改观。

2. 当事人同意合同受一般法律原则、商人法（或类似措词）管辖时，可以适用《国际商事合同通则》。《国际商事合同通则》前言的评论部分第4段认为，迄今，当事人适用超国家的或跨国性质的、内容不甚明确的规则一直受到批评，因为这些概念极其模糊。在这种情况下，为避免或尽量减少此类模糊概念给确定合同内容带来的不确定性，最好是求助于一套系统和界定明确的规则，如《国际商事合同通则》。

涉及将《国际商事合同通则》视为“商人法”的实例有两个：国际商会仲裁院第9419号裁决书（1998年，罗迦洛）和俄罗斯联邦工商协会国际仲裁院第11/2002号裁决。

案例4-1 | 俄罗斯联邦工商协会国际仲裁院第11/2002号裁决

一家俄罗斯公司（申请人）与一家德国公司（被申请人）签订一份协议，由申请人为被申请人在俄罗斯境内推销被申请人生产的产品。申请人找到一个潜在的买主，并帮助被申请人起草了买卖合同。被申请人与买主签订了买卖合同，买主随后终止合同，并将货物退回给被申请人。被申请人声称对申请人的支付应以买卖合同的成功履行为前提，由于合同没有成功履行，申请人无权获得佣金。申请人认为，其获得报酬并不以买卖合同的成功履行为前提，被申请人应对其支付酬金。协议规定，所有协议项下的争议应依据商人法的一般原则来解决。协议还规定，协议的所有条件都应受德国法和俄罗斯联邦法律的管辖。仲裁庭认为，协议同时选择德国法和俄罗斯法表明其未选择国内法，本案应适用一般法律原则和协议条款。仲裁庭进而决定适用作为商人法一般原则表述的《国际商事合同通则》。

将《国际商事合同通则》视为“一般法律原则”的实例有12起，其中10起为仲裁裁决，另两起分别为联合国赔偿委员会第S/AC.26号建议以及美国加利福尼亚区法院1998年12月作出的第98-1165-B号判决。

案例4-2 | 美国加利福尼亚区法院第98-1165-B号判决

该案涉及对适用《国际商事合同通则》作出裁决的仲裁是否能够得到法院的承认问题。该案中，申请人请求法院确认国际商会仲裁院第7365号裁决（1997年5月作出），被申请人请求法院拒绝承认裁决的效力。被申请人认为，裁决事项超出了仲裁协议的范围因而违反了《纽约公约》第5条第1款C项。被申请人声称仲裁庭在两个方面超出了仲裁协议的授权范围:第一,依据不被当事人所认同的法律理论作出裁决;第二,参照了国际统一私法协会《国际商事合同通则》和诸如善意及公平交易等其他国际原则,而仲裁协议并未将《国际商事合同通则》和上述原则规定为准据法。法院拒绝了被申请人的两项反对意见。认为仲裁庭参照和适用《国际商事合同通则》和诸如善意及公平交易等其他原则并不违反《纽约公约》第5条第1款C项。最后,法院承认了裁决的效力。

《国际商事合同通则》认为,它与"商人法""一般法律原则"具有密切的联系,它的许多规定可以说就是对"商人法""一般法律原则"的编纂。如果当事人选择适用"商人法""一般法律原则",就可以适用《国际商事合同通则》。这表明《国际商事合同通则》对商人法的认同,对存在一套合同法一般原则的确认。这种共识是对合同法进行国际重述的基础。

《国际商事合同通则》的系统编纂实质性地解决了"商人法""一般法律原则"的模糊性问题,从而为"商人法""一般法律原则"的发展作出了决定性的贡献。

3. 当事人没有选择合同所适用的法律时,可以适用《国际商事合同通则》。《国际商事合同通则》前言的评论部分第4段认为,当事人没有选择合同所适用的法律时,可以适用《国际商事合同通则》。理由是:如果当事人没有选择合同的管辖法,则必须依据国际私法的相关规则确定适用的法律。但在国际商事仲裁的情况下,关于法律适用的规则相当灵活。1998年《国际商会仲裁规则》第17条第1款、《斯德哥尔摩商会仲裁院仲裁规则》第24条第1款都允许仲裁庭适用"它认为适当的法律规则"。在通常情况下,仲裁庭将适用某一特定的国内法作为合同的准据法,但在特定情况下,仲裁庭可能会适用非国内或超国家规则,如《国际商事合同通则》。仲裁庭适用《国际商事合同通则》的特定情形包括:仲裁庭从案件情势推断出当事人意图排除任何国内法时(例如,当事人一方是国家或政府机构,并且双方当事人均已表明不接受另一方的国内法或第三国国内法的管辖);合同表明,与多个国家相关的连接因素中没有一个具有充分的重要性使仲裁庭有理由适用一国的国内法而排除其他国家法律的适用。

在合同缺乏法律选择条款时,《国际商事合同通则》的适用实例有13个。分别是:伦敦仲裁院1995年的一个仲裁、国际商会仲裁院第7110号裁决(1995年)、国际商会仲裁院第7375号裁决(1996年)、国际商会仲裁院第8261号裁决(1996年)、国际商会仲裁院第8502号裁决(1996年)、俄罗斯联邦工商协会国际仲裁院第229/1996号裁决(1997年)、国际商会仲裁院第9029号裁决(1998年)、国际商会仲裁院第9479号裁决(1999年)、俄罗斯联邦工商协会国际仲裁院第152/1998号裁决(1999年)、俄罗斯联邦工商协会国际仲裁院第302/1997号裁决(1999年)、国际商会仲裁院第10022号裁决(2000年)、斯德哥尔摩商会仲裁院第117/1999号裁决(2001年)和俄罗斯联邦工商协会国际仲裁院第88/2000号裁决(2001年)。

案例4-3 | 国际商会仲裁院第7110号裁决(1995年)

该案涉及对一般法律原则的解释。该案中,一家英国公司和1个中东国家的政府部门缔结了9个提供设备的相关合同。这些合同中没有一个明确规定适用某一国内法,但有一些合同规定,争端解决应依据“自然正义”。中东原告认为,“自然正义”指的是一般法律原则,英国被告认为,“自然正义”仅仅涉及程序规则,如正当程序和公平听证;而且英国是特征履行地义务人所在的国家,英国法应该是与合同具有最密切联系的法律。大多数仲裁庭成员赞同原告的主张,认为合同应受一般法律原则的管辖,这些一般法律原则并非存在于任何特定国家的法律体制中,而是适合于国际交易需要并获得广泛国际共识的规则。在仲裁庭看来,获得广泛国际共识的一般原则和规则主要反映在《国际商事合同通则》中。因此,合同应受《国际商事合同通则》管辖并依据《国际商事合同通则》来解释。仲裁庭认为,将《国际商事合同通则》作为管辖合同的法律是适当的,即使在当事人缺乏此种默示意图时也是如此。事实上,《国际商事合同通则》可以视为《国际商会仲裁规则》第13条第3款[1998年版本的第17(1)条]所指的“最适当的法律”。

案例4-4 | 国际商会仲裁院第7375号裁决(1996年)

案件中,当事人没有选择法律,仲裁庭认为应对纠纷进行非国内化的解决,应适用普遍接受的法律原则。因为这样的解决将维持当事人的利益均衡,符合当事人的合理预期。仲裁庭参考了国际商会仲裁院第7110号裁决(1995年),决定适用获得国际商业社会广泛接受和认同的关于国际合同义务的一般原则和法律规则,包括据称构成商人法一部分的规则,并考虑相关国际商事惯例和《国际商事合同通则》中反映了一般法律原则和规则的内容。仲裁庭认为,《国际商事合同通则》中的主要规定是对已获得广泛国际接受的规则的重述,这些规定在国际仲裁中已得到一致的适用;同时仲裁庭也承认,《国际商事合同通则》的某些条款并未反映国际共识。本案涉及的是时效问题,《国际商事合同通则》对此没有作规定。仲裁庭要求当事人就可以适用的一般法律原则而不单单是各自的国内法提供意见。

案例4-5 | 国际商会仲裁院第8502号裁决(1996年)

案件中,一个越南卖方与荷兰买方缔结了一份购买大米的合同,合同没有法律选择条款,但规定适用Incoterms1990和UCP500。仲裁庭认为,适用Incoterms1990和UCP500,表明当事人的意图是将其合同受贸易惯例和普遍接受的国际商业原则的管辖。由于争议与Incoterms1990和UCP500无关,仲裁庭决定适用CISG和《国际商事合同通则》,因为它们证明了被广泛接受的国际商业惯常做法。本案中,仲裁庭具体适用了CISG第76条和《国际商事合同通则》第7.4.6条以决定损害赔偿额的数目。

案例4-6 | 俄罗斯联邦工商协会国际仲裁院第229/1996号裁决(1997年)

案件中,俄罗斯和保加利亚当事人缔结了一项买卖合同。合同约定,迟延支付价金应承担每天0.5%的罚金。合同受CISG管辖,但CISG对此未作规定。仲裁庭决定适用《国际商事合同通则》以填补空白。仲裁庭认为,之所以适用《国际商事合同通则》,不仅因为《国际商事合同通则》的序言提到《国际商事合同通则》可以用于解释和补充国际法律文件,而且《国际商事合同通则》的有关规定还可以视为CISG第9条第2款所指的为当事人所广泛知道并为他们所经常遵守的惯例。仲裁庭认为,依据《国际商事合同通则》,每天0.5%的罚金确实过高,最后仲裁庭决定了一个合理的罚金数额。

案例 4－7 | 国际商会仲裁院第 9029 号裁决(1998 年)

案件中,一家奥地利公司(被申请人)和一家意大利公司(申请人)因股东协议发生争议。协议约定适用意大利法。被申请人在其答辩意见中称,由于《意大利民事诉讼程序法典》第 834 条要求仲裁庭在国际仲裁中考虑适用国际惯例,商人法便构成意大利法的一部分,在本案中应适用《国际商事合同通则》的某些规定,因为《国际商事合同通则》是国际商业惯例权威的知识来源。仲裁庭不同意被申请人的观点。仲裁庭认为,虽然《国际商事合同通则》从理论上讲适合于构成未来的商人法——如果《国际商事合同通则》能够与国际商业实践保持一致的话,但在目前,《国际商事合同通则》的条款与商人法之间尚无必然的联系,因此求诸《国际商事合同通则》并非就是简单和完全地求诸实际存在的国际商业惯例。仲裁庭进一步认为,《意大利民事诉讼程序法典》第 834 条所指的国际商业惯例仅具有严格的解释价值,即只有在国内法未作规定时,惯例才可以填补空白。但仲裁庭在裁决时仍然参考了《国际商事合同通则》的有关规定。

案例 4－8 | 斯德哥尔摩商会仲裁院第 117/1999 号裁决(2001 年)

案件中,两个中国公司与一家欧洲公司签订了一项技术交流和合作协议。协议规定了严格保密义务和不竞争义务。欧洲公司指责一家中国公司违反上述义务,依据仲裁条款提起仲裁并请求损害赔偿。协议就合同的管辖法没有作规定。双方当事人均主张适用所属国的法律。《斯德哥尔摩商会仲裁院仲裁规则》第 24 条第 1 款规定,在当事人未选择法律的情况下,仲裁庭应适用它认为最适当的法律或法律规则(rules of law)。仲裁庭认为,当事人对其他事项都作了详尽的规定,却对法律适用问题故意未作规定,这表明当事人的意愿是,如果法律适用问题产生,所选择的法律应是正常的商人认为能够充分和合理地保护其利益的法律。因此,仲裁庭决定本争议不依据任何特定法域的法律裁决,而将依据获得参与国际贸易的国家广泛承认的经国际编纂的法律规则来裁决。目前除了在本案中不能适用的 CISG 外,具有这种地位的编纂只有《国际商事合同通则》。《国际商事合同通则》获得了广泛的承认,并规定了充分反映大多数发达国家商业关系的基本原则及能对合同当事人提供保护的规则。仲裁庭决定将主要依据《国际商事合同通则》裁决争议,只有在《国际商事合同通则》未作规定时,才考虑适用国内法,即中立的瑞典法。

当事人未选择法律时,仲裁员基于尊重国际商事惯例、基于《国际商事合同通则》更适合于国际商事交易特定需要等因素的考虑,或从当事人意欲排除国内法适用的角度出发,均可以适用《国际商事合同通则》。这开辟了另外一条摆脱国内法而适用《国际商事合同通则》的道路,它与当事人明确选择《国际商事合同通则》作为准据法这一条摆脱国内法而适用《国际商事合同通则》的道路“平行”。《国际商事合同通则》在两条道路上“并驾齐驱”,不断扩大其在国际商事合同实践中的影响和作用。

(四)《国际商事合同通则》作为解释或补充国际统一法律文件和国内法工具的功能

1. 解释或补充国际统一法律文件

国际统一法律文件的某些条款可能会产生解释问题,而且还会出现法律空白。

传统上，在面临上述问题时，是依据国内法的原则和标准进行解释和补充国际统一法律文件。该国内法可以是法院地法，也可以是根据国际私法规则确定的可适用法。

近年来，法院和仲裁庭更多地倾向于摒弃这种“冲突式”的解决，转而以自治性的和国际统一的原则或标准来解释和补充国际统一法。这种做法在最近的一些公约中已得到明确的认可（如CISG第7条）。这种做法是基于这样一个假定，即国际统一法即使被纳入各个不同国家的法律体系，也只是在形式上成为后者不可分割的一部分，从实质上讲，它并没有失去其作为一种特殊的法律部门在国际领域自主发展并在世界范围内以统一的方式适用的原有特性。

迄今，这种用以解释和补充国际统一法律文件的自治性原则和标准，已经在每个具体的案件中被法官和仲裁员通过比较不同国家法律体制所采纳的解决办法而发现。《国际商事合同通则》将极大地便利他们在这个方面的工作。

《国际商事合同通则》作为补充和解释国际法律文件工具的情形包括15起案件，其中12起涉及CISG，其余3起分别涉及1964年《国际货物买卖合同成立统一法公约》、1958年《纽约公约》和《布鲁塞尔管辖权和判决执行公约》。

《国际商事合同通则》在解释其用作国际统一法律文件的理由时，显然是要摒弃传统的冲突法的方法，而要求用统一的方式来解释统一法。《国际商事合同通则》精辟地指出，国际商事统一法即便并入了国内法，仍然是一个自主发展的独立法律部门。毫无疑问，《国际商事合同通则》体现了统一法的理念和商人自治法的观念。

2. 解释或补充国内立法

1994年《国际商事合同通则》列举的理由是：在适用国内法解决合同争议时，如果依据该国内法确立某项规则十分困难（比如，由于该国国内法的渊源为判例法或由于很难查询，确立某项规则成本巨大），现在的做法一般是适用法院地法，《国际商事合同通则》认为，适用《国际商事合同通则》可以避免适用对一方当事人更熟悉的法律。

2004年《国际商事合同通则》列举的理由有所不同：在适用某一特定的国内法时，法院或仲裁庭可能会对该国内法提供的解决办法产生疑问。这可能是因为有多个不同的解决方法可供选择，也可能因为看起来根本就没有明确的解决方法。尤其是当争议与国际商事合同相关时，可以考虑借助于《国际商事合同通则》寻求解决方法。在这样做时，国内法可以依据国际上普遍接受的标准和/或跨国商事关系的特殊需要进行解释和补充。

《国际商事合同通则》作为补充和解释国内法工具的情形包括39起案件，其中28起是仲裁，4起为奥地利法院判决、4起为荷兰法院判决、1起为法国法院判决、2起为新西兰法院判决。

例如，在2004年3月4日进行的一项临时仲裁中，在处理一项在一个西欧公司和一个中欧公司之间的经销协议争议时，仲裁庭适用了当事人选择的管辖法——法国法，当事人和仲裁庭都引用《国际商事合同通则》的有关规定来支持依据法国法提供的解决方法。被引用的《国际商事合同通则》条款是《国际商事合同通则》2004年版本的第1.8条，并且是被当作确立已久的国际商业原则引用的。

《国际商事合同通则》作为补充和解释国内法工具的情形包括39起案件，是使用《国际商事合同通则》最多的情形。这表明，即便是采用传统的方法适用国内法来解决争议，

《国际商事合同通则》仍然是大有用武之地。在有些案件中,《国际商事合同通则》的规定可能还是解决争议的主要依据,从而在实际上起到替代国内法适用的效果。

三、《国际商事合同通则》的意义

1.《国际商事合同通则》是国际统一私法协会天才的创造,它引入了除国际商事公约和国际商事惯例之外的第三渊源——法律重述。《国际商事合同通则》没有采用斯密托夫教授所倡导的国际商事合同公约的方式,因为那将面临生效难、统一有限、修改难等问题。[2]《国际商事合同通则》并没有声称自己整体构成一项国际商事惯例,因为国际社会对此不可能完全认同。《国际商事合同通则》也没有说自己整体上是一般法律原则,因为《国际商事合同通则》的有些规则是国际商事合同的特殊规则。《国际商事合同通则》称自己是对国际商事合同的法律重述,这表面上是借用了普通法背景下的一种法律编纂形式,但它不仅是对判例法的编纂,还是对合同法一般原则的国际重述,是对现有国际商事合同惯例的编纂。它在非普通法的背景下适用重述的概念,并将重述、惯例和一般原则融于一体,是前所未有的一种创造。这样的一种创造,使《国际商事合同通则》具备了多重的功能:具备重述的特征,可以不断修订;是各国合同法一般原则的系统编纂,可以作为合同的准据法;部分内容是国际商事惯例的编纂,具有当然的法律约束力。这些都是天才的创意所带来的不可思议的效果。

2.《国际商事合同通则》从根本上解决了商人法零散、不成体系的状态,使商人法的发展进程产生了质的飞跃。长期以来,对商人法的诟病集中于两点:商人法不是法律;商人法不成体系,不能取代国内法完整调整国际商事关系。[3]《国际商事合同通则》的出现将使这两点诘难的基础不复存在。《国际商事合同通则》宣布自己就是国内法之外的法律规则,可以作为国际商事合同的准据法,而且修订后的《国际商事合同通则》已构成一个无可挑剔的合同法规则体系,具备了全面替代国内合同法的条件。尽管《国际商事合同通则》作为完整的国际商事合同准据法目前主要适用于国际商事仲裁,但我们有理由期待未来在国际商事诉讼中也会尊重商人们的意愿和合理期待,也会更多地将《国际商事合同通则》作为完整的国际商事合同准据法。可以说,商人法不是法律或不构成系统的法律规则体系的观点在《国际商事合同通则》出现以后已丧失其立论的现实依据。

3.《国际商事合同通则》在未来可能整体上成为国际商事合同惯例。《国际商事合同通则》能否整体成为国际商事惯例,还有待时间的检验。不过从《国际贸易术语解释通则》和《跟单信用证统一惯例》被接纳为普遍性惯例的过程来看,完全是有可能的。如果经过几十年的逐步接受,《国际商事合同通则》能够像《跟单信用证统一惯例》在国际银行界被普遍接受那样被世界各国商人在所有的国际商事合同中选择为准据法,而且这种选择能得到法院和仲裁庭的承认,《国际商事合同通则》就将成为国际商事合同的惯例或习惯。那时《国际商事合同通则》的性质就会从重述完全转变为惯例。

---

〔2〕 左海聪:《国际贸易法》,法律出版社2004年版,第4~5页。

〔3〕 K. Highet, *The Enigma of the Lex Mercatoria*, 63 Tulane Law Review 1989, p. 618.

四、《国际商事合同通则》与《销售公约》的关系

《国际商事合同通则》的制定晚于《销售公约》。《国际商事合同通则》在很多条款上都吸收了《销售公约》的规定。本书在以下讨论《国际商事合同通则》时,对《国际商事合同通则》吸收《销售公约》的部分只予以指明,以避免与《销售公约》相应部分重复。

第二节 总 则

《国际商事合同通则》总则规定了国际商事合同的基本原则、合同形式、合同的约束力,《国际商事合同通则》的任意性、解释原则、惯例和习惯做法的约束力,以及通知和定义等。

一、基本原则

1. 合同自由。当事人有权订立合同并决定合同的内容。

2. 强制性规则优先。《国际商事合同通则》的任何规定都不得限制根据国际私法规则所适用的强制性规则的适用,无论这些强制性规则是国内的、国际的还是超国家的。[4]

即使《国际商事合同通则》被指定为合同所适用的法律,也不能排除强制性规则的适用。在国际商事交易中,常见的强制性规则主要是外汇管理法、进出口许可法、管制限制贸易行为法中的有关规定。[5]

3. 善意和公平交易。当事人在国际商事交易中应根据善意和公平交易原则行事,而且当事人不得排除或限制此项义务。

例如,A 同意 B 可在 48 小时内考虑是否接受其要约。当 B 在期限临近届满前决定接受时,却无法向 A 传递这一信息,因为此时是周末,A 办公室里的传真机未开通,也没有能接受消息的自动电话。在紧接着的周一,A 拒绝了 B 的承诺。A 的这种做法违背了善意原则,因为当 A 确定承诺期限时,他必须确保其办公室在整个 48 小时内均能接收信息。[6]

又如,在一份关于供应和安装某一特殊生产线的合同中有一个条款规定:卖方 A 就该生产线的技术所做的任何改进,A 均有义务告知买方 B。一年后,A 有了技术改进,A 却以其生产已转由其全资附属公司 C 承担为由拒绝将技术告知 B。A 的行为违反了善意原则。[7]

再如,银行 A 在借贷合同有效期内突然不加说明地拒绝向用户 B 拒绝继续贷款,致使 B 的业务遭受重大损失。尽管合同中规定 A 可"任意"加速到期,A 这种要求全额还款

---

〔4〕《国际商事合同通则》第 1.4 条。

〔5〕《国际商事合同通则》第 1.4 条评论。

〔6〕《国际商事合同通则》第 1.7 条例释 1。

〔7〕《国际商事合同通则》第 1.7 条例释 2。

而没有事先警告并没有正当理由的做法违反了善意原则。[8]

二、合同形式

《国际商事合同通则》不要求合同必须以书面形式订立或由书面合同证明。合同可通过包括证人在内的任何方式证明。

三、合同的约束力

有效订立的合同对当事人均有约束力。当事人仅能根据合同条件或通过协议或根据《国际商事合同通则》的规定修改或终止合同。

四、惯例和习惯做法的约束力

惯例(usage)和通常做法(practice)的约束力主要体现在《国际商事合同通则》第1.9条,该条规定当事人应受其业已同意的任何惯例和其相互之间业已建立的任何通常做法的约束。在特定的有关交易中的合同当事人,应受国际商业中广泛知晓并惯常遵守的惯例的约束,除非该惯例的适用将导致不合理的结果。

例如,在某一商品贸易领域,有这样一项惯例:如果买方不能及时得到国际认可的商检机构的证明,则不能主张该商品有瑕疵。当买方A在目的港接收货物时,在该港口营业的唯一一个国际认可的商检机构却正在罢工,若从距离最近的其他港口找商检机构费用又太高。在这种情况下,适用该惯例就不合理。因此,即使没有国际认可的商检机构的证明,A也可以主张该商品有瑕疵。[9]

五、《国际商事合同通则》的任意性

除《国际商事合同通则》另有规定外,当事人可以排除《国际商事合同通则》的适用,减损或改变《国际商事合同通则》任何条款的效力。[10]

六、《国际商事合同通则》的解释

《国际商事合同通则》第1.6条规定,对《国际商事合同通则》的解释,应考虑《国际商事合同通则》的国际性和制定《国际商事合同通则》的目的,包括促进其统一适用的需要。

考虑《国际商事合同通则》的国际性,意味着《国际商事合同通则》的条文和概念要根据其前后内容独立地解释,而无须参照某一特定国内法所确立的传统含义。事实上,在起草《国际商事合同通则》时,专家们所遵循的一条准则就是确保《国际商事合同通则》的国际性,因此,在起草每一个具体条文时,为了使各方对条文的理解相同,专家们都尽量使用最中性的法律语言,即便在个别情况下出现了某个或某几个国家的法律所特有的条款或

[8] 《国际商事合同通则》第1.7条例释4。
[9] 《国际商事合同通则》第1.8条例释5。
[10] 《国际商事合同通则》第1.5条。

概念,也绝不是在其原有意义上沿袭使用的。[11]

考虑促进其统一适用的需要,即是要确保《国际商事合同通则》在不同国家最大限度地以同种方式解释并适用。

凡属于《国际商事合同通则》范围内但《国际商事合同通则》又未明确规定的问题,应尽可能地根据《国际商事合同通则》所确定的一般原则来解决。

七、通知

通知,包括声明、要求、请求或其他任何意图的传达。通知于送到被通知人时生效。通知于口头传达给被通知人时或传送到被通知人的营业地或通信地址时,为"送达"被通知人。

八、若干术语的定义

"法庭",包括仲裁庭。"营业地",在当事人有一个以上的营业地时,为与合同及其履行具有最密切联系的营业地。"债务人",指应履行义务的一方当事人;"债权人",指有权要求履行义务的一方当事人。"书面",指能记载所传递的信息并可以有形方式复制的任何通信方式。

第三节 合同的订立

一、合同订立的方式

合同可通过对要约的承诺或通过行为而订立。行为需能充分表明其合意。

二、要约

《国际商事合同通则》关于要约的定义(构成要件)与《销售公约》相近,只是未对"内容十分确定"进行界定。

《国际商事合同通则》关于要约的生效、撤回、撤销和拒绝的规定与《销售公约》相同。

三、承诺

《国际商事合同通则》关于承诺的方式和时间、逾期承诺、传递延误、承诺的撤回、承诺的变更等规定也与《销售公约》基本相同,只是未对"实质性变更要约的承诺"作出界定。

四、书面确认

合同订立后一方当事人发出书面文件要求确认合同内容,如果载有添加或不同的条款,则这些条款应构成合同的一个组成部分,除非这些添加或不同条款实质性地变更了合

〔11〕《国际商事合同通则》第1.6条评论。

同,或者接受方毫不迟疑地拒绝了这些不符。[12]

五、特意待定的合同条款

《国际商事合同通则》第2.1.14条规定,如果当事人意在订立合同,则当事人明确表示将合同的某个条款留待以后的谈判确定或由一个第三方确定,并不影响合同的订立。

如果以后的谈判或第三方未能确定该待定条款,但有合理的替代方法来确定待定条款的内容,则合同存在的事实不受影响。

此时,《国际商事合同通则》第五章关于合同内容的规定,尤其是其中关于默示义务的规定,可以用来明确待定条款的内容。

六、按标准条款订立合同

标准条款指一方为通常和反复使用而预先准备的条款,并在实际使用时未与对方谈判。格式合同包含标准条款。

《国际商事合同通则》规定,一方或双方当事人使用标准条款订立合同,适用订立合同的一般规则,但受到几种限制:(1)如果标准条款中某个条款是对方不能合理预见的,则该条款无效,除非对方明确表示接受;(2)如果标准条款与非标准条款发生冲突,以非标准条款为准;(3)在双方当事人都使用各自的标准条款的情况下,如果双方对除标准条款以外的条款达成一致,则合同应根据已达成一致的条款及在实质内容上相同的标准条款订立,除非一方当事人已事先明确表示或事后毫不延迟地通知另一方当事人其不受此种合同的约束。

上述第3种情形即是所谓的"格式合同之争",《国际商事合同通则》没有采取传统的"最后指定"(last shot)规则。

七、恶意谈判

当事人拥有谈判合同的自由,如果谈判不能达成协议,一般情况下双方都不承担责任。但如果一方当事人恶意地进入或终止谈判,依据善意和公平交易原则则应承担由此给另一方当事人所造成的损失。

恶意谈判的情形包括:当事人没有订立合同的意图却故意与另一方当事人进入谈判或维持谈判;一方当事人在合同性质或条件上误导另一方当事人,误导可以是错误陈述,也可以是隐瞒本应公开的事实;在对方对订立合同已寄以信赖时无正当理由终止谈判。[13]

恶意谈判的责任限于由此给另一方当事人所造成的损失。具体而言,通常包括对方当事人因谈判而支付的费用,以及另一方当事人因丧失与第三方订立另一合同的机会而造成的损失,但一般不包括所谈判的合同如果订立可以带来的利润。

---

〔12〕《国际商事合同通则》第2.1.12条。

〔13〕《国际商事合同通则》第2.1.15条评论。

八、保密义务

如果一方当事人在合同谈判中对其所使用的某一信息申明为保密信息,则无论合同是否订立,另一方当事人均有义务不披露该信息,也不得因自己的目的而不适当地使用该信息。

如果另一方当事人披露或不当使用该信息,信息所有方可以要求对方承担由此带来的损失。即便没有任何实际损失,但如果披露或使用方因此获益,信息所有方可以对该利益主张请求权。此外,信息所有方还可以依据准据法要求发布禁令。

第四节 合同的效力

一、《国际商事合同通则》关于合同效力的一般规定

(一)调整范围

《国际商事合同通则》在规定哪些因素决定合同的效力时作了一些排除。《国际商事合同通则》不涉及由于没有行为能力、没有委托人的适当授权、不道德或非法导致合同无效的情形。也就是说,《国际商事合同通则》不处理无效合同的问题。其原因是,各国对这些问题的规定差异太大,无法统一,只能由合同的适用法来解决。

(二)约因、对价和物权合同问题

《国际商事合同通则》第3.2条规定,合同仅由双方的协议订立、修改或终止,除此之外并无其他要求。在该条的评论和例释中,《国际商事合同通则》述明:英美法中的对价、大陆法中的约因和物权合同(合同仅依货物的实际交付成立),都不影响合同的效力,即合同不因没有约因或对价而无效,也无须以货物的实际交付才成立。

(三)自始不能问题

《国际商事合同通则》规定,合同订立时不可能履行这一事实本身(自始履行不能)不影响合同的效力,合同订立时当事人没有合法的所有权或其他权利,也不影响合同的效力。理由是:合同订立后,合同可能变得能够履行,当事人可能变得具备合法的所有权或其他权利。

(四)《国际商事合同通则》关于合同效力规定的强制性

除了关于有关协议的约束力、自始不能或错误的规定外,《国际商事合同通则》关于合同效力的规定均具有强制性。

二、可撤销合同的原因

无效合同不同于可撤销合同。无效合同指虽已成立,但因为违反强制性法律或社会公共利益,在法律上确定地当然自始不发生效力的合同。可撤销合同指虽已成立,但由于当事人意思表示不真实,由一方当事人行使撤销权而自始归于无效的合同。如前所述,《国际商事合同通则》不处理无效合同的问题。《国际商事合同通则》主要处理可撤销合同的问题。《国际商事合同通则》规定了四种可撤销合同的原因。

(一)错误

错误,是指在合同订立时对已存在的事实或法律所做的不正确的假设。但作为导致撤销权的错误必需是重大的,以至于一个理智的人处于相同情况下,如果知道事实真相,就会按实质不同的条款订立合同;并且,另一方当事人也犯了相同的错误,或另一方当事人知道或理应知道该错误,却违反公平交易的合理商业标准,使错误方一直处于错误中。

但是,如果当事人由于重大疏忽而犯此错误;或者错误与某一事实相关联,而对于该事实发生错误的风险已被设想到,或者考虑到相关情况,该错误的风险应由错误方承担,其不能享有撤销权。

(二)欺诈

欺诈,是指意欲诱导对方犯错误,而对事实做虚假的陈述或不披露事实的真相,并从对方的损失中获益的行为。

(三)胁迫

《国际商事合同通则》未作解释。一般认为胁迫包括威胁和强迫。威胁是当事人一方以未来的不法损害相恐吓,使对方陷入恐惧,并因此作出意思表示的行为;强迫是当事人一方以现时的身体强制,使另一方处于无法反抗的境地而作出意思表示。[14]

(四)重大失衡

重大失衡,是指合同或其条款不合理地对另一方当事人过分有利。

三、撤销权的行使

一方当事人通过向另一方当事人发出通知来撤销合同,无须法庭的介入。也就是说,《国际商事合同通则》确认撤销权是一种形成权,由权利人单方行使,无须对方同意,也无须第三方介入。撤销通知应在合理的时间内作出。

在重大失衡的情形下,有撤销权的一方当事人也可请求法庭修改该合同或其条款,使其符合公平交易的合理商业标准。

四、撤销合同的效力

撤销合同具有溯及力,合同自始不发生效力。双方负有相互返还的义务。如果不能返还,则应提供补偿。

第五节 合同的解释

一、解释方法

(一)合同的解释

合同应按照当事人各方的共同意图解释。如果无法确立当事人的共同意图,则按照

〔14〕 参见余延满:《合同法原论》,武汉大学出版社1999年版,第221页。

一个与各方当事人具有同等资格的、通情达理的人在处于相同情况下,对该合同所应有的理解来解释。

这表明,首先依据主观标准,如不能奏效,依据合理标准。

(二)当事人行为的解释

如果另一方当事人已经知道或不可能不知道该意图,一方当事人的陈述和其他行为,应根据该当事人的意图来解释。如果另一方当事人不知道行为人的意图,则行为人的行为,应按照一个与另一方当事人具有同等资格的、通情达理的人在处于相同情况下,对该合同所应有的理解来解释。

对当事人行为的解释,虽然主要用于解释合同是否成立,但于合同的解释亦颇有意义。例如,货物瑕疵的通知书,宣告合同无效或终止合同的通知等。

(三)解释合同和当事人行为时需要考虑的因素

解释合同和当事人行为时,需要考虑的因素主要包括:(1)当事人之间的初期谈判;(2)当事人之间已确立的习惯做法;(3)合同订立后当事人的行为;(4)合同的性质和目的;(5)合同条款和表达的通常含义;(6)惯例。

二、解释原则

(一)整体解释

合同条款和表达应依据整个合同或全部陈述来解释,这包括结合合同条款和表达的上下文来解释。

(二)有效解释

对意思不清晰的合同条款的解释,应能使所有的条款都具有效力,不能致使其中的一些条款失效。

(三)对条款提出方不利

如果一方当事人所提出的合同条款含义不清,应作出对该方当事人不利的解释。

(四)起草语言优先

如果合同是以两种或两种以上具有相同效力的语言起草的,在这些文本之间存在差异时,根据合同最初起草的语言所作的解释优先。

三、关于补充合同空缺条款的规则

如果合同当事人未就一项合同重要条款达成一致,应适当地补充该条款。补充时,应考虑以下因素:(1)各方当事人的意图;(2)合同的性质与目的;(3)善意和公平交易原则;(4)合理性。

第六节 合同的内容和第三方权利

《国际商事合同通则》第五章为合同的内容和第三方权利,事实上讨论的是合同履行中的几个问题。该章与第六章“合同的履行”密不可分。

一、默示义务

《国际商事合同通则》第5.1.1条规定,当事人的合同义务可以是明示的,也可以是默示的。

《国际商事合同通则》评论部分认为,本条重申了一条被广泛接受的原则:合同当事人的义务不一定只限于合同中明确规定的义务,还可能包含一些默示的义务。

《国际商事合同通则》第5.1.2条规定,默示义务可以产生于:(1)合同的性质与目的;(2)当事人之间确立的习惯做法和惯例;(3)善意和公平交易原则;(4)合理性。

例如,A出租一套电子计算机系统给B并已安装。合同没有规定A对B所承担的具体义务。但A至少应向B提供关于系统操作的基本信息,因为这是实现合同目的所必须的。[15]

又如,某个经纪人在谈成一份租船合同后要求获得佣金。如果经纪合同没有规定何时应支付佣金,则可按照行业惯例决定支付时间。[16]

再如,A和B就一项合作协议进行谈判后,签订了一项完成某项复杂的可行性研究的协议。该研究对A来说是极费时间的。但在还未完成可行性研究之前,B决定不再执行合作协议。即使协议中并未规定如何处理此种情况,但依据善意原则,B应毫不迟延地将其决定通知A。[17]

二、合作义务

《国际商事合同通则》第5.1.3条规定,如果一方当事人在履行义务时,有理由期待另一方当事人的合作,另一方当事人应予以合作。这体现了这样一种理念:合同不仅是利益冲突的交汇点,在某种程度上应视为当事人合作的共同项目。这与善意和公平交易原则是吻合的。当然,合作的责任应有所限制,应只限于合理的期待而产生的责任,而且无论如何不应打乱合同履行过程中的义务分配。[18]

例如,X国的艺术画廊A向Y国的私人收藏家B购得一幅16世纪的油画。按规定该油画未经特别许可不得出口,而合同要求B申请出口许可。但由于B没有申请方面的经验,遇到了很大的困难。而A却熟悉这方面的程序。此时,A至少应向B提供一些帮助。[19]

三、获得特定结果的义务和尽最大努力的义务

《国际商事合同通则》第5.1.4条规定,如果一方当事人的义务是获得某一特定结果,该当事人有义务获得此特定结果。如果一方当事人的义务是在履行某一项活动中应

〔15〕《国际商事合同通则》第5.1.2条例释1。
〔16〕《国际商事合同通则》第5.1.2条例释2。
〔17〕《国际商事合同通则》第5.1.2条例释3。
〔18〕《国际商事合同通则》第5.1.3条评论。
〔19〕《国际商事合同通则》第5.1.3条例释2。

尽最大的努力,该当事人有义务尽一个与其有同等资格的、理智的人在相同情况下应尽的义务。

获得特定结果的义务和尽最大努力的义务,是合同义务的一种典型分类,这种区别为确定一方当事人是否履行其义务提供了标准。

例如,A 是一个批发商,A 承诺在合同规定的销售区内一年完成销售 15,000 件货物。如果期满时 A 销出 13,000 件,那就清楚地表明 A 未履行其义务。但如果另一个批发商 B,他只承诺在合同规定的销售区内尽最大努力扩大产品的销售,这就是规定了一项尽最大努力的义务。B 并不承诺每年销售特定的数量,但应承担作为一个理智的人所能做的一切。[20]

《国际商事合同通则》第 5.1.5 条规定,在确定合同义务是获得特定结果的义务还是尽最大努力的义务时,应考虑合同规定义务的方式、合同的价格和其他条款、获得预期结果所冒风险的程度和另一方当事人影响义务履行的能力等。

例如,某空间发射站 A 承担将一个通信卫星送入轨道的义务。其过去发射卫星的失败率是 22%。该机构没有被要求保证发射成功。因为根据现代科学技术水平,该项发射义务只是要达到这种发射所要求的勤勉义务。[21]

又如,A 准备向 B 提供必要的技术协助以采用一项新发明的化学方法。双方同意 B 将派遣其工程师参加由 A 组织的培训班。A 不能保证新化学方法将被另一方所掌握。因为这不但取决于 A 的培训,也取决于 B 所派遣工程师的能力以及他们在培训班是否认真学习。[22]

四、确定履行的质量

《国际商事合同通则》第 5.1.6 条规定,如果合同既未规定也无法根据合同确定履行的质量,一方当事人有义务使其履行的质量达到合理的标准,并且不得低于该情况下的平均水准。

本条确定了"不低于平均水平且合理的"之标准。平均水平是最低的质量要求。但如果从合同订立的情形来看,当事人的履行质量只达到平均水平不是另一方所期待的时,就应达到合理的标准。

例如,A 向 B 购买 500 千克橙汁。如果合同没有规定更明确的质量要求,也没有其他方法确定履行的质量,那么这些橙汁的质量就不应低于平均水平。除非存在不合理的瑕疵,平均水平就能满足要求。[23]

又如,设在 X 国的 A 公司组织一次 50 周年庆典宴会,由于 X 国的烹饪水平很一般,该公司就从巴黎一家著名餐馆订餐。在这种情况下,所供应的食物的质量就不应低于巴黎餐馆的平均水平。如果只达到 X 国的平均水平,则显然是不合理的。[24]

---

〔20〕《国际商事合同通则》第 5.1.4 条例释 1 和 2。

〔21〕《国际商事合同通则》第 5.1.5 条例释 1。

〔22〕《国际商事合同通则》第 5.1.5 条例释 4。

〔23〕《国际商事合同通则》第 5.1.6 条例释 2。

〔24〕《国际商事合同通则》第 5.1.6 条例释 3。

五、价格的确定

《国际商事合同通则》第5.1.7条第1款规定,如果合同未规定价格,也未规定如何确定价格,在没有任何相反表示的情况下,应为订立合同时可比较的相关交易中进行此类履行时一般所应收取的价格,如无此价格,则为一个合理的价格。

例如,A是专门从事国际邮件快递业务的公司,它为B完成了一个将邮包从法国投递到美国的一个业务,但没有确定价格。A应向B收取按该行业此种服务通常所应收取的价款。[25]

又如,A接到B的另一个订单,要求尽快将一个包裹邮给在北极考察的某个探险队以供其急用,同样也没有规定价格。但由于没有相应的市场价格可比较,A就应合理地确定价格。[26]

《国际商事合同通则》第5.1.7条第2款规定,如果合同的价格由一方当事人确定,而其定价又明显地不合理,则无论合同中是否有相反规定,均应以一个合理的价格来替代。该款是强制性规定,它赋予法官或仲裁员确定合理价格的权力,以避免权利滥用。价格由一方当事人确定的情形多发生在服务业等行业。

《国际商事合同通则》第5.1.7条第3款规定,如果合同的价格由一个第三人确定,而该第三人不能或不愿确定,则应采用一个合理的价格。

本条与《销售公约》第55条相近,但更具灵活性。

六、第三方权利

(一)第三方权利合同

《国际商事合同通则》仅涉及第三方因合同而享有权利的问题。尽管通常情况下合同仅对合同当事人设定权利义务,只有当事人才能主张合同项下的权利,但是,基于合同当事人自治原则,如果当事人希望为第三方设定权利,他们完全可以如此作为。例如,某卡车运输公司与保险公司签约,约定如果运输公司的任何驾驶员在驾驶货车时发生事故,保险公司应予以赔偿。驾驶员就是合同的第三方权利人或称受益人,保险公司是允诺人,运输公司是被允诺人。

《国际商事合同通则》第5.2.1条规定,当事人(允诺人和被允诺人)可以明示或默示地赋予第三方(受益人)权利。受益人对允诺人权利的存在和内容由当事人的协议决定并从属于协议所规定的条件和限制。

(二)第三方的可明确性(identifiable)

《国际商事合同通则》第5.2.2条规定,受益人必须是依据合同可以明确的,而且这种可明确性应具有充分的确定性(certainty);但受益人不必在合同订立时就存在。

(三)第三方权利可以包括责任限制

合同赋予第三方的权利除了积极权利外,也可以是免除或限制第三方的责任。典型

---

〔25〕《国际商事合同通则》第5.1.7条例释1。

〔26〕《国际商事合同通则》第5.1.7条例释2。

的实例如海上运输合同中的喜马拉雅条款。《国际商事合同通则》第5.2.3条对此作了规定。

（四）允诺人的抗辩

如前所述，受益人对允诺人权利的存在和内容从属于协议所规定的条件和限制。但是，即便合同中没有明确规定，允诺人对受益人也可以享有允诺人对被允诺人的各种抗辩。

（五）第三方权利的撤销

合同约定赋予第三方权利后能否由合同当事人撤销，各国法律对此规定不一。有的国家规定可以任意撤销，有的国家规定不得撤销。《国际商事合同通则》规定，合同当事人可以修改或撤销第三方权利，但受益人已经接受权利或已经依赖这种权利合理作为的除外。

第七节 合同的履行

一、履行时间

《国际商事合同通则》第6.1.1条规定，一方当事人必须在下列时间内履行其合同义务：(1)如果合同规定了时间，或者依据合同可以确定时间，则为此时间；(2)如果合同规定了或依合同可以确定一段时间，则为此段期间内的任何时间，除非情况表明履行时间应由另一方当事人选择；(3)在任何其他情况下，在订立合同后的一段合理时间内。

例如，A在最近的计划中向B提出购买计算机设备和软件，双方约定由A的专业人员“在5月”访问B。通常应当由A讲明在5月的什么时候派人前往；但是，假如合同明确规定由B选择具体日期，或者如果假定B的工作人员经常由于业务需要外出出差，而当A的专业人员赴B时必须有B的工作人员在场，这时候就应该由B来选择具体时间。[27]

二、履行地点

《国际商事合同通则》第6.1.6条规定，如果合同未明确履行地，金钱债务在债权人的营业地履行，非金钱债务在债务人自己的营业地履行。如果合同订立后因一方当事人的营业地变更而造成履行费用增加，该当事人应承担该增加的费用。

三、部分履行

《国际商事合同通则》第6.1.3条规定，履行到期时，债权人有权拒绝任何部分履行的请求，无论该请求是否附有对未履行部分的担保，除非债权人这样做无合法利益。因部分履行给债权人带来的额外费用应由债务人承担，并且不得损害任何其他救济方法。

债权人无合法利益（legitimate interest），指接受全部履行时债权人的合法利益不明显，并且临时接受部分履行对债权人不造成显著（significant）损害。如果提出部分履行的

---

〔27〕《国际商事合同通则》第6.1.1条例释1。

一方当事人能证明这一点,债权人不得拒绝接受这样的部分履行。

例如,一家航空公司承诺在某一确定日期从意大利将25辆汽车运到巴西。履行到期时,某些客观情况使这家航空公司在一次飞行中具备足够的空间变得很困难。该航空公司提出一周内连续运送两次,并能够证明这样不会给汽车购买人带来不便,因为汽车在两次运送完成前不实际使用。在这种情况下,债权人没有拒绝部分履行的合法利益。[28]

四、履行顺序

《国际商事合同通则》第6.1.3条第1款规定,如双方当事人能够同时履行,则双方当事人应同时履行其合同义务,除非情况表明相反。

例如,A和B约定以一定数量的油与一定数量的棉花做易货贸易,则除非情况表明另有规定,A和B应同时履行。

《国际商事合同通则》第6.1.3条第2款规定,如仅有一方当事人需要在一段时间内履行,则该方当事人应先行履行其义务,除非情况表明相反。

五、提前履行

《国际商事合同通则》第6.1.5条规定,债权人可拒绝接受提前履行,除非债权人这样做无合法利益。但是如果一方当事人接受提前履行,该方当事人仍然可以按照原来约定的时间履行自己的义务。因提前履行给债权人带来的额外费用应由债务人承担,并且不得损害任何其他救济方法。

六、支付方式

(一)以支票或其他票据付款

付款可以采用在付款地正常商业做法中所使用的任何形式做出。如果债务以支票、其他付款命令或付款承诺的方式支付,均应被推定为只有在这些票据能被承兑的条件下才由债权人接受。

例如,一个卢森堡的进口商A收到一家中美洲的公司B的货物提单后,发了一张欧洲支票作为付款。如果B所在国家的银行不熟悉欧洲支票,B可以拒绝接受这种付款方式。[29]

又如,承包商A必须支付分包商B所完成的建筑工作。由于A的客户C延迟支付到期的第一次分期付款,A遇到资金流动危机。但是,C给了A一些等于其债务额的本票。A提出以转让充分数量的本票来支付B,如果B接受这些本票(该种情况下B可能不必这样做,因为这不是付款的通常形式),则A对B付款的有效性以C完全承兑这些本票为条件。[30]

(二)转账付款

《国际商事合同通则》第6.1.8条第1款规定,除非债权人已指定特定账户,否则付款

[28] 《国际商事合同通则》第6.1.3条例释3。
[29] 《国际商事合同通则》第6.1.7条例释1。
[30] 《国际商事合同通则》第6.1.7条例释2。

可以通过将款项转至债权人设有账户的任何金融机构进行。

例如,在赫尔辛基的修船商 A 为一家瑞典公司 B 修理一艘船,送去的账单的抬头上注明了一家在芬兰的银行的账号和一家在瑞典的银行的账号。除非情况说明必须在芬兰的账号上付款,则 B 有权在 A 的瑞典账号上付款。[31]

《国际商事合同通则》第 6.1.8 条第 2 款规定,在转账付款的情况下,债务人的义务在款项有效转至债权人的金融机构时解除。这意味着债权人的金融机构被视为债权人的代理人,仅向债权人的金融机构发出转账命令是不够的,只有在款项已有效地转入债权人的账户时方为有效。

例如,被许可人 A 对其银行 C 发出向许可人 B 支付 5000 美元许可使用费的转账命令,B 在 D 银行设有账户。C 在 A 的账户记入借方,但是没能把资金转至 D 就破产了。A 没有有效向 B 付款。[32]

七、付款货币

《国际商事合同通则》第 6.1.10 条规定,如果一项金钱债务未明确规定某一具体货币,则付款应以付款地的货币进行支付。

《国际商事合同通则》第 6.1.9 条第 1 款规定,如果一项金钱债务是以非付款地的货币表示的,债务人可以用付款地的货币进行支付,除非该种货币不能自由兑换,或者当事人约定只能以表示金钱债务的货币支付。

例如,一家法国公司收到巴西买主购买机器的订单,价格以美元表示。按照第 6.1.6 条的规定,必须在债权人的营业地即法国支付,如果巴西公司认为更方便的话,可以欧元支付。但如果因为法国公司经常要从美国购买组装该机器的某些零件,而在合同中约定巴西买方只能以美元支付,则应支付美元。[33]

《国际商事合同通则》第 6.1.9 条第 2 款规定,如果债务人不可能以表示金钱债务的货币支付,债权人可以要求用付款地的货币进行支付。

例如,瑞士银行 A 借给 B 1,000,000 美元,将在鲁加诺偿还。但到期时,B 无法获得必需的美元。A 知道 B 在另一家地方银行有瑞士法郎的存款,则可以要求以瑞士法郎付款,即使贷款协议上规定偿还借款只能以美元支付。[34]

以付款地的货币支付,应按照付款到期时付款地适用的通用汇率支付;但是,如果债务人在付款到期时未支付款项,则债权人可要求债务人根据付款到期日或实际付款时通用汇率支付。

例如,事实同上例。A 选择债务偿还以瑞士法郎支付,付款于 4 月 10 日到期,实际支付是在 9 月 15 日。4 月 10 日瑞士法郎与美元的比价为 2:1,到 9 月 15 日比价为 2.15:1。A 有权选择后一个汇率。如果美元贬值而不是升值,则 A 可选择 4 月 10 日的汇率。[35]

---

[31] 《国际商事合同通则》第 6.1.8 条例释 1。
[32] 《国际商事合同通则》第 6.1.8 条例释 2。
[33] 《国际商事合同通则》第 6.1.9 条例释 1 和例释 2。
[34] 《国际商事合同通则》第 6.1.9 条例释 4。
[35] 《国际商事合同通则》第 6.1.9 条例释 5。

八、指定清偿(imputation of payment)

如果债务人同时对同一债权人负有多项金钱债务,而只作出了一笔支付,这就存在这一笔支付是对哪一项债务进行清偿的问题。

《国际商事合同通则》第6.1.12条规定,对同一债权人负有多项金钱债务的债务人,可以在付款时指明该款项所偿还的是哪一项债务。但是,该款项应首先偿付费用,其次为应付利息,最后为本金。如果债务人未做指定,则债权人可以在支付后的合理时间内向债务人声明该款项所偿还的是哪一项债务,但是,该笔债务必须是到期的和无争议的。

该条还规定,如果债权人和债务人都未指定,则视为按以下顺序清偿:(1)到期之债务,或者首先到期之债务;(2)债权人享有最少担保之债务;(3)对债务人而言负担最重的债务;(4)最后发生之债务。若上述标准都不能适用,则按比例指定偿还各项债务。

例如,A分别以3个合同从B银行得到3笔贷款,每笔100,000美元,12月31日到期。B 1月2日收到A 100,000美元,并附有一条不明确的声明"偿还贷款"。B不太注意此事,而且起初也没有作出反应。但是3个月后,B因A未偿还剩下的200,000美元而起诉了A,并且双方对款项所偿还的是哪一项债务未能达成一致。B在每笔贷款中都享有同样的担保,但利率不同:第一笔8%,第二笔8.5%,第三笔9%。那么付款应视为对第三笔债务的偿还。[36]

《国际商事合同通则》第6.1.13条规定,对非金钱债务可准用《国际商事合同通则》第6.1.12条的规定。

九、公共许可的申请

(一)公共许可的含义

公共许可(public permission)的申请规定在《国际商事合同通则》第6.1.14条中。《国际商事合同通则》对该条的评论将公共许可界定为:依据公共性质的考虑而设立的任何许可要求,如健康、安全、特殊的贸易政策、外汇支付的批准等,而与所要求的特许或许可是由政府机构批准还是由政府机构因特定目的而委托授权的非政府机构批准无关。

(二)公共许可的申请人

《国际商事合同通则》第6.1.14条规定,如果公共许可可能影响合同的效力或履行,而要求公共许可的法律或合同均未规定由谁来申请公共许可,通常营业地在要求公共许可国的当事人应当采取措施以获得公共许可;如果双方当事人在要求公共许可国都没有营业地,或者双方都在该国有营业地但合同具有国际因素,则履行合同需要得到公共许可的当事人应当采取必要的措施以获得公共许可。

例如,营业地在X国的承包商A按交钥匙合同将一个工厂卖给营业地在Y国的B。在Y国,当对工厂进行考核后将进行验收。一方面,A必须申请X国要求的所有许可,并向第三国申请过境运输、转交货等许可;另一方面,B必须申请进口许可证,以及关于场地、当地公共设施的使用、技术引进方面的许可。A还应当向B提供获得进口许可证和

---

〔36〕《国际商事合同通则》第6.1.12条例释。

其他与B履行合同相关的许可所需要的信息和文件。A没有责任在Y国申请许可，除非双方在合同中约定，或者因适用法或具体情况明示或默示有这样的要求。[37]

（三）申请公共许可的程序

《国际商事合同通则》第6.1.15条规定，申请人应毫不延迟地采取必要措施以获得许可，并承担由此产生的一切费用。而且申请人应毫不延迟地向另一方当事人发出已获批准或遭到拒绝的通知。

及时通知非常重要。否则，另一方当事人不仅可以暂时不履行合同，而且还可以就因延迟通知所造成的损失要求赔偿。[38]

（四）既未批准又未拒绝许可的后果

《国际商事合同通则》第6.1.16条规定，如果在约定的期间内，或无此约定在订立合同之后的一段合理时间内，许可既未批准又未拒绝，则任何一方当事人均有权终止合同。但是，当许可仅影响合同的某些条款时，考虑到各种情况，如果维持合同的其余部分是合理的，则即使许可遭到拒绝，也不能终止合同。

（五）申请被拒绝的后果

《国际商事合同通则》第6.1.17条规定，当申请被拒绝将影响合同的效力时，拒绝可以导致合同无效。当拒绝只影响合同的部分条款的效力时，而合同的其余部分仍应维持时则仅该部分条款无效。当拒绝导致合同全部或部分履行不能时，可适用有关不履行的规定。

十、艰难情形

（一）艰难（hardship）的定义

《国际商事合同通则》第6.2.2条规定，事件的发生根本改变了合同双方的均衡，无论这种改变是由于一方当事人履约成本增加还是由于履约所获的价值减少，并且该事件符合以下条件：(1)该事件的发生或处于不利地位的当事人知道事件的发生是在合同订立之后；(2)处于不利地位的当事人在订立合同时不能合理地预见事件的发生；(3)事件的发生不能为处于不利地位的当事人所控制；(4)事件的风险不由处于不利地位的人承担。

何为根本改变，要依具体情况而定。但是，如果履行能够以金钱方式准确计算，则履行费用或价值的改变达到或超过50%时，很可能就构成根本改变。

在考察当事人订约时不能合理预见的问题时，如果有些情况的改变是渐进的，但是这些渐进改变的最终结果可能构成艰难情形；如果这些改变在订立合同之前就已开始，通常将不能构成艰难情形，除非改变的速度在合同有效期内急剧加速。例如，A和B在买卖合同中以X国货币表示价格。合同订立前该货币对其他主要货币已经缓慢贬值。1个月后，X国的一场政治危机导致该货币大幅度贬值80%。除非情况表明相反，否则该事件构成艰难情形，因为X国货币大幅度贬值的速度是不可预见的。

---

〔37〕《国际商事合同通则》第6.1.14条例释1。

〔38〕《国际商事合同通则》第6.1.15条评论。

艰难往往与长期合同——履行需要持续一段期间的合同——有关。实际中可能存在某种情形同时既可视为艰难,又可视为不可抗力。此时,应由受这些事件影响的一方当事人决定寻求何种救济。如果主张不可抗力,其目的在于使其不履行获得免责;如果主张艰难,则首先是以重新谈判合同条款为目的,以便允许合同经修改后继续存在。

艰难,与国内合同法中的情势变更、目的落空、合同基础消失相对应。

(二)艰难情形下的救济

《国际商事合同通则》第6.2.3条规定,若出现艰难情形,处于不利地位的当事人有权要求重新谈判。但是提出此要求应毫不延迟,而且应说明提出要求的理由。

重新谈判的要求本身并不能使处于不利地位的当事人有权停止履约。

如果在合理时间内不能达成协议,任何一方当事人均可诉诸法庭。如果法庭认定存在艰难事件,只要合理,法庭可以在确定的日期并按确定的条件终止合同,或者为恢复合同的均衡而修改合同。

例如,某出口商A同意向X国进口商B供应3年啤酒。合同订立2年后,X国实行新法规,禁止买卖和消费酒精饮料。B立即援引艰难条款并要求A重新谈判合同。A承认发生了艰难情形,但是拒绝接受B提出的修改合同的建议。在进行了1个月毫无结果的磋商之后,B诉诸法院。

如果B有可能向邻国出售啤酒,则即使价格更低,法院可以决定维持原合同,但是要降低原合同价格。相反,如果B没有这样的可能性,法院终止合同是合理的,但是B要向A支付仍在途中的最后一次交货的货款。

第八节 不 履 行

一、一般规定

(一)不履行(non - performance)的定义

各国法律对违约形态的规定各不相同,《法国民法典》将其分为不履行和迟延履行,不适当履行只视为不履行的一种情况。《德国民法典》分为履行不能和履行迟延。《日本民法典》分为不能履行、迟延履行和不完全履行三种。英国将违约分为违反条件和违反担保,同时承认先期违约、不能履行等形态。美国分为轻微违约和重大违约,并承认先期违约。我国《民法典》将违约形态分为预期违约和实际违约。预期违约包括明示和默示两种,实际违约包括不履行和不完全履行,不完全履行包括迟延履行、不适当履行、其他不完全履行。

《国际商事合同通则》第7.1.1条对不履行的定义是:一方当事人未能履行其在合同项下的任何义务,包括瑕疵履行和迟延履行。可见《国际商事合同通则》对不履行的定义是包括所有违约情形的,具体形态则包括瑕疵履行和迟延履行。

不履行既包括不可免责的不履行,也包括可免责的不履行。

(二)因一方当事人的原因导致的不履行

《国际商事合同通则》第7.1.2条规定,由于一方当事人的行为或不行为或由于由其承担风险的事件导致另一方当事人不履行,一方当事人不得声称另一方当事人不履行。

例如,建筑商A签署了一份在B的房基地上进行建筑的合同。在B的房基地上已经有许多建筑物,而这些建筑物已被保险,而且是任何损害的保险。如果双方约定因为B已投保所以意外事故的风险由B承担,那么既然这种风险通常已包含在保险中,一般就没有理由否认双方对风险的分配。因此,即使一场火灾是由A的疏忽引起的,风险仍应由B承担。[39]

(三)不可抗力导致的不履行

不可抗力(force majeure)是法国法的用语,在英美法中被称为履行落空或不可能履行,由于国际商业中广泛使用"不可抗力"一词,《国际商事合同通则》也采用了这样的表述。

1. 不可抗力的构成要件

《国际商事合同通则》第7.1.7条规定,不履行是由于不履行一方不能控制的障碍导致的;不履行一方订立合同时无法合理地预见障碍的发生或不能合理地避免、克服该障碍及其后果。

2. 法律效果

不履行一方能够证明其不履行是不可抗力造成的,则应该免除责任。如果不履行是根本性的,另一方当事人可以终止合同,不履行一方应免责。如果障碍是暂时的,并且不导致根本性不履行,只导致延迟履行,则只给予一个额外的履行时间。额外的时间可以比中断的时间长或短,关键要看中断合同对于履行进程的影响状况。[40]

例如,A签订了一份铺设一条天然气管道的合同,根据气候情况,在11月1日至第二年3月31日这段时间内一般无法施工,合同规定10月31日完工,但是由于战争爆发,开工延迟了1个月,并且无法加快进度。则尽管延迟开工仅1个月,A有权延长6个月。[41]

无论处于何种情形,不履行一方都可免除赔偿损失的责任。

3. 及时通知的义务

不履行一方应将障碍及其对履行能力的影响及时通知另一方,否则应对对方未收到通知而导致的损失负赔偿责任。

(四)免责条款

免责条款在国际合同实践中相当普遍,并且越来越多地引起争议。《国际商事合同通则》第7.1.6条规定,免责条款包括免除或限制一方当事人不履行义务的责任,也包括允许一方当事人的履行可以与另一方当事人的合理期望有实质差异,免责条款在原则上是有效的,但如果导致显失公平的结果,则法庭可以否定该条款的效力。

实践中,免除或限制一方当事人不履行义务的责任的免责条款,通常以固定的金额、最高限额、有关履行的百分比等方式规定。允许一方当事人的履行可以与另一方当事人的合理期望有实质差异的免责条款,主要表现为允许履行方单方面地改变所承诺履行的特征以致变更合同的条款。

---

〔39〕《国际商事合同通则》第7.1.2条例释2。

〔40〕《国际商事合同通则》第7.1.7条评论。

〔41〕《国际商事合同通则》第7.1.7条例释2。

(五)拒绝履行

《国际商事合同通则》第7.1.3条规定,如果当事人各方应同时履行合同义务的,任何一方当事人在另一方当事人履行前拒绝履行;如果当事人应先后履行合同义务的,后履行的一方可在应先履行的当事人完成履行前拒绝履行。

(六)不履行方的补救

《国际商事合同通则》第7.1.4条规定,不履行一方当事人可自己承担费用对其不履行进行补救,但其补救须符合下述条件:(1)补救方毫不延迟地通知对方其准备补救的方式和时间;(2)补救在当时的情况下是适宜的;(3)受损害方补救对对方没有合法利益;(4)补救是立即进行的。

如果符合上述条件,即便另一方已终止合同,不履行一方仍然可以进行补救。因此,即使不履行构成根本不履行,不履行一方仍然可以进行补救。如果不履行已得到补救,则终止合同的通知就不再有效。而补救期间,终止合同的通知的效力暂时停止。

在收到有效的补救通知后,受损害方所享有的与不履行方的补救行为不符的权利应当中止,直到补救期间届满。

受损害方在补救期间有权拒绝履行其义务。尽管进行补救,受损害方仍保留对因延迟补救和因补救所造成的或补救未能阻止的损害要求赔偿。

(七)履行的额外期限

《国际商事合同通则》第7.1.5条规定,在出现延迟履行的情况下,如果该延迟履行不构成根本不履行,受损方通常会给予对方一个额外期限;当然,无论延迟履行是否构成根本不履行,受损方都可以给予对方一个额外期限。

在额外期限内,受损方可拒绝履行其相应的义务,并且可以要求损害赔偿,但不得采取任何其他救济手段。

如果受损方收到违约方在额外期限内将不履行的通知,或者在额外期限届满时违约方仍未履行,则受损方可以采取任何救济方法,包括终止合同。

在延迟履行不构成根本不履行时,如果给予的额外期限不合理,应将期限合理延长。受损方可以在其通知中规定,如果对方当事人在此额外期间内仍然不履行其义务,合同应自然终止。

如果未履行义务只是一项轻微义务,则受损方不能通过给予额外期限的方式,从而在额外期限届满时违约方仍未履行时终止合同。因为此时受损方无权终止合同。

二、实际履行

(一)金钱债务的履行

如果一方当事人不履行金钱债务,另一方当事人可以要求其支付。

(二)非金钱债务的履行

《国际商事合同通则》第7.2.2条规定,如果一方当事人不履行非金钱债务,另一方当事人可以要求其履行,但下列情形除外:(1)履行在法律上或事实上不可能;(2)履行或相关的执行带来不合理的负担或费用;(3)有权要求履行的一方当事人可以合理地从其他渠道获得履行;(4)履行完全属于人身性质;(5)有权要求履行的一方当事人在已经知道或理应知道该不履行后一段合理时间内未要求履行。

《国际商事合同通则》的这一规定,与《销售公约》的规定不相同。《销售公约》认为,法庭不必作出实际履行的判决,除非法庭所在国的法律要求作出实际履行的判决。《国际商事合同通则》的上述规定要求法庭必须裁定实际履行,而不能把实际履行视为一种可以自由裁量的救济手段,除非存在《国际商事合同通则》所规定的例外情形中的一种。

《国际商事合同通则》所列举的例外情形之三中,"合理地"一词很重要,它表明能够从另一渠道获得相同履行的事实本身并不是充分的,因为受损害方在某些情况下进行替代交易对其而言并不是合理的,这时候就要求进行实际履行。例如,一个外汇短缺的发展中国家的公司 A 从东京的 B 公司购买一台标准类型的机器。依合同规定,在机器交付之前 A 要支付 100,000 美元的价款。B 没有交付货物。尽管 A 可以从日本的其他渠道获得这种机器,但由于其本国外汇短缺,要求 A 从另外渠道获得机器是不合理的。因此,A 有权要求 B 交付机器。

《国际商事合同通则》所列举的例外情形之四中,"完全属于人身性质",现在的趋势是将其限定为带有独特性质的履行。这种例外不适用于公司承担的义务,也不涉及律师、医生或工程师的一般行为,因为其他受过同样训练、具有同样经验的人也能够履行。如果一种履行是不可委托的并且需要艺术或科学方面的独特技能,或者如果它涉及秘密和人身关系,就属于具有完全人身性质的履行。例如,一个建筑师行承担的一项设计 10 座私人房屋的工作是能够强制实际履行的,因为该行可以把此项工作委托给一个合伙人或者雇佣一个该行之外的建筑师来完成。但是,如果由一个世界著名建筑师承担的一项体现 21 世纪城市构想的新市政厅的设计就不能得到强制实际履行,因为它具有极强的独特性并且需要运用非常专门化的技能。

(三)实际履行与对瑕疵履行的修补、替代

依据《国际商事合同通则》第 7.2.3 条的规定,实际履行,也包括对瑕疵履行要求修补、替代或其他补救。这种补救不同于违约方的自动补救。

本条明确提出修补和替代这两种特殊类型的补救。修补,无论是针对瑕疵货物还是瑕疵服务,都是最常见的救济方法。替代瑕疵履行也时常发生。就付款而言,也存在瑕疵修补或替代的问题,例如,在付款不足、以错误货币形式付款或向非约定的账户付款的情况下,就需要修补或替代。

除修补和替代外,还有其他的补救形式,如排除第三方对货物的权利或者获得必要的公共许可。

既然对瑕疵履行的修补、替代或其他补救也属于实际履行,《国际商事合同通则》关于实际履行的其他规定,尤其是第 7.2.1 条和第 7.2.2 条,也适用于对瑕疵履行的修补、替代或其他补救。不过,就第 7.2.2 条所列举的例外而言,虽然 5 项例外均可适用,但第 2 项例外的适用需要受到限制,即在存在微小瑕疵的情况下,由于修补和替代会带来不合理的负担或费用,因而不宜采用,而应采取减价等方法。例如,一辆待售的新汽车,因为有一处小小的油漆瑕疵而使其购买价格减少 0.01%,而重新油漆所需费用是购买价格的

0.5%。因此,要求修补的权利便被排除,但是买方有权要求减价。[42]

（四）由法庭判决的罚金

《国际商事合同通则》第7.2.4条规定,当法庭判决一方当事人履行义务时,如果该当事人不执行判决,法庭还可以责令其支付罚金。罚金应支付给受损方,除非法庭地的法律另有强制性规定。向受损方支付罚金并不排除任何要求损害赔偿的权利。

《国际商事合同通则》关于该条的评论认为,有的国家法律规定对不履行法院实际判决者,可以加以司法上的惩罚,但也有的国家的法律没有此类惩罚手段。《国际商事合同通则》第7.2.4条走的是一条中间道路,规定了罚金而不是其他形式的惩罚手段,并可适用于所有类型的履行命令,包括付款命令。同时,"可以"一词表明判处罚金是法庭的一种自由裁量权。

（五）救济的变更

《国际商事合同通则》第7.2.5条规定,经请求,违约方在规定的期限内或无规定期限时一个合理的时间内未履行非金钱债务,受损方可诉诸任何其他救济方法。当对于履行非金钱债务的法庭判决不能得到执行时,受损方可诉诸任何其他救济方法。

本条规定了当请求实际履行不能实现时,受损方可以转而采取其他一种或多种救济方法。

三、终止合同

（一）终止合同的条件

《国际商事合同通则》第7.3.1条规定,一方当事人终止合同的条件有二:在不履行构成根本不履行时或者在延迟履行时不履行方在额外期限届满时仍未履行。

在一方当事人不履行的情况下,另一方当事人是否有权终止合同是一个需要慎重对待的问题。如果履行过迟或瑕疵太严重以至于受损方无法实现其订立合同的目的,赋予受损方终止合同的权利是必要的,否则拖延下去损失会更大。另外,终止合同往往会对准备履行或提供履行的不履行方造成损失,因为其准备履行或提供履行已经发生了相关的费用。因此,《国际商事合同通则》规定,只有不履行是根本性的时候,才可以终止合同。而所谓根本性不履行,指不履行是实质性的,而且不是只有轻微的意义。

在考虑是否构成根本不履行时,应特别考虑以下几种情形:

1. 不履行是否实质上剥夺了受损方依据合同期待的利益,除非违约方并未预见也不可能合理地预见到此结果,即不履行方的不履行是非常严重的,以至于实质上剥夺了受损方订立合同时依据合同期待的利益。例如,完全不履行,或瑕疵太严重,或履约的时间很关键但却逾期履行,以至于受损方无法实现其订立合同的目的。

但是,如果不履行方能够表明他没有预见到而且也不可能合理地预见到其不履行对于另一方当事人是根本性的,受损方也不能终止合同。例如,A负责在1992年为B的工地清理废物。B没有通知A它已经高价雇用了挖掘工人于1993年1月2日开始在工地施工。B不能因1月2日A没有清理完工地而终止合同。因为A无法预见到其不履行

---

〔42〕《国际商事合同通则》第7.2.3条评论和例释。

对B是根本的。

2. 未履行的义务是否需要严格履行合同项下的实质内容。这项因素不是针对不履行的实际危害性,而是考虑合同义务的性质。如果一项义务涉及合同的实质,因而是要严格履行的,那么违反此种义务可构成根本不履行。例如,在信用证交易中提供信用证就是一项实质义务。

3. 不履行是有意还是疏忽造成的。这里涉及的是当事人的主观过错。但是,本因素并非决定性的。如果不履行是非实质性的,即使是故意不履行,也不能终止合同,否则就会违反诚实信用原则。不履行是否使受损方有理由相信他不能依赖另一方当事人的未来履行。如果不履行使受损方有理由相信他不能依赖另一方当事人的未来履行,通常受损方可以终止合同。

不能依赖另一方当事人的未来履行,包括不能再信任另一方当事人。例如,B的代理人A有权要求偿付代理费用,A向B提交了虚假的单据。B有权终止合同,尽管虚报的数目不大。

如果终止合同,违约方是否将因已准备或已履行而受到不相称的损失。

这里涉及的是不履行方已经依赖合同并且已作了准备或已经提供履行的情形。在这种情况下,如果不履行是根本性的,有必要考虑终止合同违约方是否将受到不相称的损失。如果损失是不相称的,应考虑不采取终止合同,而采取其他救济方法。例如,A于5月1日开始为B生产专门由B使用的软件,双方约定必须在12月31日之前交付,A在1月31日才交货,但B此时仍然需要这种A无法卖给其他用户的软件。在这种情况下,B可以向A要求损害赔偿,但不能终止合同。

(二)先期(或提前)不履行(anticipatory non - performance)

《国际商事合同通则》第7.3.3条规定,如果在合同期满前,一方当事人根本不履行合同的事实是明显的,另一方当事人可终止合同。

(三)预期不履行

《国际商事合同通则》第7.3.4条规定,如果一方当事人有理由相信另一方当事人将根本不履行,可要求对如约履行提供充分保证,并可同时拒绝履行其自己的合同义务。如果在合理时间内不能提供这种保证,则要求提供保证方可终止合同。

本条适用于如果一方当事人有理由相信另一方当事人将不能或不愿在约定的日期履行合同,但因为仍然存在另一方当事人将要或能够履行的可能性,此时他不能按先期不履行处理,即不能终止合同。他只能要求另一方当事人提供保证。

例如,只有一个船台的造船商A承诺为B制造一艘游艇,于5月1日交付并不得延迟。此后不久,B从C处得知A已经答应在同一时间为C制造一艘游艇。B有权要求A对将按时交付游艇提供充分的保障,而且A必须对他将如何履行与B的合同,向B作出满意的解释。

(四)终止通知

《国际商事合同通则》第7.3.2条规定,一方当事人终止合同的权利,通过向另一方当事人发出通知来行使。

如果不履行属于延迟履行或履行不符,通知应在已经知道或理应知道该不履行后一段合理的时间内发出,否则将丧失终止合同的权利。

（五）终止合同的效果

1. 一般效果

《国际商事合同通则》第 7.3.5 条规定,合同的终止解除双方当事人履行和接受未来履行的义务,终止并不排除要求损害赔偿的权利。

同条还规定,终止并不影响合同中关于解决争议的任何规定和在合同终止后仍应执行的其他合同条款。例如,关于技术秘密的保密义务的规定,就属于在合同终止后仍应执行的其他合同条款。

2. 恢复原状

《国际商事合同通则》第 7.3.6 条规定,终止合同时,任何一方当事人可主张返还其给付,只要他自己同时也返还其获得的对方给付。如果实物返还不可能或不适当,应以金钱予以补偿。但是,如果合同的履行已持续了一段时间,并且合同是可分割的,则只能对合同终止生效后的那段时间的履行要求返还。这时合同是可分割的很重要,否则只能全部返还或在不能返还时进行金钱赔偿。如果合同可分割,则已履行一段时间的合同在终止后,只能对合同终止生效后的那段时间的履行要求返还。例如,A 签约为 B 的计算机硬件和软件提供 5 年服务。正常服务 3 年后,A 因为生病被迫中断服务,于是合同终止。B 已经支付给 A 第四年的费用,他可以要求返还该年的预付款,但不得要求返还前三年的服务费。

四、损害赔偿

（一）归责原则

《国际商事合同通则》第 7.4.1 条规定,任何不履行均使受损方获得损害赔偿的权利,除非可根据《国际商事合同通则》规定免责。这表明《国际商事合同通则》也是采取无过错责任。免责的事由包括不可抗力、免责条款。艰难条款原则上不产生损害赔偿的权利。

该条还规定,损害赔偿可以作为唯一的救济方法,也可以与其他救济方法结合使用。例如,对迟延履行或对受损害方接受的瑕疵履行要求的损害赔偿,一般就是唯一的救济方法。而在终止合同的情况下,可以要求因对方违约所造成的损失;在实际履行的情况下,如果有损失,同样可以要求赔偿。损害赔偿还可以与补救或在报纸上承认错误等方法结合使用。

该条的评论部分认为,《国际商事合同通则》关于违约损害赔偿的规定也可类推适用于恶意谈判、违反保密义务、撤销合同等情形。

（二）赔偿范围

《国际商事合同通则》第 7.4.2 条规定,受损方有权对由于对方不履行而遭受的损害得到完全的赔偿,此即所谓“完全赔偿”原则。

损害的范围,既包括受损方遭受的任何损失,也包括其被剥夺的任何收益,但应考虑受损方由于避免发生的成本或损害而得到的任何收益。

例如,建筑公司 A 从 B 公司租了一辆吊车,由于 B 对车的维修很差,吊车砸碎了工地建筑师的汽车,而且导致工地上的工程中断 8 天。A 还因此向工程的所有人支付了 70,000法郎的迟延罚金。B 必须赔偿 A 由于工程中断而带来的费用、罚金和 A 修理汽车的费用。[43]

又如,歌手A取消了与演出主办者B的演出合同,A不仅要对B准备音乐会所发生的费用,而且要对因音乐会取消导致利润的损失进行赔偿。[44]

再如,A出租给B一台挖掘机,租期2年,月租金50,000法郎。因没有支付租金,6个月后,A成功地以月租金55,000法郎把同一机器出租给第三人。这样,接下来的一年A可以从该挖掘机获得60,000法郎。这笔金额应从A的损失中扣去。[45]

损害可以是非金钱性质的,如肉体或精神上的痛苦,失去生活的某些愉快,丧失美感等,也指对名誉或荣誉的攻击所造成的损害。在国际商业中,非物质损害会适用于受雇于一个公司或组织的艺术家、杰出的运动员或顾问等人员签订的合同。

例如,一个开始小有名气的年轻建筑师签订了一份装饰市立艺术精品博物馆的合同。这项选任受到了来自多方面的压力。市政当局随后决定把此任务交给一名更有经验的建筑师并且终止了与A的合同。A不仅可以就其遭受的物质损失得到赔偿,还可以就此事对其名誉造成的损害以及使其失去进一步扩大名声的机会得到赔偿。[46]

(三)损害的确定性

根据《国际商事合同通则》第7.4.3条的规定,要获得赔偿的损害,包括未来的损害,必须是根据合理的确定(certain)程度而确立的损害。对机会损失的赔偿可根据机会发生的可能性程度来确定。如果损害赔偿的数额不能建立在足够的确定性上,法庭可酌情确定数额。

例如,A把一份文件委托给快运公司B,该文件是应约提交建设某一机场的招标书。B答应在投标之前将文件送到。但文件在投标结束之日后才送到,因此,A的投标申请被拒绝了。那么赔偿的数目就取决于A的投标书被接受的概率并且需要与那些被接受者考虑的申请进行对比。因此,赔偿将以与A应得到的相称利益来计算。

(四)损害的可预见性

《国际商事合同通则》第7.4.4条规定,违约方仅对在合同订立时他能预见到或理应预见到的因其不履行而造成的损失负赔偿责任。

(五)存在替代交易时损害的确定

《国际商事合同通则》第7.4.5条规定,在受损方已终止合同并在合理时间内以合理方式进行了替代交易的情况下,他可以要求赔偿原合同价格与替代交易价格之间的差额以及其他任何损失。

(六)依时价确定损害

《国际商事合同通则》第7.4.6条规定,在受损方已终止合同但未进行替代交易的情况下,如果对合同约定的履行存在时价,则受损方可要求赔偿对原合同价格与合同终止时的时价之间的差额以及任何其他损失。

---

〔43〕《国际商事合同通则》第7.4.2条例释3。

〔44〕《国际商事合同通则》第7.4.2条例释4。

〔45〕《国际商事合同通则》第7.4.2条例释5。

〔46〕《国际商事合同通则》第7.4.2条例释6。

时价指在合同履行地相同交易的通常价格,如果该地无时价,可合理参照另一地方的时价。

(七)部分归因于受损方本人的损害确定

《国际商事合同通则》第7.4.7条规定,如果损害可部分归因于受损方的作为或不作为,或是由其承担风险的其他事件造成的,应从损害赔偿金中扣除因此造成的损害部分。

(八)减轻损害的义务

《国际商事合同通则》第7.4.8条规定,受损方有义务采取合理措施减少因对方不履行所造成的损失,否则,即要自行承担如果采取措施就会减少的那部分损失。受损方对采取上述措施所产生的合理费用,可要求对方赔偿。

(九)未付金钱债务的利息

《国际商事合同通则》第7.4.9条规定,如果一方当事人未支付一笔到期的金钱债务,受损方有权要求支付自该笔债务到期日起到支付日止的利息,而无论该不付款是否可被免责。

利率应为付款地银行对于借款人通常支付货币的平均短期贷款利率。如果无此利率,则为支付货币发行国家的此种利率。当上述两地无此利率时,则为支付货币发行国的法律所规定的利率。例如,如果在突尼斯支付英镑贷款,但突尼斯市场没有英镑贷款利率,可以参照英国的利率。

如果不付款对受损方造成更大的损害,他可以要求对方赔偿。例如,A与专业信贷公司B签订了一份贷款改造其在新加坡的工厂的合同。贷款协议特别规定了资金的用途。此笔贷款比约定的期限延迟了3个月支付给A。在此期间改造费增加了10%。A有权从B处获得这笔额外费用的赔偿。

(十)对非金钱债务的不履行的损害赔偿金的利息

《国际商事合同通则》第7.4.10条规定,这种利息应自不履行之日起计算,但当事人另有约定除外。

(十一)金钱赔偿的方式

《国际商事合同通则》第7.4.11条规定,损害赔偿金应一次付清。但是,当损害的性质适于分期付款偿付时,也可分期付清。尽管一次性付清是一般方式,但特殊情况下可能需要分期付清。例如,A被B雇佣来检查工厂的安全。A因公出差时由于飞机失事死亡。B对此事故应承担责任。A留下两个孩子,一个12岁,一个8岁。为了对这个失去了家庭经济支柱的家庭进行补偿,最好在孩子成年前每月向他们支付损害赔偿金。

同条还规定,分期支付损害赔偿金时,可以按指数调整。这主要是为了避免因通货膨胀而带来不利影响。

(十二)违约金

《国际商事合同通则》第7.4.13条规定,受损方有权获得合同约定的违约金,而不管实际损失如何。但是,如果违约金大大超过实际损失,则可将违约金减少至一个合理的数目作为赔偿金,而不考虑任何与此相反的约定。

思考题

1. 结合相关判例分析《国际商事合同通则》在国际商事案件中是如何被适用的?
2. 为什么说《国际商事合同通则》是特殊的国际商事合同法律重述?

延伸阅读

关于《国际商事合同通则》的一般讨论,可以参阅 J. Bonell, *An International Restatement of Contract Law: The UNIDROIT Principles of International Commercial Contracts*, 2nd ed., Transnational Publishers Inc., 1997;朱雅妮:《国际商法视野中的法律重述》,法律出版社2011年版;朱雅妮:《〈国际商事合同通则〉作为补充或解释相关法律文件的原理及实践》,载《湖南社会科学》2009年第5期;[意]米切尔·波乃尔:《国际商事合同通则与国际货物销售合同公约——是二者择一或相互补充》,梁慧星译,载《环球法律评论》1999年第2期;吴德昌:《国外法院适用〈国际商事合同通则〉的司法实践与法理探析——兼论中国法院的司法实践及其立场演进》,载《江西社会科学》2010年第6期;左海聪:《试析〈国际统一私法协会国际商事合同通则〉的性质和功能》,载《现代法学》2005年第5期;刘丽:《国际商法渊源视野中的一般法律原则:功能、性质和协调》,载《社科纵横》2014年第11期。

第五章　国际电子商务法

第一节　概　　述

一、电子商务与电子商务法

电子商务被认为是新的经济增长点，从而成为各国着力发展的新兴产业。WTO 秘书处的专题研究报告《电子商务与 WTO 的作用·贸易、金融和金融危机、金融服务自由化和〈服务贸易总协定〉》认为可将电子商务简单定义为通过电信网络进行的产品的生产、广告、销售和交付，目前有六种不同的电子商务媒体：电话、传真、电视、电子支付与货币划拨系统、电子数据交换和互联网，由于其中互联网处于主导地位，因而 WTO 对电子商务的工作主要针对基于国际互联网（特别是因特网）和其他网络（如 EDI 网络）的电子商务。[1] 虽然国内外关于电子商务的定义或理解不尽相同，但上述说明可被认为是国际上对电子商务的权威解释。

电子商务的主要模式是 B－B、B－C、C－C、C－B，近年来也出现了 O－O（Online to Offline）等新型电子商务模式。电子商务通常被分为三个阶段：第一阶段是购买前阶段，包括广告和信息查询；第二阶段是购买和支付阶段；第三阶段是交付阶段。所有形式的产品都可以通过网络在线完成前两个阶段，但只有信息和书籍、软件、音像制品等数字化产品可以通过电子方式交付。业内将具备上述三个阶段的电子商务称为完全的电子商务，否则被认为是不完全的电子商务。一般认为，电子商务具有如下优势：简化贸易程序，提高贸易效率，降低贸易成本，促进公平竞争，增加贸易机会特别是借由互联网提供的新的市场准入机会。由于电子商务的优势非常明显，越来越多的商务活动借助于电子商务媒体（特别是因特网）来开展，电子商务已经成为一种新型而又日益重要的商务方式。

虽然电话、传真等电子商务媒体出现在因特网之前，但电子商务在因特网产生后才真正出现，因特网是电子商务最重要、最典型的媒体。从法律的角度看，因特网具有如下特性：全球性、开放性、交互性、即时性、虚拟性及管理的非中心化。因特网的这些特性推动了电子商务的产生和发展，但也对传统的法律制度提出了挑战，需要制定新的"游戏规则"来对电子商务进行规范和调整。一些国际组织、国家或地区对电子商务给予了及时和必要的关注，有关电子商务的条约、惯例、示范法及国内法纷至沓来，国际商法的新"成员"——国际电子商务法随之应运而生。

---

〔1〕 参见 WTO 秘书处编著：《电子商务与 WTO 的作用·贸易、金融和金融危机、金融服务自由化和〈服务贸易总协定〉》，对外贸易经济合作部世界贸易组织司译，法律出版社 2002 年版，第 13 页。

二、国际电子商务法及其法律渊源

国际电子商务法是指调整国际电子商务关系的法律规范的总称。从广义上讲，国际电子商务法包括三个方面的法律规范：有关国际电子交易的商事法律规范、对国际电子商务进行管理的法律规范、国际电子商务的争议解决法律规范。国际电子商务法的法律渊源是指国际电子商务法的形式渊源，即国际电子商务法的法律规范的表现形式。国际电子商务法的法律渊源既包括国际法规范，也包括国内法规范。前者主要是指国际电子商务条约、国际电子商务惯例以及重要国际组织的有关决议、指南和示范法，后者主要是指各国的涉外电子商务法。

（一）国际法规范

联合国国际贸易法委员会于1984年向联合国秘书长提交了名为《自动数据处理的法律问题》的报告，该报告被认为揭开了电子商务国际立法的序幕。1985年，联合国国际贸易法委员会通过了一项向各国政府和国际组织提出的有关拟订贸易方面法律条文的《就计算机记录的法律价值向各国政府和国际组织提出的建议》，建议在各自权限范围内审查与自动数据处理有关的规则，以便消除在国际贸易中使用自动数据处理方法的不必要障碍。该建议已被《电子商务示范法》和《电子签名示范法》所取代。为了推动国际电子支付和结算的广泛应用，联合国国际贸易法委员会于1992年颁布了《国际贷记划拨示范法》。在电子商务立法进程中，《电子商务示范法》居功甚伟，这是联合国国际贸易法委员会经过5年时间起草并于1996年经联合国大会讨论通过的一部示范法，为各国电子商务立法提供了最具有立法参考价值的示范规范。鉴于电子签名在电子商务中的重要性，联合国国际贸易法委员会也起草了《电子签名示范法》并于2001年经联合国大会讨论通过。上述示范法固然在电子商务立法进程中发挥了重要作用，但毕竟是示范法。为了消除现行统一法公约和贸易协定对电子商务造成的障碍，由贸易法委员会拟订、第六十届联合国大会于2005年11月通过了《联合国国际合同使用电子通信公约》，该公约已于2013年3月1日起生效，多米尼加、洪都拉斯、新加坡、俄罗斯、蒙古、斯里兰卡等15个国家批准、加入或核准了该公约，中国、韩国等国家签署了该公约。此外，贸易法委员会于2016年12月通过了《关于网上争议解决的技术指引》，2017年7月通过了《电子示范法》，2019年5月核准了秘书处编拟的《关于云计算合同所涉主要问题的说明》，目前正在讨论《关于使用和跨境承认身份管理和信任服务的条文草案》。

联合国国际贸易法委员会电子商务工作组从1999年开始研究跨境使用电子可转让记录问题，历时18年终于推出了《电子示范法》，《电子示范法》旨在从法律上支持电子可转让记录的国内使用和跨境使用，适用于与可转让单证或票据功能等同的电子可转让记录。可转让单证或票据是基于纸张的单证或票据，使持有人有权要求履行其中指明的义务并允许以转让单证或票据占有的方式转让这种要求履行义务的权利。可转让单证或票据一般包括提单、汇票、本票和仓单。按照联合国国际贸易法委员会的说明，可转让单证和票据是基本商业工具，提供电子形式的可转让单证和票据将大大有利于促进电子商务的发展，例如，提高传播速度和安全性、允许再利用数据、通过“智能合同”实现某些交易的自动化。电子可转让记录可能对于某些商业领域特别重要，如运输和物流业以及金融业(金融科技),对于有意建立电子仓单市场以促进农民获得信贷的发展中国家来说也可能特别重要。此外,电子可转让记录是可对贸易便利化作出重要贡献的无纸化贸易环境的一个基本组成部分。《电子示范法》基于联合国国际贸易法委员会所有电子商务法规所依据的不歧视电子手段原则、功能等同原则和技术中性原则,因此,《电子示范法》兼顾所有技术和所有模式的使用,如登记处、令牌和分布式账本。根据《电子示范法》的规定,电子可转让记录在功能上等同于可转让单证或票据,前提是该记录包含可转让单证或票据需包含的信息,并使用一种可靠的方法:(1)确定该电子记录为单一电子可转让记录;(2)使该电子记录能够自其生成至其失去任何效力或有效性期间被置于控制之下;(3)保全该电子记录的完整性。“控制”是《电子示范法》的一个基本概念,因其在功能上等同于可转让单证或票据的占有。特别是就电子可转让记录而言,如果使用一种可靠方法:证明某人对该电子可转让记录享有排他控制,并且指明该人为控制权人,即为满足这种占有要求。此外,《电子示范法》还就用于管理电子可转让记录的方法的可靠性以及媒介转换(电子转纸质,纸质转电子)提供指导。最后,《电子示范法》旨在通过支持不歧视在国外签发或使用的电子可转让记录的原则,以促进电子可转让记录的跨境使用。

在国际电子商务立法方面,联合国国际贸易法委员会颁布的示范法发挥了重要作用。联合国国际贸易法委员会特别说明其颁布的示范法并非旨在干预国际私法规则的正常运作。通过示范立法所达到的协调程度和协调统一的确定性可能低于公约。但是,示范法的这种相对缺点却可能因为采纳示范法的国家可能多于加入公约的国家而得到弥补。〔2〕事实也是如此,联合国国际贸易法委员会的统计资料显示,77 个国家共在 156 个法域通过了以《电子示范法》为基础或在其影响下形成的立法。〔3〕 而且示范法也可能在某些特定的情况下被认为具有国际商事惯例的效力。

1998 年 5 月,132 个 WTO 成员的部长们达成一致,签署了《关于全球电子商务的宣言》,针对数字书籍、数字音乐、软件等商品和服务,通过了因特网贸易零关税至少保持一年的协议,并提议制订一项 WTO 的工作计划来研究电子商务有关的贸易问题。遗憾的是,之后 WTO 并未在电子商务议题上取得实质性进展。虽然 WTO 关于电子商务规则谈判由于成员方的分歧而几近处于搁浅状态,但 WTO 规则体系中的《关税及贸易总协定》(General Agreement on Tariffs and Trade,GATT)、《信息技术协议》(Information Technology Agreement,ITA)、《服务贸易总协定》(General Agreement on Trade in Services,GATS)等都涉及电子商务。2011 年少数 WTO 会员国成立次级团体 WTO 服务业真正之友集团(RGF),以诸边方式展开国际服务贸易协定谈判,致力于推动形成服务贸易自由化的贸易协定《国际服务贸易协定》(TISA)。TISA 引入了新的规则,与电子商务直接相关,期望实现服务贸易更高水平的自由化。2017 年 12 月,WTO 的 71 个成员在阿根廷布宜诺斯艾利斯举行的第十一届 WTO 部长级会议上签署的《关于电子商务的联合声明》中承认 WTO 在推动形成开放、透明、非歧视性和可预测监管的电子商务便利环境上具有重要作

---

〔2〕 A/CN. 9/WG. IV/WP. 104/Add. 4.

〔3〕 参见联合国国际贸易法委员会:《〈电子商务示范法〉状况》,载联合国国际贸易法委员会官网,https://uncitral. un. org/zh/texts/ecommerce/modellaw/electronic_commerce/status//2021 - 8 - 11。

用。2019 年 1 月 25 日，在瑞士达沃斯举行的电子商务非正式部长级会议上，中国和澳大利亚、日本、新加坡、美国等共 76 个 WTO 成员签署《关于电子商务的联合声明》，确认有意在世贸组织现有协定和框架基础上，启动与贸易有关的电子商务议题谈判。我国商务部在 2019 年 1 月 25 日发布的声明中提出，世贸组织电子商务谈判应有利于维护多边贸易体制，坚持开放进程和发展导向，尊重发展中成员的合理诉求，在技术进步、商业发展与各成员合理的公共政策目标之间实现平衡，通过平等协商达成各方都能接受的成果。2019 年 4 月 24 日，我国通过 WTO 进行了首轮提案。该提案提出，谈判应以世贸组织现有协定和框架为基础，坚持发展导向，尊重成员监管权利和发展中成员的合理诉求，重点讨论通过互联网实现交易的跨境货物贸易及物流、支付等相关服务，推动建立规范便利、安全可信的电子商务交易和市场环境。2020 年 12 月，WTO 发布了《电子商务谈判合并案文》，汇总了各成员方提交的提案的主要内容。

国际商会对联合国国际贸易法委员会的工作给予积极协作和支持，并在电子商务国际惯例方面也作出了重大贡献。在 1990 年《国际贸易术语解释通则》中，涉及卖方提供交货凭证义务的条款在当事方同意使用电子方式通信时，允许用电子数据交换（EDI）讯息替代纸面单据。2000 年《国际贸易术语解释通则》规定如买卖双方约定使用电子方式通信，则应用交货凭证、运输单据或具有同等作用的电子数据交换讯息代替。2010 年《国际贸易术语解释通则》则明确赋予电子单据与纸面单据具有同样的效力，其条件是当事人同意或在使用地已形成交易惯例。国际商会也及时关注到电子信用证，于是制定了《UCP500 关于电子交单的附则》（Supplement to UCP500 for Electronic Presentation，eUCP1.0），eUCP1.0 已于 2002 年 4 月 1 日正式生效。之后，国际商会专门针对 UCP600 所做的升级版本《跟单信用证电子交单统一惯例》（eUCP1.1）与 UCP600 同时于 2007 年 7 月 1 日生效实施。此外，国际商会 2004 年制定了《国际商会 2004 年电子商务术语》及其如何使用的《国际商会电子订约指南》，2005 年国际商会发布了经过修订的《营销和广告使用电子媒体指南》。

欧盟的电子商务立法也很有代表性，早在 1997 年欧盟就制定了《欧洲电子商务行动动议》，为规范欧洲电子商务活动制定了框架。同年，欧盟还颁布了《远程销售指令》，防范远程销售中的某些风险并对消费者加以保护。[4] 1998 年欧盟颁布了《关于信息社会服务的透明度机制的指令》，1999 年欧盟通过了《关于建立有关电子签名共同法律框架的指令》，2000 年通过了欧洲议会及欧盟理事会关于共同体内部市场的信息社会服务，尤其是电子商务的若干法律方面的第 2000/31/EC 号指令（通常所称的《电子商务指令》），该指令的目的是协调欧盟内部市场并促使其标准化，对以欧盟消费者和经营商为对象的网上销售规定了最基本要求，并出台了具体的信息服务和程序规定，试图对电子商务作出综合性的规范。[5] 2002 年 7 月 31 日，《欧盟电子通信指令》生效，2018 年 5 月 25 日，欧盟《一般数据保护条例》（GDPR）开始实施，2020 年欧盟相继发布了《数字服务法案》和《数字市场法案》。

---

〔4〕 参见［英］安德鲁·斯帕罗：《电子商务法律》，林文平、陈耀权译，中国城市出版社 2001 年版，第 49 页。
〔5〕 参见高富平：《电子商务立法研究报告》，法律出版社 2003 年版，第 22 页。

国际海事委员会、国际民航组织、经济合作与发展组织(OECD)等国际组织也在其职能范围内关注电子商务的发展并致力于相关规则的制定,如国际海事委员会于1990年颁布的《电子提单规则》对电子提单作了规定,国际民航组织的《蒙特利尔公约》,2005年7月31日正式对我国生效,对电子客票作了规定。

2020年11月15日,《区域全面经济伙伴关系协定》正式签署,其成员包括东盟10国及中国、日本、韩国、澳大利亚、新西兰,标志着世界上人口最多、经贸规模最大、包容性最强、最具发展潜力的自由贸易区的诞生。RCEP的第十二章对电子商务作了专门规定,旨在促进缔约方之间电子商务的使用与合作,列出了鼓励缔约方通过电子方式改善贸易管理与程序的条款;要求缔约方为电子商务创造有利环境,保护电子商务用户的个人信息,为在线消费者提供保护,并针对非应邀商业电子信息加强监管和合作;对计算机设施位置、通过电子方式跨境传输信息提出相关措施方向,并设立了监管政策空间。缔约方还同意根据WTO部长级会议的决定,维持当前不对电子商务征收关税的做法。

(二)国内法规范

在国内立法方面,美国的立法被普遍认为具有先进性,其中犹他州于1995年颁布的《尤他州数字签名法》被认为是世界上第一部关于电子签名的立法(已于2005年废止)。美国统一州法全国委员会于1999年颁布了《统一电子交易法》和《统一计算机信息交易法》,供各州立法时采纳。2000年克林顿签署颁布了国会两院一致通过的《国际与国内商务电子签名法》,表明美国的电子商务立法走上了联邦统一制定的道路。[6] 2012年美国通过了《网络信息共享和保护法案》。此外,《美国统一商法典》也有关于电子商务的规定,如其第4A编就是关于电子资金划拨的内容。2020年1月,美国白宫新闻秘书办公室公布关于电子商务保护的总统行政令。其他一些国家也纷纷制定了有关电子商务的法律,如《俄罗斯联邦信息法》(1995年)、《意大利数字签名法》(1997年)、《德国信息与通讯服务法》(1997年)、《马来西亚数字签名法》(1997年)、《加拿大统一电子商务法》(1998年)、《新加坡电子交易法》(1998年)、《印度电子商务支持法》(1998年)、《韩国电子商务基本法》(1999年)、《菲律宾电子商务法》(2000年)等。

我国于1999年颁布实施的《合同法》对电子合同的书面形式要求、要约与承诺的达到时间等作了规定。2004年颁布的《电子签名法》对电子签名和认证及数据电文作了规定,其中关于数据电文的效力、原件及发送和接收时间等的规定具有很重要的实际应用价值。最值得提及的是,2018年8月31日全国人大常委会通过了《电子商务法》(自2019年1月1日起施行),该法的内容包括总则、电子商务经营者、电子商务合同的订立与履行、电子商务的争议解决、电子商务促进等,其中也包括了跨境电子商务的立法促进与保护。与电子商务相关的立法还有《民法典》《数据安全法》《广告法》《反不正当竞争法》《反垄断法》等法律。此外,我国香港特别行政区于2000年颁布了《电子交易条例》(2004年和2014年作了修订),我国台湾地区于2000年颁布了"电子签章法"。

可以认为,随着国际电子商务的发展,国际电子商务立法日益丰富,已经形成了一个较为完善的独特法律体系,国际电子商务法也逐渐成为国际商法的一个新的重要组成部

---

〔6〕 参见张楚主编:《外国电子商务法》,北京邮电大学出版社2000年版,第11页。

分。限于篇幅和本书的体例安排,本章后续仅就联合国国际贸易法委员会制定的《电子商务示范法》、《电子签名示范法》及《联合国国际合同使用电子通信公约》进行介绍。

三、国际电子商务法的基本原则

“每一个法律制度都有其特殊的基本原则,同其他法律制度一样,商事法的基本原则是制定、执行和研究商事法的出发点。”[7]基本原则贯穿于整个立法,具体的法律制度就是在这些原则的指导下建立起来的,且对法律的解释适用具有重要的指导意义,电子商务法的基本原则也不例外。

电子商务活动是典型的商事活动,因此在确立电子商务法的基本原则时既要遵循传统商事法律的基本原则,还应该根据电子商务的特点确立其特有的基本原则。我国《电子签名法》确立的原则有功能等同原则、技术中立原则和当事人意思自治原则。黄进教授组织起草的《中国电子商务法(示范法)》确立的基本原则有媒介中立原则、技术中立原则、信息安全原则、个人资料保护原则、功能等同原则、当事人意思自治原则,这是目前对于电子商务法基本原则的最全面的概括。国外的学者较少论及电子商务法的基本原则,其中代表性的观点认为,电子商务法的基本原则如下:最小化原则、非实质性原则、功能等同原则、技术和实施中立原则、当事人自治原则。[8] 在国际电子商务法中,仍然遵循当事人意思自治和诚实信用等传统商法原则。在国际电子商务法的特有基本原则问题上,基本上获得一致认可的基本原则有功能等同(functional - equivalent)原则、媒介中立(media neutrality)原则和技术中立(technology neutrality)原则。

功能等同原则在《电子商务示范法》和《国际贸易术语解释通则》等诸多规范中都有体现,其基本含义为电子单证、票据或其他文件与传统的纸面单证、票据或其他文件具有同等的功能时就应当肯定其法律效力并在法律上同等对待。例如,我国《电子签名法》第4条规定:“能够有形地表现所载内容,并可以随时调取查用的数据电文,视为符合法律、法规要求的书面形式。”按照《电子商务示范法颁布指南》的说明,《电子商务示范法》依赖一种有时称作“功能等同法”的新方法,这种办法立足于分析传统的书面要求的目的和作用,以确定如何通过电子商务技术来达到这些目的或作用。例如,书面文件可起到下述作用:提供的文件大家均可识读、提供的文件在长时间内可保持不变、可复制一文件以便每一当事方均掌握一份同一数据副本、可通过签名核证数据、提供的文件采用公共当局和法院可接受的形式。应当注意到,关于所有上述书面文件的作用,电子记录亦可提供如同书面文件同样程度的安全,在大多数情况下,特别是就查明数据的来源和内容而言,其可靠程度和速度要高得多,但需符合若干技术和法律要求。然而,采取功能等同办法不应造成电子商务使用者须达到较书面环境更加严格的安全标准(和相关费用)。《电子商务示范法》并不打算确定一种相当于任何一种书面文件的计算机技术等同物。相反,《电子商务示范法》只是指出书面形式要求中的基本作用,以其作为标准,一旦数据电文达到这些标

---

〔7〕 左海聪:《商事法的几个基本理论问题》,载《法学评论》1996年第3期。

〔8〕 See Amelia H. Boss, *Electronic Commerce: Globalization of Domestic Law or Domestication of Globalized Law?*, http://www.aals.org/2005midyear/commercial/AmyBossOutline.pdf/2007 - 02 - 22.

准,即可与起相同作用的相应书面文件一样,享受同等程度的法律认可。值得注意的是,《电子商务示范法》第6~8条内含的功能等同原则是针对"书面形式"、"签名"和"原件"等概念的,并不针对《电子商务示范法》内涉及的其他法律概念,如第10条并没有为现行的储存要求创立其功能等同体。应当指出的是,也有学者认为功能等同原则只是一种立法方法,而非立法原则。[9]

媒介中立原则是指法律对于交易是采用纸质媒介还是采用电子媒介或其他媒介都一视同仁,不因交易采用的媒介不同而区别对待或赋予不同的法律效力。按照《电子商务示范法颁布指南》的解释,《电子商务示范法》采用的方法是,原则上规定它适用于任何手段生成、储存或传递信息的各种实际情况。在拟订《电子商务示范法》期间,人们认为,如限制示范法的适用范围,将任何一种形式或手段排除在外,就会造成实际困难,违背真正"不注重任何手段"的规则的宗旨。然而,《电子商务示范法》注重的是"无纸"通信手段,除非《电子商务示范法》有明文规定,否则它无意改变有关用纸张进行传递的传统规则。[10] 在起草《联合国国际合同使用电子通信公约》草案的过程中,工作组认为,本着不偏重任何媒介的原则,对网上交易采用的办法不应有别于对纸面环境中同等情形所采用的办法。[11]

媒介中立原则是与功能等同原则相联系的两个原则。有观点认为,两个原则是相同的,即"对于基于纸质文件所进行的交易与基于电子通信方式所进行的交易应该平等对待,不应该对其中一个给予优势而歧视另一个"[12]。但也有学者认为,功能等同原则不仅是限于媒介上的区别而采纳的原则。这个原则贯穿于电子商务立法的整个过程,包括合同的形式、签名的方式和技术以及文件的完整性和认证性等。"功能相等"是整个概念的核心,是解决问题的出发点。[13] 我们基本上赞同后一个观点,但同时认为"媒介中立原则"并非等同于或包含于"功能等同原则",实际上,二者侧重点并不相同。前者侧重于确保不同媒介在立法上的中立性或平等性,而后者则强调通过"功能等同"方法解决传统法律中的"书面形式"、"签名"和"原件"等概念适用于电子商务时所产生的法律障碍。也正因为这样,一般将媒介中立原则和技术中立原则合称为"中立原则"。

技术中立原则是指法律对电子商务的技术手段一视同仁,不限定使用或不使用何种技术,也不在法律效力上进行区别对待。如我国《电子签名法》第14条规定,"可靠的电子签名与手写签名或者盖章具有同等的法律效力"。这就是在立法上肯定了电子签名的效力,但在立法中对电子签名及认证技术不作任何具体的规定或要求。《电子商务示范法》也体现了此原则。"《电子商务示范法》所依据的原则及其条款也照顾到适用于不大先进的通信技术,如电传传真等……作为普遍原则,任何通信技术均不应排除在《电子商

---

〔9〕 参见何松明、刘满达:《电子商务立法三题》,载《中国法学》2002年第1期。

〔10〕《电子商务示范法颁布指南》第24段。

〔11〕 参见A/CN.9/509,第77段。

〔12〕 *Summary of the Electronic Transactions Act* 1999. 转引自吴伟光:《电子商务法》,清华大学出版社2004年版,第49页。

〔13〕 参见吴伟光:《电子商务法》,清华大学出版社2004年版,第49页。

务示范法》范围之外,因为未来技术发展也必须顾及。”〔14〕

第二节　《电子商务示范法》

一、《电子商务示范法》的立法背景和立法目的

(一)《电子商务示范法》的立法背景

电子数据交换等现代通信手段在国际商务中的广泛应用促使联合国国际贸易法委员会将有关的问题纳入其立法计划。1991年联合国国际贸易法委员会下属的国际支付工作组开始负责制定一部EDI统一法。1993年该工作组在维也纳召开的第26届大会上审议了世界上第一部EDI统一法草案——《电子数据交换及贸易数据通信手段有关法律方面的统一规则草案》。随着时间的推移,考虑国际互联网比EDI得到了更广泛的应用,1996年联合国国际贸易法委员会大会决定统一法标题中不再使用“电子数据交换”,代之以“电子商务”(electronic commerce),并将该草案的名称改为《电子商务示范法》。同年12月16日,联合国国际贸易法委员会第85次大会以51/162号决议通过了《电子商务示范法》。联合国国际贸易法委员会1998年第三十一届会议另外通过了第5条之二,并将其补充到《电子商务示范法》中。为使《电子商务示范法》便于理解、使用及为按照该示范法制定法律的国家提供指导,联合国国际贸易法委员会为《电子商务示范法》编订了《电子商务示范法颁布指南》。关于《电子商务示范法》的使用,《电子商务示范法颁布指南》指出,应当将《电子商务示范法》视为一套统筹兼顾、可以各自分立的规则,建议作为单一法规加以颁布。然而,根据每个颁布国或地区的情况,《电子商务示范法》可作为一项单一法规,也可作为立法中的若干部分。

(二)《电子商务示范法》的立法目的

根据《电子商务示范法颁布指南》的说明,联合国国际贸易法委员会决定拟订有关电子商务的示范法规,是因为有些国家有关传递和存储信息的现行法规不够完备或已经过时,因为它没有预见到电子商务的使用。在某些情况下,现行法规通过规定要使用“书面”、“经签名的”或“原始”文件等而对现代通信手段的使用施加限制或包含有限制含义。尽管有的国家就电子商务的某些方面颁布了具体规定,但仍然没有全面涉及电子商务的立法。这种情况可能使人们无法准确地把握并非以传统的书面文件形式提供的信息的法律性质和有效性。《电子商务示范法颁布指南》还说明,在国际层面,《电子商务示范法》在某些情况下也可用来解释现行的国际公约和其他国际文书,这些公约或文书因规定某些文件或合同条款应以书面作成等而给电子商务的使用设置了障碍。对这类国际文书的缔约国而言,采用《电子商务示范法》作为解释规则能为承认电子商务的使用提供一种手段。

按照《电子商务示范法颁布指南》的解释,《电子商务示范法》的目的是要向各国立法

---

〔14〕 *Summary of the Electronic Transactions Act* 1999. 转引自吴伟光:《电子商务法》,清华大学出版社2004年版,第49页。

者提供一套国际公认的规则,说明怎样去消除此类法律障碍,如何为所谓的"电子商务"创造一种比较可靠的法律环境。《电子商务示范法》中表述的原则还可供电子商务的用户个人用来拟订为克服进一步使用电子商务所遇到的法律障碍可能所必需的某些合同解决方法。《电子商务示范法颁布指南》同时说明,《电子商务示范法》注重的是"无纸"通信手段,除非《电子商务示范法》有明文规定,它无意改变有关用纸张进行传递的传统规则。

《电子商务示范法》着力解决电子商务中亟待解决的基本法律问题,创立的电子商务规则构成之后的国际国内电子商务立法的基石,建立的法律制度为电子商务法的产生和发展奠定了坚实的基础。《电子商务示范法》对全球范围内的国际国内电子商务立法都产生了重大而又深远的影响,被公认是国际电子商务立法的一个重要的里程碑。联合国国际贸易法委员会对《电子商务示范法》的评价是:《电子商务示范法》成为该领域立法的唯一最具影响力的标准,其广泛执行已经对促进国际上高度的统一协调有所助益。[15]

二、《电子商务示范法》的主要内容

《电子商务示范法》共分为两部分,第一部分涉及电子商务总的方面,第二部分涉及特定领域中的电子商务,目前只是涉及货物运输中使用的电子商务。按照《电子商务示范法颁布指南》的说明,至于电子商务的其他方面可能要在今后处理,因此可以将《电子商务示范法》看作是一项无终止的文书,留待今后进行补充。《电子商务示范法》第一章"一般条款",包括适用范围、定义、解释、经由协议的改动等 4 个条款;第二章"对数据电文的适用的法律要求",包括对数据电文的法律承认、书面形式、签名、原件、数据电文的可接受性和证据力、数据电文的留存;第三章"数据电文的传递",包括合同的订立和有效性,当事各方对数据电文的承认,数据电文的归属、确认、收讫、发出和收到数据电文的时间、地点等多个条款。

(一)一般条款

1. 适用范围

《电子商务示范法》适用于在商务活动方面使用的以一项数据电文为形式的任何种类的信息。[16] 它的适用范围很广,包括以电子技术为基础的各种各样的通信手段生成、储存或传递信息的情况,而不限于某一特定的形式或手段。按照《电子商务示范法颁布指南》的说明,"电子商务"概念所包括的通信手段有以下几种以使用电子技术为基础的传递方式:以电子数据交换进行的通信(狭义界定为电子计算机之间以标准格式进行的数据传递)、利用公开标准或专有标准进行的电文传递、通过电子手段如通过互联网络进行的自由格式的文本的传递。在某些情况下,"电子商务"概念还可包括电报和电传等技术的使用。《电子商务示范法》还专门对"商务"一词做了广泛意义上的解释,使其包括无论是契约性或非契约性的一切商务性质的关系所引起的种种事项。这些商务性质的关系包括但不限于下列交易:供应或交换货物或服务的任何贸易交易,分销协议,商务代表或

〔15〕 联合国国际贸易法委员会发布的《增进对电子商务的信心:国际使用电子认证和签名方法的法律问题》第234段。

〔16〕《电子商务示范法》第1条。

代理,客账代理,租赁,工厂建造,咨询,工程设计,许可贸易,投资,融资,银行业务,保险,开发协议或特许,合营或其他形式的工业或商务合作,空中、海上、铁路或公路的客、货运输。

2. 术语和定义

特定的法律规则往往需要其特殊的术语,对术语的一致理解即要求对术语进行确定的定义。《电子商务示范法》对“数据电文”“收件人”“电子数据交换”“发件人”“收件人”“中间人”“信息系统”等词均作了定义,这些定义在全球电子商务立法中被广泛采纳。

“数据电文”系指经由电子手段、光学手段或类似手段生成、储存或传递的信息,这些手段包括但不限于电子数据交换、电子邮件、电报、电传或传真。“数据电文”的概念并不限于通信方面,还应包括计算机产生的并非用于通信的记录。因此,“电文”这一概念包括“记录”这一概念。“类似手段”一词的目的是要反映出,《电子商务示范法》不仅打算适用于现有的通信技术,而且打算适用于未来可预料的技术发展。“数据电文”定义的目的是要包含基本上以无纸形式生成、储存或传递的各类电文。为此,提及“类似手段”意在包括可能用来履行与定义所列各种手段相平行的功能的各种信息传递和储存手段,尽管“电子”传递手段和“光学”传递手段严格地说可能并不相似,“类似”一词意为“功能上等同”。

“电子数据交换”系指电子计算机之间使用某种商定标准来规定信息结构的信息电子传输。《电子商务示范法》没有解决这样一个问题,即电子数据交换的定义是否必然意味着电子数据交换电文是计算机与计算机之间以电子方式传递的,还是这个定义在主要涉及数据电文通过电信系统传递这类情况的同时,也将涉及这样一些个别或偶然的情况:以电子数据交换电文形式构成的数据将采用不涉及电信系统的手段加以传递,如载有电子数据交换电文的磁盘由信使交给收件人。

一项数据电文的“发件人”可认定为:发送或生成该数据电文的人、被代表发送或生成该数据电文的人、对数据电文予以储存的人,但不包括作为中间人来处理该数据电文的人。一项数据电文的“收件人”系指发件人意欲由其接收该数据电文的人。“中间人”是指就某一特定数据电文而言,系指代表另一个发送、接收或储存该数据电文或就数据电文提供其他服务的人。“人”这一概念是用来指明权利和义务的主体,应当解释为既包括自然人,也包括公司机构或其他法人实体。在没有人直接干预的情况下由计算机自动产生的数据电文,亦应包括在此定义范围内。但是,不应把《电子商务示范法》错误地解释为允许计算机成为权利和义务的主体。在没有人直接干预的情况下由计算机自动产生的电文应当视为由法人实体利用为其运行的计算机“发出”电文。

“信息系统”指生成、发送、接收、储存或用其他方法处理数据电文的系统。“信息系统”的定义旨在包括用来发送、接收和储存信息的各种技术手段。例如,根据实际情况,“信息系统”的概念可以指一个通信网络,在其他情况下,又可包括一个电子邮箱,甚至电传。

(二)对数据电文的适用法律要求

1. 对数据电文的法律承认

电子商务是通过数据电文来实现的,如果不承认数据电文的法律效力,电子商务就无法取得合法地位。因而《电子商务示范法》第5条采用消极肯定的立法方法规定:不得仅仅以某项信息采用数据电文形式为理由而否认其法律效力、有效性或可执行性。不应歧视数据电文,应同等对待数据电文与书面文件。此规定只是表明不能仅以某项信息的出现形式或保留形式作为唯一理由来否认其法律效力、有效性或可执行性。然而,此规定不应被错误解释为在确立某一数据电文或其中所含任何信息的法律有效性。

2. 书面形式要求

在解决了数据电文的法律效力问题后,随之需要解决的问题就是传统法律对数据电文合同或其他文件的书面形式要求问题,因为数据电文合同或其他文件并非传统法律上的书面合同或书面文件。各个国家法律要求使用"书面形式"的主要原因如下:(1)确保有可以看得见的证据,证明各当事方确有订立契约的意向以及此种意向的性质;(2)帮助各当事方意识到订立一项契约的后果;(3)确保一份文件可为所有人识读;(4)确保一份文件恒久保持不变,因而提供对于一项交易的永久性记录;(5)使一份文件可以复制为若干份,以便每个当事方持有一份同样的数据;(6)使其可通过签名方式进行数据的核证;(7)确保一份文件作成对公共机构和法院均可接受的形式;(8)最后体现出书面文件作者的意向并提供该意向的一份记录;(9)可便于以有形的形式储存数据;(10)便于稽查及日后的审计、税收或管制目的;(11)在为了生效而要求书面的情况下使其产生法律权利和义务。本条的意图是要确定一项电文可以被视为满足了书面形式要求的基本标准,亦即法律上关于应以"书面"形式保留或提交信息(或信息须留存于"文件"或其他书面单据内)的要求(此种要求可来自法律、条例或判例)。因而《电子商务示范法》第6条规定,如果法律要求信息须采用书面形式,或规定了信息不采用书面的后果,那么只要一项数据电文所含信息可以调取以备日后查用,即满足了该项要求。

3. 签名

签名也属于传统法律对合同或其他文件的形式要求之一。在《电子商务示范法》制定过程中,考虑到签名的下述功能:确定一个人的身份、肯定是该人自己的签名、使该人与文件内容发生关系。除此之外,视所签文件的性质而定,签名还有多种其他功能。例如,签名可以证明一个当事方愿意受所签合同的约束;证明某人认可其为某一案文的作者;证明某人同意一份经由他人写出的文件的内容;证明一个人某时身在某地的事实。《电子商务示范法》第7条侧重于签名的两种基本功能:一是确定一份文件的作者,二是证实该作者同意了该文件的内容。在电子订约中使用的是电子签名,传统的签名或盖章是无法使用的。目前关于电子签名的主要方法是数字签名、生物鉴别方法、密码和混合方法、扫描或打字签名。《电子商务示范法》第7条规定如果符合下列两种情况,数据电文就满足签名的基本法律要求:(1)如果数据电文的发件人或收件人使用了一种方法,其效果是既鉴定了该人的身份,又表明了该人认可了数据电文内含的信息;(2)从所有各种情况来看,包括根据任何相关协议,所用方法是可靠的,对生成或传递数据电文的目的来说也是适当的。本条并不赋予数据电文以法律有效性,至于符合签名要求的一项数据电文是否具有法律效力的问题,应按《电子商务示范法》以外的适用法律解决。

4. 原件

原件亦属于传统法律对合同或其他文件的形式要求之一。书面形式的原件一般应具有下列特点,即除了具有可阅读、复制和保存的特点外,它能确保其所载的原始数据的完整性与不被改动性。如果把"原件"界定为信息首次固定于其上的媒介物,则根本不可能谈及任何数据电文的"原件",因数据电文的收件人所收到的总是该"原件"的副本。《电子商务示范法》用功能等同法规定了一项数据电文的最低限度可接受的形式要求,达到了这个要求才能被认可为功能上等同于原件。其具体要求为:有办法可靠地保证自信息首次以其最终形式生成,作为一项数据电文或充当其他用途之时起,该信息保持了完整性。而且如要求将信息展现,可将该信息显示给观看信息的人。关于评定信息完整性的标准,《电子商务示范法》第 8 条规定应当是:除加上背书及在通常传递、储存和显示中所发生的任何变动外,有关信息是否保持完整,未做改变;并且应根据生成信息的目的和参照所有相关情况来评定所要求的可靠性标准。该规定对物权凭证、流通票据和金融交易电子合同等具有重要意义,因为它们必须是原样未被改动的,是以"原件"形式传递的,使国际贸易中的其他当事方能对其内容具有信心。

5. 数据电文的证据力、可接受性

数据电文的证据力(包括证据能力和证明力)会直接影响当事人是否采用电子商务。《电子商务示范法》采用消极肯定的立法方式规定不得仅以它是一项数据电文为由而否定其作为证据的可接受性。鉴于英美法系的最佳证据规则要求,《电子商务示范法》也规定,如果一项数据电文是举证人按合理预期所能得到的最佳证据,也不得以它并不是原件为由而否定其作为证据的可接受性。《电子商务示范法》第 9 条还进一步规定了其证据力问题,即对于以数据电文为形式的信息,应给予应有的证据力。在评估一项数据电文的证据力时,应考虑到生成、储存或传递该数据电文的办法的可靠性,保持信息完整性的办法的可靠性,用以鉴别发件人的办法,以及任何其他相关因素。

6. 以提及方式纳入条款

"以提及方式纳入条款"是一种简洁的说法,常用以指某一文件内一般地提到而并未全文载入在别处详尽载列的条款这种情况。[17] 常见的以提及方式纳入条款有内嵌条款和第三方交易平台提供的一般交易条款,其中内嵌条款也被称为超级链接(hyper - link)合同条款。一般而言,网上最普遍以超级链接的功能呈现格式条款的方式,使消费者得以链接该合同所在的网页参看合同内容,此时应可认为已满足了以明示或显著方式公告其内容的要求。[18]

鉴于纳入条款在传统书面通信中得到了许多国家的法律承认,[19] 以提及方式纳入条款在电子商务中广泛应用和必要使用[20],而且借助互联网技术以内嵌或其他纳入方式表述合同条款并不构成否定该等合同条款的法律效力的合理理由,《电子商务示范法》在 1998 年的修改中特意增加了一个条款,即"以提及方式纳入条款",该条规定:"不得仅仅由于信息未载入据称产生法律效力的数据电文而只是在该数据电文中提及,因而否定其

〔17〕 1998 年通过的《电子商务示范法颁布指南》增补,46 - 1。

〔18〕 参见冯震宇:《论网际网路与消费者保护问题》,载《资讯法务透析杂志》1998 年第 7 期。

〔19〕 1998 年通过的《电子商务示范法颁布指南》增补,46 - 1。

〔20〕 1998 年通过的《电子商务示范法颁布指南》增补,46 - 2。

所具的法律效力、有效性和可执行性。”值得注意的是,本条规定只是为以提及方式纳入条款的法律效力制定了一般规则,即不得仅因其为内嵌条款而否定其法律效力,换言之,本条规定并未规定所有的以提及方式纳入条款都是具有法律效力的。至于以提及方式纳入条款的有效性或可执行性的要件,《电子商务示范法》也并未涉及。第5条不应被理解为专门给电子环境中以提及方式纳入条款创立一种特殊的法律制度。它只是确立一条不歧视原则,因而,应把它理解为要使适用于书面环境中以提及方式纳入条款的国内法规同样适用于电子商务目的地以提及方式纳入。例如,在一些法域中,现有的强制性法律规则只有在下列三项条件得到满足时才认可以提及方式纳入:(1)提及条款应插入数据电文中;(2)所提及的文件,如一般性条款条件,应是有可能依据该文件向其追究责任的当事方实际上所熟知的;(3)提及的文件除为该当事方所熟知外,还应是他所接受的。[21]

(三)数据电文的传递

1. 合同的订立、有效性和对数据电文的承认

承认数据电文的法律效力并不当然意味着承认电子合同的法律效力,虽然前者是后者的基础。因而《电子商务示范法》第11条采用消极肯定的立法方式规定:除非当事人另有协议,合同各方可通过数据电文的要约和承诺的方式来缔结合同,并不得仅以使用了数据电文为理由而否认该合同的有效性或可执行性。第12条是第11条的补充,规定发件人和收件人应承认以数据电文形式作出的单方面声明或陈述的法律效力。关于通过一项数据电文来表示要约或承诺时,合同订立的时间和地点如何确定的问题,《电子商务示范法》并没有作出具体规定,以避免干预有关合同订立的国内适用法律。《电子商务示范法》只应规定电子通信可以达到如同书面信函同样程度的法律确定性。

2. 数据电文的归属

电子订约并不同于传统订约中的面对面订约,甚至很多电子订约是通过计算机信息系统自动完成的,这就需要为数据电文的归属确定规则。对于一项数据电文是否真是由表明为发件人的那个人所发送的问题,《电子商务示范法》规定发件人如果事实上发送了一项数据电文,就得受该电文的约束。需要考虑的是,在电子环境中,会发生未经授权的人发出一项电文,但其通过编码、加密等手段的核证都是正确无误的情形。《电子商务示范法》第13条为此而确立一种推定,在某些情况下(如收件人可以相信一项数据电文是发件人的数据电文),可以把一个数据电文看作发件人的电文,同时对此推定又作出限制,即如果收件人知道或理应知道该数据电文并非发件人的电文为例外。

3. 确认收讫

《电子商务示范法》并不打算涉及因发出一份确认收讫通知而可能产生的法律后果,只不过确立收到数据电文这一事实。例如,某一发件人在发出的数据电文中提出要约,并要求发回收讫通知,那么确认收讫通知只不过证明该要约已经被收到。究竟发回收讫通知是否等于接受发盘或确认要约,应由《电子商务示范法》以外的合同法解决。《电子商务示范法》第14条的主要规定是,如发件人未与收件人商定以某种特定形式或某种特定方法确认收讫,可通过以下形式来确认收讫:(1)收件人任何自动化传递或其他方式的传

---

〔21〕《电子商务示范法及其颁布指南》(1996年)第46-7段。

递;(2)足以向发件人表明该数据电文已经收到的收件人的任何行为。

4. 发出和收到数据电文的时间和地点

在许多现有法律规则的实施中,必须确定发出和收到信息的时间和地点。电子通信技术的使用使其难以确定发出和收到信息的时间和地点。常常有这种情况:电子商务的使用者将信息从一国发到另一国,但并不知道通信作业经由哪些地点的信息系统来完成。此外,某些通信系统可能在通信各方并不知道的情况下改变了所在地。《电子商务示范法》第 15 条规定:数据电文发出时间应是该数据电文进入发件人控制范围内某一系统的时间;数据电文发给收件人的一个信息系统但不是指定的信息系统,则以收件人检索到该数据电文的时间为收到时间。除非发件人与收件人另有协议,数据电文应以发件人设有营业地的地点视为其发出地点,而以收件人设有营业地的地点视为收到地点。如发件人或收件人有一个以上的营业地,应以对基础交易具有最密切关系的营业地为准,如无任何基础交易则以其主要的营业地为准,如发件人或收件人没有营业地,则以其惯常居住地为准。《电子商务示范法》试图反映一个事实,即信息系统的所在地是没有关系的,并采纳了一个更加客观的确定标准:当事各方的营业地点。

(四)电子商务的特定领域

《电子商务示范法》第二部分"电子商务的特定领域"载列的是一些性质比较特定的规则。虽然联合国国际贸易法委员会在通过《电子商务示范法》时只审议了运输单据范围内的此种特定规则,但一致同意将这种规则作为《电子商务示范法》第二部分的第一章。本部分实际上只有两条,即第 16 条、第 17 条,其主要规定如下:例如,法律要求以书面或用纸面文件来执行与货运合同有关或按照货运合同采取的任何行动,则如果使用一项或多项数据电文来执行有关行动,即满足了该项要求。另外,例如,需将一项权利授予一人而不授予任何其他人,或使一项义务由一人而不是任何其他人获得;又如,法律要求,为了做到这一点,必须传送或使用一份书面文件,向该人移交权利或义务,则如果使用了一项或多项数据电文移交有关权利或义务,只要采用了一种可靠的方法使这种数据电文独特唯一,即满足了该项要求。这些规定对不可流通的运输单据和借助可转让提单转让对货物的权利同样适用,而且其体现的原则不仅适用于海运,也适用于其他方式的货物运输。

第三节 《电子签名示范法》

一、电子签名与认证

包括我国在内的绝大多数国家将当事人在合同上签名或盖章认为是确认合同当事人主体身份及该主体已同意所签合同的必要条件。电子合同的当事人在合同上进行传统的签名或盖章是不可能的。从事电子商务就会使用电子签名与认证,因而电子签名与认证的法律制度是电子商务法的基础法律制度。

从签名的历史发展来看,最初是当事人面对面磋商形成书面文件,然后双方在合同书上签名盖章。随着技术的发展,签名的方式也发生了许多变化,出现了用图章、符号、穿孔或其他机械或电子手段来进行所需的签名,生物科技(指纹、声纹、眼纹、DNA)等用于鉴别身份的技术也在不断发展完善,签名的概念已经突破了传统的必须由当事人亲笔在书面文件上书写的约束。针对电子商务的实际情况,需要使用电子签名和认证来实现签名的功能。

《电子签名示范法》中将电子签名定义为在数据电文中以电子形式所含、所附或在逻辑上与数据电文有联系的数据,它可用于鉴别与数据电文相关的签名人和表明签名人认可数据电文所含信息。多年来已经开发了一些不同的电子签名方法。每一种方法都是为了满足不同的需要,提供不同层次的安全,所含的技术要求也不同。电子签名的方法有四类:以用户或接收者知情为依据的(如密码、个人识别号码);以用户外形特征为依据的(如生物鉴别技术);以用户对物体的占有为依据的(如磁卡上储存的代码或其他信息);第四类可包括各种类型的认证和签名方法,这些类型的方法虽然无法归入以上各类,但仍可用来指明电子通信的发件人(如手写签名的复制本或电文末尾处的打字签名)。目前使用的技术包括公钥基础设施内的数字签名、生物鉴别做法、个人识别号码、由用户界定或分配的密码、经过扫描的手写签名、以数字笔为手段的签名、可点击的"同意"或"接受"方框。各国普遍使用的电子签名技术是基于PKI(Public Key Infrastruction)的数字签名技术。[22]

"数字签名"通常是指使用非对称加密技术,也称为公钥加密体系,以确保电文的真实性,并保证这些电文内容完整性的技术应用程序的名称。按照《电子签名示范法颁布指南》的总结,数字签名通常涉及下列过程,由签名人执行或由数字签名电文的收件人执行:(1)用户生成或被给予独有的配对密码钥匙。(2)签名人在计算机上起草电文(如采用电子邮件电文的形式)。(3)签名人利用一种保密散列算法起草"电文摘要"。数字签名创建时利用从签名电文中求出的并为其所独有的散列结果。(4)签名人依靠私人钥匙给电文摘要加密。利用一种数学算法将私人钥匙应用于电文摘要文本,数字签名由加密的电文摘要组成。(5)签名人一般将其数字签名附在电文后。(6)签名人利用电子手段将数字签名和(未加密或已加密的)电文发于依赖方。(7)依赖方利用签名人的公用钥匙核查签名人的数字签名。利用签名人公用钥匙所作的核查可提供某种程度的技术保证,确保电文完全来自签名人。(8)依赖方也创建电文的"电文摘要",利用同样的保密散列算法进行。(9)依赖方对比两种电文摘要。如果二者一样,则依赖方知道电文经签名后未作改动。电文经数字签名后,即使位码有一点改动,依赖方产生的电文摘要也会与签名人产生的电文摘要不同。(10)依赖方从验证服务商(包括通过签名人或以其他方式)取得证书,证书确认签名人电文上的数字签名。证书载有签名人的公用钥匙和姓名(可能还有其他信息),并经由验证服务商数字签名。[23]

如果接收方对发送方数字签名认证成功,就可以说明以下三个实质性的问题:该电子文件确实是由签名者的发送方所发出的,电子文件源于该发送者,因为签署时电子签名数

---

〔22〕 联合国国际贸易法委员会发布的《增进对电子商务的信心:国际使用电子认证和签名方法的法律问题》第16段。

〔23〕 《电子签名示范法颁布指南》第62段。

据由电子签名人所控制;被签名的电子文件确实是经发送方签名后发送的,说明发送方用了自己的私钥作的签名,并得到认证,达到不可否认的目的;接收方收到的电子文件在传输中没有被篡改,保持了数据的完整性,因为签署后对电子签名的任何改动都能够被发现。以上三点也就是我国《电子签名法》中所规定的"安全的电子签名具有与手写签名或者盖章同等的效力"具体体现。[24]

二、《电子签名示范法》的立法背景和主要内容

电子签名也能以其独特性和安全可靠性满足法律对签名的要求。一些国际条约或国际惯例对其法律效力已加以肯定。如《汉堡规则》第14条规定:"提单上的签名可以用手写、印章、打印、盖章、符号或如不违反提单签发地所在国家法律,用任何机械的或电子的方法。"《跟单信用证统一惯例》《国际贸易术语解释通则》《电子提单规则》也有类似规定。如前述,《电子商示务范法》对电子签名也作了原则性规定。

联合国国际贸易法委员会在通过了《电子商务示范法》之后,于1996年在第二十九届会议上决定将电子签名和认证机构问题列在其议程上,要求电子商务工作组审查拟订这些题目的示范法的适宜性和可行性。作为此项工作的成果,联合国国际贸易法委员会于2001年颁布了《电子签名示范法》。同《电子商务示范法》一样,《电子签名示范法》采取法律案文的形式推荐给各国纳入本国法律。联合国国际贸易法委员会同时也颁布了《电子签名示范法颁布指南》。《电子签名示范法》并非旨在干预国际私法规则的正常运作。与国际公约不同,示范立法不要求颁布该立法的国家通知联合国或通知可能也颁布该立法的其他国家。但是,鼓励各国务必向联合国国际贸易法委员会秘书处通报颁布《电子签名示范法》。将《电子签名示范法》案文纳入本国法律制度的国家,可修改或略去其中的某些条文。《电子签名示范法》的影响非常大,包括我国在内的许多国家都借鉴《电子签名示范法》来制定本国的电子签名法或相关立法。

在起草《电子签名示范法》时,联合国国际贸易法委员会已努力确保与《电子商务示范法》实质内容和术语保持一致。因此,《电子签名示范法》转载了《电子商务示范法》的一般性条款,这体现在有关适用范围("数据电文""发件人""收件人"的定义、解释,经由协议的变更及签名)的规定上。同时,《电子签名示范法》以《电子商务示范法》为基础,尤其反映了如下几个原则:不偏重任何手段的原则、不歧视在功能上等同传统书面文件概念和惯例的做法、对当事方自主权的广泛依赖。《电子签名示范法》共12条,下面根据《电子签名示范法颁布指南》对其主要内容予以介绍。

(一)一般规定

1. 适用范围

《电子签名示范法》第1条规定,本规则适用于商业活动中的电子签名。如同《电子商务示范法》,"商业"一词应做广义的解释以涵盖一切源于商业关系的事项一样,无论该事项是合同性质还是非合同性质的。

---

〔24〕 参见关振胜:《〈电子签名法〉与电子签名的技术实现》,载中国金融认证中心,http://www.cfca.com.cn/news/040910-2.htm/2005-04-06。

2. 定义

《电子签名示范法》第2条也对电子签名活动中会遇到的一些概念作出具体定义。“电子签名”系指以电子形式表现的数据,该数据在一段数据信息中或附着于或与一段数据信息有逻辑上的联系,该数据可以用来确定签名人与数据信息的联系并且可以表明签名人对数据信息中的信息的同意。“证书”系指确认签名人与签名制作数据之间关系的某一数据电文或其他记录。证书的用途是承认、表明或确认签名制作数据与签名人之间的联系。这种联系在生成签名制作数据时产生。在非数字签名的电子签名中,“签名制作数据”一词是为了指在制作电子签名过程中用以提供所产生的电子签名与签名人本人之间可靠联系的那些秘密钥匙、编码或其他要素,如在以生物鉴别装置为基础的电子签名中,基本要素是生物鉴别标志,如指纹或视网膜扫描数据。“数据电文”系指经由电子手段、光学手段或类似手段生成、发送、接收或储存的信息,这些手段包括但不限于电子数据交换、电子邮件、电报、电传或传真。“签名人”系指持有签名制作数据的人,代表本人或所代表的人行事,通常即前文提到的“发送方”。“认证服务商”系指签发证书和可能提供与电子签名有关的其他服务的人。“依赖方”系指可能根据某一证书或电子签名行事的人。理解这些概念有一定的难度,但却是理解电子签名法所必需的基础知识。

3. 签名技术的平等对待

电子签名技术很多,而且还处于不断发展中,《电子签名示范法》采用了非歧视原则,即所有技术在是否满足传统签名的功能要求的电子签名技术方面都被给予同样的机会,或者说不排斥、限制或剥夺可生成满足符合传统法律关于签名的法律要求的电子签名的任何方法的法律效力。因此,只要符合此等要求或符合适用的法律规定的任何其他要求,电子签名的电文与手写签名的书面文件之间,或各种电子签名的电文之间,将被同等对待。

4. 经由协议的变更

《电子签名示范法》意在支持当事方自治原则。但是,适用的法律可能对该原则的适用规定了限制。因此,《电子签名示范法》第5条规定,其规定可经由协议而加以删减或改变其效力,除非根据适用法律,该协议无效或不具有效力。需要注意的是,此不应错误地解释为允许当事各方删减强制性规则,如为公共政策原则而通过的规则;也不应解释为鼓励各国制定强制性立法从而在电子签名方面限制当事方自主权的效力,或邀请各国限制当事方彼此之间就其通信的形式达成协议的自由。

5. 签名要求

并非所有的电子签名都符合传统法律关于签名的法律要求,因而《电子签名示范法》采用功能等同原则规定:凡法律规定要求有一人的签名时,如果根据各种情况,包括根据任何有关协议,使用电子签名既适合生成或传送数据电文所要达到的目的,而且也同样可靠,则对于该数据电文而言,即满足了该项签名要求。《电子签名示范法》强调的是要达到所要的目的,同时也要达到可靠性的要求。那么,何为达到可靠性呢?《电子签名示范法》第6条规定,符合下列条件的电子签名视作可靠的电子签名:(1)签名制作数据在其使用的范围内与签名人而不是还与其他任何人相关联;(2)签名制作数据在签名时处于签名人而不是还处于其他任何人的控制中;(3)凡在签名后对电子签名的任何篡改均可被觉察;(4)如签名的法律要求目的是对签名涉及的信息的完整性提供保证,凡在签名后对该信息的任何篡改均可被觉察。

此规定是为了在《电子商务示范法》基础上更进一步对如何可达到可靠性检验标准提供指引。《电子签名示范法颁布指南》指出,该条款的目的是确保如果使用手写签名会带来任何法律后果,那么使用可靠的电子签名也应带来同样的后果。其指导思想是,为了促进电子商务的发展,当事方在使用电子签名技术而不是将争端提交法院时,需要有确定性和可预见性。如果某项签名技术可满足高度可靠性和安全性的要求,就应该有对可靠性和安全性的技术特性进行评估的方法,这种签名技术也应相应地获得某种形式的承认。

(二)各方的义务

在电子签名和认证中,涉及签名人、认证服务商和依赖方,《电子签名示范法》对各方的义务是从各方的行为要求的角度来表述的。

1. 签名人的行为

签名制作数据可用于制作具有法律效力的签名,《电子签名示范法》要求各签名人应当做采取合理的谨慎措施,避免他人擅自使用其签名制作数据。在签名人知悉签名制作数据已经失密或很有可能已经失密时,应毫不迟延地向按签名人合理预计可能依赖电子签名或提供支持电子签名服务的任何人员发出通知。此外,在使用证书支持电子签名时,签名人应采取合理的谨慎措施,确保其需要列入证书内的所有重大表述均精确无误和完整无缺。

2. 认证服务商的行为

为了达到电子签名的安全性或可靠性要求,目前最普遍的做法是使用认证服务商的数字证书进行电子签名和认证。《电子签名示范法》为认证服务商规定了如下义务:(1)按其所做出的关于其政策和做法的表述行事;(2)采取合理的谨慎措施,确保其做出的需要列入证书内的所有重大表述均精确无误和完整无缺;(3)提供合理可及的手段,使依赖方得以从证书中证实下列内容:认证服务商的身份、证书中所指明的签名人在签发证书时拥有对签名制作数据的控制、在证书签发之日或之前签名制作数据有效。由于认证服务商的作用不仅在于发放含有公钥与私钥的数字证书,还要提供认证服务。

因此,认证服务商还应当提供合理可及的手段,使依赖方得以在适当情况下从证书或其他方面证实下列内容:(1)用以鉴别签名人的方法;(2)签名制作数据或证书的可能用途或使用金额上的任何限制;(3)签名制作数据有效,且未发生失密;(4)认证服务商规定的责任范围或程度上的任何限制;(5)是否存在签名人向依赖方发出通知的途径;(6)是否开设及时的撤销服务。认证服务商的行为未能满足上述要求时,应承担法律后果。

3. 依赖方的行为

《电子签名示范法》对依赖方的义务的规定是建立在如下理念基础上的:打算依赖电子签名的当事方应当切记根据具体情况判断这种依赖是否合理以及在何种程度上合理。因此,依赖方应当采取合理的步骤核查电子签名的可靠性。在电子签名有证书支持时,采取下列合理的步骤进行核查:(1)核查证书的有效性或证书的吊销或撤销;(2)遵守对证书的任何限制。《电子签名示范法颁布指南》认为《电子签名示范法》可能把责任放在依赖方身上,特别是当依赖方是消费者时,但《电子签名示范法》的用意并非凌驾于关于保护消费者的任何规则之上。

(三)对外国证书和电子签名的承认

在国际电子商务中,必然会存在依据国内法成立的认证机构所颁发的证书在其他国家使用时的效力问题,这实际上需要解决证书和电子签名的跨界承认问题。按照《电子签名示范法》的规定,在确定某一证书或某一电子签名是否具有法律效力或在多大程度上具有法律效力时,不得考虑签发证书或制作或使用电子签名的地理位置或签发人或签名人营业地的地理位置。这反映了一项基本原则,即来源地本身无论如何不应成为确定外国证书或电子签名是否能够具有法律效力或能够具有多大法律效力的一个因素。

对于跨国境承认证书,必须要确立一个一般标准。如没有这个标准,认证服务供应商将可能面临必须在多个法域中获取许可证的不合理负担。《电子签名示范法》为此选择了"基本等同的可靠性"标准,即在境外签发的证书,如具有基本等同的可靠性,则在该国境内具有与在境内签发的证书同样的法律效力。关于电子签名,也采用同样的标准作了规定,即在境外制作或使用的电子签名,如具有基本等同的可靠性,则在该国境内具有与在境内制作或使用的电子签名同样的法律效力。

在确定某一证书或某一电子签名是否具有基本等同的可靠性时,《电子签名示范法》规定应当考虑公认的国际标准或其他任何有关的因素。按照《电子签名示范法颁布指南》的解释,公认的国际标准的概念应作广义解释,既包括国际技术和商业标准(市场驱动的标准),也包括政府机构或政府间机构采用的标准和规范,还包括"自愿标准"。《电子签名示范法》在此问题上也考虑到"意思自治原则"的要求,规定如当事各方之间议定使用某些类别的电子签名或证书,应当承认该协议足以成为跨国境承认的依据,并不受前述标准要求的影响,除非根据适用法律该协议无效或不具有效力。换言之,承认有关当事各方之间就使用某些种类电子签名或证书而达成的协议足以构成当事方之间跨国境承认这种商定的签名或证书的依据。

第四节 《联合国国际合同使用电子通信公约》

一、《联合国国际合同使用电子通信公约》的立法背景

在电子商务中,当事人需要通过电子方式来订立和履行合同,或者说是以电子合同形式来设立、变更或终止其权利义务。电子合同要遵守合同法的一般要求,同时也因其存在的特殊法律问题而产生了新的立法要求。这些法律问题包括电子合同的书面形式问题、要约的撤回与撤销及承诺的撤回问题及合同成立的时间和地点问题、电子合同的有效性问题等。这些立法要求也在一些国际条约或管理中得到了一定程度的反映,如有关合同形式的规定早已不再限于书面,《销售公约》第20条就规定要约可以以"电话、电传或其他快速通信方法"进行,第24条规定承诺可以"通过任何其他方法送交"。《跟单信用证统一惯例》(UCP500、UCP600)及1990年版以来的《国际贸易术语解释通则》也采用了同样的方法对电子合同(或单证)的效力予以肯定。

联合国国际贸易法委员会关于电子商务的初期工作成果是编拟了《电子商务示范

法》和《电子签名示范法》，这两部示范法为各国的相关立法提供了最佳范本或指引，但由于示范法的效力和作用毕竟有限，起草相关的公约就成为不可回避的任务。为了消除现行统一法公约和贸易协定对电子商务造成的障碍，由联合国国际贸易法委员会自 2001 年起拟订、第六十届联合国大会于 2005 年 11 月通过了《联合国国际合同使用电子通信公约》，标志着有关电子商务的第一个专门性公约诞生。

《联合国国际合同使用电子通信公约》最初被设想为关于电子订约的公约，但最终形成的公约已经扩展到合同履行中使用电子通信的问题。《联合国国际合同使用电子通信公约》旨在确保以电子方式订立的合同和往来的其他通信的效力和可执行性与传统的纸面合同和通信相同，从而促进在国际贸易中使用电子通信。《联合国国际合同使用电子通信公约》不仅规范货物贸易中的国际合同，还规范技术贸易、服务贸易及信息交易中的国际合同。《联合国国际合同使用电子通信公约（草案）》曾经将知识产权许可使用合同排除在《联合国国际合同使用电子通信公约》之外，但在征求世界知识产权组织意见后，《联合国国际合同使用电子通信公约》改变了此前的做法。

二、《联合国国际合同使用电子通信公约》的主要内容

《联合国国际合同使用电子通信公约》共分为四章，即适用范围、总则、电子通信在国际合同中的适用、最后条款。下面依据联合国国际贸易法委员会《对〈联合国国际合同使用电子通信公约〉的解释性说明》等文件对其主要内容进行介绍。

（一）立法原则

关于《联合国国际合同使用电子通信公约》所依据的主要原则，该公约序言第 6 段提到了指导联合国国际贸易法委员会在电子商务领域所有工作的两项原则：技术中性和功能等同。技术中性原则系指《联合国国际合同使用电子通信公约》的用意是为以电子通信形式生成、存储或传输信息的所有实际情况作出规定，无论使用的是何种技术或媒介。因此，公约的规则是"中性"规则，也就是说，这些规则不依赖于或不预先假定使用特定类型的技术，而是可适用于所有类型信息的沟通和存储。技术中性还包括"媒介中性"：《联合国国际合同使用电子通信公约》的重点是推动"无纸"通信手段，办法是提供标准，使其按标准等同于纸面文件，但《联合国国际合同使用电子通信公约》的用意不是改变纸面通信的传统规则，也不是为电子通信另外创立实体规则。此外，《联合国国际合同使用电子通信公约》第 3 条规定当事人可以排除本公约的适用，删减或更改其中任何一项规定的效力。对当事人意思自治规则的普遍理解是，当事人意思自治只适用于创设当事人权利和义务的规定，而不适用于《联合国国际合同使用电子通信公约》中针对缔约国的规定。

（二）适用范围

《联合国国际合同使用电子通信公约》适用于与营业地位于不同国家的当事人之间订立或履行合同有关的电子通信的使用。其中"电子通信"包括与合同的订立或履行有关的，经由电子手段、电磁手段、光学手段或类似手段生成的，包括要约和接受要约在内的任何陈述、声明、要求、通知或请求，这里强调的是光电磁手段。《联合国国际合同使用电子通信公约》中的"合同"一词用法很宽泛，包括诸如仲裁协议和其他具法律约束力的协

议,无论这些协议通常是否被称为“合同”。

《联合国国际合同使用电子通信公约》适用于国际合同,即位于两个不同国家的当事人之间的合同,但不要求这两个国家都是公约的缔约国。不过,只有当缔约国的法律适用于当事双方的交易时,《联合国国际合同使用电子通信公约》才可适用,如果当事双方未有效选择适用法律,则适用法律由法院所在地国有关的国际私法的规则确定。《联合国国际合同使用电子通信公约》的做法实际上扩大了其适用范围,使《联合国国际合同使用电子通信公约》在特定条件下可以适用于非缔约国的当事人之间的合同。

《联合国国际合同使用电子通信公约》不适用于涉及为个人、家人或家庭目的订立的合同的电子通信。不过,与《销售公约》的相应除外情形不同,《联合国国际合同使用电子通信公约》绝对排除这类交易,也就是说,《联合国国际合同使用电子通信公约》不适用于为个人、家人或家庭目的订立的合同,即使合同的目的对另一方当事人来说并不明显。

《联合国国际合同使用电子通信公约》不适用于在某些金融市场中受某些特别规则或行业标准约束的交易。排除这些交易是因为金融服务部门已经有明确的规范管理办法和行业标准,这些管理办法和标准为该部门在全球范围的活动有效处理了电子商务的相关问题。此外,《联合国国际合同使用电子通信公约》也不适用于可转让的所有权票据或单证,因为很难生成与纸面形式可转让性相同的电子形式的票据或单证,对此需要制定特别的规则。

(三)数据电文和电子通信[25]

《电子商务示范法》广泛使用了“数据电文”一词,且并未使用“电子通信”一词。《联合国国际合同使用电子通信公约》在定义条款中对这两个词语的区别更具有科学性。在合同的订立或履行中,“电子通信”系指当事人以数据电文方式发出的任何通信,属于电子意思表示或行为的范畴。“数据电文”属于“信息”的范畴,“电子通信”的内容是以电子手段、电磁手段、光学手段或类似手段生成、发送、接收或储存的信息。《联合国国际合同使用电子通信公约》对“电子通信”定义的目的是将“电子通信”和“数据电文”的概念联系起来,以明确该词包括纯“电子”技术以外的各种技术。“数据电文”侧重于信息本身,而不是传输或传递的形式。因此,数据电文是否在计算机之间以电子方式交流无关紧要,数据电文是否以不涉及电信系统的手段交流也是无关紧要的,例如,由信差递送给收件人的载有数据电文的磁盘。“数据电文”的概念不限于通信,还包括由计算机生成但不作传输的记录。因此,“电文”的概念包括“记录”的概念。最后,数据电文有固定的信息内容,但可以通过另一个数据电文取消或修改。

(四)当事人的所在地

当事人查明对方营业地的位置便于确定交易是国际交易还是国内交易以及订立合同

---

〔25〕 按照《联合国国际合同使用电子通信公约》第 4 条的定义,“通信”系指当事人在一项合同的订立或履行中需要做出或选择做出的包括要约和对要约的承诺在内的任何陈述、声明、要求、通知或请求;“电子通信”系指当事人以数据电文方式发出的任何通信;“数据电文”系指经由电子手段、电磁手段、光学手段或类似手段生成、发送、接收或储存的信息,这些手段包括但不限于电子数据交换、电子邮件、电报、电传或传真。

的地点等要素。由于难以确定网上交易的当事人的所在地,因而造成了目前的法律不确定性。这种不确定性可能产生严重的法律后果,因为当事人的所在地对诸如管辖权、适用法律和执行等问题有重要关系。《联合国国际合同使用电子通信公约》第6条第1款、第2款规定,就该公约而言,当事人的营业地推定为其所指明的所在地,除非另一方当事人证明其指明所在地的当事人在该所在地无营业地。当事人未指明营业地并且拥有不止一个营业地的,就本公约而言,与有关合同关系最密切的营业地为其营业地,但须考虑双方当事人在合同订立前任何时候或合同订立时所知道或所设想的情况。

《联合国国际合同使用电子通信公约》规定的可予以反驳的所在地推定有重要的实际意义,而不是意味着背离非电子交易中使用的"营业地"概念。例如,互联网上的卖方在不同的所在地维持有数个仓库并且有可能从中运出不同的货物以履行用电子通信订立的某一单交易,则该网上卖方可能认为有必要从这些所在地中指明一个作为其针对任何一项特定合同的营业地。《联合国国际合同使用电子通信公约》认可这种可能性,因此,只有在该卖方在其指明的所在地没有营业地的情况下才可质疑这种指明。如果不可能作出这种指明,各当事人则可能有必要就每一项合同查询在该卖方的多个营业地中的哪一个与相关合同的关系最密切,以便确定在这一特定情况下究竟哪一个才是该卖方的营业地。如果当事人只有一处营业地,但没有作出任何指明,则将认为符合《联合国国际合同使用电子通信公约》关于"营业地"定义的地点为其营业地,即除利用具体所在地临时提供货物或服务的情况之外,当事人保留一处非短暂性营业所以便从事一项经济活动的任何所在地。[26] 另外,自然人无营业地的,以其惯常居所为准。[27]

《联合国国际合同使用电子通信公约》第6条第4款认为通信技术和设备对于判定营业地的作用有限,因而规定信息系统的支持设备和技术的所在地或其他当事人可以进入该信息系统的地方本身不构成营业地。联合国国际贸易法委员会谨慎地避免制定的规则造成如下情况:在任何特定当事方以电子方式订约时,视其营业地为位于某一国家,而在其以较传统方式订约时,则视其营业地为位于另一国家。因此,《联合国国际合同使用电子通信公约》对信息系统的IP地址、域名或地理位置等与电子信息有关的外围信息的影响作了谨慎的处理,虽然这些信息显然是客观存在的,但对确定当事人的实际所在地几乎没有决定性作用。因此,《联合国国际合同使用电子通信公约》第6条第5款规定,仅凭一方当事人使用与某一特定国家相关联的域名或电子信箱地址,不能推定其营业地位于该国。然而,《联合国国际合同使用电子通信公约》的规定也并不妨碍法院或仲裁员酌情考虑将域名的分配作为确定当事人所在地的一个可能的要素。

(五)对提供情况的要求

联合国国际贸易法委员会注意到,促进基本的披露要求等良好商业标准可能有助于提高法律确定性、透明度和对电子商务的信任。但联合国国际贸易法委员会也认识到,一般认为以诚信行事的贸易伙伴都会提供关于其营业地的准确和真实信息。他们做出错误陈述或不准确陈述而产生的法律后果主要不是订立合同的问题,而是刑法或侵权法的问

---

〔26〕《联合国国际合同使用电子通信公约》第4条第8项。

〔27〕《联合国国际合同使用电子通信公约》第6条第3款。

题。由于大多数法律制度都处理这些问题,因此这些问题将由《联合国国际合同使用电子通信公约》以外的适用法律管辖,因为《联合国国际合同使用电子通信公约》不能规定当事方未遵守披露要求会产生什么后果。《联合国国际合同使用电子通信公约》采取的立场是承认根据管辖合同的实体法可能存在有关披露的要求并提醒当事人有义务遵守这类要求,因此《联合国国际合同使用电子通信公约》第 7 条规定,公约中的规定概不影响适用任何可能要求当事人披露其身份、营业地或其他情况的法律规则,也不免除当事人就此做出不准确或虚假说明的法律后果。

(六)对电子通信的法律承认

以非书面电文形式来传递具有法律意义的信息可能会因使用这种电文所遇到的法律障碍或这种电文法律效力或有效性的不确定性而受到影响。《联合国国际合同使用电子通信公约》第 8 条借鉴了《电子商务示范法》"对数据电文的法律承认"中关于不歧视的一般原则,采用消极肯定的立法方式规定:不得仅以其为电子通信形式为由而否定一项通信或一项合同的有效性或可执行性。本公约中的规定概不要求当事人使用或接受电子通信,但可以根据当事人的作为推断其是否同意使用或接受电子通信。《联合国国际合同使用电子通信公约》此处仍然贯彻了当事人意思自治原则,即当事人不愿意时不应强迫其以电子通信方式发出要约或做出承诺。但是,由于此规定并非意在要求当事人始终应事先就使用数据电文达成约定,因而又规定,可以从当事人的作为推断其是否同意以电子通信方式进行交易。关于可以发现当事人已经同意进行电子交易的情形的例子有:分发含有企业电子邮件地址的商务卡、邀请潜在客户访问公司网站或通过访问某个人的网站来发出订单、在互联网上或通过电子邮件为货物做广告等。换言之,《联合国国际合同使用电子通信公约》的规定既不要求当事人使用或接受电子通信,也允许当事人拒绝使用或接受电子通信。如果当事人拒绝使用或接受电子通信,则有关的电子通信对其并不产生法律效力。至于当事人是否同意使用或接受电子通信,可以根据当事人的作为进行推断。但在任何情况下,不得仅以其为电子通信形式为由而否定一项通信或一项合同的有效性或可执行性。

《联合国国际合同使用电子通信公约》主要是因为《销售公约》不能完全适应电子环境下的国际货物销售合同要求而制定的,但在起草时并非试图排斥《销售公约》的适用,而是尽可能通过《联合国国际合同使用电子通信公约》的配合适用而使《销售公约》能够适应电子通信的合同立法要求并继续适用于电子环境下的国际贸易中。按照《销售公约》第 4 条的规定,"本公约只适用于销售合同的订立及卖方和买方因此种合同而产生的权利和义务。特别是,本公约除非另有明文规定,与以下事项无关:(a)合同的效力,或其任何条款的效力,或任何惯例的效力;……"《销售公约》之所以这样规定,是因为各国在这几方面的法律规定差异很大,不易统一。[28]《联合国国际合同使用电子通信公约》则对合同的效力予以规定,这种突破,一方面,是因为《联合国国际合同使用电子通信公约》的立法目的和立法要求必须要规定"不得仅以其为电子通信形式为由而否定一项通信或一项合同的有效性或可执行性",从而顺应了国际合同使用电子通信的法律要求;另一方

〔28〕 参见左海聪:《国际贸易法》,法律出版社 2004 年版,第 35 页。

面,这种规定与各国的国内法并不冲突,由于《电子商务示范法》的影响,各国在相关立法中也都是作了相同或类似的规定,并不存在统一化方面的障碍。

(七)形式要求

合同的形式要求涉及三个方面的问题:书面形式要求、签字要求及原件要求。从各国国内法的书面形式要求看,如果一项合同不符合法定形式要求,该合同就不能成立或不具有法律效力或不能够实现其他合同目的。《联合国国际合同使用电子通信公约》的规定概不要求一项通信或一项合同以任何特定形式做出、订立或证明,但需要采用功能等同原则解决传统法律关于书面形式要求、签字要求及原件要求对电子商务带来的障碍。

关于书面形式要求,《联合国国际合同使用电子通信公约》规定,凡法律要求一项通信或一项合同应当采用书面形式的,或规定了不采用书面形式的后果的,若一项电子通信所含信息可以调取以备日后查用,即满足了该项要求。

关于签字要求,《联合国国际合同使用电子通信公约》规定,凡法律要求一项通信或一项合同应当由当事人签字的,或法律规定了没有签字的后果的,对于一项电子通信而言,在下列情况下,即满足了该项要求:(1)使用了一种方法来鉴别该当事人的身份和表明该当事人认可了电子通信内所含的信息;(2)从各种情况来看,包括根据任何相关的约定,该方法对于生成或传递电子通信所要达到的目的既是适当的也是可靠的。

关于原件要求,《联合国国际合同使用电子通信公约》规定凡法律要求一项通信或一项合同应当以原件形式提交或保留的,或规定了缺少原件的后果的,对于一项电子通信而言,在下列情况下,即满足了该项要求:(1)自电子通信首次以最终形式生成之时起,该电子通信所载信息的完整性有可靠保障。评价完整性的标准应当是,除附加任何签注和正常的通信、储存和显示过程中出现的任何改动之外,信息是否完备且未被改动,而且所要求的可靠性标准应当根据生成信息的目的和所有相关情况加以评估。(2)要求出示电子通信所载信息的,该信息能够被显示给应向其出示的人。《联合国国际合同使用电子通信公约》关于原件的规定不适用于法律规则或当事人之间协议要求一方当事人出具某些原件方可根据信用证、银行担保或类似票据要求付款的情形,这主要是考虑到交易安全和行业的习惯做法。

《联合国国际合同使用电子通信公约》和《电子商务示范法》关于形式要求的实质内容是相同的,都采用功能等同法解决传统法律在形式要求方面的障碍,盖因《联合国国际合同使用电子通信公约》是借鉴《电子商务示范法》起草的,但二者也有细微的差别。《联合国国际合同使用电子通信公约》采用了《电子商务示范法》关于确定手写签名和电子识别方法功能等同的一般标准,但却有两点不同:一是将《电子商务示范法》中签名即表明认可电子通信的内容修改为"表明该当事人对电子通信所含信息的意图",修改的原因是并非所有的签名都表示签名人对文件内容的认可,如见证人或公证人的签名;二是《电子商务示范法》规定电子签名的适当和可靠标准,只能由法官、仲裁员事后判断,缺乏法律所应有的可预见性,而且即使签名的真实性无异议,法官、仲裁员也可能裁定电子签名并不是适当或可靠的,《联合国国际合同使用电子通信公约》注意到这种风险并将适当和可靠的标准予以了明确。

案例 5－1　北泰汽车悬架制造(北京)有限公司因与被上诉人北京奔驰—戴姆勒·克莱斯勒汽车有限公司租赁合同纠纷一案[29]

北泰汽车悬架制造(北京)有限公司(以下简称北泰公司)上诉称,一审法院判决中认定的2007年12月19日对账的事实发生在2007年12月31日对账备忘录之前,2007年12月19日的对账已经没有实质意义,对2007年12月19日的对账真实性不予认可。而电子邮件是可以随时改动的,除非该电子邮件是由具有公信力的第三方所提供的服务器平台输出的,否则不能作为本案的证据予以使用。北泰公司在上诉审理期间就其上诉提交如下新的证据:2009年5月25日经北京市信哲公证处公证员公证的北泰公司工作人员在2009年5月25日操作计算机事项的过程,证明电子邮件服务器的拥有人有能力修改电子邮件的内容,进而证明北京奔驰—戴姆勒·克莱斯勒汽车有限公司(以下简称奔驰公司)向一审法院提交的电子邮件的内容不能作为证据予以采信。

奔驰公司辩称:北泰公司在二审期间提交的新证据不符合最高人民法院《关于民事诉讼证据的若干规定》的规定,不属于新证据。公证处公证的仅是计算机操作的过程,并不能证明奔驰公司向一审法院提供的电子邮件是被修改的,电子邮件是否被修改,可通过计算机的修改记录查明,证人在一审法院审理期间已经证明电子邮件的真实性,北泰公司二审期间提交的证据不能达到其证明目的。

法院经审查认为:2007年4月,双方曾通过电子邮件往来确认了2006年4月至12月的零件数量,2007年12月19日,双方财务人员又进行了对账。奔驰公司在2008年多次通过电话及电子邮件的方式向北泰公司催要上述欠款,北泰公司始终没有支付任何款项。北泰公司在二审期间提交的证据不属于最高人民法院《关于民事诉讼证据的若干规定》规定的二审程序中的新证据范畴,且不能证明北泰公司的证明目的成立,故二审法院对该证据不予采信。二审法院最终认为现有证据不能否定奔驰公司提交的经过公证处公证的电子邮件的证据效力,故对北泰公司有关电子邮件不能作为本案的证据予以使用的上诉理由不予采纳。

联合国国际贸易法委员会将此案列为与《电子商务示范法》第8条、第9条、第11条及《联合国国际合同使用电子通信公约》第9条有关的判例,对理解上述规定有一定的帮助。我国《民事诉讼法》也已经将电子数据列为一个独立的证据类型。需要说明的是,我国《电子签名法》(2005年4月1日起施行)第二章"数据电文"的相关立法与此类案件紧密相关,但实践中鲜有援用。

(八)发出和收到电子通信的时间和地点

在电子订约中,要约邀请、要约及承诺是通过电子通信完成的。因而,电子通信的发出和收到时间关系以下三个法律问题:要约邀请、要约及承诺的生效时间;要约的撤回和撤销;承诺的撤回。其中,承诺的生效时间又关系合同的成立时间。由于电子通信的发出和收到时间的确定并不同于传统的书面通信,这就需要为电子通信的发出和收到时间确立新的法律规范。按照《联合国国际合同使用电子通信公约》第10条第1款、第2款的规

[29] 北京市第一中级人民法院民事判决书,(2009)一中民终字第12610号。

定,电子通信的发出时间是其离开发件人或代表发件人发送电子通信的当事人控制范围内的信息系统的时间,或者如果电子通信尚未离开发件人或代表发件人发送电子通信的当事人控制范围之内的信息系统,则为电子通信被收到的时间。电子通信的收到时间是其能够由收件人在该收件人指定的电子地址检索的时间。电子通信在收件人的另一电子地址的收到时间是其能够由该收件人在该地址检索并且该收件人了解到该电子通信已发送到该地址的时间。当电子通信抵达收件人的电子地址时,即应推定收件人能够检索该电子通信。

电子通信的发出和收到地点可能与合同的成立地点、法律适用及合同的履行有关。《联合国国际合同使用电子通信公约》第10条第3款确立的一般规则是:电子通信将发件人设有营业地的地点视为其发出地点,将收件人设有营业地的地点视为其收到地点。

(九)要约邀请

自互联网问世以来有一个问题引起了大量的讨论:通过互联网的网站等普遍可查询的公开通信系统提供货物或服务的当事人在多大程度上应受其网站上广告的约束。在纸面环境中,报纸、广播电视、商品目录、产品手册、价目表或其他媒体上的广告,如果是普遍面向公众的,而不是针对某一个或多个特定的人,一般都视为要约邀请(在某些法律文献作者看来,甚至还包括广告针对某一特定顾客群体的情形),因为在这些情形下,可以认为不存在受约束的意图。同样,如果只是在商店橱窗中和自选货架上陈列货物,一般也视为要约邀请。这种理解与《销售公约》的有关规定是一致的。[30] 在《联合国国际合同使用电子通信公约》起草过程中,联合国国际贸易法委员会认为,本着不偏重任何媒介的原则,对网上交易采用的办法不应有别于对纸面环境中同等情形所采用的办法。因此,联合国国际贸易法委员会一致认为,作为一般规则,一家公司在互联网上或通过其他开放的网络为其货物或服务作广告,仅应视为邀请那些访问其网站的人提出要约。所以通过互联网发出的货物或服务要约,并不能初步推定构成有约束力的要约。

《联合国国际合同使用电子通信公约》最终受《销售公约》的启发,并在第11条中确认了这样一项原则:订立合同的提议,凡发给不限数目的人的,即使涉及使用互动式应用程序,也非有约束力的要约,但明确指明提议的当事人打算在提议获承诺时受其约束的除外。在《联合国国际合同使用电子通信公约》起草过程中,有一种观点认为,是否应制定具体规则处理通过互联网拍卖平台提出的货物要约和类似的交易,在许多法律制度中,它们已被视为向最高出价人销售货物的具有约束力的要约。但工作组认为这一可能性已被"但明确指明提议的当事人打算在提议获承诺时受其约束的除外"所涵盖。

(十)自动电文系统及其在合同订立中的使用

根据《联合国国际合同使用电子通信公约》的定义,自动电文系统是指一种计算机程序或者一种电子或其他自动手段,用以引发一个行动或全部或部分地对数据电文或执行生成答复,而无须每次在该系统引发行动或生成答复时由自然人进行复查或干预。自动电文系统基本上是指自动谈判和缔结合同的系统,至少在谈判环节的一端没有人员的参

〔30〕《销售公约》第14条规定,一项提议并非针对一个或多个特定人的,只应视为要约邀请,除非提出该提议的人明确作出相反表示。

与。它不同于“信息系统”,因其首要的用途是便利通信以订立合同。[31] 自动电文系统可以是信息系统的一部分,但也不是必然如此。这一定义的关键内容是在交易的一端或两端没有人员操作。例如,如果一方当事人通过网站订购货物,这项交易就是自动交易,因为卖方是通过其机器接收并确认订单的。同样,如果一家工厂和其供应商通过电子数据交换进行交易,则工厂的计算机在某既定参数范围内收到信息后,会马上向供应商的计算机发出一份电子订单。如果供应商的计算机因为订单在供应商计算机的既定参数范围内而确认该订单并安排送货,这就是完全自动的交易。如果供应商靠雇员审查、接受并处理工厂的订单,则该项交易只在工厂一端是自动的。

自动电文系统的高效率是显而易见的,但因其无自然人复查这些系统进行的每一动作或者由此产生的合同,也由此引发了合同的法律效力问题。考虑到自动电文系统在合同订立中的广泛使用,《联合国国际合同使用电子通信公约》第 12 条采用消极肯定的立法方式规定,通过自动电文系统与自然人之间的交互动作或者通过若干自动电文系统之间的交互动作订立的合同,不得仅因为无自然人复查这些系统进行的每一动作或者由此产生的合同而被否认有效性或可执行性。

(十一)电子通信中的错误

联合国国际贸易法委员会的工作报告认为,与自动计算机系统密切相关的是电子商务中的错误和差错问题。这类差错要么可能是人为行动的错误(如打字错误),要么可能是使用的信息系统发生故障所导致的错误。《联合国国际合同使用电子通信公约》关于电子通信中的错误的规定只是解决一自然人(而非包括一切当事人)在与另一方当事人的自动电文系统(而非任何信息系统)往来的电子通信中发生输入错误(仅限于输入错误),而该自动电文系统未给该人提供更正错误的机会,在此情况下,发生电子通信中的错误的人或其所代表的当事人才有权撤回发生输入错误的电子通信。但有效行使权利还需要同时满足下列两个条件:该自然人或其所代表的当事人在发现错误后尽可能立即将该错误通知另一方当事人,并指出其在电子通信中发生了错误;并且该自然人或其所代表的当事人既没有使用可能从另一方当事人收到的任何货物或服务所产生的任何重大利益或价值,也没有从中受益。即使如此,人们仍然担心出现对本条规定的滥用情况。

柯达公司在其英国的官方网站上以£ 100 的价格出售相机(该款相机售价应为£ 329),柯达公司很快发现价格输入错误,但就在这几小时内网站已经接受了数千个订购。柯达公司称如果履行这些合同,其损失约为 200 万美元。柯达公司虽曾辩称该合同并未成立,并称网络贸易是法律的灰色领域,但最后仍然履行了上述合同。[32] 此类纠纷并不鲜见,在电子商务法中被称为电子通信错误。

---

〔31〕 按照《联合国国际合同使用电子通信公约》第 4 条的定义,“信息系统”系指生成、发送、接收、储存或用其他方法处理数据电文的系统;“自动电文系统”系指一种计算机程序或者一种电子或其他自动手段,用以引发一个行动或全部或部分地对数据电文或执行生成答复,而无须每次在该系统引发行动或生成答复时由人进行复查或干预。

〔32〕 See Jennifer E. Hill, *The Future of Electronic Contracts in International Sales: Gaps and Natural Remedies under the United Nations Convention on Contracts for the International Sale of Goods*, Northwestern Journal of Technology and Intellectual Property, Vol. 2, No. 1 (fall 2003): 1.

然而,《联合国国际合同使用电子通信公约》关于"电子通信中的错误"只规定了"一自然人在与另一方当事人的自动电文系统往来的电子通信中发生输入错误",上述电子通信错误反映的问题就未能体现在《联合国国际合同使用电子通信公约》中。由于在电子商务中通常作为买方的自然人一般并不输入价格,可能的输入错误通常是数量输入错误,但自然人(一般是消费者)下订单时可能检查出此错误或在网上付款时加以避免,《联合国国际合同使用电子通信公约》规定的电子通信错误极少出现。目前出现的电子通信错误主要是上述类似柯达公司的纠纷,在这些纠纷中,买方通常都主张低廉价格是电子商务中的常见现象而要求卖方继续履行合同。柯达公司的最终决定一方面是基于商业考虑(维护品牌形象和售价与成本差距不是很大),另一方面也可能是基于可能适用的法律关于合同成立及效力的考量。《联合国国际合同使用电子通信公约》的规定应该考虑到自动电文系统的使用总体来说是有利于使用方节约经营成本和提高竞争力,而作为自然人发生输入错误的概率是很高的。

《联合国国际合同使用电子通信公约》填补了存在于电子商务和传统国际商事公约之间的鸿沟并赋予了传统国际商事公约以新的生命力。[33]《联合国国际合同使用电子通信公约》将对电子商务立法、实践及研究产生重要而又深远的影响。考察和比较近年来的国际商事立法,《联合国国际合同使用电子通信公约》的先进性和重要性可以使我们得出这样的结论:《联合国国际合同使用电子通信公约》不仅是有关电子商务的第一个专门性公约,也是近年来最重要的国际商事立法成果之一。

思考题

1. 国际电子商务法的产生和发展对国际商法的影响。
2. 电子要约和电子要约邀请的区别。
3. 发出和收到电子通信的时间与地点的国际立法差异与评价。
4. 电子商务合同效力的影响因素与立法选择。
5. 电子合同错误的国际立法完善。

延伸阅读

1. 电子商务的交易标的将从传统的货物、技术、服务拓展到数据,与国际电子商务法密切相关的是跨境数据流动等,可参阅黄志雄、韦欣妤:《美欧跨境数据流动规则博弈及中国因应——以〈隐私盾协议〉无效判决为视角》,载《同济大学学报(社会科学版)》2021 年第 2 期。

2.《联合国国际合同使用电子通信公约》相关的讨论也可参阅 Chong Kah Wei & Joyce Chao Suling, *United Nations Convention on the Use of Electronic Communications in Interna-*

---

〔33〕 See Paul Przemyslaw Polanski, *Convention on E – Contracting: The Rise of International Law of Electronic Commerce?*, 19th Bled eConference eValues Bled, Slovenia, June 5 – 7, 2006: 2.

tional Contracts : *A New Global Standard*, Singapore Academy of Law journal, Vol. 18, 2006; Castellani & Luca, *The United Nations Convention on the Use of Electronic Communications in International Contracts at Ten* : *Practical Relevance and Lessons Learned*, Journal of Law, Society and Development (Pretoria, South Africa) 3: 1, 2016.

第六章 《国际贸易术语解释通则》

第一节 贸易术语及相关惯例

一、贸易术语的含义和作用

贸易术语(trade terms)又可称为交货条件、贸易条件、价格术语,是进出口商品价格的一个重要组成部分,它是用一个简单的表述,如Free on Board,或三个字母的缩写FOB,来说明价格的构成,买卖双方费用的负担,手续承办和风险的划分等内容。价格构成,指有关交易价格是如何计算出来的,除货物本身的价值外,还包括从属费用。手续,指洽租运输工具、装货、卸货、办理货运手续、申领进出口许可证和报关纳税等。费用,指装卸费、运费、保险费、税捐和其他杂项费用。风险,指货物在整个交易过程中发生损坏或灭失的可能性。

贸易术语以简短的方式准确清晰地反映出贸易条件,避免了买卖双方分别对费用、风险和手续的责任划分逐项进行洽商,从而起到简化交易磋商的内容、缩短磋商时间和节省费用的作用。

二、有关贸易术语的国际商事交易惯例

主要有三种有关贸易术语的国际商事交易惯例。

(一)《1932年华沙—牛津规则》

国际法协会于1928年在波兰华沙举行会议,制定了有关Cost,Insurance and Freight(CIF)买卖合同的统一规则,共为22条,称为《1928年华沙规则》,后经1930年纽约会议和1932年牛津会议修订为21条,定名为《1932年华沙—牛津规则》(Warsaw - Oxford Rules 1932),一直沿用至今。这一规则对于CIF合同的性质、买卖双方所承担的风险、责任和费用的划分以及所有权转移的方式等问题都作了比较详细的解释。

(二)《1941年美国对外贸易定义修订本》

美国9个商业团体曾于1919年制定《美国出口报价及其缩写条例》。后来于1941年在美国第27届对外贸易会议上对该条例作了修订,命名为《1941年美国对外贸易定义修订本》(Revised American Foreign Trade Definition 1941)。这一修订本经美国商会、美国进口商协会和全国对外贸易协会所组成的联合委员会通过,由美国对外贸易协会予以公布。

美国对外贸易定义所解释的贸易术语共有6种,分别为:(1)产地交货(Ex Point of Origin);(2)在运输工具上交货(Free on Board);(3)在运输工具旁边交货(Free along

Side);(4)成本加运费(Cost and Freight);(5)成本加保险费、运费(Cost, Insurance and Freight);(6)目的港码头交货(Ex Dock)。

该定义在美洲国家采用较多,它对贸易术语的解释,特别是对FOB的解释与国际商会的解释有明显差异,我国进出口商在与美洲国家进行交易时应加以注意。

(三)《国际贸易术语解释通则》

《国际贸易术语解释通则》,是国际商会为统一对各种贸易术语的解释而制定的。最早的通则产生于1936年,后于1953年、1967年、1976年、1980年、1990年、2000年、2010年、2020年进行过多次修订。现行文本是2020年文本。贸易术语解释通则在有关贸易术语的国际惯例中是使用范围最广和影响最大的一种。它的广泛采用消除或减少了不同国家对贸易术语进行不同解释所造成的不确定性,使贸易术语的解释达到国际意义上的统一,从而促进了国际商事交易的发展。

1990年文本是国际商会为了适应电子数据交换通信方式的日益广泛使用和运输技术的变化等新情况的需要而对1980年通则修订而成,于1990年7月1日生效。与1980年通则相比,1990年通则有以下几方面的主要改进:第一,将所有13个术语都修改为3个字母的符号,以适应电子数据交换通信技术的需要;同时还规定,当事人可以通过电子数据交换提供各种单据的信息,包括商业发票、清关单据、证明货物已经发送的单据以及运输单据等。第二,为适应集装箱运输、多式联运运输以及在短途海运中使用陆路车辆和铁路敞车的滚装运输的需要,对FCA(Free Carrier－货交承运人)作了较大的修改和补充,使其适用范围扩大至包括铁路和航空在内的任何运输方式的单独运输方式或多式联运。与此相对,将老版本中针对铁路和航空运输方式的FOR/FOT,FOB Airport两个术语取消了。第三,为了便于相互对照和比较,对买卖双方责任的规定方法作了改革,将每个术语的当事人的相关义务编列成10个标题,在卖方义务一边的每个标题对照有关同一事项或相等事项的买方义务。

2000年通则自2000年1月1日开始生效,供各国商人采用。2000年通则对1990年通则的修改并不大。实质性修改主要包括两个方面:(1)对FAS和DEQ两个术语在办理清关手续和交纳关税方面的规定作了修改;(2)对FCA术语下装货和卸货的义务作了修改。

2000年通则具有以下特点;第一,为便于阅读和理解,通则将所有13种术语分为E、F、C、D四组,即启运术语、主运费未付术语、主运费已付术语和到达术语。E组术语只有1个:EXW(Ex Works－工厂交货)。在这一术语中,卖方只需在其货物所在地(工厂、工场、仓库)将货物交给买方,即履行了交货义务。F组术语有3个:FOB(Free on Board－装运港船上交货)、FCA(Free Carrier－货交承运人)、FAS(Free Alongside Ship－装运港船边交货)。这三种术语都是由买方自付费用订立运输合同并指定承运人,卖方只要将货物交给买方指定的承运人或运输工具,无须支付运费,即完成交货义务,故称主运费未付术语。C组术语共有4个:CFR(Cost and Freight－成本加运费)、CIF(Cost, Insurance and Freight－成本加运费、保险费)、CPT(Carriage Paid To－运费付至)、CIP(Carriage and Insurance Paid To－运费、保险费付至)。C组术语中,卖方均须负责按通常条件订立运输合同并支付到达合同规定的目的港或目的地的正常运费,故称主运费已付术语。D组术语共有 5 个:DAF(Delivered At Frontier - 边境交货)、DES(Delivered Ex Ship - 目的港船上交货),DEQ(Delivered Ex Quay - 目的港码头交货)、DDU(Delivered Duty Unpaid - 未完税交货)、DDP(Delivered Duty Paid - 已完税交货)。在 D 组术语中,卖方须负责将货物送到约定的目的地,卖方必须负担货物交到该地为止的一切费用和风险。故称到达术语。其中,DAF、DES、DEQ、DDU 是由买方办理进口手续和进口税;DDP 则是由卖方负责办理进口手续和支付进口税。第二,13 个术语基本上是按照卖方责任程度由小到大依次排列的,第一个术语 EXW 项下卖方责任最小,最后一个术语 DDP 项下卖方的责任最大。第三,从运输方面来看,E 组卖方不需要办理运输,只在自己的仓库交货。F 组为主运费未付术语,卖方也不需要办理运输。C 组为主运费已付术语,卖方需要办理运输。D 组为到达术语,卖方不仅需要办理运输,还要承担货物运至指定地点或目的地的运输风险。第四,从保险方面来看,只有带"I"的两个术语,即 CIF、CIP,卖方承担办理保险的义务。当然,对于 D 组术语,尽管卖方没有办理保险的义务,但现实中,卖方为了自己的利益通常会主动办理保险。第五,从进出口手续方面来看,13 个术语中,基于便利的考虑,一般都是卖方办理出口手续,买方办理进口手续,只有两个术语例外。即第一个术语 EXW 是由买方办理出口手续,最后一个术语 DDP 是由卖方办理进口手续。值得注意的是,13 个术语的风险转移时间和交货时间多不相同,需要一一掌握。

2010 年 9 月,国际商会公布了 2010 年《国际贸易术语解释通则》,自 2011 年 1 月 1 日起实施。2010 年《国际贸易术语解释通则》的主要修改包括:(1)贸易术语的删增和编排的改变。删除了 D 组的 4 个术语:DAF、DES、DEQ 和 DDU,新增 2 个 D 组术语:DAT(Delivered at Terminal,目的港或目的地的集散站交货)和 DAP(Delivered at Place,指定地点交货);不再按 E、F、C、D 划分为四组,而是按照适用于任何运输方式的术语和专门适用于海上货物运输的术语进行排列。(2)取消了"船舷"的概念。在 FOB、CFR、CIF 项下,卖方负责将货物装到装运港船上,承担装上船之前的一切风险,不再以船舷作为风险划分的界限。(3)在 FAS、FOB、CFR、CIF 等贸易术语中加入了货物在运输期间被多次买卖的责任划分。(4)将通则的适用范围扩大适用于国内买卖合同。(5)对每一个术语增加了指导性说明。

DPU(Delivered at Place Unloaded,目的港或目的地未装运交货),指卖方在目的地指定的港口或地点的集散站内将已经到达的运输工具上的货物卸下后交给买方处置。2020 年通则进一步简化了表达,并用 DPU 取代了 2010 年《国际贸易术语解释通则》中的 DAT。DPU 虽然取代了 DAT,但含义未变。而原来的 DAT 则是取代了 2000 通则的 DEQ,DEQ 的交货地点为目的港的码头。DPU 则为目的地码头或其他目的地的集散站,这种交货方式适应了物流业的迅速发展,卖方在集散站将货物卸下后即可向买方或买方指定的物流公司交货。

第二节 几种主要的贸易术语

11 种贸易术语中,迄今为止采用最多的是装运港交货的 3 种术语:FOB、CIF、CFR,在贸易业务中被人们称为常用贸易术语。FCA、CPT、CIP 也采用较多。

一、装运港交货的三种贸易术语

(一)FOB(Free on Board)…named port of shipment

FOB,即装运港船上交货,又称“船上交货”。使用这一贸易术语时,要注明装运港名称。该术语是指当货物在指定装运港装上船时,卖方即履行了交货义务,买方必须自该时起负担一切费用和货物灭失或损害的一切风险。该术语要求卖方办理出口清关,它只能用于海运或内河运输。该术语可能不适用于货物在装上船前已经交付给承运人的情况,如用集装箱运输的货物通常是在集装箱码头交货,在这类情况下应该使用 FCA。

1. 卖方义务

在 FOB 下,卖方的主要义务有:(1)提供与合同相符的货物和商业发票(或相当的电子信息)以及合同所要求的其他证据。(2)负责办理出口手续和提供出口许可证。(3)在运输和保险方面,无办理运输和保险的义务。(4)在合同规定的装运港和日期或期间内,按习惯的方式将货物装上买方指定的船只。(5)承担货物在装运港装上船之前的一切风险。(6)承担货物在装运港装上船之前的一切费用,支付出口关税和费用。(7)在装船后必须给予买方关于已装船的充分通知。(8)向买方提供已交货证明。如果卖方提交的单据不是运输单据,应买方的请求,并由买方承担费用和风险的情况下,卖方必须提供一切帮助使买方获得有关运输合同的运输单据(如可转让提单、不可转让的海运单、内水运输单据或多式运输单据);我国贸易公司作为出口方在出口业务中使用 FOB 时通常就是从承运人处获得提单或其他运输单据,并以此要求银行按信用证条款议付。(9)卖方必须支付质量检验、度量、称重和计数方面的费用,并承担费用办理包装,适当标记货物。(10)其他义务方面,卖方必须在买方请求时提供买方办理进口或过境其他国家需要的文件,卖方还必须提供买方办理保险所需要的信息。

2. 买方义务

买方的义务也有 10 项,与卖方的义务相对应:(1)向卖方支付合同约定的价金。(2)办理进口清关手续。(3)自己承担费用办理运输,但无办理保险的义务。(4)在装运港接收卖方所交付的货物。(5)承担货物在装运港装上船之后或双方约定的交货时间届满之后的一切风险。(6)承担货物在装运港装上船之后的一切费用,承担因船舶迟到而造成的相关费用,支付进口关税和费用。(7)向卖方通知船舶的名称、装货地点和交货时间。(8)接受卖方提供的交货证明。(9)必须支付装船前的检验费用,除非这种检验是出口国当局所强制要求的。(10)支付卖方为买方办理进口手续所需文件所垫付的费用。

3. 注意的问题

按 FOB 术语订立合同,需要注意的几个问题是:

(1)船货衔接问题。在 FOB 合同中,买方必须在合同规定的期间内安排船只到合同指定的装运港装货,若买方迟延派船,由此引起的卖方仓储费用的增加及因迟收货款而造成的利息损失应由买方负责。若船只按时到达而卖方尚未备妥货物,由此造成的空仓费或滞期费应由卖方承担。顺便指出,在按 FOB 订约的情况下,如成交货物数量不大,只需部分船舱而用班轮(liner)装运时,买方往往要求卖方根据合同代订舱位(以卖方的名义)

和取得提单,这属于FOB术语之外的代理关系。

(2)有关装船的费用划分。在FOB条件下,虽然卖方只承担货物装上轮船以前的风险和费用,但由于FOB术语同时又规定卖方要按照港口的照常方式将货物装到买方所指定船上,所以装船的费用并不一定由买方支付,而是由各港口的装船惯例或习惯做法决定,而且仅从字面上理解,应由卖方承担。当然在班轮运输的情况下,由于班轮是管装管卸,装船的费用包括在运费中,而FOB由买方负责运费,因此装船的费用是由买方承担。

(3)美国对FOB术语的不同解释。《1941年美国对外贸易定义修订本》将FOB概括为6种,其中第4种是在出口地点的内陆运输工具上交货,第5种是在装运港船上交货。这2种术语在交货地点上可能相同,在使用时应加以注意。比如,FOB旧金山(FOB San. Francisco)既可指在旧金山的内陆运输工具上也可指在船上交货,若使用FOB Vessel San. Francisco含义就明确了。此外,即使是装运港船上交货,美国的FOB Vessel也不同于INCOTERMS的FOB。如前者划分风险的界限不是船舷,而是船上;前者规定卖方只有在买方的请求并由其负担费用的情况下,才协助买方办理出口清关手续。因此,我国在与美国或其他美洲国家做生意时,若使用FOB,应对其内容作出明确规定,以免发生误会。

案例6-1 | A公司与C公司案

FOB的解释问题成为该案件的焦点之一。2000年9月27日,我国某进出口公司A与卖方B公司签订了一份国际货物买卖合同,约定的总价款为851,108美元,以FOB加拿大Kanata为价格条件。该价格术语的解释参照INCOTERMS1990。合同总价不包括空运费用、投保一切险费用和所有的运输费用。合同还载明,合同总价90%的款项在合同设备装运后,凭卖方提供的单据以即期信用证付款。信用证单据包括空运单、商业发票等。所有货物到最终用户地由买方负责运输。2000年11月15日,运输公司D代理A公司与保险公司C在中国某城市签署了一份《国际运输预约保险启运通知书》,载明价格条件是EX Works,运输方式为陆运、空运联运,开航日期是2000年11月16日。公路运输路线:Kanata-渥太华机场;空运路线:渥太华机场-北京机场-××机场。投保险别为一切险,保险金额为97,774.2美元,保险费3915美元。D公司支付了保险费。渥太华2000年11月16日,TSC公司(A公司称是D公司在加拿大指定的运输公司)向渥太华警察局报案称:渥太华时间2000年11月15日19时(北京时间2000年11月16日8时)TSC从B公司于Kanata提取的准备运往中国的货物在渥太华TSC公司的仓库被盗。2000年11月21日,D公司电告A公司货物被盗。A公司主张TSC公司提走并失盗的货物即是保险合同项下的标的物,向保险公司C提出索赔要求,遭拒成讼。

本案主要争点为:买卖合同与保险合同的相互关系及A公司(买方)是否对保险标的物具有保险利益。A对保险标的物享有保险利益的时间取决于买卖合同项下货物风险转移的时间。本案的FOBKanata该如何解释(Kanata为渥太华附近一内陆地方,也非空港)。

一审法院认为,本案保险标的被盗的保险事故发生在保险公司承保责任期间内,保险公司应当理赔。二审法院认为,买方是否有保险利益是其主张索赔的前提,而买方是否有保险利益,取决于买卖合同项下货物的风险在发生保险事故时是否已转移给买方。本案中的 FOBKanata 无法用于确定买卖合同风险转移的时间,因为按照 INCOTERMS1990 的规定,FOB 仅适用于海运。综合本案的情况来判断,卖方提交空运单是风险转移的时间,也是 FOBKanata 的真实意思。由于本案中卖方没有提交空运单,风险没有转移给买方,买方没有保险利益,因而无权索赔。

本案的关键问题之一是 FOBKanata 的解释。尽管 INCOTERMS1990 规定 FOB 仅适用于海运,而 Kanata 为渥太华附近一内陆地方,也非空港,因此无法按 INCOTERMS1990 来解释。但是,本案卖方是加拿大商人,而在北美使用广泛的《1941 年美国对外贸易定义修订本》所规定的 FOB 有 6 种形态,其中的一种是"在出口地点的内陆运输工具上交货"。依据"有效解释原则",应按《1941 年美国对外贸易定义修订本》的"在出口地点的内陆运输工具上交货"这一术语来解释,以使 FOBKanata 有效。也就是说,当卖方将货物交到买方指定承运人的运输工具时,风险转移。本案中,仅从这一问题来看,TSC 已从卖方提取货物,风险已转移给买方,买方具有保险利益,因而有权获得保险金。

(二)CIF(Cost,Insurance and Freight)...named port of destination

CIF,即成本加运费、保险费,又称"成本加运保费",指卖方必须支付将货物运至指定目的港所必需的费用和运费,并订立保险合同,支付保险费,为货物在运输中灭失或损坏的买方风险取得海上保险,但当货物在装运港装上船时,货物灭失或损坏的风险,以及由于货物已装上船后发生的事件而引起的任何额外费用,自卖方转移至买方。CIF 术语要求卖方办理货物出口清关,该术语只能用于海运和内河运输。如果当事人不想以装上轮船为交货点,则应选择 CIP。

1. 卖方义务

卖方的主要义务有:(1)提供与合同相符的货物和商业发票(或相当的电子信息)以及合同所要求的其他证据。(2)负责办理出口手续和提供出口许可证。(3)卖方应自负费用,订立运输合同按惯常航线用通常类型可供装载该合同货物的海上航行船只装运货物;在合同规定的装运港和日期或期间内,按习惯的方式将货物装上买方指定的船只;负责办理货物海上运输保险,支付保险费,使买方或其他有保险利益的人能够直接向保险人索赔;卖方应与有良好信誉的保险人或保险公司订立保险合同。除非有相反的明示协议,应根据《协会货物保险条款》(伦敦保险人协会)或其他类似的条款中的最低保险险别投保,保险期限为整个运输期限,即从货物装上船到买方在目的港接受货物。最低保险金额应包括合同规定的价款,另加 10%(110%),并应采用合同中的货币。(4)负责将货物在约定的装运港和装运日期或期间装上轮船。(5)承担货物在装运港装上船之前的一切风险。(6)承担货物在装运港装上船之前的一切费用,支付运费和保险费,支付出口关税和费用。(7)在装船后必须给予买方关于已装船的充分通知。(8)向买方提供装运单据,如提单、海运单或内水运输单据。(9)卖方必须支付质量检验、度量、称重和计数方面的费用,并承担费用办理包装,适当标记货物。(10)其他义务方面,卖方必须在买方请求时提供买方办理进口或过境其他国家需要的文件。

2. 买方义务

买方相应的主要义务有:(1)向卖方支付合同约定的价金。(2)办理进口清关手续。

(3)无办理运输和保险的义务。(4)在目的港接收卖方所交付的货物。(5)承担货物在装运港装上船后或双方约定的交货时间届满之后的一切风险。(6)承担货物在装运港装上船之后的一切费用,支付卸货费,支付进口关税和费用。(7)在由其决定装运时间和/或目的港时,向卖方作充分的通知。(8)接受卖方提供的运输单据。(9)必须支付装船前的检验费用,除非这种检验是出口国当局所强制要求的。(10)支付卖方为买方办理进口手续所需文件所垫付的费用。

在前述 St. Paul Guardian Insurance v. Neuromed Medical Systems & Support GmbH 案(本案具体案情见第一章)中,本案已确定适用 INCOTERMS。按照 INCOTERMS 关于 CIF 的规定,本案被告即买卖合同中的卖方在装运港将货物完好装上轮船越过船舷时,货物灭失的风险即转由买方承担。本案双方都承认卖方将货物在装运港将货物完好装上轮船的事实,因而卖方无须为货损承担责任。

关于 CIF 术语,必须注意单据的作用。CIF 的主要特点之一是卖方以向买方提供适当的装运单据来履行其交货义务,而不是以向买方交付货物的实物来完成其交货义务。所以,CIF 条件下的交货是典型的象征性交货(symbolic delivery)。卖方向买方提供的装运单据(shipping document)主要包括提单(或其他运输单据)、保险单和发票,其中最主要的是提单。提单是货物所有权的凭证,是代表货物的象征,只要卖方装上货物后并取得提单与其他单据一道及时提交给买方,就算是完成了交货义务,提单上记载的日期就是卖方交货的日期。卖方取得装运单据以后,就可以凭单据要求买方付款,只要单据符合合同的要求,买方就必须付款。即使卖方在提交单据时,货物已在途中灭失或损坏,买方仍需付款并收取卖方所提交的装运单据。买方付款后,可以凭装运单据获得补偿。如果致损的原因在保险公司承保的范围之内,买方可以凭保险单向保险公司索赔;若致损原因是属于船方的责任,买方可以根据提单的有关规定向船方索赔。在后一种情况下,买方也可以先向保险公司索赔,再由保险公司出面向船方索赔。由于在 CIF 合同中,单据起着十分重要的作用,故被称为单据交易(document transaction)。但是,必须指出,按 CIF 术语成交,卖方履行其交单义务只是得到买方付款的前提条件,除此之外,他还必须按合同的规定履行交货义务。若卖方提交的货物不符合要求,买方即使已经付款,仍然可以要求卖方承担责任,如买方可以拒收货物或要求卖方赔偿损失。

(三)CFR(Cost and Freight)...named port of destination

CFR,即成本加运费,是指卖方必须支付成本费和将货物运至指定的目的港所需的运费,但货物灭失或损坏的风险以及货物装船后发生事件所产生的额外费用,自货物于装运港装上船时起即从卖方转由买方承担。CFR 术语要求卖方办理出口清关手续,CFR 术语只能用于海运和内河运输。CFR 与 CIF 的不同之处在于:CFR 合同的卖方不负责办理投保手续和支付保险费,不提供保险单。除此之外,CFR 与 CIF 合同买卖双方责任的划分基本上是相同的。

按 CFR 术语订立和履行合同,需要特别注意装船通知问题。卖方在货物装船之后必须及时向买方发出装船通知,以便买方办理投保手续。有的国家如英国《1893 年货物买卖法》(1979 年修订本)规定,若卖方未向买方发出装船通知,以便买方对货物办理保险,那么,货物在海运途中风险视为由卖方负担。因此,在出口贸易中,若我方是 CFR 合同的卖方,一般应在装船后用电话、传真等快速通信方法将装船通知立即送达买方。

FOB、CIF、CFR 三种贸易术语,在交货地点和风险划分的界限方面是完全相同的,卖方承担的风险均在货物装上船舶时转移给买方。

二、向承运人交货的三种贸易术语

(一)FCA(Free Carrier)...named place

FCA,即货交承运人,指卖方办理货物出口清关,将货物交至指定的地点,由买方指定的承运人照管,履行其交货义务。需要说明的是,交货地点的选择对于在该地点装货和卸货的义务会产生影响。如果卖方在其所在地交货,则卖方应负责装货,如果卖方在任何其他地点交货,卖方不负责卸货。

FCA 术语中的承运人,指在运输合同中,通过铁路、公路、海上航空、内河运输或这些方式的联合运输,承担履行运输或承担办理运输业务的任何人。如果买方指示卖方将货物交付给某一个人,如一个非承运人的货物代理人(freight forwarder),当货物在该人照管下时,卖方就认为履行了其义务。

1. 卖方义务

在 FCA 下,卖方的主要义务有:(1)提供与合同相符的货物和商业发票(或相当的电子信息)以及合同所要求的其他证据。(2)负责办理出口手续和提供出口许可证。(3)在运输和保险方面,无办理运输和保险的义务,但是,如果应买方的请求或依惯例可以在买方承担风险和费用的情形下办理运输合同事宜。(4)在指定的地点(如运输站或其他收货地点)按约定的交货日期或期限内以约定的方式或该指定地点习惯的方式,将货物交给买方指定的承运人或其他人(如货运代理人)照管。(5)承担在货物交付之前的一切风险。(6)承担在货物交付之前的一切费用,支付出口关税和费用。(7)在交货后必须给予买方关于已交货或承运人不接收货物的充分通知。(8)向买方提供已交货证明。如果卖方提交的单据不是运输单据,应买方的请求,并由买方承担费用和风险的情况下,卖方必须提供一切帮助使买方获得有关运输合同的运输单据。(9)卖方必须支付质量检验、度量、称重和计数方面的费用,并承担费用办理包装,适当标记货物。(10)其他义务方面,卖方必须在买方请求时提供买方办理进口或过境其他国家需要的文件,卖方还必须提供买方办理保险所需要的信息。

2. 买方义务

买方的义务也有 10 项,与卖方的义务相对应:(1)向卖方支付合同约定的价金。(2)办理进口清关手续。(3)自己承担费用办理运输,但无办理保险的义务。(4)在指定的交货地点接收货物。(5)承担货物交付之后的一切风险。(6)承担在货物交付之后的一切费用,支付进口关税和费用。(7)向卖方通知所指定的承运人、交货时间和交货地点。(8)接受卖方提供的交货证明。(9)必须支付装船前的检验费用,除非这种检验是出口国当局所强制要求的。(10)支付卖方为买方办理进口手续所需文件所垫付的费用。

FCA 与 FOB 在价格构成上基本相同,两者都不包括运费、保险费。主要的区别有两点:一是 FOB 只适用于海运,FCA 适用于各种运输方式;二是风险划分上,FOB 是在装运港装上轮船时风险转移,而FCA是在货交承运人(hand over to carrier)时风险转移。

3. 注意的问题

使用FCA应注意的问题:

(1)交货义务的履行。按照通则的规定,在指定的地点按约定的交货日期或期限内以约定的方式,将货物交给买方指定的承运人或其他人(如货运代理人)照管。

如果指定的地点是卖方所在地,则卖方应负责将货物装上买方指定的承运人或代表买方的其他人提供的交通工具上即完成交货,如果卖方在任何其他地点交货,卖方不负责卸货,即当货物在卖方的运输工具上,尚未卸货而交给买方指定的承运人或其他人处置时就完成交货。

若没有约定具体地点,并有几个地点可供选择,卖方可以选择最适合其目的的交货地点。若买方未给予准确的指示,卖方可以按承运人的运输方式和货物数量或性质所要求的方式将货物交给承运人。

(2)风险的转移。在货物交付承运人后,风险转移到买方。若买方未将承运人名称及有关事项及时通知卖方,或其指定的承运人未收受货物,则自规定的交付货物的约定日期或期限届满之日起,承担货物灭失或损坏的一切风险,但应以该货物已正式划归本合同项下,即以该货物已清楚地划出或以其他方式确定为本合同项下的货物为前提。

随着我国对外贸易的发展,内地省份的出口货物不在装运港交货,而采取就地交货和交单结汇的做法会越来越多,为适应这一需要,FCA的使用将日渐增多。

(二)CPT(Carriage Paid To)...named place of destination

CPT,即运费付至,指卖方支付货物运至目的地的运费、关于货物丢失或毁坏的风险以及货物交由承运人后发生事件所产生的任何额外费用,自货物交付至承运人照管之时起从卖方转由买方承担。CPT术语要求卖方办理货物出口的结关手续,本术语可适用于各种运输方式包括多式联运。

CPT与CFR的价格构成基本相同,除成本外,另包括了运费。两者的区别在于CPT可用于各种运输方式,风险于货交承运人时转移;而CFR只适用于海运,风险于货物装上轮船时转移。

(三)CIP(Carriage,Insurance Paid To)...named place of destination

CIP,即运费、保险费付至,指卖方支付货物运至目的地的运费并办理货物运输保险,支付保险费,关于货物丢失或毁坏的风险,以及自货物交由承运人之后发生事件所产生的任何额外费用,自货物交付承运人照管之时起,从卖方转由买方承担。

CIP与CPT相比,在交货地点、风险划分界线上都相同,差别仅在于CIP中增加了保险的责任和费用。

CIP与CIF相比,价格构成基本相同,都包括了成本、运费和保险费。但在运输方式和风险划分上有明显的不同,CIP所指的风险不仅指海运保险,还可能包括其他各种运输保险。值得注意的是,CIP条件下的保险险别不同于CIF,这一条件下,卖方须办理《伦敦保险协会货物保险条款》(A)款或其他类似保险条款下的保险险别。

第三节 其他贸易术语

一、EXW(Ex Works)...named place

EXW,即工厂交货,指卖方在其所在地(工厂或仓库等)将备妥的货物交付买方时,即履行了交货义务。特别是卖方不承担将货物装上买方备妥的运输车辆或办理出口的责任。

在本术语下卖方承担最小的义务。在买方不能直接或间接地办理出口手续的情况下,不应使用本术语,而应使用 FCA 术语。

这一术语成交价格最低,在广东沿海地区和深圳、珠海向港澳出口,其中有些就是按 EXW 交货的。

二、FAS(Free Alongside Ship)...named port of shipment

FAS,即装运港船边交货,指卖方在指定的装运港码头或驳船内将货物交至船边,即履行了交货义务。从交到船边时起买方必须承担货物丢失或损坏的一切风险。按照 2010 年《国际贸易术语解释通则》的规定,FAS 要求卖方办理出口结关手续。

三、DPU(Delivered At Place Unloaded ...named place of destination)

DPU,即目的港或目的地未装运交货,指卖方在目的地指定的港口或地点的集散站内将已经到达的运输工具上的货物卸下后交给买方处置。DPU 取代了 2010 年《国际贸易术语解释通则》中的 DAT(目的港或目的地的集散站交货),但含义未变。而原来的 DAT 则是取代了 2000 年《国际贸易术语解释通则》的 DEQ(目的港码头交货),DEQ 的交货地点为目的港的码头。DPU 则为目的地码头或其他目的地的集散站,这种交货方式适应了物流业的迅速发展,卖方在集散站将货物卸下后即可向买方或买方指定的物流公司交货。

四、DAP(Delivered At Place...named place of destination)

DAP,即指定地点交货,指当卖方在指定目的地将还在抵达运输工具上可供卸载的货物交给买方处置时,即完成交货。卖方承担货物运至该指定地点的一切风险。交货地点可以是陆上的某个地点,也可以是边境城市,也可以是双方所指定的港口。如果交货地点是边境城市,DAP 可以取代 DAF;如果交货地点是目的港船上或码头,DAP 可以取代 DES 或 DEQ;DAP 这一术语未包含关税,也可以用来替代 DDU。可以说 DAP 一个术语取代了原 D 组中的四个术语,简化了贸易术语。

五、DDP(Delivered Duty Paid)...named place of destination

DDP,即完税后交货,指卖方将货物交付至进口国指定地点,履行其交货义务。卖方必须承担风险及费用,包括关税、捐税、交付货物的其他费用,并办理进口结关。DDP 术语中,卖方承担最大的义务。

思考题

1. 辨析A公司与C公司案中FOB的特殊含义。
2. 为什么说CIF交易是一种单据交易？

延伸阅读

关于更多贸易术语的分析，可参阅张庆麟、卫东亮：《评INCOTERMS的最新修订及其对国际贸易统一法的影响》，载《法学评论》2002年第2期；王淑敏：《〈2010年国际贸易术语解释通则〉与〈销售合同公约〉货物风险转移原则的牵连性与独立性》，载《法学杂志》2012年第8期；高祥：《INCOTERMS2020的适用范围与译法选择》，载《法学杂志》2021年第6期；Roberto Bergami, *INCOTERMS* 2000 *as a Risk Management Tool for Importer*, 10 Vindobona Journal of International Commercial Law & Arbitration (2006)。

第七章　国际货物买卖合同统一法：《联合国国际货物销售合同公约》

第一节　国际货物买卖合同

一、国际货物买卖合同的含义及特征

国际货物买卖合同，是指营业地位于不同国家的当事人之间订立的转移货物所有权的协议。国际货物买卖都是通过订立和履行国际货物买卖合同来完成的。国际货物买卖合同具有以下特征：

1. 合同当事人的营业地位于不同国家，即合同具有国际性。这一特征将国际货物买卖合同与国内货物买卖合同区分开来。在这里，当事人的国籍不予考虑。

2. 合同内容的复杂性。这是由合同的国际性所派生出来的。一般情形下，国际货物买卖合同是跨越不同国境发生的交易，由此所派生的跨国运输、涉外保险、跨国支付等问题与国内货物买卖的运输、保险、支付相比，显得更为复杂，并具有自身的特点。

3. 合同的标的是货物，或称有形动产。这样，就将证券、货币、知识产权交易等排除在外。

4. 合同的主要特征是货物所有权的转移。国际货物买卖合同的主要法律特征是卖方转让货物的所有权，取得买方支付的价金，买方接受货物，取得货物所有权，支付价金。这一特征将国际货物买卖合同与国际租赁合同区别开来，在国际租赁中，只发生财产使用权和占有权的转移。

5. 合同是确立当事人权利义务的依据。各国法律和有关的国际公约都承认国际货物买卖合同的法律效力，一方当事人不履行合同义务时，另一方当事人可依法提起诉讼或依据仲裁协议提交仲裁，要求强制实现合同中的权利。

二、国际货物买卖合同的基本内容

国际货物买卖合同所涉及的事项繁多和复杂，只要不违反法律的强制性规定，当事人可以将其同意的任何条款订入合同之中。每一个国际货物买卖合同的具体内容都不会相同，但一般说来，国际货物买卖合同都包括前言、合同条款、结尾三个部分。

（一）前言

前言又称约首、首部，是合同的开头部分。主要内容有：合同的名称、编号、订约的日期和地点、当事人双方的名称与地址、订立合同的原因和目的等。这些内容虽然不是合同的实质性内容，但具有法律意义，一旦发生争议，可以作为处理争议的依据。

（二）合同条款

这是合同的核心，明确规定当事人具体的权利、义务，主要包括以下条款：

1. 标的物条款。这是对货物的说明，在具体合同中可以分别写成几个条款。主要订明货物的名称、质量或规格、数量、包装。标的物条款在法律上的重要意义在于，它是合同双方当事人履行货物交付与接受义务的主要依据，在实际履行中最容易发生争议，如卖方所交的货物短量、不符规格等问题都是最常见的争议问题。

2. 价格条款。在合同中，通常是以价格术语（贸易术语）为基础，加上一个特定的商品单价来表示合同价格的，比如，铝锭每吨 640 英镑 FOB 安特卫普港。将单价乘以货物的数量的总和即为总价。由于价格条款以贸易术语为基础，而贸易术语又是以简洁的符号代表了有关当事人权利义务的广泛内容，因此，价格条款不仅起着明确价格的作用，还可对合同的交货、责任、风险划分方面予以补充。

3. 运输条款。由于贸易术语已经明确了由谁承担运输责任的问题，因此，运输条款主要是用几个条文将运输中的一些具体事项加以明确规定，使运输责任具体化。这些事项通常是装运时间、装运港（站）、目的港（站）等。

4. 保险条款。以贸易术语为基础，具体规定当事人的保险责任和险别，使保险责任具体化。

5. 支付条款。主要载明买方付款的方法和时间，以及付款时所使用的货币名称、卖方取得货款时应提供的单证。国际货物买卖合同经常采用跟单信用证的方式付款，在有些情况下也可采用托收的方式。

6. 商检条款。主要订明对出口交货或进口到货的商品进行检验的时间、地点、方法和标准以及检验机构等内容。商检条款中规定的商检证书是一个非常重要的单据，在一般情况下，出口口岸的商检证书是议付货款的收据，进口口岸的商检证书是索赔的依据。

7. 免责条款。规定免除或限制一方当事人不履行某些具体义务的责任。

8. 不可抗力条款。这一条款通常包括三方面的内容：规定构成不可抗力的条件、列举属于不可抗力的事项，如洪水、暴风雨、雪灾、地震、战争等；说明因不可抗力使当事人不能按合同规定履行义务，该当事人应不负责任；订明发生事故后通知对方的日期和方法以及有权出具不可抗力事故证明的机关。根据我国实践，出具证明的中方机构，在国内为中国国际商会，在国外则经我驻外使馆批准，由商务处出证，对方则由发生不可抗力地点的商会或登记的公证人出证。[1]

9. 索赔条款。订明有关索赔的诸问题，索赔的主要依据之一是商检证书，所以有的合同也将索赔条款列入商检条款中。

10. 法律适用条款。合同中通常包含一个法律适用条款，如"本合同适用××国法律"。这意味着，仲裁机构或法院将依据当事人共同选择的该国法律来解释合同内容，同时，对合同未尽事项，也将适用该国法律以作补充。当事人在选择合同所适用的法律时，既可以选择当事人的国内法，也可以选择第三国法律，可以是与合同有关的，也可是与合

---

〔1〕 参见余劲松主编：《国际经济法学》，高等教育出版社 1994 年版，第 74 页。

同没有联系的。当事人也可以选择适用国际公约,如《销售公约》。当事人还可以选择适用其他国际法律文件,如《国际商事合同通则》。

11. 仲裁条款。对于可能发生的合同争议,如果当事人双方不愿诉诸司法程序,而愿意提交仲裁解决的,可以在合同中订立仲裁条款,订明仲裁地点、仲裁机构、仲裁程序、仲裁裁决的效力以及仲裁费用的负担等内容。有的合同还在仲裁条款中规定仲裁机构适用的准据法,这就是将法律适用条款并入仲裁条款中了。

(三)结尾

结尾部分又称约尾,这部分主要包括合同的文字效力、正本与副本的份数、合同附件及其效力、双方当事人的签名等内容。

三、国际货物买卖合同的形式

订立合同的形式一般有三种:一是书面协议,二是口头形式,三是以行为表示。各国法律还把合同区分为要式合同和不要式合同。要式合同指合同要按法律规定的形式和手续订立,否则无法律上的效力,或者不能被强制执行。不要式合同则指合同无须按特定的形式或手续订立,只要双方当事人的意思达成一致,合同便具有法律上的效力。

对于货物买卖合同,大多数国家的法律都认为是不要式合同,无须采取特别形式,如书面形式。如《美国统一商法典》第2-204条规定,一个货物买卖合同可以任何可能充分证明协议的方式达成,包括以认可该合同存在的当事人的行为达成。《销售公约》也作了类似的规定。我国曾经要求国际货物买卖合同必须以书面形式作出。我国在加入《销售公约》时,对公约关于合同的形式的规定也作了保留,但2012年我国撤回了该项保留。

四、格式合同

格式合同,又称标准合同,是由某一有关的国际组织或一国国内某外贸商业组织,或某一家外贸公司所制定的,具有固定样式和既定的条文内容,印制成文本的空白合同。自19世纪末开始,格式合同在国际货物买卖中日益盛行,现已被普遍使用。我国各进出口贸易公司都制定有适应本公司所经营的商品的格式合同。

格式合同被广泛地采用,有以下原因:第一,各国民法或商法都规定,在不违反法律禁止性规定的情况下,合同的内容可由当事人自行协商解决。第二,格式合同使交易具有更强的可预见性。格式合同明确了双方的权利义务关系,避免或减少了适用一国国内法来解释合同,从而避免或减少了因各国合同法的冲突而给交易带来的不确定性。第三,格式合同可缩短当事人达成协议的时间,使交易更为迅捷地进行。

格式合同不是法律,因为它不具有普遍约束力。当事人可以对格式合同进行修改。格式合同在空白被填补、当事人签名前,则只是一种协商条件或协商建议。如果双方当事人对格式合同的条件通常不作修改,则该格式合同可视为双方之间的贸易惯例。

第二节 《联合国国际货物销售合同公约》概述

一、《销售公约》简介

(一)《销售公约》的产生和影响

《销售公约》的产生可以追溯至20世纪30年代。为了克服各国民商法的差异给国际商事交易所带来的法律障碍,1930年,罗马国际统一私法协会开始起草《国际货物买卖统一法公约(草案)》,1935年完成初稿。从1936年开始,罗马国际统一私法协会还开始草拟《国际货物买卖合同成立统一法公约》。后来由于“二战”爆发,这项工作曾一度中断。“二战”结束后,罗马国际统一私法协会继续进行起草工作。1964年在海牙会议上正式通过了《国际货物买卖统一法公约》和《国际货物买卖合同成立统一法公约》。前一公约于1972年8月18日生效,核准或参加该公约的有比利时、冈比亚、联邦德国、以色列、意大利、荷兰、圣马力诺和英国等8个国家。后一公约于同年8月23日生效,在上述8国中,除以色列外,其他国家均核准或参加了该公约。从上述参加国的数目来看,两个公约并没有达到起草者所期待的广泛性,公约事实上并未起到统一国际货物买卖法的作用。这主要是因为两项公约主要体现了大陆法系的一些原则,而对英美法系和其他法系的原则都未能吸收,而且公约的不少条文含义不清,有些条文晦涩难懂,因此,在1969年,联合国国际贸易法委员会就作出结论,认为1964年海牙的两个公约不会得到更多国家的参加,联合国国际贸易法委员会应主持修改这两个公约,并用新的公约取而代之。联合国国际贸易法委员会还于1969年成立了一个专门工作组,具体进行在两个海牙公约的基础上制定一项统一的国际货物买卖法的工作。工作组于1978年完成起草《国际货物买卖公约(草案)》和《国际货物买卖合同成立公约(草案)》,并决定将两个公约合并为一个公约草案,称为《联合国国际货物销售合同公约(草案)》。该公约于1980年在维也纳召开的外交会议上获得通过,并于1988年1月1日起对包括我国在内的11国生效。目前参加和核准公约的已有90余个国家,主要有:阿根廷、巴西、埃及、法国、匈牙利、日本、莱索托、叙利亚、南斯拉夫、赞比亚、美国、意大利、中国、澳大利亚、奥地利、丹麦、罗马尼亚、保加利亚、芬兰、新加坡、墨西哥、挪威、瑞典、俄罗斯联邦、乌克兰、白俄罗斯、德国、加拿大等。

(二)《销售公约》的结构、主要内容和总体评价

《销售公约》除序言外,共分四部分101条。公约的主要部分是关于国际货物买卖合同的订立以及买卖双方的权利和义务的统一规则。第一部分共13条,对《销售公约》的适用范围和总则作出规定。第二部分共11条,规定合同订立的程序和规则。第三部分是《销售公约》的重点,共5章64条,是货物买卖统一法部分,对货物买卖的一般规则、卖方的义务、买方的义务、风险转移、卖方和买方的一般义务作出规定。第四部分是最后条款,对公约的保管、签字、加入、保留、生效、退出等作出规定。《销售公约》是联合国国际贸易法委员会在统一法方面取得的最重要的成果之一。《销售公约》对国际货物买卖合同的订立、买卖双方的权利和义务制定了统一的法律规则和实际程序,其目的是减少国际贸易中的法律障碍,促进国际贸易的发展。《销售公约》是对近半个世纪以来国际商事交易实

践的总结,具有可行性。同时,《销售公约》体现了大陆法系、英美法系和社会主义法律体系之间的平衡,也考虑了发达国家和发展中国家的不同利益和要求。因此,《销售公约》具有广泛的代表性。自然,《销售公约》也是在不同法律体系之间、在国家或国家集团之间进行调和折中的结果。公约在国际商事交易中的广泛采用,对国际商事交易产生了积极的推动作用。

二、《销售公约》的适用范围

(一)《销售公约》适用的主体范围

根据《销售公约》第1条的规定,当事人要适用公约,必须满足两个条件:(1)货物的买卖必须具有国际性;(2)买卖合同与公约的一个或一个以上的缔约国具有公约所规定的某种联系。

在确定买卖合同是否具有国际性时,《销售公约》以合同当事人的营业地是否处于不同的国家作为唯一的标准,至于当事人的国籍、合同项下货物的运输是否跨越了国境、卖方的要约、买方的承诺是在什么地方发生的,都不在考虑之列。营业地,应理解为是一个永久性的、经常从事一般商业交易的场所,不包括那些为某一特定交易而进行谈判或联络的地方。

买卖合同与《销售公约》的缔约国有某种联系,是指或者双方当事人的营业地所在的不同国家都是《销售公约》的缔约国,或者根据国际私法规则所确定的准据法是某一缔约国的法律。《销售公约》对后一种联系作出规定,其目的是扩大《销售公约》的适用范围,使只有一方位于缔约国或双方都不位于缔约国时也可能适用《销售公约》。比如,甲乙两国都不是《销售公约》的缔约国,丙国是《销售公约》缔约国,甲国的A和乙国的B在丙国签订合同,双方就合同的履行发生争议,A在本国的法院诉B,如果甲国的国际私法规则规定合同依合同订立地法,那么本案就应适用丙国法,而按《销售公约》的规定,此时不应适用丙国国内法,而应适用《销售公约》。《销售公约》允许缔约国对此项规定作出保留,我国在核准《销售公约》时即对此作了保留。因此,在我国,只有在当事人的营业地都位于《销售公约》缔约国时,法院或仲裁庭才会适用《销售公约》的规定。当然,如果当事人的营业地虽非处于缔约国,但当事人明示选择《销售公约》,我国法院或仲裁庭也会承认其所作选择的效力,适用《销售公约》。

(二)《销售公约》适用的客体范围

《销售公约》适用的客体范围是"货物买卖"。《销售公约》没有对"货物"下定义,但根据一般的理解,"货物"就是有形动产。但是并非所有国际性的货物买卖都属于公约的适用范围,《销售公约》排除了以下几种买卖:(1)以直接私人消费为目的的买卖。这种买卖的目的是个人消费,而不是营利,比如,个人借出境旅游、探亲或公务出差的机会在国外购买货物或通过邮寄从国外购买货物。如果《销售公约》适用这些买卖,会与各国的消费者利益保护法(许多规范是强制性的)发生冲突。(2)拍卖。拍卖的规则与一般国际货物买卖有很大不同,各国对拍卖都有自己专门的规定,拍卖宜适用拍卖发生地国家的法律。但是商品交易所的买卖可以适用公约,它不属于拍卖。(3)依执行令状或法律授权的买卖。依法律令状的买卖(如按破产法进行的清算变现,担保物权的执行、查封等)、法律授权的买卖(如海关对逾期不报关、不纳关税的货物实行强制出售)都是依照法律的强制性规范进行的,不能适用公约。(4)公债、股票、投资证券、流通票据和货币的买卖,这些标的物一般不被认为是货物,其交易程序和规则不同于货物买卖。(5)船舶、气垫船和飞行器的买卖。有的国家将这些商品视为一般的货物,有的国家却把它们视为不动产。同时,大多数国家的法律都规定这些商品的买卖要进行注册,这与货物买卖是有很大区别的,因此不宜纳入公约的适用范围。(6)电力的买卖。电力一般不被认为是货物,而且电力买卖会产生在一般货物买卖中所不存在的许多独特问题。

由于《销售公约》是关于货物买卖的,因此,《销售公约》第3条规定,由买方提供大部分原材料的合同以及供应货物一方的绝大部分义务是提供劳务或其他服务的合同也不适用于《销售公约》。对于加工、劳务合同,各国一般都由不同于买卖合同的专门法律调整。

案例7-1 | 熊猫有限公司与顺德市韦邦家具有限公司拖欠贷款纠纷案[2]

意大利的熊猫有限公司(以下简称熊猫公司)与顺德市韦邦家具有限公司(以下简称韦邦公司)签订了由后者在中国销售前者提供的在意大利制造的家具的协议,协议规定为了促销一些家具将在韦邦公司展示。熊猫公司提供了三批家具,随后熊猫公司起诉中国当事人要求支付货款以及迟延罚金。被告以货物仅用于展示作为抗辩。一审法院适用中国法,认为合同无效并拒绝了双方的请求。二审法院适用《销售公约》,认定中国公司应支付合同价金和利息。最高人民法院认为,该合同仅是一个为了展示货物而交付货物的框架协议,同时也规定了未来可能的销售合同的有关条件,判定由熊猫公司取回货物。

即使对于货物买卖,《销售公约》也不是适用于货物买卖的各个方面,《销售公约》第4条规定,《销售公约》只适用于买卖合同的订立和买卖双方因此种合同而产生的权利义务。而对于合同的效力,或其条款的效力,或任何惯例的效力,对于合同对所售货物所有权可能产生的影响等内容,因为各国在这几方面的法律规定差异颇大,不易统一,《销售公约》未曾涉及。此外,对于卖方货物的产品责任,由于与各国的产品责任法(有许多强制性规范)密切相关,《销售公约》也未曾涉及。

最后还要指出的是,《销售公约》的任意性使得当事人对公约的适用范围具有很大的灵活性。《销售公约》第6条规定,双方当事人可以不适用本公约,或减损本《销售公约》的任何规定或改变其效力。这表明当事人在订约时可以自行决定合同适用于《销售公约》或不适用于《销售公约》,或者决定只是合同的某一部分或几个部分适用于《销售公约》而其他部分则适用于某个国家的法律。当事人还可根据交易的需要,共同约定合同不适用公约的某些条款,或对《销售公约》的任何条款进行修改、变更或重新拟定,从而改变原条款的含义及效力。对于排除适用《销售公约》的问题,有以下几个问题需引起注意:(1)排除《销售公约》适用的方式通常是在合同中明确规定或在诉讼仲裁中明确表示不适用公约,但是,如果默示排除的意思足够明确,也可以默示排除《销售公约》的适用。(2)当事人在合同中只提到适用《国际贸易术语解释通则》,并不意味着排除了合同适用《销售公约》或某个国内法。因为解释通则仅对当事人的装货义务、风险和费用的负担等事项作出规定,这只是规定了当事人的部分权利和义务,而对于合同的成立、违约救济等

---

[2] 最高人民法院民事判决书,(2004)民四提字第4号。

方面则未曾涉及,它与《销售公约》是相互补充的。因此,尚需选择《销售公约》或国内法来支配合同。(3)双方当事人如果未在合同中对适用法律作出选择,那么合同所适用的法律将会出现几种可能:如果双方当事人设有营业所的国家都是《销售公约》的缔约国,合同将适用《销售公约》的规定;如果当事人一方或双方设有营业所的国家不是《销售公约》的缔约国,法院或仲裁庭将依国际私法规则确定合同应适用的法律——如果导致适用某缔约国的国内法,根据《销售公约》第1条第1款b项的规定,合同将适用《销售公约》,但如果该缔约国对第1条第1款b项作了保留,合同将适用该缔约国的国内法;如果导致适用某非缔约国的法律,合同将适用该国的国内法。

在应该适用《销售公约》而合同当事人选择缔约国法律为准据法时,如何适用《销售公约》,各国法院的做法有些差异。德国法院一般认为,如果合同选择德国法,则《销售公约》作为德国法的一部分应优先适用且排除国内法的适用。美国法院,通常会将《销售公约》视为自执行条约而直接适用。中国法院一般依据第1条第1款第a项将《销售公约》作为准据法直接适用,同时对《销售公约》未作规定的事项适用该缔约国法律。在上诉人美国联合企业有限公司诉被上诉人中国山东省对外贸易总公司烟台公司购销合同纠纷案[1998(经终字)第358号]中,最高人民法院认定,由于双方当事人的营业地位于中国和美国,而中国和美国均为《销售公约》的缔约国,该纠纷应适用《销售公约》,对上诉人关于应依据最密切联系原则确认美国法为准据法的主张不予支持。

在蒂森克虏伯案中,双方当事人在合同中约定合同应当根据美国纽约州当时有效的法律订立、管辖和解释。最高人民法院认可一审法院的解释和适用,认为这一法律选择条款有效。考虑当事人双方营业地分别位于德国和新加坡,而德国和新加坡均为《销售公约》缔约国,且双方当事人并没有明确排除公约的适用,因此,依据《销售公约》第1条第1款第a项,本案的准据法应为《销售公约》,在涉及《销售公约》没有规定的问题上,应当选择适用当事人在采购合同中约定的美国纽约州法律。在销售合同效力问题上,最高人民法院援引《销售公约》第4条,认定《销售公约》对于合同效力问题未作规定,进而认为应该适用合同约定的美国纽约州法律的规定。法院经查明和适用美国纽约州的法律,认定本案的采购合同有效。

我国当事人在缔结合同时,一般情况下适用《销售公约》是有一定的便利的,因为《销售公约》对买卖双方权利义务的规定基本是公平的、合理的,而且《销售公约》第二、三部分的规定与我国多年的贸易做法基本一致。再则,如果不适用公约,就要适用某一国国内法,而掌握其他国家国内法的困难是很大的,相反,掌握公约的规则并使合同适用这些规则相对要容易、便利得多。

三、《销售公约》总则

(一)《销售公约》的解释和适用

根据《销售公约》第7条的规定,各国法院或仲裁机构在解释和适用《销售公约》时应遵循以下原则:

1. 促进《销售公约》适用的统一性原则。《销售公约》规定,解释公约时应考虑本公约的国际性质和促进其适用的统一。缔结《销售公约》的宗旨和目的是使国际货物买卖合同有一套统一的国际规则,以消除国际商事交易的法律障碍。如果各国法院或仲裁庭在解释和适用《销售公约》时囿于本国的法律原则和概念,那么同一性质的问题就会因法院或仲裁机构的不同而产生各种不同的后果,就会出现名义上适用《销售公约》,而实际上是国内法在起支配作用的局面。因此,各国法院或仲裁庭在解释和适用《销售公约》时,要从本国的法律概念或原则中摆脱出来,遵循促进《销售公约》适用的统一性的原则,按照《销售公约》本身的规定作出客观的结论。

2. 促进诚信原则遵守的原则。许多国家的民商法都规定了诚信原则。诚信原则,是指合同的当事人在民事交易中诚实地信任对方,毫无恶意,无取得非法利益的动机,公平地进行交易。它是当事人进行民商事活动要遵循的一个基本原则。《销售公约》规定,在解释和适用《销售公约》时,应考虑促进在国际商事交易上遵守诚信原则的需要。

在《销售公约》判例中,将诚信原则作为一般原则的情形非常多。按照贸法会判例摘要的分析,共有 38 个法院判决或仲裁裁决将诚信原则视为一般原则。这些判例来自德国、法国、意大利、俄罗斯、瑞士、奥地利等多个国家的法院或仲裁机构,其中还包括德国最高法院的两个判例和奥地利最高法院的一个判例。法院适用诚信原则涉及的事项包括:判断违约是否成立、是否有权解除合同、双方有合作义务、禁止反言、损害赔偿等,足见该原则适用范围之广和适用事项之重要。[3]

3. 未决事项适用《销售公约》的一般原则的原则。任何一部法律,都不可能将其范围内的问题规定得毫无遗漏,《销售公约》也是如此。对此,《销售公约》规定,凡公约未明确解决的属于该公约范围的问题,应按照《销售公约》所依据的一般原则来解决。只有在不存在一般原则时,才按照国际私法规定适用的法律来解决。这为通过判例来发展《销售公约》的内容提供了依据,也要求法官或仲裁员在判案时注意总结《销售公约》的一般原则。《销售公约》的一般原则不能理解为《销售公约》的总则,而是《销售公约》第一部分至第三部分的某个条款或某些条款所体现出来的精神和原则。

Ferrari 认为,从《销售公约》个案中总结出的一般法律原则包括以下内容:意思自治原则、诚信原则、非要式合同原则、尊重普遍性惯例原则、充分赔偿原则、禁反言原则、减轻损失扩大原则、促进合同原则、合作履行原则等。[4]

案例 7-2 | 贸法会判例 445

这是德国联邦最高法院在 2001 年 10 月 31 日,作出的一个判决,涉及根据《销售公约》第 8 条和第 14 条将标准条款纳入销售合同。在该案中,被告(卖方),一家德国公司,以370,000马克的价格卖给原告(买方),一家西班牙公司,一台旧的齿轮切割机。卖方对订单的书面确认书中提到了其标准销售条件,但没有附在确认书中。这些标准销售条件包含一项豁免条款,该条款排除了对所用设备缺陷的任何责任。机器交付后,只有在外部专家的协助下才能运转。在对卖方的索赔中,买方要求赔偿所涉费用。在该案的上诉审中,联邦最高法院面临的主要问题涉及将标准条件纳入国际销售协议的要求。法院首先

---

〔3〕 共有 38 个判决或仲裁书。参见贸法会法规判例法,第 7 条脚注 42。

〔4〕 See Franco Ferrari, *General Principles and International Uniform Commercial Law Conventions: A Study of the 1980 Vienna Sales Convention and the 1988 UNIDROIT Conventions*, 2 Unif. L. Rev. 451(1997).

指出,《销售公约》没有就通过引用纳入标准条款提供任何具体规则。因此,《销售公约》第14条和第18条适用于合同订立的一般规则。标准条款是否已成为要约的一部分,必须根据第8条确定。法院指出,如果标准条件要成为要约的一部分,则必须给受要约人一个合理的机会考虑这些标准条件。这就要求受要约人知道要约人有意将标准条款包括在内。此外,它还要求向受要约人发送标准条件或给予阅读这些条件的机会。法院指出,由于世界上许多法律制度和传统之间的差异,一个国家使用的标准术语往往与另一个国家使用的标准术语大不相同。因此,了解这些条款对受要约人至关重要。一方面,对于希望依赖这些条款的一方来说,将这些条款附加到要约中并不构成任何困难。另一方面,如果受要约人不得不询问标准条款,这往往会导致合同延迟订立,这对双方都是不必要和不受欢迎的。法院据此得出结论认为,要求受要约人查询标准条件,并在未进行此类查询的情况下由受要约人承担责任,这将违反《销售公约》第7条所体现的国际贸易中的诚信原则以及当事各方的合作义务。因此,只有将标准条件附在要约上或以其他方式交由受要约人支配,标准条件才能成为要约的一部分。法院认为,在保护消费者方面,这一一般性结果也是必要的,在本案中这不是一个问题。关于《销售公约》的适用性,法院指出,《销售公约》第1条不区分商人和其他当事人,只有在卖方在订立合同时知道买方是消费者的情况下,才适用《销售公约》第2条排除在外的规定,因此,如果卖方不知道本人是与消费者打交道,则适用《销售公约》。在这种情况下,必要的消费者保护法还要求标准条件与报价一起发送。

可见,在该案中,诚信原则对决定案件的关键争点起到了决定性的作用。依据诚信原则,德国最高法院法官经过细致的推理认为,德国卖方应该将包含免责内容的标准条款告知买方,由于没有履行该义务,德国卖方不能主张标准条款中规定的免责。

(二)当事人行为的解释

《销售公约》规定,对当事人行为的解释要遵循以下三点:

1. 一方当事人所作的声明和其他行为,应依照他的意旨解释,如果另一方当事人已知道或不可能不知道此意旨。当事人的行为,在对方当事人知道行为人的意思时,应按行为人本人的真实意思来解释。从这里可以延伸出的一个结论是,只有在对方当事人对行为人行为的理解与做出这种行为的行为人的本意相吻合时,双方才达成一个合同。

2. 如果另一方当事人对一方行为人行为的理解与行为人的本意不一致时,当事人所做的行为,应按照一个与另一方当事人同等资格、通情达理的人处于相同情况中应有的理解来解释。也就是说,要按照一个理智商人在相同情况下通常的理解来进行解释。同等资格指与另一方当事人在行业或职业能力上基本相同;通情达理,指具有一般应具有的理智、谨慎、知识等。例如,甲地的A向乙地的B发出要约出售一批货物,交货条件是在乙地目的港船上交货,并规定由下一期C轮运抵乙地。B在乙地查得C轮是2月底到达,于是电复接受。而A在甲地查得C轮是5月到达,双方各自查到的是两条同名的不同货轮。5月底货物运到后,B拒绝接货。这里,A和B对C轮的理解不一致,法院将依据一个与B有同等资格、通情达理的人处于相同情况下的应有理解来解释A的意思,由于同等资格、通情达理的人在相同情况下也会作出B的理解,那么A的意思应按B的理解来解释,合同即使成立,B 在 A 违约后拒收货物也是合法的。在这个例子中,如果 A 在要约中提到是下一期 C 轮 5 月到达,那么 B 的理解就不符合通情达理的人的应有理解。通情达理的人不会认为这是 A 的笔误,而是会进一步查明是否有同名的 C 轮。[5]

3. 在确定一方当事人的意旨或一个通情达理的人的理解时,应适当地考虑与事实有关的一切情况,包括谈判情形、当事人之间确定的任何习惯做法、惯例和当事人其后的任何行为,即在确定当事人意思时,不仅要考虑合同文字,还要考虑其他事实情况。这是对前面两条的重要补充。

案例 7-3 | Filanto,SpA v. Chilevich International Corp.[6]

本案是美国第一起适用《销售公约》的案件。原告 Filanto,SpA(以下简称 Filanto)是一家意大利制造和销售鞋的公司,被告 Chilevich International Corp.(以下简称 Chilevich)是一家在纽约注册的进出口公司。1989 年 2 月 28 日,被告在英国的代理人 Byerly Johnson 与苏联对外经济协会(以下简称 Raznoexport)签订一份合同(以下简称俄罗斯合同),合同规定由 Byerly Johnson 和 Chilevich 向 Raznoexport 提供靴子。合同还规定,由该合同所产生的争议提交莫斯科的苏联商会仲裁。

Chilevich 与 Filanto 为履行俄罗斯合同进行了会见和谈判。1989 年 7 月 27 日,Chilevich 致信 Filanto,并附上合同,还提及该合同受与苏联买方之间的合同条件的调整。Filanto 声称于 9 月 2 日致信 Chilevich,要求排除俄罗斯合同中的仲裁条款,但 Chilevich 称从未收到这样的信件。

1990 年 3 月 13 日,Chilevich 发给 Filanto 一份备忘录协议,确认 Filanto 将向 Chilevich 交付 250,000 双靴子。备忘录协议再次提到俄罗斯合同中的仲裁条款。Filanto 没有立即回信。Chilevich 在 1990 年 5 月 11 日申请到了以 Filanto 为受益人的信用证。

1990 年 8 月 7 日,Filanto 在备忘录上签字并寄回 Chilevich。同时 Filanto 还附寄了一封信,声明它不受包括仲裁条款在内的某些俄罗斯合同条款的约束。Chilevich 在 1990 年 9 月和 1991 年 1 月在付款后接收了 Filanto 的两批靴子,共计 160,000 双。随后,由于 Chilevich 声称有些靴子有瑕疵,它将不再购买剩下的 90,000 双靴子。1990 年 9 月 15 日 Filanto 在美国纽约南区法院起诉 Chilevich,Chilevich 主张此案应在莫斯科仲裁。

这是《销售公约》生效后在美国法院首次适用。法官 Brieant 认为,《销售公约》作为自执行条约,在生效后适用于美国与其他缔约国。由于意大利和美国都是《销售公约》的缔约国,原被告的营业地分别在意大利和美国,《销售公约》应予适用。

该案中,原告认为 3 月 13 日的备忘录协议是一个要约,其 8 月 7 日的回函是一个反要约。被告 9 月 27 日的回函才是承诺。由于原告 8 月 7 日的回函明显排除包括仲裁条款在内的某些俄罗斯合同条款,这些条款不是合同的内容。被告认为,3 月 13 日的备忘

[5] 参见张玉卿、姜韧、姜凤纹编著:《联合国国际货物销售合同公约释义》,辽宁人民出版社 1988 年版,第 54~55 页。

[6] See *Federal Supplement*, Vol. 789, p. 1229 (1992); Ray August, *International business Law*, Text, Cases and Readings, Fouth edition, Pearson Education, Inc., 2004, p. 563-566.

录协议是一个要约,但原告随后接收被告的履行——接收被告5月11日申请的信用证,所以应禁止原告悔言其已承诺要约。原告8月7日的回函不可能构成反要约,因为原告有义务及时通知被告其反对要约中的内容。8月7日的回函实际是建议对合同进行修改。但被告拒绝了该建议。因此,原告受3月13日的备忘录协议内容的约束,合同应在莫斯科仲裁。

法庭认为,《销售公约》第8条、第18条应予适用。《销售公约》第8条规定,在决定当事人行为的意图时,应适当考虑当事人随后的行为。《销售公约》第18条规定,沉默或不行为本身不构成承诺,受要约人同意要约的行为构成承诺。原告接收被告申请的信用证表明合同已经成立,信用证本身也提到了俄罗斯合同。原告没有在合理的时间内反对要约中的内容并接受履行,这种随后的行为应视为接受了要约的内容。另外一个随后的行为也证明了这一点:在1991年6月21日原告给Byerly Johnson的信中还提到了俄罗斯合同中的其他条款。这表明原告本身是承认其受俄罗斯合同的约束的。

法庭认为原告受3月13日备忘录协议的约束,纠纷应该在莫斯科仲裁解决。

对于合同当事人行为如何进行解释,各国法律历来存有很大分歧。大陆法系认为,应采用主观标准(或意思说),即法院在解释合同时,要探究当事人真实的主观意思,而不拘于合同表面的文字含义。英美法系则认为应采用客观标准(或表示说),即按当事人所表示出来的文字或语言来解释合同,而不考虑当事人的本意究竟如何。公约对这个问题规定了统一的标准,对于避免不同法系的法院采用不同的解释原则而使得对同一性质的问题作出不同的结论是十分必要的。这一统一标准的特点是将当事人的行为,如要约、承诺、通知等均视为一种单方面的行为,而在对这种单方面的行为进行解释时,是兼采主观标准和客观标准的。

(三)惯例与习惯做法的效力

在讨论《销售公约》的适用范围时,我们已经提到,《销售公约》不涉及任何惯例的效力,那是指惯例的法律效力留待合同所适用的国内法去处理,《销售公约》不予干涉。这里所提到的惯例与习惯做法的效力,是指惯例和习惯做法对当事人的约束力,即如果当事人明示或默示地把贸易惯例或习惯做法引入他们的合同,当事人双方就要受到这种习惯做法或惯例的约束。当事人自愿接受惯例的约束,并不表明这些惯例就一定具有法律上的效力。惯例是否具有法律上的效力,取决于它们是否符合合同所适用的国内法的强制性规则以及该国的公共政策,如果不违反,它们就具有法律上的效力,否则就没有法律效力。

关于惯例与惯常做法对当事人的效力问题,《销售公约》第9条规定,双方当事人明示同意的任何惯例和惯常做法,对双方当事人均有约束力(第1款);同时,对于双方当事人已经知道或理应知道的,在国际商事交易上已为有关特定贸易所涉同类合同的当事人所广泛知道并为他们所经常遵守的惯例,除非当事人另有明示协议,视为当事人已默示地同意受其约束(第2款)。

惯常做法(practices),指在特定的交易中,当事人双方重复采用的具体做法,可以作为解释当事人意思的共同基础。习惯做法适用范围有限,可以随着交易情况的变化而变化。“明示同意”指当事人明确表示他们愿受惯例或习惯做法的约束。此时,由于惯例和习惯做法已成为买卖合同的一部分,自然会约束当事人。《销售公约》第9条第2款是针对某些普遍性惯例而言的,这些惯例如果当事人不明示排除其适用,则将视为当事人已默示同意受其约束。

案例7-4　|《贸易法委员会销售合同公约判例摘要》的判例425

该判决由奥地利最高法院作出。该案中,德国原告(卖方)向奥地利被告(买方)出售木材。卖方主张售货合同适用“Tegernseer Gebräuche”(地区贸易惯例)。奥地利初审法院认定,“Tegernseer Gebräuche”是德国和奥地利当事方之间木材销售合同中常用的合同条款,因此根据《销售公约》第9条第2款,应予适用。奥地利上诉法院和最高法院都确认本裁决。奥地利最高法院认定,《销售公约》第9条是关于一项惯例是否可适用的条款,而不是关于其有效性的条款。虽然第9条第2款假定当事方希望受国际贸易惯例约束,但是根据第9条第1款,当事方以明示或默示方式商定的惯例不一定是国际惯例。按照第9条第2款的意旨,在从事同一领域业务的多数人承认一项惯例时,该惯例即为人们广泛知道并被经常遵守。惯例必须为在惯例地区设有营业所的当事人知道或至少理应知道才可适用。最高法院确认初审法院的裁决,指出由于原告在接受订单时明确指出可适用“Tegernseer Gebräuche”,并且原告以前曾向被告交付过木材,被告必定已知道这些惯例。

第三节　国际货物买卖合同的成立

合同的成立,就是当事人通过要约和承诺就交易内容达成一致的过程。英美法系和大陆法系在合同的成立上存在重大的分歧,《销售公约》对两大法系的分歧作了较好的调和,达成了两大法系国家都可以接受的统一规则。

一、要约

(一)要约的含义及构成要件

要约(offer)是合同订立的一个重要程序,也是各国合同法中一个重要的法律概念,在国际贸易中则被称为“发盘”或“发价”。根据《销售公约》第14条的规定,在国际货物买卖中,向一个或一个以上特定的人提出的订立合同的建议,如果十分确定并且表明要约人在得到承诺时受约束的意旨,则构成要约(发价)。从这个定义中我们可以看出要约的几个构成要件:

1. 是一个订立合同的建议。要约是一项建议,其目的是订立合同,这种意思应该在要约中明确表示出来,否则不能构成一项要约。

2. 向一个或一个以上特定的人发出。特定的人就是指具体的企业或个人,可以是一人,也可以是数人或多人。贸易公司或厂商经常广泛寄发商品目录、价格单、刊登广告,即向公众作某种意思表示,这是否可以构成要约呢?大陆法系与英美法系对此有分歧,前者认为要约必须向特定人发出,而后者则认为要约可以向任何人发出。《销售公约》对此作了折中,即不是向一个或一个以上特定人发出的建议原则上应视为要约邀请,但如果该建议满足了要约所应具备的其他条件,或明确表明该建议就是要约〔7〕,那么该建议也可构成要约。可见,向特定人发出虽然在通常情况下是要约的构成要件,但却不是在任何情况下都是要约的构成要件。

3. 应具有"十分确定"(sufficiently definite)的内容。即要约所载的交易条件必须是完整的、明确的,使对方一旦承诺后,即可按所载交易条件履行合同。我国在以往的贸易实践中通常认为,一项要约的内容,应包括货物的品质、数量、包装、价格、交货和支付等主要条件。《销售公约》第14条对"十分确定"的界定则是——如果写明货物并明示或暗示地规定数量和价格或规定如何确定数量和价格,即为十分确定,也就是说,只需包括货物、数量及价格三个要素。因此,我国贸易公司在接到位于《销售公约》缔约国的当事人所发出的包含了这三要素的建议时,应认为是要约。需要进一步指出的是,《销售公约》第55条还规定,如果合同已有效订立,但没有明示或暗示地规定价格或如何规定价格,在没有任何相反表示的情况下,双方当事人视为已默示地引用订立合同时此种货物在有关贸易的类似情况下销售的通常价格。这表明,在特定情况下,没有规定价格的合同也可以成立。这主要是考虑到有些国家的法律规定,如果当事人愿意,即使价格未定,也可订立合同,而价格以交货时的合理价格为准,因此,如果这些缔约国的当事人以这种方式订立了合同,则可以按《销售公约》的规定确定合同的交易价格,但是对于其他没有这种法律规定的缔约国当事人,不得认为可以订立不包含价格的合同。

4. 应表明一经对方承诺即受约束的意思。这种意思不一定要用固定词句表达,可以从建议的内容中分析出来。但是如果建议中使用了"以最后确认为准"等字眼,则是明确表示建议是不受约束的,不能构成一项要约。

案例 7-5 | 香港某公司与珠海某公司案

该案是关于要约构成要件的一个疑难案件。2002年11月3日,香港某公司两次到珠海与当地某公司就买卖氧化铝事宜进行谈判。2002年11月19日,上述香港公司发传真给珠海公司,传真内容如下:兹确认我们达成的协议(confirm the agreement)。本公司将在2003年销售10万吨氧化铝给贵公司,产地和价格分别为印度产、按装运1个月的伦敦金属交易所平均3个月官方价的12.2%确定。正式的合同草本将随后传来(A formal contract draft will follow shortly)。珠海公司法定代表人当日签字后回传给香港公司。双方后来对正式的合同草本没有达成一致。同时,国际市场上氧化铝的价格飞涨。香港公司拒绝在正式的合同草本上签字。

为明确合同是否成立,珠海公司邀请国内专家进行论证。专家们意见颇有分歧。本书的参考意见是合同已经成立。理由是:本案属于双方通过谈判缔结合同的情形。双方在珠海谈判时已就合同达成一致意见,合同已经成立。成立的时间即是在珠海第二次谈

---

〔7〕 具体的表达方式,可以是"本广告构成要约",也可以是"广告所列商品将售给最先汇到价款的人"等。

判结束的时间。11月19日的传真经双方签字后构成对已经成立的合同的证明。从确认书所证明的内容来看,已包括买卖合同的货物名称、数量和价格三个要素,已经构成一个内容十分确定的合同。至于正式的合同草本,只是合同的书面载体,其是否达成一致,是否签字,都不影响合同的成立。

(二)要约的生效时间及撤回

关于要约的生效时间,《销售公约》和各国法律的规定一致,即要约到达受要约人时生效。根据《销售公约》第24条的规定,"到达"是指用口头通知对方或通过其他任何方式送交对方本人,或其营业地或通信地址。如无营业地或通信地址,则送交对方惯常居住地。

由于要约在送达被要约人之前并未发生效力,要约人可以在发出要约后,以更迅捷的通信方式向受要约人表明其撤回要约的意思,从而使要约归于消灭。对此,《销售公约》规定,一项要约即使是不可撤销的,如果撤回通知于要约送达受要约人之前或同时到达受要约人,要约得予撤回。

(三)要约的撤销

要约的撤销与要约的撤回不同,它指要约送达受要约人生效以后,在受要约人承诺以前,要约人将要约取消,使其效力归于消灭。对于这个问题,英美法系和大陆法系存在严重的分歧。《德国民法典》规定,除非要约人在要约中表明不受拘束,要约一旦生效,要约人就要受其拘束,不得随意将其撤销;如果要约规定了有效期,则在有效期内不得撤销要约。如果在要约中没有规定有效期限,则依通常情形渴望得到对方的答复之前,不得撤销或变更要约。[8]《日本民法典》也有类似的规定。[9]《法国民法典》对这个问题没有作规定,但法国法院的判例认为,如果要约人在要约中指定了承诺的期限,要约人可以在期限届满前撤销其要约,但须承担损害赔偿的责任;即使要约人在要约中没有规定承诺的期限,但如果根据具体情况或依正常的交易习惯,该要约被视为应在一定期限内等待对方承诺者,如要约人不适当地撤销该项要约,则应负损害赔偿之责。英美法系认为,要约原则上对要约人没有约束力,要约人可以撤销要约,其理由是,要约只是一项允诺(promise),要使作出允诺的人受其允诺的约束,要么允诺是以签字蜡封的形式作出的,要么是允诺人得到了对方所给予的对价(consideration)。对价可以是金钱,也可以是有价值的东西,或履行某种行为。英美法系的这种做法对受要约人缺乏应有的保障,已不符合现代商业实践的需要,因此,英美两国都认为有必要修改普通法的上述原则。《美国统一商法典》还对上述普通法原则作了修改,根据该法典的规定,由商人以签字的书面形式发出买卖货物的要约,而且要约的条款保证要约有效时,则在规定的期限内,或若无规定的期限,在合理的时间内,要约不得因缺乏对价而被撤销,但无论如何,不可撤销的期限不得超过3个月。[10] 英国法律修订委员会则建议,对于规定一定期限的要约可无对价而保持有效。

《销售公约》对英美法系和大陆法系的冲突作了平衡,原则上采用英美法的原则,即

---

〔8〕 参见《德国民法典》第145条、第146条、第147条。

〔9〕 参见《日本民法典》第521条、第524条。

〔10〕 参见《美国统一商法典》第2-205条。

认为要约可以撤销,但又根据大陆法的原则,对要约的撤销作了较严格的限制。《销售公约》第16条规定,在未订立合同之前,要约得予撤销,如果撤销通知于受要约人发出承诺通知之前送达受要约人。但是,如果要约写明承诺的期限或以其他方式表示要约是不可撤销的,或者如果受要约人有理由信赖该项要约是不可撤销的,而且受要约人已本着对该要约的信赖行事,则要约不可撤销。可以看出,按照《销售公约》的规定,对撤销要约的限制有两种情形:第一种情形是要约自身表明要约是不可撤销的,这既可以以写明承诺期限的方式表明,也可以用其他方式表明。比如,在要约中规定,"上述货物按所报价格,每月可供2000吨",或在要约最后注明"请尽快确认"等字样,或明确表示本要约不可撤销,在这种情形下,如果是写明了承诺期限,则要约的有效期即为承诺的有效期,如果是以其他方式表明不可撤销的,要约的有效期就是"一段合理的时间",而在确定合理时间时,要考虑交易的具体情况,要约人所使用的通信方法,以及双方当事人所建立的习惯做法、采用的惯例等情况。〔11〕 第二种情形是受要约人对要约有理由信赖并已按该信赖行事。规定在这种情形下不得撤销要约是为了保护受要约人的正当利益,使交易能公平地展开,这在受要约人需要对要约内容作深入的调查了解,对要约中的价格进行周密计算的情况下尤为重要。例如,建筑商甲要求乙报1万吨钢筋的价格,并告诉乙此报价是为了计算向某工程的投标,投标将于6月1日进行,6月15日即可知道结果。5月20日乙向甲发出要约,既未规定承诺期限,也未表示要约是不可撤销的。6月10日乙通知甲撤销要约,6月15日甲中标并立即电告乙接受要约,应当认为,乙6月10日的撤销无效。

(四)要约的终止

要约的终止,即要约效力的丧失,有以下几种原因:

1. 要约的有效期限已满。如果有具体的承诺期限,则该期限届满要约即终止;如果没有具体的承诺期限,则于一段合理的时间期满时要约终止。

2. 可撤销的要约于要约人撤销要约的通知送达受要约人时终止,但该通知的送达时间须早于受要约人的承诺通知发出时间。

3. 要约,即使是不可撤销的,于受要约人的拒绝通知送达要约人时终止。拒绝,一种是明确表示拒绝接受,一种是对要约人的交易条件进行讨价还价。后一种拒绝构成一项反要约,即一项新要约。还需要注意的是,不可撤销的要约被拒绝后,其效力即归于丧失,视为不再存在,即使其有效期限尚未届满,受要约人又再次要求"承诺",也不能成立合同,而其"承诺"只是一项新要约而已。

二、承诺

(一)承诺的含义及构成要件

承诺(acceptance)是合同订立的第二个也是最后一个程序,是一个重要的法律概念,在贸易实务中也被称为"接受",它是指受要约人声明或做出其他行为表示同意一项要约。一项法律上有效的承诺必须具备以下构成要件:

1. 承诺必须由受要约人作出。由于要约是向特定的当事人提出的,因此,除了受要约

〔11〕《销售公约》第18条。

人或其授权的代理人以外,任何第三者不能作出承诺。

2. 承诺必须在要约的有效期内作出。如果要约有具体的有效期限,则受要约人应在该期限内作出承诺;如果要约中没有规定具体的有效期限,则受要约人应在一段合理的时间内作出承诺。有效期届满后才送达的承诺,即通常所称迟到的承诺或逾期承诺,世界多数国家的法律,一般都不承认其有效性,而是将其视为一项新要约。但是,《销售公约》采取了与传统的法律原则不尽相同的原则,《销售公约》第 21 条规定,迟延承诺在两种情形下,仍可视为有效承诺:第一种情形是要约人在接到迟延承诺后,毫不迟疑地用口头或书面通知受要约人他接受受要约人的迟延承诺。第二种情形是载有迟延承诺的信件或其他书面文件表明,它是在传递正常时能及时送达要约人的情况下寄发的,则该项迟延承诺仍具有承诺的效力,但要约人毫不迟延地用口头或书面通知受要约人其承诺已经失效除外。在第一种情形下,只要要约人毫不迟疑地作了通知,即使受要约人想否认承诺的效力,也不行;在第二种情形下,只要要约人没有毫不迟疑地否认,则承诺即有效力。总之,逾期承诺是否有效力取决于要约人的意愿。

3. 承诺是对要约内容的同意,即对要约中所提出的具有确定内容的交易条件表示接受。按照许多国家法律的一般概念,承诺必须与要约的内容严格保持一致,如果在承诺中附加了对要约内容的添加、限制或更改,则承诺不构成法律上有效的承诺,只是一项新要约,或称反要约或还盘。《销售公约》对这一问题作了某些变通。按照《销售公约》第 19 条的规定,虽然一般情况下,对要约表示承诺但又载有添加、限制或其他更改的答复,为拒绝该项要约,并构成反要约。但是,如果所载的添加或不同条件在实质上并不变更该项要约的条件,除要约人在不过分迟延的期间内以口头或书面表示反对其间的差异外,仍构成承诺。合同的条件就以该项要约的条件以及承诺通知中所载的更改为准。有关货物价格、付款、货物质量和数量、交货地点和时间、一方当事人对另一方当事人的赔偿责任范围或争端解决等的添加或不同条件,均视为在实质上变更了要约的条件。比如,甲 5 月 20 日向乙发出要约,出售某批货物,以坚固袋子包装,乙 5 月 28 日表示接受,但包装要求用新袋子。甲收到乙的承诺通知后,没有作意思表示,5 月 30 日起该货价格暴跌,乙便以甲未确认新包装货为理由通知甲其原承诺无效,甲已发货并坚持合同成立,双方就此发生纠纷。在本案中,应判定合同已经成立,乙应履行合同。因为承诺中所包含的关于包装的更改并非实质性更改,而甲在收到更改后并未表示反对这种更改,本案中合同的条件就是甲要约中的条件加上乙对包装的更改。可见,对于非实质性更改要约内容的承诺,要约人对是否确认其为承诺具有决定权,如果他不表示异议,则视为承诺,如果他在不过分迟延的时间内通知受要约人他反对更改,则承诺应视为新要约。

例如,在中国国际经济贸易仲裁委员会 1993 年裁决的一个案件中,中国卖方与美国买方缔结了一个关于钢材的买卖合同。由于卖方无法交付合同的主要货物,双方当事人通过谈判同意解除合同并以友好的方式解决争议,卖方提出在买方同意免除其其他合同义务的前提下支付合同约定的罚金,买方接受卖方的建议同时要求卖方承担保险费。卖方向买方发去传真表示:(1)接受买方的要约;(2)请买方起草一个正式的解除合同的协议。但是在卖方支付罚金之后,买方以卖方的传真构成反要约而其从未接受为由要求卖方根据中国《涉外经济合同法》和《销售公约》承担全部合同损害赔偿。仲裁庭适用了《涉外经济合同法》和《销售公约》第 19 条,认为卖方的传真构成承诺,双方已经就解除合同达成协议,买方无权请求其他损害赔偿。

关于承诺的表达方式,《销售公约》规定,如果根据要约或依照当事人之间确立的习惯做法或惯例,受要约人可以做出某种行为,例如,与发运货物或支付价款有关的行为来表示同意,而无须向要约人发出承诺通知,则承诺于该项行为做出时生效。这表明,承诺的方式除书面、口头外,还可以用行动表示,但由于我国对《销售公约》这一规定的保留,这一规定对我国没有效力。

(二)承诺生效的时间

承诺生效的时间是合同法中一个十分重要的问题。因为按照各国的法律,承诺一旦生效,合同即告成立,双方当事人就要受合同的约束。在这个问题上,英美法系与大陆法系尤其是德国法之间存在重大分歧。英美法系采用投邮生效原则(mail box rule),即载有承诺内容的邮件一经投入邮筒或者电报、电传一经发出,承诺即生效。采用投邮生效原则可以提前合同承诺的时间,部分抵消因要约不具有约束性给要约人造成的优势。《德国民法典》则规定,对于相对人所作的意思表示,于意思表示到达相对人时生效。〔12〕因此,承诺的通知必须到达相对人即要约人时生效,合同亦于此时成立。《销售公约》采用了德国法的到达生效原则。

与承诺生效时间有关系的是要约的有效期从何时开始计算的问题。这一问题的产生主要是由于有的要约没有规定具体的有效截止日期,如"本要约有效期到 8 月 20 日为止",而只是规定一个期限,如"本要约有效期为 10 天",这样起算时是从发出之日起算还是以受要约人收到之日起算就将影响有效期的长短。对此,《销售公约》第 20 条作了规定:要约人以电报或信件发出要约的承诺期限,从电报交发之日时或载明的发信日期起算,如果信上未载明发信日期,即以信封上加盖的邮戳日期为准;以电话、电传或其他快速通讯方式发出要约,承诺期限应从要约送达受要约人时起算;在计算承诺期间时,承诺期间内的正式假日或非营业日应计算在内,但是,如果承诺通知在接受期间的最后一天因遇到要约人营业地的正式假日或非营业日而未能送达要约人,则此项承诺期限应顺延至下一个营业日。

(三)承诺的撤回

按照《销售公约》的规定,受要约人在发出承诺通知后,可以用更为迅捷的方式将撤回承诺的通知于承诺通知到达要约人之前或同时送达要约人,从而使承诺通知自始即不能发生效力。与要约的撤回一样,承诺之所以能撤回,是因为承诺的生效采取了到达生效原则。在英美法系国家,由于采取投邮生效原则,承诺通知一经投邮即生效,不存在撤回的问题。此外,由于承诺一经送达即发生效力,合同亦告成立,因此不存在撤销承诺的问题。

---

〔12〕 参见《德国民法典》第 130 条。

第四节　国际货物买卖合同的履行

关于国际货物买卖合同的履行,《销售公约》的规定包括三方面的内容:卖方的义务、买方的义务、货物风险的转移。《销售公约》的规定相当具体详细,较好地调和了大陆法和英美法的分歧和矛盾,并且反映了现时国际商事交易中的通常做法。

需要指出的是,基于《销售公约》的任意性,国际货物买卖合同当事人可以对当事人的权利义务、风险的转移等内容在合同中作出不同的规定,只有在合同中没有规定时,《销售公约》才起到补充的作用。

一、卖方的义务

卖方的基本义务是按照合同和《销售公约》的规定,交付货物、移交一切与货物有关的单据并转移货物所有权。具体而言,又可细分为以下四个方面。

(一)交付货物

1. 交货地点

如果买卖合同对交货地点已有规定,卖方应按合同的规定交货。如果合同对交货地点没有作出规定,可根据《销售公约》第 31 条的规定确定交货地点。

(1)如果买卖合同涉及货物运输,卖方应把货物移交给第一承运人以完成交货。《国际贸易术语解释通则》所涉及的 11 种术语中,除 EXW 外,其余 10 种术语都涉及货物运输,而且一旦使用这些术语,都附带规定了交货地点。在国际货物买卖合同中不规定交货地点的情形是极为少见的。

(2)如果买卖合同没有涉及货物运输,则按照《销售公约》的规定,如果该合同出售的是特定物或者是从某批特定的存货中提取的货物(如合同规定从某特定仓库提取 1000 吨钢坯作交货之用),或者是尚待加工生产或制造的未经特定化的货物,而双方当事人在订立合同时已经知道这些货物存放在某个地点,或者已经知道它们将在某一特定地点制造或生产,卖方应在该地点将货物交给买方处置。所谓交给买方处置(at the buyer's disposal)应理解为卖方应完成使买方占有货物的一切准备工作,包括对货物的包装、划拨等,使货物处于交付状态,并向买方发出通知,使买方能够占有货物。假如货物由受托人如仓库保管人或承运人保管,卖方应向受托人发出为买方保管货物的指示,或向买方移交控制货物的单据。

(3)在除上述情况外的其他情况下,卖方的交货义务是在其订立合同时的营业地把货物交给买方处置。

2. 有关运输的义务

按照《销售公约》第 32 条的规定,在涉及运输时,卖方还要履行以下与运输有关的义务:

(1)使货物特定化,或者说把货物确定在合同项下(identified to the contract)。卖方可通过三种方法使货物特定化:在货物上标明买方的姓名和地址;在提单上载明以买方为收货人或载明货物运到目的地时应通知买方;向买方发出列明货物的发货通知。如果卖方未能采取以上方法中的一种使货物特定化,则货物的风险不发生转移。

(2)如果卖方有义务安排货物的运输,他必须订立必要的合同,以按照通常运输条件,用适合情况的运输工具,将货物运到指定地点。

(3)如果卖方没有义务对货物运输办理保险,他必须在买方提出要求时,向买方提供一切现有的必要资料,使买方能够办理保险。

《销售公约》的上述规定与《国际贸易术语解释通则》的相应规定是基本相同的。

3. 交货时间

《销售公约》第33条对如何确定卖方交货的时间作了如下规定:

(1)如果合同规定了交货日期,或从合同中可以确定交货日期,应在该日期交货。

(2)如果合同规定有一段时间,或从合同中可以确定一段时间,则除非情况表明应由买方选定一个日期外,可在该段时间内的任何时间交货。

(3)在其他情况下,应在订立合同后一段合理时间内交货。至于什么是合理时间,作为一个事实问题,应根据具体的交易情况来确定。

(二)提交有关货物的单据

向买方提交有关货物的单据,也是卖方的一项主要义务,只有在收到有关单据后,买方才可以顺利提取货物,办理报关手续、检验货物等事宜。《销售公约》第34条规定,卖方必须按照合同所规定的时间、地点和方式移交这些单据。

国际货物买卖所涉及的单据主要有提单、保险单和商业发票,有时还可能包括领事发票、原产地证书、重量证书或质量检验证书等,其中领事发票,是指根据有些国家(如一些拉丁美洲国家、菲律宾等)的规定,由国外出口人就输往该国的货物向该国海关提供的经该国领事签证的发票,主要是作为估价完税或征收差别税或征收反倾销税的依据。

(三)品质担保义务

卖方出售的货物,应具有什么样的品质,这是当事人十分关心并应在合同中加以明确的问题,同时也是各国法律重点加以规定的问题。大陆法系把卖方对货物的品质担保义务称为对货物的瑕疵担保义务,《德国民法典》第459条规定:(1)物之出卖人应向购买方担保其出售之物在风险转移给买方时不存在减少或损害其价值或其适合于通常之用途或合同规定之用途的瑕疵。(2)出卖人仍应担保,在风险转移时物应具有所允诺的质量。

《英国货物买卖法》第12~15条规定,卖方所出售的货物应符合以下默示条件(implied condition):(1)凡是凭说明的交易,卖方所交货物必须与说明相符;(2)如果卖方是在营业中出售货物,则应当包含一项默示条件——卖方依据合同提供的货物应具有商销品质(merchantable quality);(3)如果卖方是在营业中出售货物,而且买方已经让卖方知道货物要适用于特定的用途,则合同还应包含一项默示条件——卖方所提供的货物应适合这种特定用途;(4)凡凭样品成交的买卖,应默示认为货物应符合样品;(5)如果在交易中既有样品又有说明,则卖方所交货物必须与样品和说明一致。[13]《美国统一商法典》将

---

〔13〕英国法把合同条款分为条件(condition)和担保(warranty)两大类,条件指涉及合同基础的主要条款,担保则指从属于合同目的的次要条款,违反条件,对方可以解除合同并请求赔偿,违反担保,只能请求损害赔偿,不能解除合同。

卖方的货物担保义务分为明示担保和默示担保,该法第2-313条规定,明示担保因确认、允诺、说明和样品而产生。第2-314条规定,卖方所出售的货物应认为默示地具有商销品质。第2-315条规定,如果卖方在订立合同时有理由知道买方对货物的特定用途而且买方也信赖卖方的技能和判断能力,则卖方必须承担交付符合该特定用途的货物的默示担保。

《销售公约》的规定与英美法上的默示条件或默示担保义务有不少相同之处。《销售公约》第35条规定,卖方交付的货物必须与合同所规定的数量、质量和规格相符,并须按照合同所规定的方式装箱或包装,除双方当事人另有协议外,货物除非符合以下规定,否则即为与合同不符:(1)货物适用于同一规格货物通常使用的目的;(2)货物适用于订立合同时曾明示或默示地通知卖方的任何特定目的,除非情况表明买方并不依赖卖方的技能和判断力,或者这种依赖对他是不合理的;(3)货物的质量与卖方向买方提供的货物样品或样式相同;(4)货物按照同类货物通用的方式装箱或包装,如果没有此种通用方式,则按照足以保全和保护货物的方式装箱与包装。但是,如果买方知道或不可能不知道货物与合同不符,卖方就无须按上述第(1)项至(4)项负有此种不符合的责任。可以看出,这四项义务,是在双方当事人没有约定的情况下,由《销售公约》加诸卖方身上的义务,反映了买方在正常交易中对购买的货物所抱有的合理期望。

《销售公约》第36条就卖方对货物不符负有责任的期间作了规定,按照该条的规定,卖方对货物不符负有责任的期限,一般是以货物风险的转移时间为界限,即卖方负责风险转移以前货物的质量符合合同。这包括货物不符在风险转移之前已存在但是在风险转移之后才显现出来的情况,比如,无缝钢管外表良好,而管壁内有裂痕。不过,此时买方应负举证责任。此外,如果卖方在交货后仍承担品质担保时,比如,冰箱卖主承诺其冰箱在三年内保修,则风险转移的时间延续到该担保义务的终了。

与货物品质密切相关的是货物质量的检验问题。对此,《销售公约》第38条对货物检验的时间、第39条对通知货物不符作了规定。按照第38条的规定,买方必须在按情况实际可行的最短时间内检验货物或由他人检验货物。如果合同涉及货物的运输,检验可推迟到货物到达目的地后进行。如果货物在运输途中改运或买方需再发运货物,没有合理机会加以检验,而卖方在订立合同时已知道或理应知道这种改运或再发运的可能性,检验可推迟到货物到达新目的地后进行。第39条规定,买方对货物不符合合同,必须在发现或理应发现不符情形后一段合理时间内通知卖方,说明不符合合同情形的性质,否则就丧失声称货物不符合同的权利。无论如何,如果买方不在实际收到货物之日起2年内将货物不符合合同情形通知卖方,他就丧失声称货物不符合合同的权利,除非这一时限与合同规定的保证期限不符。《销售公约》的上述规定在当事人就检验、索赔条款未作出规定或规定不详时可以作为补充。例如,在广州中级人民法院2005年审理的一个案件中,美国买方与中国卖方签订了关于生姜的买卖合同,买方支付了部分价金,买方后来以生姜质量与合同不符为由提起诉讼要求损害赔偿,卖方反诉要求支付剩余价金。法院适用《销售公约》第39条,认为买方没有在收到货物2年内提出货物不符的通知,因而丧失了主张货物不符的权利,判决卖方胜诉。

(四)卖方对货物的权利担保义务

权利担保,是指卖方应保证其对所出售的货物享有合法的权利,没有侵犯任何第三人的权利,并且任何第三人都不会就该项货物向买方主张权利。各国法律都对卖方的权利担保作有规定,并将其视为法定义务。

《销售公约》第41条规定,卖方所交付的货物必须是第三方不能提出任何权利(right)或要求(claim)的货物,除非买方同意在这种权利或要求的条件下收受货物。因此,不仅第三方主张对货物的权利(包括所有权或担保物权)得到确认时卖方要赔偿买方的损失,而且即使第三方就货物提起要求(如起诉)但并未获得确认时,卖方也要承担买方因此而付出的费用。

《销售公约》第42条还专门就卖方担保第三人不得基于工业产权或知识产权对货物主张任何权利或要求的义务作了规定。第三方以知识产权提出主张的情形较为复杂。不仅在买方国家内的知识产权人可能提出权利主张,而且如果货物转售第三国,则第三国的知识产权人也可能提出权利主张。对此,《销售公约》规定,卖方所交付的货物,必须是在买方所在地国家和货物转售或作其他使用的国家(以当事人订立合同时预知货物将在其他国家转售或作其他使用为前提)都不能由第三方依据工业产权或知识产权主张任何权利或要求的货物,但以卖方在订立合同时已知道或不可能不知道的权利或要求为限。但是,如果买方在订立合同时已知道或不可能不知道此项权利或要求,或者此项权利或要求的发生是由于卖方遵照买方所提供的技术图样、图案、程式或其他规格,则卖方可解除对此项权利或要求的担保义务。《销售公约》第43条进一步对买方就第三方的权利或要求的性质通知卖方的义务作了规定:买方必须在已知道或理应知道第三方的权利或要求后一段合理的时间内,将此权利或要求的性质通知卖方,否则就丧失援引第41条或第42条规定的权利,但是,卖方已经知道第三方的权利或要求以及此权利或要求的性质的情形除外。

二、买方的义务

买方的基本义务是支付货款和收取货物。

(一)支付价款

根据《销售公约》的规定,买方支付价款的义务包括履行必要的付款手续,在合理的地点、时间付款。

1. 履行必要的付款手续

《销售公约》第54条"付款的预备步骤"规定:买方支付价款的义务包括采取合同或任何法律、规章所要求的步骤和手续,以便使价格得以支付。所谓的"必要的付款手续",主要指根据买卖合同的规定,申请银行开立信用证或银行保函;在实行外汇管制的国家,还需要按有关的法律或规章的规定,申请为付款所必需的外汇。买方不办理付款预备手续,即构成违反合同。若是根本违约,卖方可宣布解除合同;若尚未构成根本违约,卖方可规定一段合理的额外时间让买方办理手续,若买方仍不办理,则卖方可以解除合同。

案例 7-6 | Trans Trust SPRL v. Danubian Trading Co., Ltd.[14]

在该案中,大法官丹宁勋爵认为,买方没有申请开出信用证构成对合同条件的违反,卖方可以不再履行任何义务并有权要求买方赔偿损失。在该案中,原告(英国卖方)与被告(比利时买方)于1950年9月签订合同,由原告向被告销售1000吨轧制的钢板,价格为每吨8025比利时法郎,1950年12月FOB比利时安特卫普交货。为了履行合同,英国卖方与美国公司S. A. Azur签订合同从该美国公司购买轧制钢板。卖方认为依据合同约定买方有义务申请比利时信用银行开出以S. A. Azur为受益人的信用证以使受益人在提交装船单据时即可要求银行支付现款。但是买方没有安排开出信用证,而当卖方于11月16日要求买方迅速申请开出信用证时买方予以拒绝。卖方起诉买方,认为买方拒不开出信用证构成违约。买方辩称开出信用证是合同的先决条件,如果没有开出信用证则买方并不需要承担责任。丹宁勋爵认为,在买卖双方确定信用证支付时,买方申请开出信用证成了一项现代惯例,该信用是银行的一个不可撤销的允诺:在卖方提交装运单据时银行向卖方付款。这一惯例的理由之一就是卖方希望交货时就可以获得货款,另一个理由是卖方需要为货物支付费用,它希望能够使用银行的信用来支付该费用。例如,卖方可能是一个从农夫或制造商那里购买货物因而需要在买方向它付款前就向农夫或制造商付款,而且卖方的银行也可能只有在卖方具有信用证做后盾时才愿意向卖方提供资金便利。因此,卖方履行交易的能力取决于买方能否提供信用证。因而,卖方会在合同约定,在卖方交付货物之前买方必须在规定的时间内提供信用证。如果合同作了如此约定,它就不是合同成立的一个条件,而是合同的一个基本条款,构成合同的条件。本案中买方安排信用证就构成合同的基本条款,对该条款的违反构成对合同的违反,卖方因而免除了继续履行合同的义务并有权主张损害赔偿。

《销售公约》第54条的相关规定可以视为是对上述案件所确立规则的编纂。

2. 支付价款的地点

《销售公约》第57条规定,若买卖合同没有规定付款地点,可在以下地点支付价款:

(1)卖方的营业地。若卖方有一个以上的营业地,则买方应在与该合同及合同的履行关系最为密切的那个营业地支付价款。《销售公约》还规定,若卖方的营业地点在订立合同后发生变动,则由于这种变动而引起的在支付费用方面的增加开支应由卖方支付。

(2)如果是凭移交货物或单据支付价款,则为移交货物或单据的地点。

3. 付款时间

《销售公约》第58条对付款时间作了规定,这一规定包含三方面的内容:

(1)若买卖合同没有规定付款时间,买方必须于卖方按照合同或《销售公约》的规定将货物或控制货物处置权的单据交给买方处置时支付价款。卖方可以支付价款作为移交货物或单据的条件。

(2)若合同涉及货物的运输,卖方可在支付价款后把货物或控制货物处置权的单据移交给买方作为发运货物的条件。

---

〔14〕 See United Kingdom, England, Court of Appeal, 1952. All England Reports, Vol. 1952. pt. q, p. 970(1952).

(3)买方在未有机会检验货物前,无义务支付价款,除非这种检验与双方当事人议定的交货或支付程序相抵触。检验与交货支付程序相抵触的典型情形是CIF合同。在CIF合同中,一般是凭单付款在前,货到检验在后。

(二)收取货物

按照《销售公约》第60条规定,买方收取货物的义务包括两方面:

1. 采取一切理应采取的行动,以期卖方能交付货物。在某些典型的买卖合同中,卖方的交货需要买方的配合。例如,在FOB合同中,买方要在租好或订好船舱后将船只的名称、装运港和装运日期通知卖方,卖方才能顺利交货。又如,在FCA中,买方必须签订运输合同并将承运人名称、交货时间通知卖方,对于上述理应采取的行动,买方应予以实施,以使卖方能交付货物。

2. 接收货物。买方有义务在卖方交货时接收货物。若买方不及时提货,卖方可能要多支付仓储费或向承运人支付滞期费及其他费用。

三、货物风险的转移

(一)概述

风险是一个法律术语,指货物可能遭受的各种意外损失,如盗窃、火灾、沉船、破碎、渗漏、扣押及不属于正常损耗的腐烂变质等。这些损失在货物买卖的各个阶段都可能发生,例如,在卖方尚未移交货物至承运人或买方前、在运输途中、买方检验货物过程中、买方在接收后持有货物时都可能发生。风险的转移,是指货物风险于何时由卖方转移到买方。风险转移到买方后,若发生灭失,则买方仍需支付价金。若风险尚未转移到买方即发生灭失,则买方不仅没有支付价金的义务,而且卖方若因此不能履行合同的话还可能要承担违约责任。因此,风险的划分直接关系到买卖双方的切身利益,是买卖法应当解决的重大问题之一。当然,由于保险的广泛采用,大多数损失都可以通过保险来弥补,但仍有一些问题需要划分风险转移的界限后才能解决,比如,哪一方应向保险人求偿,哪一方有责任救助受损的货物;又如,当保险的险别不包括某种风险或对某种风险不适用时如何承担损失等。

各国法律对货物风险转移的时间的规定很不相同。英国法和法国法以所有权转移的时间为风险转移时间,德日法、美国法则以交货时间决定风险转移的时间。应该说,以交货时间作为划分标准要切合实际一些。

(二)《销售公约》关于风险转移的规定

关于风险转移,《销售公约》第66条至第70条作了详尽规定,总的说来,是以交货时间来确定风险转移的时间。

1. 风险转移所产生的后果

《销售公约》第66条规定,货物在风险转移到买方承担后灭失或损坏,买方支付价款的义务并不因此解除,除非这种灭失或损坏是由于卖方的行为或不行为所造成。这表明,一旦风险转移于买方之后,买方就要对货物的灭失或损坏承担责任,即使货物灭失或损坏,买方也必须付款,他只能通过保险求得补偿(如果保了险的话),而不能以此为理由拒付价款。但是,买方的这种责任有一种重要的例外,那就是如果货物的灭失或损坏归因于卖方时,买方则免除付款的义务。比如,合同规定卖方要用新袋子包装货物,但卖方却用了旧袋子包装,致使货物发生灭失,则买方可不付价款。

2. 涉及货物运输时风险转移的时间

《销售公约》第 67 条规定:(1)如果买卖合同涉及货物的运输,但卖方没有义务在某一特定地点交付货物,而货物按照买卖合同交付给第一承运人以转交给买方时,风险就转移到买方承担。如果卖方有义务在某一特定地点把货物交付给承运人,在货物于该地点交付给承运人以前,风险不转移到买方承担。卖方受权保留控制货物处置权的单据,并不影响风险的转移。(2)但是,在对货物加标记,或以装运单据,或向买方发出通知或其他方式清楚地确定在合同项下以前,风险不转移到买方承担。

本条第 1 款规定了涉及货物运输时风险转移的基本规则,即风险在卖方将货物交付给第一承运人时转移,但这一规则有一个限制,即当合同要求卖方将货物交付给处于某特定地点的承运人时,则风险只有当卖方将货物在特定地点交付给承运人时风险才发生转移,这一处于特定地点的承运人可能是第一承运人,也可能是第二、第三承运人。交付是一个确定的概念,它仅指转移占有的实际行为。只有卖方按合同规定转移货物占有的行为时才适用“交付”一词。

“卖方受权保留控制货物处置权的单据并不影响风险的转移”,这句话是针对英国等国的法律而作的一个特别说明,《销售公约》摒弃英国法将货物所有权转移的时间作为风险转移时间的做法,即使代表货物所有权的单据由卖方持有、尚未转移给买方,也不影响货物风险的转移。

在 St. Paul Guardian Insurance 诉 Neuromed Medical Systems & Support GmbH 案[15](本案具体案情见第一章,关于 INCOTERMS 的适用参见第四章的案例分析)中,原告认为,被告保留货物的所有权,就要承担货物灭失的风险。保留货物的所有权的规定修改了 INCOTERMS 的规定。法官认为,虽然 INCOTERMS 对保留货物所有权对风险转移的影响未作规定,但《销售公约》第 67 条规定,卖方受权保留控制货物处置权的单据,并不影响风险的转移。这表明所有权的转移并不影响风险的转移。本案即使适用《德国民法典》,其第 447 条也是采纳了所有权和风险转移相分离的原则,结果也是一样。因此,法官判决驳回原告的诉讼请求。

以货交承运人作为风险转移的界限,即意味着运输中的风险将由买方承担,而这也符合国际贸易的实际情况。因为,货物在运输途中发生的损害,通常只有当货物到达买方时才能发现;买方能够更好地估价所受的损失,并且向承运人或保险公司求偿;而且在很多交易中,买方须在卖方交货之前,通过卖方所在地银行向卖方发出信用证,然后卖方向该银行提交提单、保险单,由该银行交给买方,因而在买方检验货物发生损害时,这些单据已经到了买方的手里。

需要强调的是,要注意价格术语与本条规定的关系。FCA、CPT、CIP 是货交承运人时风险转移,FAS、FOB、CIF、CFR 是在货交承运人后,于船边、于船上转移风险,这几个术语

---

〔15〕 See Lexis United States District Court Case, No. 5096(2002); Ray August, International Business Law, Text, Cases and Readings, 4th edition, Pearson Education, Inc., 2004, p. 594 – 597.

的运输风险由买方承担。DAT、DAP、DDP 是在目的地点交货,运输风险由卖方承担。一旦当事人采用上述价格术语作为合同条件,则价格术语的规定即优先于《销售公约》的规定。

本条第 2 款规定的含义是货物未特定化之前不转移于买方。特定化的方法,包括加标记,或以装运单据,或向买方发通知等方式。以货物特定化为前提,主要是为了防止卖方在其货物遭受损失时提出欺骗性主张,声称受损货物是买方购买的。

3. 路货的风险转移时间

《销售公约》第 68 条规定,对于在运输途中销售的货物,从订立合同时起,风险就转移到买方承担。但是,如果情况表明有此需要,从货物交付给签发载有运输合同单据的承运人时起,风险就由买方承担。尽管如此,如果卖方在订立合同时已知道或理应知道货物已经灭失或损坏,而他又不将这一事实告诉买方,则这种灭失或损坏应由卖方负责。

《销售公约》第 68 条处理的是一种特殊类型的交易,即在运输途中出售货物的交易,这种买卖也是涉及货物运输的,但是由于货交承运人时买方尚未确定,因此,不可能适用第 67 条规定的以货交承运人来划分风险的原则,对此,《销售公约》规定,从订立合同时即买方确定时起转移到买方。但是,如果在订立合同时货物已经发生灭失或损坏而且卖方知道或理应知道这一事实,则风险不发生转移,灭失或损坏不由买方承担。《销售公约》还进一步规定,如果情况表明有此需要,风险从货物交付给签发载有运输合同单据的承运人时起转移到买方(此时买方尚未确定)。因为在当事人是转移提单、保险单来进行交易时,保险单的转让使得买方成为唯一的能够根据该保险单求偿的人。因此,由买方来承担整个运输途中的风险是可行和适宜的。《销售公约》作出这种进一步的规定还有其他原因:运输货物发生损失的时间有时不好确定(如由于渗水或高温造成的损失时),用货物交承运人这个确定的时间为标准可以提供便利。

4. 其他情况下的风险转移时间

其他情况,即不属于《销售公约》第 67 条、第 68 条规定的情况有两种:一是合同要求买方到卖方营业地接收货物;二是货物由公用仓库保管员保管,或者由卖方负责以卖方的货车或者卖方通过承运人的运输将货物运送到买方的营业地。

对于买方到卖方营业地接收货物的情况,《销售公约》第 69 条规定,从买方接收货物时起,风险转移到买方。但如果买方不在适当的时间内收取货物,则从货物交付给他处置但他违反合同不收取货物时起,风险转移到买方。比如,合同规定于 6 月 10 日以前到卖方营业地交货,如果买方 6 月 5 日提货,则风险于此时转移。如果 6 月 10 日卖方已将货物打上标记、存放待提,而买方不提货,则 6 月 10 日以后货物发生灭失的风险依然由买方承担。

对于货物存放在公共仓库的情形,由于交货的行为由仓库保管人作出,因此,《销售公约》规定,只要合同规定的交货时间一到,买方知道货物已在该地交给他处置(如卖方已向买方提供提货凭证)时,风险就发生转移。对于由卖方或承运人运到目的地或买方营业地的情形,与存放在公共仓库的情形相同,也是在交货时间一到,买方知道货物已交给他处置时转移。《销售公约》第 69 条也规定,在货物未特定化之前,不得视为已交给买方处置。

5. 卖方根本违反合同对风险转移的影响

《销售公约》第70条规定,如果卖方已根本违反合同第67条、第68条和第69条的规定,不损害买方因此种违反合同而可以采取的各种救济方法。这一规定的含义是,如果卖方已根本违反合同,即使货物的风险已转移到买方,买方也可以采取宣告解除合同、要求交付替代货物或请求损害赔偿等救济方法,尤其是解除全部合同时,买方可以全部退货,从而避免了由他承担风险转移后所发生的灭失或损害。如果卖方没有根本违约,那么买方不能解除合同,还要承担风险转移后的灭失或损害。比如,卖方的100吨货物中,在交付承运人时有40吨不符合合同,途中又有20吨灭失,那么,如果40吨不符合合同构成根本违约,则买方可要求退回全部100吨货物;但是,如果只有20吨不符合合同,而且20吨不符合合同不构成根本违约,买方虽然可以对20吨货物要求赔偿损失,但却不能解除合同,因而要承担20吨货物的损失。

第五节　国际货物买卖中的违约责任和免责

本节依次讨论国际货物买卖中的违约、几种主要的违约救济方法、卖方违约时的救济方法、买方违约时的救济方法、保全货物的义务和免责等问题。

一、违约

买卖合同订立以后,双方即应按合同履行义务。如果一方不履行义务或不适当地履行义务,即是违反合同的行为,或称违约行为。卖方的违约行为,主要有不交货、延迟交货或所交货物与合同不符、不提交有关的单证等。买方的违约行为,主要有无理拒收货物、拒不履行付款手续、不付款等。《销售公约》对违约的规定有一个重要的特点,那就是把违反合同的行为分为根本违反合同行为和非根本违反合同行为,并分别采用不同的救济方法。

《销售公约》第25条规定,一方当事人违反合同的结果,如使另一方当事人蒙受损害,以至于实质上剥夺了他根据合同规定有权期待得到的东西,即为根本违反合同。除非违反合同一方并不预知而且一个同等资格、通情达理的人处于相同情况下也没有理由预知会发生这种结果。

从以上的规定可以看出,构成根本违反合同必须满足一个条件:一方当事人违反合同的行为对另一方当事人的利益造成了重大损害;同时存在一项例外,即违约的后果是违约方并不预知而且一个同等资格、通情达理的第三人处于相同情况下也不会预知到的。

就条件而言,《销售公约》强调的是"违反合同的结果",这就是说根本违约不是以对合同的哪些条款的违反为标准,而是要看违约在客观上对对方所造成的后果。因此,不仅当事人对合同中某些主要条款的违反可能构成根本违约,而且对合同中某些一般条款的违反也可能构成根本违约,只要其后果“实质上”(substantially)〔16〕剥夺了对方期望得到的东西。同时,对于“实质上”一词,应理解为“大量地”“严重地”,即只有严重损失才可能构成根本违约,轻微的损失不能构成根本违约。至于违约的结果是否存在实质性损失,这是个事实问题,最终需要法官、仲裁员在具体案件中考察各种情况而定。

就例外事由而言,违约方只要能证明违约虽然造成了实质性损害,但是没预见会发生这种严重后果而且一个第三人在同样情形下也无法预见会发生这种严重后果,就能否定其行为构成根本违约。

对于根本违约,《销售公约》规定受损方可以解除合同,而对于非根本违约,受损方一般不能解除合同。

二、几种主要的违约救济方法

《销售公约》所规定的买卖双方都可使用的违约救济方法主要有解除合同、损害赔偿和实际履行。

(一)解除合同

1. 解除合同的前提条件

总地说来,只有在对方的违约构成根本违约时,受损方才可以宣布解除合同。具体而言,《销售公约》有四个条款对可以解除合同的情况作了规定:

(1)第49条。该条规定,在卖方的违约构成根本违约或者卖方不交货,而且在买方所给予的额外时间内也不交货(视为根本违约),则买方可解除合同(详见本节“卖方违约的救济方法”)。

(2)第64条。该条规定,在买方的违约构成根本违约或者买方不在卖方规定的额外时间内履行支付价款的义务或收取货物,卖方可解除合同(详见本节“买方违约的救济方法”)。

(3)第72条。该条规定预期违约的情形,即如果在履行合同日期之前明显看出一方当事人将根本违反合同,另一方当事人可宣告合同无效。

(4)第73条。该条对分批交货合同的宣告无效作出规定。依该条:①对于分批交货合同,如果一方当事人不履行对任何一批货物的义务,便对该批货物构成根本违反合同,则另一方当事人可以宣告合同对该批货物无效;②如果一方当事人不履行对任何一批货物的义务,使另一方当事人有充分理由断定对今后各批货物将会发生根本违反合同,该另一方当事人可以在一段合理时间内宣告合同今后无效;③买方宣告对任何一批货物的交付为无效时,可以同时宣告合同对已交付的或今后交付的各批货物均为无效,如果该批货物是互相依存的,不能单独用于双方当事人在订立合同时所设想的目标。

2. 解除合同的生效

对于解除合同的生效,英美法和德国法均认为,只要把解除合同的通知送交对方,即可以使合同丧失效力。《法国民法典》则规定,除某些特殊情况外,债权人必须向法院申

---

〔16〕 通译为“实际上”,但作者认为译为“实质上”更为贴切,“实际上”的对应词应为“actually”,“substantially”则对应于“实质上”。

请解除合同的命令,经法院认可才使合同的效力解除。[17]

《销售公约》第26条规定,宣告合同无效的声明,必须向另一方当事人发出通知,方始生效。即采取与英美法、德国法相同的原则。这样规定既可以使违约方及时知道合同所处的状态,同时采取措施减少不必要的损失,又可避免受害方利用对方根本违约的机会视市场行情涨落取得不公平利益。

值得注意的是,《销售公约》第26条规定的通知,是采取投邮生效原则(或发送生效原则),即只要宣告解除合同方一发出通知,合同即告解除。传递上的耽搁或错误风险,由违约方承担。有必要进一步指出的是,《销售公约》第三部分"货物买卖"与第二部分"合同订立"在通知生效的原则上是很不相同的。在合同成立上,《销售公约》主要采取到达生效原则;而在货物买卖部分,按第27条的规定,除第三部分的条文另有明文规定外,通知的生效应采取发送原则。[18]

3. 解除合同的效果

合同一旦解除,当事人即无须再履行尚未履行的义务,这是合同解除的应有之义。各国合同法或买卖法也是这样规定的。但是,解除合同是否能够溯及既往,从而使双方当事人互负返还已受领的给付的义务,各国法律的规定有很大的差异。德国法和法国法均承认解除合同的效力溯及既往。《美国统一商法典》亦未将"返还"的概念运用得如大陆法那么普遍。一般说来,卖方取回货物的请求只能基于买方在受领货物上的错误行为(如诈欺)或者基于卖方对货物保留了财产利益。

《销售公约》在合同解除的效果上主要采取大陆法的原则。《销售公约》第81条规定,宣告合同无效解除了双方在合同中的义务,已全部或局部履行合同的一方,可以要求另一方归还他按照合同提供的货物或支付的价款;如果双方都须归还,他们必须同时这样做。《销售公约》第84条还对利益的返还作了进一步的规定:(1)如果卖方有义务归还价款,必须同时从支付价款之日起支付价款利息。(2)在以下情况下,买方必须向卖方说明他从货物或其中一部分得到的一切利益:①如果他必须归还货物或其中一部分;②如果他不可能归还全部或一部分货物,或不可能按实际收到货物的原状归还全部或一部分货物,但他已宣告合同无效或已要求卖方交付替代物。第84条表明,双方当事人互相返还已受领的利益(货物或价款)的义务包括两个方面:一是返还已受领的货物或价款;二是返还货物或价款所生的利润或利息。

合同解除的效果还包括以下方面:合同的解除是否可与损害赔偿这一救济方法同时使用,合同的解除是否影响合同争议解决条款的效力,合同的解除是否影响合同中关于双方在合同解除后权利义务的规定(如合同中有关货物被拒收后的处理的规定等)。对此,《销售公约》第81条规定,宣告合同无效解除了双方在合同中的义务,但应负责的任何赔偿仍应负责(这摒弃了德国法关于解除合同和损害赔偿只能择一使用的规定);宣告合同无效不影响合同中关于解决争议的任何规定,也不影响合同中关于双方在宣告合同无效

---

〔17〕《法国民法典》第1184条第3款。

〔18〕另有明文规定的条款有第47条第2款、第48条第4款、第63条第2款、第65条第1款和第2款、第79条第4款。这些条款规定,通知采取送达生效原则。

后权利和义务的任何规定。

案例 7－7 中化国际(新加坡)有限公司诉德国蒂森克虏伯冶金产品有限责任公司国际货物买卖合同纠纷案

该案是瑕疵履行是否构成根本违约的一个典型判例。该案的基本案情是:卖方德国蒂森克虏伯冶金产品有限责任公司(以下简称德国克虏伯公司)与买方中华国际(新加坡)有限公司(以下简称中化新加坡公司)签订《采购合同》,销售一单石油焦。货物运到后,买方发现货物规格与合同约定不符,向卖方索赔。后买方找到下家将货物转卖,转卖价格低于合同价格。买方诉至江苏省高级人民法院,认为卖方的瑕疵履行构成根本违约,要求解除合同并由卖方承担所有损失。卖方认为货物虽有缺陷,但不严重,买方的损失是因为货物价格下跌造成的,因而主张货物损失应该由买方自行承担,买方也无权解除合同。《采购合同》约定,案件由美国纽约州的法律管辖。江苏省高级人民法院判决支持原告的诉讼请求,被告不服一审判决,上诉至中华人民共和国最高人民法院(以下简称"最高人民法院")。最高人民法院于 2014 年 6 月在(2013)民四终字第 25 号民事判决书中作出判决:卖方交付货物存在缺陷但尚不构成根本违约,买方不能主张解除合同;买方的损失,部分归因于卖方货物的缺陷导致买方转售困难,部分归因于货物价格的下跌,卖方只承担可归因于货物缺陷的损害赔偿。

本案的焦点之一是本案中的瑕疵履行是否构成根本违约,最高人民法院综合考量国外相关判例对《销售公约》中关于根本违约条款的理解,认为:买方在不存在不合理麻烦的情况下,能使用货物或转售货物,甚至打些折扣,质量不符并不构成根本违约。被上诉人将货物成功转售,而且没有低于当时的合理价格。最高人民法院由此确认,本案上诉人交付货物与合同不符,构成违约,但这种类型的违约不构成根本违约,因而,被上诉人也没有解除合同的权利。从而较好地解决了本案的主要争议焦点问题。

(二)损害赔偿

按照《销售公约》的规定,国际货物买卖合同当事人一方违反合同给另一方造成利益损害,另一方可以请求违约方进行赔偿。《销售公约》对损害赔偿的规定包含以下重要内容。

1. 无过失责任原则

在确定违约责任问题上,大陆法系和英美法系存在分歧。大陆法系国家(如德国)采用过失责任原则,即违约的当事人只有在有过失的情况下才承担违约的法律责任。英美法系则采用无过失责任原则,只要当事人一方违约,不问其本人是否有过失,都应对违约承担损害赔偿的责任。《销售公约》采用了英美法系的原则。按照《销售公约》第 45 条、第 61 条的规定,卖方违约或买方违约时,买方或卖方即可采取公约所规定的救济方法,包括损害赔偿。

2. 损害赔偿额计算的一般规则

《销售公约》第 74 条规定,一方当事人违反合同应负的损害赔偿额,应与另一方当事人因他违反合同而遭受的包括利润在内的损失额相等。这种损害赔偿额不得超过违反合同的一方在订立合同时,依照当时已知道或理应知道的事实和情况,对违反合同预料到或理应预料到的可能损失。

这一条规定了损害赔偿金计算的一般规则。按照该规定,损害赔偿的责任范围包括两个方面:违约对受害方所造成的实际损失和所失利益。实际损失,指受损方依赖合同行事所产生的损失;所失利益,就是合同如能履行可以获得的利润,一般情况下是销售利润。因此,《销售公约》所规定的损害赔偿具有补偿性质,即要使受损方的财务状况与合同假如履行时本应得到的财务状况相同。《销售公约》关于损害赔偿的责任范围与各国民商法的规定是一致的。

第 74 条还对损害赔偿的责任范围作了一个很重要的限制,即损害赔偿额不得超过违反合同一方在订立合同时,依照当时已知道或理应知道的事实和情况,对违反合同预料到或理应预料的可能损失。这种以“可预见性”作为对违约方赔偿责任的限制是有必要的。因为如果让一笔获利相对较小的交易的当事人承担他所没有预见到或不可能预见到的损失,可能会使损害赔偿额与交易利润额的比例过于悬殊,从而产生对违约方不公平的结果。这种可预见性标准在英国法中是由 1854 年英国哈特利诉巴辛德尔案确立的。该案确立了限制损害赔偿范围的两项原则:这种损失必须是可以公平合理地认为依照事物的一般过程系由违约情事自然发生的;或者这种损失必须合理地推定为当事人双方在订约时曾预期到的违约的可能后果。[19]《美国统一商法典》继承了哈特利案的传统,规定由于卖方违约而产生的损害赔偿包括因买方通常的或特定的需求未能实现而产生的损失,对这些需求,卖方在订立合同时是有理由预先知道的。[20]《销售公约》对可预见性采取的是双重标准,一是违约方预见到的损失,这是主观标准;二是违约方理应预见到的损失,这是客观标准。在具体案件中,损害赔偿额的计算是千差万别的,法院或仲裁庭应依据案件的具体情况来加以确定。

蒂森克虏伯案的一个争议焦点是违约的损害赔偿计算问题。一审被告主张一审原告的损失是因为货物价格下降造成的,与货物质量无关。在上诉中,被上诉人主张,货物损失是由于上诉人交付货物有严重瑕疵,使被上诉人难以找到下一买家造成的。一审法院支持了被上诉人的主张,判决上诉人承担赔付所有损害赔偿的责任。最高人民法院认真核实事实,确认被上诉人的损失,部分是因为上诉人的货物质量问题造成的,部分是货物价格下降造成的,从而改判上诉人只承担因货物质量问题造成的部分的损害赔偿。

《销售公约》第 74 条规定,一方当事人违反合同应付的损害赔偿额,应与另一方当事人因他违约而遭受的包括利润在内的损失额相等。这一规定从字面上看,似乎并没有对损失是双因或多因造成时如何计算损失额作出规定。但事实上从第 74 条规定中可以推断,不是由一方当事人违约所造成的损失,该当事人不承担赔偿责任。最高人民法院查明双因造成损害的事实,判决违约方承担部分损失的法律推理,符合第 74 条的规定,是一种有效解释。

---

〔19〕参见张玉卿、姜韧、姜凤纹编著:《联合国国际货物销售合同公约释义》,辽宁人民出版社 1988 年版,第 290 页。

〔20〕《美国统一商法典》第 2－715 条。

案例 7-8 | Trans Trust SPRL v. Danubian Trading Co.,Ltd.

买方主张由于货物的价格一直在上涨之中,卖方只要把货物转售出去就可以获得更多的利润,因而没有实际损失,因此卖方只能获得名义上的损害赔偿。丹宁勋爵认为,如果卖方的诉讼请求是要求赔偿因买方不接受货物或者买方拒绝付款的话,损害赔偿将毫无疑问是名义上的。但是本案的情形不是上述情形中的任何一种。本案中卖方主张的是因为买方没有安排开出信用证而造成的损失。买方认为信用证只是付款的方式之一,由于价格上扬卖方只能主张名义上的损害赔偿。这一主张将提供信用证的义务与支付价金的义务同样看待,是错误的主张。银行的信用证不同于买方的付款,它是卖方将获得银行付款的预先的承诺,它是银行不可撤销的义务,而且信用证通常可以由卖方转让。卖方信赖信用证才去准备货物,如果没有提供信用证,卖方可能就会被阻止获得货物。因此,卖方的损失并非名义上的。即使价格上涨,卖方也不能因此获利,因为它将无法获得货物,更谈不上转售。卖方的损失应是如果信用证顺利开出它可以获得的利润。卖方的损害赔偿金应是其从 Azur 处获得商品的价格与其基础合同价款之间的差额。

3. 宣告合同无效时损害赔偿额的计算

《销售公约》第 75 条、第 76 条专门对宣告合同无效时损害赔偿额的计算作了规定。

第 75 条规定,如果合同被宣告无效,而在宣告无效后一段合理时间内,买方已以合理方式购买替代物或者卖方已以合理方式把货物转卖,则要求损害赔偿的一方可以取得合同价格和替代货物价格之间的差额以及按照第 74 条规定可以取得的任何其他损害赔偿。这一规定为宣告合同无效而且买方购买替代物或卖方转卖货物时如何计算损害赔偿额提供了具体方法。例如,卖方因买方未支付价款而把已到目的港的货物就地转卖,原合同价格为 25 万美元,转卖价格为 22 万美元,则损害赔偿额应将 3 万美元包括在内。之所以规定损害赔偿额还包括根据第 74 条可以获得的赔偿额,是因为购买替代物或转卖货物往往还要支出其他额外费用,如交易费用、运输费、仓储费等,这些费用应由违约方承担,也要包括在损害赔偿额里面。

《销售公约》第 76 条规定:(1)如果合同被宣告无效,而且货物又有时价,要求损害赔偿的一方,如果没有根据第 75 条规定进行购买或转卖,则可以取得合同规定的价格和宣告合同无效时的时价之间的差额以及按照第 74 条规定可以取得的任何其他损害赔偿。但是,如果要求损害赔偿的一方在接收货物之后宣告合同无效,则应适用接收货物时的时价,而不适用宣告合同无效时的时价。(2)为上一款的目的,时价指原应交付货物地点的现行价格,如该地点没有时价,则指另一合理替代地点的价格,但应适当考虑货物运费的差额。这一规定为当事人宣告合同无效,但没有规定转卖货物或购买替代物时如何计算损害赔偿额确立了具体的办法。基本的办法就是将合同价格与宣告合同无效时原应交付货物地点的现行价格相减所得余额加上其他损失额。对于买方在接收货物后宣告合同无效的情形采用接收货物时的时价,其目的是避免买方先受领货物,等到货物的市场价格下跌时再宣布解除合同从而使卖方付出更多赔偿。

在中国国际经济贸易仲裁委员会 2000 年裁决的一个案件中,一个中国卖方与一个卢森堡买方签订了买卖 500 吨多晶硅和锰合金的合同,贸易术语为 CFR 鹿特丹。在发出信用证后 20 天,买方通知卖方表示希望解除合同但卖方表示拒绝。当买方请求交货时卖方请求买方延展信用证上的装货期和有效期。由于卖方无法在信用证有效期内交货,卖方在信用证到期当天通知买方,其将不会交货因为它认为合同已经终止。卖方请求仲裁庭裁定买方因为不对信用证延期已经违反合同,买方提出反请求要求赔偿损失。仲裁庭认为买方只是表示了期望解除合同的意愿,而随后双方的交流表明它们同意恢复合同义务,因此合同并未解除。仲裁庭还认为,买方拒绝延展信用证期限并不构成违约,因为在卖方通知买方合同已经解除时信用证还未到期,而且卖方宣布在其与当事人的另一个合同争议解决之前它不会履行合同。因此,卖方拒绝交货构成根本违约。同时仲裁庭也拒绝了买方的损害赔偿请求:第一,买方无权要求依据《销售公约》第 74 条所规定的合同价格与转售给顾客的价格之间的差额,因为这一转售价格在合同缔结时是不可预见的;第二,买方依据第 75 条的请求也不能获得支持因为它并未为替代交易;第三,买方也不能主张第 76 条的权利,因为交货地点(在中国)的时价低于合同价格,而且卖方的未交货使买方没有任何损失;第四,买方也不能要求其给与其客户的罚金,因为在缔结合同时卖方无法预见这一情形。

4. 减轻损失的义务

当一方当事人违反合同时,另一方有义务采取必要的措施以减轻因违约而引起的损失。《销售公约》第 77 条规定,声称另一方违反合同的一方,必须按情况采取合理措施,减轻由于另一方违反合同而引起的损失,包括利润方面的损失。如果不采取这种措施,违反合同一方可以要求从损害赔偿额中扣除原可以减轻的损失数额。

(三)实际履行

实际履行(specific performance),指当合同一方当事人违约时,另一方当事人可以要求违约方按照合同规定履行义务。大陆法系和英美法系关于实际履行的规定有很大的不同。大陆法系把实际履行作为对违反合同的一种主要救济方法,当债务人不履行合同时,债权人有权要求债务人实际履行义务。英美普通法上的救济方法只有金钱赔偿,没有实际履行。只有当金钱赔偿不足以弥补受损方的损失时,才可以诉诸衡平法上的实际履行。一般说来,英美等国法院对于货物买卖合同原则上不会作出实际履行的判决,只有在标的物是特定物或者特别珍贵罕有,在市场上不容易买到时,法院才会判决实际履行。因此,在英美法系上实际履行只是一种在例外情况下才采用的辅助性救济方法。

对于两大法系的上述重大分歧,《销售公约》无法进行完全的统一,只能作出一定程度上的统一,并给各国法院依本国法律判决的自由。按照《销售公约》第 28 条的规定,如果按照本公约的规定,一方当事人有权要求另一方当事人履行义务,法院没有义务作出判决要求具体履行此一义务,除非法院依照其本身的法律对不属《销售公约》范围的类似买卖合同也这样做。因此,一项要求实际履行的请求,如果是在大陆法系国家的法院提起,一般是可能得到认可的;但如果是在英美法系国家提起,则一般不会被认可。

就目前的司法实践来看,无论是英美法系国家还是大陆法系国家的法院,对于国际货物买卖合同纠纷极少作出实际履行的判决。其原因在于:按实际履行投诉,原告要负举证责任,被告则竭力抗辩和推脱,待到法院作出判决,通常要两三年,耗时费力;而且国际货物买卖的标的物一般都是非特定的,大多数情形下买方都可以买到替代物。如果买方在购买替代物的同时要求损害赔偿金，通常更容易得到及时而充分的损害赔偿。

三、卖方违约时的救济方法

卖方违反合同的情况主要有：不交付货物、不交付有关货物的单据、交付的货物不符合规定、第三人对交付的货物存在权利或主张等。《销售公约》没有分别对各种违约情况规定买方可采取的救济方法，而是总括地对卖方违约时买方可采取的救济方法作出规定。按照《销售公约》规定，买方可采取以下救济方法。

（一）实际履行

《销售公约》第46条第1款规定：卖方违约时，买方可要求卖方按照合同的规定履行义务。但是，如果买方已采取了与实际履行相抵触的救济方法，如解除合同，则买方不能要求实际履行。

《销售公约》第46条第2款、第3款规定：如果货物不符合合同，买方可以要求卖方进行修理。如果不符合合同构成根本违约，还可以要求交付替代货物。可见，《销售公约》是将修理和交付替代货物作为实际履行的两种具体方式，因为修理或交付替代物都可以达到交货符合合同的效果，即实现了实际履行。

（二）给予履行宽限期

《销售公约》第47条规定：（1）买方可以规定一段合理时限的额外时间，让卖方履行其义务。（2）除非买方收到卖方的通知，声称将不在所规定的时间内履行义务，买方在这段时间内不得对违反合同采取任何救济方法。但是，买方并不因此丧失对迟延履行义务可能享有的要求损害赔偿的任何权利。

这是《销售公约》专门针对卖方延迟交货而规定的一种救济方法，对于交货不符不适用这种方法。迟延交货是国际货物买卖合同履行中比较常见的一种违约。《销售公约》对此并不是赋予买方解除合同的权利，而是规定买方可以给予卖方一个宽限期，以完成交货。如果卖方在宽限期（买方给予的宽限期应该十分明确）内仍不交货，则买方可以宣布解除合同。但是，不能将本条理解为对于任何迟延交货都必须给予宽限期，如果在特殊情况下迟延交货构成根本违约，则买方可以直接宣布解除合同。

在买方采取给予宽限期的救济方法时，买方在所给出的宽限期内不得再采取任何其他救济方法，除非卖方明确宣布不在宽限期内交货。此外，由于迟延交货往往对买方造成一定的损失，所以《销售公约》又规定买方并不丧失损害赔偿的权利。

（三）接受卖方的主动补救

《销售公约》第48条规定，除非买方已宣布解除合同，卖方即使在交货日期之后，仍可自付费用，对任何不履行义务做出补救，补救包括修理和换货。这事实上是卖方主动进行实际履行。这一规定的目的是鼓励当事人之间的友好配合、密切合作，尽量避免解除合同行为，这正是《销售公约》的立法指导思想之一。

第48条规定，卖方主动补救，不得造成不合理的迟延，也不得使买方遭受不合理的不便，或无法确定卖方是否将偿付买方预付的费用。

第48条还规定，卖方如拟进行补救，应事先将此意图通知对方，卖方发出的通知只有在买方收到后才产生效力。买方有义务对通知进行答复，若未在合理时间内作出答复，卖方即可按通知中提出的时间期限进行补救,买方不得在该时间内采取与卖方履行义务相抵触的任何救济方法。

（四）解除合同

如前所述,按照《销售公约》的规定,只有在根本违约时,受损方才可解除合同。《销售公约》第 49 条对买方解除合同的条件及限制作了规定。

按照第 49 条的规定,当卖方违反合同时,买方在下列情况下可解除合同:(1)卖方不履行在合同中或本公约中的任何义务,等于根本违反合同;(2)如果发生不交货的情况,卖方不在买方给定的宽限期交付货物,或卖方声明他不在所规定的时间内交付货物。

《销售公约》第 49 条还规定,如果卖方已经交付货物,买方不在一段合理的时间内宣告解除合同,买方就丧失宣告解除合同的权利。具体内容,包括以下情形:在迟延交货构成严重违约时,卖方已交付货物,买方不在知道交货后的一段合理的时间内解除合同;在迟延交货不构成根本违约,买方给予宽限期的情形下,如果宽限期已满,或者卖方声明不在宽限期内交货,然后卖方又交付货物,买方不在合理时间内解除合同;货物已交付,而且买方已知道或理应知道交货不符构成严重违约,买方不在合理时间内解除合同;卖方根据第 48 条第 2 款提出主动补救的时间后或买方声明他将不接受卖方的补救后一段合理时间内买方不宣布解除合同。上述情形,买方都丧失解除合同的权利。可见《销售公约》十分强调买方必须在合理时间内行使解除合同的权利。如果超过了合理的时间即会丧失解除合同的权利。这是因为在货物已交付的情况下,买方宣布合同无效,即意味着退货,这时卖方就要面临重新办理运输、保险或另寻买主的困境。要求买方在合理的时间内行使解除合同的权利,可以避免卖方遭受更大的损失。

（五）减价

《销售公约》第 50 条规定,如果卖方所交的货物与合同不符,无论价款是否已付,买方都可以减低价格。减价按实际交付的货物在交货时的价值与符合合同的货物在当时的价值两者之间的比例计算。这一规定表明,如果买方对货物不符不想采取解除合同或要求修理、退换时,他可以选择减低价格作为救济方法。减价的计算可按以下的公式进行:$T - T \times D \div C$(其中 T 表示原合同总价,D 表示不符货物交货时的价格,C 表示符合合约货物交货时的价格)。

第 50 条还规定了对采用减价方法的限制,即如果卖方主动地对不符货物进行了补救,或者买方拒绝接受卖方的主动补救,则买方不能降低价格。

（六）部分货物不符时买方的救济方法

部分货物不符包括卖方只交付一部分货物,或者卖方所交付的货物只有一部分与合同的要求相符。对此,《销售公约》第 51 条第 1 款规定,买方只能对缺漏部分的货物或者与合同不符的那一部分货物采取《销售公约》第 46 条至第 50 条所规定的救济方法。如前所述,这些方法包括要求修理、退货、降价或者对部分合同宣布无效。因此,《销售公约》实际上是采纳了对合同和合同履行可以分割的原则。部分违约不能导致整个合同归于无效,只能导致部分合同无效。当然,如果是全部违约或者局部违约必然导致整体违约(如一组机器的一个关键设备无法供应)时,受损方则可以解除全部合同。因此,《销售公约》第 51 条第 2 款规定,买方只有在卖方完全不交付货物或者不按照合同规定交付货物等于根本违反合同时,才可以宣布整个合同无效。

(七)提前、超量交货时买方的救济方法

《销售公约》第 52 条第 1 款规定,如果卖方在规定的日期前交付货物,买方可以收取货物,也可以拒绝收取货物,因此,对提前交付的货物拒收是买方的一项权利。但是拒收提前交付的货物并不是解除合同,卖方可以在合同规定的日期再次提交货物。

对于卖方交付的货物数量大于合同规定的数量,《销售公约》第 52 条第 2 款规定,买方可以收取也可以拒绝收取多余部分的货物,如果买方收取多交货物的全部或一部分,他必须按合同价格付款。

(八)损害赔偿

如前所述,损害赔偿是买方可以采用的一种主要救济方法,而且可以与任何其他的救济方法并用,因此,当买方采用前面所举的任何一种或数种救济方法而不能使其损失获得全部补偿时,他都可以再请求损害赔偿。

四、买方违约时的救济方法

买方违约的情形主要有:不付款、延迟付款、不收取货物、延迟收取货物。按照《销售公约》的规定,买方违约时,卖方可采取如下救济方法。

(一)实际履行

按照《销售公约》第 62 条的规定,买方违约时,卖方可以要求买方支付价款,收取货物或履行其他义务,即要求买方按合同的规定实际履行。但是,如果卖方已采取了与实际履行相抵触的救济方法,如解除合同,则卖方就不能要求买方实际履行。

需要指出的是,在贸易实践中,如果买方拒收货物或拒付价款,卖方诉诸法院或提交仲裁要求把货物强制推给买方的做法是很少见的。因为,如果卖方这样做,要承担仓储保管费,要花费时间和费用进行诉讼或仲裁。而且有时还会遇到买方丧失支付能力或破产的情况。因此,卖方通常是宣布解除合同,将货物转卖,同时请求损害赔偿。

(二)给予宽限期

与《销售公约》第 47 条关于买方给予卖方宽限期相对应,《销售公约》第 63 条规定了买方违约时卖方给予买方履约宽限期的问题。按照《销售公约》规定,如果买方迟延履行义务,卖方可以为买方规定一段合理时限的额外时间,让买方履行义务。如果买方在这段时间内仍不履行其义务,卖方可解除合同。

卖方一旦给予宽限期,那么除非卖方收到买方的通知,声称他将不在宽限期内履行义务,否则卖方不得在宽限期内就买方的违约采取任何其他救济方法。但卖方并不因此丧失其要求损害赔偿的权利。

卖方并非对买方的所有延迟履行义务给予宽限期,如果买方的迟延履约构成根本违约,卖方可直接宣布解除合同。

(三)解除合同

《销售公约》第 64 条规定了卖方解除合同的条件及其限制。

按照第 64 条第 1 款的规定,卖方可以解除合同的情形有:买方不履行其在合同中或

《销售公约》中的任何义务,构成根本违约;买方不在宽限期内履行支付价款或收取货物的义务,或者买方声明他将不在所规定的时间内履行义务。

按照第64条第2款的规定,如果买方已支付价款,卖方就丧失解除合同的权利,除非:对于买方构成严重违约的迟延履行义务,他在知道买方履行义务前就宣布解除合同;对于买方不构成严重违约的迟延履行义务,他在宽限期满后或买方声明不在宽限期限内履行合同后一段合理时间内宣布解除合同;对于迟延履行义务以外的其他严重违约,他在知道或理应知道这种违反合同后一段合理时间内宣布解除合同。

(四)订明货物规格

《销售公约》第65条规定,如果买方应根据合同规定订明货物的形状、大小或其他特征,而他在议定的日期或在收到卖方的要求后一段合理时间内没有订明规格,则卖方可依照他所知的买方的要求,自己订明规格。这一规定的目的是防止买方通过不履行订明货物规格的义务来逃避其合同义务。买方不履行其订明货物的规格的义务也是一种违约行为,对此,卖方可以运用自行订明规格这一救济方法。卖方也可以选择其他的救济方法,如请求损害赔偿,或者如果不订明规格构成根本违约时解除合同等。

按照《销售公约》的规定,如果卖方自己订明规格,他必须把订明规格的细节通知买方,而且必须规定一段合理时间,让买方可以在该段时间内订出不同的规格。如果买方在收到这种通知后没有在该段时间内订出不同的规格,卖方所订的规格就具有约束力。

(五)损害赔偿

当买方的违约对卖方造成利益损失时,卖方可以请求损害赔偿,而且卖方请求损害赔偿的权利不因卖方已采取上述任何其他救济方法而受到影响。

五、保全货物的义务

如前所述,国际货物买卖中,卖方或买方违约时,买方或卖方可采用有关的救济方法。买方或卖方的行使补救权利,并非毫无限制或约束,保全货物的义务就是他们在行使补救权利时应履行的。

履行保全货物义务的方法有两种:存入仓库或出售货物。

1. 存入仓库

将货物存放入库是保全货物常用的一种方法。《销售公约》第87条规定,有义务采取措施以保全货物的一方当事人,可以把货物寄放在第三方的仓库,由另一方当事人负担费用,但该项费用必须合理。

2. 出售货物

存入仓库并非总是最适当的方法,当货物易腐或仓库经营费过高,或者对方行为有不合理的迟延时,保全货物方应该或可以将货物出售。

《销售公约》第88条第1款规定,如果另一方当事人在收取货物或收回货物或支付价款或保全货物费用方面有不合理的迟延,保全货物的一方可以采用适当的方法,把货物出售,但必须事前向另一方当事人发出合理的意向通知。

《销售公约》第88条第2款规定,如果货物易于迅速变坏,或者货物的保全牵涉不合理的费用,保全货物一方必须采取合理措施把货物出售;在可能的范围内,他必须把出售货物的打算通知另一方当事人。

按照《销售公约》的规定,出售货物的一方当事人,有权从销售所得收入中扣回为保全货物和销售货物所付的合理费用。他必须向另一方当事人说明所得款项。

六、免责

在国际货物买卖中,并非任何导致对当事人利益损害的违约行为都要承担责任,如果是由于意外事故或意外事件导致合同不履行,则因此而违约的一方并不承担赔偿损失的责任。对于这类导致免责的意外事故或意外事件,各国法律有不同的称谓,如"不可抗力"(法国法和中国法)、"合同受挫"(英国法)、"不可能性"(德国法)、"不可行性"(美国法)。《销售公约》则采用"一定障碍"这一新术语。《销售公约》第79条对导致免责的障碍的构成要件、第三方行为、免责期间、免责范围和通知义务等作了规定。

(一)一定障碍的构成要件

根据《销售公约》的规定,导致免责的障碍必须具备三个条件:第一,当事人不可控制。"不可控制"包含无过错要求和最大努力要求,即当事人不得有任何引起障碍发生的故意或过失行为,同时他必须为履行合同,避免或克服障碍的影响尽最大努力。第二,当事人在订立合同时不能预见。对于可预见到的障碍,当事人在订立合同中就应当要求作出一定规定,以避免障碍对合同履行的影响。第三,对于这种障碍所造成的结果当事人无法避免或克服。障碍的发生即使不可控制,但如果在发生过程中由于当事人的努力能够避免或克服其结果的发生,则因当事人没有做出努力而导致的违约不能免责。

《销售公约》并没有列举具体的障碍类型,当事人可以在合同中作出明确的约定。通常可以导致免责的自然事故和社会原因有地震、风暴、火灾、战争、政府禁令等。

(二)第三方行为作为免责的障碍

按照《销售公约》规定,如果当事人不履行义务是由于履行合同全部或一部分的第三方不履行义务所致,则只有在同时满足两个条件时当事人才能免责:第一个条件是第三方不履行义务,是当事人不能控制,无法预见,也不能避免和克服违约结果发生的障碍造成的。第二个条件是第三方不履行义务本身对于第三方来说,也是因不能控制、无法预见,也不能避免或克服其结果发生的障碍造成的。

(三)免责期间

《销售公约》规定,免责在障碍存在的期间内有效。因此,如果履行的障碍为暂时的,则受此障碍的影响而不能履行义务的一方仅在障碍存续期间得以免责,即在期间内可中止履行合同而又不承担延迟履行的赔偿责任。一旦障碍消除,而对方当事人又没有解除合同,他应立即恢复履行,否则即需为违约承担赔偿责任。

(四)免责的范围

按照《销售公约》的规定,因一定障碍导致免责仅限于免去违约方的损害赔偿的责任。因此,另一方当事人除了不能就障碍存续期间所造成的损失要求赔偿外,他可以请求在障碍消除后实际履约,或者在违约实质上剥夺了他所期待的利益时,解除合同。

(五)通知义务

不履行义务的一方当事人必须将障碍及其对他履行义务能力的影响通知另一方。如果该项通知在不履行义务的一方已知道或理应知道此障碍后一段时间内仍未为另一方收到,则他对由于另一方未收到通知而造成的损失应负赔偿责任。

第六节　国际货物买卖合同的中止、变更和终止

一、国际货物买卖合同的中止

在双方合同的一方当事人有预期违约情形时,另一方当事人可要求其提供履约担保,并有权在得到担保之前中止履约,这在许多国家的立法中都得到一定程度的承认。在大陆法系中,这种中止履约被称为不安抗辩权或拒绝权。《德国民法典》第321条、《法国民法典》第1613条对此都作了规定。《英国1893年货物买卖法》第41条规定,即使卖方已同意在买方付款前交货,他在买方失去偿付能力(因而不能支付货款)的情形下仍可对货物行使留置权。《美国统一商法典》第2－609条也规定,当关于另一方履行不牢靠的合理根据产生时,一方可以书面要求其提供按约履行的担保,在得到上述担保之前若于商业上合理,他可以中止任何他尚未得到约定的返还的履行。《销售公约》第71条对这种中止履行的条件、停运权通知以及中止的取消等作了规定。

(一)保全货物义务的情形

《销售公约》第85条规定,如果买方推迟收取货物,或在支付价款和交付货物应同时履行时,买方没有支付价款,而卖方仍拥有这些货物或仍能控制这些货物的处置权,卖方必须按情况采取合理措施,以保全货物。他有权保有这些货物,直至买方把他所付的合理费用偿还给他为止。可以看出,在买方违约时,如果卖方仍拥有货物或仍能控制这些货物的处置权(如持有提单),则卖方应承担保证货物安全的义务。卖方为保全货物所支出的合理费用由买方负担,而且在买方支付这种费用前,卖方可保存货物。

买方要保全货物的情形按照《销售公约》第86条规定,主要有两种:一是买方已收到货物并打算行使退货权;二是货物虽已抵达目的地并置于买方处置的状态(但买方尚未实际控制货物),买方打算行使退货权。在第一种情形下买方当然负有保全货物的义务。在第二种情形下买方负有保全义务还需有两个条件:(1)买方履行保全义务并不导致需要他先付款而且会使他遭受不合理的不便或需承担不合理的费用;(2)卖方或受权代表掌管货物的人不在目的地,否则,买方不需承担保全货物的义务。

无论哪一种情形,买方保全货物的费用都应由违约的卖方承担,买方可以保有他保全的货物,直至卖方支付完保全费用。

(二)中止履行的条件

按照《销售公约》第71条规定,如果订立合同后,另一方当事人由于他履行义务的能力或他的信用有严重缺陷或者他在准备履行合同或履行合同中的行为显示他显然将不履行其大部分重要义务,一方当事人可中止履行其义务。可见,另一方当事人显然将不履行其大部分重要义务是一方当事人中止履行的条件,而另一方当事人显然将不履行其大部分重要义务的原因则是他的履约能力或信用有了严重的缺陷,或者他的行为显示他显然将不履行其大部分重要义务。“显然”一词表明导致另一方当事人不能履行大部分重要

义务的原因已是相当严重,一般通情达理的人都可看出。"大部分重要义务"则包括卖方按合同约定的日期或质量、规格交付货物的义务,买方支付价款的义务等。因此,行使中止履行义务的权利的当事人做出决定时应确证对方将显然不能履行,否则即有使自己陷入违约的可能。

若上述条件满足,一方当事人即有权中止履行其义务。中止履行应包括以下含义:免除继续履行的义务,免除为履行做准备的义务;还免除了承担那些有理由认为他不可能得到赔偿的额外费用的义务。同时,他的权利也仅限于消极的中止,而不能代之以其他积极行为,比如,买方在卖方显然将无能力交付货物时,可中止付款,但却不能另行购买货物,卖方在买方显然不能付款时中止交货但却不能将货物转卖,因为双方的合同关系尚未终止,以后如何发展取决于另一方当事人能否提供担保。

《销售公约》对卖方的停运权,作了明确具体的规定。卖方发货后才发觉买方的履约能力、信用或履约行为存在缺陷,显然不能付款,他可以阻止承运人将货物交给买方,即使买方已持有有权获得货物的单据。

中止履行行为或义务的一方无论是在货物发运前还是发运后,都必须立即通知另一方当事人。

(三)中止的取消条件

另一方当事人在接到通知后,如果对履行义务提供充分保证,则中止应予取消。中止履行义务的一方当事人应继续履行合同。"充分保证"必须是某种具体的事实或行为,并足以消除中止履行义务一方当事人的不安,例如,买方向中止履行义务的卖方提供了银行开具的不可撤销的信用证,或由第三人提供了担保等。中止取消以后,合同的履行期间应按中止的时间予以顺延。

如果另一方当事人不提供担保,则中止履行义务的一方当事人可在履约期限届满后宣布解除合同,并请求赔偿其损失。

总之,中止履行合同的规定对维护交易的安全和当事人的利益是十分必要的,我国贸易公司应积极加以应用。同时,运用时要注意客观地就对方的履约能力、信用和行为作出考察和判断,避免由于援用不当而使自身陷入违约的境地。

二、国际货物买卖合同的变更和终止

(一)国际货物买卖合同的变更

一项国际货物买卖合同订立以后,由于客观情况的变化,有时需要对当事人的权利义务进行调整,对合同内容进行修改,即存在变更合同内容的问题。对于合同的变更,英美法要求变更应有对价,如果变更仅涉及一方当事人的权利,则可能因缺乏对价而不具有法律约束力。而在大陆法,双方当事人对合同的变更,只要有充分的理由,即使变更的只是加大或减少合同单方当事人的权利,也仍会有法律约束力。《销售公约》第29条第1款规定,合同只需双方当事人协议,就可更改或终止。可见公约所采取的是大陆法的原则。

《销售公约》第29条第2款规定,任何更改或终止必须以书面形式做出,不得以任何其他方式更改或终止。但是,一方当事人的行为,如经另一方当事人寄以信赖,就不得坚持此项规定。这表明,变更合同的方式可以用口头、书面或行为表示,但如果合同规定用书面形式变更的,则只能以书面形式变更。尽管如此,如果一方以口头方式变更合同,另一方当事人对这一变更已寄以信赖,即使合同规定必须用书面形式变更合同,这一口头变更也具有法律效力。

(二)国际货物买卖合同的终止

国际货物买卖合同的终止主要有三种原因:合同履行完毕、法院判决或仲裁机构裁决终结合同、《销售公约》第29条所规定的经当事人协议终止合同。

思考题

1. 在要约的撤销问题上,《销售公约》是如何协调两大法系的差异的?
2. 在蒂森克虏伯案中,《销售公约》是如何成为法院的准据法的?分析该案法院在判决上的差异。
3.《销售公约》的根本违约制度有何特色?
4.《销售公约》的损害赔偿制度有何特色?

延伸阅读

关于《销售公约》的中英文专著颇多,可以参阅 *Schlechtriem and Schwenzer Commentary on the UN Convention on the International Sale of Goods* (*CISG*)(*4th ed*),Oxford University Press,2016;Clayton P. Gillette, Steven D. Walt.,*The UN Convention on Contracts for the International Sale of Goods: Theory and Practice* (*Second Edition*),Cambridge University Press,2016;John O. Honnold.,*Uniform Law for International Sales under the 1980 United Nations Convention*,*3rd ed*,Kluwer Law International,1999;Bianca & Bonell,*Commentary on the International Sales Law – The* 1980 *Vienna Sales Convention*,Milan: Giuffrè,1987;张玉卿:《国际货物买卖统一法》,中国商务出版社2009年版;李巍:《联合国国际货物销售合同公约评释》,法律出版社2002年版;高旭军:《〈联合国国际货物销售合同公约〉适用评释》,中国人民大学出版社2017年版。

关于《销售公约》的适用,可以参阅杨梦莎:《〈联合国国际货物销售合同公约〉优先适用问题研究》,法律出版社2020年版;左海聪:《直接适用条约问题研究》,载《法学研究》2008年第3期;石慧:《论法院适用〈联合国国际货物销售合同公约〉的路径——与冲突法规则之间的关系》,载《法学杂志》2015年第12期;左海聪、林思思:《论〈联合国国际货物销售合同公约〉的默示排除——以法律选择条款为视角》,载《江西社会科学》2017年第10期。

关于《销售公约》的根本违约制度,可以参阅 Eduardo Grebler,*Fundamental Breach of Contract under the CISG: A Controversial Rule*,101 Am. Soc'y Int'l L. Proc. (2007);Franco Ferrari,*Fundamental Breach of Contract under the UN Sales Convention – 25 Years Article 25 CISG*,2005 Int'l Bus. L. J. (2005);安文靖:《CISG 根本违约"可预见性"标准的学理与判例分析——兼论对我国民法分则合同编立法之启示》,载《河北法学》2019年第1期。

关于《销售公约》的损害赔偿制度,可以参阅刘瑛:《〈联合国国际货物销售合同公约〉损害赔偿范围实证研究》,载《政治与法律》2010 年第 8 期;虞汪日:《国际商事合同违约损害赔偿计算若干问题探讨——以〈联合国国际货物销售合同公约〉为例》,载《中南民族大学学报(人文社会科学版)》2007 年第 3 期;左海聪、杨梦莎:《论〈国际商事合同通则〉解释补充〈联合国国际货物销售合同公约〉之功能——以损害赔偿制度为例》,载《比较法研究》2016 年第 1 期。

第八章　国际运输法

第一节　国际海上货物运输法

海上货物运输具有运输量大、运输成本低的特点。国际贸易中约有2/3的货物是通过海运这种方式运输的。海上货运主要分为班轮运输和租船运输。关于提单,国际上有三个重要的公约,即《海牙规则》、《维斯比规则》和《汉堡规则》。中国《海商法》对提单运输和航次租船运输也作了规定。

一、国际海上货物运输合同概述

(一)国际海上货物运输合同的概念

国际海上货物运输合同,是指承运人收取运费,负责将托运人托运的货物经海路由一港运至另一港的跨国性合同。

国际海上货物运输合同具有以下特征:(1)合同具有跨国性或国际性。即往往从一国港口运往另一国的港口。一国的不同港口之间的运输合同不属此类。(2)合同是提供劳务即运输服务的合同。(3)合同的当事方往往及于缔约双方之外的第三人。合同的缔约人为承运人和托运人。需要指出的是,在缔约托运人之外,汉堡规则和我国海商法还有发货托运人的规定,鹿特丹规则则使用了单证托运人的概念。发货托运人,是指虽然不是缔结运输合同的一方,但履行了向承运人发货义务的当事人;单证托运人,则是指虽然不是缔结运输合同的一方当事人,但在运输单证上列明为托运人的当事人。在CIF项下,缔约托运人和发货托运人通常皆为卖方,在FOB项下,缔约托运人为买方,但发货托运人或单证托运人则通常是卖方。

除托运人和成员之外,运输合同往往还牵涉收货人、提单持有人等利害关系人。以国际贸易中使用极多的CIF合同为例,即是由卖方(托运人)与海洋运输公司(承运人)签订合同而到达目的港后,向买方或其他提单持有人(收货人)交货,如果货物有损,则是由收货人向承运人索赔。

收货人为何能够享有运输合同的权利呢?第一种观点认为,托运人是作为收货人的代理人签订合同的,收货人才是运输合同的当事人。第二种观点认为,托运人签订合同后,合同权利义务即转让给收货人。第三种观点认为,运输合同是托运人、承运人为第三人收货人的利益签订的合同。第四种观点认为,承运人和收货人之间有默示合同。第五种观点认为,收货人因法律规定而取得权利。

第一种观点是英国法院早期判例的观点,现在已经很少有人支持。第二种观点将提单转移给收货人的行为视为权利转让,不符合国际货物运输的惯例,事实上,在提单中已经注明收货人,托运人并无接收货物的权利,当然也就谈不上转让给收货人。第三种观点比较符合国际海运的实际。合同的缔约方确实是承运人和托运人,但合同主要的利益——在目的地接收货物则是由收货人享有的,属于为了收货人这一第三人的利益而订立的合同。在海运实践中,收货人较托运人更多地与承运人发生权利义务关系;发生货损时通常也是由收货人向承运人索赔。第四种观点和第五种观点都承认收货人依据合同享有运输合同的权利,但其解释的合理性都不如第三种观点。

(二)国际海上货物运输合同分类

国际海上货物运输合同,按照船舶营运方式的不同可分为班轮运输合同和租船运输合同。班轮运输,是指指定航期、航次、运费和航线的四固定运输,适用于件杂货运输,一个航程通常接受多个货主的货物。在班轮运输中,都由运输公司向托运人签发海运提单或海运单,一般并无更为详尽的合同。提单或海运单即是内容最为详尽的书面合同凭证,提单或海运单的内容是确定合同有关当事人权利义务的依据。

租船运输,是指不定期、不定航线,由一个或多个货主租用整条船进行的运输,大宗货,如糖、油、谷物、矿石、煤等多采用这种运输方式。根据租船条件的不同,租船合同分为航次租船合同和定期租船合同。承租人与出租人(船东或船舶运输公司)之间的权利义务应依据租船合同确定。

租船合同,是指船舶出租人向承租人提供船舶或船舶的部分舱位,装运约定的货物,从一港运至另一港,由承租人支付约定运费的运输合同。航次租船合同是确定当事人权利义务的依据。在航次租船合同中签发的提单,对承租人而言,仅是一份货物的收据或凭证,承租人与出租人(船东或船舶运输公司)之间的权利义务应依据租船合同确定。而在提单持有人不是承租人时,承运人(出租人)与提单持有人之间的权利义务关系适用提单的约定,但是,提单中载明适用航次租船合同的,适用该航次租船合同的条款。

二、提单

(一)提单的定义、格式和种类

1. 定义

提单(bill of lading)是最重要的国际贸易单据之一,它是承运人接收货物或将货物装船后,由其本人或其授权的人或代表他的人(如船长)向托运人签发的、用以证明海上货物运输合同和货物已经由承运人接收或者装船,以及承运人保证据以交付货物的凭证。提单具有以下四个方面的作用:

(1)提单是承运人和托运人订有海上货物运输合同的证明。如前所述,在班轮运输中,海上货物运输合同在签发提单前即当事人洽订好舱位时即已成立。提单是海上货物运输合同的证明,而且是明确当事人权利义务的主要依据。

(2)提单是承运人向托运人出具的货物收据,表明货物已由承运人接收或者装运。

(3)提单是代表货物所有权的凭证。按照商业惯例,谁占有提单,谁就有权提取货物。提单的这一作用,使它可以用来结汇、流通和抵押。

(4)提单是承运人承担保证向收货人或其他提单持有人履行交货义务的凭证。在国际贸易中,托运人收到提单后,通常都转让给收货人(通常即为买方),收货人还可通过背书将提单转让给其他人。对于收货人或其他提单持有人,承运人有义务交付货物。

提单分正反两面,由各轮船公司自行制定。正面记载提单的内容,背面规定当事人双方的权利义务。

2. 提单正面的内容

根据我国《海商法》的规定,提单正面的内容主要包括:(1)货物的品名、标志、包数或者件数、重量或者体积以及运输危险货物时对危险货物的说明。这些内容由托运人提供。(2)承运人的名称和主营业所。(3)船舶的名称。(4)托运人的名称。(5)收货人的名称。(6)装货港和在装货港接收货物的日期。(7)卸货港。(8)多式联运提单增列接收货物地点和交付货物地点。(9)提单的签发日期、地点和份数。(10)运费的支付。(11)承运人或其代表的签字。

提单缺少上述11项内容中的一项或几项的,不影响提单的性质,只要提单能满足《海商法》所规定的几项作用即可。

3. 提单的背面条款

提单背面的条款主要规定承运人和托运人的权利义务。如果对承运人责任的规定违反了提单所适用的某国海商法的强制性规定,则该有关条款无效。提单的背面条款通常包括:

(1)管辖权条款(jurisdiction clause)。该条款规定,因提单产生的争议应在哪国法院解决。一般规定在承运人所在国法院解决。各国在认定管辖权条款的效力上的做法各不相同。有的国家将其作为协议管辖处理,承认其效力。但更多的国家以诉讼不方便或该条款减轻承运人责任等为理由否认其效力;进而根据本国诉讼法主张本国法院对提单产生的争议案件的管辖权。也有的国家采取对等原则确认其是否有效。我国海事司法实践持对等原则。如果外国承运人不能证明存在外国法院尊重提单上订明的中国法院管辖条款,我国海事法院将否认选择外国法院管辖的条款之效力,从而行使管辖权。[1]

(2)首要条款(paramount clause)。该条款规定提单所适用的法律,通常规定,提单受《海牙规则》、《海牙—维斯比规则》或者《1971年英国海上货物运输法》(或《1936年美国海上货物运输法》或承运人所在国的海商法)的调整。各国一般承认该条款的效力。在该条款并列列举《海牙规则》或承运人所在国的海商法时,可由法院或仲裁庭择一适用。

关于法律选择问题,可参见本章典型案例安徽省服装进出口股份有限公司诉法国薛德卡哥公司和法国塔丽娜国家航运公司案。

(3)承运人责任(carrier's responsibility)。规定承运人的责任及其免责事项。如提单已订有首要条款,就无须订入本条款。

(4)责任期间(period of responsibility)。规定承运人的责任期间,如自货物装上船时起至卸离船时止。

(5)运费及其他费用(freight and other charges)。通常规定,托运人或收货人应按提单正面记载的金额、支付方式、货币支付运费和其他费用;货方负有支付运费的绝对义务,

[1] 参见司玉琢主编:《海商法》,法律出版社2003年版,第137页。

即使货物在运输过程中灭失或损害;如货损是由承运人造成的,货方可将运费作为损害的一部分向承运人索赔。

(6)装货、卸货和交货(loading, discharge and delivery)。该条通常规定,托运人或收货人应以船舶能够转载和卸载的速度,不间断地提供或收取货物;如经承运人要求,还需不分昼夜、星期日与节假日地履行提供或收取货物的义务。否则,由此引起的装卸工人待时费、船舶的港口费以及滞期费等,均由托运人、收货人承担。

承运人负担装卸费用,但货物装船之前和卸船之后的费用由托运人、收货人负担,除非港口惯例与此相反。

当按照港口习惯或受港口条件限制,船舶到达港口时,不能进港装卸货物,其责任又不在承运人时,货物的过驳费用(lighterage),由托运人或收货人承担。

(7)留置权(lien)。规定承运人可因托运人、收货人未付运费、亏舱费、滞期费和应分摊的共同海损,对货物及有关单证行使留置权,并有权出卖或以其他方式处置货物。

(8)货物灭失或损害的通知、失效(notice of loss or damage, time bar)。该条款的内容通常与《海牙规则》的相应内容相近。因此,如果提单中订有适用《海牙规则》或国内法的首要条款,该条款有时可省略。

(9)赔偿金额(amount of compensation)。在提单未订入首要条款时,常订入本条款。规定承运人对货物灭失或损害负有责任时,承运人对每件或每一其他货运单位的货物的赔偿,不超过一定限额。该条款还规定,如托运人在货物装船前,书面申报了高于限额的货物价值,并已在提单上注明,则按实际损失赔偿,不受限额限制。

(10)危险货物条款(dangerous goods)。该条款通常规定,托运人如果事先未将危险货物性质以书面形式告知承运人,并在货物包装外表按有关法规予以标明,则不得装运危险性、易燃性、放射性以及其他有害货物。否则,一经发现,承运人有权将其变为无害、抛弃或卸船,而无须给予任何补偿。托运人、收货人应对未按上述要求装运危险品,使承运人遭受的任何损失承担责任。对托运人按上述要求装运的危险品,当其危及船舶或货物安全时,承运人仍有权将其变为无害、抛弃或卸船,但因此构成共同海损时,应由各受益方分摊。

(11)甲板货、活动物(deck cargo, live animal)。有的规定,甲板货、活动物的收受、搬移、运输、照料和卸载,均由货方承担风险。有的规定,承运人只对运输此种货物的特殊风险(如动物的死亡)造成的损失不负责任,对其他原因造成的损失,应按通常的方式处理。

(12)集装箱货物(cargo in container)。通常规定,承运人可以将货物装入集装箱进行运输,而且可以置于甲板。如货物由托运人自行装箱,则对装箱所造成的损失,承运人不承担责任;承运人因此遭受损失,可向托运人索赔。托运人装箱时,应检查承运人提供的集装箱,如果没有指出集装箱的缺陷,则视为集装箱完好,并可供使用。

(13)冷藏货物(refrigerated goods)。通常规定,冷藏货物装船前,托运人应将货物的性质以及应保持的温度范围通知承运人。当船舶在卸货港备妥以交付货物时,收货人应立即提货。否则,承运人有权将货物卸货,而由货方承担风险。

(14)选港(option)。通常规定,收货人应在船舶抵达目的港之前若干小时(如48小时),将其选定的港口通知承运人的代理人,否则,承运人有权将货物卸于运输合同所载明的第一港口或其他供选择的港口。

(15)转运、换船、联运与转船(forwarding, substitute of vessel, through carriage and transshipment)。通常规定,如有必要,承运人有权将货物交由其自己的或他人的船舶,或经铁路或以其他运输工具,直接或间接地运往目的港,费用由承运人负担,风险由货方承担。

(16)共同海损和新杰森条款(general average and new Jason clause)。通常规定,共同海损依据《1974 年约克——安特卫普规则》进行理算。新杰森条款是针对同一航运公司的两艘轮船之间的救助费用而订的条款,通常规定,救助费用应视为救助工作是由第三方的船舶所施救的一样应由被救助的船舶全额支付。

(17)双方互有过失碰撞(both - to - blame collision)。在美国,因共同过失发生两船相撞,致使货物遭受损失,船方对此损害负连带责任。这样,甲船的货主可从乙船获得全部赔偿,而乙船又可以就该赔偿从甲船按过错比例获得赔偿或抵消,从而使甲船间接赔偿了甲船货主一定比例的损失,而按照《海牙规则》,甲船对航行过失所致货主损失可以免责。双方互有过失碰撞就是针对这种情形的规定,其内容是,甲船可以追回因连带责任而间接赔偿给甲船货主一定比例的损失。

(18)地区条款(local clause)。该条款规定,涉及运往美国或从美国运出的货物,提单应受《1936 年美国海上货物运输法》的约束。其中,承运人的赔偿限额为每件货物或每一习惯运费单位 500 美元。

4. 提单的分类

(1)按货物是否已装船,分为已装船提单(shipped B/L, on board B/L)和收货待运提单(received for shipment B/L)。

货物装上船只之后,由承运人签发给托运人的提单为已装船提单。承运人收到货物后,把货物装上船之前签发给托运人的提单为收货待运提单。一般说来,买方都只愿意接受已装船提单,但在集装箱运输中,尤其在内陆接货时,签发待运提单则属正常。货物装船后,托运人凭收货待运提单向承运人换取已装船提单。通常的做法是,在收货待运提单上加注船名和装船日期,使之成为已装船提单。

(2)按提单上收货人的抬头,可分为记名提单(straight B/L)、不记名提单(bearer B/L, blank B/L, or open B/L)和指示提单(order B/L)。

指示提单,是指在提单上收货人一栏内载有"凭某人指示"(to order of ...)或仅填"凭指示"(to order)字样。前者称为记名指示,通常载明由托运人或银行指示;后者称为不记名指示,视为由托运人指示。对于指示提单,承运人应按指示人的指示交货。指示提单通常由指示人通过背书转让,并因此确定收货人。背书分为记名背书和空白背书。记名背书,由指示人在提单背面写明被背书人,表明承运人应将货物交给被背书人或按其进一步的指示交货。空白背书,指示人在提单背面不写明被背书人,而只签自己的姓名。空白背书后的指示提单的效力同不记名提单。指示提单经背书后发生转让,实现提单的流通,在国际贸易中运用最为广泛。如指示人不作任何背书,则由指示人保留货物的所有权,有权提货的仍是指示人本人。

记名提单,由于是发给指定的收货人的,不能以背书方式转让;不记名提单,由于收货人一栏内仅填写“交与持单人”字样,故无须背书即可转让。记名提单,由于其流通受到限制,一般只在运送贵重物品、个人馈赠物品、展览品时才采用。不记名提单,极易流通,但容易因遗失或被盗而给买卖双方带来风险,因而实践中极少采用。

(3)按承运人在提单上是否对货物的外表状态加列批注,可分为清洁提单(clean B/L)和不清洁提单(claused B/L,foul B/L)。

清洁提单,是指承运人对货物的表面状况未加批注的提单,这种提单表明,货物是在表面状况良好的情况下装船的。不清洁提单,是指承运人对货物的表面状况加有不良批注的提单,如“包装不固”“沾有油污”等。买方一般只愿接受清洁提单。《跟单信用证统一惯例》也规定,除信用证另有规定外,银行不接受不清洁提单。

(4)按运输方式,可分为直达提单(direct B/L)、海上联运提单(ocean through B/L)和多式联运提单(combined transport B/L,multimodal transport B/L)。

直达提单,是指规定货物从装船后,中途不经换船,直接运至目的港交于收货人的提单。当然这种提单不排除船舶中途停靠不同的港口。

海上联运提单,是指规定货物从装船后,在中途港卸船,交由他人用船舶接运至目的港的提单。签发这种提单的承运人,称为联运承运人;接运货物的人称为接运承运人(on - carrier)或者实际承运人(actual carrier)。联运承运人除履行海上联运提单上规定的义务外,应将货物以适当的条件交由接运承运人,并应从接运承运人那里取得已装船提单,将接运承运人的名称、接运船舶的名称和预计到达目的港的日期,通知托运人或收货人。有的海上联运提单规定,联运承运人对全程运输负责,有的海上联运提单规定,联运承运人仅对自己承担的运输部分负责。海上联运不同于转船(transshipment),海上联运是根据托运人与承运人事先的协定而进行的,转船通常是由于船舶在运输途中遭遇风险或其他意外情况而不得不终止运输时,承运人将货物转装至其他船舶运输至目的港。通常,由于承运人可以免责的原因转船时,转船产生的额外费用由托运人或收货人承担,但承运人应对全程运输负责。

多式联运提单,是指多式联运经营人将货物以包括海上运输在内的两种或两种以上运输方式,从一地运至另一地而签发的提单。关于多式联运提单,请参阅下一章的相应内容。

(二)提单的签发

如前所述,提单是承运人接收货物或将货物装船后,由其本人或其授权的人或代表他的人(如船长)向托运人签发的。签发提单时有以下几种特殊情形值得关注。

1. 货物外表状态不良时的保函问题

如前所述,当货物外表状态不良时,承运人通常会签发不清洁提单,承运人在目的港交货时,对于货物的损害,只要不超出批注的范围,承运人无须承担责任。而国际货物买卖合同和信用证一般都要求卖方提供清洁提单。为此,实践中,当托运人提供的货物外表状态不良且无法更换包装或修复货物时,托运人通常向承运人出具保函(letter of indemnity,or back letter),要求承运人签发清洁提单。保函中表明,因未将大副收据上的批注转移到提单上,承运人如果对收货人承担赔偿责任,托运人将补偿承运人的损失。对这种保函的效力,国际上一般予以承认,即认为该保函约束托运人和承运人,但对第三人收货人不发生效力，承运人不能以保函对抗收货人。[2] 我国司法实践还认为，如果承运人和托运人串通，欺诈收货人，承运人应对收货人承担赔偿责任，而且保函在托运人和承运人之间也无效。承运人对收货人承担赔偿责任后，不能依据保函对托运人索偿。[3]

为解决上述批注问题，有的国际货物买卖合同和信用证规定，对载有货物包装有轻微缺陷的批注的提单，买方仍予以接受，卖方可据以结汇。因为现代商品的包装日益完善，包装有轻微缺陷不会使货物损害。

此外，有的批注并不构成不清洁提单。国际航运公会认为，下列批注并不构成不清洁提单：(1)不明显地指出货物或包装不能令人满意，如只注明旧箱、旧桶等；(2)强调对货物性质或包装所引起的风险，承运人不承担责任，例如，“易腐烂货物，承运人对货物腐烂不承担责任”；(3)否认承运人对货物内容、数量、尺码、质量的知晓，即所谓“不知条款”，例如，“托运人提供的重量，承运人不负责货物的减重”。

2. 倒签提单和预借提单

倒签提单(ante – dated B/L)，是指货物装船后签发的，但提单所载签发日期早于货物实际装船日期的提单。预借提单(advanced B/L)，是指货物尚未装船，但承运人即签发已装船提单给托运人。承运人签发倒签提单或预借提单，通常是应托运人的请求。托运人请求承运人违背事实真相，签发与真实装船日期不相同的提单，主要是基于在装船迟延的情况下，能保证提单上的装船期符合信用证上的装船期，从而顺利结汇。托运人通常向承运人提供保函。

签发倒签提单和预借提单，是违法行为，它使在迟延交货的情况下，托运人能顺利结汇，损害了收货人行使解除合同或要求减价的权利。各国司法判例允许收货人直接起诉承运人，要求其承担迟延交货所带来的损失。赔偿范围包括可得利益和其他损失。但关于倒签提单和预借提单的责任属性，理论上存在较大的分歧。一种观点认为，承运人和收货人之间存在合同关系，承运人在货物实际装船后才能签发已装船提单是一项默示合同义务。因此，倒签提单和预借提单是违约行为。另一种观点认为，倒签提单和预借提单，侵犯了收货人的利益，承运人应承担侵权责任。还有一种观点认为，倒签提单和预借提单是违约责任和侵权责任的竞合，应允许收货人选择诉权。本书同意侵权说，因为倒签提单和预借提单是托运人和承运人的合谋违法行为，其结果是使收货人可能遭受因迟延履行带来的损失，却无法以拒付或减价来对抗。因此承运人的行为属于侵权行为。

中国法院在实践中一般将倒签提单或预借提单视为侵权行为。试举一案例阐述如下：

案例 8 – 1 ｜ 界龙船务有限公司诉中国大恒有限公司海上货物运输倒签提单纠纷上诉案

1995 年 3 月 3 日，中国大恒有限公司(以下简称大恒公司)与澳大利亚利富贸易有限公司签订一份进口 5000 吨精炼棕榈油的贸易合同(总货款 4,095,000 美元)；装运日期：1995 年 4 月 30 日之前；装运港口：马来西亚港口；目的港：中国江阴。3 月 19 日，大恒公

---

〔2〕 参见《汉堡规则》第 17 条。

〔3〕 参见最高人民法院法(交)复〔1988〕44 号《关于保函是否具有法律效力问题的批复》。

司就该合同中的进口货物与上海正一实业发展公司(以下简称正一公司)签订一份《购销合同》,约定:大恒公司销售给正一公司棕榈油5000吨,总价款人民币3500万元;装运时间:1995年4月30日以前;货到目的港前的一切费用由大恒公司负担,货到目的港后的一切费用由正一公司承担;正一公司办理进口报关手续。3月22日,大恒公司就开具信用证问题与中国华润总公司(以下简称华润公司)签订一份《代理和结算协议书》。3月29日华润公司又与香港精艺贸易公司(以下简称精艺公司)签订一份《协议书》。根据这两份协议书,该进口货物由精艺公司对外开具金额为4,105,000美元的即期信用证。5月6日,界龙先锋轮船长周某代表船东授权新通船务公司(以下简称新通公司)对已装船货物签发提单。新通公司根据上述授权签发了1995年4月30日装船的提单。5月8日,江阴外轮代理公司(以下简称江阴外代)向大恒公司发传真电报称:界龙先锋轮于5月6日15:10离(马来西亚)帕西古当。12日,江阴外代再次向大恒公司发传真电报称于12日19:30离香港,预抵江阴17日中午前后。5月17日,界龙先锋轮抵达江阴港。华润公司向江阴外代发传真称:作为该批货物通知方,我司要求如无我司明确指示及正本提单,请贵司切勿放行此货。5月18日,根据界龙先锋轮的到港时间,大恒公司认为界龙船务有限公司(以下简称界龙公司)倒签提单,向武汉海事法院申请诉前财产保全,申请扣押界龙先锋轮。5月22日,正一公司致函大恒公司称:由于进口合同货物未能按时装运,已造成双方签订的合同无法履行,我们同意解除合同。双方遂解除购销合同。8月16日,界龙公司致函江阴外代称:由于此货物系由华润公司对外开具信用证并进口,为此,如大恒公司来提货,其提单必须经华润公司盖章背书,方能有效。同日,大恒公司致函华润公司,委托华润公司进口报关。华润公司在函上注明:同意我司提货方案,由此引起的一切费用、责任、后果由大恒公司承担。

截至11月,为该货物支付的费用合计人民币47,393,449.22元(商检费人民币41,380元,卫生监督、检验费人民币56,624.3元,港口费人民币292,797.52元,缴纳海关关税人民币6,065,680元,向海关缴纳增值税人民币4,731,230.4元,海关征收滞报金人民币1,295,650元,因违反海关监管被海关罚款人民币800,000万元,支付信用证项下货款折合人民币34,110,087元,),销售货物回收货款人民币39,280,852元,共计损失人民币8,112,597.22元。

原终审判决认为:界龙公司作为实际承运人,倒签装船时间,严重损害了收货人的利益,应承担赔偿责任。新通公司是接受界龙先锋轮船长的授权而签发的提单,界龙公司称新通公司是界龙先锋轮该航次的实际租船人而非代理的理由不能成立。新通公司的行为应视为界龙公司的行为,责任应由界龙公司承担。大恒公司是正本提单的合法持有人,且界龙公司倒签提单的行为直接侵害了大恒公司的合法权益。由于界龙公司的倒签提单行为,致使货物迟延到达,正一公司为此与大恒公司解除合同,使本应由正一公司履行的报关等手续只能由大恒公司履行。大恒公司遂委托华润公司完成报关、提货等一系列行为,华润公司进行的报关、提货、销售货物、接受海关处罚等一系列行为,均系受大恒公司委托的行为,由此产生的法律后果依法应由大恒公司承受。因界龙公司倒签提单的行为,导致大恒公司支付在正常情况下不应由其支付的费用人民币8,112,597.22元,该损失应由界龙公司给予赔偿。在总损失额中,海关滞报金一笔,查明应为人民币1,295,650元,武汉海事法院一审判决以海关“待处理款130万元”计算不当，应予纠正，判决界龙公司赔偿大恒公司损失人民币8,112,597.22元，并从1995年11月22日起至本判决履行完毕之日止按中国人民银行同期银行利率计付利息，于判决生效之日起15日内付清。一审案件受理费、诉前保全费按一审判决执行。二审案件受理费人民币83,438元，由界龙公司负担。

上述判决生效后，界龙公司向最高人民法院提出再审申请。最高人民法院认为本案是国际海上货物运输合同纠纷。涉案提单上记载，界龙公司为本航次运输的承运人，负有依照实际装船日期签发提单的义务。新通公司作为界龙公司代理人倒签装船时间，承运人界龙公司应当对此承担相应的法律后果。界龙公司关于其与倒签提单行为无关的主张不能成立。原审认定界龙公司为实际承运人依据不充分，应予纠正。界龙公司作为海上货物运输的承运人，倒签装船时间，损害了收货人的利益，应承担赔偿责任。大恒公司作为国际货物买卖合同的买方，又是对外开具的即期信用证的实际承受方，有权在确认提单被倒签后，持正本提单向武汉海事法院申请诉前财产保全并依法提起诉讼。界龙公司倒签提单的行为侵害了大恒公司的合法权益，大恒公司有权依法追究。界龙公司认为大恒公司不是正本提单的持有人，因此不具有诉权的理由不能成立。由于界龙公司的倒签提单行为，致使正一公司与大恒公司解除合同，使本应由正一公司履行的报关手续及应支付的相关费用只能由大恒公司履行和支付。界龙公司倒签提单的行为，导致大恒公司支付了在正常情况下不应由其支付的费用，该项费用应由界龙公司给予赔偿。原审就此问题的认定正确。但是货物迟延到达并非倒签提单的必然后果，原审认定由于界龙公司的倒签提单行为导致货物迟延到达不准确，应予纠正。

综上，最高人民法院认为原审认定部分事实不清，但判决结果并无不当，判决驳回界龙公司的再审申请；维持(2000)鄂经终字第238号民事判决。

三、海运单

(一)海运单的概念

海运单(sea waybill,SWB)，又称运单(waybill,W/B)，是证明海上货物运输合同和货物由承运人接管或装船，以及承运人保证将货物交给指定的收货人的一种不可流通的单证。

与提单相比，海运单也具有提单的多种作用，但不具有物权凭证的作用。同提单一样，海运单在承运人接管货物或将货物装船后，因托运人要求，由承运人、船长或承运人的代理人签发。托运人凭海运单和其他单证，根据信用证到银行结汇。承运人或其代理人将海运单的内容，通过电子通信手段传送给目的港承运人的代理人。船舶到港之前或之后，目的港承运人的代理人向收货人或通知方发出到货通知。收货人凭到货通知，并出示其身份证明，到目的港承运人的代理人处领取提货单，在码头仓库或船边提取货物。

海运单具有快速提货的优点，解决了集装箱运输条件下，短程运输经常出现的船舶已到目的港而提单尚未寄达收货人的问题。海运单不具有流通性，不能凭以提货，也避免了因被窃或遗失而使船方或货主受损的风险。当然，海运单不可能取代提单在国际海上运输中的主导地位。

（二）海运单的形式、内容和适用的法律

同提单一样，海运单也是一种书面单证，具有正面记载事项和背面条款，并且内容与提单大致相同。

海运单正面通常注有“不可流通”的字样，记载托运人和收货人的名称和通知方的地址、船名、装卸港口、货物标志、规格、数量、运费及其他费用以及海运单签发的时间、地点和签发人等。

海运单背面通常订有货方定义、承运人责任期间、义务和免责、装货、卸货与交货、运费及其他费用、留置权、共同海损、新杰森条款、双方有责碰撞条款、首要条款、法律适用条款和仲裁条款。

海运单适用的法律，见后述内容。

四、电子提单

（一）电子提单的概念

电子提单(electronic bill of lading)，指通过电子数据交换传送的有关海上货物运输合同的数据。电子提单不同于提单，它不再是一种纸面航运单证，而是一系列有关海上货物运输合同的数据，但可以传达提单所包括的信息。

电子提单是现代电子通信技术的产物。电子提单通过电子数据交换传送，按密码进行流转，能实现数据的迅速传递，还有减少制单工作量、减少错误和防止提单欺诈的作用。但目前在世界上的应用尚不普及。

（二）电子提单的运转程序

实现电子提单的流转，必须将承运人、承运人的代理人、托运人、收货人和银行各自的电子计算机联成网络，通过特定的电子数据交换规则，在上述当事人之间进行数据的流转。

电子提单的具体流转过程如下：(1)托运人通过向承运人发送数据电文进行订舱。(2)承运人如果接受订舱，向托运人发送数据电文表示接受订舱，并附上运输合同条件，由托运人确认。(3)托运人将货物交给承运人或其代理人。承运人或其代理人收到货物后，向托运人发送数据电文表示已收到货物，内容包括：托运人的名称、货物的说明、对货物外表状态所做的说明，收货的时间和地点，船名、航次等船舶情况，以及此后与托运人进行通信的私钥。托运人对承运人的收货数据电文表示确认，并获得对货物的支配权。(4)承运人在货物装船后，发送数据电文通知托运人，并发送数据电文通知银行。(5)托运人根据信用证到银行结汇后，发送数据电文通知承运人，货物的支配权即转移到银行，承运人即销毁与托运人的通信私钥，并向银行确认其控制着货物，提供给银行一个新的私钥。(6)收货人向银行支付货款后，取得对货物的支配权。银行向承运人发送数据电文，通知货物支配权已转移到收货人，承运人即销毁与银行的私钥。(7)承运人向收货人发送数据电文，确认其控制着货物，并将货物的说明、船舶的情况等通知收货人，由收货人确认。(8)承运人向目的港代理人发送数据电文，将货物的说明、船舶的情况以及收货人的名称通知该代理人，由其在船舶到达目的港之前或之后，向收货人发送到货数据电文通知。(9)收货人收到到货数据电文通知后，凭其身份证明，到承运人在目的港的代理人处获取提货单提货。

目前,电子提单的数据转换所依据的规则主要是《联合国管理、商业和运输电子数据交换规则》(United Nations Rules for Electronic Data Interchange for Administration、Commerce and Transportation,UN/EDIFACT)和1987年《电讯贸易数据交换行动统一规则》(Uniform Rules of Conduct for Interchange Trade Data by Teletransmission,UNCID)。

五、航次租船合同

(一)概述

航次租船合同,是指船舶出租人向承租人提供船舶或船舶的部分舱位,装运约定的货物,从一港运至另一港,由承租人支付约定运费的运输合同,航次租船合同是确定当事人权利义务的依据。在航次租船合同中签发的提单,对承租人而言,仅是一份货物的收据或凭证,承租人与出租人(船东或船舶运输公司)之间的权利义务应依据租船合同。而在提单持有人不是承租人时,承运人(出租人)与提单持有人之间的权利义务关系适用提单的约定,但是,提单中载明适用航次租船合同的,适用该航次租船合同的条款。需要强调的是,航次租船合同并非船舶租用合同,而是运输合同。在航次租船合同中,出租人就是承运人,承租人就是托运人。因此,航次租船合同与船舶租用合同(包括定期租船合同和光船租赁合同)从性质上说是不同的。我国《海商法》将航次租船合同置于海上货物运输合同一章,而对定期租船合同和光船租赁合同则在船舶租用合同一章中作出规定,即是基于这种考虑。

对于航次租船,并不存在统一的国际公约。各国海商法对这个问题的规定也较为简略,强制性规范更是极少。我国《海商法》规定,出租人须承担海商法对承运人的适航义务和不得绕航的义务,除此以外,其他条款都可由当事人约定。当事人未作约定的,可适用海商法的相关规定。另外,在实践中,存在一些标准合同格式,其中,采用最多的则是由波罗的海国际航运公会制定的《统一杂货租船合同》,租约代号为"GENCON(金康)"。

(二)航次租船合同的主要条款

1. 船舶说明条款

合同一般都要对出租人提供的船舶作详尽的说明,内容包括:船名、船舶的国籍、种类、船级、载重量以及订约时所处的位置。

2. 船舶到达装货港的期限

合同通常都规定船舶应到达装运港的期限,包括承租人可以接受船舶进行装货的最早日期,即受载期(laydays)。船舶应到达装货港的最迟日期(canceling date),即解约日,船舶迟于解约日到达装运港,承租人有解除合同的选择权。承租人的解约权是绝对的,不受租船合同中一般免责条款的影响。因不可抗力延期到达,承租人可解除合同,出租人则免去赔偿损失的责任。出租方因疏忽或过失迟延到达,承租人不但可以解除合同,还可以要求赔偿损失。同时,只要承租人不提出解除合同,即使逾期船舶也仍需驶往装运港。

3. 货物条款

合同一般都规定货物的名称、类型、包装和数量等。如果承租人提供的货物与合同不符,出租人有权拒载。如果载货量达不到合同规定的货物数量,出租人应承担承租人因退装而引起的损失。

4. 装卸港口

合同一般都载明具体的装货和卸货港口,但有时也可能不指明具体的港口,而只指定若干港口或船舶的航线方向,至于具体的装货地点,则留待承租方日后自行选定。在后一情形时,承租方必须在合理的时间内行使其选择权,否则对船舶遭受的延滞损失,要负赔偿的责任。此外,出租方一般都要求,船舶只能驶往安全的和能经常保持漂浮的地点。"安全",指政治上的安全,即船舶不会遭到扣留、没收或拿捕,也指地理上的安全,即船舶在空载和满载时都能驶入和驶出。"经常保持漂浮",指船舶在满载后仍应处于漂泊状态。

5. 装卸时间、滞期费和速遣费条款

合同都订有装卸时间、滞期费和速遣费条款。装卸时间就是允许承租人用于装卸货物的时间,承租人如果超过约定的时间装卸货物,就要向船方支付滞期费,但如果提前完成装卸,则可以向船方取得速遣费。其具体数额,一般是以船舶每天的维持费计算滞期费,而以维持费的半数计算速遣费。

6. 运费条款

支付运费是承租人的一项主要义务,合同一般对运费的计算及其支付方法都有具体规定。运费的表达,可以是整船定价(lump sum),也可以将货量乘以运费率(每单位容量所表现的金额)。运费的支付可以是预付也可以是到付。运费预付一般是在出租人接管货物或签发提单时支付,到付运费则是在船舶抵达目的港交货前支付。

7. 货物损害责任条款

按照 1994 年"金康"航次租船合同格式的规定,船舶所有人只对由于积载不良或疏忽,或由于船舶所有人或其经理人本身未能克尽职责使船舶在各方面具有适航性并保持适当的船员、设备和供应所造成的货物灭失、损坏或迟延交货负责。据此,即使货物的灭失、损坏或迟延交付是由于船长、船员未能谨慎处理使船舶适航或者在管理货物中的过失(积载不良除外)所致,出租人仍可免责。这显然大大低于《海牙规则》对承运人的要求。

实践中,通常将上述条款删除,并加上首要条款,规定出租人对货物的责任和免责,适用《海牙规则》《海牙—维斯比规则》或者相应的国内法。

我国《海商法》第 94 条规定,该法第 47 条关于承运人谨慎处理使船舶适航义务的规定强制适用于航次租船合同的出租人。

案例 8 – 2 Jindal Iron and Steel Co. Ltd. and Others v. Islamic Solidarity Shipping Company Jordan Ltd.[4]

本案中,依据 1997 年 12 月 4 日的 Stemmor form 的租约,船东将"约旦二号"出租给 TCI Trans Commodities A. G.,用于从印度孟买到西班牙巴塞罗拉和 Motril 的航次运输。Jindal Iron and Steel Co. Ltd. 和 Hiansa S. A. 分别为 435 个钢圈的卖方和买方。货物在孟买装船并由在孟买的船东的名义于 1998 年 1 月 2 日签发的 Congenbill form 的提单予以证明。提单包含或者证明了由孟买到 Motril 的运输合同。提单将 Jindal 和 Hiansa 分别列

〔4〕[2005] 1 Lloyd's Rep. 57; 2005 AMC 1.

为托运人和收货人并将航次租船合同并入。载入印度立法中的《海牙—维斯比规则》适用于该次运输。这些规则与《1924 年英国海上货物运输法》所载入的《海牙规则》和《1971 年海上货物运输法》载入的《海牙—维斯比规则》相对应。租船合同第 3 条规定：运费为每公吨×××美元，船方不承担装卸费、理舱费和平舱费（F. I. O. S. T），货物经捆绑、安全处置和衬好。租船合同第 17 条规定，托运人/承租人/收货人负责装载、平整和卸载货物，船舶不承担与此相关的费用。1998 年 2 月当货物在莫特里尔港卸载时，托运人和收货人声称货物因装载和/或卸载时的粗糙处置，和/或由于没有衬好而没有充分积载，和/或没有堆好货物以致底层的货物被过度挤压等原因而遭受损失。托运人和收货人在高等法院（商事法院）提起诉讼请求损害赔偿。它们否认租船公司第 3 条和第 17 条将装载、积载和卸载的责任转移给了它们，同时它们主张如果上述条款意味着责任转移，这些条款也因为《海牙规则》第 3.8 条而归于无效。原告的请求被商事法院和上诉法院所驳回。原告又上诉到上议院，上诉的唯一问题是租船合同第 3 条和第 17 条是否因为《海牙规则》第 3.8 条而无效。上议院认为：(1) 普通法的现行规则是，装载、积载和卸载的责任表面上是由船东承担的，但可以通过协议转移给货主。(2) 虽然实践中上议院可能被说服背离其先例（G. H. Renton & Co. Ltd. v. Palmyra Trading Corporation of Panama [1956] 2 Lloyd's Rep. 379），如果在市场上的决定是不能令人满意的并且产生明显不公平的结果的话。但本案并不是这种情形，本案中没有证据显示船东将装载、积载和卸载的责任转移给托运人和收货人。(3) 德福林（Devlin）法官在 Pyrene v. Scindia Navigation [1954] 1 Lloyd's Rep. 321 中通过了一个原则和对《海牙规则》第 3.2 条的合理解释，而他的解释并非基于英国法的任何技术规则，而是一般性地基于海运国家利益的相关视野。上议院因此维持了上诉法院的判决。

8. 提单

货物在装货港由出租人接收或装船后，承租人（CIF 或者 CFR 条件下）或者发货人（FOB 条件下）通常要求出租人、船长或者出租人的代理人签发提单用以结汇。合同中通常约定，船长应签发所提交的任何提单。

租船合同下的提单，在出租人和承租人之间，不具有海上货物运输合同证明的性质，出租人和承租人之间的权利义务以租船合同为准。在出租人与非承租人的发货人或收货人之间，如果提单是以出租人、船长或者出租人的代理人名义签发的，则出租人具有承运人的法律地位，提单是确定双方当事人权利义务的依据，受所适用的《海牙规则》或国内法的约束。如果提单是以承租人或其代理人的名义签发，除租船合同另有相反规定，并且提单持有人知道这种规定的情况外，一般认为，承租人是货物承运人，出租人是实际承运人。如货物在运输期间，由于出租人未谨慎处理使船舶适航，或者由于船长、船员管理货物中的过失造成货物损失，出租人承担侵权责任。

在租船合同下的提单关系中，出租人通常具有承运人的地位。出租人为了使其依据提单享有的权利和承担的义务，尽可能与租船合同的规定相一致，常常在提单中订入适用租船合同的条款，从而将租船合同并入提单。该条款因此也被称为并入条款。

各国法律通常承认并入条款的效力。但对某些特殊的条款能否并入提单有不同做法。例如，租船合同中的仲裁条款能否适用于提单下的争议就有不同的做法。一般认为，只有并入条款有这种明确规定,并且仲裁条款本身规定适用于租船合同下的提单时,才能并入提单。[5]

9. 责任终止和留置权条款

合同一般都规定,在货物装船完毕之后,承租人对租船合同的责任即告终止,但在合同所规定的运费、空舱费和滞期费未付清之前,船方对货物有留置权。这种条款多在卖方为发货人,买方是收货人的情况下采用,其目的是把运输过程中的一切费用,转移给收货人负担。

(三)我国《海商法》关于航次租船合同的特别规定

1. 船舶

我国《海商法》第 96 条规定,出租人应当提供约定的船舶;经承租人同意,可以更换船舶。但是,提供的船舶或者更换的船舶不符合合同约定的,承租人有权拒绝或者解除合同。因出租人过失未提供约定船舶致使承租人遭受损失的,出租人应负赔偿责任。

2. 受载期限

《海商法》第 97 条规定,出租人在约定的受载期限内未能提供船舶的,承租人有权解除合同。但是,出租人将船舶延误情况和船舶预期抵达装货港的日期通知承租人的,承租人应当自收到通知时 48 小时内,将是否解除合同的决定通知出租人。因出租人过失延误提供船舶致使承租人遭受损失的,出租人应当负赔偿责任。

3. 货物

《海商法》第 100 条规定,承租人应当提供约定的货物,经出租人同意,可以更换货物。但是,更换的货物对出租人不利的,出租人有权拒绝或者解除合同。因未提供约定的货物致使出租人遭受损失的,承租人应当负赔偿责任。

4. 卸货港

《海商法》第 101 条规定,出租人应当在合同约定的卸货港卸货。合同订有承租人选择卸货港条款的,在承租人未按照合同约定及时通知确定的卸货港时,船长可以从约定的选卸港中自行选定一卸货港。承租人未按照约定及时通知确定的卸货港,致使出租人遭受损失的,应当负赔偿责任。出租人未按照合同约定,擅自选定港口卸货致使承租人遭受损失的,应当负赔偿责任。

《海商法》第 94 条特别对航次租船合同(第四章第七节)与第四章“海上货物运输合同”的关系问题作了规定。按照第 94 条第 1 款的规定,第四章第 47 条(关于承运人提供适航船舶的问题)和第 49 条(关于承运人不得绕航的义务问题),适用于航次租船合同的出租人。按照第 94 条第 2 款的规定,第四章其他有关合同当事人之间的权利、义务的规定,仅在航次租船合同没有规定或者没有不同约定时,适用于航次租船合同的出租人和承租人。

六、定期租船合同

(一)定期租船合同的概述

定期租船合同(time charter party),也称期租合同,是船舶出租人向承租人提供约定

---

[5] 参见司玉琢主编:《海商法》,法律出版社 2003 年版,第 188 页。

的由出租人配备船员的船舶，由承租人在约定的期间按照约定的用途使用，并支付租金的合同。定期租船合同具有以下特点：

1. 出租人负责配备船长和船员，负责船舶航行和内部管理事务，并承担船舶固定费用和船员工资、伙食及其他相关费用。

2. 承租人负责船舶调度和运营，并承担船舶运营费用。

3. 租金按照船舶租用时间的长短计算。

定期租船合同从性质上看属于特殊的租用合同。从合同的内容来看，出租人向承租人提供约定的由出租人配备船员的船舶，承租人负责船舶调度和运营，在约定的期间支付租金，符合租用合同的特征。但定期租船合同又不同于一般财产租赁合同，承租人租用的不仅包括船舶，更重要的是租用了出租人以船舶为工具提供的运输服务。因此，定期租船合同只调整出租人和承租人之间的权利义务关系，而承租人与第三人（主要是托运人）之间的运输关系由他们相互间的运输合同调整。

定期租船合同属于当事人意思自治的范围，各国法律基本没有强制性规定，也没有统一法公约。国际上通行一些格式合同，这些格式合同包含了一些惯例，对定期租船合同当事人的权利义务关系有很大的影响。目前国际上较有影响的格式定期租船合同有《统一定期租船合同》（Uniform Time Charter）和《定期租船合同》（Time Charter）。《统一定期租船合同》，租约代号“波尔的姆”（BALTIME），由波罗的海国际航运公会于 1909 年制定，此后经过 1910 年、1912 年、1920 年、1950 年、1974 年和 2001 年六次修订。这一格式合同在很多条款上比较偏袒出租人的利益。《定期租船合同》的租约代号为“土产格式”（Produce Form），由美国纽约土产交易所（New York Produce Exchange – NYPE）于 1913 年制定，经 1921 年、1931 年、1946 年、1981 年和 1993 年五次修订。1981 年 6 月 12 日，美国船舶经纪人和代理人协会[Association of Ship Brokers & Agents (U. S. A) Inc. ASBA]对此格式进行修订，租约代号为“ASBATIME”。1993 年该组织再次对此格式进行修订，租约代号为“NYPE93”，为目前普遍使用的格式。此格式比较公正地平衡了出租人和承租人的权利和义务。

（二）定期租船合同的主要内容

1. 船舶说明条款

定期租船合同的船舶说明条款在船舶船名、国籍、船级、吨位、船舶动态等方面，与航次租船合同相似，与航次租船合同不同的款项是关于船速和燃油消耗量的说明。定期租船合同通常对船速和燃油消耗量作出明确规定，因为这分别关涉船舶的使用效益和成本。如果实际船速低于合同的约定或实际耗油量高于合同的约定，承租人可获得相应的赔偿。

2. 交船和解约条款

该条款约定交船的时间、地点和状态，以及未按时交船时承租人的解约权。

关于交船的时间，合同通常规定在一定的时间或期间交船，交船期的最后一天为解约日。也有的规定，解约日为交船期届满后的某一天，因而如果出租人在交船期届满后解约前交船，承租人不得解除合同，但可以要求出租人赔偿因违约所造成的损失。我国《海商法》第 131 条规定，出租人在约定的受载期限内未能提供船舶的，承租人有权解除合同。但是，出租人将船舶延误情况和船舶预期抵达装货港的日期通知承租人的，承租人应当自收到通知时48小时内,将是否解除合同的决定通知出租人。因出租人过失延误提供船舶致使承租人遭受损失的,出租人应当负赔偿责任。

关于交船的地点,一般约定为某一具体港口。也有的约定在引航站或具体的某个泊位。

关于交船的状态,我国《海商法》第132条规定,出租人交付船舶时,应当谨慎处理,使船舶适航,交付的船舶应当适于约定的用途。否则,承租人有权解除合同,并有权要求赔偿损失。

3. 租期

有的以日历月计算,有的以30天作为一个月。租期通常从交船之日起算,租期届满之日承租人应交船。但由于海上运输的特点,租期届满之日和最后航次的时间很难吻合,此时如果还可以进行合法的航次,则时间可以后延。(参见"还船"条款)

4. 货物

通常规定,承租人使用船舶,只能从事合法利益运输,装运合法利益货物,并列明某些特殊货物如活牲畜和危险货物除外。

5. 航行区域与安全港口

合同中一般列明可以指示船舶前往的国家、区域或航线。有的特别订明承租人不能指示船舶前往的地区,如战区、冰冻区、传染病流行的地区、与船旗国处于敌对状态的国家或地区等。如承租人指示船舶前往上述地区,除非事先得到出租人的同意,否则船长有权拒绝接受承租人的指示。

承租人应保证其指示船舶前往的港口或者泊位是安全的港口或者泊位。

6. 出租人和承租人负责提供并支付费用的项目

出租人负责支付船长、船员的工资,提供船长和船员的伙食和给养,以及甲板和船舱的备用品及船用品并支付费用,支付船舶保险费、折旧费、检验费、修理费和船舶日产开支。

承租人负责提供船舶燃油、淡水(船员生活用水除外)、垫舱物料和防移板(船上已有的除外)并支付费用,安排货物装卸、支付货物装卸费及其他港口使用费、代理费、税金等费用。如承租人要求船员加班,则应负担船员加班费。一般规定,如经船长要求,承租人应垫付船舶日常开支,但可以在事后支付的租金中扣除。

7. 租金的支付和撤船

合同通常约定租金的数额、货币名称、支付方式、时间和地点。承租人不按时支付租金,出租人有权撤回船舶而解除合同,并可以要求承租人赔偿损失。

实践中,承租人未及时支付租金,有时是因为银行业务上出现了迟延或错误,而非承租人本人的过错,为避免出租人因行情上涨而趁机解除合同,往往订有抵御市场波动条款,规定如果承租人未准时和全额支付每一期租金,出租人应书面通知承租人在若干银行工作日内予以补交;只有在未及时补交时,才可撤船。

出租人撤船后,由于不能立即将船舶再出租,或者由于市场租金率低于合同约定的租金率,出租人能否就此种损失要求赔偿,各国做法不一。英国判例法认为一般没有索赔权。美国判例法和我国《海商法》规定出租人有权索赔。

合同通常约定,承租人未向出租人支付租金时,出租人对船上属于承租人的货物和财产以及转租船舶的收入有留置权。

8. 停租条款

停租,指在租期内,非由于承租人的原因,承租人不能对船舶按合同约定使用船舶时,可以停付租金。停租的主要原因有:人员或燃料不足;船体、船机或设备的故障或者损坏;船舶或者货物因海上事故而引起延误;船舶清洗锅炉或入干坞以清理和油漆船底。

9. 还船

还船,是指承租人按照合同约定的时间、地点和状态,将船舶还给出租人。如前所述,由于海上运输的特点,租期届满之日和最后航次的时间很难吻合,因而有时是提前还船,有时是延期还船。

延期还船的后果因最后航次是合理的还是不合理的而大有不同。按照英国判例法,如果承租人在租期内指示船舶最后航次时,合理地预期该航次能在租期(考虑明示或默示的宽容期)届满前结束,则该航次为合理的。美国判例法认为,只要承租人在指示船舶最后航次时,预期该航次结束时所产生的超期的时间,将短于如不进行该航次将提前交船的时间,即为合理的。[6] 英美判例法均认为,对于合理的最后航次,出租人有义务完成该航次。我国《海商法》第 143 条规定,经合理计算,完成最后航次的日期约为合同约定的还船日期,但可能超过合同约定的还船日期的,承租人有权超期用船以完成该航次。

在完成最后航次后对出租人的补偿问题,英国判例法和我国《海商法》均认为,超期期间,承租人应当按照合同约定的租金率支付租金;市场的租金率高于合同约定的租金率的,承租人应当按照市场租金率支付租金。美国判例法认为,超期期间如果出租人已经另行订立定期租船合同,则承租人的违约责任应以原合同约定的租金率和另行订立的定期租船合同约定的租金率的差额来确定。[7]

对于不合理的最后航次,出租人或船长有权拒绝接受指示,并要求另行指示合理的航次。如果承租人不指定,出租人有权解除合同,并要求提前还船的损失。如果出租人或船长接受并进行了不合理航次,承租人应按合同约定支付租金直到还船的时间。如果超期期间,市场租金率上涨,应按市场租金率支付,如果市场租金率下降,则按原合同的租金率支付。

承租人提前还船时,出租人应接受船舶,但有权就因此遭受的损失向承运人索赔。同时,出租人应采取措施减轻损失,尽快将船舶投入营运。

关于还船地点,通常规定为两个或数个港口,或者一个区域,由承租人选择具体还船地点。

关于还船时船舶的状态,通常规定,除自然损耗外,船舶应处于与交船时相同的良好状态。

10. 出租人的责任与免责

通常规定,出租人应提供适航的船舶,包括船舶最初适航和维持船舶适航两个方面。

---

〔6〕 参见司玉琢主编:《海商法》,法律出版社 2003 年版,第 227 页。
〔7〕 参见司玉琢主编:《海商法》,法律出版社 2003 年版,第 227 页。

在定期租船合同下,货物的装载、积载、平舱和卸载作业均由承租人负责。1993 年"土产格式"规定,货物的作业虽由承租人负责,但在船长的监督之下进行,即船长对承租人雇用的装卸工人的作业有权进行合理的监督。

关于出租人的免责,按照2001 年"波尔的姆"定期租船合同格式的规定,船舶出租人只对由于船舶出租人或其经理人本身未能克尽职责使船舶在各方面具有适航性或者由于船舶出租人或其经理人本人的行为、不行为或者不履行职责所造成的货物灭失、损坏或迟延交货负责。据此,即使货物的灭失、损坏或迟延交付是由于船长、船员未能谨慎处理使船舶适航或者由于其不履行职责所致,出租人仍可免责。这显然大大低于《海牙规则》对承运人的要求。实践中,通常将上述条款删除,并加上首要条款,规定出租人对货物的责任和免责,适用《海牙规则》《海牙—维斯比规则》或者相应的国内法。1993 年"土产格式"规定适用《1936 年美国海上货物运输法》、《海牙规则》或《海牙—维斯比规则》或者强制适用的其他类似的国内法。

值得注意的是,订入首要条款并不改变合同对双方当事人义务的分配。货物的装载、积载、平舱和卸载作业均由承租人负责。只是出租人必须依据《海牙规则》《海牙—维斯比规则》或者相应的国内法承担使船舶适航的义务,并享受免责和责任限制。

11. 使用与赔偿条款

合同一般约定,船长在船舶使用、代理或者其他安排上,应服从承租人的指示。"使用",指船舶的营运,包括船舶驶往什么港口、装运何种货物及多少货物、在什么港口卸货等。船长有义务为货物签发所提交的提单。"代理",指由承租人在船舶停靠的每一个港口,指定代理人处理船舶的事务。

船长服从承运人的指示,造成船舶的损害,或者使出租人因此遭受其他损失,包括对第三者收货人或其他人承担的责任,应由承租人负责,出租人可以就其损失向承租人索赔或追偿。例如,由于船长按承租人的指示签发提单,出租人按提单对第三者收货人承担的责任大于其按照租船合同应承担的责任时,出租人可依据本条款,就超出部分向承租人追偿。

12. 转租条款

合同一般规定,承租人可将船舶转租给第三者(转租承租人),但原承租人始终负有履行合同的责任。承租人与转租承租人订立的转租合同,在航行区域、装运货物的范围等方面,不得与原合同相抵触。否则,船长有权拒绝接受转租承租人的指示。如果转租合同规定的出租人的责任超出原合同的范围,原出租人所承担的责任仍以原合同为准。

七、有关国际海上货物运输的国际公约

(一)1924 年《海牙规则》

《海牙规则》的出台与英国商船队 19 世纪在世界海运业的主导地位及其滥用这种主导地位相关。英国普通法将从事海上件杂货运输的船舶所有人视为"公共承运人"(common carrier),而将从事租船运输的船舶所有人视为"私承运人"(private carrier)。按照英国普通法,公共承运人负有在目的港将货物以装运港收到货物时的相同状态交给收货人

的义务。对所运货物的灭失或者损坏,除因天灾、公敌行为、货物的潜在缺陷、托运人的过错行为或共同海损外,无论承运人本人、船员或其他雇员、代理人有无过错,承运人均应承担赔偿责任。但是,由于普通法承认海上货物运输的合同自由,承运人又可以在海上货物运输合同或提单中列入对货物的灭失或者损坏免于赔偿损失的免责条款。至19世纪,这种免责条款被英国承运人滥用,以至于有的提单的免责条款达六七十项。这种状况使收货人或提单受让人的利益得不到保护,也影响到保险公司对海上货物运输风险的承保。

针对英国船主在提单中任意列入免责条款损害美国贸易商利益的做法,美国法院采取了对抗行为。在 Pool & Great Steam Co. v. Phoenix Insurance Co. [129 U. S. 397 (1889)]案中,英国 Montana 号轮船在从纽约到利物普的航运途中搁浅,导致所载货物灭失。保险人作为货主的代位权人起诉承运人,要求承运人赔偿因承运人雇员的过失所致的损失。承运人援引提单中的免责条款(该条款免除承运人因其雇员过失所致的赔偿责任)进行抗辩。美国最高法院认为,该免责条款违反公共政策,应归于无效,因而判定承运人承担赔偿责任。[8]

针对美国法院的判决,英国承运人在合同中引入了法律选择和法院选择条款,分别选择英国法和伦敦作为解决争议的法律和法院所在地。在美国法院通过判决将这种条款归于无效之前,美国国会在1893年通过了《哈特法》。

《哈特法》第一节和第二节规定承运人的责任,适用于从美国港口始发或在美国港口和外国港口之间从事货物运输所签发的提单。第一节禁止提单条款免除承运人合理装载、积载、保管、照料或适当交付货物方面的过失责任[9];第二节禁止提单条款减轻承运人谨慎处理以装备船舶、配备船员、提供必需品、使船舶适航的责任[10]。

《哈特法》第三节规定承运人主张免责的抗辩事由,适用于以美国港口为始发港或目的港从事货物运输所签发的提单。除了传统的免责事由,如海上危险和天灾,该节增加了两项新的免责事由:航行上的过失或错误,管理船舶上的过失或错误。[11] 这两种新的抗辩事由是承运人取得的最大的收获。[12]

《哈特法》的第一、第二节和第三节包含了承托双方利益冲突的主要妥协。托运人获得了禁止在提单中广泛列入免责条款的利益,而承运人则获得了两项新的法定免责事由。[13]

一些前英国殖民地当时也正在考虑保护其托运人免受英国船主滥用主导地位之苦,《哈特法》的出现影响了这些国家的相关立法。新西兰于1903年制定了以《哈特法》为范本的成文法。1904年,澳大利亚通过了《海上货物运输法》。加拿大也于1910年通过了

---

〔8〕 参见 Joseph C. Sweeney, Happy Birthday, *Harter: A Reappraisal of the Harter Act on Its* 100th *Anniversary 24*, Journal of Maritime Law and Commerce (1993), p. 6 – 7。另参见[美]G. 吉尔摩、[美]C. L. 布莱克:《海商法》,杨召南、毛俊纯、王君粹译,中国大百科全书出版社2000年版,第189页。

〔9〕 46 U. S. C. Appx §190 (1988).

〔10〕 46 U. S. C. Appx §191 (1988).

〔11〕 46 U. S. C. Appx §192 (1988).

〔12〕 See Joseph C. Sweeney, Supra note , p. 9.

〔13〕 另参见[美]G. 吉尔摩、[美]C. L. 布莱克:《海商法》,杨召南、毛俊纯、王君粹译,中国大百科全书出版社2000年版,第190页。

《水路货物运输法》。这些立法都以强制性条款来规定承运人的责任。[14]

在大陆法系国家,德国和法国于 1885 年和 1913 年制定的提单示范格式则没有对承运人施加最低限度的责任。鉴于此,1921 年,国际法协会所属的海事法委员会在海牙召开会议制定关于提单的统一规则。1924 年于布鲁塞尔对海牙会议制定的规则进行修订,正式定名为《统一提单的若干法律规定的国际公约》,通称为《海牙规则》(Hague Rules)。《海牙规则》于 1931 年 6 月 2 日生效,现有参加国 61 个。《海牙规则》规定了不得由提单条款加以排除的承运人的最低责任,使各国有关提单的法律基本趋于一致。我国没有加入该公约,但我国《海商法》关于承运人责任与免责的规定,基本采纳了该公约的规定。

《海牙规则》的主要内容如下。

1. 适用范围

《海牙规则》第 10 条规定,本公约各项规定,适用于在任何缔约国所签发的任何提单。因此,任何公约的缔约国,对于在本国所签发的提单,如果提单没有约定提单所适用的法律,应适用该公约;如果提单约定了提单所适用的法律,则可以适用该约定的法律,但该公约的强制性规定应予以适用。

《海牙规则》第 5 条规定,本公约各项规定不适用于租船合同,但如果在租船合同项下签发了提单,则提单应遵守本公约的规定。因此,在租船合同下签发的提单,如果提单在承租人手中,调整承运人(出租人)和承租人之间关系的是租船合同,《海牙规则》对这种提单不适用;但如果提单在非承租人的第三方(如发货人或收货人)手中、用来调整承运人和提单持有人的关系时,公约缔约国应适用公约的规定。

2. 承运人的基本义务

(1)谨慎处理使船舶适航。《海牙规则》第 3 条第 1 款规定,承运人必须在开航前和开航当时谨慎处理:使船舶适航;适当地配备船员、装备船舶和配备供应品;使货舱、冷藏舱、冷气舱和该船其他载货部位适于并能安全地收受、载运和保管货物。

使船舶适航的责任是承运人本身的责任。在开航前由船舶检验机构提供的适航证书,并不能构成船舶适航的决定性依据。如果有船舶检验机构的适航证书,而船舶实际不适航,承运人应对此造成的损失承担责任。如果船舶检验机构在检验中有疏忽并导致船舶不适航,承运人应对此造成的损失对货主承担责任。

适航性(seaworthiness)主要体现在以下几个方面:

第一,适航性指船舶必须在设计、结构、坚固性和设备等方面经受得起航程中的一般风险。在 AH 轮货损案中,一艘 20 年船龄的希腊籍 AH 轮,满载我国进口的散装豆油 2 万余公吨,从美国起运,在驶入中国海域时发生严重海损事故,船壳板开裂,大量豆油溢出,并导致船体倾斜。经救助船舶脱离危险。船方称,船舶具备适航性,有适航证书为依据,船舶和货物受损是因为遭遇 7 ~ 10 级风浪,主张共同海损,要求保险公司提供共同海损担保。保险公司以货物保险人的名义申请船舶检验。船舶检验部门的结论是:造成货损的根本原因是轮船陈旧、年久失修,是船舶不适航。最后,双方在仲裁前和解结案,船方赔偿全部损失的 80%。

---

〔14〕 See Joseph C. Sweeney, Supra note, p. 30.

第二,适航性还需要配备合格、健康的船长和船员这。船舶航行所用的各种设备必须齐全,燃料、淡水、食品等供应品必须充足,使船舶能安全地把货物运到目的地。

第三,适航性包括适宜载货(cargoworthiness),即适合收受、保管和运输货物。例如,对货舱进行清洁、消毒,使冷藏舱、冷气舱保持适合的温度,等等。在中国人民保险公司浙江省分公司诉广州远洋运输公司和中国对外贸易运输总公司上海分公司集装箱内茶叶串味案(1987 年)中,原告称第一被告在承运原告承保的 750 箱中国红茶时,提供了不清洁的集装箱,第二被告作为装箱人,未对集装箱是否清洁进行检查、消毒即装箱,致使茶叶串味污染。上海海事法院认为,本案承运人因疏忽大意,未履行《海牙规则》所规定的使"其他载货部位"(本案中的集装箱)适于并能安全地收受、载运和保管货物的义务,第二被告因过于自信或疏忽大意未能按照常规认真检查箱体,应分别对货损承担 60% 和 40% 的责任。

第四,承运人在使船舶适航方面只尽谨慎处理之责。如果尽了谨慎处理,船舶未能适航,承运人不承担责任。

第五,承运人只需要在开航前和开航当时使船舶适航,而不是在整个航程中都要保证船舶适航。如果船舶在航行中因为意外事故而变得不适航,除非承运人由于疏忽没有及时采取补救措施,否则承运人不承担责任。

(2)适当和谨慎地管理货物。《海牙规则》第 3 条第 2 款规定,承运人应当适当地和谨慎地装载(load)、处理(handle)、积载(stow)、运输(carry)、保管(keep)、照料(care for)和卸载(discharge)所承运的货物。上述七个方面的义务是相互独立和前后相继的。

装载,指将货物装上轮船。处理,指承运人将货物搬运到船舱,并根据货物的具体情况,进行适当处理,例如,在装运散装粮食时,必须安装防摇板和通风设备,在装运散笨重货物时,要预备绳索,把货物绑紧。

积载,指按照货物的特点,妥善进行堆放。例如,轻的货物应放在重的货物的上面,容易相互串味的货物不要放在一起。重的货物应均匀放置,不要集中在一处。

运输,指承运人承担完成货物海上空间转移的任务,承运人应以适当的速度、合理的航线航行,不得无故绕航。

保管,指对货物的看护和管理,例如,在运输散装粮食时,必须保持通风;运输水果时,需保持适度的温度;在靠近港口时,应防止失盗;等等。照料,指对活动物进行适当的喂养和管理。

卸载,指将货物完好地在目的港卸下。如果目的港发生战争、封锁、瘟疫、罢工、冰冻或承运人无法控制的其他情况,船舶不能进入原定目的港,船长有权将船舶驶到附近的安全港口,并通知收货人。在卸载和装载时,承运人通常雇用装卸工装卸,并对装卸工的装卸风险承担责任。

案例 8-3　安徽省服装进出口股份有限公司诉法国薛德卡哥公司和法国塔丽娜国家航运公司案

该案例是一个管货不当的典型案例。2000 年 8 月 9 日,安徽省服装进出口股份有限公司(以下简称服装公司)填写出口货物委托书,委托书载明:经营人服装公司,提单通知人琳达纺织品公司,货物为100%腈纶地毯,数量为6000件,价值67,200美元,起运港中国的南京港,目的港法国的马赛港,运费到付。同日服装公司填写装箱单将上述货物装入规格为40英尺的4个集装箱内,并向海关进行了申报。2000年8月16日,服装公司与储运公司签订一份货物运输协议书,约定:服装公司委托储运公司配备同年8月22日达贸公司的船舶运送货物,从中国的南京港运至法国的马赛港。协议签订后,服装公司按指示将货物运至南京集装箱仓库。同年8月29日,储运公司按照达贸公司的制单原则并依据服装公司的保函,倒签了编号DCE05426537抬头为法国薛德卡哥公司(以下简称卡哥公司)的提单,该单载明:托运人服装公司,收货人凭指示,通知方琳达纺织品公司,承运船舶"谭亚"轮,起运港中国的南京港,卸货港法国的马赛港,货物为晴纶地毯,数量为6000件,价值67,200美元,装货日期2000年8月22日,提单由储运公司代理达贸公司签发。储运公司签发提单后,将提单交给了服装公司。同日"谭亚"轮装上货物后,离开南京港。8月30日"谭亚"轮在驶往宁波的途中,由于承运人未妥善保管致使所载货物掉入海中,造成服装公司货物全损。

"谭亚"轮,属法国塔丽娜国家航运公司(以下简称航运公司)所有。提单背面条款规定本案的争议应适用法国1966年6月18日法律及相关法律解释或者适用《海牙—维斯比规则》。

2001年2月28日,原告在武汉海事法院起诉卡哥公司(提单上载明的承运人),要求承担全部货损。随后又追加航运公司为共同被告。被告均未出庭,法院依法作出缺席判决。

法院认为,提单背面条款规定本案的争议应适用法国1966年6月18日法律及相关法律解释或者适用《海牙—维斯比规则》,本院选择《海牙—维斯比规则》为本案的准据法。服装公司与卡哥公司、航运公司以提单为证明的海上货物运输合同关系成立。航运公司作为实际承运人未妥善保管所运之货物造成服装公司货物损失,航运公司应对货损负赔偿责任。卡哥公司应对实际承运人航运公司的行为负责,对服装公司所受损失负连带赔偿责任。根据《海牙—维斯比规则》第3条第2款,中国《民事诉讼法》第128条、第130条之规定,判决被告航运公司赔偿服装公司货物损失67,200美元及利息,被告卡哥公司负连带赔偿责任。

3. 承运人的责任期间

《海牙规则》第1条是对若干术语的定义。该条关于"货物运输"的定义是:货物运输包括从货物装到船上时起至货物卸下船时止。从第3条关于管货义务的强制性规定来看,从货物装到船上时起至货物卸下船时止,应为承运人承担管货义务的责任期间。对于装船之前和卸船之后的责任由谁承担,《海牙规则》第7条规定,可由承运人和托运人协商而定。但承运人与托运人的协议,不得违反协议所适用法律的强制性规定。美国1893年《哈特法》、法国1966年《租船合同和海运合同法》均规定,承运人的责任期间为接受货物时起至交付货物时止。

4. 承运人的免责事项

《海牙规则》第4条规定了承运人的法定免责事由,共有17项。

(1)船长、船员、引航员或承运人的其他受雇人在驾驶船舶或者管理船舶中的行为、疏忽或过失。

“驾驶船舶的过失”，指船员在船舶航行或停泊中所发生的判断上或操作上的错误。例如，船员违反避碰规则或其他航行规则，没有保持适当瞭望，没有以安全速度行驶，没有对避碰危险作正确判断，没有以适当的方式锚泊，等等。由此所造成的触礁、搁浅或碰撞等意外事故所致货物的损失，承运人可以免责。

“管理船舶上的过失”，指船员在维持船舶的性能和有效状态方面缺乏应有的注意，有过失，如污水管闭塞，未适时关闭进水阀门，对船舶保养不当导致失去动力或失去控制，等等。由此造成的损失，承运人可以免责。

(2)火灾，但是由于承运人本人的实际过失或参与(actual fault or privity of the carrier)而引起的除外。

如果火灾是由船长、船员或承运人的其他受雇人或代理人过失造成的，承运人对火灾造成的货物损失可以免责。但是，如果火灾是承运人本人过失所致，承运人便不能免责，例如，承运人指挥失误引发火灾；承运人为骗取保险金，指使船员纵火烧毁船舶。

(3)海上或其他可航水域的灾难、危险或者意外事故(perils, dangers and accidents of the sea or other navigable waters)。

海上或其他可航水域的灾难、危险，指海上航行中特有的各种灾难和危险，如恶劣天气、狂风巨浪、浓雾、暗礁、浅滩等。一般解释为不能合理预见的、超出一艘适航轮船所能抵御范围的、除天灾以外的海上各种自然风险。意外事故，指碰撞、搁浅、触礁等无法预料、无法克服的毁灭性事件。

案例 8-4 | 大中华金属产业公司诉马来西亚国际航运公司案

在本案中，40 件铝罐在悉尼装上马来西亚国际航运公司的 m/v Bunga Seroja 轮在前往基隆的途中遭遇恶劣天气而部分受损。货主大中华金属公司起诉航运公司要求赔偿损失。一审法院和二审法院(新南威尔士上诉法院)都拒绝了原告的请求。原告上诉到澳大利亚高等法院，其理由是：由于轮船出发前已经有天气预报，货损归因于可以合理预见和加以避免的天气条件，《海牙规则》第 4 条第 2 款所规定的海上灾难例外不能适用。高等法院法官认为，海上灾难例外不能限于那些超出航海者一般经验的事件或者完全不可预见或预料的事件，本案的天气仍然属于恶劣天气，因此原告的请求应予驳回。[15]

(4)天灾(act of God)。天灾，指承运人通过采取各种合理措施后，仍不能抵御或防止的，并直接造成货物损失的自然现象，如地震、雷击等。类似于大陆法上的不可抗力。《海牙规则》对天灾作出规定，旨包括海上航行特有灾难之外的其他自然灾害。

(5)战争行为。

(6)公敌行为(act of public enemies)。海盗，就属于典型的公敌。

(7)国王、统治者或人民的扣留或限制(arrest or restraint)，或者司法扣押(seizure under legal process)。

(8)检疫限制(quarantine restrictions)。检疫限制，是指一国根据检疫法规，当发现来

---

〔15〕 See *High Court of Australia Reports*, Vol. 1998, No. 65(1998).

本国港口的船舶上有疫情或有疫情危险时,禁止船舶进港或进港前作消毒处理。

(9)托运人、货物所有人或者他们的代理人或代表的行为或不行为。

(10)无论何种原因引起的局部或全面罢工、关闭工厂、停工或者劳动受到限制。

(11)暴动和骚乱。

(12)在海上救助或者企图救助人命或财产。

(13)由于货物固有的缺陷或品质不良(inherent defect,quality or vices of the goods)所引起的体积或重量的减少或其他任何灭失或损害。

这种货损的原因与承运人无关,源于货物本身的自然特性或固有缺陷,因而可以免责。具体情形如:谷物在运输途中会有水分蒸发或发热变质或虫蚀;矿物在装卸过程中会随风飘散一小部分;散装油会有部分粘附于舱壁或结快沉淀而无法泵出;活动物在运输途中因生病或胆怯而死亡;易腐烂货物,如水果等在运输过程中发生腐烂或者变质;煤炭在运输过程中自燃;等等。

(14)货物包装不充分。货物包装不充分,指货物包装不足以在装卸和运输过程中保全货物,这属于托运人的责任。

(15)标志不清楚或不适当。标志不清楚或不适当包括本应有标志而没有标记的种种情形,例如,没有标记禁止倒置、易碎、防湿、禁止使用手钩等。这也属于托运人的责任。

(16)经谨慎处理仍未发现的船舶潜在缺陷。这项免责是对承运人谨慎处理使船舶适航义务的一个例外。即如果是潜在缺陷,并且经谨慎处理仍未发现,这种不适航所致的损失可以免责。所谓潜在缺陷,指一个合格的专业人员,以一般应有的注意所不能发现的缺陷。在"The Amstelslot"案中,英国上议院法官认为,承运人要免除责任,则必须证明其自己以及船舶检验机构已经对船舶进行谨慎处理仍未发现船舶的潜在缺陷。[16]

(17)非由于承运人的实际过失或参与,或者承运人的受雇人、代理人的过失或疏忽所产生的任何其他事由,但援引这项免责的人,应举证证明有关的灭失或损害既非由于承运人的实际过失或参与,也非由于承运人的受雇人、代理人的过失或疏忽。

由于承运人对于因承运人的雇员驾驶、管理船舶的过失所造成的损失和非因承运人本人的过失而引发的火灾所造成的货物损失可以免责,人们将《海牙规则》的责任制度称为不完全过失责任原则。

5. 承运人的赔偿责任限制

承运人对每件货物或每一计算单位的货物的灭失或损害承担的最高赔偿额以 100 英镑或与其等值的其他货币为限。但托运人在装船前已就该货物的性质和价值作出声明并已在提单上注明的,不在此限。

6. 承运人责任的强制性

《海牙规则》第 3 条第 8 款规定,运输合同中的任何条款、约定或协议,凡是解除承运人或船舶对由于疏忽、过失或未履行本条规定的责任和义务而引起货物的或与货物有关的灭失或损坏的赔偿责任,或以本公约规定之外的方式减轻这种责任的,均应作废并无效。有利于承运人保险利益的条款或类似条款无效。

---

〔16〕 See John F. Wilson, *Carriage of Goods by Sea*, 4th edition, Pearson Education Limited, 2001, p. 193.

这一规定表明，承运人根据《海牙规则》承担的是最低限度的、强制性的责任和义务，运输合同或提单条款中免除或减轻上述义务和责任的约定应归于无效。

所谓"有利于承运人保险利益的条款"，指运输合同或提单条款规定，如果对于货物在运输过程中的风险，货主可以进行投保，则承运人对因此种风险所造成的损失不负责任。

7. 托运人的责任

(1)正确说明。托运人应保证在货物装船时所提供的货物的品名、标志、包数或件数、重量或者体积的正确性，否则应承担由此对承运人所造成的损失。

(2)不得擅自托运危险货物。托运人托运危险货物而未通知承运人的，承运人可在任何时间、任何地点将货物卸下，销毁或使之不能为害，而不负赔偿责任。托运人对承运人因运输此类货物所受到的损害，应当负赔偿责任。如果承运人知道该货物的性质，并已同意装载，则在该危险货物发生危险时，承运人可将货物卸下，销毁或使之不能为害，而不负赔偿责任。但发生共同海损时除外。

8. 索赔与诉讼

除非托运人或收货人在提取货物时，或者如果货物的灭失或损害不显著，则在 3 天内向承运人提出货物遭到灭失或损害的书面通知，否则这种提货便成为承运人已按提单规定交货的初步证据。但是，如果在交货时，承运人和收货人已就货物的灭失或损害进行联合检查或检验，则收货人无须提交此种通知。

货物灭失或损害的诉讼时效为 1 年，自货物交付之日或应交付之日起算。

(二)1968 年《维斯比规则》

随着海运业、国际经济形势的变化，对《海牙规则》的修订在 20 世纪 50 年代末提到议事日程。迫切需要修改的内容包括：英镑的不断贬值要求改变承运人的赔偿限额、集装箱运输的出现也需要对承运人的赔偿限额作出新的规定、承运人的代理人或雇员的法律地位需要进一步明确。

国际海事委员会于 1959 年第 254 届大会决定着手对《海牙规则》进行修改。1968 年布鲁塞尔外交会议上签订了《关于修改统一提单的若干法律规则的国际公约的议定书》。由于该议定书的准备工作曾在维斯比进行，故又称《维斯比规则》(Visby Rules)。《维斯比规则》于 1977 年 6 月 23 日生效，现有 52 个缔约国。我国没有参加《维斯比规则》，但我国《海商法》中关于提单证据效力、非合同之诉、承运人的代理人或雇员的法律地位和诉讼时效等问题的规定，借鉴了《维斯比规则》的相应规定。

《维斯比规则》的主要内容如下。

1. 承运人的赔偿限额

《维斯比规则》第 2 条将承运人的赔偿限额改为每件或每一单位 10,000 金法郎或毛重每公斤 30 金法郎，以两者之中的较高者为准。金法郎指一个含有纯金度为 900‰的黄金 65.5 毫克的单位。《维斯比规则》产生之时，10,000 金法郎相当于 431 英镑，从而基本解决了英镑贬值带来的问题。

《维斯比规则》第 2 条还就集装箱运输条件下承运人的赔偿限额的计算作了规定：当货物以集装箱、货盘或者类似工具装箱时，如果提单中载明该运输工具中货物件数或者单位数时,则承运人的赔偿限额的计算以该件数或单位数为准,否则就将该运输工具视为一件或一个单位来计算。

第 2 条还规定,如果能证明货物的损失是由于承运人的故意或明知可能造成损失而轻率地作为或不作为造成的,则无论是承运人还是船舶,均不能享有赔偿限额。

《维斯比规则》规定的承运人责任限额以金法郎为计算单位,而黄金本身的价格又随市场行情的变化而变化,承运人责任限额的实际价值不能保持稳定。为缓解这一问题,1979 年 12 月 31 日在补鲁塞尔召开的外交会议上通过了修订《海牙—维斯比规则》议定书,该议定书于 1984 年 4 月生效。

议定书的主要内容就是将承运人责任限额的计算单位由金法郎改为特别提款权,具体换算按 15 金法郎等于 1 个特别提款权的比例进行。这样,承运人责任限额便为每件或每一单位货物 666.67 特别提款权或毛重每公斤 2 特别提款权,按两者之中的较高者为准。

目前国际上有 24 个国家参加了该议定书。我国没有参加该议定书,但我国《海商法》关于承运人责任限额的规定与该议定书的规定相同。

2. 提单的证据效力

《海牙规则》第 3 条第 4 款规定,载有货物主标志、件数、数量或者重量以及货物外表状态的提单,作为承运人已收到所记载货物的初步证据。《维斯比规则》则规定,当提单转让至善意的第三人时,与此相反的证据就不能接收。也就是说,此时,提单便成为承运人已收到所记载货物的最终证据。

3. 非合同之诉

《维斯比规则》第 3 条规定,《海牙规则》所规定的抗辩和责任限制,应适用于因货物灭失或损坏而针对承运人提起的任何诉讼,无论该诉讼是以违约为依据,还是以侵权为依据。这一规定的目的,旨在防止收货人或其他索赔人排除《海牙规则》关于承运人抗辩和责任限制规定的适用。

4. 承运人的雇员或代理人的法律地位

在 Alder v. Dickson 案件〔17〕审理后,承运人纷纷在提单或客票中订入“喜马拉雅条款”,规定承运人的雇员或代理人可以援引承运人的免责和责任限制。《维斯比规则》将“喜马拉雅条款”法律化。《维斯比规则》规定,如果诉讼是对承运人的雇员或代理人提起,承运人的雇员或代理人有权援引《海牙规则》关于承运人抗辩和责任限制的规定。

5. 诉讼时效

《维斯比规则》规定,《海牙规则》所规定的一年的诉讼时效,可以由当事人协商一致而延长;对第三人的追偿诉讼,在一年的诉讼时效期满后,还可以有三个月的宽限期。

---

〔17〕 该案的案情和结果是:英国 P&O 公司的“喜马拉雅”号客轮在停靠比利时按特卫普港时由于舷梯未放好,致使一名叫 Alder 的女乘客摔伤,因承运人根据客票上的免责条款对此损害免责,该乘客便以侵权行为起诉船长 Dickson 和水手长。英国上诉法院判决,船长作为承运人的雇员,无权援引上述免责条款。该乘客得到全部赔偿。

6. 适用范围

《维斯比规则》规定,货物从缔约国起运的提单以及提单约定受《海牙规则》或赋予《海牙规则》以法律效力的国内法约束的提单,均受《海牙规则》的调整,从而扩大了《海牙规则》的适用范围。

经《维斯比规则》修订后的《海牙规则》被称为《海牙—维斯比规则》。

(三)1978 年《汉堡规则》

从 20 世纪 60 年代末开始,发展中国家和一部分发达国家开始要求实质修改《海牙规则》。1969 年 4 月,联合国贸易和发展会议设立国际航运立法工作组,研究提单的法律问题。该工作组 1971 年做出两项决议:(1)对《海牙规则》和《维斯比规则》进行修改,必要时制定新的国际公约;(2)在审议修订上述规则时,应清除其含义不明确之处,建立船货双方平等分担海运风险的制度。该工作组的工作后来移交给联合国国际贸易法委员会,该委员会设立国际航运立法工作组专门起草新的国际海运公约,工作组于 1976 年 5 月完成起草工作。

1978 年 3 月,78 个国家的代表在汉堡举行联合国海上货物运输会议,通过了联合国国际贸易法委员会拟定的《联合国海上货物运输公约》(United Nations Convention on the Carriage of Goods by Sea),简称《汉堡规则》(Hamburg Rules)。《汉堡规则》于 1992 年 11 月生效,现有 28 个缔约国,但均为发展中国家,其中 10 个为内陆国家。《汉堡规则》全面地修改了《海牙规则》,加重了承运人的责任。《汉堡规则》除序言、附录外,正文分 7 个部分,共 34 个条款。

1. 定义

《汉堡规则》对若干重要用语作了界定。[18] “海上运输合同”,是指承运人承担将货物通过海上由一个港口运至另一个港口,收取运费的合同;既涉及海上运输又涉及其他运输方式的合同,仅就其与海上运输相关的部分被视为海上运输合同。“提单”,是指证明海上运输合同,证明承运人已接收或装载货物以及承运人承诺在被收货人提交时据以交付货物的单证。单证中的条款如果注明货物将凭某个记名人的指示、凭指示或对单证持有人交付,即构成承运人据以交付货物的承诺(undertaking)。“书面”,包括电报和电传。此外,《汉堡规则》还对承运人、托运人、收货人、实际承运人、货物等用语进行了定义。

2. 适用范围

依据《汉堡规则》的规定,两个不同国家之间的海上运输合同,如果满足下列条件之一,则《汉堡规则》适用:(1)装运港位于公约的缔约国;(2)卸货港位于公约的缔约国;(3)在选择卸货港的情况,实际卸货港位于公约的缔约国;(4)提单或其他证明海上运输合同的单证是在公约缔约国签发的;(5)提单或其他证明海上运输合同的单证规定合同由本公约或赋予本公约效力的国内法调整。[19]

《汉堡规则》的适用与船舶、承运人、实际承运人、托运人、收货人或其他利害关系方的国籍无关。

---

〔18〕 Hamburg Rules, Art. 1.

〔19〕 Hamburg Rules, Art. 2. 1.

《汉堡规则》不适用于租船合同。但如果在租船合同下签发了提单,且该提单调整承运人与非承租人的提单持有人之间的关系时,《汉堡规则》适用于该提单。[20]

3. 承运人责任的归责原则[21]

《汉堡规则》改《海牙规则》的不完全过失责任为过失责任,包括推定过失责任和一般过失责任。

一般情形下,除非承运人能证明他或他的雇员或代理人没有过失,他就应对货物的灭失或损坏负责。这样,《海牙规则》所规定的驾驶和管理船舶过失免责就被删除了,而且采取推定过失责任。

对由于火灾造成的损失,则采取一般过失责任,即只有在货方证明承运人或其雇员、代理人在火灾发生原因或者灭火措施上确有疏忽或过失时,才能使承运人承担责任。

《汉堡规则》规定了迟延交付货物的问题。按照《汉堡规则》的规定,如果未能在约定的交货时间或者没有约定时合理的时间内交货,即为迟延交付。如果超过交货日期60天仍未交货,可以视为货物已经灭失。

因运输活体动物的固有的特殊风险造成活体动物灭失或者损害或迟延交货的,承运人不负赔偿责任。如果承运人能够证明其已遵守托运人关于运输活动物的特别指示,而活动物灭失或者损害或迟延交货可以归因于运输该活体动物的固有的特殊风险,就可以推定活体动物灭失或者损害或迟延交货是运输该活体动物的固有的特殊风险所造成的,除非有证据证明活体动物灭失或者损害或迟疑交货是承运人或其雇员或其代理人的过错或疏忽所造成的。

4. 承运人责任期限[22]

《汉堡规则》将承运人责任期限扩展为从装运港接收货物时起至卸货港交付货物时止,货物处于承运人掌握的全部期间。

5. 承运人责任限制[23]

以每件货物或每一装运单位不超过835特别提款权或毛重每公斤不超过2.5特别提款权为限,以其较高者为准。

承运人迟延交付的赔偿责任,以迟延交付的货物应付运费的2.5倍为限,但不超过海上运输合同中规定的应付运费总额。如果货物既有迟延交付,又有灭失或损坏,则承运人的赔偿责任,以货物全部灭失时应承担的责任为限。

如果能证明货物的损失是由于承运人的故意或明知可能造成损失而轻率地作为或不作为造成的,则无论是承运人还是船舶,均不能享有赔偿限额。

6. 非合同之诉

《汉堡规则》所规定的抗辩和责任限制,应适用于因货物灭失或损坏而针对承运人提起的任何诉讼,无论该诉讼是以违约为依据,还是以侵权为依据。

---

[20] Hamburg Rules, Art. 2.3.

[21] Hamburg Rules, Art. 5.

[22] Hamburg Rules, Art. 4.

[23] Hamburg Rules, Art. 6.

如果诉讼是对承运人的雇员或代理人提起，如果承运人的雇员或代理人能证明其行为是在受雇或委托的范围之内的，也有权援引《汉堡规则》关于承运人抗辩和责任限制的规定。

7. 实际承运人及其雇员或代理人的法律地位〔24〕

实际承运人，是指接受承运人的委托，完成货物运输或部分运输的人，以及接受委托完成货物运输或部分运输的任何人。对实际承运人承担的运输，承运人应当对实际承运人的行为或实际承运人的雇员或代理人在受雇或委托的范围内的行为负责。

实际承运人及其雇员或代理人就其承担的运输部分，承担本公约对承运人所规定的责任，也享有本公约为承运人及其雇员或代理人所规定的抗辩和限额。

8. 保函〔25〕

《汉堡规则》规定，托运人在货物外表状态不良时为换取清洁提单向承运人提供的保函，在托运人和承运人之间有效。但是，对包括收货人在内的第三人无效。如果承运人接受保函的行为构成对第三人的欺诈，保函在托运人和承运人之间也无效。同时承运人应对由此给第三人造成的损失负赔偿责任，并不得援引《汉堡规则》规定的责任限制。

9. 索赔与诉讼

货损为非显而易见时的通知期限为 15 天，诉讼时效为 2 年。

此外，《汉堡规则》还对托运人的责任、管辖权和仲裁等问题作了规定。

《汉堡规则》体系完整、概念明晰、表达明确，从立法技术的角度看比《海牙规则》和《海牙—维斯比规则》有较大的进步。但由于《汉堡规则》大大增加了承运人的责任，世界上的主要国家包括重要的航运大国均未参加，影响很小。而重要的航运大国都是其缔约国的《海牙规则》和《海牙—维斯比规则》，仍然是对海上货物运输起实质性影响的公约。

八、有关海运单的国际公约和惯例

1990 年 6 月在巴黎举行的国际海事委员会第 34 届大会通过了《国际海事委员会海运单统一规则》（CMI Uniform Rules for Sea Waybills），对海运单的若干重要问题作了规定。该规则作为一项任意性惯例，由当事人选择适用。

此外，国际海上货物运输公约一般也可适用于海运单。

（一）国际海上货物运输公约对海运单的可适用性

由于海运单具有证明海上货物运输合同的作用，《汉堡规则》作为调整所有海上货物运输合同的公约，是可以适用于海运单的。

关于《海牙规则》和《海牙—维斯比规则》是否适用于海运单，有观点认为，《海牙规则》和《海牙—维斯比规则》第 1 条规定，运输合同指提单或者类似的物权凭证所包含的合同，而海运单既非提单，也非物权凭证，因此不能适用《海牙规则》和《海牙—维斯比规则》。本书认为，《海牙规则》和《海牙—维斯比规则》第 1 条并非对运输合同的一种穷尽的列举，海运单作为运输合同的证明，可以适用《海牙规则》和《海牙—维斯比规则》。

---

〔24〕 Hamburg Rules, Art. 10.

〔25〕 Hamburg Rules, Art. 17.

(二)《海运单统一规则》的规定

《海运单统一规则》较为简略,共8个条款。

1. 适用范围和定义

《海运单统一规则》第1(ii)条规定,当非由提单或者类似的物权凭证所包含的运输合同采纳本规则时,本规则适用,无论该合同是否采取书面或非书面的形式。

"承运人"和"托运人"是运输合同所指明的或依据运输合同可以明确的当事人。"收货人"是运输合同所指明的或依据运输合同可以明确的当事人,以及依据第6条替代收货人的任何人。[26]

2. 代理

《海运单统一规则》将海运单项下的托运人视为收货人的代理人,从而使收货人成为运输合同的当事人。该规则第3条规定,托运人不仅为本身的利益,同时作为收货人的代理人,并为收货人的利益而订立运输合同,且向承运人保证他具有此种代理权限。

该规则第3条还规定,收货人的责任(liability)不应大于如果该运输合同由提单或者类似的物权凭证包含时收货人的责任。

3. 权利和责任

《海运单统一规则》并未具体规定承运人、托运人和收货人的权利和责任(responsibility),该规则第4条规定,海运单所包含的运输合同,应受强制适用的国际公约或国内法的约束,如果该运输合同由提单或者类似的物权凭证包含就会受强制适用的国际公约或国内法的约束。这一规定肯定了海运单可以适用《海牙规则》和《海牙—维斯比规则》的观点。这样一来,《海牙规则》、《海牙—维斯比规则》、《汉堡规则》或国内法中关于承运人、托运人和收货人的权利和责任之规定,就成为确定承运人、托运人和收货人的权利和责任的主要依据了。

该规则第4条还规定,海运单所包含的运输合同,还受本规则、承运人的标准条件(当事人另有相反约定的除外)和当事人所同意的任何其他合同条件的约束。当本规则与承运人的标准条件、当事人所同意的任何其他合同条件之间有冲突时,本规则的规定优先。

如果强制适用的国际公约或国内法的规定与本规则、承运人的标准条件、当事人所同意的任何其他合同条件相冲突,国际公约或国内法的规定在冲突的范围内优先适用。[27]

4. 对货物的说明

托运人应保证他对货物所作说明的正确性,否则应承担由此对承运人所造成的损失。

在承运人未作保留的情况下,海运单或类似单证上对货物数量和状况的任何声明将在承运人和托运人之间构成如声明所言收到货物的表面证据,在承运人和收货人之间则构成如声明所言收到货物的最终证据——对这一最终证据作相反的证明应不被允许,除非收货人的收货行为是诚信的。[28]

---

〔26〕 CMI Uniform Rules for Sea Waybills, Art. 2.

〔27〕 CMI Uniform Rules for Sea Waybills, Art. 8.

〔28〕 CMI Uniform Rules for Sea Waybills, Art. 5.

5. 托运人货物控制权

在海运单项下，托运人是唯一有权向承运人就货物交付等运输事项发出指令的人。《海运单统一规则》第6条规定，除非所适用的法律有禁止性规定，托运人有权在海运单载明的收货人在目的港请求提货之前的任何时候变更收货人，但应以书面形式或其他承运人可以接受的方式通知承运人，并偿付承运人因此而支付的额外费用。

同条还规定，托运人可以在承运人接收货物之前，将上述对货物的控制权转让给收货人，并在海运单上注明。托运人将货物的控制权转让给收货人后，收货人即可以行使此种控制权，而托运人则不得再行使此种权利。

6. 交付货物

承运人应在适当地确定收货人的身份后向收货人交货。如果承运人能够证明他尽到了合理的注意以确定声称收货人事实上就是收货人，则对交货的错误不承担任何责任。[29]

《海运单统一规则》解决了国际海上运输公约和国内法可以适用于海运单这一基本问题，明确了强制适用的国际公约或国内法的规定与规则本身、承运人的标准条件、当事人所同意的任何其他合同条件相冲突时的处理规则，还就收货人的地位、托运人货物控制权和交付货物等重要问题作出了规定，对调整海运单所包含的运输合同关系具有积极意义。

九、《鹿特丹规则》

《海牙规则》和《海牙—维斯比规则》作为海上货物运输的主要国际统一法显然已不符合变化了的海运情势，《汉堡规则》也已被证明不可能得到广泛的接受。因此，制定一项新的国际海上运输公约势在必行。

国际海事委员会在1990年就着手研究制定一项新的国际海上运输公约的问题。1996年，联合国国际贸易法委员会委托国际海事委员会起草新的国际海上货物运输公约。1999年，国际海事委员会成立运输法国际分委员会，先后召开六次专家组会议。2001年11月第六次专家组会议后，形成《最终框架文件草案》，提交联合国国际贸易法委员会，2008年12月在纽约联合国大会上《联合国全程或部分海上国际货物运输合同公约》获得通过。2009年在荷兰鹿特丹举行各国签署仪式，该公约因此也简称为《鹿特丹规则》。《鹿特丹规则》的核心内容如下：

（一）国际海上货物运输的当事人

《鹿特丹规则》在承运人、托运人之外，增加了履约方、海运履约方、单证托运人和控制方等概念。履约方，是指承运人以外的、履行或承诺履行承运人在运输合同下有关货物接受、装载、操作、积载、运输、照料、卸载或交付的任何义务的人，以该人直接或间接在承运人的要求、监督或控制下行事为限。海运履约方，是指凡在货物到达船舶装运港至货物离开船舶卸货港期间履行或承诺履行承运人任何义务的履约方。单证托运人，指托运人以外的，同意在运输单证或电子运输记录中记名为“托运人”的人。控制方，是指对承运

[29] CMI Uniform Rules for Sea Waybills, Art. 7.

人发出有关货物的指示的人。当然,这些概念的用语虽然是新的,并不意味着这些角色也是新的,事实上,这些当事人是现实中存在的当事人,只是各国商事实践、法律规定上的表达有所不同而已。例如,单证托运人,与发货托运人就有密切的联系,履约方,与实际承运人也关系密切。《鹿特丹规则》只是采用了中性的表达而已。

(二)承运人的基本义务

与《海牙规则》一样,也包括提供适航船舶和谨慎管货义务,但提供适航船舶的责任期间扩展至开航前和整个航程之中。

(三)承运人的责任基础

如果索赔人能够证明,货物灭失、损坏或者迟延交付,或者造成、促成了灭失、损坏或者迟延交付的事件或者情形是在承运人责任期间内发生的,承运人应当对货物的灭失、损坏或迟延交付负赔偿责任。

如果承运人证明,灭失、损坏或者迟延交付的原因或者原因之一不能归责于承运人本人的过失,或者不能归责于任何履约方、船长或者船员、承运人的受雇人或履约方的受雇人或者履行或承诺履行运输合同规定的承运人义务的其他任何人的过失,承运人免除其全部或部分赔偿责任。

由上可见,《鹿特丹规则》采用的推定过失责任,即如果货物发生损失,推定承运人有过失并承担责任,但如果承运人证明本人或相关人没有过失,则不承担赔偿责任。

(四)承运人免责事由

承运人如果能够证明货物损失或延迟是由于下列情形之一造成的,可以免除全部或部分责任:(1)天灾;(2)海上或其他通航沿海地区的风险、危险或事故;(3)战争、敌对行动、武装冲突、海盗、恐怖活动、暴乱或民变;(4)检疫限制,政府、公共当局、统治者或者人民的干涉或造成的障碍,包括非由承运人或者相关人所造成的滞留、扣留或者扣押;(5)罢工、关厂、停产或者劳动受限;(6)船上发生的火灾;(7)通过合理谨慎无法发现的船舶潜在缺陷;(8)托运人、单证托运人、控制方或者托运人或单证托运人对其作为承担责任的其他任何人的作为或不作为;(9)托运人、单证托运人或者收货人按照其与承运人的约定进行的货物装载、操作、积载或者卸载;(10)由于货物固有缺陷、品质或者瑕疵而造成的数量或质量损耗或者其他灭失或损坏;(11)非由承运人或者代其行事的人所做包装不良或者标识欠清、不清;(12)海上救助或者试图救助人命;(13)海上救助或者试图救助财产的合理措施;(14)避免或者试图避免对环境造成危害的合理措施;(15)承运人根据公约抛弃危险货物或在共同海损的情况下作出的牺牲。与《海牙规则》相比,由于不再把驾驶船舶和管理船舶过失行为作为免责事项,《鹿特丹规则》与《汉堡规则》一样,实现了完全的推定过失责任。此外,在免责事由中,增加了恐怖活动和因环保原因采取的措施等事由。

但是,如果索赔人证明,承运人或其他相关人的过失造成、促成了承运人所依据的事件或情形或者所列事件或情形以外的事件或情形造成损失,且承运人无法证明该事件或情形不能归责于其本人或相关人的过失,则承运人仍然应承担全部或部分责任。如果索赔人能够证明,造成损失的原因是船舶不适航、配备船员、装备船舶和补给供应品不当,或者货舱或者船舶的其他载货场所不适于且不能安全地接收、运输和保管货物,并且承运人无法证明上述船舶不适航事件或情形未造成损失,也无法证明承运人遵守了适航义务和管货义务,承运人应当承担全部或部分责任。

（五）承运人的责任期限和赔偿限额

承运人的责任期间为承运人或履约方为运输而接受货物时开始到货物交付时终止。为确定承运人的责任期间,各方当事人可以约定接收或交付货物的时间和地点。

承运人的损失赔偿额,按照索赔或者争议所涉货物的件数或者其他货运单位计算,每件或每个其他货运单位875个计算单位(特别提款权),或者按货物的毛重计算每公斤3个计算单位,以两者中较高者为准。但货物价值已由托运人申报且在合同事项中载明的,或者承运人与托运人已另行约定更高赔偿责任限额的,不在此列。迟延交付的赔偿责任限额,相当于货物应付运费的2.5倍的数额。

如果索赔人证明,违反公约义务所造成的损失,是由于声称有权主张限制赔偿责任的人本人故意造成的,或者明知可能产生此种损失而轻率地作为或不作为所导致的,则承运人或者其他相关人无权主张公约规定的赔偿责任限额。

（六）控制方及其权利

《鹿特丹规则》引入了控制方的概念。控制方可以行使的权利包括:就货物发出指示或修改指示,但该指示不构成对运输合同的修改;在计划挂靠港或内陆运输途中的任何地点提货;由包括控制方在内的其他任何人取代收货人。控制权存续期间为承运人的责任期间。

控制方的识别和控制权的转让因签发单证的形式而不同:(1)一般情形下,控制方指托运人,除非托运人在订立运输合同时指定收货人、单证托运人或者其他人为控制方;控制方有权将控制权转让给其他人,此种转让在转让人向承运人发出转让通知时对承运人产生效力,受让人因此成为控制方;控制方行使控制权时应以适当的方式表明自己的身份。(2)签发不可转让运输单证且载明必须交单提货的,托运人为控制方,可以将控制权转让给运输单证中指定的收货人,该转让无须背书,但需转让所有正本提单。(3)签发可转让运输单证时,持有人为控制方,且持有人得到所有正本提单方可成为控制方。持有人可以将运输单证转让给其他人而转让控制权,只有转让所有正本运输单证方可转让控制权,持有人行使控制权应向承运人提交可转让运输单证。(4)签发可转让电子运输记录,持有人为控制方,持有人通过转让可转让电子运输记录将控制权转让给其他人。持有人行使控制权,应证明其为持有人。

控制权人可以向承运人发出指示,如果该指示送达承运人时承运人能够按照指示条件合理地执行,且该指示不会干扰承运人的正常营运,承运人应执行控制权人的指示。控制方应承担承运人履行该指示产生的额外费用或损失。承运人未执行控制权人的指示造成货物灭失或损坏的,应承担相应的责任。

（七）交付货物

《鹿特丹规则》规定,作为权利人的收货人也有接收货物和确认收到货物的义务。即在货物到达目的地时,收货人应当在运输合同约定的地点和时间或者期限内接收货物,并且向承运人确认收到货物。收货人拒绝确认收到货物的,承运人可以拒绝交付。

《鹿特丹规则》也规定了不同运输单证情形下的交货:(1)未签发可转让运输单证或

者可转让电子运输记录的,声称是收货人的人不能按照承运人的要求适当表明其是收货人的,承运人可以拒绝交付。(2)签发必须提交的不可转让运输单证的,声称是收货人的人不能按照承运人的要求适当表明其为收货人的,承运人可以拒绝交货。(3)签发可转让运输单证或者可转让电子运输记录的,持有人提交可转让运输单证,而在运输单据为指示单据时还需要适当表明持有人的身份,或者按照可转让电子运输记录的使用程序证明其为可转让电子运输记录的持有人时,方可交付,否则应当拒绝交货。

《鹿特丹规则》对国际海上货物运输当事人采用了新的表达,在承运人责任基础上实现了向推定过失责任的转化,提高了承运人的责任标准,增加了货物控制权等规定,这些规定并非谈判者的理论演绎,更多的是对国际海上货物运输多年来形成的商事惯例的系统编纂,是比较符合当今国际海上货物运输的实际的。《鹿特丹规则》是统一国际海上货物运输法的历史性文件,将会推动国际海上货物运输和国际商事交易进入新的历史发展阶段。

第二节 国际航空运输法

航空运输不受地面条件的限制,运输速度快,除适宜快速旅客运输外,还适宜运输急需物资、鲜活商品、易损货物、贵重物品和体小物品。目前,规范国际航空运输的国际公约主要有6项:1929年的《华沙公约》;1955年的《海牙议定书》;1971年的《危地马拉城议定书》;1961年的《瓜达拉哈拉公约》;1975年的4个《蒙特利尔议定书》;1999年的《蒙特利尔公约》。《华沙公约》规定了航空运输当事人的法律义务和相互关系,是国际空运的一项最基本的公约,到2002年8月已有150个国家加入该公约,我国于1958年加入该公约。该公约在很大程度上使国际空运方面的法律达到了统一。《海牙议定书》和《瓜达拉哈拉公约》都是对《华沙公约》的局部修订。《海牙议定书》主要在责任限制、运输单证的项目、航行过失免责和索赔期限等方面进行了修订。《瓜达拉哈拉公约》的目的就是把《华沙公约》有关订约承运人的各种规定,适用于具体履行运输事宜的实际承运人,我国尚未加入该公约。4个《蒙特利尔议定书》在赔偿责任限额的计算单位上以特别提款权取代了金价,适应了20世纪70年代金本位制被废除的形势需要。《蒙特利尔公约》旨在实现《华沙公约》系列的现代化和一体化。该公约已与2003年11月4日生效,至2004年8月已经有54个成员国。我国于2005年加入该公约。

一、《华沙公约》

1929年《华沙公约》和经1955年《海牙议定书》修订的《华沙公约》适用于旅客、行李和货物的航空运输。《华沙公约》和《海牙议定书》主要包括以下内容。

(一)航空货运单、旅客机票和行李单

1. 航空货运单。按照《华沙公约》,空运单证称为航空货运单(air consignment note, ACN)。承运人有权要求托运人填写一套航空货运单。一套货运单包括三份正本,一份注明"交承运人",由托运人签字;第二份注明"交收货人",由托运人签字后随同货物递

送；第三份在货物受载后由承运人签字交给托运人。托运人必须向承运人提交有关货物运输和通过海关所必需的有关单证，如发票和装箱单，以便及时办理海关手续。

航空货运单包括17项内容：(1)货运单的填写地点和日期；(2)起运地和目的地；(3)约定的经停地点；(4)托运人的名称和地址；(5)第一承运人的名称和地址；(6)收货人的名称和地址；(7)货物的性质；(8)包装件数、包装方式、特殊标志或号数；(9)货物的重量、数量、体积或尺寸；(10)货物和包装的外表情况；(11)如果运费已经议定，应写明运费金额、付费日期和地点以及付费人；(12)如果是货到付款，应写明货物的价格，必要时还应写明应付的费用；(13)声明的货物价值；(14)航空货运单的份数；(15)随同航空货运单交给承运人的凭证；(16)如果经过约定，应写明运输期限，并概要说明经过的路线；(17)声明运输应受本公约所规定责任制度的约束。

如果承运人收受货物而没有填写航空货运单，或航空货运单没有包括上述第1项至第9项，或者没有声明运输受公约所规定责任制度的约束，则不得援引公约关于免除或限制承运人责任的规定。

在没有相反证据时，航空货运单是订立合同、接受货物和承运条件的证明，如果没有航空货运单，或航空货运单不合规定或遗失，并不影响运输合同的存在和有效，而且运输合同仍受公约的约束。同时，在没有相反证据时，航空货运单中关于货物重量、尺寸和包装以及件数的说明，都应该被当作是确实的，但是除非经过承认和托运人当面查对，并在航空货运单中注明经过查对，或者是关于货物外表情况的说明外，关于货物的数量、体积及情况的说明不能构成不利于承运人的证据。

空运托运单不同于海运提单，它不是货物所有权的凭证。因为空运的速度快，通常在托运人把货运单交收货人之前，货物就已经运到目的地，这就基本上排除了通过转让装运单据来转让货物的需要。实际业务中的一般做法是：货物抵达目的地后，收货人凭承运人的到货通知及有关证明提货，并在提货时在随货运到的航空货运单上签收，而不要求收货人凭航空货运单提货。

在空运单证方面，《海牙议定书》对《华沙公约》作了两处修改：一是将“航空货运单”改为“空运单”(air way bill，AWB)，二是空运单的必要记载事项比《华沙公约》有所删减。

2. 旅客机票。承运人应向旅客交付机票。机票应包括下列事项：(1)机票签发地和签发日期；(2)出发地和目的地；(3)双方同意的经停地点，但承运人在必需时可以改变经停地点，这种改变不影响运输的国际性质；(4)承运人的姓名和地址；(5)关于承运人受本公约所规定责任约束的声明。

如果没有机票，或机票不合常规或遗失，并不影响运输合同的存在和有效，而且运输合同仍受公约的约束。但如果承运人接受了没有机票的旅客，它将不能享有《华沙公约》所规定的免责或责任限制。

3. 行李票。承运人应向旅客交付行李票，行李票应该一式两份，一份给旅客，另一份由承运人持有。行李票应包括下列事项：(1)行李票签发地和签发日期；(2)出发地和目的地；(3)承运人的姓名和地址；(4)行李票的号码；(5)关于行李将向行李票持有人交付的声明；(6)行李的件数和重量；(7)行李价值；(8)关于承运人受本公约所规定责任约束的声明。

如果没有行李票,或行李票不合常规或遗失,并不影响运输合同的存在和有效,而且运输合同仍受《华沙公约》的约束。但如果承运人接受了没有行李票的行李或行李票没有记载第(4)、(6)和(8)项,它将不能享有本公约所规定的免责或责任限制。

(二)承运人的责任

按照《华沙公约》第18条和第19条的规定,承运人应对货物或行李在空运期间发生的毁灭、遗失、损坏或迟延交付承担责任。所谓空运期间是指货物交由承运人保管的整个期间,无论是在航空站内、在航空器上或在航空站外降落的任何地点。空运期间不包括在航空站以外的任何陆运、海运或河运,但如果这种运输是为了履行空运合同,是为了装货、交货或转运,则也视为处于空运期间。

依据《华沙公约》第17条和第19条的规定,如果事故发生于航空器内或上下航空器的过程中,承运人应对旅客在空运期间发生的死亡、受伤或迟延到达承担赔偿责任。

《华沙公约》第23条规定,试图免除本公约规定的责任或确定低于本公约责任限额的条款无效。《华沙公约》第24条规定,在《华沙公约》第17条、第18条和第19条所覆盖的案件中任何就赔偿所提起的诉讼,只能依据本公约所规定的条件和限额提起。

案例8-5 | Abnett v. British Airways Pls[30]

该案是适用《华沙公约》的一个典型判例。此上诉案由英国上议院法官于1996年作出判决。上诉人Abnett乘坐被上诉人British Airways Pls的航班从伦敦希思罗机场经由科威特飞往马来西亚的吉隆坡。飞机于1990年8月1日起飞,8月2日在科威特加油。适逢伊拉克入侵科威特,乘客和机组人员均被扣留并运至巴格达。上诉人随后被释放并返回英国。上诉人诉请被上诉人赔偿因拘留所造成的损失。由于上诉人的人身损害不是在飞机上或登机、下机时发生而是在伊拉克拘留时发生的,上诉人承认依据《华沙公约》第17条无法获得赔偿,上诉人对人身损害的请求以普通法为依据。

法官认为,本案关键的问题是对于国际航空运输中的损失、伤害和赔偿金请求,是否只能依据经1955年《海牙议定书》修订的《华沙公约》。如果答案是肯定的,则上诉人的请求应予驳回。

法官分析了《华沙公约》的名称和适用范围。《华沙公约》的名称为《关于统一国际航空运输某些规则的公约》。其中"统一某些规则"这一用语告诉我们两件事。第一,《华沙公约》的目的是要统一其所适用领域的规则。为达到这一目的,对《华沙公约》所包含的统一规则主张例外是不允许的,当然《华沙公约》本身所规定的例外除外。第二,《华沙公约》只涉及某些规则,《华沙公约》并非旨在提供一项综合的法典,它是一项部分事项的协调,只指向其所规定的事项。《华沙公约》第1条规定,《华沙公约》适用于所有营利性的国际航空货物、旅客和行李运输。"所有"一词很重要,它表明,《华沙公约》的起草者认为,《华沙公约》的规定可以在所有的案件中普遍适用。

法官进而分析了本案所涉及的《华沙公约》第三章的规定。《华沙公约》第23条规

---

〔30〕 See All England Law Reports, Vol. 1996, pt. 1, p. 193(1996); Ray August, International Business Law, Text, Cases and Readings, 4th edition, Pearson Education, Inc., 2004, p. 643-646.

定，试图免除本公约规定的责任或确定低于本公约责任限额的条款无效。《华沙公约》第24条规定，在《华沙公约》第17条、第18条和第19条所覆盖的案件中(承运人对旅客死亡或伤害的责任，承运人对货物或行李毁灭、遗失或损坏的责任，承运人对迟延所引发损失的责任)，任何就赔偿所提起的诉讼，只能依据本公约所规定的条件和限额提起。这两个条款表明，一方面，承运人放弃其排除或限制其责任的自由，另一方面，乘客或其他合同当事人的诉讼请求也受到公约条件和限额的限制。本公约对当事人诉讼请求的限制是统一的也是排他性的，因而当事人(包括本案当事人)不能通过国内法而只能通过本公约寻求救济。因此，本案当事人的上诉应予驳回。

(三)免责和责任限制

承运人如果证明自己和他的代理人为了避免损失，已经采取一切必要的措施，或不可能采取这种措施时，则他不承担责任。承运人如果证明损失的发生是由于驾驶上、航空器的操作上或领航上的过失，承运人也可免除责任。如果承运人证明损失的发生是由于受害人的过失所引起或造成，则可免除或减轻承运人的责任。由此可见，《华沙公约》受《海牙规则》的影响，将驾驶过失行为作为免责事项，是一种不完全过失责任。

承运人对货物和行李损失的赔偿责任限于每公斤250金法郎，如承运人在交货时特别声明了货物或行李的价值，并交纳了必要的附加费，则承运人的赔偿额以所声明的价值为准。

承运人对旅客随身携带的物件的赔偿责任限于每人5000金法郎。

承运人对旅客的赔偿责任限于每人125,000金法郎。但如果有特别的合同，承运人和旅客也可以达成一个更高的责任限额。

《华沙公约》所规定的承运人责任和责任限额，不得由当事人的约定而排除适用。当货物的损坏或灭失是由于承运人及其代理人和受雇人的故意的不良行为(wilful misconduct)引起时，承运人则无权援引本公约关于免责和限制责任的规定。

(四)《华沙公约》适用的排他性和强制性

《华沙公约》第23条规定，试图免除本公约规定的责任或确定低于本公约责任限额的条款无效。《华沙公约》第24条规定，在《华沙公约》第17条、第18条和第19条所覆盖的案件中，任何就赔偿所提起的诉讼，只能依据本公约所规定的条件和限额提起。

关于《华沙公约》适用的排他性和强制性，可以参见本章案例 Abnett v. British Airways Pls。

(五)索赔和时效

《华沙公约》规定，收货人最迟应在收到行李3天后，在收货后7天内就行李或货物的损失提出异议，在迟延交付的情况下，旅客或收货人应在行李或货物交其处理之日起14天内提出异议。《海牙议定书》将上述期限分别延长为14天、21天。

航空运输的诉讼时效为2年，从航空器到达之日或应到达之日，或从运输终止之日起算，否则即丧失追诉权。

二、《蒙特利尔公约》

《蒙特利尔公约》具有两项主要目的：第一，使《华沙公约》和相关文件现代化和一体化;第二,确保国际航空运输消费者的利益,在恢复性赔偿原则的基础上提供公平赔偿。

(一)《蒙特利尔公约》的适用

《蒙特利尔公约》适用于所有以航空器运送人员、行李或者货物而收取报酬的国际运输,也适用于航空运输企业以航空器履行的免费运输。《蒙特利尔公约》不适用于国家为非商业目的和军事目的而从事的国际运输。

《蒙特利尔公约》所调整的"国际运输"系指根据当事人的约定,无论在运输中有无间断或者转运,其出发地点和目的地点是在两个当事国(缔约国)的领土内,或者在一个当事国的领土内,而在另一国的领土内有一个约定的经停地点的任何运输,即使该国为非当事国。在一个当事国的领土内的两个地点之间的运输,而在另一国的领土内没有约定经停地点的,不是国际运输。

《蒙特利尔公约》的适用是强制性的。运输合同的任何条款和在损失发生以前达成的所有特别协议,其当事人借以违反本公约规则的,无论是选择所适用的法律还是变更有关管辖权的规则,均属无效。

关于《蒙特利尔公约》与《华沙公约》及其附属文件的关系,《蒙特利尔公约》第 55 条规定,如果该项国际航空运输在本公约当事国之间履行,而这些当事国同为《华沙公约》5 个文件的当事国,本公约应当优先于《华沙公约》文件适用;如果该项国际航空运输在本公约的一个当事国领土内履行,而该当事国是《华沙公约》5 个文件之一个或者几个的当事国,本公约也优先于《华沙公约》适用。因此,对于非《蒙特利尔公约》缔约国但为《华沙公约》缔约国之间的国际航空运输,仍然会适用《华沙公约》,但随着加入《蒙特利尔公约》的国家越来越多,《华沙公约》适用的情形会越来越少。

(二)国际航空运输单证

托运人应当填写航空货运单正本一式三份。第一份应当注明"交承运人",由托运人签字。第二份应当注明"交收货人",由托运人和承运人签字。第三份由承运人签字,承运人在接受货物后应当将其交给托运人。

《蒙特利尔公约》将航空运输单证或凭证的证据价值规定为:(1)航空货运单或者货物收据是订立合同、接受货物和所列运输条件的初步证据。(2)航空货运单上或者货物收据上关于货物的重量、尺寸和包装以及包件件数的任何陈述是所述事实的初步证据;除经过承运人在托运人在场时查对并在航空货运单上或者货物收据上注明经过如此查对或者其为关于货物外表状况的陈述外,航空货运单上或者货物收据上关于货物的数量、体积和状况的陈述不能构成不利于承运人的证据。

(三)托运人处置货物的权利

托运人在负责履行运输合同规定的全部义务的条件下,有权对货物进行处置,即可以在出发地机场或者目的地机场将货物提回,或者在途中经停时中止运输,或者要求在目的地点或者途中将货物交给非原指定的收货人,或者要求将货物运回出发地机场。托运人不得因行使此种处置权而使承运人或者其他托运人遭受损失,并必须偿付因行使此种权利而产生的费用。

托运人的指示不可能执行的,承运人必须立即通知托运人。

承运人按照托运人的指示处置货物,没有要求出示托运人所收执的那份航空货运单或者货物收据，给该份航空货运单或者货物收据的合法持有人造成损失的，承运人应当承担责任，但是不妨碍承运人对托运人的追偿权。

收货人在目的地正常行使提货权时，托运人的权利即告终止。但是，收货人拒绝接受货物，或者无法同收货人联系的，托运人恢复其处置权。

（四）货物的交付

除托运人依据《蒙特利尔公约》规定行使其处置货物的权利外，收货人于货物到达目的地点，并在缴付应付款项和履行运输条件后，有权要求承运人向其交付货物。除另有约定外，承运人应当负责在货物到达后立即通知收货人。承运人承认货物已经遗失，或者货物在应当到达之日起 7 日后仍未到达的，收货人有权向承运人行使运输合同所赋予的权利。

（五）承运人的责任

1. 旅客死亡之承运人的责任：对于因旅客死亡或者身体伤害而产生的损失，只要造成死亡或者伤害的事故是在航空器上或者在上、下航空器的任何操作过程中发生的，承运人就应当承担责任。

这里“事故”一词的解释很关键。各国法院在实践中逐渐认为，“事故”的构成要件包括：事故必须是意外的、异常的；事故不是因为顾客健康原因造成的；事故必须是航空运输的固有风险引起的。据此，飞机在升降时造成乘客耳部受伤不属于事故，乘客在飞机上引发深度静脉血栓、乘客因心脏病死亡也不属于事故。但是，对于劫机所造成的损害是否构成事故，不同国家的法院判决结果则不一致，有的持肯定态度，有的持否定态度。

2. 行李损失之承运人的责任：对于因托运行李毁灭、遗失或者损坏而产生的损失，只要造成毁灭、遗失或者损坏的事件是在航空器上或者在托运行李处于承运人掌管之下的任何期间内发生的，承运人就应当承担责任。

但是，行李损失是由于行李的固有缺陷、质量或者瑕疵造成的，在此范围内承运人不承担责任。关于非托运行李，包括个人物件，承运人对因其过错或者其受雇人或者代理人的过错造成的损失承担责任。

承运人承认托运行李已经遗失，或者托运行李在应当到达之日起 21 日后仍未到达的，旅客有权向承运人行使运输合同所赋予的权利。

3. 货物损失之承运人的责任：对于因货物毁灭、遗失或者损坏而产生的损失，只要造成损失的事件是在航空运输期间发生的，承运人就应当承担责任。

但是，承运人证明货物的毁灭、遗失或者损坏是由于下列一个或者几个原因造成的，则在此范围内承运人不承担责任：①货物的固有缺陷、质量或者瑕疵；②承运人或者其受雇人、代理人以外的人包装货物的，货物包装不良；③战争行为或者武装冲突；④公共当局实施的与货物入境、出境或者过境有关的行为。

由于不将航行过失作为免责事由，《蒙特利尔公约》在货物的损害赔偿上采用的无过失责任。

4. 延误之承运人的责任：旅客、行李或者货物在航空运输中因延误引起的损失，承运人应当承担责任。

但是，承运人证明本人及其受雇人和代理人为了避免损失的发生，已经采取一切合理要求的措施或者不可能采取此种措施的，承运人不对因延误引起的损失承担责任。这是一种推定过失责任。

5. 免责：经承运人证明，损失是由索赔人或者索赔人从其取得权利的人的过失或者其他不当作为、不作为造成或者促成的，应当根据造成或者促成此种损失的过失或者其他不当作为、不作为的程度，相应全部或者部分免除承运人对索赔人的责任。旅客以外的其他人就旅客死亡或者伤害提出赔偿请求的，经承运人证明，损失是旅客本人的过失或者其他不当作为、不作为造成或者促成的，同样应当根据造成或者促成此种损失的过失或者其他不当作为、不作为的程度，相应全部或者部分免除承运人的责任。

（六）承运人的赔偿范围

1. 旅客死亡或者伤害的赔偿：对于因旅客死亡或者身体伤害而产生的损失，根据《蒙特利尔公约》第21条的规定，实行两步递进形式。

第一步是不管有无过错，承运人必须对旅客的人身伤亡承担不超过10万特别提款权（2019年责任限额复审后已修订为128,821特别提款权）的赔偿，承运人的这一责任属于严格责任，不得免除或者限制，但如果承运人证明人身伤亡是由于旅客本身的过失或其他不当行为造成或促成的，则可以免除或部分免除承运人的责任。

第二步是如果旅客的人身伤亡是由承运人的过错造成的，则承运人承担的责任是无限制。但128,821提款权以上的赔偿责任在下述情况下可以免除：(1)损失不是由于承运人或者其受雇人、代理人的过失或者其他不当行为、不作为造成的；(2)损失完全是由第三人的过失或者其他不当作为、不作为造成的。

事故发生后承运人应当按照国内法的要求，及时向索赔人先行付款，以适应其经济需要。先行付款不构成对责任的承认，并可从随后的损害赔偿金中抵消。此规定可以使受害旅客家属不需要通过冗长昂贵的法律诉讼就可以获得初步的赔偿，更符合现代经济的赔偿需求。具体的损害赔偿额应该依据适用的准据法确定。在法国航空公司与苏某建、张某玺一案中，原告根据《蒙特利尔公约》第21条主张被告在100,000特别提款权内赔偿人民币1,000,000元。法院依据我国《侵权责任法》和最高人民法院《关于审理人身损害赔偿案件适用法律若干问题的解释》的规定，判决法国航空公司赔偿丧葬费33,118元、死亡赔偿金408,234元。[31]

各国法律对人身损害的赔偿范围并不一致，例如，美国的赔偿数额常常高于其他国家。因此在国际航空诉讼中，一些外国原告经常选择在美国法院提起诉讼，但是，美国法院对于发生在境外的航空事故且原告为外国人的诉讼，一般都会采用非方便法院原则驳回或中止审理。

2. 延误、行李和货物的责任限额：在人员运输中因延误造成损失的，承运人对每名旅客的责任以5346个特别提款权为限。

在行李运输中造成毁灭、遗失、损坏或者延误的，承运人的责任以每名旅客1288特别提款权为限，除非旅客在向承运人交运托运行李时，特别声明在目的地点交付时的利益，并在必要时支付附加费。在此种情况下，除承运人证明旅客声明的金额高于在目的地点

---

〔31〕 山西省高级人民法院民事判决书，(2015)晋民终字第340号。

交付时旅客的实际利益外，承运人在声明金额范围内承担责任。

在货物运输中造成毁灭、遗失、损坏或者延误的，承运人的责任以每公斤22特别提款权为限，除非托运人在向承运人交运包件时，特别声明在目的地点交付时的利益，并在必要时支付附加费。在此种情况下，除承运人证明托运人声明的金额高于在目的地点交付时托运人的实际利益外，承运人在声明金额范围内承担责任。

《蒙特利尔公约》规定的各项责任限额每隔五年进行一次复审，当通货膨胀超过10%时可以对责任限额进行修订。当通货膨胀超过30%时，则自动进行复审程序。

3. 受雇人、代理人的被诉与索赔的总额：如果当事人就本公约中所指损失向承运人的受雇人、代理人提起诉讼时，该受雇人、代理人证明其是在受雇、代理范围内行事的，有权援用本公约中承运人有权援用的条件和责任限额。在此种情况下，承运人及其受雇人和代理人的赔偿总额不得超过上述责任限额。经证明，损失是由于受雇人、代理人的故意或者明知可能造成损失而轻率地作为或者不作为造成的，受雇人、代理人不得引用承运人援引的条件和限额，承运人及其受雇人和代理人的赔偿总额也不受责任限额的限制，但货物运输除外。

4. 关于限额的约定：承运人可以约定，运输合同适用高于本公约规定的责任限额，或者无责任限额。任何旨在免除本公约规定的承运人责任或者降低本公约规定的责任限额的条款，均属无效，但是，此种条款的无效，不影响整个合同的效力，该合同仍受本公约规定的约束。

本公约不妨碍承运人拒绝订立任何运输合同、放弃根据本公约能够获得的任何抗辩理由或者制定同本公约规定不相抵触的条件。

(七)索赔的依据

在旅客、行李和货物运输中，有关损害赔偿的诉讼，无论其根据如何，是根据本公约、根据合同、根据侵权，还是根据其他任何理由，只能依照本公约规定的条件和责任限额提起，但是不妨碍确定谁有权提起诉讼以及他们各自的权利。在任何此类诉讼中，均不得判给惩罚性、惩戒性或者任何其他非补偿性的损害赔偿。

(八)异议的及时提出

有权提取托运行李或者货物的人收受托运行李或者货物而未提出异议，为托运行李或者货物已经在良好状况下并在与运输凭证相符的情况下交付的初步证据。

行李或货物发生损失的，有权提取托运行李或者货物的人必须在发现损失后立即向承运人提出异议，并且，托运行李发生损失的，至迟自收到托运行李之日起7日内提出，货物发生损失的，至迟自收到货物之日起14日内提出。发生延误的，必须至迟自行李或者货物交付收件人处置之日起21日内提出异议，异议应以书面形式提交。除承运人一方有欺诈外，在上述规定的期间内未提出异议的，不得向承运人提起诉讼。

第三节 国际陆路货物运输法

国际铁路运输也是国际货物运输的一种重要方式，尤其为内陆国家所倚重。相对于空运而言,它有运量大、运费低的优点。与海运相比,它则有风险小、速度快的长处。目前,关于国际铁路货物运输的国际公约主要有两个:《国际货约》和《国际货协》。《国际货约》,1961 年订立于伯尔尼,1975 年 1 月 1 日生效,其成员国包括了主要的欧洲国家,以及西亚、西北非的一些国家,共 28 个国家,中国不是《国际货约》的成员国。《国际货协》于 1951 年订立,成员国为苏联、阿尔巴尼亚、保加利亚、匈牙利、民主德国、波兰、罗马尼亚、捷克斯洛伐克等东欧国家以及亚洲的蒙古、朝鲜、越南和中国等 12 国。我国与《国际货协》成员国之间的铁路货物运输受到《国际货协》的规范。由于保加利亚、匈牙利、罗马尼亚、波兰、捷克斯洛伐克等国也参加了《国际货约》,我国与《国际货约》的成员国的进出口货物,也可以通过这些国家的铁路转运。

一、《国际货协》的主要内容

《国际货协》是欧洲和亚洲国家之间缔结的关于国际货物联运的一项重要国际公约,对"路上丝绸之路经济带"具有一定的支撑作用。

该公约于 1951 年订立,2015 年作了最新修订。成员国为阿塞拜疆、阿尔巴尼亚、阿富汗、白俄罗斯、保加利亚、匈牙利、越南、格鲁吉亚、伊朗、哈萨克斯坦、中国、朝鲜、吉尔吉斯斯坦、拉脱维亚、立陶宛、摩尔多瓦、蒙古、波兰、俄罗斯、斯洛伐克、塔吉克斯坦、土库曼斯坦、乌兹别克斯坦、乌克兰、爱沙尼亚等 25 国。我国与《国际货协》成员国之间的铁路货物运输受到该公约的规范。

(一)重要术语

承运人,指参加货物运送的缔约承运人(包括国际铁路—轮渡联运水路区段)和接续承运人。缔约承运人,指依据本协定与发货人签订运输合同的承运人。接续承运人,指从缔约承运人或其他接续承运人处接运货物以继续运送并进而加入运输合同(由缔约承运人缔结)的承运人。发货人,指货物托运人,即运单中注明的货物发送人。收货人,运单中注明的货物领收人。运价规程,指确定运送费用额度的费率体系和运送费用计算规则。

(二)适用范围

本协定适用于在缔约国之间的国际铁路直通联运和国际铁路—轮渡直通联运中货物运输合同,并为这些运输合同规定统一法律标准。国际铁路直通联运中的货物运送在本协定各方根据国内法律开办货运业务的车站之间办理,而国际铁路—轮渡直通联运中的货物运送还需经过协定各方公布的办理此类运送的线路水运区段办理。如协定各方同时是规定铁路货物运输合同法律标准的其他国际协定的参加方,则上述各方铁路车站之间的运送可按这些协定的条件办理。

货物运输可以采用《国际货约》/《国际货协》运单办理。运单样式及运单填写和使用规则,可依据本协定附件的规定办理。

(三)强制性适用

任何直接或间接偏离本协定的运输合同条款均无效且失去法律效力,但本协定规定的情况除外。上述条款的无效不会导致运输合同其他条款无效。如本协定中无相关规定,则适用权利人行使权利时所在国的国内法律。

（四）运输合同的订立

铁路的运输单证称为运单。发货人在托运货物的同时，应对每批货物按规定的格式填写运单和运单副本，由发货人签字后向缔约承运人提出。运单应随同货物从发站至到站按运送全程附送，最后交给收货人。从发站承运货物（连同运单一起）时起，即认为运输合同业已缔结。货物的承运以运单上加盖发站日期戳为凭证。在发货人提交运单中所列全部货物并付清他负担的一切费用后，即应加盖戳记。

加盖戳记后的运单，即是运输合同的凭证。运单也是承运人在终点到站向收货人核收运杂费用和点交货物的依据。运单不是物权凭证，不能转让。运单副本在承运人加盖戳记证明运输合同业已订立之后，应退还发货人。运单副本是卖方通过有关银行向买方结算货款的主要单证之一。

（五）发货和收货

发货人应对其在运单中记载和所声明的事项的正确性负责，由于记载和声明的事项不正确、不确切或不完备以及由于将上述事项记入运单中无关的栏而发生的一切后果均由发货人负责。

在缔结运输合同以后，如承运人发现发货人在运单中记载的事项和声明不正确、不确切或不完备且存在下列情况，则发货人应向承运人支付违约金：(1)承运的货物中有禁止通过该运送应经由国家中任何一国的国境运送的物品；(2)承运了危险货物而未遵守其运送条件；(3)发货人装车的货物超过车辆最大载重量；(4)运送费用额度过低；(5)出现了危及行车安全的情况。

在上述第(1)(2)(4)(5)项情形下，发货人应向发现上述情形的承运人支付其运费的5倍，在上述第(3)种情形下，发货人应按发现超载的承运人运送多出部分的运费的5倍支付。

货物到达站后，承运人必须将运单和货物交付收货人。收货人必须领取货物和运单。收货人只有在货物由于承运人的过错而使质量发生变化以致部分货物或全部货物不能按原用途使用时方可拒绝领取货物。

（六）承运人的责任和免责

承运人自承运货物时起至交付货物时为止对货物灭失、短少、毁损（腐坏）负责，对于承运人负有责任的货物灭失、短少、毁损（腐坏）情况应以商务记录作为证明。承运人对货物运到逾期负责。

承运人的责任范围不应超过货物灭失时承运人应支付的赔偿额度。

如承运的货物由于下列原因发生灭失、短少、毁损（腐坏），承运人可不负责任：(1)由于铁路不能预防和不能消除的情况；(2)由于货物、容器、包装质量不符合要求或由于货物、容器、包装的特殊自然和物理特性以致引起其毁损（腐坏）；(3)由于发货人或收货人的过失或由于其要求，而不能归咎于承运人；(4)由于发货人或收货人装车或卸车的原因所造成；(5)由于货物没有运送该货物所需的容器或包装；(6)由于发货人在托运货物时使用不正确、不确切或不完全的名称或未遵守本协定的条件；(7)由于发货人将货物装入不适于运送该货物的车辆或集装箱；(8)由于发货人错误地选择了易腐货物运送方法或车辆或集装箱；(9)由于发货人、收货人未执行或未适当执行海关或其他行政手续；

(10)由于与承运人无关的原因国家机关检查、扣留、没收货物。

由于下列原因致使未履行货物运到期限,承运人不予负责:(1)由于承运人不能预防和不能消除的情况;(2)由于发货人或收货人的过失或由于其要求,而不能归咎于承运人;(3)由于发货人、收货人或其授权人未执行或未适当执行海关或其他行政手续。

(七)承运人对货物损失的赔偿额

在本协定规定承运人应向发货人或收货人赔偿货物灭失、短少损失的情况下,损失赔偿额根据货物价格确定;当声明价格的货物灭失、短少时,承运人应按声明价格或相当于货物灭失部分的声明价格的款额向发货人或收货人赔偿。在本协定规定承运人应向发货人或收货人赔偿货物毁损(腐坏)损失的情况下,损失赔偿额应相当于货物价格降低部分的款额;当运送声明价格的货物发生毁损(腐坏)时,承运人应按照相当于货物由于毁损(腐坏)而降低价格的百分比,支付作为声明价格部分的赔款。

如货物运到逾期时,铁路应以所收运费为基础,按超逾期限的长短,向收货人支付规定的逾期罚款。逾期不超过总运到期限的1/10时为运费的6%;逾期超过总运到期限1/10但不超过3/10时为运费的18%;逾期超过总运到期限3/10时为运费的30%。在承运人应赔偿货物灭失损失的情况下,不支付货物运到逾期的违约金;如货物短少,则支付运到逾期违约金的额度应按货物的运到部分来确定。

如货物毁损(腐坏),除赔偿额外,还应支付运到逾期赔款。

(八)诉讼时效

有关当事人依据运输合同向铁路提出赔偿请求和诉讼,以及铁路对发货人和收货人关于支付运输费、罚款和赔偿损失的要求和诉讼,应在9个月期间内提出;但关于货物运到逾期的赔偿请求和诉讼,应在2个月期间内提出。

二、《国际货约》的主要内容

《国际货约》是在1890年制定的《国际铁路货物运送规则》基础上发展起来的。1961年2月25日奥地利、法国、比利时等国在伯尔尼签订,1970年修订。1975年1月1日生效。1980年该公约第八次修订,变身为《国际铁路运输公约》(COTIF),《国际铁路旅客和行李运输合同统一规则》和《国际铁路货物运输合同公约》分别为其附件一和附件二。在这次修订大会上,缔约方决定成立国际铁路运输政府间组织。为适应铁路私有化和市场变化,1999年该公约又经重大修改,新公约于2006年生效。《国际货约》依然为新公约的附件二。目前其缔约方有50个,包括2011年加入的欧盟,涵盖欧洲、中东和北非等地区,影响广泛。中国未加入该公约。《国际货约》的主要内容包括:

1. 适用范围。《国际货约》除了适用于始发地和目的地位于不同缔约国的有偿铁路货物运输,还可在下述情况下适用:始发地和目的地位于不同国家,其中之一为缔约国,合同当事人选择适用该公约。

2. 运单。运单由托运人填写,运单的内容包括:签发日期和地点,托运人名称和地址,合同承运人的名称和地点,货物目的地,收货人的名称和地址,货物的名称、重量、件数、性质和包装等。托运人应对由他或其代理人填写在运单上的内容和声明的正确性负责;托运人应承担由于记载或声明的不合常规、不正确、不完全或未填入规定的栏内而造成的一切后果。

3. 签发运单。一经发运铁路承运附有运单的货物，运输合同即为签订。发站应在运单上加盖有承运日期的发站戳记，以证明承运。运单应在运单所述全部货物已交付铁路，并且，如发站现行规章这样要求，托运人已付清应付费用或已交付一项保证金后，立即加盖戳记。如托运人这样要求，加盖戳记时发货人应在场。加盖戳记后的运单应为运输合同的证明。

4. 运费和附加费。运费和附加费均应按照每个国家正式公布具有法律效力并在签订合同时适用的运价规程计算。国际运价规程仅在参加该运价规程的发运或到达铁路的国家强制公布。国际运费率的提高和加重运价规程中所载运输条件的任何办法，自其公布至少 15 日后才能生效。

5. 收货。收货人开具收据并向铁路付清转给它的一切费用，铁路应在到站将运单和货物交付收货人。收货人接到运单即有责任向铁路付清转给他的一切费用。货物到达到站后，收货人有权要求铁路交付运单和货物。

6. 承运人责任和免责。铁路应对超过运输期限，对在接运货物至交付期间发生的货物的全部或部分灭失和货物的损坏负责。但是，如运输期限的超过，货物的灭失或损坏是由于索赔人的任何错误行为和疏忽、由于索赔人的指示而非铁路的错误行为或疏忽的结果、由于货物固有的缺陷（腐烂、损耗等）或由于铁路不可避免的情况以及此种情况的不能阻止的后果造成，铁路应免除责任。铁路援引规定免责时必须承担举证责任。本公约规定的承运人责任不得由合同减损。

7. 责任限额。承运人享受的责任限额为灭失或损坏货物毛重每千克的赔偿不得超过 17 特别提款权。延迟交货时的赔偿额不超过运费额的 4 倍。

8. 管辖法庭和诉讼时效。按照《国际货约》提起的诉讼，当事人可以选择成员国的法院解决纠纷。没有选择时，可以向被告住所地或经常居住地、订立运输合同时总公司或分支机构的主营业地或者承运人承运货物地或运输目的地的法院提起诉讼。运输合同引起的诉讼时效期限为 1 年。在特殊情况下，时效期限为 2 年。对于超出运输期限、部分损坏提起的赔偿诉讼，诉讼时效从实际交货之日计算；对货物全部灭失提起的诉讼，自运输期限届满后 30 天开始计算。

三、国际公路运输的国际公约

《国际公路运输公约》，是欧洲国家、北非和北亚国家之间缔结关于国际公路运输的国际公约。

欧洲 17 个国家于 1956 年 5 月在日内瓦国际会议上通过了《国际公路运输公约》，简称 CMR。该公约于 1961 年生效，后经 1878 年和 2008 年两次修订。截至 2014 年年底，该公约有 55 个成员，主要为欧洲国家，另有个别北非和北亚国家。中国不是该公约成员国。

（一）适用范围

以营运车辆进行公路货物运输，如果规定的接管和交付货物的地点位于两个不同的国家，其中至少一个是缔约国，则适用《国际公路运输公约》。如果部分路程有海上、铁路、内河或航空接运，而货物未卸离运货车辆，则该公约适用于全过程，但该公约另有规定者除外。

可以认为,尽管我国不是该公约的缔约国,但如果我国当事人选择适用该公约,我国法院也可以适用该公约;如果我国当事人与某一缔约国当事人之间缔结跨境公路运输合同且在该缔约国解决纠纷时,《国际公路运输公约》也会被该缔约国法院适用。

(二)运输合同与运单

运单是运输合同成立、合同条件和承运人收到货物的初步证据。运输合同以签发运单确认,但无运单、运单不正规或丢失,不影响运输合同的成立或有效性,该合同仍然受该公约的约束。运单正本一式三份,由发货人和承运人签字,一份交付发货人,一份随货物,一份由承运人留存。发货人应该对运单记载事项不确定或不适当使承运人遭受的费用、灭失或损坏负责。除非承运人在接管货物时对货物的明显缺陷或知悉的缺陷未作出保留,发货人应对货物造成承运人的损失负责。

(三)发货人和收货人对货物的处置权

发货人有权处置货物,有权要求承运人停止在途货物的运输,有权改变交货地点或收货人。在运单交付收货人时,或收货人凭收据要求承运人将运单和货物交付给他时,发货人的处置权终止。如果收货人拒绝收货,发货人有权处置货物。

收货人有权自运单签发之时起处置货物,如果发货人在运单上由此说明。如收货人在行使处置权时,已经指示将货物交付给另一人,则该另一人无权再指定其他收货人。

(四)承运人的责任

承运人对货物从接管之时起到交付时止发生的全部或部分灭失和损坏以及迟延交付负责。如果货物的灭损或迟延是由索赔人的错误行为、过失、指示造成,承运人免责,但承运人负举证责任。承运人对该公约规定的特殊风险造成的货物灭失或损坏免责,如货物的固有缺陷、发货人的过失、承运人不可避免的情况或不可防止的结果等。在货物灭失或损坏可能由特殊风险造成时,推定由特殊风险引起,但索赔人有权证明货物灭失或损坏事实上不是全部或部分归因于其中的特殊风险。除非承运人证明其已经采取了一切理应采取的措施并按照其接受的指示行事,否则承运人无权享有特殊风险造成损失的免责。

货物全部或部分灭失时,承运人赔偿损失,应按照接运地点和时间的货物价值计算。货物价值依次是商品交易价格、现行市价、同类或同品质货物的通常价格。货物短缺的赔偿额不超过毛重每公斤 25 金法郎。对货物延迟造成的损失赔偿额不超过运输费用。对货物损坏应赔偿货物价值减少的部分。

对于合同之外的索赔,承运人也可以援引《国际公路运输公约》的免责和责任限额规定。

(五)索赔和诉讼

如果收货人与承运人没有对货物进行检验,对于明显的货物灭损,收货人应该在收货当时提出异议;如果货物灭损不明显则收货人应在交货后 7 天内提出异议;如果收货人与承运人交货时对货物进行了检验,只有在货损不明显时收货人才能提出与双方检验结果相反的证据,而且必须在双方检验后 7 天内提出;对于迟延交货,收货人应在控制货物后 21 天内提出异议。

关于管辖法院,原告可以向双方协议约定的缔约国的任何法院起诉。原告也可以选择下列地点所属国家法院起诉:被告的通常住所或主要营业地,或签订合同的分支机构或代理机构所在地;承运人接管货物或交付货物的所在地。

诉讼时限为1年。如果是故意不当行为或者受理法院所在地的法律认为过失与故意的不当行为等,时效为3年。

第四节　国际货物多式联运法

一、国际货物多式联运及其引起的法律问题

国际货物多式联运(international multimodal transport),是指按照多式联运合同,在海运、空运、铁路运输、公路运输四种运输方式中以两种或两种以上的运输方式,由多式联运经营人将货物从一国境内接管货物的地点运至另一国境内指定交货地点。

多式联运是随着集装箱(container)运输的发展而发展起来的,是一种现代化的先进运输方式。在传统的运输方式下,汽车、火车、轮船、飞机装货、积载、卸载货物方式各不相同,而在集装箱运输下,货物被装进按标准规格制成的结构牢固的集装箱内,无论是装到或卸载于汽车、火车、轮船、飞机上,均可借助起重机械完成。这样,原来单独从事海运、陆运或空运的承运人便可联合起来或者自行增设联运业务,在卖方的工厂、仓库或起运地将货物装入集装箱,通过陆路、海路或空中,将货物一直运到买方的工厂、仓库,即实行"门到门"(door to door)的交接方法。

运用集装箱装货方式的多式联运具有简化手续,提高装卸效率,减少货损和节省费用等诸多的优点,对国际商事交易产生了积极的促进作用。但同时也产生了新的法律问题。在多式联运下,对于托运人和收货人而言,他们的相对人只是多式联运经营人,而无论多式联运经营人是否将运输业务分包给其他承运人。运输单据,也只有多式联运经营人签发的联运单据,这些都是无疑义的。但是,在联运经营人对货物灭失或损坏的责任赔偿上,则存在不同的观点和做法。一种采用统一责任制(uniform liability principle),即无论货物发生在哪一个运输区段(如海运段、空运段等),联运人都按一个共同的归责原则和赔偿限额承担责任。与其相对立的是网状责任制(network liability principle),即联运人对不同运输区段发生的货物损害,分别根据该运输区段法律规定的归责原则和赔偿限额承担责任,当然这以能够确定损害发生的运输区段为前提。换言之,如果损失是在海运阶段发生的,则适用《海牙规则》或《汉堡规则》或一国的海商法;如果是在空运阶段发生的,则适用《蒙特利尔公约》;但如果不能确定损害是在哪个阶段发生的,则适用统一的规定。

联合国《国际货物多式联运公约》、贸发会议及国际商会《多式联运单证规则》对多式联运人责任的规定就颇有歧异。

二、联合国《国际货物多式联运公约》

1980年通过的联合国《国际货物多式联运公约》是在联合国贸发会议的主持下制定的,至今仍未生效。

(一)多式联运单据

多式联运单据是证明多式联运合同及多式联运经营人接管货物并按合同条款提交货物的证据。多式联运单据依发货人的选择可作成可转让单据和不可转让单据,如果为可

转让的单据,则具有物权凭证的性质和作用。

（二）多式联运经营人的责任

《国际货物多式联运公约》采用统一责任制。归责原则(或赔偿责任的基础)为推定过失原则,即除非多式联运经营人能证明其本人、受雇人或代理人为避免事故的发生及其后果已采取一切所能合理要求的措施,否则多式联运经营人即要对货物的灭失、损坏和延迟交付所引起的损失负赔偿责任。责任期间是从其接管货物之时起到交付货物时为止。《国际货物多式联运公约》规定了统一的赔偿责任限制,包括海运时为货物每件920特别提款权或毛重每公斤2.75特别提款权,以高者为准;不包括海运时为毛重每公斤8.33特别提款权,而单位限额不能适用。此外,《国际货物多式联运公约》还规定,如能确定货物损害发生的运输区段,而该区段所适用的国际公约或国内法又规定了较高的赔偿限额时,则应按照后者的规定办理。

三、贸发会议及国际商会《多式联运单证规则》

联合国《国际货物多式联运公约》至今仍未生效,其主要原因就是多式联运经营人不愿接受《国际货物多式联运公约》所规定的统一赔偿限额。因为如果联运人对货损按照《国际货物多式联运公约》规定的限额支付,而货物发生损坏的运输区段所适用的赔偿限额低于《国际货物多式联运公约》规定的赔偿限额时,联运人就不能从该区段的承运人处获得完全的补偿,故此,目前各国联运人签发的多式联运单据多采用网状责任制度。联合国贸发会议鉴于此,经与国际商会协商,制定了《多式联运单证规则》。[32] 按照规则的规定,只有当事人在多式联运合同中明确规定采用这个规则,该规则才对当事人有约束力。该规则的主要内容如下:

1. 多式联运经营人承担责任的基础(或称归责原则),为推定过失责任原则,即如果在联运人掌管货物期间,货物发生灭失、损坏或延迟交付,除非联运人能证明其本人、受雇人、代理人没有疏忽,否则要承担赔偿责任。但是多式联运经营人不应当对货物延迟交付所造成的损失负赔偿责任,除非托运人对及时交付的利益作出声明,并经联运人接受。

2. 多式联运经营人的赔偿责任限制,规则实际上实行网状责任制。按照《多式联运单证规则》的规定,如果能确定货物损害发生的运输区段,则应适用该区段适用的国际公约或强制性的国内法规定的赔偿责任限额;如不能确定货物损害发生的运输区段,除非托运人对货物价值作出声明,多式联运的经营人的赔偿限额,包括海运时,不得超过每件或每单位666.67特别提款权或毛重每公斤2特别提款权,以其高者为准。如果联运不包括海运,则以毛重每公斤8.33特别提款权为限。

四、我国《海商法》有关多式联运合同的特别规定

我国《海商法》对涉及海上运输的多式联运合同作了特别规定。我国《海商法》对多式联运人的赔偿责任实行的是网状责任制。《海商法》第105条规定,货物的灭失或损坏

---

〔32〕 参见冯大同编著:《国际贸易法》,北京大学出版社1995年版,第157页。

发生于多式联运的某一运输区段的,多式联运经营人的赔偿责任和责任限额,适用调整该区段运输方式的有关法律规定。《海商法》第106条还规定,货物的灭失或损坏发生的区段不能确定的,多式联运经营人应当按照本法关于承运人赔偿责任和责任限额的规定负赔偿责任。

思考题

1. 在国际海上货物运输合同中,收货人为何能够享有运输合同的权利?
2. 分析界龙船务公司案中法院的法律解释和推理。
3. 结合相关判例分析《海牙规则》下承运人的责任和免责。
4.《鹿特丹规则》与《海牙规则》相比有哪些重要的变化?

延伸阅读

国际运输法相关内容可参阅 John F. Wilson, *Carriage of Goods by Sea*, 4th edition, Pearson Education Limited, 2001;[美]G. 吉尔摩、[美]C. L. 布莱克:《海商法》,杨召南等译,中国大百科全书出版社2000年版;司玉琢主编:《海商法》,法律出版社2003年版;王翰:《国际航空运输责任法研究》,法律出版社2012年版。Joseph C. Sweeney, *Happy Birthday, Harter: A Reappraisal of the Harter Act on Its 100th Anniversary 24*, Journal of Maritime Law and Commerce (1993);徐峰、蒋正雄:《英美法下海上承运人"管货责任"之实证研究》,载《中国海商法研究》2016年第4期;杨树明、郭东:《事实与法律之间——论船舶适航义务的涵义及判断标准》,载《法学杂志》2006年第5期。

第九章　国际货物运输保险法

第一节　国际海上货物运输保险

规范国际海上货物运输保险的法律主要包含在各国海商法中。我国《海商法》就对海上保险合同作了详尽的规定,内容涉及一般规定、合同的订立、转让和解除、被保险人的义务、保险人的责任、保险标的的损失和委付、保险赔偿的支付等。同时,各国保险公司的海运保险单所载保险条款对国际海上货物运输的运作也起着重要的规范作用。英国伦敦保险业协会制定的协会货物条款在国际上有广泛影响。

一、国际海上货物运输保险合同

(一)国际海上货物运输保险合同概述

1. 定义

国际海上货物运输保险合同,是指投保人与保险人订立的,由投保人按照一定的险别向保险人投保并支付保险费,在货物因海上运输保险风险发生而造成损失时由保险人向被保险人予以赔偿的合同。

在上述合同中,投保人和保险人是合同当事人,一般情形下,无论投保人为卖方还是买方,它同时也是被保险人。如果被保险人不是投保人,则属于享有保险合同利益的第三人。此时,合同属于为第三人利益的合同。

2. 内容

国际海上货物运输保险合同主要包括八项内容:保险人名称、被保险人名称、保险标的、保险价值、保险金额、保险责任和除外责任、保险期间、保险费。其中保险价值由当事人约定。保险金额是保险人对标的的最高赔偿额。如果保险价值与保险金额一致,则为“全额保险”,标的物发生全损时,财产损失可全部弥补。如果只投保保险价值的一部分,则为“不足额保险”,标的物发生全损时,保险人仅按投保的金额赔偿损失。

(二)承保的风险与损失

1. 承保的风险

可承保的海上货物运输风险主要有三种:(1)自然灾害,指与航行有关的海啸、地震、飓风、雷电等自然灾害。(2)意外事故,指与航行有关的如触礁、搁浅、碰撞、沉没等意外事故。(3)外来风险,如偷窃、受潮、串味、战争、罢工、暴动等。

2. 承保的损失

海上货运保险区别于一般财产保险的一个特征就是把货物的损失分为全部损失和部

分损失,并给予不同的承保条件。

全部损失(total loss)包括实际全损(actual total loss)和推定全损(constructive total loss)。实际全损,指货物在发生保险事故后灭失,或者受到严重损坏完全失去原有形体、效用,或者不能再归被保险人拥有。推定全损,指货物发生保险事故后,实际全损已经被认为不可避免,或者为避免发生实际全损所需支付的费用与继续将货物运抵目的地的费用之和超过保险价值的。对于因承保范围内的风险所造成的全部损失,保险公司都负责赔偿。

部分损失指除了全部损失以外的一切损失,分为共同海损、单独海损和单独费用。共同海损(general average),指船舶、货物遭到共同危险,船方为了共同安全,有意和合理地作出的特别牺牲,或支出的特别费用。对于共同海损的牺牲或费用以及保险标的物应承担的共同海损分摊,保险公司都负责赔偿。单独海损(particular average),指货物因承保风险造成的不属于共同海损的部分损失。单独海损能否向保险公司索赔,取决于被保险人所投保的险别。单独费用(particular charges),指为了防止被保险的货物因承保的风险而造成损害或灭失所支出的各项费用。单独费用只有在保险单予以承保时才能向保险人索赔。不过由于保险单上都载有"诉讼与营救条款"(sue and labour clause),这项费用一般都可得到补偿。按照"诉讼与营救条款",营救费用应由保险人承担。如果合理营救后,货物最终还是全部灭失,保险人所赔付的数额可能超过保险金额。

海商法对具体的保险险别并不作规定,而由保险人的保险单上的保险条款来规定。保险条款的内容我们在后面讨论。

（三）保险合同的订立、解除和转让

保险合同于保险人、投保人就合同条款达成一致时成立。合同成立以后,保险人才向投保人出具保险单或其他保险凭证,并在单证上载明双方约定的合同内容。保险单是保险合同的书面凭证,也是被保险人与保险人权利义务的依据。

保险合同订立后,在以下情形可解除:被保险人未将有关标的物或风险的重要情况如实告知保险人,保险人可解除合同;保险责任开始前,被保险人可以要求解除合同,但应当向保险人支付手续费。

国际海上货物运输保险合同可以由被保险人背书或者以其他方式转让。比如,在CIF合同中,卖方投保取得保险单后,通常通过背书转让给买方。

（四）最大诚信原则

诚信原则是民商事主体进行民商事活动的基本原则。在保险活动中,基于保险经营的高风险性、保险合同的格式化与射幸性、当事人信息不对称等特点,保险法要求当事人要尽到最大诚信义务。这一原则被称为"最大诚信原则"(principle of the utmost good faith)。一般认为,1906年《英国海上保险法》是确立最大诚信原则的成文法。《英国海上保险法》第17条规定:海上保险合同为基于最大诚信的合同,如果一方不信守诚信原则,另一方可以宣告合同无效。后来该原则扩展到所有保险。

最大诚信原则要求当事人在保险合同的订立和履行中诚实作为、无欺骗、无隐瞒,而且善意作为,主要体现为以下三项规则:(1)投保人的如实告知义务。指保险人就保险标的或者被保险人的有关情况提出询问的,投保人应当如实告知。投保人违反该义务的,除保险人在合同订立时已经知道投保人未如实告知的情况外,保险人有权解除保险合同,且对于合同解除前发生的保险事故不承担保险责任。(2)保险人的明确说明义务。指保险人在保险合同订立阶段,应当履行的将保险合同的格式条款及免责条款向保险人作出明确提示并予以解释的义务。(3)保险当事人的弃权与禁反言规则。指保险合同一方当事人得以明示或默示的方式放弃其所享有的权利,且不得再向对方主张其已放弃的权利。

(五)可保利益原则

1. 可保利益的定义

海上保险合同的目的,是赔偿损失。只有受到了损失的被保险人,才能要求赔偿。对保险标的没有利益的人如果也能投保,则会导致赌博或其他非法合同。因此,各国法律一般规定,被保险人必须对保险标的具有可保利益,才能订立有效的保险合同。可保利益,即指被保险人对货物具有一定的利害关系,将因被保险标的发生灭失或损害而遭受损害,或因其安全运到得到利益。

2. 可保利益必须于何时存在

虽然各国法律规定被保险人必须对保险标的具有可保利益,但并不要求在投保时被保险人就有可保利益,而仅要求其在保险标的发生损失时必须具有可保利益。

3. 什么时间和谁有可保利益

在不同的买卖合同中,由于风险转移的时间不同,买方和卖方谁具有可保利益也有所不同。在CIF合同中,以风险转移的时间来确定谁具有可保利益,货物装上轮船前,卖方具有可保利益,货物装上轮船后,买方具有可保利益。但现实中,如果货物装上轮船前灭失,保险单已转让给买方,买方可以凭保险单索赔。如果货物装上轮船后灭失,由于卖方没有可保利益,卖方不能索赔。[1] 其他贸易术语项下的风险转移时间也就是卖方和买方谁开始享有保险利益的时间界限。

(六)保险赔偿的支付

1. 代位权(subrogation)

发生保险事故造成损失后,保险人应及时向被保险人支付保险赔偿。货物发生承保范围内的损失如果是由第三人造成的,被保险人向第三人要求赔偿的权利,自保险人支付赔偿之日起,相应转移给保险人。保险人取得的这种权利即为代位权。保险人从第三人处取得的赔偿,超过其支付的保险赔偿的,超过部分应当退还给被保险人。但被保险人在请求保险赔偿之前已从第三人处取得赔偿时,保险人在支付保险赔偿时,可以从应支付的赔偿额中相应扣减被保险人已经从第三人处取得的补偿。

2. 委付(abandonment)

在货物发生推定全损时,被保险人要求保险人按照全部损失赔偿的,应当将货物委付给保险人,即要求把货物的所有权转移给保险人,并请求保险人支付全部保险金额。保险人可以接受委付,也可以不接受委付。一经接受,被保险人的全部权利义务即转移给保险人。

---

〔1〕 参见郭瑜:《国际货物买卖法》,人民法院出版社1999年版,第193~194页。

二、国际海上货物运输保险条款

中国人民保险公司有自己的海洋运输货物保险条款。英国伦敦保险业协会的货物保险条款则是有世界影响的海上货物运输保险条款，许多国家保险公司的海上货物运输保险条款都受其影响。

（一）中国人民保险公司海洋运输货物保险条款

中国人民保险公司的海洋运输货物保险条款，将保险险别分为基本险和附加险两大类。基本险包括平安险、水渍险、一切险；附加险包括一般附加险、特别附加险、特殊附加险。

1. 平安险（free from particular average）

英文原意为"单独海损不赔"。其责任范围包括：（1）被保险货物在运输过程中由于恶劣气候、雷电、海啸、地震、洪水等自然灾害造成货物的实际全损或推定全损；（2）由于运输工具遭受搁浅、触礁、沉没、互撞、与流冰或其他物体碰撞以及失火、爆炸等意外事故造成货物的全部或部分损失；（3）在运输工具已经发生搁浅、触礁、沉没、焚毁等意外事故的情况下，货物在此前后在海上遭受恶劣气候、雷电、海啸等自然灾害所造成的部分损失；（4）装卸或转运时由于一件或数件货物落海造成的全部损失或部分损失；（5）被保险人对遭受承保范围内危险的货物进行施救的费用，但以不超过该货物的保险金额为限；（6）运输工具遭遇海难后，在避难港由于卸货引起的损失以及在中途港、避难港由于卸货、存仓以及运送货物所产生的特别费用；（7）共同海损的牺牲、分摊和救助费用；（8）运输合同中订有"船舶互撞责任"条款，根据该条款规定应由货方偿还船方的损失。

平安险是三种基本险别中保险人承保范围最小的一种。但它也并非对所有"单独海损不赔"，而只是对由于自然灾害造成的单独海损不赔。而且，如果在运输过程中船舶曾遭遇过意外事故的话，则无论在事故之前或之后由于自然灾害引起的单独海损，保险公司都要赔偿。

2. 水渍险（with particular average）

英文意思为"单独海损包括在内"。其责任范围除包括上述平安险的各种责任外，还包括被保险货物由于恶劣气候、雷电、海啸、地震、洪水等自然灾害所造成的部分损失。

3. 一切险（all risks）

一切险的责任范围，除包括平安险和水渍险的责任外，还包括货物在运输途中由于外来原因所造成的全部或部分损失。所谓外来原因，指由一般附加险所承保的责任。

4. 一般附加险

一般附加险包括 11 种风险：偷窃、提货不着险，淡水雨淋险，短量险，混杂、玷污险，渗漏险，碰损破碎险，串味险，受潮受热险，钩损险，包装破裂险，锈损险。投保人可以在投保平安险或水渍险之后，投保上述 11 种风险中的一种或数种。但如果投保了一切险，则同时包括了上述 11 种风险。

案例 9－1　|　丰海公司与海南人保海运货物保险合同纠纷案

丰海公司对其进口的货物在海南人保投保了一切险。根据保险条款规定，一切险的承保范围除包括平安险和水渍险的各项责任外,海南人保还“负责被保险货物在运输途中由于外来原因所致的全部或部分损失”。该条款还规定了五项除外责任。货物由印度尼西亚BBS公司通过“哈卡”轮运输,“哈卡”轮船长埃里斯·伦巴克根据BBS公司指令,指挥船员将上述货物盗卖并走私到中国汕尾,被我国海警查获。丰海公司向海南人保递交索赔报告书,海南人保明确表示拒赔。丰海公司遂诉至海口海事法院。

海口海事法院审理认为:丰海公司与海南人保之间订立的保险合同有效,双方的权利义务关系应受保险单及所附保险条款的约束与调整。本案保险标的的损失是由于“哈卡”轮船东BBS公司的盗卖和走私行为造成的,根据附于本案所涉保单之后的保险条款的规定,应属于丰海公司所不能预测和控制的“外来原因”,符合丰海公司投保的一切险的承保条件。因此判决保险人承担责任。

海南省高级人民法院认为,海南人保与丰海公司之间订立的保险合同合法有效,双方的权利义务应受保险单及所附保险条款的约束。根据保险单所附的保险条款和保险行业惯例,一切险的责任范围包括平安险、水渍险和普通附加险(偷窃提货不着险、淡水雨淋险、短量险、玷污险、渗漏险、碰损破碎险、串味险、受潮受热险、钩损险、包装破损险和锈损险),中国人民银行《关于〈海洋运输货物保险“一切险”条款解释的请示〉的复函》亦作了相同的明确规定。由此可见,丰海公司投保货物的损失不属于一切险的责任范围。判决撤销一审判决,驳回丰海公司的诉讼请求。

丰海公司提出再审,最高人民法院认为,何谓运输过程中的“外来原因”,属于对保险条款的解释。保险合同作为格式合同的一种,提供格式条款的一方应当遵循公平原则确定当事人之间的权利义务,并采取合理的方式提请对方注意免除或者限制其责任的条款,按照对方的要求,对该条款予以说明。本案中的保险条款除外责任中并不包括因承运人的非法行为将整船货物盗卖或者走私造成的保险标的的损失,海南人保亦不能证明其在签订保险合同时向丰海公司说明因承运人的非法行为将整船货物盗卖或者走私造成的损失不属于保险责任范围。因此,海南人保应当按照合同约定承担赔偿责任。原审以海南人保与丰海公司有长期的保险业务关系,在本案纠纷发生前,双方曾多次签订保险合同、海南人保还作过一切险范围内的赔付为由,认定丰海公司对本案保险合同的主要内容、免责条款及一切险的责任范围是清楚的,因此海南人保可以不承担本案的赔偿责任。这一认定在事实和法律上均无依据,应予纠正。

5. 特别附加险

特别附加险包括以下6种:(1)交货不到险。货物未能按预定日期到达目的港逾期6个月造成的损失。(2)进口关税险。受损货物被海关按完好货物完税的损失。(3)舱面险。舱面货物被抛弃或被海水卷走的损失。(4)拒收险。被进口国当局拒绝进口或没收造成的损失。(5)黄曲霉素险。进口地的卫生检疫部门认为黄曲霉素过高而被拒绝进口、没收或强制改变用途的损失。(6)出口货物到我国香港特别行政区或我国澳门特别行政区存仓火险责任扩展条款。承保出口到我国香港特别行政区或我国澳门特别行政区的货物,卸离运输工具后,如直接存放于保单所载明的过户银行所指定的仓库时,保单存仓火险责任扩展,自运输责任终止时开始,直至银行收回押款解除对货物的权益后终止,或自运输责任终止时开始满30天为限。

6. 特殊附加险

特殊附加险包括战争险、罢工险两种。

7. 除外责任

除外责任是保险人不负赔偿责任的范围。中国人民保险公司海洋运输货物保险条款规定的除外责任包括：被保险人的故意行为或过失所造成的损失；属于发货人责任所引起的损失；在保险责任开始前，被保险货物已存在的品质不良或数量短差所造成的损失；被保险货物的自然损耗、本质缺陷、特性以及市价跌落、运输迟延所造成的损失；战争险和罢工险条款规定的责任范围和除外责任，但已投保战争险和罢工险的除外。

8. 保险责任期间

保险责任期间是指保险人承担保险责任的起讫时间，国际上通常按“仓至仓条款”办理。中国人民保险公司海洋运输货物保险条款的三种基本险均采用“仓至仓条款”，即货物保险的责任自货物离开保险单中的启运地仓库（或储存处）时开始，在全部正常的运输过程中均继续有效，直至将货物送达保险单载明的目的地最终仓库时终止；但以货物自目的港卸离海轮当日午夜零时起60天为限。如果60天期满货物仍未进入收货人仓库，保险责任即告终止，如在60天内货物送达仓库，则保险责任自货物入仓时终止。

如果发生非正常运输的情况，即由于被保险人无法控制的运输迟延、绕道、被迫卸货、重新装载、转运或承运人运用运输合同赋予的权限而进行任何航海上的变更或终止运输合同，致使被保险货物运到非保险单所载明的目的地时，在被保险人及时将获知的情况通知保险人，并在必要时加缴保险费的情况下，保险继续有效。

目前，我国采用海运进出口的交易，若出口采用CIF，进口采用FOB和CFR，通常都使用中国人民保险公司的海洋运输货物保险条款办理保险。但在我国出口业务中，如国外客户要求采用伦敦保险业协会的协会货物条款，我保险公司也可酌情接受。

（二）伦敦保险业协会的协会货物条款

伦敦保险业协会货物条款，一直以劳氏船货保险单（Lloyd’s S. G. Policy）为基础，不断附贴和补充、修改原保单的内容，1963年正式形成一份完整的协会货物保险条款（Institute Cargo Clause，ICC）。该条款将险别分为平安险、水渍险、一切险三个基本险别。1982年1月1日起，协会开始推行新的“协会货物条款”。新条款不仅内容上有很大的变化，用语也更简洁明了。新条款将险别分为（A）险、（B）险、（C）险、战争险、罢工险和恶意损害险。（A）险、（B）险、（C）险都有自己的条款体系，即有3套独立的条款。

1.（A）险

（A）险相当于原条款的“一切险”。其保险责任包括：（1）除本条款规定的除外责任以外的其他一切风险所造成的保险标的的损失；（2）负责根据运输契约或有关法律和惯例确定的，由于避免除外责任以外原因造成损失而承担的共同海损和救助费用；（3）负责赔偿根据运输契约中的“船舶互撞条款”由被保险人承担的损失。

（A）险条款第4条、第5条、第6条、第7条规定了保险人的除外责任。

第4条规定了一般除外责任，包括以下事由造成的损失：（1）被保险人故意行为；（2）自然渗漏，重量或容量的自然损耗或自然磨损；（3）包装或准备不足或不当；（4）货物的本身缺陷和自然特性；（5）航行、交货迟延；（6）船舶所有人、租船人经营破产或不履行债务;(7)使用任何原子或核子裂变或放射性战争武器。

案例9-2 | The Cendor MOPU 案[2]

2005年5月,原告在美国购买了石油钻井 Cendor MOPU 准备在马来西亚海岸使用。钻井需要从美国的 Galveston 运输到马来西亚的 Lumut,于是原告与被告签订了协会货物运输保险(A)条款的保险合同,承保“保险标的的损失或损坏的一切风险”,但是合同中规定“因保险标的固有缺陷或性质引起的灭失、损害或费用”除外。钻井由一条拖带驳船运输,在运输时,钻井的三个支架是立在驳船上的。运输航次从2005年8月23日开始,10月10日拖带驳船抵达开普敦以北的 Saldanha Bay 暂时停留,期间修理人员对支架进行了检测和修理。10月28日驳船再次开航,11月4日在南非德班以北的海域,钻井的右侧支架断裂落入海中,第二天前端支架和左侧支架在30分钟内也相继断裂落入海中。事实表明,驳船所经历的天气和风浪影响,是在航程合理的考虑范围之内的。双方当事人航程开始之前就知道支架有金属疲劳的风险。在美国 Galveston 支架就已经被原告委托、被告同意的专家检测过。8月23日,检测人员签发了同意开航的说明,但是要求拖带驳船在抵达开普敦时停留并对支架再次进行检测并进行必要的修理。在 Saldanha Bay 检修时,相当大程度的金属疲劳裂痕被发现,修理人员进行了必要的修理以减轻疲劳对支架造成的压力,但依旧没能避免断裂的发生。

原告就此向被告提出索赔请求,认为损失是由偶然因素造成的,属于保险合同中一切险的承保范围。被告以损失近因是钻井支架的内在缺陷(属于除外责任)为由拒绝赔偿。

高等法院的 Blair J. 大法官驳回了原告的索赔请求,法院认为,损失的直接原因是支架无法承受保险航程的正常事件,包括合理预期的天气,属于支架的内在缺陷,被告不负赔偿责任。原告因此提起上诉,上诉法院支持了原告的上诉请求。三位大法官一致认为损失是由偶然的因素造成的,当时的天气和风浪虽然是在可预计范围之内,但是风浪高度和方向的作用是在拖带驳船之上,让其不停地颠簸摇摆,正好使右侧支架断裂,让剩余两个支架承受了更多的压力进而相继断裂。损失的近因是“使支架断裂的风浪”(leg breaking-waves)。被告上诉后案子最终来到英国最高法院。最高法院法官支持了上诉法院的判决,认为货物损失的近因并不是其内在缺陷,因为金属疲劳本身并不必然导致事故的发生,正是由于偶然事件的作用才导致支架断裂,属于一切险的赔偿范畴,保险人应当承担赔偿责任。

第5条规定船舶不适航或不适于载货下的免责,即被保险人知悉船舶不适航或不适于载货而托运所造成的损失可免责。

第6条规定战争问题,第7条规定罢工问题,即(A)险不包括战争险和罢工险。

2.(B)险

(B)险对应于原条款的“水渍险”。承保范围包括:(1)保险标的的损失可合理归因于:火灾或爆炸;船舶或驳船遭受搁浅、触礁、沉没或倾覆,陆上运输工具的倾覆或出轨;船舶、驳船或运输工具同除水以外的任何外界物体碰撞;在避难港卸货;地震、火山爆发或雷电。(2)下列原因引起的货物的损失:共同海损牺牲;抛货或浪击落海;海水、湖水或河水

---

[2] Global Process Systems Inc and another v. Syarikat Takaful Malaysia Berhad(the Cendor MOPU)[2011]UKSC 5.

进入船舶、驳船、运输工具、集装箱、大型海运箱或贮存处所。(3)货物在船舶或驳船装卸时落海或跌落造成任何整件的全损。

除外责任:除了(A)险的全部免责外,还包括“任何个人或数人故意损坏或故意破坏保险标的所致的损失或费用。

3.(C)险

(C)险对应于原条款的“平安险”。承保范围为:(1)保险标的的损失可合理归因于:火灾或爆炸、船舶或驳船遭受搁浅、触礁、沉没或倾覆;陆上运输工具的倾覆或出轨,船舶或驳船同除水以外的任何外界物体碰撞;在避难港卸货。(2)由于下列原因引起保险标的的损失:共同海损牺牲、抛货。

除外责任:(C)险与(B)险完全相同。

1982年新条款与1963年旧条款相比,主要有以下几点不同:第一,将战争险、罢工险作为独立的险别,可单独投保,无须先投(A)险、(B)险、(C)险后再投保。第二,只按照风险的种类来确定承保范围,即由于承保范围内的风险所造成的损失,无论全部损失或部分损失,都按实际损失赔偿。第三,(A)险与原一切险基本相同,但增加了海盗行为作为承保风险;(B)险与原水渍险范围基本一致,但增加了陆上运输工具的出轨、倾覆以及河水、湖水侵入船舶这类风险;(C)险与平安险有较大不同,它只包括重大意外事故和共同海损这两类风险,自然灾害、装卸风险都排除在外。另外,新条款的恶意损害险条款则是一个附加险,它包括在(A)险范围内,但在(B)险、(C)险中则属于除外责任。

第二节 航空运输货物保险条款

一、中国人民保险公司承保的航空运输货物险险别

中国人民保险公司开办的航空运输保险有航空运输货物险和航空货物运输一切险,附加险有航空运输货物战争险和罢工险。

(一)航空运输货物险

承保的责任范围包括:(1)被保险货物运输途中遭受雷电、火灾、爆炸或由于飞机遭受恶劣气候,或其他危难事故而被抛弃,或由于飞机遭受碰撞、倾覆、坠落或失踪等意外事故所造成的全部损失或部分损失。(2)被保险人对遭受承保范围内风险的货物采取抢救而支付的合理费用,但以不超过该货物的保险金额为限。

(二)航空运输货物一切险

保险责任范围除航空运输承保的责任外,还承保由于偷窃、短少等外来原因所造成的全部或部分损失。

(三)附加险

保险责任范围包括战争险和罢工险。

二、英国伦敦保险协会的航空运输货物险条款

1965年伦敦保险协会制定了《协会航空运输货物一切险条款》,1982年修改为《协会

航空运输货物险条款》。此外还制定了《协会航空运输货物战争险条款》和《协会航空运输货物罢工险条款》。

(一)协会航空运输货物险条款

航空运输货物保险一般采用一切险条件承保,但由于航空运输货物中通常与陆地运输相联系,因而在航空运输货物保险中,对航空运输部分的货物保险,采用一切险条件承保;对于陆上运输保险部分的货物,采用特定危险条件承保。

(二)协会航空运输货物战争险和协会航空运输货物罢工险条款

战争险和罢工险都属于附加险。

第三节 中国人民保险公司的陆上运输货物保险

中国人民保险公司的陆上运输货物保险只承保使用火车、汽车的运输,使用其他运输工具进行运输者不予承保。陆上运输货物保险的基本险包括陆运险(overland transportation risks)和陆运一切险(overland transportation all risks)。另外还开设陆上运输冷藏货物险(专门险)和陆上运输货物战争险(附加险)。

一、陆运险

陆运险的责任范围包括:(1)被保险货物在运输途中遭受暴风、雷电、洪水、地震等自然灾害或由于运输工具遭受碰撞、倾覆、出轨或在驳运过程中因驳运工具遭受搁浅、触礁、沉没、碰撞,或由于遭受隧道坍塌,崖崩或失火、爆炸等意外事故所造成的全部或部分损失。(2)被保险人对遭受承保责任范围内危险的货物采取抢救、防止或减少货损的措施而支付的合理费用,但以不超过该批被抢救货物的保险金额为限。

二、陆运一切险

除包括陆运险的各项责任外,还负责被保险货物在运输途中由于外来原因造成的短少、短量、偷窃、渗漏、碰损、破碎、钩损、雨淋、生锈、受潮、受热、发霉、串味、玷污等全部或部分损失。

三、陆上运输冷藏货物保险

陆上运输冷藏货物保险是陆上运输保险的一个专门保险,责任范围包括陆上运输的全部责任,同时还负责赔偿由于冷藏机器或隔温设备在运输途中损坏所致被保险货物解冻融化而腐败的损失。

中国人民保险公司在承保此险时,对承运工具作特别要求,规定装货的任何运输工具都必须有相应的冷藏设备或隔温设备;或供应、贮存足够的冰块使车厢内始终保持适当的温度,以保证冷藏货物不致融化腐烂。

四、陆上运输货物战争险

这是陆上运输保险的一种附加险,只有投保了基本险后才能附加投保。责任范围包括火车在运输途中由于战争、类似战争行为和敌对行为、武装冲突所致的损失。

思考题

1. 评析三级法院在丰海公司案中对“一切险”范围的解释。
2. 比较中国人民保险公司与伦敦保险业协会的海洋货物运输保险条款的异同。

延伸阅读

相关内容参阅苏同江、高伟:《海上货物运输保险合同中有关保险利益问题》,载《大连海事大学学报(社会科学版)》2008 年第 5 期;高金蕾、潘秀华:《中国海上保险法律制度修改的再审视——以〈2015 年英国保险法〉为背景》,载《中国海商法研究》2015 年第 4 期;王涵:《论海上保险纠纷中货物内在缺陷的认定——以 The Cendor MOPU 案为例》,载《大连海事大学学报(社会科学版)》2021 年第 3 期。

第十章　国际贸易支付法

国际贸易支付,一般不使用现金,而是通过银行,使用票据作为支付工具来完成货款的支付。国际贸易中常用的支付方式有四种,即汇付、托收、信用证和保理。

汇付方式采用的是顺汇法,即由进口商主动把货款交给本国银行,委托银行使用某种支付工具,把货款汇付给出口商。因其支付工具的传送方向与资金的流动方向相同,称为顺汇。托收和信用证方式下收取货款采用的是逆汇法,即出口商通过银行主动向进口商索取货款。因其支付工具的传送方向与资金的流动方向相反,称为逆汇。这三种支付方式,虽然都是通过银行办理,但因银行承担的义务不同,信用方式也不一样。信用证是银行保证付款的一种凭证,所以信用证属银行信用。在汇付和托收方式下,银行不承担替进口人付款的义务,只是作为代理人代为办理支付,因此,汇付和托收属商业信用。

第一节　国际贸易中的票据法及其相关法律

一、票据的概念

票据法上的票据,是指依规定的格式由出票人签发的载明无条件支付命令的书面凭证,表示由出票人自己或委托他人在指定的日期或见票时无条件地向收款人支付一定金额。

票据的原始当事人有三个:出票人(drawer),就是开立票据的人;受票人(drawee),就是票据上的付款人(payer);收款人(payee),就是票据上所载明的收受一定金额的人。当出票人与付款人是同一个人时,票据就被称为本票,当出票人与付款人是不同的人时,票据就被称为汇票,当银行存款户作为出票人对银行签发票据,要求银行对某人或其指定人或持票人即期支付一定金额时,票据就是支票。

各国法律在票据范围上的规定并不相同。德国和法国法律认为,票据只包括汇票和本票,不包括支票,有关支票的法律问题,另由单行法规予以规定,不包括在票据法之内。英美等国法律认为,汇票与本票均为票据,而把支票视为以银行为付款人的汇票,归入汇票范畴。日本和我国法律则明确规定,票据包括汇票、本票和支票三种。

二、国际贸易中的汇票及汇票行为

(一)国际贸易中的汇票

汇票是国际贸易结算的主要工具,在国际结算中,汇票的应用最为广泛。在对外贸易结算中,通常都是由卖方作为出票人,开立以买方为付款人的汇票,指定以卖方本人或与其有往来的银行作为收款人,通过汇票的移转代替现金的运送来实现货款的结算。因此国际贸易当事人在汇票关系中的当事人身份分别是:出口人作为出票人;进口人或其指定的银行作为付款人;出口人本人或其指定的银行是收款人。其中的付款人,在托收方式中是买方本人,在信用证中则是开证行或指定行。

国际贸易中的汇票由卖方签发,属商业汇票;由于通常附有货运单据,又属跟单汇票。

(二)票据行为

同其他汇票一样,国际贸易中的汇票,其行为主要包括出票、背书、承兑、付款、追索等。

1. 出票(issue)

出票是指出票人依照法定方式作成汇票,即在汇票上填写必要项目,然后把作成的汇票交付给收款人的行为。出票行为一旦完成,出票人和持票人之间就产生了法律关系,出票人成为汇票的主债务人,他担保汇票得以承兑和付款。如果汇票得不到付款人的承兑和付款,他就可能受持票人追索承担偿还债务的义务。收款人即持票人,是汇票债权人。票据债权人享有的权利包括:(1)付款请求权,即持票人有向付款人提示票据要求付款的权利;(2)追索权,即在付款人拒绝承兑或拒绝付款时,持票人可以向出票人追索,要求清偿债务。但国际贸易中的汇票,由于出口人本人或其指定的银行既是出票人,又是收款人,如果付款人不付款,一般不存在向出票人追索的可能。

2. 背书(endorsement)

背书是以转让票据权利为目的的行为。在汇票背面签名的人称为背书人,接受经过背书的汇票的人称为被背书人。按照各国法律的规定,除无记名式汇票仅凭交付而转让外,记名式汇票和指示汇票都必须以背书的方式进行转让。背书的方式主要有记名背书(special endorsement)和不记名背书。记名背书又称完全背书或特别背书,背书人在票据背面签字,并写上被背书人的姓名,然后将票据交给被背书人。记名背书有两种写法,一种是仅写上被背书人的姓名,另一种是在被背书人的后面加上"或其指定人"(or order)字样,这两种写法的作用都是一样的。记名背书的被背书人仍可以通过背书的方式把汇票再度转让。

3. 提示(presentment)

提示是指执票人向付款人出示汇票,请求其承兑或付款的行为。提示可以分为承兑提示和付款提示两种。(1)承兑提示一般适用于远期票据,特别是见票后定期付款的远期汇票更须及时向付款人作承兑提示,否则无法确定付款日期。远期票据先向付款人作承兑提示,然后到期付款时再作付款提示。(2)付款提示,即期票据或已到期的远期票据须向付款人作付款提示。

提示应在规定的地点提示,即持票人应在票据上指定的地点向付款人提示票据。如果票据上未指定地点,那么应在付款人营业所提示。如果没有营业所,那么应该在住所提示。

4. 承兑(acceptance)

承兑是远期汇票的付款人明确表示接受出票人的指示,承担付款义务的行为。承兑对于付款人来说就是承诺了付款责任,他就要对票据的文义负责,并且承兑人一旦签字就不得拒绝付款。一般来说,是否要求付款人承兑是持票人的一项自由权,他可以在汇票到期日前向付款人提示承兑,也可以等待到期日来临时向付款人要求付款。但是,在某些情况下,持票人必须向付款人提示承兑,而在另一些情况下,则毋需或不能向付款人提示承兑,主要有以下几种情形:(1)凡属见票后定期付款的汇票(after sight),持票人必须向付款人提示承兑,否则就无法确定付款的到期日;(2)凡汇票上载明必须提示承兑的汇票,持票人必须按汇票上的规定提示承兑;(3)凡汇票上规定必须在付款人的营业地或住所地以外的其他地点付款者,持票人亦必须向付款人提示承兑,以便付款人做好付款准备;(4)凡是见票即付的汇票(on demand,at sight),毋需提示承兑;(5)凡汇票上载有"不得承兑"字样的汇票,持票人不得向付款人要求承兑。事实上,持票人对于远期付款的汇票,除汇票上有限制承兑的规定外,一般都乐于及时向付款人提示承兑。这样做有两个好处:一是有利于保护汇票持票人的权利,如果付款人拒绝承兑,即使汇票尚未到期,持票人也有权立即向出票人和前手背书人追偿;二是有利于汇票的流通转让,因为未经承兑的汇票,付款人的责任尚未确定,受让人一般不愿意接受,而经过承兑特别是通过银行作为参加承兑人承兑的汇票,由于付款有保障,流通转让就比较顺利。

从以上内容可以看出,承兑的作用在于确定付款人对汇票金额的付款义务。因为从理论上说,开立汇票时可以指定任何人为付款人,而付款人并未参与出票,因此,凡是未在汇票上签字的付款人并不是汇票的当然债务人,他对汇票尚未承担责任。所以,出票人为了确定付款人的付款责任,就必须向付款人提示承兑,只有当付款人在汇票上签名承兑之后,他才对汇票的付款承担责任。如果付款人拒绝承兑,他对汇票的付款不负法律上的责任。在这种情况下,执票人不能对他起诉,而只能对汇票的背书人和出票人进行追索。在汇票被付款人承兑以前,汇票的债务人是出票人而非付款人,但付款人一旦承兑了汇票,他就被称为承兑人(acceptor)并由此成为汇票的主债务人,而出票人和其他背书人则居于从债务人的地位。如付款人承兑汇票之后到期拒绝付款,执票人可以直接对他提起诉讼。

承兑首先必须由执票人(持票人)向付款人出示汇票,即向付款人作承兑提示,其次由付款人决定是否予以承兑。付款人在承兑时应在汇票上记明"承兑"字样和承兑日期,并由付款人签章。未记载"承兑"字样,付款人仅在票面签名的,视为承兑(也称略式承兑)。一般票据法规定,付款人在承兑时,除上述必须记载的事项外,可以根据自己的需要,在汇票上记载担当付款人(指汇票付款人指定的为其担任具体付款事务的人,一般由银行担任)和付款处所。值得注意的是,承兑必须记载在汇票的正面,在汇票背面或者粘单上所作的承兑不发生效力。

5. 保证(guarantee)

汇票的保证是指汇票债务人以外的第三人为担保票据债务(包括承兑人的付款债务和出票人、背书人等偿还债务)的履行所作的一种附属票据行为。保证的目的在于提高票据的信用程度,减少票据的风险性,以保证票据流通的顺利进行。

保证人履行保证责任,清偿票款并取得汇票后,可以行使执票人对承兑人、被保证人和他的前手的追索权。

6. 付款(payment)

汇票的付款是指汇票的承兑人(付款人)或其担当付款人向执票人支付汇票金额,以消灭票据权利义务关系的行为。付款涉及以下几个问题：

(1)付款的提示。提示是付款的必要程序。执票人(持票人)必须在法定时间内向付款人作付款提示。付款提示的效力主要表现在两个方面:一是作为保全偿还请求权的要件。如果执票人不在法定期限内向付款人作付款提示,就丧失其对出票人及前手背书人的追索权。二是作为确定汇票主债务人承担延期付款责任的条件。如果汇票的承兑人(主债务人)在执票人向其作付款提示后,未在法定时间内付款,即应承担迟延付款的责任。

(2)付款的时间。当执票人在汇票的到期日向付款人提示付款时,付款人是否必须于当天付款,有无一定的宽限期,各国法律有不同的规定。

(3)付款的效力。汇票一旦由付款人按票面金额全部付清后,汇票上的债权债务关系即告消灭。付款人在付款时得要求执票人在汇票上签名注明“收讫”字样,并把汇票交给付款人。

案例 10 - 1 | Miller v. Race

在该案中,Finney 欠 Odenharty 21 磅 10 先令。Finney 从英格兰银行购买了同等数额的本票,该本票由银行出票并由银行向持票人付款。Finney 在 1756 年 12 月 11 日将银行本票邮寄给 Odenharty。当晚邮件被抢劫了,抢劫者获得了该本票和其他几个本票。在 12 月 12 日,该本票被一位名叫 Miller 的客栈老板持有。在 12 月 13 日,Finney 知晓了抢劫一事,遂向英格兰银行请求止付该本票。银行表示同意。不久后,Miller 向英格兰银行提示该本票要求付款。银行职员 Race 拒绝付款。Miller 起诉至法院要求付款。曼斯菲尔德勋爵认为,银行本票不是货物,不是证券,也不是债务单据,银行本票在通常的过程中和商业交易中,被视为现金,这是全人类普遍的共识;而这赋予了本票货币的信用和流通性,而不论何种意图或目的。在本案中,客栈老板从一个外表上看去像一个绅士的人手中善意地获得了本票,他是在通常的交易进程中基于完全和有价值的约因而取得该本票的。一个银行本票,在国内和国外,都被持续地和普遍地作为金钱和现金对待;可以像现金一样被支付和接受;为了商业的目的,有必要明确和保障其流通性。由此,曼斯菲尔德判定该本票应该兑付,Miller 应该获得本票上的金额。[1] (该案是针对本票的判决,但其原理也适用于汇票)

7. 汇票的拒付(dishonour of bill)

拒付包括拒绝承兑和拒绝付款两种情况。当执票人(持票人)把远期汇票向付款人提示承兑时,如果付款人拒绝承兑,执票人即可行使追索权,而毋需等待远期汇票到期时再向付款人作付款提示并遭到拒付时才行使追索权。因为付款人拒绝承兑就表示他拒绝承担汇票的付款义务。

拒付不仅是指付款人明白地表示拒绝承兑或拒绝付款,也包括付款人逃避、死亡或宣告破产等情形,因为在这种情况下,执票人已经不可能得到汇票上的金额,实际上等于拒绝。

8. 追索(recourse)

追索权是指执票人在遭到拒付时,向其前手(出票人和背书人)请求偿还票款的权

---

〔1〕 See England Court of King's Bench, 1758. England Reports, Vol. 97, p. 398.

利。被追索的对象有背书人、承兑人、出票人和其他债务人,因为他们对执票人负有连带偿付责任,而执票人是可以行使追索权的唯一债权人。正当执票人可以不按背书顺序,越过其前手,对任何一个债务人行使追索权。被追索的债务人清偿票款后,即取得执票人的权利,可以对其他债务人行使追索权。追索的金额包括:票面金额;从到期日至清偿日止的利息;作成拒绝证书、拒付通知所支出的费用。

按照大多数国家的法律,除汇票已载明不必作拒绝证书外,所有的汇票在遭到拒付时,都必须在法定的期限内作成拒绝证书,否则即丧失其对前手背书人和出票人的追索权。

(三)汇票的贴现

贴现(discount)是指远期汇票承兑后尚未到期,由银行或贴现公司从票面金额中减去按一定贴现率(discount rate)计算的贴现息后,将余额付给持票人的行为。贴现后,贴现人取得汇票,成了该票据的持票人,待该票据到期后由该贴现人持票据向付款人提示,要求付款。因此,对贴现人来说,贴现实际上是提供贷款给商人,只是预先扣除了利息。对商人来说,贴现是融通资金的一种方式。

银行或贴现公司是否愿意接受票据贴现,主要是看票据债务人信用的高低。但如汇票经某家银行承兑后成了银行承兑汇票,由于银行一般资信较高,所以经银行承兑后的汇票容易被接受贴现。

三、票据法及其国际统一

(一)各国票据立法

欧美各国都制定了关于票据的法律,但由于受各国社会经济条件及文化传统的影响,各国票据法的内容和形式有很大区别。从形式上看,英、德等国采取单行法的办法,专门制定了关于票据的单行法规。如英国1882年根据以往有关票据的判例整理而成的《英国票据法》,作为单行票据法规范,其内容包括汇票、本票和支票三种票据的法律制度;德国1871年颁布了统一的《票据条例》,但仅规定了汇票和本票两种法律制度。法国等大多数国家则把票据列入商法典内作为商法典的一个组成部分。如法国1807年颁布的《拿破仑商法典》,专章规定了汇票和本票的法律制度,但法国直到1865年才制定颁布《支票法》,使支票法独立于汇票和本票法而成为一种特别法。美国各州原来都有各自的票据法,但自从各州相继采用《美国统一商法典》后,因该法典已把票据包括在内,称为商业单据(commercial paper),所以现在美国各州的票据法已趋于统一。而瑞士则把票据法编入债务法典内,作为债务法典的一个组成部分。在上述立法中,除大陆法系和英美法系之间存在诸多差异之外,大陆法系国家的票据法也存在法国法系和德国法系的区别。

第一次世界大战后,在国际联盟主持下,于1930年在日内瓦召开国际会议,但参加国不多,仅德、法、意、日等20国,英美法系国家均未参加。这次会议制定并通过了国际统一票据法和与其有关的三个国际公约,即1930年《汇票和本票统一法公约》、《解决汇票与本票若干法律冲突的公约》和《汇票、本票印花税公约》。接着国际联盟又于1931年在日内瓦再次主持召开票据法的国际统一化会议,以讨论上次会议遗留下来的统一支票法问题。该次会议制定并通过了国际统一支票法和与此有关的三个公约,即《统一支票法公约》、《解决支票若干法律冲突公约》和《支票印花税公约》。

《汇票和本票统一法公约》和《统一支票法公约》通过以后，德国、法国、日本、瑞士等多数大陆法系国家都纷纷据此修正或重新制定了各自的票据法，德国法系和法国法系之间的分歧逐渐消失，到目前已基本上融合为同一体系，这一体系称为日内瓦公约体系或大陆法票据法体系。但是，因为日内瓦公约是调和德国法系和法国法系分歧的产物，而这两个法系又同属于大陆法系，所以，日内瓦公约主要是按照大陆法传统，特别是德国法的传统制定的，因此，英美等国从一开始就拒绝参加日内瓦公约。它们认为，如果参加日内瓦公约，将会影响英美法系各国之间已经实现的统一，并且认为日内瓦公约的某些规定与英美法系的传统和实践有矛盾，因此一直拒绝参加。所以，从国际范围来说，目前在票据法方面还存在两大法律体系：一个是日内瓦公约体系，另一个是英美法系。

我国全国人大常委会于 1995 年 5 月 10 日通过了中华人民共和国成立以后的第一部《票据法》，并于 1996 年 1 月 1 日起施行。该法包括总则、汇票、本票、支票、涉外票据的法律适用、法律责任和附则，共七章 111 条。我国《票据法》与日内瓦公约体系比较相近，同时也有自身的若干特色。

(二) 日内瓦票据法公约、英美法系和我国《票据法》关于汇票规定之比较

1. 汇票的出票

(1) 日内瓦票据法公约和我国《票据法》规定汇票上须标明“汇票”字样，英美法系无此要求。

(2) 日内瓦票据法公约和我国《票据法》规定汇票上要有收款人姓名或名称，英美法系没有必须记名的规定，允许凭票即付。

(3) 日内瓦票据法公约规定汇票上必须注明出票日期和付款日期或见票即付；英美法系则规定汇票即使未注明出票日期，但如能确定付款日期，仍为有效汇票。我国《票据法》第 22 条规定，汇票必须注明出票日期。但对付款日期未作强制性要求。我国《票据法》第 23 条进而规定，汇票上未注明付款日期的，为见票即付。

(4) 日内瓦票据法公约规定，汇票上须注明出票地与付款地；英美法系规定汇票不一定要写出票地，但付款地须注明。依据我国《票据法》的规定，出票地与付款地并非法定记载事项，如果没有记载，付款人或出票人的营业场所、住所或者经常居住地为付款地或出票地。

2. 背书

日内瓦票据法公约和我国《票据法》规定汇票背书如附条件，所附条件无效；英美法系规定附条件的背书对该被背书人有效，但付款人在付款时对所附条件是否成立不负调查责任。

3. 承兑

(1) 日内瓦票据法公约和我国《票据法》规定，应记载“承兑”字样，英美法系仅要求承兑人签章即可。

(2) 日内瓦票据法公约规定汇票自签发后 1 年内提示要求承兑；英美法系没有规定具体期限，仅要求在合理时间内提示要求承兑。我国《票据法》第 39 条、第 40 条规定，见票后定期付款的汇票，自出票日起 1 个月内提示承兑；远期汇票，持票人应在汇票到期日前向付款人提示承兑。

4. 付款

日内瓦票据法公约规定,付款人无调查背书真伪的责任,我国《票据法》规定,付款人应调查背书的连续性,并审查提示付款人的合法身份证明或者有效证件;英美法系规定,付款人应调查背书的真伪,付款人对假背书持票人的付款无效。

5. 追索

日内瓦票据法公约和我国《票据法》规定票据被拒付时,持票人未及时通知前手并不丧失追索权;英美法系则规定票据被拒付时,持票人应及时通知前手,否则丧失追索权。

(三)联合国票据公约

日内瓦公约的签订虽然使票据法的国际统一化向前迈进了一大步,但仍未能实现票据法的国际统一。为结束票据立法的冲突现状,促进世界各国票据法的统一,以确保国际经济贸易的健康发展,联合国成立以后,为此作出了积极的努力。联合国国际贸易法委员会在1972年第五届会议上通过了《联合国国际汇票与国际本票公约草案》和《联合国国际支票公约草案》。联合国大会于1988年12月在纽约通过了《联合国国际汇票和国际本票公约》,但到目前为止该公约的签字国还极为有限,至今尚未生效。支票法方面由于各国间特别是两大法系之间的分歧一时难以统一,《联合国国际支票公约草案》尚待最后定稿,因此,国际票据立法的冲突依然存在。要制定一部有世界上大多数国家,特别是包括所有现存各法系参加的、具有普遍意义的国际统一票据法,还有待国际社会继续作出共同努力。

第二节 汇 付

一、汇付的含义和种类

汇付(remittance)又称汇款,是指汇付人主动把货款通过银行汇交收款人的一种支付方式。在国际支付中,最常使用的汇付方式有电汇、信汇和票汇三种。

1. 电汇(telegraphic transfer,T/T)。电汇是汇出行应汇款人请求,以电报或电传通知国外汇入行,委托其将汇款支付给指定收款人的一种汇款方式。电汇的特点是收款速度快,但费用也较高,汇款人须负担电报费用,因此,通常只有金额较大或有急用的汇款,才使用电汇方式。

2. 信汇(mail transfer,M/T)。信汇是汇出行应汇款人的申请,将信汇委托书邮寄给汇入行,授权解付一定金额给收款人的一种汇款方式。信汇业务程序与电汇基本相同,不同之处是:(1)信汇不用电报电传,而由银行寄出信汇委托书或支付委托书作为结算工具。(2)委托不加密押,只须签字,由汇入行核对签字无误,证实信汇的真实性后,即可解付。信汇一般是通过航空邮寄,费用较电汇低廉,但收款时间较长。

3. 票汇(remittance by banker's demand draft,D/D)。票汇是汇出行应汇款人的申请,代汇款人开立以其分行或代理行为解付行的银行即期汇票,给付一定金额给收款人的一种汇款方式。通常,汇款人向当地银行购买银行即期汇票,自行寄给收款人,由收款人或其指定人持汇票向解付行(汇票上的付款人)取款。

票汇业务的程序与电汇、信汇的区别在于：票汇由汇款人购买银行即期汇票，并邮寄给收款人或自带出国；票汇既不用加注密押，也不用核对印鉴，只核对汇票。此外，票汇中买入的汇票可以经背书转让，而电汇、信汇不能转让。

二、汇付参与人及其基本程序

（一）汇付参与人

汇付有以下四个参与人：

1. 汇付人（remitter）即买方，指要求银行将货款汇给国外收款人的人。汇付人是债务人或付款人。

2. 汇出银行（remitting bank），指受汇付人委托，汇出货款的银行。汇出行所办理的汇款业务叫汇出汇款。

3. 汇入银行（paying bank），又称解付银行，指受汇出行委托，解付汇款的银行，汇入行所办理的汇款业务叫汇入汇款。

4. 收款人（payee），即卖方，指汇款结算方式中的国外收款人。收款人是债权人或受益人。

（二）汇付基本程序

完成一笔款项的汇付须经过以下四个步骤：

1. 汇付人填写汇款申请书并签字盖章。汇款申请书是指汇款人自汇出行申请汇款时填写的一种书面申请单。汇款申请书应填明汇款的方式，汇款的日期，收款人姓名、地址，汇款货币与金额，汇款人姓名、地址，附言，用途等，并由汇款人签名。汇款申请书是汇款人与汇出行之间的一种契约，汇出行接受了汇款人的汇款申请书后，就应按汇款人在申请书中的指示执行，否则就是汇出行的违约。

2. 汇出银行收取汇款金额、手续费，办理汇款委托书。汇款委托书，又称付款委托书，是汇出行委托其在国外的代理行（汇入行）解付汇款的一种书面凭证。汇出行接受汇款人的汇款申请书后，有义务按汇款人的委托指示向汇入行发出付款委托书，汇入行按委托指示向收款人解付汇款。汇款委托书中的委托指示和汇款申请书的委托指示应该一致。

3. 汇入银行接受付款委托书，发给收款人收款通知书。汇入行接到汇出行委托付款的指示后，发给收款人领取汇款的书面通知，这种书面通知称为收款通知书。

4. 收款人凭收款通知书及其他适当的证明文件在一定的时间内向汇入行领取汇款。

第三节 托　　收

一、托收的含义和种类

托收（collection）是由卖方开立以买方为付款人的汇票，委托银行向买方收取货款的一种结算方式。

托收可分为光票托收和跟单托收两种。光票托收是指卖方仅开具汇票委托银行向买方收款，而没有附具任何装运单据。跟单托收是指卖方将汇票连同提单、保险单、发票等装运单据一起交给银行,委托银行向买方收取货款。在国际商事交易中,光票托收通常只用于收取货款尾数、佣金、样品费等项费用,至于货款的支付一般都是采用跟单托收的方式。

跟单托收根据交单条件的不同,可以分为付款交单和承兑交单两种。

1. 付款交单(document against payment,D/P)

付款交单是指卖方的交单以买方付清货款为条件,即卖方在委托银行向买方收款时,指示银行只有在买方付清货款后,才能向买方交出货运单据。在这种条件下,买方必须按汇票规定的金额付款,才能取得货运单据,并凭此提取货物,否则,买方就不能取得货运单据,从而无法获取货运单据项下的货物。

按付款时间的不同,付款交单又可分为即期付款交单(D/P sight)和远期付款交单(D/P after... days sight)两种。

即期付款交单是指卖方开具即期汇票,通过银行向买方提示,买方见票后立即付款,并于付清货款的同时,取得货运单据。

远期付款交单是指由卖方开具远期汇票,通过银行向买方作承兑提示,买方承兑后于汇票到期时再付款赎单。

在远期付款交单的条件下,买方在承兑汇票之后,付清货款之前,是不能取得货运单据的,因此,如果汇票的到期日晚于货物运抵目的地的日期,买方就必须设法在汇票的到期日以前拿到货运单据,以便及时提取货物。在这种情况下,西方国家的银行往往允许买方承兑远期汇票后,凭信托收据(trust receipt)向银行借出货运单据提货,待汇票到期时再支付货款。所谓信托收据是由买方向银行出具的表示愿意以银行的受托人(trustee)的身份代银行保管和处理货物,并承认货物的所有权属于银行,出售后所得的货款亦应交付银行或代银行暂为保管的一种书面文件。通过这种办法,买方在付款之前,就可以取得货物,并可及时转售货物获得利润,然后再转售所得来清偿买方货款。凭信托收据借单的办法通常是进口地代收银行自行做主对买方给予资金融通的一种做法,与卖方无关。代收银行将单据借出后,即须承担远期汇票到期时必须付款的义务,但有时也可以由卖方在托收委托书中指示银行,允许买方凭信托收据借单提货。在这种情况下,如果日后买方到期拒付,则应由卖方自己承担风险。实际上,这种做法所承担的风险,和承兑交单相同。

2. 承兑交单(documents against acceptance D/A)

承兑交单是指卖方的交单以买方承兑汇票为条件。买方承兑汇票后,即可向代收银行取得货运单据,凭此提取货物,待汇票到期时才付款。因为只有远期汇票才需办理承兑手续,所以承兑交单方式只适用于远期汇票的托收。

二、托收参与人及其基本程序

(一)托收参与人

托收通常有以下五个参与人。

1. 委托人(principal),又称出票人,是指开出汇票并委托银行代其向国外买方收取货款的人。在国际贸易中通常就是卖方。

2. 托收银行(remitting bank),是指接受委托人的委托,转托国外银行代为收款的银行。

3. 代收银行(collecting bank),是指接受托收银行的委托,向买方收取货款的银行。

4. 付款人(payee),是指在委托人开出的汇票上载明支付票款的人。在国际贸易中通常就是买方。

5. 提示行(presenting bank),是指向付款人提示汇票和单据的银行,代收行可委托与付款人有往来账户关系的银行作为提示行,也可以自己作为提示行。

(二)托收基本程序

完成一笔托收一般须经过以下几个步骤:

1. 在货物销售合同中双方规定采用哪种托收。

2. 委托人按合同规定装完货物后,到托收行填写托收委托书,开出跟单汇票,(D/P sight 开即期汇票,D/P after sight 和 D/A 开远期汇票),连同货运单据交托收行。

3. 托收行将汇票及货运单据寄交代收行。

4. 代收行收到汇票及货运单据后,向付款人作提示汇票(D/P sight 作付款提示,D/P after sight 和 D/A 作承兑提示)。

5. 即期汇票,付款人付清货款,代收行交给货运单据;付款交单的远期汇票,付款人承兑汇票,代收行保留汇票及货运单据,待汇票到期时,付款人付清票款,代收行交给货运单据。如代收行接受了付款人的信托收据借给货运单据,代收行即承担远期汇票到期必须付款的责任。承兑交单,付款人承兑汇票,代收行保留汇票,交给货物单据,并在汇票到期时履行付款义务。

6. 代收行电告或邮告托收行,货款已收妥入账。

7. 托收行将货款交给委托人。

委托人与托收行之间的关系为代理关系,托收行的收款行为,无论是否成功,均由委托人直接承担。托收行与代收行之间也是代理关系。

如果代收行违反它与托收行之间的约定使委托人受损,委托人能否起诉代收行要求赔偿损失呢?一种观点认为,委托人与代收行之间、托收行与付款人之间并无直接的合同关系。如果代收行违反委托书的指示行事,致使委托人遭受损失,委托人不能直接对代收行起诉,而只能通过托收行对其起诉。[2] 本书认为,托收行与代收行是转代理的关系,委托人可以直接向代收行起诉,也可以要求托收行和代收行承担连带责任。因为,无论是托收行还是代收行,都知道是为了委托人的利益而代为收款,而且也都知道依据托收统一规则和委托协议它们应该履行的义务。

三、《托收统一规则》的主要内容

为了调整在托收业务中各银行之间以及银行与客户之间的权利义务关系,国际商会在 1967 年制定了《商业单据托收统一规则》,1978 年又对其进行了修改,定名为《托收统一规则》(Uniform Rules for Collection),于 1979 年 1 月 1 日生效。1995 年国际商会

---

〔2〕 沈达明、冯大同编著:《国际贸易法新论》,法律出版社 1989 年版,第 263 页。

第522号出版物(以下简称URC522)对规则再次作出修订,并于1996年1月1日开始生效。这项规则并无普遍的约束力,仅凭当事人在合同中自愿采用,但目前它在国际商事交易业务中已得到广泛的承认和使用。

《托收统一规则》的主要内容如下:

1. 委托人应受国外法律和惯例规定的义务和责任所约束。

2. 银行除要检查所收到的单据是否与委托人所列一致外,对单据内容并无审核之责,即付款人如对单据内容提出异议拒付,代收行不负责任。但银行必须按委托书上的指示办事,如无法办理应立即通知发出委托书的一方。

3. 未经代收行事先同意,货物不能直接发给代收行或以代收行为收货人,否则,该行无义务提取货物,仍由委托人自行承担货物的风险和责任。

4. 在委托书上必须指明是付款交单(D/P)还是承兑交单(D/A)。如未指明,代收行只能在付款后交单。

5. 如被拒付,托收行应在合理的时间内做进一步处理单据的指示;如代收行或提示行发出拒绝通知书后60天内未接到指示,可将单据退回托收行转告委托人。代收行不承担向付款人直接追索的责任。

6. 与托收有关的银行,对由于任何文电、信件或单据在寄送途中的延误或丢失所引起的后果,或由于电报、电传或电子通信系统在传送中的延误、残缺或错误,或由于专门术语在翻译或解释上的错误,不承担义务或责任。

第四节 信 用 证

一、信用证及相关法律

信用证(letter of credit,L/C)是银行根据买方的请求,开给卖方的一种书面凭证,依据该信用证,银行保证在卖方提交符合该证所规定的单据时向卖方支付货款。[3]

信用证作为国际商事交易的一种支付方式,已经有很长的历史。信用证是一种银行的付款承诺,属于银行信用。银行信用一般比商业信用更可靠,因此,采用信用证支付方式,比采用汇付或托收的方式,对卖方安全回收货款更有保障。同时,由于银行的介入和预付货款,卖方在交付货物后即可得到货款,买方在得到单据时才向银行偿付,买方可得到一定期限的信贷。在现代国际商事交易中,凭信用证付款是最常见的、最主要的支付方式。我国在对外贸易中,目前主要也是采用这一方式。

有关信用证的规范,在各国法律中基本上还是空白。美国几乎是唯一有信用证国内立法的国家,在《美国统一商法典》第五编中规定了关于信用证的内容,但该法典明确规定,如果信用证明确规定适用《跟单信用证统一惯例》,则即使统一惯例与该法典的内容不一致或相矛盾,也应适用统一惯例的规定。现在信用证主要由国际商会制定和公布的

---

〔3〕 根据UCP500关于信用证的定义,银行不仅可以应客户的要求和指示,开证并凭规定单据进行付款,同时也可以主动进行上述业务。

《跟单信用证统一惯例》调整。UCP 首次制定于 1933 年，但在 1962 年修订本完成之前英国及其自治领地的银行并未采纳，1974 年和 1983 年进行两次修订，终于使 1983 年的文本即通常称为《国际商会第 400 号出版物》(UCP400)，成为广泛接受的调整信用证的行为准则。1993 年，国际商会再次提出统一惯例修订本，称为《国际商会第 500 号出版物》(UCP500)，并于 1994 年 1 月 1 日起实行。2007 年，国际商会又对 UCP500 进行修订，并以《国际商会第 600 号出版物》(UCP600)公布。UCP 已为世界各国银行所采用，成为普遍性的国际商事惯例。

二、信用证参与人及其基本程序

(一)信用证参与人

每一个信用证参与人并不完全一致，概括起来，信用证有下列参与人。

1. 开证申请人(applicant)，是指向银行申请开立信用证的人，又称开证人(opener)。开证申请人一般即为买方。

2. 开证银行(opening bank)，是指应开证申请人的委托，为其开立信用证的银行。买方通常选择实力雄厚、享有盛誉的银行担任开证行。

3. 受益人(beneficiary)，是指信用证上所指定的有权使用该证并享受该证利益的人，即卖方。

4. 通知银行(advising bank)，是指受开证银行的委托，将信用证通知受益人的银行。

5. 议付银行(negotiating bank)，是指对受益人根据信用证所签发的汇票，予以买入贴现的银行。由于议付银行向受益人买入或贴现汇票，就是受让该汇票，所以一般又称之为押汇银行。

6. 付款银行(paying bank)，是指对受益人所签发的汇票予以承兑或付款的银行。付款银行或承兑银行，一般为开证行本身，也可以是开证行委托的另一家银行。

7. 保兑银行(confirming bank)，是指应开证银行的请求在信用证上加以保兑的银行。保兑银行在信用证上加具保兑后，即对信用证独立负责，承担首先付款的责任。

8. 偿付银行(reimbursement bank)，是指受开证银行在信用证上的委托代开证银行偿还议付行垫款的第三国银行。它的出现往往是由于开证银行的资金调度集中在该第三国银行，故要求该银行代为偿付信用证规定的款项。偿付银行又称清算银行。

(二)信用证支付基本程序

在采用信用证支付货款时，一般需经过以下几个程序：

1. 买卖双方在合同中明确规定以信用证方式结算。

2. 买方向当地银行填写开证申请书，按合同内容填写各项规定和要求，并交纳押金或提供其他担保，由开证行开证。

3. 开证行将信用证航寄或电传接受委托的卖方所在地银行即通知行。

4. 通知行核对函开信用证签字、印鉴无误或电传信用证密押相符，判明信用证真实后，将信用证转交受益人。

5. 受益人核查信用证与合同相符后，按信用证规定装运货物，并备齐各项单据，开出跟单汇票，在信用证有效期内送请议付银行议付。议付行通常由通知行兼任。

6. 议付行审核跟单汇票单据与信用证规定相符后,按汇票金额扣除信用证到期日期间利息,垫付货款给受益人,同时,将跟单汇票航寄付款行(通常就是开证行)索付,如信用证含有"电报索付条款",议付行在议付货款后,当天可去电要求付款行偿付,再航寄跟单汇票。

7. 付款行审核"单证相符"无误后,电汇或信汇货款给议付行。

8. 付款行通知开证申请人付款赎单。

三、信用证的主要内容

信用证虽然没有统一的格式,但其主要内容基本是相同的,一般包括以下项目:

1. 信用证参与人。包括开证申请人、开证行、通知行和受益人的名称和地址,有的信用证还指定议付行和付款行。

2. 信用证种类和号码。主要载明该信用证是不可撤销的信用证,或者是保兑的、不可撤销的信用证,并在信用证首部注明信用证编号。

3. 开证日期。指开立信用证的时间,任何商业上对出具人具有约束力的文件,除非法律上有特殊规定,都应载有出具日期。

4. 金额条款。主要规定信用证项下开证行付款的最高金额,一般多规定受益人有权按信用证金额的百分之百开立汇票,但有时也可以规定受益人只能按信用证金额的百分之若干(如90%)开立汇票,其目的是买方把货款的部分余额留在手中,暂时不付给卖方,如卖方所交货物在品质、数量上与买卖合同不符,买方可从这项金额中扣除,不足的部分,可再向卖方索赔,如扣除后仍有剩余,则应付还卖方。

5. 货物条款。信用证一般载明货物的名称、数量、价格、包装等及其所依据的合同号码。

6. 汇票条款。主要规定汇票的金额、种类、份数及付款人的名称。汇票的种类主要是指即期汇票还是远期汇票,这关系到付款时间;汇票的份数一般是一式两份;汇票的付款人可以是开证行或其指定的其他银行,也可以是买方,但即使汇票以买方为付款人,开证行仍应负到期付款的责任。根据《跟单信用证统一惯例》的规定,在以信用证方式付款时,不一定使用汇票,银行对规定付款的信用证,无论其是否出具汇票,均应承担付款义务。

7. 单据条款。主要规定单据的种类和份数,这是信用证最主要的条款。因为银行仅凭单据付款,如果银行认为卖方所提交的单据不符合信用证的要求,银行有权拒付;但只要单据与信用证的要求相符,银行就必须凭单付款。即使单据项下的货物有缺陷,银行对此也不负任何责任。信用证所要求的单据,主要是提单、保险单和商业发票,但有时也可以要求卖方提交其他单据,如商品检验证书、原产地证明书等。

新的《跟单信用证统一惯例》扩大了银行可以接受的运输单据的范围,除提单外,银行还可接受由承运人或其代理人所出具的单据,如注明货物、发运或接管的单据,联合运输单据,简式运输单据等。

8. 装运条款。主要规定装运期限、装运港和目的港的名称,是否允许分批装运和转账等。根据《跟单信用证统一惯例》的规定,凡在同一船只、同一航次中多次装运的货物,即使提单上表示不同的装船日期或不同的装运口岸，亦不作为分批装运论。对于邮寄商品，如多份邮包收据是由信用证规定的发货地点，于同一日期盖戳的，也不作为分批装货论。

9. 有效期条款。信用证一般都规定有效日期，受益人如果不在有效期内向银行提交有关单据，开证行可以以信用证已经过期为理由解除其付款责任。

10. 交单日期条款。根据《跟单信用证统一惯例》的规定，一切信用证除应规定最后的装运日期和有效期外，还必须规定一个交单付款、承兑或议付的满期日，如信用证对此项期限没有作出规定，则以提单或其他货运单据的签发日期后21天为限。根据这项规定，如果卖方超过了规定的日期交单，即使在交单时信用证的有效期尚未届满，银行也有权拒收单据。

11. 开证行保证条款。即由开证行向受益人、议付行或其他汇票的持票人保证，银行在收到信用证所要求的单据后，将对按信用证开立的汇票承担付款的责任。

12. 声明遵守《跟单信用证统一惯例》条款。《跟单信用证统一惯例》对跟单信用证的条款作了统一解释，该惯例已成为办理信用证业务的准则，已被170多个国家的银行采用，因此，信用证一般还声明，除另有规定外，本证根据国际商会2007年修订的600版本《跟单信用证统一惯例》处理。

13. 特殊条款。这可以根据每一笔具体交易的需要，作出不同的规定，并无一定的标准。

四、信用证的种类

信用证的种类很多，根据不同的特点可以分为不同的种类，以下介绍一些在国际商事交易中较常见的种类。

（一）光票信用证和跟单信用证

光票信用证（clean L/C）是指受益人不需提供其他单据就可支取款项的信用证。这种信用证通常分为两部分，一部分是信用证本身，另一部分是签字卡。受益人取款时只要签发一张汇票，而不需要提供任何其他单据，指定的付款行或代付行只要证实汇票上的签字与签字卡上的签字相同就可付款。旅行信用证就是一种光票信用证。光票信用证只是汇款的一种工具。

跟单信用证（documentary L/C）是指受益人在支款时，除提交汇票外，还需提供规定的单据的信用证。单据是信用证上列明的代表货物所有权或证明货物已发运的单据，如海运提单、保险单等。在国际贸易中，跟单信用证使用最为普遍。

（二）可撤销信用证和不可撤销信用证

可撤销信用证（revocable L/C）是指开证行可以随时撤销或修改的信用证。开证行是根据申请人的要求和指示开证的，所以一般情况下，没有申请人的指示，开证行是不会随便撤销信用证的，除非申请人已经濒临倒闭。可撤销信用证的开证行虽然可以随时撤销信用证，但他仍然对撤销通知到达前卖方已履行的义务负责。因此可撤销信用证对于受益人来说仍然是一个确定的付款承诺。可撤销信用证在国际商事交易中很少使用。

不可撤销信用证（irrevocable L/C）是指开证行开立信用证并交付受益人后，在其有效期内，未经有关当事人的同意，不能修改或撤销的信用证。只要受益人提供的单证符合信用证的规定,开证行就必须履行付款义务。这种信用证对受益人付款比较有保障,在国际商事交易中,使用最为广泛。

根据 UCP600 的规定,信用证均为不可撤销的。

(三)保兑信用证和不保兑信用证

保兑信用证(confirmed L/C)是指一家银行开出的信用证由另一家银行加以保证兑付的信用证。所以,凡经开证银行以外的银行,在信用证上保证对受益人所签发的汇票予以承兑或付款的信用证,均称为保兑信用证。保兑银行的责任,与开证银行的责任各自独立且完全相同,所以只要卖方提交的单据完全符合信用证的要求,即使开证银行倒闭不能付款,保兑银行也应单独负起保证承兑及付款的责任。保兑信用证,通常是由于卖方对开证银行的信用了解不够,或不信任,而要求其他银行加以保兑的,目的是确保安全收款。保兑信用证,由于有两家银行作付款承诺,故对受益人来说是最有利的。

不保兑信用证(unconfirmed L/C)是指不经另一家银行加具保兑的信用证。这种信用证仅由开证银行保证卖方提交符合信用证条款规定的货运单据履行付款责任。国际上资信较好的开证银行一般不愿意要求其他银行在其信用证上加具保兑,以免影响其信誉。

(四)即期付款、迟期付款、承兑及议付信用证〔4〕

即期信用证(sight L/C),信用证中规定一家付款银行,该银行在受益人提交符合信用证规定的单据时即予以付款。这种信用证既可以要求汇票,也可以不要求汇票而只根据单据付款。如果要求汇票,应是即期汇票。

迟期付款信用证(deferred payment L/C),信用证中规定一家付款银行,该银行在受益人提交符合信用证规定的单据时并不付款,而是在信用证规定的到期日才予以付款。

承兑信用证,信用证中规定一家承兑银行,受益人提交单据及以该行为付款人的远期汇票,如果单据合格,该行将承兑远期汇票,并于到期日付款。

议付信用证,信用证有权议付的银行支付价款以交换受益人的汇票及/或单据,所提交的汇票以议付行以外的其他银行为付款人。议付信用证有限制议付和自由议付两种,前者指只有特定的被指定银行才能办理议付,后者指任何银行都有权办理议付。

(五)循环信用证

循环信用证(revolving L/C)即信用证被全部或部分使用后,仍可恢复到原金额并再行使用的信用证。其特点在于信用证被全部使用后仍不失效,受益人能多次循环使用,直到规定的循环次数或规定的总金额达到为止。这种信用证主要是买卖双方预定在某一期间内,就同一种类的货物分批进行多次交易时,为减少开立信用证的次数、节省手续费而采用的。按时间循环的信用证是受益人在一定时间内可支取信用证规定的金额,并在下一次一定时间内仍可支取。上次未用完的信用证金额可以移到下次一并使用的,称为积累循环信用证(cumulative revolving L/C);上次未用完的信用证余额不能移到下次一并使用的,称为非积累循环信用证(non - cumulative revolving L/C)。按金额循环使用的信用证,是信用证金额议付后,仍恢复原金额,可再使用,直到用完规定的总金额为止。

---

〔4〕 UCP500, Art. 6.

(六)可转让信用证

可转让信用证(transferable L/C)是指受益人(第一受益人)可以要求受委托付款、承担延期付款责任、承兑或议付的银行(转让行)或者在自由议付信用证情况下,经特别授权作为转让行,将该信用证全部或部分转让给另一个或数个受益人(第二受益人)使用。可转让信用证大多开给中间商(第一受益人),由第一受益人申请通知银行将信用证转让给实际供货人(第二受益人),再由第二受益人负责装船交货。第一受益人赚取差价并仍对原证负责。

信用证的转让有两种方式:

1. 不掉换商业发票的转让,即第一受益人将信用证的一部分或全部转让给第二受益人后,由第二受益人装运货物,并备妥信用证所规定的货运单据及汇票,直接以自己的名义向议付银行办理议付。这种方法比较简单,一般信用证的转让都采用这种方法。

2. 掉换商业发票的转让,即第二受益人自第一受益人受让信用证的一部分或全部金额,装运货物并持其制作的单据及汇票到银行办理议付时,议付银行即以第一受益人的商业发票掉换第二受益人提出的商业发票。议付银行议付后,将第二受益人提出的货运单据(不含商业发票)及第一受益人所制作的商业发票和支取差价部分的汇票,一并寄开证银行要求偿付。通常,第一受益人所签发的商业发票金额比第二受益人所签发的商业发票金额要大,其差额即为第一受益人赚取的差价利润。

关于信用证的转让,《跟单信用证统一惯例》规定,除非另有规定,信用证仅能转让一次,但受益人可一次将信用证的各个部分分别转让给不同的受让人。这种转让仍属转让一次的范围之内。

(七)备用信用证(stand by L/C)

备用信用证是新近发展起来的一种信用证。传统的商业信用证主要用于支付买卖合同项下的货款,而备用信用证则多用于借款保证、投标保证、履约保证、赊购保证等。在备用信用证有效期和金额限度内,如开证申请人违约,受益人得凭该信用证开具汇票,连同一份声明书,说明或证明开证申请人未能履约的情况,要求开证行按备用信用证的规定付款,以取得因开证申请人违约所遭受的经济损失的补偿。如开证申请人守信履约,该信用证即毋需使用,故称为备用信用证。

备用信用证是一种银行保证性质的支付承诺,实质上与银行保函(banker's letter of guarantee)相类似。由于美国和日本的法律不允许银行开立保函,因此,这些国家的银行就用开立备用信用证的方式来代替。1983 年《跟单信用证统一惯例》首次明确规定,该规则适用于一切跟单信用证,包括备用信用证。

五、信用证参与人间的法律关系

信用证交易包含一组合同。这一合同主要由开证申请人(买方)和开证行、开证行和受益人(卖方)两种合同关系组成,它还可能包括开证行与中间的委托代理关系等。

(一)买方与卖方之间的法律关系

在信用证项下,买卖双方并无直接的法律关系,买卖双方作为信用证开证人和受益人的责任主要在货物销售合同中作出规定。由于信用证的开立是以货物销售合同为基础的,因此,明确买卖双方在信用证项下的权利义务是十分必要的。

当货物销售合同规定以信用证方式交付时,买方就承担了开立信用证的义务。如果买方不履行开证义务,就是违约行为,卖方不仅可以不履行其交货义务,还可以请求买方赔偿损失。至于买方开立信用证的时间,如果合同没有规定开证的具体日期,而仅规定“立即”开出信用证,则买方应在按一个通情达理、勤勉办事的人所需的合理时间内,尽快给卖方开出信用证。但无论如何,买方应在合同规定的卖方装运日期前开出信用证,否则卖方就有权以买方违约为理由,拒绝履行交货义务,并可要求买方赔偿损失,或者要求买方相应延长装运期限。

应当注意的是,在买卖合同规定采用信用证方式付款时,卖方应按照合同的安排,向有关银行提交单据要求付款,而不能越过银行直接向买方交单要求买方付款。但是,如果开证行或信用证上指定的付款银行丧失了清偿债务的能力,则卖方一般可以直接向买方交单,要求其直接交付货款。

(二)开证申请人与开证行之间的法律关系

开证申请人(买方)与开证行是一种委托关系,这种委托关系通常是由买方签具一份开证申请书而建立起来的。开证申请书是买方作为开证申请人请求银行开立以卖方为受益人的信用证的文件。开证申请书应明确、完整地载明银行开证的内容,如信用证的种类、有效期限、装运方式、保险条件、商品名称以及对单据的要求等,还应载明授权银行对受益人(卖方)支付货价的条件以及开证申请人对银行的偿付保证。开证行对开证申请人的主要义务是代开证申请人向受益人付款,为此,开证行需要开出信用证,并审查卖方所提交的单据是否与信用证的规定相符。开证申请人将向开证行偿付,并承担开证行代为付款行为的后果。对此,UCP600 第 37 条规定,开证申请人应受外国法律和惯例加诸银行的一切义务和责任的约束,并承担赔偿之责。

(三)开证行与受益人之间的法律关系

开证行与受益人之间存在合同关系,它们之间是一种特殊的付款和受款关系,而并非担保和被担保的关系。开证行受开证申请人的委托对受益人承担第一位的付款责任。

(四)中介行与开证行、受益人之间的法律关系

在信用证业务中,往往还需要有中介银行的参与。中介行包括通知行、议付行、保兑行等,视开证行的委托情况而定。中介银行一般为受益人(卖方)当地银行,负责把信用证转交给受益人,并接受卖方提交的单据,如在信用证上加上自己的保兑,则与开证行一样对受益人承担付款责任。中介银行可以由买方选定,更多的是由开证行选定。如买方选定,开证行自然没有任何责任,但即使由开证行选定,风险一般也由开证申请人承担。[5]

开证行与通知行之间,是委托关系,开证行委托通知行将信用证转给受益人。开证行与议付行之间可以视为既有信用证上的委托关系,也有票据法上的议付关系。关于信用证上的委托关系,在开证行指定议付行的情形下委托关系固然明显,即使是任意议付行,也可以认为开证行是对任意一家进行议付的银行进行了授权。议付行完成其委托工作

〔5〕 UCP500, Art. 18 a.

后,有权收回它所支付的款项和由于执行指示而可能遭受的损失,如信用证规定远期汇票向议付行开出,它承兑了该汇票,就有权在付款后获得偿还,开证行不得拒绝。如提示承兑时所交单据全部符合信用证的有关条款,无论买卖双方存在任何争议,它都应按期付款。按照 UCP 的规定,议付行只有在真正对受益人进行了支付之后,才能享有议付行的地位,从而主张对开证行的偿付权或票据法上的付款请求权。例如,在上诉人韩国农业协同组合中央会(一审第三人)诉四川峨眉山进出口公司(一审原告)、中国农业银行成都市总府支行(一审第三人)及一审被告韩国新湖商社国际货物买卖信用证付款纠纷案中,最高人民法院纠正了一审法院关于上诉人不是合格的议付行的事实认定,从而推翻一审判决,驳回了一审原告主张信用证因欺诈无效的请求。[6]

中介行与受益人之间的关系,取决于中介银行的性质。如果中介行仅是通知行,则它对卖方不存在任何法律关系,并且应在给受益人的通知书中声明自己对该信用证不承担任何义务。但通知行有核对信用证真伪的责任,通知行应合理谨慎地检验它所通知的信用证的表面真实性,所谓表面真实性是指签名或押码是否真实。如果通知行同时又是议付行,则它与受益人是受托人与第三人的关系,同时,议付行承兑或支付受益人的汇票后,拥有对受益人的追索权。但如果中介行是保兑行,则与受益人构成连带付款关系,保兑行对受益人独立地承担付款责任,受益人有权同时向保兑行和开证行要求偿付;并且保兑行议付受益人汇票,对受益人没有追索权。

综合而言,信用证交易的特点是:开证行受开证申请人的委托以自己的名义向卖方付款,开证行对受益人履行付款义务的后果由开证申请人转承。基于信用证交易单据交易的特点,以及其产生和发展过程的独特性,将其称为自成一体的交易比较适当。

六、《跟单信用证统一惯例》的其他内容

(一)信用证自治原则(autonomy of the credit)[7]

信用证与买卖合同或其他基础交易是相脱离和独立的。银行在办理信用证业务时,只关心卖方提交的单据是否符合信用证的规定,只要卖方所提交的单据在表面上符合信用证的要求,银行就可以凭单付款,除非卖方提交单据的行为是欺诈行为。

UCP600 第 4 条规定,信用证,依其性质,是独立于其基础合同的交易,即使信用证中提及基础合同的任何内容,银行也与基础合同无关,也不受基础合同的约束。因此,银行的付款承诺,不受开证申请人针对开证行的请求或抗辩的制约,也不受开证申请人针对受益人的请求或抗辩的制约。同时,受益人在任何情况下,不得利用银行之间或开证申请人与开证行之间的合同关系。

上述规定表明,信用证自治原则的内涵包括:第一,信用证独立于其基础合同。开证行不能利用买方根据买卖合同对卖方所拥有的抗辩对抗受益人;受益人也不能以买卖合同为依据要求开证行接受不符合信用证规定的单据。第二,信用证自治原则也适用于开

---

〔6〕 最高人民法院民事判决书,(2001)民四终字第 28 号。

〔7〕 See Leo D' arcy, Carole Murray, Barbara Cleave, *Schmitthoff's Export Trade: The Law and Practice of International Trade Law*, 10th edition, Sweet & Maxwell, p. 1170 - 1171.

证申请人,开证申请人不能以其对开证行或受益人的请求或抗辩来限制或阻止银行付款。第三,信用证自治原则也适用于受益人,受益人只能依据信用证条款享有信用证项下的权利。受益人不得利用银行间的合同关系而获益,例如,甲乙两银行订有关于处理信用证业务的合同,相互约定在对方开出信用证并委托保兑时将予以保兑,若甲行开出信用证后委托乙行保兑,但乙行基于某种考虑没有保兑,受益人不得利用银行间的合同关系要求乙行保兑。受益人也不得利用开证申请人与开证行之间的合同关系,例如,开证申请人在开证行存入专为支付受益人货款的资金或者开证申请书约定了更宽松的付款条件时,受益人均不得据此主张利益。

案例 10 - 2 瑞士纽科货物有限责任公司与中国建设银行吉林省珲春市支行拒付信用证项下货款纠纷上诉案

1995 年 11 月 6 日,被上诉人珲春建行开立一份编号为 JLHCLC95302 的不可撤销跟单信用证,开证申请人为吉林省对外贸易进出口公司(以下简称吉林外贸),受益人为上诉人纽科公司,通知行为纽约银行法兰克福分行(以下简称法兰克福分行)。该信用证注明适用国际商会(ICC)第 500 号出版物即 1993 年修订的《跟单信用证统一惯例》(UCP500)。同年 11 月 18 日,纽科公司开始发运信用证项下货物。同年 12 月 5 日,纽科公司将信用证项下的单据交给法兰克福分行,请求付款。法兰克福分行审单后于同年 12 月 8 日通过电传,向珲春建行提出单证有 7 个不符点,要求珲春建行指示是否承兑该批单据。珲春建行于同年 12 月 15 日向法兰克福分行发出电传,明确表示拒付。因电信设备发生故障,使该电传无法辨认,法兰克福分行请珲春建行重发。12 月 18 日,珲春建行重发了该电传,后法兰克福分行将珲春建行表示拒付的电传通知了纽科公司,并将信用证项下全套单据退还了纽科公司。此间,纽科公司发运的货物被与吉林外贸有代理关系的珲春市国贸实业有限公司(以下简称珲春国贸)提走。纽科公司因向珲春建行追索货款未果,遂诉至吉林省高级人民法院,请求判令珲春建行支付信用证项下货款及利息,并赔偿其损失。另查明,JLHCLC95302 号信用证系珲春国贸依其与吉林外贸代理协议,以吉林外贸的名义向被上诉人珲春建行申请开立的。纽科公司称珲春建行与珲春国贸合谋,明知吉林外贸不是合同当事人,却开立了以吉林外贸为开证申请人的信用证,利用信用证进行欺诈,骗取信用证项下货物,请求判令珲春建行支付信用证项下货款及利息,并赔偿其损失。本案中各方当事人关系如图 10 - 1 所示。

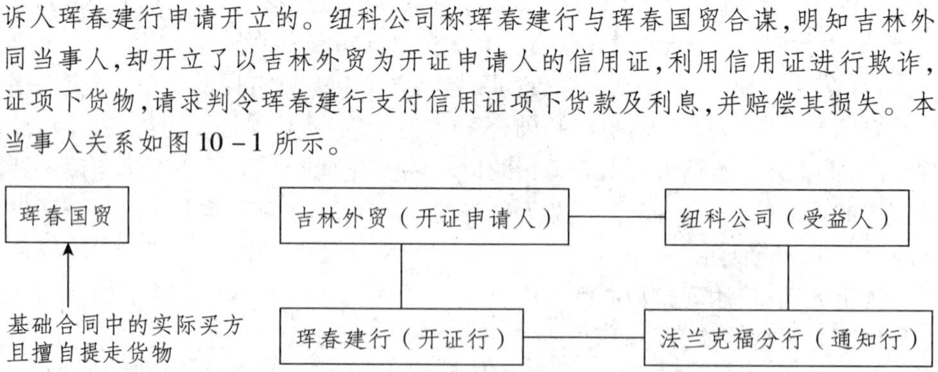

图 10 - 1 各方关系

吉林省高级人民法院认为,珲春建行开立的信用证经法兰克福分行通知被纽科公司接受后,该信用证即发生法律效力,在信用证各方当事人之间产生约束力。纽科公司明知吉林外贸不是国际货物买卖合同的买方，却接受了以吉林外贸为开证申请人的信用证，说明纽科公司在该笔信用证交易中看重的是珲春建行的第一付款责任。案外人珲春国贸用委托代理协议代替开证委托书，以吉林外贸的名义开立信用证的行为，违反了信用证开立的一般程序。珲春建行作为开证行对此审查不严，有一定过错。虽然珲春建行在开证过程中有过错，但不是与案外人合谋欺诈纽科公司，不影响该行开出信用证的效力。纽科公司在庭审中提出珲春建行与案外人合谋欺诈的主张，依据不足，不予支持。纽科公司的货物被他人提走未付货款的问题，可通过解决商业纠纷的途径另行告诉。据此该院判决驳回纽科公司的诉讼请求。

最高人民法院认为，信用证交易是具有独立性的法律关系，上诉人纽科公司接受了被上诉人珲春建行开立的信用证后，珲春建行就承担了独立的第一性的付款义务，与开证申请人无涉。纽科公司称珲春建行与珲春国贸合谋，利用信用证进行欺诈，骗取信用证项下货物，没有任何事实依据，也于法理不符。所以最高人民法院判决：驳回上诉，维持原判。

UCP600 第 5 条规定，在信用证业务中，各当事人处理的是单据，而不是与单据相关的货物、服务或其他行为。

信用证自治原则是信用证交易的基石。它使受益人的交单和收款、银行的付款和审单只涉及信用证和单据，不受基础合同和其他合同以及其他抗辩或请求的影响，从而保证信用证功能的发挥。

（二）审单标准

1. 严格相符原则

在信用证项下卖方的主要义务是提供单据。信用证交易是一种单据买卖，因此，在采用信用证方式付款时，单据具有特别重要的意义。银行在凭单付款时，实行“严格相符原则”（rule of strict compliance），即卖方所提交的单据必须在表面上完全符合信用证的要求，银行才予以付款，如果卖方所提交的单据与信用证的要求不符，银行有权拒收单据，拒绝付款。因为开证行是根据买方在开证申请书中的授权行事的，而通知行又是根据开证行的授权行事的，如果它们在办理信用证的过程中，超出了授权范围，就可能遭到买方拒付，而自行承担此项交易的风险。也就是说，如果银行不按买方在开证申请书中的指示办理，接受了卖方提交的不符合信用证要求的单据，买方就有权拒绝付款赎单。所以，银行为了自身利益，必须在单据审查方面采取严格态度。

银行审单时，还要注意单据之间的一致性。这并不是说卖方提交的每一张单据都必须载明信用证所要求的一切细节，而只要全套单据互不矛盾，足以满足信用证的要求即可。

严格相符，不应等同于绝对的字面相符，字母的大小写有误或明显的打印错误等情形，不能视为表面不符。

应当注意的是，在单证不符的情况下，买方可以向银行声明放弃不符点，这样，银行就有权接受卖方提交的与信用证要求不符的单据，但买方的声明应向银行书面作出并列明放弃的不符点。银行也可以主动征询买方的意见，对存在不符点的单据是否愿意接受。但无论如何，卖方不能向议付行作出担保，否则，如果单据因银行指出的不符点而遭到拒付,风险就由卖方自己负责。一旦作出这样的担保,就意味着卖方失去了信用证所特有的银行信用的保护,后果是相当严重的。

由于UCP400的不完善,在信用证交易中,有高达40% ~50%的跟单信用证由于单证不符而遭退单。鉴于此情况,UCP500在审议单据标准和时间方面作出了增补规定,即规定的单据在表面上与信用证的条款的相符应由在这些条文中反映的国际标准银行惯例来确定。UCP600第14条进一步规定,单据中内容不必与信用证中单据本身以及国际标准银行惯例等同(identical to),但单据的内容之间,或单据中内容与其他规定的单据或信用证不得相冲突。银行不审核信用证中未规定的单据,如果银行收到此类单据,将退还提交人或予以转交并对此不负责任。

有学者认为,在适用严格相符原则时,应遵循理性审单员标准,即审单员根据其行业的安全有效的实践经验判断不符点,法院的判断则应考虑"一个理性的审单员在相同情况下会作出怎样的决定"[8]。这也是强调银行审单应依据国际标准银行惯例进行。

2. 审单期限

开证行、保兑行或代其行事的指定银行,应有各自的合理时间来审核单据,以决定接受或拒绝接受单据,并相应地通知寄送单据的一方。该合理时间的期限不超过自收到单据之日起5个工作日。开证行、保兑行或代其行事的指定银行的合理期限不是累积的,而是各自独立的。[9]

如果开证行确定单据表面上与信用证条款不符,它可以完全根据自己的决定与申请人联系,请其撤除不符点,然而这样做并不能延长收到单据后5个银行工作日这一期间。

3. 不含单据的条件的处理

如信用证含有某些条件而未列明需提交与之相符的单据,银行将认为未列明此条件,且对此不予理会。[10]

(三)审单一般规则

1. 对出单人不应使用模糊用语

信用证不应使用诸如"第一流"、"著名"、"合格的"、"独立的"、"正式的"、"有资格的"、"接受当地的"以及类似词语来描述信用证项下应提交的任何单据的出单人。如果信用证使用了此类词语,只要单据表面上符合信用证其他条款并且不是由受益人签发,银行将予以接受。[11]

2. 正本和副本单据的确认

标明正本,意味着用橡皮图章、打印机或事先印刷等方法在单据上印上"original"。这对像提单、保险单这种代表持有人所有权的单据正本具有重要意义。UCP600第17条规定,信用证中规定的每一种单据必须提交至少一份正本。

至于在表面上签字的办法,UCP600规定:单据签字可以手签,也可用打字、穿孔签

---

〔8〕 Boris Kozolchyk, *Strict Compliance and Reasonable Document Checker*, Brooklyn Law Review, Vol. 56, 1990, p. 48.

〔9〕 UCP600, Art. 14 b.

〔10〕 UCP600, Art. 14 h.

〔11〕 UCP600, Art. 3.

字、盖章的方式。

副本单据就是没有经签发人署名、印章或标记的单据。UCP600 明确规定了银行也可以接受副本单据。UCP600 规定：“如果信用证要求提供副本，提交正本和副本单据均可。”〔12〕

如信用证要求多份单据，诸如“一式两份”“两张”“两份”等，可以提交一份正本，其余份数以副本来满足。但单据本身另作表明者除外。

3. 单据出单人或单据内容未作规定

当要求提供运输单据、保险单据和商业发票之外的单据时，信用证应规定单据出单人以及他们的措辞或数据内容。如果信用证中没有这样的规定，只要提交的单据的数据内容与所提交的其他单据不矛盾，银行将接受这样的单据。〔13〕

4. 出单日期

一般来说，出单日期要比信用证开证日期晚，但在转售、三角贸易的情况下，出单日期可能比信用证开证日期早。对此，UCP600 规定，单据的出单日期可以早于信用证的开立日期，但不得迟于信用证规定的提示日期。〔14〕

5. 信用金额、数量和单价的增减幅度

UCP600 第 30 条规定，除非信用证规定货物的数量不得有所增减，否则，货物的数量在付款总额不超过信用证金额的条件下，可允许有 5% 的伸缩幅度，如信用证已规定货物数量应按包装单位或按件数时，上述伸缩幅度不能适用。

如果在规定信用证金额、货物数量或单价时，在数目字前面加上了“大约”（about）字样，则可解释为允许有 10% 的伸缩幅度。

（四）装运单据的审查标准

1. 海运提单

UCP600 第 20 条规定了可接受的海运提单应满足的条件。包括：（1）注明承运人名称并经承运人本人或其代表或代理人签字或用其他方法证实；（2）须是已装船提单；（3）注明信用证中规定的装运港及卸货港；（4）必须是全套正本提单；（5）未注明以租船合同为准；（6）其他方面符合信用证的规定。

2. 不可流通的海运单

UCP600 第 21 条规定了可接受的海运提单应满足的条件，与海运提单的要求相近。包括：（1）注明承运人名称并经承运人本人或其代表或代理人签字或用其他方法证实；（2）须是已装船海运单；（3）注明信用证中规定的装运港及卸货港；（4）必须是全套正本海运单；（5）未注明以租船合同为准；（6）其他方面符合信用证的规定。

3. 租船合同项下的提单

UCP600 第 22 条规定了可接受的租船提单应满足的条件。包括：（1）注明以租船合同为主；（2）须经船长、代表船长的代理人、船主或代表船主的代理人签字或用其他方法

---

〔12〕 UCP600, Art. 17 d.

〔13〕 UCP600, Art. 14 f.

〔14〕 UCP500, Art. 14 i.

证实;(3)承运人的名称可有可无,因为租船合同的一方即船主负有承运人的责任,而它已出现在成为租船提单一部分的租船合同之中;(4)注明货物已装上指定的船舶;(5)注明信用证中规定的装运港及卸货港;(6)必须是全套正本提单;(7)其他方面符合信用证的规定。

即使信用证要求提交关于租船提单的租船合同,银行也不审核该租船合同,但银行应将其转交从而不承担任何责任。

4. 多式联运单据

UCP600 第 19 条规定了可接受的多式联运单据应满足的条件。包括:(1)注明承运人或多式联运经营人的名称并经承运人或多式联运经营人本人或其代表或代理人签字或用其他方法证实;(2)按具体情况的不同注明货物已发运、接受监管或装船;(3)注明信用证中规定的接受监管地点和最终目的地;(4)必须是全套正本的多式联运单据;(5)多式联运单据看起来包括全部运输条款,或部分条款参照多式联运单据本身之外的另一来源或文件,但银行并不审核运输条款的内容;(6)未注明以租船合同为准;(7)其他方面符合信用证的规定。

5. 航空运输单据

UCP600 第 23 条规定了可接受的航空运输单据应满足的条件。包括:(1)注明承运人名称并经承运人本人或其代表或代理人签字或用其他方法证实;(2)注明货物已被接受备运;(3)如果信用证要求实际发货日期,应予以注明;(4)注明信用证中规定的启运机场及目的地机场;(5)提交的航空运输单据看起来是签发给发货人(托运人)的那份正本航空运输单据;(6)航空运输单据看起来包括全部运输条款,或部分条款参照航空运输单据本身之外的另一来源或文件,但银行并不审核运输条款的内容;(7)其他方面符合信用证的规定。

6. 公路、铁路及内河运输单据

UCP600 第 24 条规定了可接受的公路、铁路及内河运输单据应满足的条件。包括:(1)注明承运人名称并经承运人本人或其代表或代理人签字或用其他方法证实;(2)按具体情况的不同注明货物已被接受、发运或运送;(3)注明信用证中规定的装运地点和目的地;(4)其他方面符合信用证的规定。

7. 邮局和专递收据

UCP600 第 25 条规定了可接受的邮局收据应满足的条件。包括:(1)以盖戳或其他方式证实;(2)其他方面符合信用证的规定。

UCP600 第 25 条也规定了可接受的专递收据应满足的条件。包括:(1)注明专递服务提供者的名称,并以盖戳或其他方式证实;(2)注明取件或收件日期,此日期被视为装运或发运日期;(3)其他方面符合信用证的规定。

(五)保险单据的处理原则

UCP600 第 28 条规定了保险单据的处理原则。包括:(1)保险单据必须表面上看来由保险公司或承保人或他们的代理人开立及签署的;(2)如果保险单据不止一份,则必须提交全部正本保险单据;(3)除非信用证特别授权,银行将不接受由保险经纪人签发的暂保单;(4)除非信用证另有规定,银行将接受保险凭证或声明,如果信用证要求保险凭证或声明，银行可以接受保险单作为代替；(5)除非信用证另有规定，或除非保险单据表明保险责任最迟于装船或发运或接受监管之日起生效外，银行将不接受出单日期迟于装船或发运或接受监管日期的保险单据；(6)除非信用证另有规定，保险单据必须使用与信用证相同的货币开立；(7)除非信用证另有规定，保险单据必须表明的最低投保金额，应为货物的 CIF 或 CIP 的金额加 10%，或信用证付款、承兑或议付金额的 110% 与发票毛值的 110% 之较高者；(8)信用证应规定投保险别，并一般不使用"通常险别"等用语，如果使用了此类用语，银行应接受如此提示的保险单据，并对未经投保的任何险种不予负责；(9)除非信用证另有规定，银行将接受证明受免赔率或免赔额约束的保险单据；(10)当信用证规定投保"一切险"时，银行将接受含有任何"一切险"批注或条文的保险单据，而无论其是否有"一切险"标题。

银行不接受由保险经纪人签发的暂保单，是因为暂保单对保险人没有约束力。银行可以接受保险单代替保险凭证或声明，是因为保险单与保险凭证或声明的法律效力一样，而保险单比保险凭证或声明内容更完备。

（六）商业发票的处理原则

UCP600 第 18 条规定了处理原则。

除非信用证另有规定，商业发票必须表明是由信用证中指定的受益人出具，并且必须做成以申请人的名称为抬头。商业发票无须签字。

除非信用证另有规定，银行可以拒绝接受金额超过信用证所允许的金额的发票。但一旦接受此种发票，只要银行的支付金额没有超过信用证所允许的金额，则该项决定对各当事人均有约束力。

商业发票中的货物描述，必须与信用证的规定相符。其他一切单据则可使用货物的统称，但不得与信用证所规定的货物描述有抵触。

（七）其他单据

在海运以外的运输情况下，如信用证要求重量证明，除非信用证明确规定对此项重量证明必须另行提供单据外，银行将接受承运人或其代理人附加于运输单据上的重量戳记或重量声明。[15]

（八）银行的免责

根据 UCP600 第 34 ~ 36 条的规定，银行的免责事项如下。

1. 对单据有效性的免责。该情形具体包括：(1)对单据本身的免责。银行对任何单据的形式、完整性、准确性、真伪性或法律效力，或对于单据上规定的或附加的一般性和/或特殊性条件，概不负责。(2)对单据代表的货物的银行的免责。银行对于任何单据中有关的货物描述、数量、质量、状况、包装、交货、价值或存在概不负责。(3)对单据有关当事人情况的银行的免责。对于货物的发货人、承运人、运输行、收货人或保险人或其他任何人的诚信、行为、疏忽、清偿能力、执行能力或信誉也概不负责。

2. 对文电传递的免责。银行对任何文电、信函或单据在传递中发生延误或遗失所造成的后果，或对于任何电讯在传递中发生的延误、残缺或其他差错，概不负责。银行对专

---

〔15〕 UCP500, Art. 38.

门性术语的翻译或解释上的错误,也不负责,银行保留将信用证条款原文照转而不翻译的权利。

3. 对不可抗力的免责。银行对于天灾、暴动、骚乱、叛乱、战争或银行本身无法控制的任何其他原因,或对于任何罢工或停工而中断营业所引起的一切后果,概不负责。除非特别授权,银行在恢复营业后,对于在营业中断期间已逾期的信用证,将不再据以进行付款、承担延期付款责任、承兑汇票或议付。

4. 对被指示方行为的免责。开证行为有效执行开证申请人的指示而利用中间行的服务,是代开证申请人办理的,其一切风险均由申请人承担。即使银行主动选择其他银行办理业务,如果发出的指示未被执行,银行对此也不负责。外国法律和惯例使银行负有某种义务或责任时,银行有权从开证申请人处得到赔偿。

七、信用证欺诈例外

信用证独立抽象性原则以及银行无须对单据的真伪负责,这一方面是信用证交易的基础,但另一方面也为一些不法商人留下了漏洞。现代国际贸易中,信用证欺诈活动层出不穷。信用证欺诈主要有三种:一是伪造单据,包括提单、商业发票、保险单、产地证明书、质量证明书、商检证明书等;二是受益人在单据中作欺诈性陈述,也称伪造单据内容,如以没有价值的货物充作合同货物;三是伪造信用证本身,或者伪造、变更信用证的条件。因此,信用证欺诈,就是卖方或买方通过有意的虚假陈述或其他虚假行为或对事实真相的不披露,使银行依赖于这种虚假事实,而从银行的受损中获益的行为。

买方伪造信用证本身诈取卖方货物,往往会因为银行有审查信用证真实性的义务而容易被识破,这种现象也就极为罕见。到目前为止,绝大多数单证欺诈是卖方伪造单据或伪造单据内容或为提单欺诈行为以获取货款。

在卖方存在上述欺诈行为但提供了表面符合信用证的单据的情况下,银行可以不顾单据与信用证的表面符合而拒绝付款,这便是信用证欺诈例外原则。这一原则最先是由美国法院在 Sztejn v. J. Henry Schroder Banking Corp. (1941) 中确立的。

案例 10-3 | Sztejn v. J. Henry Schroder Banking Corp.

在该案中,买方 Sztejn 与印度的卖方 Transea Traders 签订了以信用证方式付款购买猪鬃的贸易合同,当卖方收到开证行 J. Henry Schroder Banking Corp. 开出的不可撤销信用证后,即交运了 50 箱牛毛和其他垃圾,并通过代理行 Charted Bank 提交了与信用证相符的全套单据。当 J. Henry Schroder Banking Corp. 准备对外付款时,Sztejn 发现了 Transea Traders 的欺诈行为,遂向法院起诉,要求法院判决信用证及汇票无效,并禁止 J. Henry Schroder Banking Corp. 支付信用证项下的款项。作为共同被告的 Charted Bank 则认为银行只限于审查单据,由于所提交的单据与信用证相符,主张原告之诉缺乏依据,应予驳回。最后,纽约最高法院驳回了被告的请求,确认原告要求法院禁止被告支付的权利。该案的法官 Shientag 认为:"本案中卖方的行为不是违反合同的担保义务,而是有意的欺诈,而开证行知道形式上正确的单据事实上是虚假的和非法的,此时开证行不能被要求认可这样的单据符合信用证的规定。尽管银行不必关注合同的具体履行,但银行必须

使自己确信确实有单据所代表的一些货物。”〔16〕

本案开证行可以在存在欺诈行为时对表面符合信用证的单据开启拒付之先河，并为美国法院在信用证欺诈案件中多次援引，成为有影响的先例。

《美国统一商法典》采纳了美国判例法的规则。该法第 5 – 114(1)规定，开证行必须按符合信用证条款开出的汇票或单据付款，而不管货物或单据是否与基础买卖合同相符。本款规定显然是肯定信用证独立原则。该法第 5 – 114(2)则明确了信用证欺诈例外原则。该款规定，除另有约定外，如果各项单据在表面上看来符合信用证条款，但其中一份必要的单据在表面上不符合它在转让物权凭证时所作出的担保，或者是伪造的，或者是代用品欺诈性的，或者是在交易中有欺诈行为，如果要求付款的人是汇票的正当持票人，则开证行必须对汇票付款；在其他情况下，尽管开证申请人已经把欺诈、伪造或其他单据表面上没有显示出来的瑕疵通知了开证行，开证行如出于诚信仍可以对汇票付款，但有管辖权的法院可以禁止开证行付款。可见，本款仍然是从正面规定银行在存在欺诈的情况下可以付款，尽管“可以”一词也意味着银行也可以选择不付款，但立法者倾向于付款的意图是明显的。而关于法院的规定更表明了法律没有要求开证行承担拒绝付款的义务。

英国法院也通过判例确认了信用证欺诈例外原则。在 United City Merchants v. Royal Bank of Canada 案中，提单由第三方伪造，一审法院判决如果不能证明受益人参与了第三方的欺诈，则银行不能拒绝付款，上诉法院认为，伪造的单据不能给银行提供保证而推翻了一审判决，但上议院在终审判决中再次肯定欺诈必须是受益人所为才能使银行拒绝付款，从而维持了一审判决。〔17〕 这表明，在英国法中，银行只有在欺诈被证明确实存在而不仅仅是可能，而且卖方实际知道甚至参与了欺诈也被证实时，才可以拒绝付款。

在大陆法系国家，尽管没有关于信用证欺诈例外的特别规定，但其民法中关于善意履行债务的规定可以成为银行拒绝付款的依据。例如，《德国民法典》第 242 条规定，债务人应按照善意的要求履行义务，并考虑一般习惯。如果受益人欺诈性地要求银行付款的行为被视为恶意的或是滥用权利，则银行有权拒付。

我国关于信用证欺诈的立法，在刑事立法方面，《刑法》第 195 条对信用证诈骗罪作了专门规定，使我国成为世界上少有的专门规定信用证诈骗罪的国家。但是在民事立法方面，相关的民事法律没有对信用证欺诈作专门的规定，但最高人民法院制定了几项指导性文件，即《全国沿海地区涉外、涉港澳经济审判工作座谈会纪要》(1989 年)、《全国海事审判工作(宁波)研讨会纪要》(1995 年)和最高人民法院《关于严禁随意止付信用证项下款项的通知》(2003 年)。上述三个文件均规定了信用证欺诈例外原则，具体内容是：如果有充分证据证明卖方是利用签订合同进行欺诈，而中国银行在合理时间内尚未付款的，人民法院可以根据买方的请求，冻结或止付信用证项下款项。但在前两个纪要中，均将信用证止付行为保全措施视为民事纠纷法上的财产保全措施。在保全方式上是“冻结”而非“止付”，针对的是“信用证项下款项”，而非“银行的付款行为”。而 2003 年的上述通知使用了“止付信用证项下款项”的提法，更为准确。

---

〔16〕 31NYS 2nd 631, see Ray August, *International Business Law*, Higher Education Press, 2002, p. 679.

〔17〕 [1983] 1 AC 168.

2006年起施行的最高人民法院《关于审理信用证纠纷案件若干问题的规定》进一步完善了我国关于信用证欺诈例外的民事司法解释。该解释明确规定:开证行在作出付款、承兑或者履行信用证项下其他义务的承诺后,只要单据与信用证条款、单据与单据之间在表面上相符,开证行应当履行在信用证规定的期限内付款的义务。当事人以开证行与受益人之间的基础交易提出抗辩的,人民法院不予支持。该解释同时规定,凡有下列情形之一者,应当认定存在信用证欺诈:(1)受益人伪造单据或者提交记载内容虚假的单据;(2)受益人恶意不交付货物或者交付的货物无价值;(3)受益人和开证申请人或者其他人串通提交假单据,而没有真实的基础交易;(4)其他进行信用证欺诈的情形。在上述情形下,当事人可以向人民法院申请中止支付信用证项下的款项,并可以请求人民法院判决终止支付该款项。

第五节 国际保理

一、国际保理的含义

自20世纪60年代以来,国际保理(international factoring),作为一种新型的国际金融交易方式,获得了较大的发展。国际保理是保理商向供应商提供的一项综合性金融服务,具体而言,指供应商将其买卖合同项下的应收账款的所有权转让给保理商,保理商则为供应商提供资金融通、财务管理、应收账款收取和信用风险承担中的两种或两种以上服务。

国际保理有以下几种重要分类。

(一)直接保理和间接保理

在直接保理中,只有一个保理商,即位于出口国的出口保理商。供应商与出口保理商签订保理协议,将应收账款转让给保理商,保理商与国外的债务人之间有直接的合同关系。

在间接保理中,有两个保理商,即位于出口国的出口保理商和位于进口国的进口保理商。被告知保理关系的债务人向进口保理商付款,进口保理商向出口保理商付款,出口保理商向供应商提供融资。这种保理中,出口保理商和进口保理商主要与本国的供应商或债务人打交道,也能够比较容易地对供应商或债务人的资信作出评估。[18]

(二)无追索权保理和有追索权保理

在无追索权保理中,保理商根据供应商所提供的债务人名单进行资信调查,并为每个债务人核定相应的信用额度;然后在该信用额度内购买供应商对该债务人的应收账款,而且不保留追索权,即如果保理商因债务人清偿能力不足而无法收回应收账款时,不能再向供应商追回购买款项;或未付购买应收账款的款项时不能拒付。这种保理为供应商提供其所迫切需要的坏账担保,为供应商所乐意选择,保理商承担较大风险。

---

〔18〕 Leo D'arcy, Carole Murray, Barbara Cleave, *Schmitthoff's Export Trade: The Law and Practice of International Trade Law*, 10th edition, Sweet & Maxwell, p. 227.

在有追索权保理中,保理商不负责为债务人核定信用额度和提供坏账担保,仅提供包括融资服务在内的其他服务。无论债务人因何种原因不能支付而形成呆账或坏账,保理商都有权索回已购买款项或拒付未付的购买款项。

(三)公开保理和不公开保理

公开保理,也叫明保理,指供应商通知债务人其应收账款已转让给保理商,债务人应直接向保理商付款。由于大多数国家的法律都规定,债权的转让必须通知债务人才能对债务人发生效力,事实上大多数保理都是公开保理。

不公开保理,也叫暗保理,指虽然供应商与保理商签订了保理协议将应收账款转让给保理商,但供应商并未将保理安排通知债务人,债务人仍然向供应商付款。不公开保理的功能首先在于融资,其次在于可应供应商的请求提供坏账担保。除此之外,并无别的服务功能。

二、国际保理的参与人、基本程序及优势

(一)国际保理的参与人

间接国际保理涉及四个方面的参与人:(1)供应商;(2)出口保理公司,该公司一般设在供应商所在国内,主要负责融通资金,即供应商垫付每笔经过保理的发票的货款;(3)债务人;(4)进口保理商,该公司一般设在债务人所在国内,主要承担有关债务人信用风险,账务管理,并按销售合同规定的到期日期,直接向债务人追收账款。

(二)国际保理的基本程序

国际保理的基本程序如下:

1. 供应商与出口保理公司签订保理业务协议。协议包括的主要内容有:双方遵循的惯例;保理业务范围;信用额度的申请、通知和取消;服务费用比例;单据和融资;供应商和出口保理公司各自的责任;协议的有效期;争议的仲裁等。

2. 供应商通过出口保理公司向进口保理公司申请信用额度。该申请为一次性申请,循环使用,即除非收到额度变化的通知,供应商可以依照所批准的额度连续发货而不必逐次申请额度。

3. 供应商与债务人签署贸易合同,合同应注明使用保理方式进行结算。

4. 货物发运后,供应商向出口保理公司递交转让应收账款所有权的通知书及其全套单据。每笔应收账款的全部所有权将通过出口保理公司转让给进口保理公司,以便据此向债务人(债务人)催收货款。

5. 进口保理公司接受转让的应收账款,进行管理,到期向债务人催款。

6. 债务人向进口保理公司付款,由其转付给出口保理公司,如果进口保理公司在付款到期日后90天内仍未收到债务人的付款,进口保理公司应承担付款责任。

7. 出口保理公司收到进口保理公司付款后,为供应商结汇。

(三)国际保理的优势

1. 保理业务对供应商的好处

(1)保付业务下保理公司代供应商对债务人的资信进行调查,为供应商决定是否向债务人提供商业信用以扩大商品销售,提供信息和数据,它的作用是显著的。由于保理公

司熟知海外市场情况,它们还经常向中小供应商提出建议,协助其打进国际市场,加强其竞争能力。

(2)供应商将货物装运完毕取得装运单据后,可立即获得现金,满足营运需要,加速资本周转,促进利润增加。

(3)只要供应商的商品品质和交货条件符合合同规定,在保理商无追索权地购买其票据后,供应商就可以将信贷风险和汇价风险转嫁给保理商。

(4)供应商如从银行贷款取得资金融通,则会增加其负债数字,提高企业的负债/资产比率,恶化资产负债表的状况,对企业的资信不利,影响公司形象和其有价证券的发行和上市。而供应商利用国际保理业务,货物装船,出卖票据后,立即收取现金,资产负债表中的负债不仅不会增加,反而使资产/负债表中资产增加,改善资产/负债比率,有利于企业的有价证券上市与进一步融资。

2. 保理业务对债务人的好处

(1)保理适用于商业信用购买商品,债务人通过保理商进行支付结算,这样,债务人就不需向银行申请开立信用证(L/C),免去交付押金,从而减少资金积压,降低了进口成本。

(2)经常往来的买卖双方,可根据交易合同规定,定期发货寄单;通过保理业务,债务人可迅速得到进口物资,按约定条件支付货款。这样,大大节省开证、催证等的时间,简化了进口手续。

(3)在采用国际保理业务后,供应商将办理该项业务有关的费用转移到出口货价格中,从而增加债务人的成本负担。但是,货价提高的金额一般仍低于交付开证押金而蒙受的利息损失。

三、有关国际保理的国际协议和惯例

(一)《国际保理公约》

国际统一私法协会很早就意识到国际保理将在国际贸易中发挥重要作用,并积极致力于制定这一领域的国际统一规则。经过10年的努力,协会终于制定出《国际保理公约》。该公约1988年5月在渥太华外交会议上正式通过。由于法国、意大利和尼日利亚已先后批准《国际保理公约》,《国际保理公约》已于1995年5月1日生效。

《国际保理公约》在"序言"中指明其宗旨为:(1)保持保理交易的各方当事人利益的公正平衡;(2)采用统一规则以提供便利国际保理的法律框架。

《国际保理公约》共4章23条。第一章(第1~4条)规定公约的适用范围和总则。第二章(第5~10条)为当事人的权利和义务,规定了转让应收账款的效力、债务人的付款义务和抗辩权、抵销权、收回付款权等问题,是《国际保理公约》的核心部分。第三章(第11~12条)规定再转让问题。第四章为最后条款,规定《国际保理公约》的生效、保留、退出和保存。

《国际保理公约》第二、三章的内容将在后面的讨论中涉及,现就《国际保理公约》的适用范围与总则先作述评。《国际保理公约》第1条规定,《国际保理公约》适用于保理合同和应收账款的转让。这是对《国际保理公约》适用的客体范围的规定。保理合同是指

供应商与保理商之间订立的合同,根据该合同,供应商可以或将要将他与债务人之间的货物买卖合同项下的应收款项转让给保理商,保理商应在为供应商融通资金(包括贷款和预付款)、管理与应收账款有关的账户、代收应收账款及对债务人的拖欠提供坏账担保等四项功能中至少履行两项功能。《国际保理公约》进一步解释,货物和货物买卖包括服务和服务的提供。

第2条规定《国际保理公约》适用的主体范围。该条规定,《国际保理公约》适用于营业地位于不同缔约国的供应商和债务人之间的买卖合同,如果合同涉及将供应商的应收款项转让给保理商的保理安排;而且,供应商和债务人及保理商的营业地所在国均为缔约国,或者货物买卖合同与保理合同均受某一缔约国的法律管辖。可见,《国际保理公约》与《销售公约》在以营业地为标准上是一致的,但《国际保理公约》采用了更为节制的规定,没有将国际私法规则指引适用缔约国法律这一情形也列入适用范围。

第3条和第4条为总则性规定。第3条明确《国际保理公约》的任意性,该条规定,当事人可排除本公约的适用,但只能将《国际保理公约》当作一个整体排除。第4条规定,在解释本公约时,应考虑到序言所申明的目的和目标、公约的国际性以及促进其适用的统一与在国际贸易中遵守善意原则的需要;凡属本公约范围而本公约未明确规定的问题,应依据本公约所规定的一般原则来解决,在没有一般原则的情况下,则按照国际私法规则确定的适用法律解决。

(二)《国际保理习惯守则》

随着国际保理的发展,国际保理惯例初步形成,国际保理组织也相继建立并进行国际保理惯例的编纂。目前的国际保理组织主要有国际保理商联合会(Factors Chain International,FCI)、国际保理协会(International Factors Group,IFG)等。其中FCI影响最大,它成立于1968年,总部设在荷兰的阿姆斯特丹,由各国保理商组成,FCI成员的国际保理业务量至1997年已达1914亿美元,约占世界国际保理营业总额的50%。[19] FCI一直致力于国际保理惯例的编纂,并在1988年制定了《国际保理习惯守则》。以后又随情况的变化而不断进行修订,现行文本是1997年6月颁布的。该守则侧重对出口保理商和进口保理商之间的权利义务作出规定,共31条。内容涉及信用风险的承担、付款责任、保理商的代理、保证及其他责任、应收账款转让的合法性、补偿、预付款、期限、保理中EDI标准的适用等。该守则作为任意性惯例,由当事人自愿采纳。自颁布以来,产生了广泛影响,不仅FCI成员选择适用它,许多非FCI成员的保理商也选择适用它,贸易商在保理安排中也参照其规定。

四、国际保理各方当事人的法律关系

(一)供应商和债务人的权利义务关系

供应商和债务人之间的权利义务关系主要依据他们的贸易协议,但由于采取了保理的支付方式,他们的权利和义务在支付方面也有以下特点:一是供应商应通知债务人其应收账款已转让给保理商。二是债务人在接到通知后,应向保理商而且只能向保理商履行

---

〔19〕 参见朱宏文:《国际保理法律与实务》,中国方正出版社2001年版,第15页。

付款义务;当然,在向保理商履行付款义务时,他向供应商付款时可主张的抗辩同样可以对抗保理商,这符合债权转让的原理。

(二)供应商和出口保理商的主要义务

供应商和出口保理商的法律关系是依据出口保理协议建立起来的一种合同关系。出口保理协议是国际保理中的主合同。

1. 供应商的主要义务

根据出口保理协议、相关惯例和公约,供应商的主要义务有:

(1)转让应收账款。供应商应向出口保理商提交发票等单据,履行债权转让手续并通知债务人。通常做法是,在发货或提供服务后,供应商出具发票一式两份,并在发票上加注债权转让的通知,正本直接寄给债务人,副本则交给保理商作为债权转让的依据。加注的发票在形式上完成了应收账款的转让。

(2)瑕疵担保义务。供应商应保证所转让的债权是合法、真实、有效的,本身不存在法律上的瑕疵。具体地说,供应商应保证所转让的应收账款均产生于实际发生的正当交易,如货物买卖或提供服务;货物或服务的提供符合供应商和债务人之间的合同约定。

如果供应商违反上述担保义务,出现货物或服务品质、数量、期限等方面的纠纷而导致债务人不付款,出口保理商可索回其因受让应收账款而支付的代价,如融资。

(3)权利担保义务。供应商应保证只有出口保理商获得这一债权,而且是获得完整的权利。为此,供应商应保证,该债是债务人必须完全清偿的债务,不存在债务人对该债权的抵消、留置、赔偿、反请求等事由;任何第三人不得对该债权主张权利,包括抵押权。

(4)披露义务。第一,在订立出口保理协议之前或订立过程中,供应商应向出口保理商披露其所知晓的事实,包括可能会对出口保理商决定是否订立出口保理协议、是否同意提供信用的一切事实,例如,付款条件、交易方式及债务人的有关信息等,就像投保人履行最大诚信告知义务一样。第二,在出口保理协议有效期内,对上述事实的变化也应进行披露。

(5)向出口保理商支付各项费用。包括支付佣金、银行转账及其他费用、预付款的贴息。出口保理商通常从收取的货款中将这些费用和贴息及预付款扣除,余下的款项再交给供应商。

2. 出口保理商的主要义务

出口保理商的主要义务有:

(1)传递信用额度申请书和信用额度确认书。即将供应商提交的对债务人的信用额度申请书及相关文件交给进口保理商,要求进口保理商对债务人的商业资信进行调查和评估,并核定信用额度。出口保理商应将进口保理商的信用额度确认书及时交给供应商。

(2)购买应收账款。按照保理协议,出口保理商受让应收账款,同时向供应商支付约定比例的预付款,该预付款起到融资的作用;此后,出口保理商还负有在扣除预付款、佣金、银行转账及其他费用、预付款的贴息后支付收取的货款的义务。国际保理通常是无追索权的,出口保理商的上述付款义务不受进口保理商是否收到货款以及是否将所收货款转交给出口保理商这些因素的影响,除债务人因贸易纠纷而拒付外,出口保理商仍应按约定付款。

(3)发生贸易纠纷下的付款。在出现货物或服务品质、数量、期限等方面的纠纷而导致债务人不付款时,出口保理商可索回其因受让应收账款而支付的代价,如融资。但是,这种索回是有条件的,即供应商违反买卖合同义务已经确认。相反,如果纠纷的结果是对供应商有利的,出口保理商还应再接受这种发生过纠纷的应收账款为合法的应收账款,履行其付款义务。

(4)对应收账款提供账务管理。出口保理商在接到供应商的发票后,在电脑中设立分账户,进行诸如记账、催收、计算等工作。

(5)保密义务。出口保理商对在提供保理服务中涉及的供应商商业秘密,应予以保守。即便在合同终止后一段时期内,出口保理商的义务仍然存在。

(三)出口保理商和进口保理商间的法律关系

1. 出口保理商和进口保理商间的保理协议

出口保理商和进口保理商之间的法律关系也是一种合同关系。双方签订的保理协议,是双方权利义务的主要依据。实践中,双方通常就开展国际保理业务签订一个长期的框架协议,规定相互为对方的出口保理商或进口保理商,并约定合作条件。而当双方发生具体交易时,可签订具体的保理协议。

2. 出口保理商的主要义务

(1)转让应收账款。出口保理商应通过在正本发票上加注债权转让的通知,将债权再转让给进口保理商。

(2)瑕疵担保和权利担保。出口保理商应保证所转让的应收账款的真实有效性以及债权转让本身的有效性。出口保理商对进口保理商的这种保证责任与供应商对出口保理商的保证义务是一致的。只不过,供应商直接对出口保理商负责,出口保理商直接对进口保理商负责,供应商与进口保理商并无直接的合同关系。

(3)保证本人和/或供应商在必要时给予进口保理商协助。进口保理商在收款过程中有时需要出口保理商和供应商给予协助,而供应商与进口保理商并无直接的合同关系,因此,出口保理商和进口保理商间的保理协议以及国际保理惯例往往要求出口保理商保证他本人和/或供应商对进口保理商在必要时提供协助。例如,进口保理商在供应商发货前获得不利的资信报告而撤销核准的信用额度时,出口保理商应保证供应商协助停运任何在途货物,以减少进口保理商的损失;又如,在进口保理商通过法律诉讼催收货款时,出口保理商和供应商应给予必要的协助。

(4)通知和披露义务。①出口保理商在接到供应商的售货通知后,应立即以同样的形式通知进口保理商;②对于已发生纠纷而视为未核准的应收账款,出口保理商应单独或/和供应商采取行动使纠纷尽快解决,并将纠纷解决的进程和结果尽快通知进口保理商;③即使披露他所知的可能对进口保理商收取应收账款或债务人资信产生不利影响的任何事实和情况。

(5)向进口保理商支付佣金和有关费用,补偿进口保理商遭受的损失。对进口保理商提供的服务,出口保理商应按照约定的金额和时间支付佣金和有关费用。如果进口保理商因其他当事人或第三方提起诉讼或要求而遭受损失,出口保理商应予以补偿。

3. 进口保理商的主要义务

(1)对债务人进行资信调查与评估,并核定相应的信用额度。《国际保理习惯守则》第6条规定,进口保理商在收到供应商经由出口保理商传递的信用额度申请后14天内,毫不延误地将其决定通知出口保理商;如不能在上述期限内作出决定,应尽早通知出口保理商,并说明可以作出决定的时间。

进口保理商在核定债务人的信用额度后,在遇到某些约定的或适用的国际惯例所允许的情况下,可以撤销或调整信用额度。但他必须将撤销或调整的决定通知出口保理商,并对因自己的过失造成的损失承担责任。

(2)将应收账款转让的法律要求通知出口保理商。出口保理商和进口保理商之间的应收账款转让是国际转让,其是否有效受进口保理商所在国法律的调整。进口保理商应将本国对应收账款转让的法律要求,包括转让通知的文句和程序要求通知出口保理商,以便他按要求履行转让义务。

(3)承担债务人的信用风险。在国际保理业务中,进口保理商应承担债务人不能按照贸易合同支付已核准的应收账款的风险。一旦发生这种风险,进口保理商应最迟于到期后90天内对出口保理商付款。[20] 但如果债务人提出抗辩、反请求或抵消纠纷,并且出口保理商于发生纠纷的应收账款所涉及的发票的到期日后90天内收到该纠纷通知,进口保理商不应被要求对债务人由于这种纠纷而拒付的金额进行付款。并因此对出口保理商拥有追索权。但如果在出口保理商收到纠纷通知后365天内纠纷得到了有利于供应商的解决,进口保理商应重新接受该应收账款为已核应收账款。[21]

(4)催收货款并转付出口保理商。进口保理商受让应收账款后应在规定日期向债务人收取货款,并迅速转给出口保理商。对于已核准应收账款,即使未收到债务人的付款,也应向出口保理商进行担保付款。迟延付款应赔偿出口保理商在利息、汇价方面的损失。对于未核准的应收账款,如果出口保理商同意并负担由进口保理商托收所产生的费用,则进口保理商应尽力迅速全部地收取这些款项,并迅速转交给出口保理商。

进口保理协议还应向出口保理协议提供收款情况报告和有关资料。

(5)应出口保理协议的请求协助解决贸易纠纷。在债务人提起贸易纠纷时,进口保理协议的担保付款责任中止。但在这种情况下,进口保理商应迅速通知出口保理商,并应配合和协助出口保理商解决纠纷。

(四)债务人和进口保理商的权利义务

债务人与进口保理商之间没有合同关系,但由于进口保理商收购了供应商对债务人的应收账款,一般地说,进口保理商取代了供应商获得收取货款的权利。各国法律一般都认可,由受让人获得让与人的债权。《国际保理公约》第6条规定,即使供应商与债务人之间订有禁止转让应收账款的任何协议,保理商受让应收账款仍应有效,除非债务人所在国的相关法律有相反规定并且该国对此作出保留。

进口保理商应在债务到期时向债务人提交对账和付款通知,债务人有义务向其付款。

---

〔20〕《国际保理习惯守则》第13条。

〔21〕《国际保理习惯守则》第14条。

在国际保理中,如果债务人在接受货物或服务前向进口保理商支付货款后,出现了货物销售合同的不履行、瑕疵履行或迟延履行,按理债务人有权向供应商收回已付款项,但债务人并无权利向保理商收回已支付的款项,除非进口保理商尚未向出口保理商付款或保理商付款时已经知道供应商的违约行为。[22]

在债务人确定债权有效转让的前提下,债务人才对进口保理商履行付款义务。《国际保理公约》第8条规定,只有在满足下列条件下,债务人才付款:(1)债务人不知道任何其他人针对付款的优先权利;(2)债务人已收到转让应收账款的书面通知;(3)该书面通知确定了债务人应向其付款的保理商;(4)债务人收到的通知是关于货物买卖合同所产生的应收账款。

债务人在对进口保理商支付时,凡其对供应商的抗辩权,同样可以用以对抗进口保理商;如果债务人对供应商享有债权,且该债权先于转让的债权到期或同时到期,债务人可以行使抵销权。

第六节　国际电子支付法

一、电子支付及其国际立法概况

在传统商务活动中,支付主要采用两种方式:票据支付和现金支付。在电子商务中,传统的支付方式已不能完全适应电子商务活动中电子化资金流的要求,必须由全新的电子支付来代替。由于使用的传输网络、传输协议和支付程序的不同和相互组合,在实践中衍生出了各种各样的电子支付工具。如果将各种电子支付方式加以分类,可以分为因特网环境下的电子支付和非因特网环境下的电子支付。根据电子支付的表现形式和特点,可以将电子支付方式概括地分为三种形态:电子现金、电子支票、以信用卡系统为基础的支付。其中,电子现金是一种以数据形式流通的货币。它把现金数值转换成为一系列的加密序列数,通过这些序列数来表示现实中各种金额的市值,用户在开展电子现金业务的银行开设账户并在账户内存钱后,就可以在接受电子现金的商家使用。电子支票具有借鉴纸张支票转移支付的优点,利用数字化网络传递将钱款从一个账户转移到另一个账户的电子付款形式。以信用卡系统为基础的支付的基本做法是通过专用网络或国际互联网以信用卡号码传送做交易,基本上持卡人就其所传送的讯息,先进行数字签章加密,然后将讯息本身、数字签名经CA认证机构的认证后,连同电子证书等一并传送至商家从而实现电子支付。

在电子支付的立法方面,美国在1978年就制定了《电子资金划拨法》,用来调整小额电子资金划拨。1989年美国修订了《美国统一商法典》,其第4A编——资金划拨是用来调整大额电子资金划拨的。联合国国际贸易法委员会为了应对国际资金划拨手段发生巨大变化的现实情况而制定了《国际贷记划拨示范法》(1992年颁布)。

---

〔22〕《国际保理公约》第10条。

二、《国际贷记划拨示范法》

(一)《国际贷记划拨示范法》的立法背景和适用范围

国际资金划拨是国际经济交往中常见的业务活动,总体可包括纸质票据支付和电子资金划拨。早期的资金划拨方式主要是寄送支票和从其银行购买一张由该银行代表其在接受国的代理银行开出的汇票。之后是电报使用于银行间的支付命令,电报可以节约时间,但其容易出错且成本较高。这样就导致电传划拨广泛应用于国际资金划拨。在20世纪70年代中期,由于越来越多的国家广泛采用银行间计算机联网通信,使用银行支票进行国际资金划拨已急剧减少,电传划拨的作用也大为下降。在电传划拨和计算机对计算机划拨中,开始办理银行手续的是资金划拨的发端人,他向其银行发出付款命令,借记自己的账户以及贷记受益人账户。以资金划拨的发端人开始办理银行手续的资金划拨往往被称为贷记划拨。〔23〕

1992年贸易法委员会通过的《国际贷记划拨示范法》是为了应对国际资金划拨手段发生巨大变化而制定的。此巨大变化涉及两个方面:更多地使用电子手段的支付命令而不是纸面的支付命令,从普遍使用借记划拨转变到普遍使用贷记划拨。其结果是以前企图统一国际借记划拨法律的努力已不能适应于资金划拨的新技术。《国际贷记划拨示范法》通过制定一个能满足现代资金划拨技术需要的条文,提供了统一贷记划拨法律的机会。〔24〕

按照《国际贷记划拨示范法》的定义,"贷记划拨"系指由发端人的支付命令开始,为将资金交由某一受益人支配而进行的一系列业务活动。〔25〕"国际贷记划拨"则指任何发送银行和接收银行位于不同国家时的贷记划拨。以从事执行支付命令作为其正常业务的一部分的其他实体也适用。〔26〕《国际贷记划拨示范法》不局限于计算机对计算机或其他电子技术的贷记划拨。许多国内和国际的贷记划拨首先都由发端人向其银行发出纸面支付命令,其次就是电子形式的银行间支付命令。解决一些法律问题的适当办法似乎要看支付命令是电子形式还是书面形式。〔27〕

与其他电子商务领域的示范法一样,《国际贷记划拨示范法》系贸易法委员会的建议案文,供各国选择采用。原则上,《国际贷记划拨示范法》并不是强制性法律,贷记划拨各当事方可以通过协议方式变动其权利与义务。〔28〕需要提及的是,《国际贷记划拨示范法》

---

〔23〕 A/CN. 9/384,第3、6段。

〔24〕 A/CN. 9/384,第1段。

〔25〕 其中有关术语的定义如下:"支付命令"系指发送人以任何形式向接收银行发出的,请其将一笔已确定或可确定数额的款项交由某一受益人支配的无条件指示。"发端人"系指贷记划拨中第一项支付命令的签发人。"受益人"系指发端人支付命令中指定的,作为贷记划拨结果而将收到资金的人。"发送人"系指签发一项支付命令的人,包括发端人和任何发送银行。"接收银行"系指收到一项支付命令的银行。"中间银行"系指除发端人银行和受益人银行以外的任何接收银行。转引自《国际贷记划拨示范法》第2条。

〔26〕《国际贷记划拨示范法》第1条。

〔27〕 A/CN. 9/384,第10段。

〔28〕 当事方的某些权利与义务不能经由协议作出了改变,或者只有在限定范围内或在限定情况下作出改变。参见《国际贷记划拨示范法》第5(3)条、第14(2)条和第17(7)条。

只适用于国际贷记划拨,但贸易法委员会也认为《国际贷记划拨示范法》中没有任何实质性规则是只适用于国际贷记划拨的。所以有些国家似可采用示范法同时指导其国际贷记划拨和国内贷记划拨,以此确保法律的统一。[29]

(二)《国际贷记划拨示范法》的主要内容

联合国国际贸易法委员会秘书处在1994年的联合国国际贸易法委员会第二十七届会议上做了一份书面说明,下面对《国际贷记划拨示范法》的主要内容进行介绍。

1. 支付命令发送人的义务

一项支付命令的发送人可以是贷记划拨的发端人,因为发端人把支付命令送到发端人银行,或者可以是一家银行,因为除受益人银行以外,贷记划拨过程中的每个银行都必须把自己的支付命令发送到贷记划拨过程中的下一个银行。其主要义务如下:

(1)发送人的基本义务是当接受银行接受了支付命令时,发送人即有义务就所发支付命令向接收银行付款。对于写明一个未来执行日期的支付命令,当接收银行接受支付命令时才产生支付义务,在执行期开始前不应付款。

在个人资金划拨中,发端人在发端人银行没有账户,发端人用现金向发端人银行支付贷记划拨金额和应交费用的情况是偶有发生的。但是在多数情况下,发端人即发送人愿意在发端人银行即接收银行开立账户。在任何情况下,向接收银行的付款通常采用借记发送人在接收银行开立的账户的方式。由于接收银行能够确定账户中是否有足够的贷方余额或者确定它是否愿意在出现借方余额不足情况下向发送人提供信贷,《国际贷记划拨示范法》第6(a)条规定:完成借记即完成付款。

相反的情况也可能发生,即接收银行在发送银行开有账户。此外,发送银行和接收银行都可以在一个第三家银行开立账户。此时,发送银行可以视情况或通过贷记接收银行的账户或指示第三家银行贷记接收银行的账户向接收银行付款。这两种情况的结果都是接收银行在发送银行或第三方银行的贷方余额增加了,同时贷记风险也更大。一般说来,接收银行会接受这种做法。但是,有时贷记余额及其由此造成的贷记风险可能要超出接收银行愿意在发送银行或第三方银行保存的范围。因此,《国际贷记划拨示范法》在其第6(b)条中规定,"该贷记款被(接收银行)使用时,如未被使用,则在该贷记款可予使用以及接收银行知悉该情况之日的下一个银行营业日时"付款即为发生。换言之,如果接收银行不使用贷记款而且不希望承担贷记风险,则接收银行只有很短的时间来通知发送银行,说明它不接受付款。如果接收银行开有账户的第三方银行是个中央银行,不管是该国还是别国的中央银行,那么就没有贷记风险(至少在贷记款使用该中央银行货币时如此)。所以,当为接收银行作了最后结算时,付款即告完成。

向接收银行付款的另一种方法是发送银行应付款与其他支付命令产生的其他应付款的抵销结算。这种抵销结算可以根据两家银行的双边抵销结算协议办理,还可以"根据参与者之间就其应付款项实行双边或多边结算的资金划拨系统的规则"办理。如果抵销结算发生任何一种情况,按照《国际贷记划拨示范法》第6(b)条的规定,当根据协议或规则,为接收银行作了最后结算时,即为就每一单独支付命令向各接收银行完成了付款。这

---

〔29〕 A/CN.9/384,第14段。

里有一个问题须予注意,在一个当事方丧失偿付能力情况下的抵销结算和抵销结算的后果是个有争议的问题。对于一个抵销结算协议在适用法律下是否有效,《国际贷记划拨示范法》不表明态度。它所做的就是规定在存在一项有效的抵销结算协议时发送银行为某一单独支付命令向接收银行付款的条件。

但如果对支付命令是否真正由写明为发送人的那个人发送的问题有疑问,该怎么处理。在纸面支付命令的情况下,如果指称名义发送人的签字是伪造的,就会出现这种问题。在电子支付命令中,电文有可能是由未经授权的人发出的,但是通过密码,加密或类似手段的核证是准确无误的。《国际贷记划拨示范法》分三步回答了这个问题。第一步在第5(1)条中作了阐述:“如果支付命令……系由发送人签发或由有权约束发送人的另一人签发,则发送人应对该支付命令承担责任。”至于另一人事实上和法律上是否有权约束发送的问题则留给《国际贷记划拨示范法》以外的有关法律规定去解答。第5(2)条中所述的第二步是最为重要的:“如果支付命令……需要经过〔发送人和接受银行之间协议〕核证,名义发送人在下列情况下应承担责任:(a)该核证在这种情况下是防范未经授权的支付命令而采用的商业上合理的核实方法,而且(b)接收银行遵循了核证程序。”这里是假定在电子支付命令情况下由接收银行来确定它准备采取的核证程序。因此,当核证程序并非最起码的“商业上合理”核证时,银行就承担未经授权而发送支付命令的全部风险。确定何为商业上合理将因时因地而异,取决于所用的技术、与风险相比而言的技术费用以及可能运用于当时的其他诸多因素。第5(3)条继续阐明,第5(2)条表述了接收银行不能靠相反协议来避免这一项义务。然而,如果核证程序“仅是核对签字”,则第5(2)条并不适用,在此情况下必须采用有关伪造签字行为后果的其他法律。

如果核证程序是商业上合理的而且银行遵循了该程序,则名义发送人须对支付命令承担责任。这反映了两种情况。第一种是银行无法区别核证是否经过授权。如果银行对已正常核证过的支付命令未经授权承担风险,则银行就无法提供电子贷记划拨服务。第二种是如果核证程序是商业上合理的而且银行能表明自己遵循了该程序,则可能就是发送人的过失,即未经授权的人知道如何核证支付命令。这就引出了第5(4)条中所述的第三步分析。发送人或接收银行,视情况而定,要对已有迹象表明因该方差错而发出的任何未经授权支付命令负责。关于谁来承担举证责任,第5(4)条规定:名义发送人如能证明接收银行所收到的支付命令不是由于名义发送人的现任或前任雇员的行为,或由于其同名义发送人的关系使其得以动用核证程序的某一人的行为,而是由于其他人的行为所造成,则名义发送人不按第2款规定承担责任。如果接收银行证明,该支付命令系因某人通过名义发送人的过失而得以动用校证程序从而采取行动所造成,则不适用此项规定。

(2)对于可能出现的错误或差错的处理。《国际贷记划拨示范法》第6(5)条规定对一项支付命令承担责任的发送人应受到接收银行所收到的命令的条件约束。但在下述情况下,发送人并不对支付命令的错误复本或其中的差错或差异承担责任:发送人与接收银行商定了用以查出支付命令的错误重复、差错或差异的一种程序,而且接收银行使用该程序查出了或本应查出错误复本、差错或差异。如果该银行本应查出的差错或差异是发送人指示支付的款额大于其本拟拨付的款额,则发送人只对其本拟拨付的款额负有责任。

2. 接收银行的义务

接收银行的义务也分为两种:一种是贷记划拨顺利完成情况下发生的义务,另一种是出现差错时带来的义务。银行收到的大多数支付命令都得以迅速执行而且贷记划拨能顺利完成。从真正的意义上说,这类贷记划拨中的接收银行从未有过不履行支付命令的情况。

(1)《国际贷记划拨示范法》在第8(2)条和第10(1)条中规定了接收银行有义务执行它所"接受"的支付命令。除受益人银行以外,接收银行的义务是签发一个能正常执行所收受支付命令的支付命令。受益人银行的义务是将资金交给受益人支配。在接收银行"接受"支付命令前,它没有执行命令的义务。有关什么时候接收银行接受支付命令的规则,见第7(2)条和第9(1)条,限于篇幅这里不做具体介绍。

在多数情况下,在并非受益人银行的接收银行为执行收到的支付命令而签发自己的支付命令时,它就接受了支付命令。在受益人银行贷记了受益人账户时,它也接受了支付命令。在这两种情况下,接收银行,不管它是否是受益人银行,均已履行了它的主要义务。但是,在执行所收到的支付命令前,接受银行可以用其他方式接受支付命令。

有些资金划拨系统有个规定,即要求接收银行执行它从资金划拨系统的其他成员收到的所有支付命令。《国际贷记划拨示范法》规定,在此情况下接收银行即接受了所收到的支付命令。以借记发送人账户作为接收付款方式的接收银行或通知发送人表示接受支付命令的接收银行一旦借记账户或发出通知即为接受了支付命令。

接受支付命令的最后一种方法值得特别注意。《国际贷记划拨示范法》的基本原则是,收到支付命令和该命令款项的银行必须执行支付命令,否则必须发出拒绝通知。如果接收银行在要求时间内既没有执行支付命令又没有发出拒绝通知,该接收银行则被认为已经接受了支付命令和有关义务。《国际贷记划拨示范法》第11条规定,正常情况下接收银行必须在收到支付命令后的第一个银行营业日执行支付命令,并自收到之日起计息。

(2)在出现差错时接收银行也有相应义务。有些支付命令或即将成为的支付命令是有缺陷的。收到的电文作为支付命令可能数据不够完整或者作为一项支付命令却由于数据不够而无法执行。比如,一项支付命令同时以文字和数字表明拟划拨的金额,但出现了不一致的情况。在确定受益人时可能出现同样情况,如姓名和账号不一致。凡出现数据资料不足,接收银行务必把问题告知发送人。凡资料中出现不一致以及接收银行发现了这种不一致,接收银行也有责任通知发送人。

在接收银行发出自己相同的支付命令后,可能会出现其他义务。国际贷记划拨的完成可能被延误,而且无论是发端人还是受益人都不知道出了什么事。为有助于应付这类情况,《国际贷记划拨示范法》第13条规定:每个接收银行均应协助发端人,同时争取得到下一个接收银行的协助下,以期完成该贷记划拨的银行程序。

如果贷记划拨没有完成,《国际贷记划拨示范法》第14(1)条规定,"发端人银行有义务将其收到的、发端人已支付的任何款项,连同自支付日至退款日应有之利息,退给发端人"。发端人银行反过来也能连同利息收回它向接收银行的付款,而该银行亦能从其接收银行收回款项。退款的责任链到未能完成贷记划拨的银行为止。

在实践中,退款链也许终止于未能完成贷记划拨的银行的前一家银行。由于接收银行在其执行所收到支付命令之前已丧失偿付能力,或者由于国家禁止这类有争议的划拨,或者由于战争或接收银行所在国的不稳定局面,贷记划拨可能无法进行。在这些情况下,造成无法完成贷记划拨的原因同样可以使银行无法向其发送银行退款。有时,使用某一特定的银行或某一特定国家的数家银行要冒风险,这个事实是显而易见的。在此情况下,银行、特别是发端人银行可以拒绝接受支付命令,除非发送人指示该银行使用某一特定的中间银行去完成贷记划拨。凡接收银行得到指示须使用某一特定中间银行但由于该中间银行已停止付款或由于法律不允许退款而无法从中间银行得到退款时,则该接收银行无须向其发送人退款。但是,为了确保这种特殊情况不会被用来作为违反退款义务的借口,接收银行在任何情况下都负有退款的义务,如果它对贷记划拨中应使用的银行一贯地寻求发送人指示的话。

3. 银行对未履行某项义务的应负责任

如果贷记划拨未能完成,发端人银行将划拨金额和利息退还给发端人。所谓的"退款担保"属于赔偿性质而不是对未能履行义务的应负责任的担保。如果贷记划拨已经完成,银行可能发生的唯一错误就是延误了贷记划拨的完成。不管哪家接收银行造成的延误,都将在预定的时间借记发端人账户,但是贷记受益人账户的时间要迟于预定时间。因此,《国际贷记划拨示范法》在第17(1)条中规定,接收银行对延误负有向受益人赔偿的责任。即使受益人在贷记划拨链中除受益人银行外与任何其他银行没有契约关系,上述规定仍然有效。

银行对造成的延误所负的责任是支付利息。目前许多贷记划拨协议的惯例是,延误执行所收到支付命令的银行要签发一项包括划拨金额和适当延误利息的支付命令。如果银行这么做了,则其接收银行有责任将该利息转交受益人。由于延误银行已向受益人作出了补偿,因此它已履行了自己的赔偿义务。如果没有按《国际贷记划拨示范法》第17条规定将利息转交给受益人,则受益人直接有权从扣留利息的银行要回利息。但如果贷记划拨的目的是偿还发端人所欠受益人的债务,受益人可能已经从发端人收回延误偿还债务的利息。在此情况下,第17(3)条允许发端人而不是受益人从延误银行收回利息。除一种特殊情况外,第17条所述的收回利息的补救办法是专门授予发端人或受益人的。按其他法律原则可以存在的其他补救办法均不能允许。根据第18条的规定,一个例外就是由于下列各原因而没有执行支付命令,或执行命令不当:"(a)故意要造成损失,或(b)草率行事且实际上知道很可能造成损失。"在这些银行不良行为的非正常情况下,赔偿可以根据《国际贷记划拨示范法》以外的任何法律系统中现有的法律原则进行。

4. 贷记划拨的完成及其后果

根据《国际贷记划拨示范法》第19条的规定,一项贷记划拨在受益人银行接受了划拨给受益人的支付命令时即告完成。此刻,银行系统已经履行了它对发端人的义务。受益人银行如果此后没有正当行事,那就是受益人的事了。《国际贷记划拨示范法》并未包括这种情况,而是留给调整账户关系的法律去解决。第19(1)条进一步规定:"当贷记划拨完成时,受益人银行即有义务向受益人支付它所接受的支付命令的金额。"《国际贷记划拨示范法》没有涉及受益人银行何时必须贷记受益人账户或受益人银行何时必须提供资金这一问题。这些事务都将由管理账户关系的有关法律去决定,包括受益人和受益人银行之间的契约安排。

在许多贷记划拨中，发端人和受益人是同一个人，银行客户只是把资金从一个银行转移到另一个银行。在此情况下，贷记划拨的完成并不会改变发端人和受益人之间的法律关系。贷记划拨的完成只改变作为发端人的客户与发端人银行之间的关系以及作为受益人的客户与受益人银行之间的关系。

思考题

1. 托收中，委托人与代收行是何种关系？
2. 信用证交易中开证行与中介行之间是何种法律关系？
3. 在瑞士纽科货物有限责任公司案中，当事人的主要争点是什么？法院是如何判决的？
4. 国际贷记划拨包括哪些当事人？他们应承担哪些主要义务？

延伸阅读

相关内容可参阅金赛波、李健：《信用证法律》，法律出版社2004年版；李群星：《略论跟单信用证欺诈中开证行的权利和义务》，载《法学评论》1998年第3期；孙光焰：《跟单信用证交易所涉法律关系探析》，载《法学评论》1998年第5期；何艳华：《跟单信用证条件下银行对提单的担保物权属性》，载《国际商务研究》2002年第3期。

第十一章　国际贷款法

第一节　概　　述

国际贷款是指分处于不同国家的债权人和债务人之间的货币借贷活动。[1] 主要表现为基于各类国际性银行(包括国际商业银行和国际政策性银行)信用的国际放款活动，如国际商业贷款、国际金融组织贷款、政府贷款、项目贷款等。

国际贷款是一种重要的国际资金融资方式。国际资金融通主要的方式有国际贷款和国际证券融资。随着国际证券市场的发展，各种融资方式层出不穷，国际证券融资已成为国际融资的主要形式。但传统的国际贷款以其融资迅速、便利和灵活的特点仍然是国际融资的重要和典型形式。

国际贷款法是调整有关国际贷款活动的法律规范的总和。[2] 目前，有关国际贷款没有国际统一立法，相关问题一般适用国内法或者国际贷款惯例。

一、国际贷款的概念和特征

(一)国际贷款的概念

国际贷款指不同国家的当事人之间在信用授受基础上进行的货币资金的有偿让渡，它可以是国家之间的相互贷款，也可以是国际金融机构向国家、私人商业银行或企业提供的资金融通，更主要是各类国际性银行信用的国际放款活动。国际贷款是一种跨越国界的债权债务关系，但并不是具有涉外因素的贷款就是国际贷款。贷款人以外国货币贷款给其本国当事人的借贷行为不是国际贷款。[3]

(二)国际贷款的特征

国际贷款的基本特征在于：(1)国际贷款的借款人与贷款人分属于不同的国家或地区，其贷款协议、履行行为和争议解决受到国际惯例、意思自治原则或相关国家法律的支配，这不同于国内贷款。(2)国际贷款关系本质上是借款人与贷款人之间的债权债务关系，它是某种法律上可期待的清偿信用，具有期限性的特征，这不同于跨国直接投资形成的国际股权性关系。(3)国际贷款以国际贷款协议为基础，它是一种合同性融资，是特定借款人与特定贷款人之间的协议行为，其借贷的成立与债权人的变更均受到合同法规则

---

〔1〕 参见曹建明主编：《国际经济法概论》，法律出版社1994年版，第374页。

〔2〕 参见郭玉军：《国际贷款法》，武汉大学出版社1998年版，第7页。

〔3〕 参见郭玉军：《国际贷款法》，武汉大学出版社1998年版，第7～12页。

的限制,这不同于证券融资。

二、国际贷款的分类

(一)国际官方贷款、国际商业贷款和国际联合贷款

国际贷款按贷款主体划分,可分为国际官方贷款、国际商业贷款和国际联合贷款。国际官方贷款又可分为政府贷款和国际金融机构贷款。政府贷款是指一国政府或政府机构向另一国政府提供的贷款。政府贷款是具有双边经济援助性质的优惠性贷款。一般贷款期限比较长,通常为10~20年,更长期限可达30年,贷款利率比较低,甚至是无息贷款。国际金融机构贷款是指国际金融机构,如世界银行集团(包括世界银行、国际金融公司、国际开发协会等)、国际货币基金组织、亚洲开发银行等机构向其成员国政府、政府机构或公私企业提供的贷款。国际商业贷款指由跨国商业银行在国际金融市场向他国借款人提供的贷款。性质上属于民间贷款,一般为短期、高息贷款。国际商业贷款是国际贷款中最常见的形式,是国际资金融通的重要方式。国际联合贷款是由国际性商业银行和国际金融机构联合提供贷款,具有民间借贷和官方贷款的混合性质。

(二)短期贷款、中期贷款和长期贷款

国际贷款按贷款的期限为标准可分为短期贷款、中期贷款和长期贷款。短期贷款指贷款期限在1年以内的国际贷款,多见于银行同业拆借,也包括银行对非银行客户基于国际贸易进行的借贷,如进出口押汇、打包贷款、保付代理业务和进出口货物票据承兑贴现等。中期贷款是贷款期限在1~5年的国际贷款。此种贷款为国际商业贷款中最常见的一种。长期贷款则是指贷款期限在5年以上的国际贷款,实践中,长期贷款的期限最长一般是30年,少数可达50年。多见于国际官方信贷。

(三)有担保的国际贷款和无担保的国际贷款

按贷款有无担保可分为有担保的国际贷款和无担保的国际贷款。国际贷款中主要形式是有担保的国际贷款,包括人的担保和物的担保,在实践中,主要是人的担保,即保证。无担保的贷款主要存在于一些政府间贷款或国际金融机构的贷款。

(四)浮动利率贷款和固定利率贷款

按贷款利率是否浮动可分为浮动利率贷款和固定利率贷款。浮动利率贷款是按伦敦同业银行利率(LIBOR)加上一定的利差在贷款期内不断进行调整,多用于中长期贷款。固定利率贷款指在整个贷款期间利率固定不变的贷款,通常适用于短期国际贷款。

(五)独家贷款和银团贷款

按贷款方的数量不同可分为独家贷款和银团贷款。银团贷款通常称为辛迪加贷款,是多家银行或金融、财务公司共同参与的国际贷款。

(六)普通贷款和项目贷款

按贷款的用途为标准可划分为普通贷款和项目贷款。项目贷款是所贷款项的使用限定于某项特定的工程项目,贷款对象是为兴建该项目而成立的特定的项目公司,并且贷款能否安全回收与项目的经营业绩存在直接的利害关系。普通贷款在贷款用途上没有特别限制,也不与特定项目相联系,因此又称为自由外汇贷款。

第二节　国际贷款协议

有关国际贷款,目前尚无国际公约对其进行统一调整,就国内法而言,也很少有哪个国家颁布专门调整国际贷款关系的法律,因此,在实践中,借贷双方当事人主要是通过国际贷款协议来规范它们之间的权利和义务。在长期的国际商业贷款实践中逐渐形成了较为固定的习惯做法和银行业务惯例,表现为贷款协议中的标准条款和订立协议的某些程序规则。

一、国际贷款协议的概念和特点

国际贷款协议指不同国家的当事人之间为进行货币借贷、明确相互间权利和义务而达成的协议。国际贷款协议具有以下特点:(1)国际贷款协议的当事人即借款人与贷款人一般位于不同的国家。(2)涉及的主体范围广泛。国际贷款协议的当事人既可以是国际组织、各国政府及所属机构,又可以是各国的公私企业和个人。(3)国际贷款协议的标的通常只限于可兑换货币且金额较大。国际贷款协议中使用的可兑换货币,既可以是借款人或贷款人国家的货币,也可以是第三国的货币,还可以是混合货币。(4)国际贷款协议涉及的法律问题复杂。一项国际贷款协议特别是国际银团贷款合同与国内贷款协议相比,涉及的法律问题更为复杂,如订立合同的程序复杂,附加条件多,涉及管辖权的确定及准据法的选择等诸多问题。

二、国际贷款协议的基本条款

国际贷款协议的内容一般包括约首、正文和结尾三部分。约首通常包括主体条款和鉴于条款,用以指明当事人、双方订约目的和所依据的原则,按照英美国家的法律,鉴于条款具有合同解释依据与合同原则的效力。结尾通常为当事人签章和附录。正文部分概括了国际贷款协议的主要内容,它通常包括以下一些基本条款。

(一)执行性条款

国际贷款协议的执行性条款是反映国际贷款特质、确保国际贷款交易顺利进行的最基本条款。

1. 定义条款(definition)

该条款应对贷款协议中所使用的主要概念、术语和缩写作出明确的定义。如对借款人、外债、利率、利息期间、营业日等都应作出明确定义。

2. 贷款货币和金额

该条款规定贷款货币和贷款额度。银行贷款所采用的货币都是可以兑换的国际通用货币,当事人可以考虑选择借款国货币、贷款国货币、第三国货币或者是复合货币(如特别提款权、欧洲货币单位)。选择贷款货币应当综合考虑货币风险、利率高低、货币供应、贷款用途等。在实践中,为避免货币风险,协议双方往往采取各种灵活的做法,如双方约定由借款人按不同比例同时选择多种货币,或者贷款人提供可供选择的币种清单,允许借款人在提款时选择其中一种货币或在不同时期选择不同的货币。有些欧洲货币市场的贷款协议中订有货币选择条款，规定在每一个利息期届满，不仅利率改变，所贷币种也可以改变。贷款金额的确定一般受贷款用途、贷款期限、双方关系等因素的影响，中长期国际贷款的金额相对比短期贷款高。

3. 贷款利率和费用

国际贷款利率有固定利率和浮动利率两种。对借款人而言，固定利率可以预见贷款所需费用，但浮动利率可以较容易地争取到贷款资金。利率高低随资金来源相差很大。政府间或国际金融机构的援助性贷款，利率可能很低甚至为零，若是商业银行贷款，利率可能会高达12%以上。

除贷款利息外，借款人借款还要承担多项费用，如承诺费、安排费、代理费等。另外，借款人还必须支付与借款有关的其他花费，如审计费、律师费、旅费及印刷费等。

4. 贷款期限

贷款期限是指从贷款协议签订之日起，到全部本息还清之日止的整个时期。国际贷款期限受到多方面因素的影响，从银行方面来看，贷款期限的长短取决于吸收资金的方式和贷款资金的结构。从借款人方面来看，取决于借款的预期用途及借款人的性质。

5. 提取贷款

该条款规定提取贷款的时间、地点和程序。借贷双方一般都对提款期限、提款方式、提款地点、提款时间和金额作出明确约定。贷款提取期限通常规定借款人应在提款前若干天通知贷款人，如借款人未按约定的期限和金额提款，则须向贷款人支付承诺费，以补偿贷款人调拨、安排和保管资金的花费。贷款提取地点一般约定为贷款货币发行国或贷款人义务履行地。若为分阶段提取贷款，需为借款人规定一个提款时间表，以及每次提款的期限和金额。借款人对未提用部分不付息，但要支付承诺费。

本条款中，提取贷款的地点具有重要的法律意义，因为提款地即为义务履行地，当借贷双方未选择国际贷款协议的准据法时，按照有些国家的法律，法院可以推定提款地法为贷款合同的准据法。

6. 贷款用途

在贷款协议中，贷款人往往要求对贷款用途加以某些限制，以免贷款使用不当，影响贷款的回收。因此，一般都有贷款用途条款，明确规定贷款的用途。国际金融机构贷款、外国政府贷款、项目贷款等种类的贷款大多具有条件性，因此，对借款用途均加以比较严格的限制。有时贷款协议也可能不规定借款的用途，贷款可以由借款人自由运用，这种不指定用途的信贷通常称为自由外汇贷款。但是，一切贷款的用途都受到两项非明文规定的限制：(1)借款人不得把贷款用于非法的目的，例如，不得用于资助法律所禁止的进口交易，不得用于买卖毒品。借款人如将款项用于这类用途，一旦发现，贷款人可以立即拒绝发放贷款。(2)不得用于当事人国家的法律所禁止的事项，例如，美国法律规定，贷款不能用于收购另一家公司，英格兰法律规定，贷款不能用于资助侵权行为。

7. 偿还贷款

贷款协议具体规定了贷款的期限和偿还方式。贷款的期限包括利息期、偿还期和宽限期三个期限。利息期规定按哪天市场利率确定利息，在多长期限内(如3个月或半年)调整利率一次，一般均采用浮动利率。偿还期如规定为6年，即指在6年内边使用边偿还。宽限期是在长期贷款中规定签订合同后开始偿还的期限。在宽限期内,借款人使用贷款可以只付利息而不必还款,过了宽限期就边使用边偿还贷款。宽限期一般是1~3年不等。借款人偿还贷款的方式有三种:(1)到期一次还本付息。主要适用于贷款金额相对不大,贷款期限较短的中期贷款。这种方式对借款人较为有利。(2)宽限期后分次偿还。即规定将偿还期分为宽限期和还款期。宽限期内只付息不还本,宽限期后连本带息逐次偿还。这种方式适合于贷款金额大,贷款期限长的贷款。由于该方式兼顾了借贷双方的利益,使用率最高。(3)无宽限期的逐年分次偿还。即不规定宽限期,从提款日起逐次分期偿还本息。这种方式对借款人最为不利。

贷款也可能提前偿还,提前偿还贷款存在以下两种情形:一种是贷款人要求借款人提前偿还,即贷款加速到期,是一种惩罚性质的要求还款。另一种是借款人主动提前偿还。为减轻或避免汇率和利率波动的风险,借款人往往争取在贷款协议中订立提前还款条件,而贷款人往往要求在协议中规定,如借款人提前还款,应付给贷款人一笔补偿金(premium,又称为升水),以补偿贷款人收回投资的利息损失。

(二)先决条件

国际贷款协议签字后并不立即生效,需要等到协议中规定的能使协议生效的某些先决条件具备时才开始生效。依据先决条件条款,只有在约定的条件事实具备时,贷款协议中关于贷款人义务的约定才发生效力。先决条件的具体内容可以根据当事人的实际需要约定,但根据国际贷款惯例,国际贷款协议中的先决条件可分为两种。

1. 使整个协议生效的先决条件

此类先决条件是使整个协议生效的先决条件,即总括性先决条件。它们通常包括以下内容:(1)借款人的有效营业执照、组织章程和主体合法性文件,用以证明其合法存续性与行为能力;(2)借款人公司董事会、股东会或所有权人批准该贷款的文件,用以证明借款人依其章程就该贷款已获得合法授权;(3)借款人为实施该贷款应当取得的一切来自所在国政府部门的批准、许可和授权文件(包括外汇主管部门的批准文件),用以证明借款人的境外借款不违反所在国外债和外汇管理制度;(4)与贷款有关的担保文件、银行保函和备用信用证;(5)律师出具的法律意见书,用以说明借款人主体资格的合法性、经营能力的合法性、取得了合法的批准与授权、所涉贷款协议的有效性、其他有关法律文件的有效性等;(6)在许多情况下,贷款人还要求将陈述与保证的某些内容列为贷款协议的先决条件,其目的在于使借款人陈述的特定事实限制贷款义务的生效;(7)项目贷款中,借款人要提供项目财务和经济状况的资料,设立托管账户。

2. 使每一项提款生效的先决条件

国际贷款协议通常设有分期提款条款,因此,贷款协议中往往还规定借款人每次提取贷款之前应当满足的先决条件。这类先决条件是当事人履行某项具体义务的先决条件,是以合同已经有效成立为基础的,具体包括:(1)至每一提款日,借款人均未违背其在贷款协议中所做的陈述与保证;(2)借款人未有任何违约或可能违约的事件发生。

先决条件条款有利于贷款人维护自身利益。从贷款协议生效到发放每一笔贷款,贷款人都有权监督借款人的履约情况。一旦发现借款人违约,贷款人可据此条款免除其贷款义务。

(三)陈述与保证条款

陈述和保证条款是指借款人向贷款人说明与借款协议有关的事实,包括其法律状况、财务状况及商务状况,并保证所作陈述的真实性和完整性。通过陈述和保证条款,借款人有义务向贷款人披露自己的有关情况。据此,贷款人可以作出是否予以贷款的安排。如借款人陈述失实,致使贷款人作出错误的贷款决定,贷款人有权拒绝提供贷款或终止提供贷款;还可以借款人违反陈述和保证条款为由,诉请法律救济。陈述和保证的事项主要包括法律事项、财务与商务事项。

1. 法律事项

借款人应向贷款人陈述和保证:借款人必须是依法注册成立,合法续存的实体;借款人签订和履行贷款协议已获其董事会或股东会合法授权;贷款协议不违反借款人所在国的法律及借款人组织章程的规定;贷款协议不与借款人或其资产所涉及的任何其他合同或抵押文件相抵触;贷款协议已经有关政府部门批准、许可或授权;贷款协议对借款人具有法律约束力和强制执行效力;等等。

2. 财务与商务事项

借款人应向贷款人陈述和保证:保证其财务状况良好,财务账目能真实地反映借款人财务状况和经营情况;保证保持一定金额的最低资产净值、资产负债比率、流动性比率以及外债比率;保证没有任何诉讼记录,未发生任何违约事态或受到此类诉讼的威胁;保证没有不履行对其财产有影响的任何合同、法律文件或抵押权项下的义务;保证全部资产及收入没有也不会用于任何担保。

在国际贷款协议实践中,贷款人往往要求借款人所作的陈述和保证不仅在签订协议时必须真实、完整,而且要求在整个协议有效期间始终保持正确性,这就是所谓的"永久保证"。对借款人来说,永久保证是一项沉重的负担。由此,他们往往要求贷款人采取比较灵活的态度,如对"非重大事项"免作永久保证等。

(四)消极担保条款和比例平等条款

消极担保条款(negative pledge clause)是指借款人向贷款人承诺,在还本付息之前,借款人不得在其资产和收入上设定任何抵押权、质权、留置权或其他担保物权,也不得允许这些担保物权继续存在。该条款的主要目的是对借款人设定担保权益的自由加以限制,使同一性质的债权人处于同等的债权受偿顺序中,防止借款人将其资产或收入为另一债权人的利益设定担保,造成其他债权人的债权受偿顺序优先于贷款人的债权。通过这一条款还可以限制借款人以同一资产和收益再作抵押,过度举债而危及其还款能力。

在实践中,要求绝对遵守消极担保条款对借款人是很不利的。因此,从适用范围来看,一般应该限定在与贷款有直接关系的领域内,而借款人就其日常营业过程中产生的必要的各种债务可以免除消极担保义务。

违反消极担保构成违约,贷款人可提出违约之诉,但不能要求法院撤销担保。如果借款人破产,贷款人可以借款人欺诈性转移财产为由,向法院申请宣告物权担保无效。

比例平等条款(pari passu clause)是指借款人保证贷款人与其他所有无担保权益的债权人处于比例平等的受偿地位。最典型的比例平等条款表述为:"本协议是借款人直接的、无担保权益的、一般的、无条件的债务。在这些债务之间以及在借款人的其他无担保权益的债务之间,其清偿的顺序应按比例平等原则平等地排列。”其中“直接的债务”又称非或然性债务,即目前已经确定或存在的债务,而不是那种需待发生某种不确定的事件才能确定的债务。“一般的债务”是指可以从债务人的一般资产中请求偿还的债务,而不是债务人只能用于特定目的才能从其某种特别基金中求偿的债务。例如,世界银行、亚洲开发银行都设有用于偿还特殊债务的特别基金。“无条件的债务”是指债务人在清偿债务时不能提出任何额外条件的债务。例如,要求贷款人必须先付清当地税收或必须具有某国国籍为条件。

按照一些国家的法律规定,无担保权益的各个债权人之间的清偿顺序并不都处于平等的位次。例如,税收与职工工资的请求权优先于其他无担保权益的债权,银行零星存款及保险单持有人的请求权优于其他无担保权益的债权。平等位次条款虽然不能改变这种法定优先受偿顺序,但是,它作为借贷双方约定的一项保证,借款人如若违反,贷款人据此可以加速贷款的到期,要求借款人提前偿还贷款。

消极担保条款是保证贷款人请求偿款的权利不次于有担保权益的债权人的权利。比例平等条款是保证贷款人的受偿权利不次于或平等于其他无担保权益的债权人的权利。两者的目的都是维护贷款人的地位不受其他债权人的影响,因此,往往同时使用,以加强其效果。

(五)财务约定条款和税收约定条款

财务约定条款是约定在债务期内借款人定期向贷款人报告其财务状况,并遵守规定财务状况量化标准的条款。该条款的订立,有助于贷款人监督借款人的财务状况,规范借款人的用款行为,保护贷款人的利益。如果借款人违反约定,贷款人可追究其违约责任并采取补救措施。

财务约定条款除一般的规定外,有时具体为限制资产处分条款和禁止合并条款。限制资产处分条款是指借款人不得以出售、转移、出租或以其他方式处分其企业或资产的全部或大部分。当然,借款人在正常经营中出售其生产或经营的商品或其他财产则不受本规定的限制。禁止合并条款是指除非满足一定条件,禁止借款人公司与其他公司合并。目的是防止因借款人的变更以及资产负债发生重大变化而损害贷款人的利益。但是,如果借款人违反禁止合并条款与其他公司进行合并,贷款人只能提出违约之诉,而不能要求法院撤销公司合并。

税收约定条款是指借贷双方就税款负担和支付方式进行约定的条款。该条款通常规定,借款人的一切支付都是没有税收负担的。如果按照借款人所在国法律的规定,借款人在付款前必须预扣税款,则借款人应将所扣税款补足给贷款人,使其收到协议项下的全部金额,此即“纳税补偿”(tax indemnity)。通过这一规定,贷款人将税收负担转嫁给借款人,有些国家法律明文禁止此类规定。

(六)违约救济条款

违约救济条款是借贷双方将各种可能发生的违约事件加以列举,并规定可以采取的救济方法的条款。违约事件包括实际违约事件和预期违约事件两大类。实际违约事件是指借款人已经发生的违约事件,如借款人不按约定期限归还本金、支付利息和其他费用,对事实的陈述与保证失实,借款人的财务状况发生重大不利变化以及违反其他关键条款的行为。预期违约事件是指有迹象表明借款人将要发生的违约事件,通常有以下几种:(1)交叉违约(cross defaults)。交叉违约是指借款人对其他债务的违约行为,或者其他债务可能或者已经被宣告加速到期,可同时构成本协议的违约事件,贷款人可依约寻求救济。违约救济条款可制约借款人发生任何违约事件,也可以防止任何一方债权人以其优先地位优先受偿,具有使同一种类的债权人处于同等地位的功效。(2)借款人的状况发生重大不利变化。(3)借款人丧失清偿能力。如借款人被宣告破产,无力清偿已到期的债务。(4)借款人公司被征用、国有化或其资产的全部或大部分被收归公有。

违约事件发生后,贷款人通常有两种救济方法,分别为合同补救和法律补救。合同补救是指借贷双方在贷款协议中约定的救济方法,一般有以下三种:(1)对已提取的贷款加速到期,要求借款人提前返还贷款;(2)对未提取的贷款暂时中止或取消;(3)要求借款人对违约款项支付违约利息。

法律补救是指借贷双方未在贷款协议中明确约定救济方法时,贷款人可以寻求的法律的救济方法。这类救济方法主要包括:(1)解除合同。当借款人的违约行为构成实质性违约时,贷款人可以解除贷款协议。(2)请求损害赔偿。当借款人的违约行为构成非实质性违约时,贷款人不能解除合同,但贷款人可以请求支付已到期的贷款本息并要求损害赔偿。(3)实际履行。如贷款人要求借款人实际履行贷款协议规定的义务,归还已到期本金与利息。但是只有大陆法才可以要求实际履行,法院亦可判令实际履行,英美法主要容许给予债权人损害赔偿,而不判实际履行。(4)禁令。贷款人可请求法院发布禁令,禁止借款人违约行为。

贷款协议中的违约救济条款往往在贷款人的要求下,订入"累加补救条款"(remedies cumulative clause),即把合同补救与法律补救累加起来,防止借款人把合同补救作为唯一的救济方法而排除诉诸法院解决的可能性。同时,贷款人还可以行使抵销权(right of set – off),即贷款人可以将自己所控制的借款人的财产来抵销因借款人违约所造成的损失,这即国际贷款协议中的抵销权条款。

案例 11 – 1 | A 公司诉 B 公司案

2012 年,中国某纺织品有限公司(以下简称 A 公司)与印度某公司合资成立了 B 公司。B 公司 2014 年 2 月与国外的 C 银行签订了借款协议,并以 B 公司全部财产作为借款的抵押担保签订了抵押担保合同。根据借款协议,银行向 B 公司陆续发放了 200 万美元贷款。按规定,B 公司应于 2018 年 2 月开始还本付息。至 2015 年,B 公司由于合作双方内部矛盾,无法继续合作,遂于 2015 年 8 月经董事会决议通过,公司宣布停产,公司面临重组甚至解散清算的局面。获悉情况后,C 银行多次进行协调,由于合营双方矛盾过深,调解无效。

国外的 C 银行遂于 2016 年 1 月向 B 公司发出书面违约通知,宣布全部贷款立即到期,要求 B 公司归还全部贷款本息。B 公司认为,银行可届时与其清算委员会交涉。4 月 5 日,国外的 C 银行向 B 公司所在市中级人民法院起诉。

原告诉求:B 公司偿还所欠全部贷款本息,对 B 公司的财产进行保全。被告答辩:B 公司面临解散,不久将向有关部门申请企业清算,银行债权可届时与其清算委员会交涉。

法院于2017年3月正式判决,限令B公司自判决之日起10日内偿还拖欠银行的贷款本息。由于B公司无力执行判决,在期满后由法院委托拍卖行对B公司的财产进行估价后拍卖出售,在扣减有关费用之后优先偿还银行贷款。

(七)法律适用条款

法律适用条款规定国际贷款争议应适用哪国法律,即明确贷款协议的准据法。国际贷款争议所适用的准据法一般有两种确定方法:

1. 当事人意思自治

各国普遍允许国际贷款协议的当事人按意思自治原则选择协议所适用的法律。实践中,大多数国际贷款协议均约定以贷款人国法为合同的准据法。这主要是由于贷款人处于强势地位并承受更大的风险。适用贷款人国法在实践中存在一定的合理性。如贷款协议通常是在贷款人所在地签署,贷款款项的支付也常常是在贷款人所在地。当然,适用贷款人国法并不意味着借款人利益的必然丧失。因为判决的实现最终须以借款人所属国的依法承认执行为前提,如借款人国法院可能以贷款协议违反本国外汇管理法[4]为由,拒绝执行外国法院的判决。除了贷款人国法律,当事人选择作为协议准据法的还有借款人国法、第三人国法律、贷款协议签署地或履行地法律以及贷款货币发行国法律。当事人进行法律选择有一定的限制,如所选择的法律须与协议具有合理的联系,选择的法律不得排斥法院地国的公共秩序、强制性规定,选择的法律不得规避应予适用的法律等。另外,适用选择的法律仅指协议相关的一些事项由被选择的法律管辖,其他事项则必须依照贷款人或借款人国法律确定。如借款人是否具有法人资格,其属于私人公司、中央银行还是国家机构等问题须按照其所在国法律确定。

2. 客观的连结因素

当事人未作选择时根据客观的连结因素确定。当事人未作法律选择(包括明示选择和默示选择)时,由受理争议的法院按照法院地国的冲突法规则确定协议的准据法。由于各国确定准据法的方法不同,因而形成了不同的法律适用原则,如重心说、政策利益说、硬性推定、有效性原则、本地法等。许多国家采用“重心说”选择准据法,即适用与合同有最密切联系的国家的法律。连结因素主要有:当事人所在地、借贷市场地、贷款协议谈判地、签约地、担保物所在地、支付所使用的货币以及支付地等。目前,英国、法国、瑞士、北欧各国以及美国一些州都采用这种方法。有关准据法的适用范围,多数国家的法律和实践不再囿于传统的“分割原则”(doctrine of depecage),即合同的不同部分适用不同国家的法律,而是倾向于使之尽可能适用于国际贷款交易的各个方面,包括国际贷款协议的有效性、解释、效力、履行和解除等。但有关当事人的法律地位、协议的形式要件、贷款支付、涉及诉讼程序的事项,以及票据的相关问题通常不在贷款协议准据法的调整范围之列。[5]

国际金融机构关于法律选择的实践则有所不同。世界银行的一些贷款协议规定:

---

〔4〕 不同于“外汇管制”或“外汇限制”,在这种情况下,国家限制或者禁止外汇的输出入,而在外汇管理情况下,国家准许外汇的输出入但需当事人遵守国家的相关管理规定,履行一定的程序。

〔5〕 参见李仁真主编:《国际金融法》,武汉大学出版社2005年版,第158页。

“世界银行、借款者、担保者依本贷款协定、担保协定及其合约的权利和义务应根据各该合约的规定具有法律效力并付诸实施，无论任何国家或国家政府部门的法律规定如何。”亚洲开发银行的贷款亦有类似规定。世界银行、国际开发协会和亚洲开发银行的贷款协定一般还同时规定，“银行、借款者、担保者，在任何仲裁机构审理争议时，均无权以相关贷款协定、担保协定或其他合约的规定不符合建立各相关国际金融机构的章程为理由，或以其他事项为理由，辨称各该规定在法律上无效的和不可执行的”。显然，世界银行和其他国际金融机构的贷款协定有意识地避免将任何国家的法律作为适用法律。在贷款双方发生争议时，仲裁机构有权按照自己的程序和原则确定适用法律。一般地讲，涉及主权国家或国家政府的贷款协定未明示规定适用法律时，法院或仲裁院可选择国际法、一般法律原则或国际惯例与习惯作为解释相关协定的法律，或至少参考各该原则与规范。[6]

（八）司法管辖条款

司法管辖条款是规定国际贷款协议应由哪一国家的法院管辖。司法管辖条款分为排他性的管辖条款和多重管辖条款。排他性管辖条款只规定某一国家的法院对该协议有管辖权，多重管辖条款规定两个或两个以上国家的法院享有管辖权。

国际贷款协议的当事人在争议发生后，可根据司法管辖条款向有管辖权的法院提起诉讼，但在特殊情况下，法院无法受理，或根本不能对其行使管辖权，主要存在以下几种限制：(1)不方便法院。即法院自认为是一个极不方便的法院，认为案件由其他法院管辖，更能显示公平正义，更能符合当事人及公众利益，因此，法院拒绝管辖。(2)一事不再理。原告同时在几个国家的法院就同一请求权向被告提起诉讼，如果该请求已为某国法院受理，或者已作出生效的判决，则另一国法院就不再受理该请求。(3)诉讼国的法律规定。如果诉讼国的法律规定，原告无起诉权或法院无管辖权，则法院不予受理。如英美国际私法上采用的具有“敌国籍”者为“敌性外国人”，基于公共政策上的考虑，禁止其向英国、美国法院起诉。[7] (4)管辖豁免。国家及其财产豁免原则，作为传统的国际法原则，已得到各国的一致公认。在国际借贷领域中，由于国家政府、国际金融组织的参与，不可避免地引起管辖豁免问题。各国法律一般承认国际金融组织依组织的章程及相关法律文件在国际法上享有豁免权，但是为了有利于其与私人金融机构交易，促进业务的开展，国际金融机构往往在其章程中就有关豁免问题予以一定的限制，或者针对性的放弃自己的豁免权。在国际贷款实践中，贷款人为避免管辖豁免的障碍，往往要求作为借款人的外国政府，在贷款协议中明确签订其愿意接受指定法院的管辖，以及抛弃所享有的管辖豁免权的条款，此即通常所说的遵从管辖权条款（submission to jurisdiction clause）和放弃豁免权条款（waiver of immunity clause）。[8] 放弃豁免权的基本表述大致为：“借款人同意：如借款银行就贷款协议有关的事项对借款人或其资产提起诉讼，借款人对此诉讼不得主张豁免权，也不得对其资产主张豁免权。借款人将依照本条款不可撤回地放弃他或其资产正在享受

〔6〕 参见王贵国：《国际货币金融法》，北京大学出版社1996年版，第706～707页。

〔7〕 美国《第二次冲突法重述》第90条及其评论、注释部分。另参见刘甲一：《国际私法》，台北，三民书局1971年版，第281页及以后。

〔8〕 参见余劲松主编：《国际经济法问题专论》，武汉大学出版社2003年版，第527页。

的或将来可能取得的豁免权。本条所指的诉讼应包括诉讼、判决前的扣押财产、其他性质的扣押财产、取得判决以及判决的执行。”在实践中,这类条款已逐渐发展成为格式条款,为大多数国际贷款协议所采用。

三、国际贷款中的抵销

(一)抵销的概念

抵销(set - off)是指互负债务的当事人各以其债权充当债务之清偿,而使其债务与对方的债务在对等额内相互消灭。[9] 抵销是消灭债的一种原因或手段,因其具有节省时间与费用,提供担保、保证公平等优点,抵销成为贷款人的重要担保方式。

抵销权是实体性权利,银行可以用借款人在银行的存款来抵销借款人对银行所欠的债务。银行的抵销权是银行进行自我救济的一种方法,当银行能够行使抵销权时,银行单方行为就能发挥效力,不需要求助法院或外界的其他帮助或合作。即使能否援用抵销权尚处于不确定之时,银行援用抵销权也可以为自己提供讨价还价的砝码与担保。[10]

(二)国际贷款协议中的抵销权条款

在国际贷款特别是国际银团贷款中,贷款银行往往会与借款人签订抵销权条款,约定授权贷款人在借款人到期未偿付借贷协议项下任何款项时,有权用借款人任何账户上的贷方余额(credit balance)抵销所有应支付的款项。贷款银行通过行使抵销权,往往可以在借款人违约时,用自己所控制的借款人的财产来抵销因借款人违约所造成的损失。借贷双方在约定抵销中应明确的问题是:(1)“任何账户上的贷方余额”中的“任何账户”如何界定,除了贷款银行的账户,是否包括借款人在贷款银行在任何国家的分行或联属行中的任何账户;(2)借款人的保证人在贷款银行的任何账户上的贷方余额是否也可用于抵销;(3)是否无论何国货币的贷方余额均可抵销。需要指出的是,当事人约定的抵销权条款的效力受制于有关国家的强行法,如破产法。

第三节　国际银团贷款制度

一、国际银团贷款的概念和特点

国际银团贷款,又称国际辛迪加贷款(international syndicated loan),是指从事国际借贷业务的两家或两家以上的银行组成银行团,依据贷款协议所规定的条件,统一向借款人发放的并由一家共同的代理行管理的国际贷款模式。

国际银团贷款的主要特点是:(1)贷款人由多家银行组成。国际银团贷款的贷款人是由多家银行组成。根据贷款规模的大小、贷款风险的高低等因素,参与贷款的银行数量

---

〔9〕 参见王家福主编:《中国民法学·民法债权》,法律出版社 1991 年版,第 201 页。

〔10〕 See Peter M. Mortimer, *The Law of Set - off in New York: General Principles and International Aspects*, in Sovereign Lending: Managing Legal Risk, International Law Institute, 1984, p. 189 - 190; John E. Hoffman Jr. and Brigid Carroll, *Set - of by U. S. Lender Against Off - shore Deposits*, in Sovereign Lending, p. 211. 转引自郭玉军:《国际贷款法》,武汉大学出版社 1998 年版,第 175 ~ 176 页。

不等,少则两家,多者数十家不同国家的银行。由这些银行共同组成银行团[11],向借款人提供贷款。国际银团贷款与一系列双边银行贷款(bilateral facilities)不同,一系列双边银行贷款是由多家银行以一种较松散的结合方式,各自分别对同一借款人贷款。在国外有学者把它称为贷款俱乐部。而国际银团贷款是由各参与行依据共同的贷款协议发放贷款,并由一家共同的代理行来管理全部贷款。银团的各参与行的关系依贷款协议而定,根据在贷款过程中的法律地位和职责的不同,银团成员可以分为牵头银行(或经理银行)、代理银行、参与银行等。(2)贷款金额大,贷款期限长。国际银团贷款金额大,每宗贷款金额多为1亿美元至10亿美元,甚至高达数十亿美元;贷款期限长,多为中长期贷款,一般在5~10年,甚至更长。(3)特殊的浮动利率结构。国际银团贷款中,借款人是按统一的利率向银团的各个贷款行支付利息,而不是对不同的贷款行使用不同的利率。借款人支付的利率是浮动利率而非固定利率,是贷款行的筹资成本加上一个利差。一般将贷款期分为若干利息期如3个月、6个月等。每一段利息期内是一个固定利率,但是各利息期之间的利率则可能有差异,于是在整个贷款期内体现为浮动利率。(4)贷款的"各别性"(several basis of lending)。国际银团贷款的各别性,是指尽管银团贷款作为一个整体给借款人发放贷款,但是,各贷款行彼此的义务是分开的并不是连带的。也即各参与行只对自己承贷的部分承担责任,不需要对其他参与行承贷的部分承担任何义务。(5)贷款的公开性。国际银团贷款金额一般比较大,而能筹措到银团贷款是对借款人的一种肯定性评价,表明借款人经营颇佳。因此许多借款人都通过公开银团贷款来扩大自己的声誉。公开银团贷款对借贷双方都有利,因此,借贷双方往往在贷款协议签订后制作"交易公告"(tombstone),并在报刊上登载。

国际银团贷款作为当今国际资金融通的一种重要方式,始于20世纪60年代。随着国际金融市场竞争的日益激烈,国际债务危机开始突现,各家商业银行为减少贷款风险,开始寻求新的更为安全的贷款方式。国际银团贷款,以其分散风险的特殊优势,迅速发展起来。20世纪70年代国际银团贷款得到高速发展;20世纪80年代,受国际债务危机的影响,国际银团贷款有所下降;20世纪90年代,国际银团贷款再次快速增长。进入21世纪,随着金融自由化、电子化、一体化的发展,新的金融工具的产生,一些借款人通过债券、股票等方式筹措资金,银团贷款总量有所减少。国际银团贷款在面临其他融资方式挑战的情况下,表现出一些新的变化,内容上,贷款条件趋向宽松与灵活,并融合了证券融资特点,设计出以可转让贷款证书、可转让贷款参与证书、可转让贷款文据等为媒介的形式多样的间接参与贷款方式;主体上,与世界银行联合放款,尽管在利率和期限方面逊于市场条件,但是减少了信贷风险,增加了安全系数。

2019年3月25日,中国交通银行香港分行及摩根士丹利作为牵头行,与昆明滇池水务股份有限公司签订国际银团贷款合同,参与银行有国家开发银行、印度国家银行、澳门国际银行、富邦银行、台新银行等9个不同国家、地区的国际银行,签约金额为2.7亿美元

---

〔11〕 国际银行团与国际集团银行不同。国际集团银行是由不同国家的多家银行共同投资组建的从事金融业务的银行,系较大规模的跨国银行,一般为独立的法人。国际银行团则通常由协议联合起来,协议履行完毕后银行团就不再存在,不具有独立法人的组织形式。

(等值)。

二、国际银团贷款的方式

国际银团贷款组成方式可分为直接参与型国际银团贷款和间接参与型国际银团贷款。

(一)直接参与型国际银团贷款

直接参与型国际银团贷款是指在牵头银行(经理银行)的组织下,各贷款银行直接与借款人签订贷款协议,按照一份共同的协议所规定的统一条件贷款给借款人,全部贷款统一由代理行进行管理的贷款方式。在直接参与型贷款中,各当事人之间的法律关系十分明确,各贷款银行同借款人之间形成直接的债权债务关系。

直接参与型国际银团贷款的基本程序及相关法律问题如下。

1. 牵头银行的选择

在直接参与型国际银团贷款中,首先由借款人物色一家或几家声誉卓著的大国际银行担任牵头银行,委托该银行为其安排银团贷款。如果贷款规模庞大,一家乃至几家牵头银行仍难以应付,可以另外指定一些协作经理银行共同组成经理银行集团,一起完成贷款的组织工作。在直接参与型贷款中,牵头行在银团一旦成立后,其作为牵头行的任务就结束,牵头行与其他参与行处于平等地位,与借款人之间的关系都是债权人和债务人的关系。

选择牵头银行的法律程序是:先由借款人向牵头银行出具一份“委托书”(mandate letter),委托书一般写明拟贷款的金额、利息以及签订贷款协议的各种条款。一般说来,委托书是一种对双方没有法律拘束力的商务文件,但根据某些国家的法律,可以推定它具有法律效力。为避免争议,最好在委托书中就其法律性质作出明确规定。牵头银行接受委托之后,便向借款人出具一份“义务承担书”(commitment letter),列明为借款人安排贷款的各项基本条件,并表明各条件最终以双方签订的贷款协议为准。

2. 银团的组成

牵头银行选定之后,进入组织银团的阶段。一般情况下,银团的成员是由牵头银行招募而来,也有一些国际银团贷款是由借款人指定某个或某些银行参加银团,或一些银行获得信息后主动报名参加。在招募过程中,牵头银行与借款人一起拟订一份“情况备忘录”(information memorandum),说明借款人的法律地位、财务状况和贷款的详细情况,其他银行以情况备忘录作为主要依据考虑是否加入银团。由于情况备忘录内容正确与否将直接影响参与银行日后所提供的贷款份额的安全问题。因此,许多国家法律规定,牵头银行对情况备忘录所载事项应负“适当注意”的义务。如果事实说明失实,致使参与银行决策错误而蒙受损失,牵头银行应负民事乃至刑事责任。其中,对于因疏忽造成的不正确说明,各国法律一般允许牵头银行在情况备忘录中作出免责规定,但对于欺诈性的不正确说明,牵头银行必须承担法律责任。

3. 贷款协议的签订

由牵头银行与借款人就贷款协议进行谈判,商定贷款的各项条件。协议拟就之后,再由各参与银行直接与借款人签订贷款协议,按照该协议规定的统一条件向借款人发放贷款。在直接参与型国际银团贷款中，各参与银行与借款人直接发生借贷法律关系，形成各自独立的债权债务关系，仅就各自承诺的贷款份额向借款人负责，相互间不负连带责任。

4. 代理银行的指定

代理银行是贷款协议的具体执行者和管理者。贷款协议签订之后，牵头银行的任务即告完成。因此，需要在银团中指定一家代理银行负责贷款协议履行的管理工作。代理银行职责广泛，如充当银团成员发放贷款和借款人偿还贷款的收发中介、审查发放贷款的先决条件、监督借款人的财务状况及处理违约事件，等等。

代理银行是银团的代理人，而不是借款人的代理人。因此，如果代理银行在收到银团成员款项之后转给借款人之前，失去清偿力或将这笔款项挪为他用，银团仍须承担向借款人支付贷款的义务；反之，借款人向代理银行交付本息之后，即使代理银行未将这笔款项转交银团，借款人也可排除偿还贷款的义务。

直接参与型国际银团贷款流程，详见图 11－1。

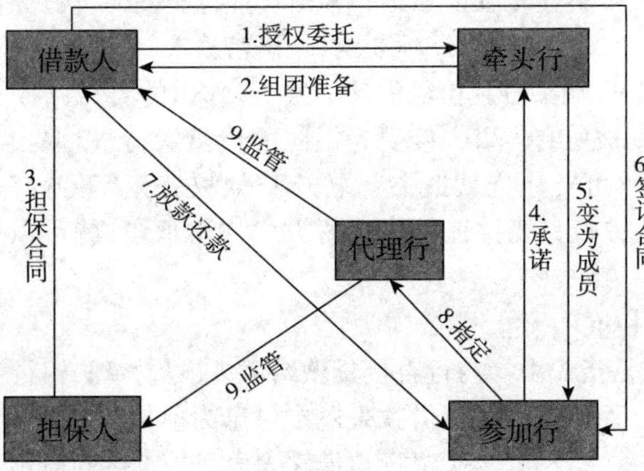

图 11－1　直接参与型国际银团贷款流程

（二）间接参与型国际银团贷款

间接参与型国际银团贷款是指先由一家牵头银行单独与借款人签订贷款协议，向借款人提供贷款，然后由该银行将参与贷款权转售给其他愿意提供贷款的银行而无需经借款人同意的贷款方式。

间接参与型银团贷款中，牵头行具有多重身份，它既是银团贷款的组织者即牵头行，又是银团贷款的代理行。作为牵头行，它要负责贷款协议的谈判、签署，并与参与行联络。作为代理行，它要负责贷款的发放、回收，贷款本息及费用的划付，贷款使用的管理和监督，违约事件的判断和处理、持有和行使贷款中约定的担保物权。参与行只是通过取得参与贷款权间接地向借款人提供贷款。

牵头银行、参与银行与借款人之间的关系取决于转让贷款参与权的方法，通常贷款参与权转售的方式主要有四种。

1. 合同更新（novation）或替代（substitution）

这种方式是指借款人、牵头银行和参与银行三方达成一致协议，解除牵头银行一定份额的贷款义务，改由参与银行就此份额承担贷款义务，并取得就此份额依贷款协议获得利息收入的权利。这种做法在大陆法系中被称为“合同更新”,在英美法系则被称为“合同替代”。通过合同更新或替代方式,借款人与参与行产生了权利义务关系,借款人与牵头银行原先发生的部分债权债务关系归于消失,实际上等于由借款人就此与参与行订立一种新的贷款协议。也就是说,因合同更新导致了借款人与牵头行及参与行之间分别产生了直接的债权债务关系,牵头银行和参与银行作为借款人的债权人,与借款人是独立的合同关系,相互之间不负连带责任。因此,从严格意义上讲,它属于直接参与型的国际银团贷款。[12]

与其他授予参与权的方式相比,通过合同更新的方式,牵头行可部分解除对借款人的贷款义务,在其他参与行不按其份额提供贷款的情况下,牵头行无须就此份额负贷款义务。但是,合同更新方式必须是借款人参与及同意才可把贷款权授予其他贷款人,增加了交易达成的难度,也违反了牵头银行不通知借款人或毋需借款人参加便可自行出售贷款权的初衷。实践中,合同更新简化为制作“可转让贷款证书”(transfer loan certificate, TLC)的办法来实现。可转让贷款证书是一种由代理行签发的、代表借款人与银团所有成员银行利益的文件。该文件包含了一项要约,是由借款人、代理银行与银团其他成员银行共同对该证书的受让人(购买贷款份额的新的银行)作出的要约,约定受让人一旦履行该证书所规定的手续,则被所有当事人接受为银团的成员银行,以取代出售贷款份额的银行的地位。通过转让“可转让贷款证书”,转让贷款权就无须另行征得借款人的同意,购买贷款份额的新的银行只要按证书规定的方式作出承诺,就可以产生合同更新的效果。

2. 转贷款(sub – loan)

转贷款这种方式是指先由参与行直接贷款给牵头银行,牵头银行获得贷款后,再把这笔款项转贷给借款人,而牵头行是以借款人还本付息为前提向参与银行履行还本付息的义务。转贷款这种方式中,尽管牵头银行与借款人之间是直接的债权债务关系,但参与行的还款请求权受到借款人对牵头行还款金额的限制,只能对特定的资金来源主张请求权。如果借款人不偿还牵头银行的贷款,牵头银行无须用其他资金偿还参与行向牵头银行发放的贷款。另外,由于牵头银行与借款人之间的贷款协议同牵头银行与参与行之间的转贷款协议是两个完全独立的合同,参与行对牵头行与借款人之间的贷款协议不拥有任何权益。因此,参与行对借款人没有直接的请求偿还贷款权。

在转贷款中,参与行承担了双重风险,即借款人不能还款的风险和牵头行不还款的风险。如果牵头行破产,参与行只能列为无担保债权人参与清算,如果借款人破产,牵头行也没有义务向参与行偿还。尽管如此,转贷款仍然是一种比较流行的间接银团贷款参与方式。

实践中,参与银行可以通过在转贷款协议中要求牵头银行向其签发可转让贷款参与权证书,以转移其权利。这种可转让贷款参与权证书,是可转让贷款证书的一种形式。该证书包含一项对适宜机构发出的要约,允许在填写该证书并经转让银行(参与银行)与受让人会签之后递交给牵头银行,从而达到参与银行将其在转贷款协议下的贷款份额部分或全部转让给受让人的目的,使受让人成为实际上的银团成员。

---

〔12〕 See Peter Gabriel, *Legal Aspects of Syndicated Loans*, Butterworths, 1986, p. 193.

3. 让与(assignment)

让与这种方式是指牵头银行将它与借款人签订的贷款协议中的部分贷款义务连同权益一并转让给参与银行。通过让与这种方式,参与银行可以取得对借款人的直接请求权,这一点与转贷款不同。但是贷款权转让一般须经借款人的书面同意,而借款人往往不同意让与,因此实践中采用这种方式的不多。

4. 隐名代理(undisclosed agency)

隐名代理是英美法特有的制度,是指在贷款协议签订之前,牵头银行已邀请到愿意作为参与银团贷款的银行,这些银行授权牵头银行为代理人同借款人签订借贷合同,牵头银行代理银团其他成员与借款人签订贷款协议,但不披露代理人的身份,借款人把牵头银行看作本人,而不是代理人。隐名代理生效的前提是,必须在贷款协议签订前银团已经指定牵头行为代理人。在贷款协议签署后则不能将牵头行转变为银团的代理人。[13] 在未披露代理关系时,牵头银行将承担所有的贷款义务,一旦代理关系公开,那么借款人既可向牵头银行要求履行贷款义务,也可向各参与银行要求履行贷款义务。牵头银行与参与银行负连带清偿责任。

间接参与型国际银团贷款流程详见图 11－2。

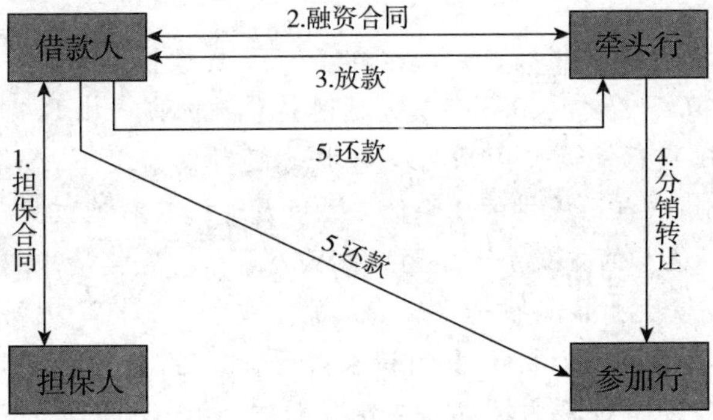

图 11－2　间接参与型国际银团贷款流程

案例 11－2 ｜ A、B、C 银行诉 W 公司案

A 银行与 W 公司签订一份 1 亿美元的国际贷款协议。W 公司出具委托书,委托 A 银行为牵头银行组织贷款。A 银行则向 W 公司出具了一份义务承担书,表示愿意承担为借款人组织国际银团贷款的义务。签订的借款协议中除了规定一般国际借贷协议的内容外,还规定 A 银行可以通过转售参与贷款权给其他愿意提供贷款的银行筹集资金。A 银行遂通过订立出售参与贷款权协议,将参与贷款权转让给 B、C 两家银行。B 银行以转贷款的方式加入,提供 0.3 亿美元,C 银行以让与的方式加入,提供 0.3 亿美元,A 银行提供资金 0.4 亿美元,共筹集到 1 亿美元,贷给了 W 公司。后来,W 公司未能按时还款,遂发生纠纷,A、B、C、三家银行要求 W 公司偿还贷款。

〔13〕 See Philip Wood, *Law and Practice of International Finance*, Sweet & Maxwell, 1980, p. 274.

原告诉求:A银行要求W公司偿还本金0.4亿美元及利息。B银行要求W公司偿还本金0.3亿美元及利息。C银行要求W公司偿还本金0.3亿美元及利息。被告答辩:W公司只与A银行有贷款协议,与B、C银行无合同关系,不承担偿还义务。

问题:A银行、B银行和C银行是否有权直接要求W公司偿还贷款。

法律分析:国际银团贷款一般分为直接式银团贷款和间接式银团贷款。在直接参与型贷款中,各当事人之间的法律关系十分明确,各贷款银行同借款人之间形成直接的债权债务关系。间接参与型国际银团贷款是指先由一家牵头银行单独与借款人签订贷款协议,向借款人提供贷款,然后由该银行将参与贷款权转售给其他愿意提供贷款的银行而无须经借款人同意的贷款方式。参与行只是通过取得参与贷款权间接地向借款人提供贷款。牵头银行、参与银行与借款人之间的关系取决于转让贷款参与权的方法。通过让与方式,牵头银行将它与借款人签订的贷款协议中的部分贷款义务连同权益一并转让给参与银行,参与银行可以取得对借款人的直接请求权。如果是转贷款,则是先由参与行直接贷款给牵头银行,牵头银行获得贷款后,再把这笔款项转贷给借款人,而牵头行是以借款人还本付息为前提向参与银行履行还本付息的义务。参与行对牵头行与借款人之间的贷款协议不拥有任何权益。因此,以转贷款方式提供贷款,参与行对借款人没有直接的请求偿还贷款权。

本案中,A银行作为牵头银行,与W公司签订了贷款协议,提供1亿美元贷款给W公司,其中自己提供0.4亿美元,0.3亿美元通过转贷款的方式由B银行提供,0.3亿美元通过让与的方式由C银行提供。在W公司不按期还款的情况下,A银行作为牵头银行,可要求W公司偿还其中自己提供的0.4亿美元以及通过转贷款方式由B银行提供的0.3亿美元。C银行是以让与的方式加入银团,对W公司享有直接请求权,可要求W公司偿还自己提供的0.3亿美元。B银行是以转贷款的方式加入,对W公司没有直接的请求偿还贷款权,只能向作为牵头银行的A银行请求偿还贷款,而A银行是以W公司还本付息为前提向B银行履行还本付息的义务。在转贷款中,参与行承担了双重风险,即借款人不能还款的风险和牵头行不还款的风险。如果牵头行破产,参与行只能列为无担保债权人参与清算,如果借款人破产,牵头行也没有义务向参与行偿还。

案例11-3　|　泰国金昭银行银团贷款案

中信公司需要一笔2亿美元的中期贷款进行本市跨海大桥建设,遂委托泰国金昭银行为牵头银行组织银团贷款,并向泰国金昭银行提交了委托书,委托书中载明了贷款金额、利息率以及适用法律和法院管辖权内容。泰国金昭银行则向中信公司出具了一份义务承担书,表示愿意承担为借款人组织国际银团贷款的义务。此后,泰国金昭银行与中信公司就借款协议的各项条款进行了谈判,签订了一项借款协议,协议除了规定国际借贷协议的基本内容以外,还约定泰国金昭银行可以通过转售参与贷款权给其他愿意提供贷款的银行的方式筹集资金,并统一由泰国金昭银行将贷款提供给中信公司。最后,泰国金昭银行通过订立出售参与贷款协议,将参与贷款权转让给数十家各国银行,筹集了1.1亿美元,同自有金300万美元贷给了中信公司。后泰国金昭行因经营不善加之金融危机的影响面临破产,致使参与银团贷款的银行无法按期收回所贷款项,遂产生争议。

案例 11－4　｜　A 公司与 B 银行案

A 公司为筹集资金委托 B 银行作为牵头银行组织贷款，并报外汇管理局审批。A 向 B 提交了委托书，委托书载明了贷款 8 亿美元，利息率以伦敦同业银行拆借利率加 1.2% 计，期限 6 年。另载明适用法律和法院管辖权等内容。B 银行向 A 公司出具了一份义务承担书，表示愿意承担为借款人组织国际银团贷款的义务。此后，B 银行与 A 公司就贷款协议的各项条款进行了协商，并最终签订了贷款协议。后来 B 银行通过发放可转让贷款证书的方式向 10 家愿意提供贷款的外国银行筹集到资金 7.2 亿美元。B 银行将 7.2 亿美元连同自有资金 0.8 亿美元共 8 亿美元贷给了 A 公司。后 B 银行因经营不善而面临破产，参与银行直接要求 A 公司偿还贷款，A 公司不同意，参与银行向中国法院起诉。

三、国际银团贷款所使用的法律文件

国际银团贷款所使用的法律文件除了贷款协议，还有委任书、条件书和信息备忘录等。贷款协议与一般的国际贷款协议内容相似，这里不再赘述。

（一）委托书

委托书是借款人授权牵头银行为其安排银团贷款的法律文件，是牵头银行组织银团贷款的授权依据。借款人为了获得巨额贷款，首先委托一家银行为之组织放贷银团，或有某家银行主动出来愿为借款人组织放贷银团。借款人首先与牵头行进行借贷谈判，初步达成协议后即向牵头行发出组织放贷银团的委托书。委托书一般载明借款的金额、利率和借款人愿意承担的条件，概括地规定以后订立借贷协议时将包括的条款。

委托书表面上看是借款人与牵头行之间的一份合同。在委托书颁发后，任何一方都不能单方面对其进行修改。在法律性质上，委托书属于商业建议或要约邀请，其内容除具体授权的部分外，其他涉及贷款条件的内容通常都不具有法律约束力。实践中，绝大多数的委托书都只要求牵头行"尽最大努力"组织放贷银团，从而难以认定各方确立了什么权利义务关系，委托书仅是牵头行经借款人授权为之组织参与行的书面依据。贷款人与牵头行往往在委托书中使用各种不同的措辞以设法消除委托书可能产生的法律约束力，如明确表示：只是"原则上"接受委托书的条件；或"以合同为准""以正式文件或可接受文件为准"；或在委托书中使用一些含糊的用语，如规定贷款协议将包括金融市场上的通常条款或标准条款。

（二）融资承诺书

融资承诺书又称为义务承诺书，是牵头行向借款人出具的，表示愿意承担为借款人物色贷款银行的法律文件。融资承诺书的内容主要有两个：一是列举借款人提出的贷款的各项基本条件，二是牵头行表示应作怎样的努力争取组织银团，完成借贷交易。融资承诺书具体规定了牵头银行对借款人承担的义务。牵头银行在承诺书中可以保证提供全部贷款，也可以允诺"尽最大努力"去安排贷款，还可以表示只愿意尝试组织贷款。在后两种情况下，即使牵头银行未按规定条件成功地组织贷款，也不负或只负有限的法律责任。融资承诺书所记载的内容不宜过细，应当为贷款人日后进行谈判留有商量余地，并且最好在承诺书上注明："贷款人所承担的贷款义务应以双方日后签订的贷款协议为准。"

(三)信息备忘录

信息备忘录是牵头行与借款人共同拟定的记载有借款人的法律地位、财务状况以及主要贷款条件等内容的法律文件。由牵头行分发给可能参加贷款的银行,邀请其参加银团贷款。信息备忘录是潜在参与银行考虑决定是否参加贷款的重要依据。尽管它的材料是由借款人提供,但是它是以牵头行名义传送,因此,对牵头行具有严肃的法律意义。信息备忘录的内容因每笔银团贷款业务的具体情况不同而有所区别,一般而言,一份完整的信息备忘录应包括牵头行声明、借款人基本情况和贷款的基本条件、附件。

1. 牵头行声明

通常包括以下内容:牵头行是经借款人筹借资金而提交这份信息备忘录的;信息备忘录中的有关资料和对未来的预测全部是由借款人提供并已由借款人向牵头行确认;按照借款人要求,备忘录是以保密方式仅向有选择的金融机构提供;每一潜在参与行在决定是否参加银团时,应自行调查并对借款人的情况作出评估;信息备忘录只能用于决定是否参加银团,非经借款人同意,不得用作任何其他目的;等等。

2. 借款人基本情况和贷款的基本条件

借款人基本情况包括借款人公司企业成立时间、性质、业务范围、经营管理状况、内部组织机构、借款人的财务情况等。贷款的基本条件一般为融资承诺书或委任书已有的内容。

3. 附件

借款人向牵头行提交的书面声明:如信息备忘录中的内容是真实的、完整的;借款人认可并愿意为信息备忘录中的内容承担责任,授权并要求牵头行代表借款人向潜在参加行提供,同时愿意协助潜在参加行对借款人作调查、评估。

在银团贷款中,信息备忘录是非常重要的一份文件,其法律性质和潜在责任存在争议性。而所谓潜在责任主要是指信息备忘录错误说明的法律责任。信息备忘录错误说明的法律责任,又称为误述责任,是指信息备忘录出现误述或漏述之类的差错,使收到备忘录的银行因此而蒙受损失,提供信息备忘录的人须对此承担责任。提供信息备忘录的人是在信息备忘录上签名的人,包括借款人、牵头行或牵头银行组成员。一般由于在追究误述责任时,借款人财务状况肯定已极端恶化,借款人在事实上已无力偿还贷款,因此,在追诉借款人于事无补的情况下,遭受损失的银行往往转向牵头行索赔。由于信息备忘录对牵头行具有重要的法律意义,牵头行往往在信息备忘录中规定免责条款。对免责条款的效力,不同法律传统的国家有不同的认识,多数国家的司法实践表明,属于欺诈性误述的,牵头行应承担法律责任,免责条款无效;属于疏忽性误述的,免责条款在一定条件下有效。

第四节 国际项目贷款制度

一、国际项目贷款概述

(一)国际项目贷款的概念

项目贷款,有广义和狭义说,广义的项目贷款是指一切针对具体项目所安排的贷款,欧洲学者多持这一观点。[14] 狭义的项目贷款是指为特定项目安排的无追索性或有限追索性的贷款。本书采狭义说，即认为国际项目贷款是指向一个特定的工程项目提供贷款，以该项目的预期收益为偿还贷款的主要来源，并以经营该项目的经济单位的资产包括各种项目合同上的权利作为随附担保的一种国际中长期贷款形式。项目贷款通常只占项目工程投资总额的65%～75%，其余的25%～35%由举办该项目的主办人投资，体现投资者和贷款人共担风险的原则。

国际项目贷款最早出现于20世纪50年代的美国，在60年代中期，以英国开发北海油田项目贷款为标志，开始受到人们的广泛重视。进入20世纪70年代能源工业繁荣时期，项目贷款得到了大规模的发展，成为当时大型能源项目国际融资的主要手段。美国阿拉斯加天然气输送管道、英法海底隧道以及香港海底隧道等大型项目都是国际上较为著名的项目贷款。

国际项目贷款的投向只限于特定的工程项目，包括石油、煤炭、天然气等自然资源开发项目和交通运输、电力、农林等大型工程建设项目。这类项目所需资金巨大，风险也相应增大。在传统的融资方式难以满足需要的情况下，国际项目贷款得到了迅速的发展。

（二）国际项目贷款的特点

与传统的贷款方式相比较，国际项目贷款有以下特点：

1. 贷款对象为项目公司。在传统的贷款方式中，贷款人是将资金贷给借款人，再由借款人将资金用于某一项目的开发或建设。这种贷款的发放是以借款人的资信或者资产作为首要的考虑因素。在国际项目贷款中，项目主办人为筹措项目资金，一般要专门为经营该项目而成立新公司，称为项目公司。贷款人把资金直接贷给项目公司，而非项目主办人。贷款人的贷款意图、贷款条件、融资结构设计等均以项目本身为导向，项目本身的经济性和经营绩效是贷款人关注的焦点，贷款人发放贷款是以借款人所投资项目的资产价值和预期现金流量作为主要的考虑因素。

2. 贷款人的追索权存在限制。传统贷款中，贷款人具有完全追索权，当借款人未按期偿还债务时，贷款人可以要求借款人用其所有的财产和收益清偿债务。在项目贷款中，贷款人只具有有限追索权甚至没有追索权。在有限追索权的情况下，贷款人对借款人的追索范围仅限于项目的资产价值和现金流量，以及项目主办人或第三人为项目担保或保证，而不能及于借款人的全部资产。有限追索权的结果是当项目公司经营不善、项目不能产生足够的现金流量时，贷款人就可能承担部分债权不能实现的风险。在无追索权的情况下，贷款的偿还完全依赖于项目的经济强度，如果项目失败或项目收益不足以清偿全部贷款时，贷款人不能追索到项目主办人除项目之外的任何资产。这种无追索权的项目贷款对贷款人来说风险太大，一般贷款人不愿采用。

3. 贷款的担保形式多样化。项目贷款的担保形式多样化，分散了项目风险，这也是贷款人在追索权受到限制愿意提供贷款的重要原因。在项目贷款的早期，一般由项目公司作为借款人，还款来源是项目收益，并可以在项目公司的资产上设定担保权益。为了保证贷款资金的安全，贷款人还要求与项目有利害关系的第三人提供各种担保，如项目主办

〔14〕 See Stephen Syrett, *Foreword*, *Project Finance Yearbook* 1991/1992, Euromoney Publications PLC, 1991, p. 9.

人、供应方、项目使用方、承包方等。通过组织各项目利益方参与项目融资并提供各种担保,从而使项目风险得到转移,并提高了项目的债务承受能力。如果项目失败或项目收益不足以清偿全部贷款时,贷款人有权向各个担保人进行追偿,但各担保人对项目债务所负的责任仅以各自所提供的担保金额或按有关协议所承担的义务为限。此外,开设托管账户也被视为担保的重要组成部分。

二、国际项目贷款的参与人

国际项目贷款涉及多方参与人,各参与人在国际项目贷款中都扮演不同的角色,对项目的完成发挥不同的作用。项目贷款一般包括以下各方参与人:

1. 项目主办人。项目主办人是项目的实际投资者,从组织上负有落实项目计划的责任。由项目主办人组织成立项目公司,再由项目公司作为借款人向项目贷款人借款完成工程开发,尽管作为法律意义上的借款人是项目公司,但是,项目主办人是事实上的借款人。项目主办人拥有项目公司的全部或部分股权,以直接担保或间接担保形式为项目公司提供一定的信用支持,并享有获取投资利润和其他收益的权利。项目主办人可以是政府或公司企业,有时为了利用外国公司的信誉,吸引外国银行的贷款,也吸收外国公司参加。

2. 项目公司。项目公司是项目主办人为发展项目而出资设立的法律实体,是项目借款人,是项目债务和项目风险的直接承担者。项目公司以其自身名义向项目贷款人借款,负责项目的开发、建设以及经营管理,以项目收益偿还贷款,并以项目公司的资产作为还款的保证。在国际项目贷款中,正是因为存在项目公司,才实现了风险分担、追索权限制、项目主办人表外融资。

3. 项目贷款人。项目贷款人是项目信贷资金的主要提供者。贷款人可以是政府机构、出口信贷机构、国际金融组织,也可以是商业银行、投资公司、租赁公司、财务公司和保险公司等。贷款人常常组成国际银团提供项目贷款,以增强抗风险能力。

4. 项目开发承包商。项目开发承包商负责项目的设计和建设,往往会提供项目的完工保证。项目开发承包商的资金实力、技术水平与信誉状况会在很大程度上决定项目贷款人对项目开发风险的判断。

5. 项目供应商。项目供应商一般与项目公司签订项目材料和设备的供应安装合同。为项目公司提供原材料和设备,确保项目公司能正常运转。供应商往往愿意为项目争取优惠出口信贷和设备质量担保。

6. 项目使用方。项目使用方即项目产品的买方或项目设备的用户,可以是项目主办人,也可以是项目主办人之外的第三人。使用方通过与项目公司签订长期购买或使用合同,确保项目公司有足够的收益偿还贷款,从而为该项目的贷款提供重要的信用支持,所以项目使用方有时也是项目贷款的参加者。项目使用方与项目公司签订的长期购买合同可以在一定程度上决定项目贷款人是否提供贷款和贷款成本的高低。

7. 项目融资顾问。融资顾问是项目贷款的安排设计者,通常由投资银行、财务公司或者银团牵头行担任。在国际项目贷款中,融资顾问的作用非常重要,只有在对各方信息,包括项目投资者的目标要求、项目所在国的环境、项目本身的经济性、金融市场的动向等,进行全面了解的基础上,并具备丰富的谈判经验和技巧,才能提出一个为投资者、银行、借款人等各方所接受的融资方案。从某种程度上讲,融资顾问是决定项目贷款能否成功的关键。

8. 保证人。在国际项目贷款中,贷款人通常要求由一个信誉卓著的保证人向其提供保证。保证人一般多由东道国中央银行、外国大银行或大公司担任。最常见的保证是完工保证和偿债保证。

9. 托管人。国际项目贷款一般都指定专门的托管人负责管理有关的资产。托管人主要代表贷款人的利益设立托管账户,负责托管项目的现金流量和收益,确保在从工程项目的收益中拨出足够的款额来清偿贷款以前,不让项目主办人动用这笔款项。

10. 官方保险机构。由于海外投资风险高,涉及战争险、征用险、汇兑险等政治风险,一般商业保险公司不愿意承保,因此,为鼓励对外投资,许多国家的政府设立官方或半官方的保险机构,对本国的对外投资或贷款提供保险。商业银行或设备供应商向外国工程项目提供贷款时,常常将取得官方保险机构的保险作为先决条件。提供这类政治风险保险的官方保险机构有美国的海外私人投资公司(OPIC)、英国的出口信贷担保局(ECGD)、法国的对外贸易保险公司(COFACE)等。

三、国际项目贷款的合同结构

国际项目贷款可以分为无追索权项目贷款和有限追索权项目贷款两种基本类型。

无追索权项目贷款是指贷款人向项目公司提供贷款,以该项目建成投产后所产生的收益作为偿还贷款的资金来源,并以该项目的资产为贷款人设定担保。除此之外,项目主办人和其他人不向贷款人提供任何信用担保。由于无追索权项目贷款商业风险很大,贷款人一般都不愿接受无追索权项目贷款方式。

有限追索权项目贷款是贷款人除要求以项目收益作为还本付息的资金来源,以及在该项目资产上设定担保物权之外,还要求由项目公司以外的第三人提供各种担保。这些第三人包括项目主办人、项目使用方、东道国政府以及其他保证人等。国际上一般都采用有限追索权的项目贷款方式。这种项目贷款方式牵涉诸多参与人,各参与人之间的权利和义务关系是通过一系列的合同确立的。按各参与人签订的各种合同的层次来分,有限追索权项目贷款主要采用以下三种合同结构。

(一)二联式结构

二联式结构是由两种合同联结起来而形成的结构。该结构涉及三方当事人,分别是贷款人、项目主办人和项目公司。涉及两种合同,分别为借贷合同和担保合同。

二联式结构项目贷款的安排是:(1)贷款人与项目公司订立贷款协议,由贷款人向项目公司提供贷款;(2)项目主办人与贷款人或项目公司签订各种担保协议,由项目主办人向贷款人提供担保。担保协议一般包括在项目完工以前订立的完工担保协议、在项目完工以后订立的投资协议或购买协议。二联式结构比较简单,一般为独家银行贷款所采用,具体流程详见图 11-3。

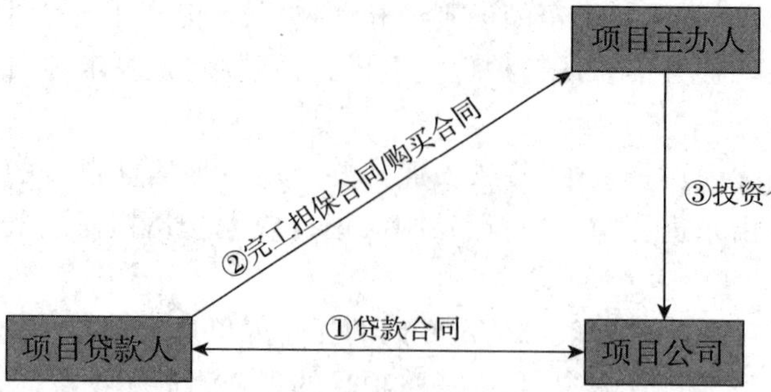

图 11－3　二联式结构流程

(二)三联式结构

三联式结构是由三个合同联结起来而形成的结构。涉及的三个合同是借贷合同、担保合同和长期购买合同。涉及四方当事人,除项目主办人、项目公司和贷款人之外,还包括项目产品的购买方或项目设施的使用方。项目产品的购买人既可以是主办人,也可以是第三人。

三联式结构项目贷款的安排是:(1)贷款人与项目公司订立贷款合同,向项目公司提供贷款;(2)项目公司与项目产品的购买方签订长期购买合同(通常采用"提货或付款合同"方式),待项目建成投资后,项目公司按协议出售产品,用所得的价款偿还贷款人的贷款;(3)项目主办人和项目公司签订担保合同,由项目主办人向项目公司提供担保,保证购买人履行在提货或付款协议中承担的必须付款的义务;(4)由项目公司将长期购买合同的权利连同项目主办人为该协议提供的担保一并转让给贷款人。(详见图 11－4)

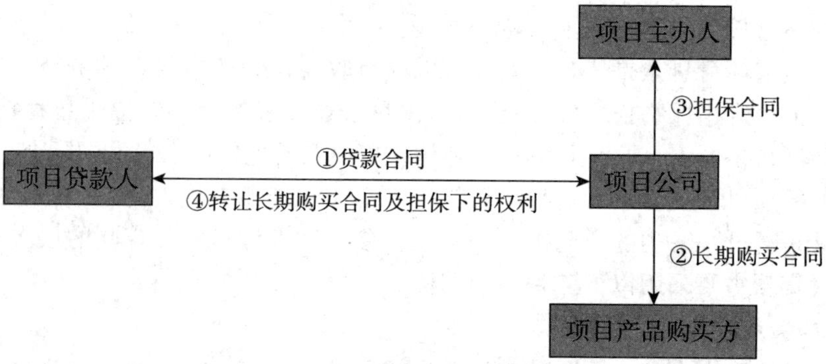

图 11－4　三联式国际项目贷款流程

(三)四联式结构

四联式结构是由四种合同联结而形成的结构。该结构涉及的四种合同是借贷合同、先期购买合同、提货或付款合同、担保合同。涉及的当事人较之三联式结构项目贷款的当事人多了一家贷款人全资拥有的融资公司。

四联式结构项目贷款的安排是:(1)贷款人与融资公司签订贷款合同,由贷款人向融资公司提供贷款;(2)融资公司与项目公司签订先期购买合同(forward purchase agreement),融资公司将从贷款人那里借到的款项支付给项目公司,作为日后购买项目公司产品的预付款;(3)项目投产后,项目公司向融资公司交付产品,融资公司则按提货或付款合同将产品转售给第三人,以所得的价款偿还贷款人的贷款;(4)项目主办人就项目公司在先期购买合同中交付产品的义务向融资公司提供担保,或者就第三方在提货或付款合同中的付款义务向项目公司提供担保,项目公司再将此项担保权益转让给融资公司;(5)融资公司将上述提货或付款合同项下的权利连同项目主办人提供的担保全部转让给贷款人,作为偿还贷款的担保。(详见图11-5)

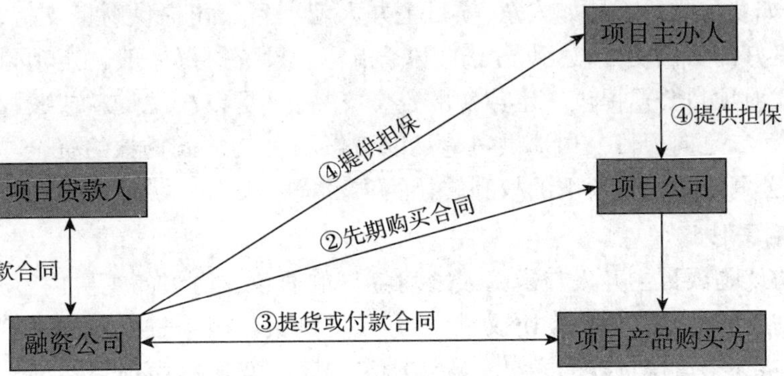

图11-5　四联式国际项目贷款流程

四联式项目贷款中,贷款人先向融资公司提供贷款,再由融资公司与项目公司签订先期产品购买合同,将货款支付给项目公司。之所以增加融资公司主要有以下三个方面的原因:(1)有些国家的法律禁止银行参与非银行性质的商业交易,而按照国际惯例,项目贷款属“商业交易”,因此,在项目贷款中,银行作为贷款人为法律所不允许,如果通过非银行性金融机构的融资公司开展项目贷款业务,可以不受此类法律规定的限制;(2)在贷款人是多家银行的情况下,由一家融资公司统一负责办理买卖项目产品的业务较之由几家银行各自分散经营更为方便;(3)通过融资公司开展项目贷款业务,有可能得到税收上的便利和优惠。

四、国际项目贷款所涉及的法律文件

国际项目贷款因合同结构不同,涉及的法律文件也不同。除国际借贷协议外,常见的法律文件主要有多种。

(一)完工担保协议

完工担保协议是项目主办人与贷款人之间签订的协议。贷款人为防止工程项目建设期推迟引起还款困难,一般要求项目主办人提供完工担保,由项目主办人向贷款人保证,如果项目需要额外资金,项目主办人将提供追加资金,确保项目如期完工。项目主办人追加资金有以下两种方法:一是主办人以自有资金增加对项目公司的投资。二是由主办人自己或通过其他金融机构向项目公司提供从属贷款。这种贷款相对于贷款人对项目公司的贷款是次位贷款,贷款人对项目公司的贷款是主位贷款,主位贷款较之次位贷款可以得到优先偿还,但次位贷款的偿还顺序又排在项目公司的股本之前。完工担保协议首先要明确的是“完工”的标准。完工通常有技术性完工和经济性完工之分。技术性完工是指项目建设设施的完成,经济性完工是指在技术性完工的基础上,能确保产生预计的现金流量和收益以偿付贷款的最终意义上的完工。贷款人和项目主办人应就完工标准在担保协议中做出明确约定。依据完工担保协议,如果项目主办人不履行追加资金的义务或者项目不能按期完成,则应偿还贷款人的贷款。

(二)投资协议

投资协议是项目主办人与项目公司之间签订的协议。签订投资协议的目的是项目开始运营后,如项目收益不尽如人意,项目主办人就项目公司提供财务支持,使项目公司保持或恢复良好的清偿能力,达到规定的财务指标。投资协议一般规定项目主办人采用以下两种方式对项目公司提供一定数额的资金支持:一是以次位贷款或股权参与方式向项目公司融资;二是向项目公司提供一笔足以清偿项目贷款人贷款的资金。投资协议签订之后,项目公司应将协议项下的权利转让给项目贷款人。

(三)购买协议

购买协议是项目主办人与贷款人之间签订的协议。协议的主要内容是,当项目公司不履行它与贷款人签订的贷款协议时,主办人将购买相当于贷款人提供给项目公司的贷款额,其价格为未清偿贷款的本息。购买协议的经济实质是由项目主办人承担偿还贷款的责任,同时取得项目贷款人依据贷款协议对项目公司享有的债权。购买协议给予项目贷款人实现其债权更有力的保护。

(四)先期购买协议

先期购买协议是项目公司与贷款人全资拥有的融资公司之间签订的协议。根据该协议,融资公司同意向项目公司预付购买项目产品的款项,项目公司用这笔预付款从事项目建设,并对该款项支付利息,项目建成投产后,项目公司按规定向融资公司交付项目产品,融资公司再通过转售项目产品获得资金偿还贷款。先期购买协议中的预付款与一般的预付款不同,项目公司须向融资公司支付该项预付款的利息,从经济学角度看,预付款仍然是贷款。

(五)产品支付协议

产品支付协议是项目公司与贷款人之间签订的协议。该协议主要存在于开发自然资源的项目融资中。协议的主要内容是规定项目公司应将若干比例的矿藏权益及出售这部分矿藏所生产的矿产品的应收款项的一部分利益让与贷款人。在项目公司还清贷款以前,贷款人享有上述权益。但是,如果该部分矿藏所生产的产品销售额不足以抵偿贷款时,贷款人也无权要求补偿。

(六)提货或付款协议

提货或付款协议(take - or - pay contract)是项目公司与项目产品购买人签订的一种长期买卖协议。协议主要规定,无论项目公司能否提供足够的或合乎要求的产品,购买方都必须按约定支付价款,这项约定的价款应足以偿还贷款人的贷款和支付项目经营所需的费用。提货或付款协议实际上可以被理解为项目产品的购买方以长期购货协议向贷款人提供间接担保,实质在于确保贷款人拥有收回贷款的现金来源。提货或付款合同中的购买人不是为了取得产品,而是为取得购买货物的“期望”而支付价款,这种“期望”亦构成合同法上的“对价”,因而提货或付款协议在法律上通常也是有效的。

案例 11-5 | 印度尼西亚帕塔米纳公司天然气无追索项目融资案

案情简介:印度尼西亚国有企业帕塔米纳石油公司作为项目发起人,为天然气管道装置建设安排7.50亿美元的无追索项目融资,美国大通曼哈顿银行亚洲分行和日本三菱银行作为项目融资顾问提出融资方案的建议并组成了由17家银行参加的贷款承销组,完成了银团贷款的承购工作。此项目贷款有以下主要参与人。

1. 项目发起人

帕塔米石油公司以及其他9家天然气生产商,作为项目的发起人和投资者承担为项目供应天然气的责任,并在严格限定的条件下承担项目完工的一部分担保责任。

2. 项目产品购买者

帕塔米石油公司与日本东京煤气公司、大阪煤气公司以及东宝煤气公司分别签署了一项为期20年的液化天然气销售合约。

3. 项目的工程承包集团

项目的工程总承包由印度尼西亚资金实力雄厚的大公司鲍布黑森承担,其中主要的项目工程分包商为日本的千代田。千代田公司是日本三菱公司的姊妹公司,参与过同一生产基地的前5套液化天然气生产管道装置的建设工作,被认为是一家具有丰富经验的工程公司。工程总承费用为6.0亿美元。

4. 贷款银团

项目贷款银团是一个由国际银行组成的贷款承销组,其中除了同时作为项目融资机构设计者的大通曼哈顿银行亚洲分行和三菱银行之外,还有另外17家银行。贷款承销组的作用首先是将贷款承诺下来,其次再在国际银行辛迪加市场上设法将贷款权出售给其他银行,从中收取一定的承购费,承购费是贷款总额的0.1875% ~0.25%(随贷款承购金额的大小而变化)。如果贷款不能或者不能全部在辛迪加市场上出售出去,则贷款承销组成员将需要按比例提供贷款。

5. 项目担保人

由日本三菱商社,而不是帕塔米石油公司或者印度尼西亚政府,提供贷款总额40%资金的项目担保。由于这个项目担保的存在,使一部分项目风险转化为日本三菱商社的风险,从而使100%的项目融资结构成为可能。通过提供项目担保,虽然三菱商社承担了一定的项目风险责任,但是也从中获得了一定的利益:(1)担保费,为贷款总额的0.45%,每年收取;(2)提供项目设备和其他辅助材料;(3)在印度尼西亚市场上建立了良好的信誉,为长期的业务发展和合作创造了条件。

6. 债务偿还信托基金

在对项目发起人无追索的基础之上,该项目融资结构中设计了债务偿还信托基金,并委任美国纽约的大通银行作为信托基金的受托管理人负责安排项目融资的债务偿还。项目的全部销售收入,即三家日本煤气公司根据20年长期销售协议支付的货款直接进入债务偿还信托基金,由受托管理人负责按以下优先序列进行分配:(1)债务偿还;(2)项目生产运行费用;(3)项目发起人利润。

问题:在无追索权国际项目融资中如何降低风险?

法律分析:在无追索权国际项目融资中一般存在的主要风险有:完工风险、生产和供应风险、市场销售风险、政治风险、信用风险等。本案中,项目发起人承担项目完工的一部分担保责任并由资金实力雄厚的大公司集团承包建设,项目的完工风险被大大地降低。项目产品购买者签署了一项为期20年的液化天然气销售合约,有效降低了市场销售风险。本案中采用承销机制贷款,对于借款人来说可以缩短组织银团贷款的时间,增加贷款成功的可能性;其缺点是增加了一笔贷款的承购费用。选择日本三菱商社担任这个项目担保,使一部分项目风险转化为日本三菱商社的风险,而使100%的项目融资结构成为可能。在对项目发起人无追索的基础之上,为了保护贷款银团利益,本案在项目融资结构中设计了债务偿还信托基金,并委任美国纽约的大通银行作为信托基金的受托管理人,负责安排项目融资的债务偿还。

思考题

1. 国际贷款协议中的消极担保条款和比例平等条款的目的是什么?包括哪些主要内容?
2. 试述国际银团贷款中借款人与牵头行之间的关系?
3. 国际项目贷款有哪些组织形式?

延伸阅读

相关文献参阅 R. C. Tennekoon, *The Law & Practice of International Finance*, Butterworths, 1991; Philip R. Wood, *Law and Practice of International Finance*, Sweet and Maxwell, London 1995;赵一民:《国际借贷协议先决条件的性质探析——兼析停止条件的性质》,载《政法论坛》1998年第3期;郭玉军:《国际借贷协议的法律适用问题》,载《法学评论》1987年第5期;刘剑文:《国际借贷中的消极担保、浮动担保及其在中国之法律效力》,载《中外法学》1998年第3期。

第十二章　国际融资租赁法

第一节　概　　述

一、融资租赁的概念

典型意义上的融资租赁(financial leasing),是指由承租人自己选择具体的租赁物及其供货人,由出租人根据承租人的选择向该供货人购买该租赁物,并将其出租给承租人使用,承租人向出租人支付与租赁物购买价格相适应的租金的融资方式。[1]

我们可以通过一个简单的例子来透视融资租赁交易的流程和其中的法律关系:L公司是我国一家电器生产企业,由于业务扩张而急需增加若干台先进的电子元件生产设备。L公司的采购部门比较了该种设备各主要制造厂商所提供的技术参数和报价,决定选择欧洲的S公司制造的3台设备。双方已经就设备的各项技术细节进行了详细的讨论,基本确定了设备的型号、规格、价格和交货期,然而L公司的自有资金不足以支付昂贵的设备价款,必须寻找融资途径。银行贷款虽然是一条可行的途径,但贷款需要烦琐的审批手续和高昂的抵押登记费用,而且增加贷款将影响L公司的资产负债比例从而影响其上市募股的价格。因此L公司接洽了欧洲的B融资租赁公司,双方谈判的内容是:由B公司按照L公司与S公司先前谈妥的条件,向S公司购买该设备,然后将其出租给L公司,租期为10年(这也是该设备的正常折旧年限),总的租金为B公司购买该设备的合同价款本金加上10年的利息,另加2个百分点的手续费,平均分摊为40期,每季度支付一期。最终,L公司与S公司就设备买卖合同一切细节谈妥后由B公司与S公司签订该买卖合同,再由B公司与L公司签订上述的融资租赁合同,S公司直接交货给L公司实际使用。这样,一项完整的融资租赁交易就达成了。

从上面的例子可见,融资租赁与传统的租赁之间一个重要区别是,融资租赁的出租人在交易之前并不是租赁物的所有人,而是根据承租人的特定选择和要求去购买租赁物才取得其所有权。融资租赁中的承租人一般是资金相对短缺但又需要使用昂贵机器设备的生产性企业,出租人一般是专门的租赁公司。融资租赁的目的不单纯是货物租赁,而更在于通过租赁实现融资:形式上,出租人出资购买承租人指定的租赁物,提供给承租人使用、收益,而不是直接向承租人提供贷款;实质上,承租人通过向出租人融物,解决自己增置生产设备的资金需求,并通过支付与租赁物价值相适应的租金,向出租人偿还该融资款项的

---

〔1〕 参见陈安主编:《国际经济法学新论》(第5版),高等教育出版社2020年版,第428页;李国安主编:《国际货币金融法学》,北京大学出版社1999年版,第394～395页。

本息。[2] 在传统租赁中,承租人并不承担租赁物的购买成本,出租人一般也不会以租赁物的出租在收回成本支出的同时获得盈利,故不存在融资的性质;而融资租赁的出租人所收取的租金不是租赁物使用权的对价,而是投资成本的回收,承租人通过支付租金的方式承担出租人在租赁物上的资本支出及合理利润。这样,融资租赁在所有权与使用权相分离的基础上将融物和融资二者有机地结合起来,成为区别于传统租赁及其他融资方式的一种具有双重职能的新型交易方式。

融资租赁作为市场经济发展到一定程度而产生的一种适应性较强的交易方式,源于20世纪50年代的美国。20世纪60年代以前,融资租赁交易主要由美国从事高风险业务且缺乏资金的企业采用,每年租赁额不超过10亿美元。在此之后,许多国家的大型工矿企业、银行和政府开始接受融资租赁,众多专业租赁公司相继成立。融资租赁业在世界范围内经历了飞速的发展,其中国际融资租赁占有重要地位。[3]

随着融资租赁业态的发展,融资租赁业务也出现了更为灵活多样的交易模式。除了典型意义上的融资租赁,即通常被称为直接租赁(direct lease)的交易模式之外,当今非常常见的一种融资租赁交易模式是回租或称售后回租(sale - and - leaseback),即租赁物的所有人将自己的租赁物转让给出租人,再将租赁物租回使用。这种交易模式能解决承租人流动资金不足但又需要使用设备的矛盾,将设备所占用的资金迅速变现,使固定资产获得流动性,提高资金的利用效率,同时又保证了承租人对原有设备的使用权,成为一种广受生产性企业青睐的融资租赁模式。另一种常见的交易模式是转租赁(sub - lease),即出租人从制造厂商或租赁公司租入设备,再将租来的设备转租给另一承租人,这实际上是在同一租赁物上形成了两次租赁合同关系。转租赁模式下,有些出租人是专门从事转租赁业务的,有些则是普通融资租赁的承租人在租期内不再需要使用设备,而将租来的设备租出去,以减少损失或赚取租金差额利润。[4]

二、融资租赁合同关系的特点

1. 融资租赁交易包含两个相互关联的合同关系。传统租赁中只涉及出租人与承租人两方当事人之间的一个租赁合同关系。而从上文举的例子可以看到,与传统租赁不同,融资租赁的一个基本特征是包含两个相互关联的合同关系,即出租人与供货人之间的货物买卖合同关系以及出租人与承租人之间的租赁合同关系。这两个合同关系之间的关联性表现在:

(1)从合同的订立上说,两个合同是相互依存的。租赁物及供货人是承租人选定的,在出租人与供货人订立货物买卖合同之前,承租人通常已经与供货人就货物买卖合同的主要条款进行了谈判,货物买卖合同订立的目的是为融资租赁合同服务,融资租赁合同以货物买卖合同为基础,两个合同的标的物是相同的。

---

〔2〕 参见吴君年、李兰秋:《〈国际融资租赁公约〉与我国融资租赁法律的比较》,载《华东政法学院学报》2001年第5期。

〔3〕 参见查松:《融资租赁法》,人民法院出版社1999年版,第10页。

〔4〕 参见程卫东:《国际融资租赁法律问题研究》,法律出版社2002年版,第7页。

(2)从合同的履行上说,两个合同涉及的三方当事人之间相互具有权利义务关系。出租人与供货人、出租人与承租人之间存在合同关系,自不待言,关键在于承租人与供货人之间的法律关系。由于与租赁物有关的合同细节以及交货期等条款都由他们双方商定,这使在传统租赁合同中出租人的某些与租赁物密切相关的义务,包括交货义务、标的物瑕疵担保义务,在融资租赁合同中不是由出租人承担,而是转由供货人向承租人承担。相应地,融资租赁交易中的货物买卖合同一般约定供货人不是向买受人,即融资租赁合同的出租人交货,而是直接向承租人交货。这样供货人就直接向承租人承担了买卖合同中的交货义务以及货物品质瑕疵担保等默示义务,承租人对供货人直接享有相应的请求权。[5] 这些特征使两个合同在履行上相互关联,三方当事人的权利义务关系密不可分。(在售后回租模式下,仍然存在两个合同关系,但由于供货人与承租人是同一主体身兼两种合同角色,故三方当事人简化为两方当事人。)

融资租赁交易中两个合同的联合,是商人们在商业活动中逐步发明的,它适应各方当事人在这种交易中不同角色的需要,体现了他们权利义务关系的平衡。融资租赁的出租人通常是银行附属机构或专业租赁公司,主要经济功能是融资,往往不具备专业技术知识,其购买租赁物的目的纯粹就是出租获利,对租赁物本身并不熟悉,如果由他来承担租赁物的品质瑕疵担保及维修义务,实属力有不逮。而对供货人来说,他所关心的是权利不致受损、义务不致增加,至于供应的货物对谁负责并不重要,因此对出租人所负的合同项下部分义务转为向承租人承担,于其无损。从承租人的角度看,关键是自己的权利得到保障,至于由谁来承担有关的义务并不重要,因此供货人对他交货及承担其他一系列义务,他亦乐于接受。这样,在各方利益平衡中就产生了两个合同联合的交易方式。

合同的关联性体现了融资租赁交易兼具融资性质和租赁特征的特殊性,但货物买卖合同和融资租赁合同在整个融资租赁交易中的地位和作用是不同的,融资租赁合同是主合同,货物买卖合同处于从属地位,因此国际融资租赁交易的国际性是根据融资租赁合同的性质来确定的。融资租赁法律主要规范的也是融资租赁合同双方当事人的关系,其中涉及供货人与融资租赁合同双方当事人的部分关系。

2. 出租人对承租人不负有租赁物品质瑕疵担保义务和维修、保养义务。由于融资租赁中的租赁物是承租人从自身的需要出发、依靠自己的技能和判断进行选定的,出租人尽管取得租赁物所有权,但在交易过程中仅是被动地担任融资的角色,并不参与租赁物的选择,而且出租人与供货人之间的货物买卖合同一般规定供货人直接向承租人交货,这样出租人与租赁物通常并没有实质的、充分的接触,因此融资租赁合同中一般规定,对于供货人向承租人不履行或瑕疵履行等违约行为,出租人有免责权利,而且不负有租赁物品质瑕

---

[5] 有学者指出,融资租赁中的货物买卖合同为第三人即承租人创设了权利,在学理上属于为第三人利益的合同。需要注意的是,融资租赁中的货物买卖合同与一般的为第三人利益的合同相比有其特殊性:首先,它不完全是为第三人利益的合同,因为租赁物出卖人对出租人仍需履行买卖合同的主义务,即转移租赁物的所有权,以及一系列附随义务,包括通知义务等;其次,它不必然是为第三人利益的合同,因为对于货物买卖合同项下的交货义务,买受人即融资租赁合同出租人也可以要求供货人对自己履行,供货人可以选择对出租人或者承租人任何一方履行交货义务。参见程卫东:《国际融资租赁法律问题研究》,法律出版社 2002 年版,第 67 ~ 73 页。

疵担保义务,这与传统租赁关系中的出租人义务迥然不同。基于同样的原因,融资租赁合同中通常还规定,出租人不负有租赁物维修和保养的义务,有关的费用依买卖合同的约定由供货人承担或由承租人自行承担,这与传统租赁中的规则也大相径庭。

3. 融资租赁的租期与租赁物预期使用期限大致相等,且承租人在租期内不得解约。传统租赁的租期比较灵活,一般没有最低租期的要求。在融资租赁中,由于出租人的资金主要依靠承租人支付租金得以回收,承租人支付的租金必须摊提租赁物的购买成本,如果约定的租期过长则不利于出租人回收资金,租期过短则令承租人支付租金的压力过大,因此融资租赁合同约定的租期通常与租赁物的预期有效使用期限大致相等,这样承租人能够获得租赁物全部或大部分的使用寿命,在此期间支付购买成本,符合融资的目的。

由于出租人购买的租赁物是承租人自己挑选的,通常具有符合承租人特定需要的特征,况且租赁物也会因自身的折旧以及同类设备的技术更新而出现老化、贬值问题,因此一旦承租人在租期内解除合同,出租人往往难以找到其他承租人来续租,无法达到通过融资租赁交易获得经济利益的目的,以致蒙受重大的损失。故此,融资租赁合同一般明确规定在租期内不允许承租人解除合同。〔6〕

三、融资租赁合同法律性质的界说

无论在普通法系还是大陆法系的理论界,对融资租赁合同的法律性质认识历来颇有分歧,归纳起来主要有以下几种观点。〔7〕

(一)租赁合同说

德国法、受德国法影响的日本法的一些学者和判例多持这种观点,认为尽管融资租赁有其特点,但其法理基础是标的物所有权与使用权相分离,这一点符合传统租赁的本质特征,因此融资租赁与传统租赁在法律上并没有实质区别。

这种观点影响比较广泛,特别是在有关国家或地区的法律未对融资租赁法律关系作出专门的明确规定的情况下,一般准用民法中关于传统租赁的规定,有法律适用上的便利。但是,这种观点只简单地注意到了融资租赁交易的部分特征,不能客观反映融资租赁交易的全部内容。首先,从经济实质上看,融资租赁中承租人的目的既有租赁物的使用又有融资,这是传统租赁所无法涵盖的。其次,从租金的性质上看,融资租赁的租金主要是租赁物购买成本的摊提,承租人不再需要使用租赁物,或者非由于出租人原因导致租赁物损毁或灭失而不能再使用的情况下,承租人仍须按约定支付租金,可见融资租赁中的租金主要是租赁物的对价而不是租赁物使用权的对价,这与传统租赁中的租金性质完全不同。另外,融资租赁中当事人之间的权利义务内容与传统租赁中的内容相去甚远。租赁合同说忽视了这些差异,因此不能全面、客观地反映融资租赁合同的法律性质。

(二)借贷合同说

以法国的卡隆(Calon)为代表的一些学者认为,融资租赁实质上是以租赁为名义的一

---

〔6〕 参见曹建明、陈治东主编:《国际经济法专论》第4卷,法律出版社2000年版,第442页。

〔7〕 参见查松:《融资租赁法》,人民法院出版社1999年版,第31~34页;程卫东:《国际融资租赁法律问题研究》,法律出版社2002年版,第30~46页;梁慧星:《融资性租赁契约法性质论》,载《法学研究》1992年第4期。

种借贷关系,这主要是基于两方面理由:租金的性质不是租赁物使用权的对价,而是用以偿还出租人购买租赁物所支付的成本及其在租期内的利息;出租人在融资租赁交易中承担的主要义务仅是支付价款,其他的权利与义务实质上都是承租人与租赁物出卖人之间的,而且在租期内出租人对租赁物并不关心,租赁物的出租实质上是借贷的一种物上担保。

这种观点凸显了融资租赁的经济意义,但并未揭示出融资租赁的法律性质。借贷的目的是获得资金,但与该资金的对应物并没有关联;融资租赁的目的虽然也是融资,但交易本身就直接解决了租赁物的使用权问题。另外,融资租赁除了涉及融资关系之外还涉及各方当事人之间围绕租赁物本身的一系列权利义务关系,如租赁物占有与使用权担保、品质瑕疵担保、保险与维修义务的承担等,这些关系均是借贷合同所不能涵盖的。

(三)所有权保留的买卖合同说

这种观点最初由德国学者伊贝洛斯(Ebearoth)提出,认为融资租赁中承租人所支付的租金实际上是租赁物的价款,而且承租人在租期届满并满足合同约定的要求后也可能取得标的物的所有权,因此融资租赁的实质是买受人分期付款且在价款付清之前出卖人保留标的物所有权的买卖。

这种观点混淆了融资租赁与所有权保留买卖的本质。所有权保留买卖的本质是以等价有偿的方式转让标的物所有权,尽管所有权并不随合同的生效或者标的物的交付而立即转移,但这并未改变买卖的最终目的。出卖人暂时保留所有权的目的仅在于债权担保,而融资租赁的本质在于转让标的物的使用权,尽管在典型的融资租赁中承租人在租期届满后一般享有以名义价格购买租赁物的选择权,但该权利并非融资租赁的构成要件,租赁物所有权的归属在交易时并不确定。因此从根本上说,融资租赁的目的并不是转移租赁物的所有权,这与所有权保留的买卖有本质区别。所有权保留的买卖合同说不能客观反映融资租赁合同的法律性质。

(四)独立合同类型说

这种学说认为融资租赁与传统民法中规定的各种典型合同相比都具有自己的特点,不能简单地归于任何一种典型合同的范畴之内,应当根据融资租赁自身的基本特征,承认它是基于市场需要而在传统的各种合同特别是租赁合同基础上发展起来的一种独立的合同类型。一方面,在这种合同类型中兼有买卖和借贷的因素,因此适用于这种合同的基本规则是适用于买卖和借贷的法律;但另一方面,这种合同融合了买卖与借贷合同的特征而创造出自成一类的(sui generis)法律关系,故而买卖法和借贷法的某些规则不再适合于解决这种合同产生的法律问题。

目前,融资租赁交易方式已在全世界范围内得到广泛使用,形成了独特的交易习惯,具备了类型化的特征。独立合同类型说既承认融资租赁与传统的典型合同的关系,同时也考虑它的特殊性。从发展的角度出发,独立合同类型说一方面肯定了在商人的交易中相对成熟和稳定的基本规则得以适用,另一方面也强调了融资租赁的独立性,有利于促进各国融资租赁法律制度的发展和统一。我们认为,采纳这种观点既能全面、客观地反映融资租赁合同的法律性质,也有助于促进融资租赁法律制度的完善,推动融资租赁业务的进一步繁荣发展。

四、国际融资租赁的界定

国际融资租赁业务的拓展与国内融资租赁交易的发展所依循的路径基本相同:一方面,一些发达国家的企业资本充足,许多资金在寻找投资出路;另一方面,以发展中国家为主的其他国家在发展本国经济时存在资金不足的问题,许多企业在向银行贷款的同时也在寻求表外融资的途径。作为现代重要融资方式之一的融资租赁向国际空间拓展自然顺理成章。

国际融资租赁的界定,涉及跨国交易的国际性因素的判断标准。在这个问题上,采用当事人营业地分处不同国家作为判断国际性因素的标准是晚近国际民商事公约的普遍做法。国际融资租赁交易涉及承租人、出租人和供货人这三方当事人以及融资租赁合同和货物买卖合同这两个相互关联的交易合同,法律关系相对比较复杂。对此我们应该明确,三方当事人以及两个合同关系在国际融资租赁交易中的地位和作用是各不相同的。供货人在整个交易中的作用是供应货物、承担作为货物卖方的义务,不涉及作为融资租赁核心内容的货物租赁、租金支付、租赁期届满后租赁物的处理等,因此在交易当事人之中处于次要地位。货物买卖合同对融资租赁合同起辅助和补充作用,仅因为两个合同的相互关联性以及供货人承担与一般的货物买卖合同出卖人略有不同的义务而被纳入融资租赁交易中。[8] 融资租赁中主要和基本的法律关系是出租人和承租人之间的融资租赁合同关系。因此我们认为,国际融资租赁的国际性因素应该以出租人和承租人的营业地分处不同国家作为判断标准。

案例 12-1 | 西南国际租赁有限公司诉四川省大理石总厂融资租赁合同租金给付纠纷案

四川省大理石总厂(以下简称大理石厂)书面委托西南国际租赁有限公司(以下简称租赁公司)作为商务代理,以融资性租赁方式引进花岗石薄板生产线、花岗石矿山开采设备各一套。租赁公司审定、确认后,正式受理了委托,并会同大理石厂与国外供货商进行了技术和商务谈判,与意大利某公司、我国香港某公司签订了进口购货合同,引进花岗石矿山开采设备和花岗石薄板生产线各一套。随即,租赁公司与大理石厂签订租赁合同,约定:租赁公司根据大理石厂的要求,购买花岗石薄板生产线及花岗石矿山开采设备各一套,交大理石厂承租;租期 3 年;大理石厂分 6 次付租金给租赁公司,租金以外汇计付,币种选择日元;大理石厂未按约支付到期租金,应按外汇 10% 的利率加付迟延利息;起租日为租赁物件的提单日;租赁物件在租赁期满时,大理石厂向租赁公司支付设备成本的 3‰ 作为名义货价,设备所有权转移给大理石厂。合同签订后,租赁公司按期开出信用证并用美元付了货款。租赁公司将设备交付大理石厂验收认可,并向大理石厂发出租金支付通知书。大理石厂先后支付了 22 万美元、5 万美元租金,其余租金及迟延利息一直未付。为此,租赁公司向四川省成都市中级人民法院提起诉讼,要求大理石厂偿付租金及迟延利息。

尽管本案中的供货人是外国及我国香港公司,设备货款及承租人支付的租金是外币,但出租人和承租人均为中国法人,营业所在地也在中国境内,因此应当认定本案为国内融

---

〔8〕 参见程卫东:《国际融资租赁法律问题研究》,法律出版社 2002 年版,第 16 页。

资租赁合同纠纷,应适用我国法律关于融资租赁合同的规定。本案管辖法院也确实是按国内融资租赁合同纠纷案件审理的。

案例 12 - 2 仲利国际租赁有限公司诉深圳艺康表业有限公司、谢某亨、谢某妍融资租赁合同纠纷案

仲利国际租赁有限公司(以下简称仲利公司)与深圳艺康表业有限公司(以下简称艺康公司,为外商独资企业)签订了一份《买卖合同》,约定:艺康公司将自有的一批数控铣床、钻床、开料机、油压剪床、磨床、焊机等机器设备转让给仲利公司,总价款为 300 万元。自签约之日起,标的物之所有权移转给仲利公司,同时视作标的物由仲利公司适当交付艺康公司,并经艺康公司予以验收。鉴于标的物为艺康公司自行购买并所有,仲利公司向艺康公司购买并回租给艺康公司使用,艺康公司同意标的物于买卖成立后至租赁期间届满前,如有瑕疵或设计、制造不良而致减少通常效用或预定效用或故障时,愿自费负责修缮,且不得以标的物为其从出租人处承租为由,要求出租人负担标的物质量瑕疵或其他责任。艺康公司保证标的物之所有权确系其单独所有并具有适销性,且绝无设定任何权利负担或涉及其他债务关系,否则负责赔偿仲利公司因此遭受的一切损失。同日,双方签订了一份《租赁合同》,约定:仲利公司以融资租赁方式将租赁物出租给艺康公司使用;租赁期限为 3 年,除首付租金 50 万元应于签约当天支付外,后续租金共分 36 期、每期 87,153 元,由艺康公司自签约当天起每隔 1 个月之同一日支付。同日,两名境外公民谢某亨、谢某妍向仲利公司出具了一份《保证书》,承诺同意艺康公司在上述《租赁合同》及其所有附件项下对仲利公司所负债务提供不可撤销的连带责任保证,该保证书受中国法院管辖并根据中国法律解释。上述合同签订后,仲利公司向艺康公司支付了全部价款,但艺康公司仅支付了首付及第 1 期租金,后因经营不善未依约继续支付租金,保证人谢某亨、谢某妍也未依约承担保证责任。仲利公司遂向深圳前海合作区人民法院提起本案诉讼。

审理法院认为:融资租赁交易中,存在保证人向出租人就承租人支付租金义务提供保证的,应当分别认定融资租赁合同关系和保证合同关系是否具有涉外性,并分别确定准据法。尽管保证合同中保证人为境外公民,应认定保证合同具有涉外性,但在承租人与出租人皆为中国企业、租赁物的交付和使用也都在中国境内发生的情况下,融资租赁合同关系并不具有涉外因素。故本案为国内融资租赁合同纠纷,适用中国法律审理。

第二节 《国际融资租赁公约》

一、《国际融资租赁公约》的产生和影响

融资租赁是在传统租赁法律框架下发展起来的,各国在融资租赁发展之初都面临如何对融资租赁进行定性以及如何处理传统租赁法律与融资租赁之间的关系等问题,然而各国法律对这些问题的态度并不一致,甚至在一些问题上有根本的分歧,例如,租期届满后承租人是否有权选择购买租赁物的问题。多数国家法律上的阙如、分歧成为国际融资租赁发展的一个重大的制约因素,在国内法制不完善的情况下,寻求国际层面上的法律统

一无疑是一种积极的思路。

为了具体规范国际融资租赁业务,建立国际融资租赁的一般法律适用原则,调整国际融资租赁各方当事人主要权利和义务,国际统一私法协会于1977年组织有关国家的政府官员和专家学者成立了研究小组,分别于1977年11月、1979年2月、1980年9月、1984年3月在罗马举行了四次会议,对国际融资租赁公约草案的形成作出了积极的贡献。研究小组根据其对国际融资租赁的实践和发展状况的研究,于1981年3月拟定了《国际融资租赁统一规则初步草案》,该文件于1984年5月经国际统一私法协会执行理事会批准通过,后又经理事会组织专家反复讨论并提出修改意见。1988年5月28日,国际统一私法协会在加拿大的渥太华召开外交会议通过了《国际融资租赁公约》,并开放签字。《国际融资租赁公约》是目前世界上唯一一项专门调整国际融资租赁关系的国际公约。根据《国际融资租赁公约》的规定及缔约国的批准情况,《国际融资租赁公约》已于1995年5月1日起生效。截至2021年10月1日,已有11个国家签署了《国际融资租赁公约》,10个国家批准了《国际融资租赁公约》。[9]

虽然目前加入和批准《国际融资租赁公约》的国家数量不多,而且其中部分国家因对《国际融资租赁公约》某些条款持不同意见而作了保留[10],但世界上多数国家对《国际融资租赁公约》的通过给予了极大的关注。《国际融资租赁公约》对许多国家的国内立法产生了积极的影响,促进了一批融资租赁立法的通过。在《国际融资租赁公约》通过以前,只有美国、法国等少数国家有关于融资租赁的专门立法;而在《国际融资租赁公约》通过之后,许多国家着手起草或通过了融资租赁专门立法。已通过专门立法的国家包括俄罗斯联邦、巴西、乌拉圭、埃及、罗马尼亚、荷兰等。另外还有些国家在相关的私法中增加和细化了融资租赁的内容,如我国《民法典》的规定。而且,各国的融资租赁立法在内容上都受到了《国际融资租赁公约》的影响,在许多规定上表现出相对一致的特征。

二、《国际融资租赁公约》的序言、适用范围和总则

(一)《国际融资租赁公约》的序言

《国际融资租赁公约》由序言和3章正文共25条组成。序言简要说明了制定《国际融资租赁公约》的动因和目的,包括各缔约国认识到在保护国际融资租赁各方当事人之间的利益公正平衡的同时,消除国际融资租赁的某些法律障碍的重要性;意识到使国际融资租赁得到更广泛使用的需要;意识到关于传统的租用合同的法律规则有待于适应融资租赁所产生的特有的三方关系的事实,进而认识到制定有关融资租赁某些民商事规则的必要性。从序言的宗旨性语句中可知,《国际融资租赁公约》的根本目的是为具有独特性质的融资租赁创立一套专门的法律规则,以减少或消除各国融资租赁立法上的分歧给国际融资租赁的开展带来的制约。

---

〔9〕 参见国际统一私法协会官方网站数据统计:https://www.unidroit.org/status-leasing-conv-1988,最后访问日期:2021年10月1日。

〔10〕 法国和俄罗斯联邦均在加入《国际融资租赁公约》时对《国际融资租赁公约》第20条作出了保留。

(二)《国际融资租赁公约》的适用范围

1. 融资租赁的概念和特征

《国际融资租赁公约》正文第一章是适用范围和总则性的规定。《国际融资租赁公约》首先界定融资租赁的概念,通过概念界定来说明《国际融资租赁公约》所适用的交易类型。在界定融资租赁并使之区别于其他交易时,《国际融资租赁公约》专注于两个关键因素:其一,承租人在租赁物及其供货人的选择上具有关键的能动作用,同时意味着作为租赁物买受人的出租人在此问题上能动性的弱化;其二,融资租赁合同中所规定的租金包括在租期内租赁物购买成本的摊提,这表明出租人的作用实质上是融资性质的。这两个特征也是构成融资租赁独特法律框架的核心。《国际融资租赁公约》第1条通过描述融资租赁交易的一般机制而对其概念作出界定:融资租赁交易是一方(出租人)根据另一方(承租人)提供的规格,与第三方(供货人)订立一项协议(买卖合同)。根据此协议,出租人按照承租人在其利益有关的范围内所同意的条款取得成套设备、资本货物或其他设备(统称设备,即租赁物),并且与承租人订立一项协议(融资租赁合同),以承租人支付租金为条件授予承租人使用租赁物的权利。为了进一步界定《国际融资租赁公约》所适用的交易范围,第1条后半部分阐释了说明性定义中所包含的特征:(1)承租人自行指定租赁物并选择供货人,不主要依赖出租人的技能和判断;(2)出租人取得的租赁物与一项融资租赁合同相联系,并且供货人知道这一合同业已或将要在出租人和承租人之间订立;(3)融资租赁合同规定的应付租金的计算特别考虑到摊提租赁物的全部或大部分成本。可见,融资租赁的租金计算侧重于出租人对所投资金的回收,包括租赁物的购买价款和交易费用的摊销。对于不具有这一特征的经营性租赁则不在该公约的调整范围之内。从《国际融资租赁公约》对融资租赁的概念和特征所作的界定来看,融资租赁本质特征是融资性。正如有学者对公约的这一界定评述道:"出租人的角色是贷款人,只不过并不是直接将钱借给承租人购买租赁物,并于其后以租赁物作为抵押物获得债务的清偿,而是由出租人购买租赁物,并以自己的名义保有租赁物的所有权,然后以租金支付作为回报将之交予承租人使用。"[11]

另外,《国际融资租赁公约》第1条还规定,无论当事人在其融资租赁合同中是否约定承租人有购买租赁物或续租的选择权,也无论在有这种约定时,购买的价格或续租租金是多少,都不影响《国际融资租赁公约》对融资租赁交易的适用。

2. 转租赁的情形

《国际融资租赁公约》第1条所规定的是典型的融资租赁三方交易模式,然而在国际商业实务中,转租赁的现象普遍存在,因此《国际融资租赁公约》第2条专门规定了公约适用于转租赁的情形:在一次或多次涉及同一标的物的转租赁交易中,《国际融资租赁公约》适用于每一项本应适用《国际融资租赁公约》的融资租赁交易。该条规定使融资租赁转租赁情形中,转出租人也视为融资租赁出租人,而最终承租人为真正承租人;向第一个出租人销售租赁物的人是供货人,而这双方的货物买卖合同是转租赁中的买卖合同,亦即

---

〔11〕 参见 Walter E. May, *International Equipment Leasing: The Unidroit Draft Convention*, 22 Colum. J. Trans'l L., 1984, 333, at 341。转引自程卫东:《国际融资租赁法律问题研究》,法律出版社 2002 年版,第 321 页。

转租赁不增加供货人原来对承租人所应承担的义务。

3. 国际融资租赁的国际性因素

《国际融资租赁公约》只适用于国际融资租赁,而对缺乏国际性因素的国内融资租赁不适用。在确定融资租赁的国际性因素时,《国际融资租赁公约》特别参考了《销售公约》以及《代理公约》的相关规定,以各方当事人的营业地为标准。但这种标准通常适用于简单的双方交易,而在三方交易、存在三个可能涉及的营业地的情况下,如何适用当事人营业地标准则是一个新的问题。在《国际融资租赁公约》起草过程中,《国际融资租赁公约》的研究小组采用了出租人和承租人双方的营业地,而排除了供货人营业地的影响,原因是融资租赁合同在复杂的融资租赁交易中是基础法律关系,如果同时也考虑租赁物出卖人的营业地会使问题复杂化,而且可能不必要地缩小了《国际融资租赁公约》的适用范围。然而《国际融资租赁公约》的政府专家委员会认为不能仅考虑出租人和承租人营业地,因为《国际融资租赁公约》的某些条款对融资租赁中的货物买卖合同也会产生影响,如果完全排除供货人营业地因素,那么在承租人对供货人主张权利时可能无法适用《国际融资租赁公约》的规定。如果供货人营业地所在国法律坚持合同对价理论,不承认为第三人利益的合同,那么供货人可能援引本国法律对抗承租人的请求权。最后,《国际融资租赁公约》考虑了这两种观点各自的合理方面,在第 3 条中规定:采用出租人和承租人营业地所在国均为公约缔约国且为不同国家为主要标准,同时也要求供货人营业地所在国为公约缔约国,但不要求它与出租人或承租人营业地处于不同国家。另外,考虑当事人可能有多个营业地,为了明确适用空间范围,第 3 条第 2 款规定:“公约中所指的营业地是与有关协议及其履行有最密切联系的营业地,但应考虑到当事人在订立协议之前任何时候或订立协议时所知道或所设想到的情况。”

除了空间上的标准外,《国际融资租赁公约》第 3 条还采用了一个补充适用标准:如果货物买卖合同和融资租赁合同根据法院地国的国际私法规则指引将会适用公约某一缔约国的法律,那么公约适用于该项融资租赁交易。

4. 租赁物涉及不动产的情形

《国际融资租赁公约》第 4 条专门就租赁物作为土地附着物或者并入土地的问题作了规定,它包括两个方面:(1)租赁物作为土地附着物或者并入土地这种情况的存在,并不妨碍公约的适用;(2)租赁物是否作为土地的附着物或者是否并入土地的问题以及在肯定的情况下该问题对出租人和对土地享有物权的人之间的权利义务关系的影响,应根据土地所在国的法律确定。该条款的目的在于调和在租赁物上可能发生的出租人与不动产所有人或债权人的利益冲突。

5.《国际融资租赁公约》适用的任意性

商事关系领域中当事人意思自治是现代国际商事法律的基本原则,因此适用上的任意性是目前大多数国际商事公约的一个共同特征。《国际融资租赁公约》第 5 条第 1 款规定当事人可以合意整体排除《国际融资租赁公约》的适用。在当事人通过协议排除《国际融资租赁公约》适用的情况下,融资租赁交易与其他商事关系相比有其特殊性:其他商事交易一般只涉及两方当事人,合同双方一致同意即可排除《国际融资租赁公约》的适用;融资租赁交易涉及两个合同、三方当事人,虽然融资租赁的主要和基础关系是出租人与承租人之间的融资租赁合同关系，但也涉及供货人的部分权利义务，因此，对《国际融资租赁公约》适用的整体排除，必须由三方当事人共同合意才能实现。这就是《国际融资租赁公约》第5条第1款中所表述的“只有在买卖协议与租赁协议各方当事人同意时，方可排除本公约的适用”。

《国际融资租赁公约》第5条第2款规定，如果当事人没有合意整体排除公约的适用，那么当事人也可以合意个别地改变或减损公约条款的效力，这种合意不要求三方当事人都予同意，而是允许两个合同各自的双方当事人可以合意改变公约规定下的相互关系，但任一合同的双方都不得通过他们的约定改变第三方在公约规定下的权利义务。另外，该条款还规定，并不是《国际融资租赁公约》的所有条款的效力都允许当事人改变或减损，对于《国际融资租赁公约》第8条第3款（在出租人过失的情况下不得减损其租赁物权利瑕疵担保义务）、第13条第3款第2项（约定损害赔偿）和第13条第4款（出租人在单方解除融资租赁合同的情况下无权强制执行融资租赁合同中关于其有权收取全部租金的约定）这三个条款，当事人不得个别地改变或减损它们的效力。

对于第5条第1款与第2款的规定，有人认为《国际融资租赁公约》既承认自己整体的任意性，允许当事人通过合意整体排除其适用，但又规定其某些条款具有强制规则的性质，构成当事人在合意个别改变或减损《国际融资租赁公约》条款效力时的若干例外，这么一来就在《国际融资租赁公约》第5条第1款和第2款这两个条款之间形成了矛盾。[12]实际上，当事人是整体排除还是部分排除《国际融资租赁公约》的适用，这是其意思自治范围内的事项，故两个条款的并存并没有逻辑上的矛盾。至于第2款中表明了《国际融资租赁公约》某些特定条款的强制性，这并不影响《国际融资租赁公约》整体的任意性，也不构成对当事人意思自治的不合理限制。《国际融资租赁公约》所确立的当事人权利义务关系，某些方面具有基础性质，如果单独排除这些方面规则的适用会在根本上动摇《国际融资租赁公约》的基础，因此《国际融资租赁公约》规定这些有关的条款具有一定的强制性，当事人要么整体排除《国际融资租赁公约》所有条款的适用，要么就接受这些条款的效力。当事人接受《国际融资租赁公约》的调整，表明其愿意受这些强制性条款的约束。当然，如果当事人不愿意受这些强制性条款的规范，但又想采纳《国际融资租赁公约》的其他条款来确定他们之间的权利义务，那么他们可以通过将那些任意性条款写入合同的方式使之成为合同条款的一部分，避免强制性条款的适用。

另外，《国际融资租赁公约》规定当事人排除其适用的意思必须是明示的。如果合同或其他法律文本中未明确表示排除《国际融资租赁公约》的适用，那么在符合《国际融资租赁公约》适用条件的情况下，《国际融资租赁公约》自动适用于融资租赁交易。

（三）《国际融资租赁公约》的总则规定

《国际融资租赁公约》就总则问题的规定比较简约，总则规定部分只有一个条文，即《国际融资租赁公约》第一章第6条。首先是关于《国际融资租赁公约》的解释规则，第6条第1款对此确立了四个标准：（1）应考虑序言中所声明的目的，这是《国际融资租赁公

---

〔12〕 See Consideration of the Draft Unidroit Convention on International Financial Leasing, Position Paper Submitted to the Committee of the Whole by the Comite Maritime International, CONF. 7/C. 1/W. P. 5, 9 May, 1988, para. 14.

约》的立约宗旨,任何条文都不得违背序言所阐明的精神;(2)应考虑《国际融资租赁公约》的国际性质,不能仅从一国或一种法系的法律原则、法律概念和具体规则来解释《国际融资租赁公约》的任何条文,而应从更广泛的意义和相互协调的立场来理解《国际融资租赁公约》的规定;(3)应考虑《国际融资租赁公约》的适用的统一性,既要从《国际融资租赁公约》的整体出发来考虑具体条文的解释,又要在时间上前后一致地解释《国际融资租赁公约》条文;(4)应考虑国际贸易中遵循的诚实信用原则。《国际融资租赁公约》第6条第1款的规定显然是与《维也纳条约法公约》规定的条约解释原则相一致的。

《国际融资租赁公约》第6条第2款是关于对《国际融资租赁公约》未涉及的事项的处理,这一问题分为两种情况:第一种处理办法,凡属于《国际融资租赁公约》调整范围内但《国际融资租赁公约》又没有明确的条文予以解决的事项,应依据《国际融资租赁公约》所遵循的一般原则解决。然而在实践当中,《国际融资租赁公约》所遵循的一般原则难以从其条文本身中具体、确定地推断出来,这就涉及第二种处理办法,即在没有该种一般原则的情况下,应按照国际私法规则所指引适用的准据法来解决。

三、《国际融资租赁公约》关于合同当事人权利和义务的规定

《国际融资租赁公约》对主要体现融资租赁特征的问题作了实体上的规定,统一规定在《国际融资租赁公约》第二章之中。该章主要规范出租人与承租人之间的权利义务关系,也涉及融资租赁合同牵涉供货人的若干内容。

(一)出租人的权利和义务

1. 租赁物取回权

取回权是指权利人在自己的财产不属于他人的破产财团而被破产管理人占有的情况下,可以不经过破产程序,直接对该项财产行使权利,经破产管理人同意而取回的权利。不属于破产财团的财产,由于租赁、使用、借贷、寄托、承揽、设定动产质权等原因而被破产人占有,所有权人在合同终止后或对质权所担保的债权清偿后,请求偿还该物的情形,是典型的取回权行使。[13] 融资租赁中有关当事人的权利同样具有物权的属性,体现着租赁物的所有权和使用权的分离。《国际融资租赁公约》第7条第1款明确规定,出租人对租赁物的物权可有效对抗承租人的破产受托人和债权人,包括已经取得扣押和执行令的债权人。为了说明此项规定中"破产受托人"的概念,该款第2项规定,"破产受托人"包括清算人、破产管理人或被指定为全体债权人利益而管理承租人财产的其他人。

不动产及某些动产(如机动车、飞行器等)的所有权的转移必须经过登记公示,这是各国通行的做法。在破产宣告前有权从破产人处取得动产的所有权人,依法必须登记而未办理登记的,不能以所有权人的身份向破产财团主张取回权。同样,在融资租赁中出租人行使对抗权利的前提是其物权符合有关的准据法规定的公示要求。鉴于此,《国际融资租赁公约》第7条第2款规定,如适用前款(出租人取回权)的规定,只有符合有关登记

---

〔13〕 参见姜茹娇:《从〈国际统一私法协会国际融资租赁公约〉论国际融资租赁若干法律问题》,载《比较法研究》1998年第2期。

的规定时，出租人对租赁物的物权才能有效对抗前款所指的人。为了确定有关公示的准据法，《国际融资租赁公约》第7条第3款针对船舶、航空器等不同种类的租赁物，规定了不同的连结点以指引准据法。第7条第4款还规定，如果有其他公约对租赁物上的物权承认有特别的规定，那么必须遵循该类公约的规定。由于各国对担保物权的法律规定极不统一，《国际融资租赁公约》第7条第5款对出租人取回权的适用作了两项排除，即规定有两类权利优先于出租人的取回权：(1)租赁物上非因扣押或执行令状产生的留置权或担保物权；(2)根据国际私法规则确定的准据法所取得的任何扣留、扣押或处置的权利。

2. 权利转让与处分权

《国际融资租赁公约》第14条第1款明确规定，出租人可以转让或以其他方式处分其对租赁物或其根据融资租赁合同享有的全部或部分权利，但这种转让并不解除出租人根据融资租赁合同所承担的任何义务，或者改变融资租赁合同的性质，或者取消《国际融资租赁公约》规定的出租人的法定权利。这一规定表明：

(1)出租人既可以转让他对租赁物的全部或部分权利，也可以转让他根据融资租赁合同所享有的全部或部分权利，即物权和债权都可以转让或以其他方式处分。

(2)《国际融资租赁公约》没有对转让以外的“其他处分方式”作出明确界定。应该认为，“其他处分方式”包括不以转移占有为条件的一切担保行为。

(3)《国际融资租赁公约》没有对出租人的转让和处分权设置任何限制，但必须明确的是，出租人转让和处分权利不得影响或改变承租人的权利和义务。

(4)出租人转让或处分权利不影响融资租赁合同的性质、出租人所应承担的义务以及其根据《国际融资租赁公约》所享有的法定权利。一方面，考虑出租人有可能将其合同项下所有的权利转让给承租人营业地所在国的商人，或转让给营业地位于非缔约国境内的商人，《国际融资租赁公约》特意规定出租人转让或处分权利不影响融资租赁的定性以及国际性质，因此在转让或处分一项应受《国际融资租赁公约》支配的融资租赁交易之前，并不因转让或处分行为而停止受《国际融资租赁公约》的调整。同样，一项原为纯国内的融资租赁交易也不因出租人将权利转让给另一缔约国境内的商人而自动适用《国际融资租赁公约》。另一方面，为了保障承租人的权利，《国际融资租赁公约》规定出租人的转让不得解除其根据融资租赁合同所应承担的任何义务，不论该义务是由原出租人承担还是由新的出租人承担。

3. 对租赁物品质瑕疵担保义务的免责

《国际融资租赁公约》第8条第1款第1项明确规定，除《国际融资租赁公约》或当事人的融资租赁合同另有规定外，出租人不应对承租人承担租赁物方面的任何责任，除非在选择租赁物或供货人的过程中，承租人由于依赖出租人的技能和判断或受到出租人干预而蒙受损失。该条规定主要是考虑到，在典型的租赁合同中出租人与买卖合同的卖方一样负有标的物品质瑕疵担保义务，但融资租赁业务的现实情况通常是承租人在选择租赁物和供货人过程中起十分积极的作用，而出租人起相当消极的作用，融资租赁合同中也经常含有明确免除出租人的租赁物品质瑕疵担保责任的条款，因此融资租赁的出租人应可以对租赁物的品质瑕疵担保义务享有合理的免责权利。但是，出租人这种免责的一个基本前提是,租赁物与供货人是由承租人自行选定的。如果不具备这一前提,出租人的免责权利便不存在。因此《国际融资租赁公约》中也对出租人免责规定了例外条款,强调当承租人承受的损害性后果主要是由于依赖出租人的技术、判断或直接干预而选定的租赁物或供货人所致,则出租人不能主张免责。

案例 12－3 | 浙江某租赁公司诉韩国首尔某电视机厂融资租赁合同纠纷案

浙江某租赁公司(以下简称租赁公司)于 2003 年根据韩国首尔某电视机厂(以下简称电视机厂)的委托,向电视机厂推介广东某实业公司(以下简称实业公司)为供货商,三方就买卖片状电阻生产线设备的事宜进行了洽谈。租赁公司按照电视机厂与实业公司协商的条件,与实业公司签订了购货合同,该合同明确约定货物由实业公司向电视机厂交付,货物质量等由实业公司向电视机厂负责保证。电视机厂也在该合同上签字表示同意。同时,电视机厂与实业公司签订了一份片状电阻生产技术合作合同,对设备应达到的技术指标做了具体约定。随后,租赁公司与电视机厂签订了以该设备为标的物的融资租赁合同,约定由实业公司直接向电视机厂交付设备,交付之日为租金起算日;若发生设备质量问题,则租赁公司不承担责任,由电视机厂向实业公司索赔,租赁公司协助。合同签订后,实业公司交付了该设备,电视机厂进行了验收,并会同实业公司对设备进行了安装调试,发现该设备未达到设计标准。为此,租赁公司会同电视机厂与实业公司签订了处理协议书,协议书约定:片状电阻生产线设备由电视机厂负责修整,实业公司向电视机厂赔偿 16 万元。租赁公司因电视机厂拖欠租金,多次索要未果,向当地法院起诉,电视机厂在答辩中称租赁公司交付的租赁物在使用中未达到设计标准,而租赁公司又未及时对外索赔,故拒绝支付租金。

本案出租人是中国公司,承租人是韩国公司,营业地分处不同国家境内,故本案为国际融资租赁合同纠纷。本案争议焦点为出租人是否承担瑕疵担保责任的问题。如果法院对本案适用我国法律,则根据 1999 年《合同法》第 244 条的规定,融资租赁合同中的出租人不承担瑕疵担保责任,除非承租人依赖出租人的技能确定租赁物或者出租人干预选择租赁物。这一规定与《国际融资租赁公约》第 8 条第 1 款第 1 项的规定是完全一致的。在本案中,出租人只是向承租人推荐出卖人,租赁物的选择最终是由承租人决定的,出租人并未干预或影响承租人对租赁物的选择。况且,出租人与承租人还在融资租赁合同中明确约定,租赁物若出现质量问题,出租人不承担责任,而由承租人负责索赔,出租人只提供协助。因此,本案承租人在诉讼中的答辩理由不能成立。根据《国际融资租赁公约》的有关规定,也可以得出相同的结论。

4. 对租赁物致第三人损害的免责

《国际融资租赁公约》第 8 条第 1 款第 2 项规定,出租人在租赁物上的免责也及于租赁物对第三人的损害。这主要是基于两方面理由:一方面,出租人在设备技术上相对匮乏,若令其对租赁物所致第三人损害负责,于其有欠公平;另一方面,在多数国家,尤其是普通法系国家,这种责任通常由租赁物占有人承担。因此《国际融资租赁公约》规定了出租人对此的免责。但这种免责也是相对的,出租人仅以自己作为融资租赁合同出租人的身份享有免责,不能免除他作为其他身份依法应当承担的责任,例如,出租人有可能以产品经营者的身份对产品负严格责任。

5. 不得变更买卖合同条款而损害承租人利益的义务

承租人是租赁物的使用人，租赁物和供货人也是承租人所选定的，然而出租人是以自身的名义与供货人订立买卖合同，有可能会出现出租人为自身的利益计算（如缩短产品保修期以压低产品价格）而供货人善意不知情的情况。为此，《国际融资租赁公约》第11条规定，在合同的修改或解除是有效的情况下，承租人在《国际融资租赁公约》下基于买卖合同产生的权利不应由于原合同任何条款变更而受影响，除非承租人已事先同意此变更。比如，出租人和供货人将原来承租人与供货人草拟的合同中对租赁物的质量保证期由4年修改为1年，假如产品在4年内依然符合要求，那么合同的修改对承租人并无不利影响，但如果租赁物在第2年发生在保修期内的故障，那么此时出租人应承担原本根据修改前的合同条款由供货人直接对承租人承担的责任。[14]

6. 交付租赁物义务

向承租人交付租赁物是出租人的一项主要义务，因此《国际融资租赁公约》第12条第1款规定，如果出租人不交付、迟延交付租赁物或所交付的租赁物与合同约定不符，则承租人有权拒绝接受租赁物或解除融资租赁合同。这里的问题是，融资租赁交易中租赁物通常不是由出租人而是由供货人直接交付给承租人，因此《国际融资租赁公约》确立的出租人交付义务又不完全等同于买卖合同中卖方的交付义务或传统租赁中出租人的交付义务。根据《国际融资租赁公约》第12条第5款的规定，一方面，出租人有权就交付瑕疵作出补救；另一方面，除非交付瑕疵是由出租人的行为或过失所造成的，否则承租人就交付瑕疵对出租人仅有拒绝接受租赁物或解除合同两种救济方法，而没有其他请求权可以行使，由交付瑕疵引起的其他方面的责任只能向供货人请求承担。这样，《国际融资租赁公约》在交货责任问题上把出租人和供货人统一起来，两者各自负责某些方面，而承租人对货物所享有的权利就得到了完整的保障。[15]

7. 租赁物权利瑕疵担保义务

在一般的国际货物买卖中，卖方所提交的货物是第三人不能提出任何权利要求的货物，卖方在订立合同时应保证其所售货物不会因存在买方不知悉的权利瑕疵而被第三人追索。同样，在一般的租赁合同中，出租人也对租期内租赁物不受第三人追索负有担保义务，以保障承租人安全有效地使用租赁物。租赁物权利瑕疵担保义务，在《国际融资租赁公约》第8条第2款中被称为"平静占有担保"义务，指出租人必须保证承租人在约定的租期内能够平静地占有和使用租赁物，不受对租赁物享有或根据法院的授权而主张优先权利的人的干扰。但是，如果引起干扰的情事是由于承租人自己的作为或不作为而产生的，则出租人可对此免责。

另外，《国际融资租赁公约》对出租人的租赁物权利瑕疵担保义务这一条款的效力作了两项特别规定：(1)融资租赁合同双方当事人可以合意减损或变更该条款的效力，即出

---

〔14〕 参见姜茹娇：《从〈国际统一私法协会国际融资租赁公约〉论国际融资租赁若干法律问题》，载《比较法研究》1998年第2期。

〔15〕 参见程卫东：《国际融资租赁法律问题研究》，法律出版社2002年版，第340页。

租人的此项义务及免责权利是任意性而不是强制性规定。但是,如果引起干扰的情事是由于出租人的故意、重大过失或不作为所造成的,那么当事人不得合意减损或变更该条款的效力,也就是说,在这种情况下出租人的租赁物权利瑕疵担保义务是强制性的规定。(2)如果有关的国际私法规范所指引的准据法,对出租人的租赁物权利瑕疵担保义务有强制性的规定,那么《国际融资租赁公约》的上述规定不影响该准据法有关规定的适用。

(二)承租人的权利和义务

1. 占有和使用租赁物的权利

占有和使用租赁物的权利是承租人在融资租赁合同项下的基本和主要权利。该项权利与出租人和供货人的交货、出租人对租赁物的权利瑕疵担保以及供货人对租赁物的品质瑕疵担保等各项义务是相对应的。

2. 对供货人的直接请求权

实践中,融资租赁合同在设定出租人对租赁物品质瑕疵担保免责条款的同时,一般订有对供货人的请求权让与条款,即出租人将其对供货人的品质瑕疵担保请求权转移给承租人。而出租人对品质瑕疵担保免责的前提和必然结果,就是承租人对供货人直接行使品质瑕疵担保请求权。《国际融资租赁公约》在规定出租人对租赁物品质瑕疵担保义务予以免责的同时,为了保障承租人的权益,突破了传统的合同相对性理论,直接规定了承租人对供货人的请求权。《国际融资租赁公约》第10条第1款规定,供货人根据货物买卖合同所承担的义务,承担对象及于承租人,如同承租人是该买卖合同的当事人一样。但供货人所承担的义务只应及于出租人和承租人当中的一方,因此《国际融资租赁公约》又规定,供货人不应由于同一损害同时对承租人和出租人负责。另外,承租人对供货人的请求权也是有限的,尤其是没有解除买卖合同的权利。

3. 有限的权利转让权

《国际融资租赁公约》第14条第1款规定了出租人的权利转让权后,为平衡双方对应的权利,在第2款中规定了承租人的权利转让权。但与出租人的转让权不同的是,承租人享有的转让权受两个条件限制:(1)承租人转让权利必须征得出租人同意;(2)承租人转让权利不得损害第三人的利益。

承租人的转让权主要表现为转租权。由于融资租赁的租期往往相当长,在此期间承租人本身的经营状况可能会发生多方面的变化,租赁物对其生产经营活动可能不再具有使用价值。在这样的背景下,承认承租人的转租权是现实的需要。然而,承租人对合同项下任何权利的转让都与出租人的利益息息相关。出租人转让权利一般不会影响承租人的主要权利和义务,而承租人转让权利往往会直接影响出租人的根本利益,例如,如果有关的准据法承认善意取得制度可能影响出租人的物权。鉴于此,《国际融资租赁公约》明确规定了承租人转让权利须经出租人同意。

4. 租期届满后对租赁物的购买选择权

传统租赁中,承租人对租赁物仅取得一定时期的用益权,在租期届满时即应向出租人返还占有。而在融资租赁中,由于承租人向出租人租用设备的目的实质上是融资,承租人给付的租金与租赁物价值基本相当,而且租赁物是承租人自己选定的,对出租人并没有特定的使用价值,在此基础上,实务中大多数融资租赁合同都约定租期届满后承租人可以返还租赁物、续租或者以象征性的小额价款取得租赁物的所有权。因此,《国际融资租赁公约》第 9 条第 2 款规定了承租人对租赁物享有留购、续租或退租这三种选择权。

5. 给付租金的义务

给付租金是承租人的主要义务。《国际融资租赁公约》没有对租金的问题作全面和详细的规定,有关租金计算、支付方式等内容主要由当事人在融资租赁合同中约定。但《国际融资租赁公约》在第一章第 1 条中明确了租金的性质,即租金的计算特别考虑到摊提租赁物的全部或大部分成本。

6. 适当保管和合理使用租赁物的义务

《国际融资租赁公约》第 9 条第 1 款规定,承租人应适当地保管和以合理的方式使用租赁物,并使之处于交付时的状态,当然合理的损耗及当事人所同意的改变除外。第 9 条第 2 款规定,当融资租赁合同终止时,承租人应将处于上述状态的租赁物退还给出租人,除非承租人行使购买选择权或续租权而继续占有租赁物。

(三) 供货人向承租人承担的义务

供货人与出租人之间的货物买卖合同本身并不受《国际融资租赁公约》调整,但在整个融资租赁交易当中,基于买卖合同与融资租赁合同的关联性,供货人对承租人承担一定的义务,因此《国际融资租赁公约》第 10 条规定了承租人对供货人的直接请求权。供货人对承租人所承担的主要是与租赁物本身直接相关的义务,包括交付租赁物、品质瑕疵担保、对第三人的产品责任。这意味着承租人对供货人仅享有一部分的请求权,并不是享有出租人在买卖合同项下的全部权利,特别是要受到《国际融资租赁公约》第 10 条第 2 款的限制,即承租人在未经出租人同意的情况下无权解除买卖合同。

(四) 出租人和承租人的违约与救济

除了规定出租人、承租人和供货人的合同权利和义务之外,《国际融资租赁公约》第二章还规定了出租人和承租人双方各自的违约和救济。由于供货人的违约责任根据买卖合同有关的准据法来解决,而《国际融资租赁公约》主要是规范出租人和承租人之间的关系,因此《国际融资租赁公约》对供货人的违约问题未作规定。

1. 出租人的违约行为和承租人的救济

《国际融资租赁公约》所规定的出租人违约行为主要是交付瑕疵方面的违约。交付瑕疵包括三种情况,即租赁物未交付、迟延交付或所交付的租赁物与合同约定不符。

针对出租人的违约行为,承租人享有的救济方式包括:(1) 拒绝接受租赁物或者解除融资租赁合同。[16]《国际融资租赁公约》第 12 条第 2 款规定,承租人这种救济权利的行使和丧失,应该如同承租人与出租人是一个买卖合同的买方和卖方一样,而该买卖合同与出租人和供货人之间的买卖合同有完全一致的条款。这表明承租人的拒绝接受权和解约权依买卖合同关系下同等情况来处理。另外,作为对承租人拒绝接受权和解约权的限制,第 12 条第 1 款第 2 项规定了出租人的补救权,即出租人有权提供符合买卖合同规定的租赁物对违约作出补救。(2) 提留租金。《国际融资租赁公约》第 12 条第 3 款规定,当出租人违约时,承租人有权提留自己根据融资租赁合同应支付的租金,直到出租人提供符合合

---

〔16〕《国际融资租赁公约》第 12 条第 1 款第 1 项。

同约定的租赁物对违约作出补救为止。提留租金只是一个暂时性的救济方式,主要是防止承租人的权利受到进一步的损害。一旦出租人行使了违约补救权,提留租金的理由丧失,则必须向出租人补交租金。(3)收回预付的租金及其他款项。这种救济权利仅在承租人行使了解约权后才能行使,而且应扣除承租人得自租赁物的任何合理收益。[17] 这里需要指出的是,《国际融资租赁公约》强调承租人不应因出租人的上述违约行为而享有针对出租人的其他请求权,除非违约行为是出租人的过失(包括作为和不作为)造成的。[18] 而且无论承租人对出租人采取了何种救济方式,都不影响承租人对供货人的直接请求权。[19]

2. 承租人的违约行为和出租人的救济

《国际融资租赁公约》对承租人违约的情形未作具体的规定,只是在第13条中区分一般违约和根本违约两种情况,分别规定了出租人的救济权利。[20]

针对承租人的一般违约,《国际融资租赁公约》第13条第1款规定,出租人可以收取未付的到期租金以及利息和损害赔偿。从这一规定可以推断,一般的违约行为是未损及出租人在合同项下的根本利益的行为,而且主要是表现为不支付或迟延支付到期租金。

针对承租人的根本违约,《国际融资租赁公约》第13条第2款规定出租人可以在以下两种救济权利中择一行使:(1)加速支付未到期租金请求权。融资租赁合同中,在每期租金支付期限到来之前,出租人无权要求承租人提前支付。《国际融资租赁公约》规定,在承租人根本违约的情况下,出租人可以要求承租人加速支付合同约定的全部租金,但有以下条件:其一,双方在融资租赁合同中约定了出租人有这种权利;其二,出租人必须首先向承租人发出通知并给予承租人对违约作出补救的机会,但如果这种通知和补救是不可能的(如承租人破产的情形),出租人可免除这一义务;其三,出租人没有行使与此相抵触的权利,这里指的是如果出租人选择了解除融资租赁合同,那么他就无权请求对方加速支付未到期租金。(2)解除合同权。基于融资租赁合同的特殊性,合同中通常规定,除非出现特殊情形,否则禁止在租期届满之前单方解除合同,这种条款一般称为"中途解约禁止"。然而,该条款并不排除双方合意解除合同的可能,也不排除出现特定情况时任何一方的解约权的行使。《国际融资租赁公约》第13条第2款第1项和第2项规定,在承租人根本违约的情况下,出租人可以解除合同,并收回租赁物的占有权,同时要求损害赔偿。但这种权利的行使有三个前提:其一,出租人必须首先向承租人发出通知并给予承租人一

---

〔17〕《国际融资租赁公约》第12条第4款。

〔18〕《国际融资租赁公约》第12条第5款。

〔19〕《国际融资租赁公约》第12条第6款。

〔20〕对于根本违约的范围,有的学者认为,应由融资租赁合同当事人约定;有的学者认为,可以参照1980年《销售公约》的相关规定,将根本违约界定为"当事人一方违约的结果使另一方蒙受损害,以至于实际上剥夺了他根据合同有权期待的利益,即属于根本违反合同,除非违反合同的一方不可能预见而且一个通情达理的人处于相同情况下也没有理由预见这种结果的发生";还有学者以列举的方式探讨了构成根本违约的事项的界定:"承租人不支付到期租金,并且在合同约定的宽限期内或合理的期限内仍未付租金,或由于自己的过错拒绝受领租赁物从而构成对全部义务的违反,或者未经出租人许可将租赁物抵押、转让、转租等构成根本违约"。参见程卫东:《国际融资租赁法律问题研究》,法律出版社2002年版,第345页;姜茹娇:《从〈国际统一私法协会国际融资租赁公约〉论国际融资租赁若干法律问题》,载《比较法研究》1998年第2期。

个对违约作出补救的机会,除非这种通知和补救是不可能的;其二,出租人没有行使与此相抵触的加速支付未到期租金请求权;其三,出租人在承租人违约后采取了一切合理措施避免损失的扩大,否则不得就扩大的部分请求损害赔偿。对于损害赔偿的数额,双方在融资租赁合同中可以约定损害赔偿的计算方式,但依《国际融资租赁公约》第 13 条第 3 款的规定,赔偿额无论如何不能明显超过出租人在承租人按约定履行合同的情况下所本应取得的利益。这意味着租金的数额是一个重要的考虑因素,出租人解除合同时未到期的租金价值可以作为损害赔偿计算的基础。

第三节　《租赁示范法》

国际统一私法协会一直高度重视和关注融资租赁业的发展,长期致力于协调各国融资租赁法律规范,以促进融资租赁业在全球范围内特别是发展中国家和转型经济国家的发展。为此,在制定和推广《国际融资租赁公约》的基础上,自 2006 年 4 月起,国际统一私法协会又着手制定一部专门的《租赁示范法》,供各国在立法时参考。起草工作历时两年多,《租赁示范法》于 2007 年 5 月、2008 年 4 月先后两次经国际统一私法协会政府专家委员会讨论,并经常务理事会修改审定后,已于 2008 年 7 月分发各国政府再次征求意见后定稿,最终于 2008 年 11 月在国际统一私法协会大会与其政府专家委员会联合会议上获得批准通过。[21] 《租赁示范法》作为各国立法者可资参照的优秀范本,成为国际融资租赁领域的又一项重要国际法律文件。

一、《租赁示范法》的主要特点

《租赁示范法》属于私法范畴,主要涉及租赁交易方面的内容,即当事人权利和义务的分配,并不涉及租赁的监管、财税和会计等公法范畴的问题。这是《租赁示范法》的一个显著特征,也是立法者在起草之初即确立的一个观点。监管、财税和会计等方面的问题对于租赁业都非常重要,但由于这些问题大多包含于各国的公共政策当中,且各国之间差异巨大,不可能在《租赁示范法》中达成一致。

《租赁示范法》的调整范围包括全部租赁交易形态,这是其另一个显著特征。从《租赁示范法》构建的租赁概念体系来看,"租赁"(lease)是全部租赁交易形态的总称,被划分为"融资租赁"(financial lease)和"融资租赁之外的其他租赁"(lease other than financial lease)两大类别,"融资租赁"在概念上属于租赁的一种。在具体条文中,基本上每一款都对"融资租赁"和"融资租赁之外的其他租赁"分别作出相关规定,除非二者情况相同方不作区分。《租赁示范法》所谓"融资租赁之外的其他租赁",并非仅指传统出租,而是涵盖了租赁业发展进程中除了融资租赁以外的各种业态(包括租购、厂商租赁、分期付款、结

〔21〕 原文详见国际统一司法协会官网:https://www.unidroit.org/english/documents/2008/study59a/s-59a-17-e.pdf(英文),https://www.unidroit.org/chinese/modellaws/2008leasing/s-59a-17-c.pdf(非官方汉译)。

构性租赁、项目租赁、经营租赁等,当然也包括传统租赁)。只要不符合《租赁示范法》中对于融资租赁定义的,均属其他租赁之范畴。起草者用发展的眼光前瞻性地看待租赁业,认为《租赁示范法》不但应该规范典型的融资租赁,还应该适应租赁业当前和未来发展的需要,鼓励各种租赁业态的发展。同时,起草者从全球视角出发,认为《租赁示范法》不但适用于那些租赁业尚未形成或者尚处于萌芽状态的发展中国家(特别是非洲国家)和转轨经济国家,还考虑到那些已经拥有成熟租赁市场的发达国家也可能会采纳这部法律范本,因此在法律的调整范围上,将融资租赁以外的其他租赁业态也都囊括进来,这样更容易被更多的国家广泛接受,以增强《租赁示范法》的适用性。[22]

但是,把全部租赁业态放在一部法律内进行调整,这无疑增加了立法难度,即便起草者具备高超的立法技术、扎实的专业知识和丰富的实践经验,也难以对所有租赁业态作出全面而具体的规定。《租赁示范法》仅对涉及租赁交易的一些重要的原则性问题作出规定,很多方面并未深入展开。《租赁示范法》一共 24 条,真正对租赁交易行为进行规范且具有实质性内容的条款不过 22 条。

二、《租赁示范法》部分重要条款

(一)定义

《租赁示范法》第 2 条对有关租赁的若干重要概念作出了明确定义,是非常重要的条款,对于整部示范法起到了基石的作用。

1. 租赁物

《租赁示范法》对租赁物的范畴作出规定,租赁物是指承租人用于生产经营活动的全部财产。这一规定包括两层含义:一是"用于生产经营活动",即仅用于商业目的,排除了以个人和家庭消费为目的的消费租赁。原因是消费者受到的保护程度较高,与企业不处于平等交易地位。二是"全部财产",既包括有形财产,也包括无形财产,如软件等。

《租赁示范法》在定义中列举的可以作为租赁物的财产中,"不动产"指房地产,包括房产和土地;"资本货物"是指用来生产制造其他产品的机器设备,而"设备"是指直接使用而不用于生产制造其他产品的机器,如冰箱、汽车、飞机、轮船等;"未来财产"是指可以预见在未来可获得的财产,如还是种子的未来作物、仍为树苗的未来木材等;"特定的产成品"指由机器设备生产制造出来的产品;"厂房"包括生产线和外部建筑,不包括土地;"役畜"(包括未出生的役畜)指用于生产经营活动的动物,其未出生幼崽的归属取决于合同约定。此外,诸如道路(高速公路)、桥梁、管线(伏于地表或埋于地下)等均可以作为租赁物。

值得一提的是,租赁物定义的最后一句"租赁物不会仅因其附着于或嵌入不动产而不再是租赁物"涉及租赁物附合的问题。物权法上关于附合或添附的一般原则是,从物附合于主物后便丧失其自身的权利属性,从物所属的权利归主物所有人所有。虽然《租赁示范法》未设专门的条款对此问题进行规定(起草者认为这应由各国国内法来规范),

---

〔22〕 参见张雪松:《对国际统一私法协会〈租赁示范法(草案)〉的简要介绍》,载《中国外商投资企业协会租赁业委员会年会刊》,2008 年 11 月 19 日。

但这句话至少是认为租赁物附合后其物的权利属性依然存在,并不随之灭失或改变,从而为突破物权法一般原则奠定基础。对于租赁业而言,租赁物附合于他物的情况颇为普遍,例如,电梯安装于大厦、水轮发电机安装在大坝、发动机安装在机器设备中。如按照物权法一般原则,在这种情况下出租人将丧失对租赁物的所有权,从而失去了对其至关重要的权利担保,那么融资租赁业务将无法开展。因此,《租赁示范法》在租赁物定义中作出了这一原则性规定,对于保障出租人权利、促进融资租赁业务发展非常重要,对我国的融资租赁立法也具有借鉴意义。〔23〕

2. 融资租赁

《租赁示范法》对融资租赁的定义与《国际融资租赁公约》的融资租赁定义基本吻合。二者都规定,由承租人选定租赁物和供货人,出租人取得租赁物并将其用于租赁且供货人知道该事实,这是融资租赁的法律形式特征,无论承租人是否拥有租期届满后的租赁物购买选择权。

但《租赁示范法》与《国际融资租赁公约》在融资租赁定义上又有所区别,如《租赁示范法》删除了《国际融资租赁公约》中关于承租人"不主要依赖出租人的技能和判断"来选择租赁物和供货人的表述。二者的规定最大的区别在于,承租人在租赁合同项下所支付的租金和其他费用是否应摊销出租人投入的全部或绝大部分成本。《国际融资租赁公约》的定义认为,"该租赁协议项下应付租金的计算是特别考虑了摊提设备的全部或绝大部分成本的"(《国际融资租赁公约》第 1 条第 2 款);而在《租赁示范法》中,则规定"租赁合同项下的租金或其他应付资金既可以摊销也可以不摊销出租人的全部或绝大部份投资"(见《租赁示范法》第 2 条"融资租赁")。这一变化表明,起草者认为,租金是否摊销出租人投入的成本,已经不再是区别融资租赁与其他租赁的一个本质特征了。这是融资租赁认识过程和立法进程中的一个里程碑,突破了各界对融资租赁的传统认识,扩大了融资租赁的内涵和外延。〔24〕

《租赁示范法》的融资租赁定义中另一个需要特别说明的问题是,"出租人为租赁目的而取得租赁物的所有权或租赁物的占有和使用权",这里使用了"取得"(acquire)而不是"购买"(purchase/buy),意味着除了购买之外,出租人还有其他方式取得租赁物,如租借、受赠、受托等,出租人取得的也可能不是租赁物的所有权而是占有和使用权。与之相应的是,《租赁示范法》使用了"供货人"(supplier)而不是"出卖人"(seller)或"制造商"(manufacturer)的表述,这也表明出租人取得租赁物的来源不限于购买,取得的权利也不

〔23〕 参见张雪松:《对国际统一私法协会〈租赁示范法(草案)〉的简要介绍》,载《中国外商投资企业协会租赁业委员会年会刊》,2008 年 11 月 19 日。

〔24〕 这一改变是在经国际统一私法协会第二次政府专家委员会(2008 年 4 月,于阿曼首都马斯喀特)讨论后才做出的决定,会上很多国家的代表(特别是美国设备租赁和融资协会的代表)认为,融资租赁的定义应该有"三不考虑":一不考虑承租人是否拥有到期后的租赁物购买权,二不考虑租金是否摊销出租人投入的全部成本,三不考虑租期是否相当于租赁物正常使用的经济寿命。现代租赁业更多的是租金不摊销出租人绝大部分成本的租赁,在美国称为"基于残值的租赁"(residual based leases),在经济实质上相当于我们会计上的所谓"经营租赁"的概念。国际统一私法协会采纳了这一意见,认为这种租赁形式代表了租赁业发展方向,应该将其纳入融资租赁的范畴。参见张雪松:《对国际统一私法协会〈租赁示范法(草案)〉的简要介绍》,载《中国外商投资企业协会租赁业委员会年会刊》,2008 年 11 月 19 日。

限于所有权。《租赁示范法》中这些表述与《国际融资租赁公约》是完全一致的,都体现了起草者对这些问题的开放性观点和严谨的用语态度。

(二)租赁物所有权的对抗效力

根据《租赁示范法》第8条的规定,出租人对租赁物的所有权应受到保护和尊重,能够有效对抗第三人,包括承租人的其他债权人以及租赁物所附着的土地或个人财产的权利人。但当善意第三人占有租赁物或对租赁物主张其他权利的情况下,出租人的物权如何才能有效对抗第三人,两者的权利优先顺序如何确定,对这些问题,《租赁示范法》也与《国际融资租赁公约》一样,并未作具体规定。

作为对比,国际统一私法协会制定的《开普敦公约》及其各议定书,针对国际融资租赁合同出租人对租赁物的所有权如何通过国际登记制度取得对抗第三人的优先效力,有独特而先进的规定。(详见本书第十四章)

(三)违约赔偿金

《租赁示范法》第22条规定了融资租赁合同可以约定违约赔偿金。该条规定的特别之处在于同时也作出了限制性规定:违约赔偿金的数额如极大地超过了违约所致损害,可以减少至合理的赔偿额,而且当事人不得减损或变更本条规定的效力。

作为对照,我国《合同法》相关司法解释以及《民法典》第585条也均明确规定了在约定违约金标准过分高于违约造成的实际损失的情况下可以对违约金进行调减,而且最高人民法院在审理的相关案例中也确立了当事人不得减损违约金调减权的裁判规则。[25]

(四)租赁物的占有和处分

《租赁示范法》第24条规定,租赁合同到期终止后,出租人有权取回和处分租赁物。

本条规定没有考虑融资租赁合同可能约定了租赁期满承租人拥有租赁物购买选择权,甚至可能约定租赁期满租赁物所有权自动转移给承租人的情况。《租赁示范法》在融资租赁的定义中明确表示,融资租赁不考虑其合同条款中是否包含承租人对期满后租赁物的购买选择权。也就是说,融资租赁合同中可以包括购买选择权,而且实践中很多融资租赁合同都包含约定承租人购买选择权的条款。而本条规定将期满租赁物的占有和处分权一概划归出租人所有,是不尽合适的。本条应当表述为,除非融资租赁合同约定了承租人在合同到期或终止时享有租赁物购买选择权,并且承租人行使约定的购买权,否则出租人有权在合同到期或终止后取回和处分租赁物。

第四节 我国的国际融资租赁合同法律制度

一、我国融资租赁合同立法的沿革与现状

20世纪90年代以前,由于缺乏相关法律依据,法院在审判工作中,或将融资租赁与传统的财产租赁混同,导致加重了出租人对租赁物件的瑕疵担保责任,或将融资租赁合同

---

〔25〕 参见最高人民法院民事判决书,(2015)民一终字第340号。

定性为企业间资金拆借而归为无效。这些法律上的认识偏差使融资租赁业的发展受到了很大的限制。面对立法滞后的困境,最高人民法院适时地加强了对融资租赁法律适用的关注,一方面通过个案监督,澄清对融资租赁法律性质的认识,另一方面加强有关司法解释的制定工作。融资租赁最早出现在最高人民法院《民诉意见》(法发〔1992〕22 号)第 21 条,明确了财产租赁合同、融资租赁合同以租赁物使用地为合同履行地。该条规定虽然是针对管辖权作出的,但区分了财产租赁和融资租赁,从而第一次在最高人民法院司法解释中承认了融资租赁合同的类型化存在。

1996 年 5 月,最高人民法院在总结法院审判经验的基础上,参照有关国际公约和国际惯例,发布了《关于审理融资租赁合同纠纷案件若干问题的规定》(法发〔1996〕19 号),较为系统地规定了融资租赁合同的定义、效力的认定及处理、索赔权的行使以及融资租赁合同中的保证问题,使各级法院在审理此类案件时有章可循,并对此后的融资租赁合同专门立法提供了积极的理论和实践准备。但是,最高人民法院的司法解释权本应建立在对施行法的解释基础上,由于当时的法律并无关于融资租赁合同的规定,该司法解释缺少相应的法律依据,故有越权解释之嫌。

1999 年《合同法》公布施行,改变了融资租赁交易无法可依的状况。该法充分参考了《国际融资租赁公约》的规定,设专章(第十四章)将融资租赁作为有名合同,针对融资租赁交易的特点作出了科学、准确的规定,解决了融资租赁交易中的一系列基本问题。该章明确了融资租赁的概念及三方当事人之间的权利义务分配,对该行业的发展具有里程碑式的意义。但是,基于当时融资租赁业的发展状况,该法在违约救济、租赁物取回、风险承担、承租人在供货合同中的权利等方面,或者没有涉及,或者只作了指引性的规定。[26]

2014 年 2 月,最高人民法院发布了《关于审理融资租赁合同纠纷案件适用法律问题的解释》(法释〔2014〕3 号),对融资租赁法律关系的认定、出租人对租赁物所有权的保护方式、买卖合同与融资租赁合同之间的牵连关系、合同解除权的行使条件、出租人怠于向出卖人索赔时的赔偿责任、出租人请求支付全部租金与请求解除合同之选择权、出租人单方解除融资租赁合同后可主张的损失赔偿范围、融资租赁合同的诉讼时效等重要问题作了明确规定,是对 1996 年司法解释和 1999 年《合同法》中相关规则的大幅修订、补充、细化和完善,对于我国融资租赁业的进一步发展起到非常重要的规范和引导作用。

2021 年 1 月 1 日,《民法典》生效实施,其中第三编"合同"第十五章为融资租赁合同专章。该章取代了 1999 年《合同法》第十四章的内容,是对《合同法》第十四章以及 2014 年司法解释内容的吸收、整合和优化。与此同时,最高人民法院也适应《民法典》的新规定,对《关于审理融资租赁合同纠纷案件适用法律问题的解释》进行了必要修订,修订后的新司法解释与《民法典》同日生效实施。至此,我国的融资租赁法律制度进入到一个更加系统、细化、完善的新阶段。

---

〔26〕《合同法》第 248 条、第 249 条对应现行《民法典》第 752 条、第 758 条。

二、国际融资租赁合同司法实务中的主要法律问题

(一)回租式融资租赁合同的定性问题

在合同识别问题上,融资租赁合同在司法实践中引起混淆较多的问题主要是回租式融资租赁合同的定性。回租式融资租赁与一般融资租赁的区别在于,其只涉及两方当事人,且一般采用占有改定的交付方式,即租赁物并不转移占有,仅是拟制地转移所有权,实际上是作为承租人向出租人融资的一种财产抵押。回租式融资租赁与抵押借贷的区别在于,典型的抵押借贷并不转移抵押物所有权,而回租式融资租赁则转移标的物所有权。对于这种合同的定性,尽管双方当事人之间往往只订立一个合同,但这个合同包含双方前后两个法律关系,前一个是承租人与出租人之间的买卖合同关系,后一个是出租人与承租人之间的租赁合同关系。只要这两个合同关系各自均不违反法律的禁止性规定,理应认定均为有效。这种交易方式尽管为无名合同,但作为一种金融创新手段,能起到扩大企业融资能力的作用,应认定为融资租赁的一种特殊形式,并承认其效力。

2005 年 3 月商务部《外商投资租赁业管理办法》第 5 条第 3 款规定"外商投资融资租赁公司可以采取直接租赁、转租赁、回租赁、杠杆租赁、委托租赁、联合租赁等不同形式开展融资租赁业务",在部门规章层面明确承认了融资租赁业务包括售后回租在内的多种交易模式的合法性。在 2014 年最高人民法院《关于审理融资租赁合同纠纷案件适用法律问题的解释》中也明确规定,回租模式本身不影响融资租赁合同的效力,即在司法层面确认了回租是一种有效的融资租赁交易模式。

案例 12 -4 | 江西金融租赁股份有限公司与黑河中兴牧业有限公司、上海龙江牧业有限公司融资租赁合同纠纷案

江西金融租赁股份有限公司(以下简称金租公司,本案出租人)与黑河中兴牧业有限公司(以下简称中牧公司,本案承租人甲)、上海龙江牧业有限公司(以下简称龙牧公司,本案承租人乙)于 2018 年签订一份《融资租赁合同》,约定:为实现融资租赁之目的,承租人同意向出租人转让承租人享有所有权之设备,再向出租人租回该等设备,向出租人支付租金及其他应付款项。两承租人为共同租赁,租赁设备可以为共同承租人的共有资产,也可以为共同承租人之一单独所有的资产。本合同项下设备购买价款按照本合同签订日设备在承租人账面显示的设备固定资产净值确定。出租人向承租人支付融资租赁本金(租赁物购买价款)须满足出租人收到承租人出具的付款通知书等条件,出租人支付首笔融资租赁本金(租赁物购买价款)之日为起租日,该日设备所有权自承租人转移到出租人,出租人的交付义务自出租人取得设备所有权时即已完成。租赁期限为 60 个月,自起租日起算,年租赁利率为 7.79%。出租人向承租人支付首笔及第 2 笔融资租赁本金(租赁物购买价款),对应的承租人应向出租人支付的租金金额共 20 期总计 188,155,593.1 元。租赁期限内,如遇中国人民银行贷款基准利率调整时,出租将对租赁利率作出同方向、同幅度的调整。利率调整日之前各期和调整日当期租金不变,从次年首次收租日的次日租金开始按调整后的租金金额收取。留购价款 1 元。同日,金租公司(买受人)与中牧公司(出卖人)签订 1 份《买卖合同》,约定:金租公司已与中牧公司、龙牧公司签订了《融资租

赁合同》,为实现融资租赁之目的,中牧公司自愿将其自有设备出售给金租公司,并从金租公司回租使用,该等设备为《融资租赁合同》项下的租赁物。设备购买价款参考设备价值评估结果确定为200,000,000元。鉴于中牧公司将自己拥有的设备转让给金租公司并从金租公司处回租该等设备,本合同中的设备并不实际交付给金租公司,设备所有权在金租公司支付首笔设备购买价款时即从中牧公司转移至金租公司,中牧公司应在设备显著位置设置金租公司为设备所有权人的标志。

合同签订后,金租公司依约支付了融资租赁本金,但中牧公司、龙牧公司未支付租金。金租公司遂向江西省南昌市中级人民法院起诉。被告在诉讼中辩称,本案法律关系名为融资租赁,实为借款,融资租赁的相关设备未经真实的买卖。各方意思表示虚假,案涉《融资租赁合同》等合同应为无效。

法院认为,本案被告为中国香港特别行政区公司,本案系涉港纠纷,依照最高人民法院《关于适用〈中华人民共和国民事诉讼法〉的解释》第551条的规定,人民法院审理涉及我国香港特别行政区、澳门特别行政区和台湾地区的民事诉讼案件,可以参照适用涉外民事诉讼程序的特别规定,故本案应参照适用《涉外民事关系法律适用法》规定。《涉外民事关系法律适用法》第8条规定,涉外民事关系的定性,适用法院地法律。第41条规定,当事人可以协议选择合同适用的法律。当事人没有选择的,适用履行义务最能体现该合同特征的一方当事人经常居所地法律或者其他与该合同有最密切联系的法律。案涉《融资租赁合同》约定适用中华人民共和国法律,且该合同签订地及主要义务履行地均在中国内地,故本案应适用中华人民共和国法律为准据法。关于回租合同的效力问题,根据最高人民法院《关于审理融资租赁合同纠纷案件适用法律问题的解释》第2条规定,承租人将其自有物出卖给出租人,再通过融资租赁合同将租赁物从出租人处租回的,人民法院不应仅以承租人和出卖人系同一人为由认定不构成融资租赁法律关系。融资租赁和借款的目的都是融资,只是融资方式不同,适用的法律规定不同。回租式的融资租赁是融资租赁的一种特殊形式,其特殊性在于出卖人与承租人为同一人,这一点并不影响回租式的融资租赁作为融资租赁的一种形式,它同样具有融资租赁的法律特点,仍应适用融资租赁的相关法律规定。

(二)合同中关于"租金加速到期"与"租赁物取回"并用的违约责任条款的效力问题

根据1999年《合同法》第248条的规定,在承租人违约的情况下,出租人可以根据合同的约定,在两种救济方式之中作出选择:(1)不收回租赁物,而要求承租人支付到期租金,并提前收回合同约定的所有未到期租金;(2)解除合同,收回租赁物,并要求承租人赔偿损失。

随着我国法院受理的融资租赁合同纠纷案件逐渐增多,当事人的诉讼请求越来越多样化,我国法院受理的案件中出现了大量出租人按合同约定既请求解除合同收回租赁物同时又请求承租人支付所有到期和未到期租金作为赔偿的情况。对于这种合同约定及诉讼请求,实务中存在两种不同的见解:(1)鉴于融资租赁合同兼有融资和融物的双重性质、出租人承担相对较大的风险,以及国际商事合同当事人之间通常具有平等的风险注意能力和交涉能力等特点,认为在合同标的不违反我国法律规定的前提下,法院应当充分尊重当事人的意思自治,承认租赁合同明示条款的有效性。(2)认为如法院支持这种约定,将使出租人获得的合同利益超过承租人完全履行合同所应付的对价,这对承租人并不公平,且与1999年《合同法》第248条的规定相悖。

我们认为,补偿损失是我国合同法关于违约救济的立法原则。在融资租赁合同纠纷中,债权人收回租赁物的目的也在于弥补合同未履行的租金损失,而非惩罚债务人的违约行为。所以,当债权人的履行利益可以得到实现的情况下,不应因债务人无力支付的事实而获得超出合同正常履行可得利益之外的利益。融资租赁合同归根结底只是有担保的借款合同的一种特殊表现形式,在租金未付清前出租人保留租赁物所有权的约定,只是出租人债权实现的担保。所以,出租人在融资债权确定可以得到清偿的情况下,再要求收回出租标的物,是明显有失公平的。[27] 尽管国际商事合同的当事人通常具有平等的风险注意能力和交涉能力,一般应当强调意思自治原则的适用,而且在融资租赁业务中,出租人确实承担相对较大的风险,但是,我们也应当注意到,从合同订立方式看,当事人所签订的融资租赁合同大部分是出租人提供的格式合同,部分合同条款明显对承租人不利,是客观存在的事实。[28] 因此,不应片面强调国际商事合同当事人的平等交涉能力,在必要的情况下应当基于公平原则,对合同关系加以调整。

从我国香港法院的判例中,我们也可以得到普通法上的佐证。在我国香港区域法院2006年审理的一宗案件中[29],原告主张被告支付全部未付租金,并请求依约取回租赁物。尽管在先前的另一案件中[30],我国香港高等法院曾支持了类似的请求,但在此案中,我国香港区域法院分析认为,“由于合同的约定是即使承租人只使用了租赁物1天时间,也必须全额支付所有租金,亦即无论严重或轻微的违约行为,其违约责任均是划一数额的赔偿数额,这种约定的性质是惩罚性条款”[31]。英国权威合同法著作也认为,“如果租购(融资租赁)或租赁协议中约定,无论双方实际履行了多长时间,或者无论违约行为是严重或轻微,承租人都必须赔偿划一的全额租金,那么这种‘最小赔偿额’条款通常应

---

〔27〕 例如,广东省高级人民法院在富邦财务(香港)有限公司与益大兴业(香港)有限公司、益立(香港)有限公司、东莞大岭山益立五金工艺制品厂、东莞益大钢木家具制品有限公司融资租赁合同纠纷上诉案[(2007)粤高法民四终字第260号]中认为,《合同法》第248条的规定是选择性的条款,既然出租人选择了请求给付租金的救济,那么其请求取回出租物的请求不予支持。在广州其隆纺织品有限公司与富邦银行(香港)有限公司、其高亚洲有限公司、周植枝融资租赁合同纠纷上诉案[(2009)粤高法民四终字第264号]中,法院认为,出租人的债权数额应为融资租赁合同项下所有未付租金和逾期付款利息及实现债权费用的总额,只有当承租人不能按生效判决规定的期限清偿或全部清偿涉案债务时,出租人方可收回涉案机器设备,但如果机器设备变现价值大于未受清偿的债权数额,超出部分承租人可以要求返还,而不足部分,承租人仍需在其责任范围内承担清偿的责任。

〔28〕 例如,只要承租人迟延交付租金,无论拖欠租金的数额多少,出租人均有权立即解除合同。例如,富邦财务(香港)有限公司所制作的《租购协议》格式文本约定:“如根据本协议须付的任何数额在到期日(就此而言,时间属非常重要)仍未为租购缴付,或租购人未能遵照或履行本协议的其他条款及条件,不论该等条款及条件是明示或隐含的,则在不影响租购人对货主的先前法律责任的情况下,货主可向租购人发出书面通知立即终止本协议,就各方面而言,本协议以及本协议所构成的租购随机终止,之后租购人即不再被视为在取得货主的同意下管有货品。”参见广东省佛山市中级人民法院民事判决书,(2006)佛中法民四初字第138号。

〔29〕 Ricoh Hong Kong Ltd. v. Maxwin Digital Printing Ltd., DCCJ 3032/2006.

〔30〕 Fuji Xerox (Hong Kong) Limited v. Vigers Hong Kong Ltd., unreported, HCA 3735/2003.

〔31〕 Dunlop Pneumatic Tyre Co. Ltd. v. New Garage and Motor Co. Ltd. [1915] AC 79 at p. 86-88.

认定为惩罚性条款”[32]。总之,这样的约定,事实上并非对违约行为造成的损失的预先估计,而是一种惩罚性条款。普通法上“当事人在合同中订立的惩罚性条款无效”的原则,其背后的法理与罗马法上的“任何人不得从对方的违约行为中获利”的法谚是相通的。

《国际融资租赁公约》作为我国《合同法》的重要立法资料,对于理解 1999 年《合同法》第十四章相关规定的精神也具参考作用。针对承租人的根本违约[33],《国际融资租赁公约》第 13 条第 2 款规定出租人可以在以下两种救济权利中择一行使:(1)加速支付未到期租金请求权。(2)解除合同,并收回租赁物的占有权,同时要求损害赔偿。对于损害赔偿的数额,双方在融资租赁合同中可以约定损害赔偿的计算方式,但依《国际融资租赁公约》第 13 条第 3 款的规定,赔偿额无论如何不能明显超过出租人在承租人按约定履行合同的情况下所本应取得的利益。这意味着租金的数额是一个重要的考虑因素,出租人解除合同时未到期的租金价值可以作为损害赔偿计算的基础。可见,《国际融资租赁公约》在这个问题上所持的观点同样是在平衡双方当事人利益的基础上适当减轻出租人的风险,并不支持出租人双重受偿。2014 年我国最高人民法院《关于审理融资租赁合同纠纷案件适用法律问题的解释》已明确规定,上述情况下出租人只能在两种救济权利中选择其一行使。

案例 12－5　浙旅盛景融资租赁有限公司诉陕西必康制药集团控股有限公司、必康制药新沂集团控股有限公司融资租赁合同纠纷案

浙旅盛景融资租赁有限公司(以下简称盛景公司)作为出租人,陕西必康制药集团控股有限公司(以下简称必康控股)、必康制药新沂集团控股有限公司(以下简称新沂控股)作为联合承租人,双方签订《融资租赁合同》,约定:出租人向承租人购入融资租赁合同项下所述租赁物并出租给联合承租人。各方依本合同进行的融资租赁交易,系根据承租人的要求,出租人向承租人购买租赁物后再租赁给承租人使用,承租人向出租人支付本合同约定的租金及其他应付款项。出租人在全部条件满足后将租赁物的全部购买价款支付给承租人,当日起租。租金由租赁本金与租赁利息构成,自起租日起,出租人以全部租赁本金计收租金,租赁本金为出租人向承租人支付的租赁物购买价款的金额。自出租人支付租赁物购买价款之日,租赁物的所有权转归出租人所有。出租人认为必要时,可授权并要求承租人将租赁物抵押给出租人并在登记机关依法办理抵押权登记,但抵押合同的签订和抵押登记不影响出租人对租赁物享有所有权的事实。承租人任何一方未按合同支付租金、租赁手续费、保证金、保险费和其他应付款项,且逾期三个工作日仍未支付,视为严重违约,出租人有权要求承租人立即支付全部到期租金、逾期违约金、未到期租金及其他所

[32] Chitty on Contracts, Vol. 1, 28ed., at para. 26－113.

[33] 对于承租人根本违约的范围,有学者以列举的方式探讨了构成根本违约的事项,“承租人不支付到期租金,并且在合同约定的宽限期内或合理的期限内仍未付租金,或由于自己的过错拒绝受领租赁物从而构成对全部义务的违反,或者未经出租人许可将租赁物抵押、转让、转租等构成根本违约”。参见程卫东:《国际融资租赁法律问题研究》,法律出版社 2002 年版,第 345 页;姜茹娇:《从〈国际统一私法协会国际融资租赁公约〉论国际融资租赁若干法律问题》,载《比较法研究》1998 年第 2 期。

有应付款项,并赔偿由此给出租人造成的所有损失。租赁期满或各方协商同意提前终止本合同后,在承租人清偿本合同项下应付出租人的全部租金及其他应付款项的前提下,承租人同意按"现时现状"以名义货价购买租赁物,取得租赁物的所有权。

合同签订后,盛景公司依约支付了租赁物购买价款,但承租人未依约支付租金。盛景公司遂向浙江省杭州市中级人民法院提起诉讼,请求法院判令必康控股、新沂控股向盛景公司支付剩余全部租金、名义货价、逾期违约金,并请求法院确认在必康控股、新沂控股、延安必康公司、李某松、谷某嘉、新沂投资履行完毕上述付款义务前,《融资租赁合同》项下的租赁物的所有权属于盛景公司。

一审法院认为:关于盛景公司的诉讼请求是否存在矛盾的问题,盛景公司根据合同约定请求承租人支付合同约定的全部未付租金、支付违约金并赔偿损失,并明确不要求解除融资租赁合同收回租赁物,其诉讼请求符合法律和司法解释的规定。盛景公司主张所有权保留,不属于解除合同收回租赁物。根据合同约定,自盛景公司支付租赁物购买价款之日起,租赁物所有权已属于盛景公司所有。必康控股和新沂控股在清偿合同项下所有债务并以支付名义对价回购租赁物后才取得租赁物所有权。盛景公司在本案中并未主张抵押权,仅要求确认债务清偿前租赁物所有权属于盛景公司,一审法院对该诉讼请求予以支持。

二审法院认为:根据查明的事实及现有证据,涉案租赁物为机器设备属于动产。而动产所有权转移并不必须实物交付,占有改定、指示交付方式均可以导致动产所有权的转移。本案必康控股、新沂控股与盛景公司已签署租赁物所有权转让确认书,盛景公司亦已按约定支付价款,据此,可以确认涉案租赁物虽未实际交付,但盛景公司通过占有改定的方式已对融资租赁合同项下的租赁物享有所有权。从现有证据看,盛景公司与新沂控股就案涉租赁物签订了抵押合同,约定将新沂控股所有的设备作为抵押物为融资租赁合同项下盛景公司对承租人的全部债权提供抵押担保,并办理了动产抵押登记,但由于融资租赁合同签订时,基于普通动产作为融资租赁物其所有权登记制度尚不完善,盛景公司通过签订抵押合同的形式,将租赁物抵押给自己,并办理抵押登记,其目的是保障其对租赁物的所有权,以避免租赁物被他人善意取得,该抵押行为符合当时的法律规定,并不影响盛景公司对租赁物享有所有权的事实。故二审对一审判决予以维持。

(三)租赁物上出租人的所有权与善意债权人的抵押权之间的优先顺序问题

融资租赁出租人所享有的租赁物所有权,在功能的本质上是一种具有"担保"功能的物权,仅在主债务履行受阻或不能实现时才发挥作用。无论是权利的对抗要件、优先顺位,还是权利的实现条件和规则,融资租赁交易中出租人的权利均同质于担保交易中担保权人所享有的权利。

在我国法上,融资租赁交易主要受《民法典》第三编第十五章(取代过去的 1999 年《合同法》第十四章)调整,我国并没有将融资租赁交易作为担保交易来对待,而是作为一种独立的类型化交易(有名合同)加以规定。在典型的融资租赁交易中,出租人对租赁物享有的权益属于所有权,承租人对租赁物享有的权益属于债权性质的使用权。但由于合同法本身调整范围的限制,对于融资租赁交易中的物权法因素未有明确规定,导致权利人保护规则相对缺失。现行法律明确将融资租赁交易的法律结构规定为“出租人的所有权+承租人的租赁权”,以所有权的效力保护出租人资金的安全。但为解决传统动产公示方法的不足所带来的“虚假财富”问题,法律只能以登记作为融资租赁交易的公示方法,同时仿效美国的融资租赁法制,该登记并不影响当事人之间的物权变动,而仅具对抗效力,亦即出租人的所有权未经登记不得对第三人主张。我国目前融资租赁法制的地方实践亦是沿着这一路径在发展。《民法典》第745条规定,出租人对租赁物享有的所有权,未经登记,不得对抗善意第三人。地方性政策法规如天津滨海新区金融综合改革试点政策亦明确:凡在该地区所开展的融资租赁交易,当事人均应在中国人民银行征信中心“融资租赁登记公示系统”进行登记,否则不能对抗善意第三人;辖区内金融机构在接受这些租赁物作为融资担保时亦应查询该系统,否则,其担保权将劣后于租赁公司的所有权。

就动产之上竞存权利之间的优先顺位,我国法上的规定须结合《民法典》(原《物权法》)《民用航空法》等法律的规定综合起来进行解释:(1)动产之上竞存的抵押权之间依其登记先后定其顺位,同时登记的,按债权比例受偿;已登记的抵押权优先于未登记的抵押权;未登记抵押权之间的顺位相同,按债权比例受偿。(2)动产之上的抵押权和租赁权竞存时,依两者设定的先后顺序确定彼此之间的顺位。(3)动产之上先设立的抵押权或质权与后成立的留置权之间,留置权优先。(4)动产之上的抵押权与质权竞存时,已登记的抵押权优先于质权。这一优先顺位强调权利类型,竞存权利之间实际上是依其取得对抗效力的时间来确定各自的优先顺位,权利类型不同,取得对抗效力时间的判断标准就不一致。例如,抵押权以登记为公示方法,登记时间即为其取得对抗效力的时间;动产质权以交付为公示方法,交付时间即为其取得对抗效力的时间;留置权等法定担保物权的法定时间为取得对抗效力的时间。

综上分析,我国法上基于物权与债权的区分以及担保物权的体系定位,并未将融资租赁交易视为一种担保交易,而是作为一种特殊的租赁交易。但也认识到融资租赁交易确实有一些与担保交易相类似的特征,出租人的所有权与担保权人的担保权在经济上的目的是相同的,均起着担保主债务清偿的作用。对于这种在功能上起担保作用但无所有权移转的潜在必然性的交易,法律令其受担保物权公示原则的约束,也就是说,融资租赁交易中的出租人与担保交易中的担保权人一样,只有公示其权利(登记)才能对抗第三人。在涉及第三人利益时,若出租人的所有权未经登记公示,承租人依其占有租赁物的事实即被视为租赁物的所有权人,只要承租人的第三方债权人是善意的,承租人在租赁物上设定的抵押权等担保物权就有可能优先于出租人的所有权。[34]

案例12-6 中国建设银行股份有限公司长乐支行与福建中发织造有限公司、长乐源盛针织有限公司、陈某、郑某、第三人万源恒(厦门)融资租赁有限公司金融借款合同纠纷案

万源恒(厦门)融资租赁有限公司(以下简称万源恒公司)作为出租人与福建中发织

〔34〕 参见高圣平:《中国融资租赁法制:权利再造与制度重塑——以〈开普敦公约〉及相关议定书为参照》,载《中国人民大学学报》2014年第1期。

有限公司(以下简称中发公司)作为承租人签订了《融资租赁合同》,采用售后回租模式,中发公司将自有的设备转让给万源恒公司,再将设备租回使用。双方并未将该融资租赁合同及相关租赁物在中国人民银行征信中心"融资租赁登记公示系统"进行登记。在占有和使用租赁物过程中,中发公司因资金短缺,决定利用租赁物进行重复融资,遂与中国建设银行股份有限公司长乐支行(以下简称建行长乐支行)签订了借款和抵押合同,声称租赁物属于其自己所有,将租赁物抵押给了建行长乐支行,并且办理了抵押登记。其后中发公司无法还款,建行长乐支行起诉至福建省长乐市人民法院,请求对租赁物设备行使抵押权。万源恒公司得悉后申请作为第三人参加诉讼,主张自己是抵押物的真正所有权人,中发公司的抵押行为属于无权处分行为,抵押无效,建行长乐支行不享有抵押权。

法院认为:案涉机器设备的所有权属于万源恒公司,中发公司将案涉设备抵押给上诉人,系无权处分行为。善意取得所有权外的其他物权亦需满足《物权法》第106条规定的三项条件。具体到本案案涉设备上的抵押权是否设立:首先,关于机器设备的权属非以登记为公示要件,其作为动产并不具有权属证书等相关所有权公示资料,在无其他相反证据的情况下,所附随的发票原件和实际占有情况可等同于权属公示凭证。中发公司实际占有使用案涉机器设备,并持有该设备发票、海关进口增值税专用缴款书原件,将该设备作为抵押物与建行长乐支行签订《最高额抵押合同》,为其贷款提供抵押担保,并在合同附件《抵押物概况》中盖章确认设备所有权归其所有,以实际行为表明其公司为设备的所有权人身份,且其亦未举证证明曾将案涉机器设备系租赁物的事实告知建行长乐支行,故建行长乐支行有理由相信中发公司设立抵押的合法性,应认定为善意第三人。其次,中发公司就案涉机器设备设定抵押一事,委托专业的第三方资产评估机构对追加抵押担保的案涉设备价值进行评估,该评估系专业机构以市场价值为参考依据,采取成本法确定评估价值。建行长乐支行以此评估价值在《最高额抵押合同》中予以明确作为案涉抵押设备的抵押价值,并已履行了向中发公司发放相应贷款的义务,故其已按合理价格取得案涉机器设备的抵押权,并无有失市场公平交易之情形。最后,根据《担保法》第42条关于抵押登记的规定,机器设备的抵押情况应向财产所在地工商行政管理部门登记公示,抵押权方才设立。本案中,建行长乐支行与中发公司双方已就案涉设备设立抵押权事项向工商行政管理局办理登记手续,并取得动产抵押登记书,此时抵押物权已按法律规定完成了登记公示要件。综上,案涉设备设立抵押权,符合以上有关善意取得的法律规定。

根据最高人民法院《关于审理融资租赁合同纠纷案件适用法律问题的解释》第9条的规定,建行长乐支行作为案涉设备的善意取得抵押权人,欲实现其抵押权,还应排除该条规定的四种例外情形。本案中法院经现场勘验确认,案涉设备位于中发公司生产车间内,作为出租人的万源恒公司未曾在经编机的显著位置作出有关租赁情况或所有权归属的标识,且在建行长乐支行追加案涉经编机作抵押担保时,所涉融资租赁情况亦未在工商行政管理部门登记或全国融资租赁公示信息系统登记公示,故而建行长乐支行无法向相关机构查询到所涉融资租赁交易。结合前述中发公司持有发票原件及占有使用设备的表征,建行长乐支行虽尽力却无从得知案涉经编机为租赁物性质的客观事实,故本案并无以上例外情形。另外,本案中并无万源恒公司与中发公司就案涉设备设立自抵押的情形,亦无有效证据证明建行长乐支行知道或者应当知道该设备系租赁物。因此,建行长乐支行作为善意第三人取得了案涉设备的抵押权，万源恒公司主张以所有权阻却抵押权实现的理由，不符合法律规定，不予支持。

案例 12-7 广州白云国际机场股份有限公司诉美国通用电气商业航空服务有限公司、天穹航空贸易第一有限公司、天穹航空贸易第二有限公司、天穹航空贸易第三有限公司国际航空器留置权纠纷案

2009 年，天穹航空贸易第一有限公司、天穹航空贸易第二有限公司、天穹航空贸易第三有限公司（合称东星航空）与广州白云国际机场股份有限公司（以下简称白云机场）签订服务协议，约定由白云机场为东星航空运营提供服务。协议签订后，白云机场依约为航空器提供了航空服务。但东星航空未能按时支付全部航空服务费用。白云机场获悉东星航空被部分债权人申请破产清算的消息后，立即通知东星航空将其在白云机场的三架飞机进行留置。随后，美国通用电气商业航空服务有限公司（以下简称通用航空）函告白云机场，其与东星航空之间是融资租赁合同关系，该三架飞机是合同项下的租赁物，融资租赁合同并未到期，租赁物所有权并未转移给东星航空，通用航空仍对该三架飞机具有所有权，现主张取回。白云机场遂向广东省广州市中级人民法院提起民事诉讼，请求确认留置行为合法，并请求实现留置权，要求东星航空与通用航空共同支付航空器维修、停场、服务费等共计 4400 多万元。通用航空向法院提起另案诉讼，请求白云机场承担侵权损害赔偿责任。

一审法院认为：关于白云机场是否有权留置航空器的问题，尽管我国的现行法律中尚无对航空器实行留置权的专门规定，但从《民法通则》、《物权法》、《担保法》、最高人民法院《关于适用〈中华人民共和国担保法〉若干问题的解释》、《民用航空法》等法律的规定来看，我国法律是允许对航空器进行留置的。《民法通则》第 89 条对留置标的物规定为"对方的财产"，《物权法》第 230 条、《担保法》第 82 条则规定为"债务人的动产"，均没有规定留置标的物必须是"债务人所有的财产"。依照我国留置权法律制度的规定，白云机场并不负有对留置标的物的所有权人是否为债务人本人进行审查的义务。而且在证据交换中法院也审查了民航局的所有权登记证书。同时，国际统一私法协会《开普敦公约》第 39 条关于无须登记即具有优先权的权利的规定，也支持白云机场的航空器留置行为。故法院判决确认留置行为合法。

关于白云机场是否有权主张其对东星航空的债权的问题，债务人或留置物的所有权人在履行了所有债务或提供了其他形式的足额担保后，便可行使取回权取回留置物。行使取回权后，取回权人即对债权人负有担保债务清偿的法定义务，此为行使取回权的附随义务。本案中，正是通用航空行使取回权的行为构成了白云机场得以向其主张债权的法律依据。东星航空欠付白云机场的服务费用中，维修费、养护费、监护费、停场费、起降费、安检费、登机桥等属于航空性业务收费，机务费、运输服务费、机务配餐费、桥载设备费等属于与航空器有关联的非航空性业务收费，均属于与飞机营运有关的费用。故法院判决通用航空承担白云机场主张的全部费用。

思考题

1. 融资租赁合同涉及哪些主体?融资租赁的本质和核心要素是什么?
2.《国际融资租赁公约》与《租赁示范法》关于融资租赁的规定有何异同?差异的主要原因是什么?
3.《开普敦公约》与国际融资租赁交易之间有什么关系?该公约对国际融资租赁业有什么作用和意义?
4. 分析白云机场与东星航空、通用航空之间航空器留置权纠纷案件所涉及的法律问题。

延伸阅读

关于国际融资租赁的概念、产生与发展、国际立法概况,可参阅程卫东:《国际融资租赁法律问题研究》,法律出版社 2002 年版;刘敬东:《国际融资租赁交易中的法律问题》,中国人民公安大学出版社 2002 年版;高圣平、王思源:《论融资租赁交易的法律构造》,载《法律科学(西北政法学院学报)》2013 年第 1 期;Herbert Kronke, *Financial Leasing and it's Unification by UNIDROIT, In: General Reports of the* XⅧ *th Congress of the International Academy of Comparative Law*, 2012, p. 321 – 333; J. M. Wilson, *Financial Leasing and it's Unification by Unidroit: The Role of the Organization of American States (OAS)*, Uniform Law Review, 2011, 16 (2010) 1/2, p. 469 – 482。

关于国际统一私法协会《国际融资租赁公约》的述评,可参阅 R. Castillo – Triana, *Equipment Leasing: Trends and Regulations in Latin America – a Case for the UNIDROIT Leasing Convention*, Uniform Law Review, 7 (2002), 737 – 750; J. H. Dalhuisen, *The UNIDROIT Convention on International Financial Leasing*, Eenvormig en Vergelijkend Privaatrecht, (1994), 27; D. A. Levy, *Financial Leasing under the UNIDROIT Convention and the Uniform Commercial Code: A Comparative Analysis*, Indiana International and Comparative Law Review, 5 (1995), 267; M. J. Stanford, *Recent Developments with the UNIDROIT Convention*, World Leasing Yearbook, (1995), 41; M. J. Stanford, *The UNIDROIT Convention on International Financial Leasing*, World Leasing Yearbook, (2001), 40 – 43。

关于国际统一私法协会《租赁示范法》的述评,可参阅 N. Backovic, *Adopting and Adapting the UNIDROIT Model Law on Leasing*, Uniform Law Review, 15 (2010) 3/4, p. 861 – 867。

关于我国融资租赁法制的现状及完善,可参阅高圣平:《中国融资租赁法制:权利再造与制度重塑——以〈开普敦公约〉及相关议定书为参照》,载《中国人民大学学报》2014 年第 1 期。

第十三章　国际商事担保制度

国际商业中，债权人常常要求债务人提供担保作为缔约的前提条件。国际商事担保，指第三人（担保人）以自己的信用或债务人、第三人以自己的财产向债权人所作的跨国债务履行保证，在债务人未履行债务时，债权人有权要求担保人履行债务，或以担保人、债务人的资产优先受偿。

国际商事担保可分为物的担保和人的担保两大类。物的担保是指债务人或第三人为保证偿还贷款而在其财产或权利上设定担保物权，如抵押权、质权等；而人的担保，则是指担保人以自身的信誉和资产为债务人提供担保。根据与主合同的关系以及保证人或担保人的权利义务，人的担保又可以分为两种：一种是传统的人的担保，称为保证（suretyship）；另一种是新型的人的担保，习惯称之为独立担保（independent guarantee）。本章将主要对国际商业中运用较广的商业银行独立担保进行讨论。

第一节　概　　述

一、独立担保的由来与概念

独立担保是国际经济贸易发展到一定阶段的产物。通说认为其产生于20世纪70年代，随着中东石油的发现与大规模的开发，中东国家积累了大规模的财富。他们有能力开始大规模兴建国内的公共基础设施，于是与西方大公司缔结了众多数额巨大的商品贸易和工程承包合同等。但是，由于他们缺乏贸易经验，时常受到西方发达国家的欺诈。他们发现，一旦出现不能取得应得利益或者追回预付款的情况，通过法院诉讼追讨损失往往费时耗力，取得债务人违约证明更是异常艰难。另外，大型的基础工程建设时间长、涉及的商业风险复杂，如果承包商承揽工程过多，超过其履行能力，因无法履约而破产，留下未完成的工程，其损失将无从追偿。在这种情况下，这些国家的政府和采购机构开始坚持要求承包商和出口商提供以银行为担保人的、无条件的、与基础合同无关的、见索即付的独立担保。〔1〕

从那时起国际贸易中开始大量采用独立担保作为担保的主要方式，其适用领域也不断扩大。其不仅可用于支持非融资性交易，如买卖合同、租赁合同以及工程承包合同等，亦可用于支持融资交易，如银团贷款、BOT项目融资、参与企业合营、债券发行、再保险以及其他融资项目。而对银行而言：一方面银行提供的担保在资产负债表上不加体现，不需

---

〔1〕 参见沈达明、冯大同编著：《国际贸易法新论》，法律出版社1989年版，第2页。

要增加现金储备,而且提供独立担保收取的手续费可以成为国际银行的一个主要收入来源;另一方面,相对于传统的从属担保来讲,银行不需要对当事人的基础合同履行和纠纷承担任何责任,省去了许多麻烦。因此,银行也更愿意为当事人提供独立担保而不是从属担保。

国际独立担保的出现被认为是对传统担保制度的彻底"颠覆"。时至今日,这种担保形式已经成为国际商业的一部分,以至于如果少了银行独立担保的支持,任何一个大型国际商事交易都难以成功运作。国际独立担保得到如此迅速广泛的发展,究其原因,我国国内有学者归结为以下两方面:其一,卖方市场逐渐向买方市场转变,乃独立担保产生之经济动因;其二,银行于国际贸易中之地位提升,银行信用取代商业信用和现金担保,乃担保制度自身进化之结果。[2] 银行独立担保在国际经济贸易中已被广泛运用,但由于各国经济、文化、历史传统及法律制度的不同,其实践中的具体运用形式也不尽相同。因此,无论是理论界还是实务界都没有形成一个通行的概念。在大陆法中使用"guarantee"作为独立担保的概念,在英国"guarantee"传统上是被解释为附属性担保的。近些年,"guarantee"越来越趋向于中性,其性质将取决于每一份担保合同的具体条款。英国还存在一种赔偿合同(contract of indemnity),[3]其含义相当于独立担保。在欧洲大陆独立担保多以银行保函的形式出现,而在美国则是备用信用证。1995 年《独立担保和备用信用证公约》中则使用了"承保"(undertaking)这一新概念来统一各种混乱的称呼。无论其称呼为何,从担保与主债务之间的关系分析,即从独立担保与传统担保最本质的区别出发,我们认为应将独立担保(independent guarantee)定义为:所谓独立担保,是指担保人应申请人(债务人)的委托(或申请),为保障受益人(债权人)对债务人所享有债权的实现,明确承诺放弃基于基础合同的一切抗辩,只要受益人按照事先约定的条件提出书面索赔或符合担保条款规定要求的单据,担保人就必须履行担保责任、支付担保款项的新型信用担保。

二、独立担保的法律特征

相比较传统的从属性担保而言,银行独立担保具有独立性、单据性、不可撤销性等法律特征。

(一)独立性

独立担保之所以能够成为一种新兴的担保方式,其独立性的法律特征是最主要原因,也是银行独立担保与传统的从属性担保最本质的区别。所谓"独立"是指,独立担保本身是独立存在的,不依赖任何其他法律关系和事实。它包含以下两层含义:

1. 担保银行与受益人间的独立担保合同关系独立于申请人与受益人间的基础交易关系。在独立担保中,银行作为担保人是以其自身信用为基础向受益人承担第一付款人责任。独立担保的出具是以申请人与受益人间的基础合同为根据,但是担保合同一经订立并生效,就离开基础合同而独立存在,不再受到基础合同的存在、效力和履行情况的影响。担保合同的履行完全按照其自身的条款进行,银行不能以基础合同的履行、修改或无效及

---

[2] 参见贺绍奇:《国际金融担保法理论与实务》,人民法院出版社 2001 年版,第 11 ~ 12 页。

[3] See Geraldine Andrews and Richard Millet, *Law of Guarantees*, 1992, p. 9 - 10.

申请人依据基础合同所拥有的抗辩权对抗受益人。相应的债权人放弃债务人的某些权利或解除某些责任人的责任也不影响担保合同的效力和履行。[4] 这一点在《见索即付保函统一规则》和《独立担保和备用信用证公约》中都有所体现。[5]

案例 13－1 | 爱德华·欧文工程公司诉巴克莱国际银行和乌玛银行案[6]

在 1976 年 11 月,原告英国供货商爱德华·欧文工程公司与利比亚的客户签订了玻璃温室的买卖合同。合同要求原告提供金额为合同价值 10% 的履约担保。1976 年 11 月 5 日,根据原告的申请,第一被告(巴克莱国际银行)向第二被告(利比亚乌玛银行)发出指示,指示第二被告向利比亚的买方开立履约担保。第二被告于 1976 年 11 月 23 日开立了以利比亚买方为受益人的见索即付银行保函。原告及巴克莱银行分别提供了内容相似的反担保。由于利比亚买方未能履行买卖合同下开立信用证的义务,原告撤销了合同。于是,利比亚买方根据履约保函向银行提出了索款请求。原告向法院申请了禁令以阻止被告的付款行为。但根据第一被告的申请,克尔法官解除了该禁令。于是原告方提出上诉。

上诉庭认为:(1)履约保函与信用证的立足点一致,出具保函的银行必须依据保函自身规定的条件付款;银行不参与买卖双方的合同关系,它既不关心卖方是否履行了合同义务,也不关心卖方是否存在违约行为;根据保函要求,银行只须凭请求付款,无须其他条件或证明。唯一的例外就是存在明显的欺诈且银行知情。(2)根据本案事实,不能断定利比亚的买方或乌玛银行的欺诈已被证实。(3)既然被告已经向乌玛银行提供了无条件的见索即付担保,并且收到了这样的索款要求,它就应该履行其付款义务,法院对此不应干涉。

上诉庭判决驳回了上诉。上诉庭在判决中提到本案中的"履约保函"或"履约担保"是一种新型的商事交易。通过判决对本案中保函的产生、运作过程以及银行在该保函下的义务的分析,我们可以看出这种新型的担保最本质的法律特征就是独立性。正是基于这种独立性,银行只须根据担保合同自身的条件来履行义务,而无须理会基础合同的问题。

2. 担保银行与受益人间的独立担保合同关系独立于担保银行与申请人间的委托合同关系。这是指银行对受益人的付款义务也不取决于申请人与银行间委托合同的有效性。银行不能因为委托合同的无效而拒绝向受益人付款,除非有明显的证据证明受益人存在欺诈行为。同样的,担保银行不能因为其与申请人间的委托合同有瑕疵,委托合同中有不同于独立担保的规定,独立担保是由于申请人的欺诈所致等原因而拒绝向受益人付款。当然反之,受益人也不能以担保银行和申请人间在委托合同中的规定为由向担保银行要求超出独立担保约定的数额或者放松付款条件。

---

〔4〕 参见李国安主编:《国际融资担保的创新与借鉴》,北京大学出版社 2005 年版,第 18 ~ 19 页。

〔5〕 参见《见索即付保函统一规则》第 2 条,《独立担保和备用信用证公约》第 3 条。

〔6〕 Edward Owen Engineering Ltd. v. Barclays Bank International Ltd. and Umma Bank, [1978] 1 Lloyd's Rep. 166.

(二)单据性

单据性是指担保人在独立担保合同项下处理的只是受益人索款时所提出的单据是否与独立担保合同所规定的单据相符合、相一致,只要受益人向担保人提出索款时所依据的单据与担保合同所要求的单据相一致,担保人就应无条件履行担保义务,除非担保人有充分的理由证明受益人欺诈的存在。[7] 由此可见,担保银行对受益人付款请求的审查是一种类似于跟单信用证中的形式审查,这种审查的对象仅仅是受益人提交的文件或单据,而不是单据反映的内容和事实,担保银行对单据的审查只限于其表面是否与担保合同中规定的条款相符,对单据内容的真实性也不负任何责任。同时,担保合同对受益人付款请求的限制也只能要求其提交相关文件和单据,而不能要求受益人索赔时必须证明申请人违约或不能履行合同的事实。这也是保证担保独立性的重要途径。

(三)不可撤销性

不可撤销性是独立担保的又一显著特征,是指在担保银行出具保函或备用信用证后,担保人和受益人之间的担保合同即告成立,担保银行不能单方面宣布解除担保或担保作废。对于银行方面,国际普遍的做法是,若担保合同本身没有明确约定可以撤销,那么其就是不可撤销的。例如,《独立担保和备用信用证公约》第7条规定,承保一经开出即不可撤销,除非承保规定可以撤销。《国际备用信用证惯例》第1.06条也规定,备用信用证在开立后即是一个不可撤销的、独立的、跟单的、具有约束力的承诺,而且在备用信用证中无须额外写明。

案例13-2 | 马来西亚KUB电力公司诉中国光大银行股份有限公司沈阳分行案[8]

1997年3月25日,原告马来西亚KUB电力公司(KUB Power Sdn. Bhd.)与沈阳机械设备进出口公司(以下简称沈阳机械)达成了电力设备进出口协议。1997年6月4日,根据沈阳机械的申请,中国投资银行沈阳分行开具了以原告为受益人的不可撤销保函,承诺"如果供货方已收到预付款但未能按照合同规定交付设备,那么,一旦收到贵方通过你方银行出具的说明供货方未能履行合同义务的首次书面要求,我方在合理时间内即行退款给你方,退款金额不超过374,150美元(进出口协议中的货款总金额)"。同时约定:"如发生本保函项下的索赔,应使我行在1997年11月25日或该日期前收到索赔书。"1997年12月10日,中国投资银行沈阳分行对保函进行了修改,注明:"如发生被保函项下的索赔,须使我行在1998年4月25日或该日期之前收到索赔书。以此代替原来的说明。在该日期之后,我行的责任将停止,本保函自动失效。"嗣后,双方约定的原告与沈阳机械的进出口交易未能实际履行。

1998年2月27日,原告根据保函的规定正式向中国投资银行沈阳分行提出了履行保函的书面要求。但由于沈阳机械以购销合同纠纷为由向沈阳市中级人民法院提起诉讼并申请法院裁定冻结了保函的执行,中国投资银行沈阳分行未能按保函规定的承诺向原告支付保函项下的金额。1999年3月18日,中国投资银行沈阳分行与被告合并,其债权

---

[7] 参见张磊:《涉外担保法律与实务》,中国经济出版社1997年版,第57页。
[8] 辽宁省沈阳市中级人民法院民事判决书,(2004)沈中民(4)外初字第12号。

债务完全由被告中国光大银行股份有限公司沈阳分行承继。2002 年 1 月 9 日，在沈阳机械已经自愿撤回起诉且沈阳市中级人民法院冻结保函的裁定的效力终止后，被告向原告支付了保函项下 20 万美元，但余额 174,150 美元虽经原告多次催促仍未支付，故原告诉讼至法院。

沈阳市中级人民法院经审理认为，关于本案所涉中国投资银行沈阳分行所开立的 No. APS2297012 号预付款保函是独立性保函还是从属性保函的问题，法院认为，独立性保函是指一种独立于基础合同，仅以保函自身条款为付款责任确定依据的保函，而从属性保函是指将保函项下义务的履行取决于相应的基础商业合同。由于我国没有有关涉外独立性银行保函的具体法律规定，而且我国缔结或者参加的国际条约也没有相关规定，所以依据《民法通则》的相关规定适用有关的国际惯例，即国际商会 1992 年正式公布的第 458 号出版物——《见索即付保函统一规则》对此进行判定。该规则第 2 条 a 项中对见索即付保函进行了界定："所谓见索即付保函，不论其如何命名或描述，意指任何保证、担保或其他付款承诺，这些保证、担保或付款承诺是由银行、保险公司或其他组织或个人出具的，以书面形式表示在交来符合保函条款的索赔书或保函中规定的其他文件时，承担付款责任的承诺文件。"而本案所涉保函中中国投资银行沈阳分行关于付款条件的表述是"如果供货方（沈阳机械）已收到预付款但未能按照合同规定交付设备，那么，一俟收到贵方通过你方银行出具的说明供货方未能履行合同义务的首次书面要求，我方（中国投资银行沈阳分行）在合理时间内即行退款给你方，退款金额不超过 374,150 美元"。从这一表述可以看出，该保函的索赔仅需要凭表面上符合保函规定的文件（这些文件一般限于受益人的索付声明，表明导致银行付款的事实条件发生与否，不需要银行加以证实）即付，对照该规则中的相关定义可以判定本案保函属于独立性保函中的见索即付保函。

关于本案所涉保函是否与基础合同有关的问题，依据《见索即付保函统一规则》第 2 条 b 项中的规定："保函与其可能依据的合约或投标条件分属不同的交易，即使在保函中提及此合约或投标条件，担保人也与该合约或投标条件完全无关。"因此，本案所涉保函虽然提及了沈阳机械与本案原告之间的合同，但是依据该规则的相关规定可以判断出本案所涉保函与其基础合同无关。据此，沈阳中院判决被告中国光大银行股份有限公司沈阳分行于判决生效后 10 日内向原告马来西亚 KUB 电力公司支付保函金额174,150 美元。

三、独立担保的分类

（一）以银行独立担保的用途为划分标准

1. 履约担保（performance bond）

履约担保是银行应申请人的请求，向受益人开立的保证申请人履行基础合同中某项或某几项义务，否则由担保银行赔偿受益人一定数额的损失的书面保证文件。这种银行独立担保应用范围非常广泛，在进出口贸易、工程承包、融资租赁、来料加工等交易中都可以使用。例如，在国际货物买卖交易中，履约担保主要用来保证出口方（申请人）履行交货义务；而在工程承包活动中，履约担保则可以用来向业主保证承包人按期、按质、按量地完成所承包的工程。

2. 付款担保(payment guarantee)

付款担保是银行应申请人(进口方)的要求向受益人(出口方)出具的保证进口方在收到符合合同规定的货物或有关技术资料后向出口方支付部分或全部货款,否则由担保银行赔偿出口方损失的书面保证文件。这种担保类型在国际进出口买卖、技术引进等合同中被广泛运用。

3. 投标担保(bid bond)

投标是投标人根据招标人的招标文件所规定的商品及条件,在规定的时间内,向招标人阐述自身的资格、业绩,报出各种价格及技术参数、提出履约方式等,以争取中标达成交易的一种贸易方式。而投标担保则是指银行应投标人的委托向招标人开具的保证投标人在开标前不中途撤标,不片面修改投标条件,中标后不拒绝交付履约保证金,不拒绝与招标人签订合同,否则由担保人赔偿招标人全部损失的书面保证文件。

4. 借款担保(guarantee for loan)

在国际借贷中,贷款人在放款之前一般都对借款人的资信和偿还能力等方面作深入的调查,为了确保借款人按时还款,贷款人还常常要求借款人提供一份担保合同作为偿还贷款的保证。所谓借款担保是指担保银行根据借款人的要求,向贷款人出具的一份保证借款人按借款合同规定偿还贷款本息的书面保证文件。

5. 租赁担保(leasing guarantee)

租赁担保主要是用来保证承租人偿还租赁费,是指担保银行应承租人的要求向出租人开立的担保承租人按照合同的规定支付租金,否则将由担保银行进行赔付的书面保证文件。这种担保适用于各种长期大型巨额的设备租赁,如成套设备、建筑机械、飞机、轮船等。

6. 质量/维修担保(quality/maintenance guarantee)

这两种担保的性质基本相同,都是针对合同标的物的质量所作出的一种担保。它是指担保银行应卖方或承包商的要求,向买方或业主出具的,保证卖方所提供的货物品质或承包商所承建的工程质量在规定的时间内符合合同规定的规格和质量标准的书面保证文件。例如,在规定的期限内货物或工程质量与合同规定不符而卖方或承包方又不予退换维修,则由担保银行负责赔偿。在成套设备进出口或飞机、船舶买卖、租赁等大型项目上都可以使用这种担保。

7. 关税担保(guarantee for customs duties)

这种担保常见于国际承包工程或者国际展览、展销等活动中。例如,在国际承包工程中,施工方需要将施工机械运往工程所在国,该国的海关一般要对施工机械征收一笔关税作为押金。待机械运回国时,海关再将这笔押金退还给承包商。若这些机械不运回其本国,这笔押金将被作为进口货物的关税被征收。承包商为了加速资金周转,常会要求银行向工程所在国的海关出具一份关税担保,保证承包商在工程完工之后,一定将施工机械运回本国。否则,将由担保银行支付这笔税金。

实践中独立担保在国际商事交易中的用途是非常广泛的,除了上面介绍的几种之外,还有留置金担保、预付款担保、提货单担保、补偿贸易担保、来料加工担保、海事担保等。

(二)以银行独立担保的付款条件为划分标准

1. 见索即付的独立担保(payment on first demand)

见索即付的独立担保又称为凭要求即付独立担保,是国际商事交易中最盛行的一种独立担保。这种付款条件对受益人是最有利的,受益人只要向担保银行提出索款要求,无须提供任何有关申请人违约或他有权根据基础交易合同向保证人索赔的证据,银行就必须支付所担保的款项,而且,受益人还有权就全部担保金额向银行提出索赔而不须提供任何有关其实际遭受损失的数量的证据。任何情况下,担保银行都不能要求受益人提供前述有关证据,也不能通过对有关事实调查延迟付款。[9] 也就是说,受益人根据基础交易合同是否能够获得赔偿、赔偿额应为多少都不会影响担保合同的履行。实践中,见索即付担保有两种类型:一种称为"简单见索即付担保"(simple demand guarantee),根据这种担保付款条件,受益人除了需要向担保银行提交一份书面的索款申请外,不再需要其他任何单据。另一种则要求受益人除提出索款要求之外,还必须提交一份关于申请人违约的声明,例如,根据投标担保索款时,声明中标人拒绝订立合同;或根据履约担保索款时,声明承包商没有完成工程项目;或根据付款担保索款时,声明进口商没有支付货款等。[10] 但是这些违约的声明仅仅是受益人单方面的声明,既不需要附加进一步的确证,也不允许银行调查受益人声明的真实性。

2. 凭第三方单据付款的独立担保(payment upon submission of third - party document)

这种付款条件是指受益人在向担保银行提出索款请求时,还必须附上担保合同规定的由第三方出具的有关单据才能获得付款。根据担保的目的不同,要求的单据也会有所不同。例如,投标担保中的单据可以是由某个公证机构出具的表明受益人已经接受了承包商的投标,但是承包商未能与受益人签订合同的证明;付款担保中可以是承运人或船主出具的装船单据;质量担保中可以是某一独立鉴定人或评估师出具的声明。但是,担保银行对这些单据的审查仅限于形式审查,只要这些单据与担保合同的规定表面相符,担保银行就必须付款,而不问单据的真实性。另外,要求以提交由第三方出具的证明申请人违约的单据作为付款条件,并不意味着在基础合同下申请人对受益人也要承担责任,因为提交证明申请人违约的单据本身并不能决定基础交易合同当事方的法律责任,甚至很有可能申请人的违约是由于受益人的违约在先而造成的。受益人根据主合同可能无权得到偿付,但依据担保的条款和条件则有权得到支付,这正是银行担保独立性的体现。与见索即付的独立担保相比,这种担保对受益人的索款权进行了一定的限制,不再只凭受益人单方面主张申请人违约的意思表示就支付担保款项,相对缓解了担保被滥用的风险。

3. 凭仲裁裁决或法院判决付款的独立担保(payment upon submission of an arbitral or court decision)

这种付款条件是指受益人在提出索款要求时,必须向担保银行提交仲裁庭或法院就

---

〔9〕 See R. L. V. F. Bertrams, *Bank Guarantees in International Trade*, second revised edition, Kluwer Law International, 1996, p. 40.

〔10〕 参见国际商会《见索即付保函统一规则》第 20 条具体规定:见索即付的担保须附加声明,应陈述下列情况:(1)担保申请人未履行有关合同项下的应尽义务,或者当担保是投标担保时,申请人违反投标义务。(2)担保申请人违约的具体方面。

基础合同关系当事人之间的争端所作出的申请人应当向受益人承担责任的裁决或判决。国际商会1978年国际商会第325号出版物《合同担保统一规则》中对这种独立担保付款机制作出了规定。[11] 虽然这种担保方式在形式上仍然满足独立担保的各项特征，担保银行仍然是只处理担保合同规定的有关单据，也不会卷入基础合同当事人之间的纠纷中，但是，受益人要想得到担保付款就必须要等到漫长的诉讼程序结束之时。因此，这种付款条件的独立担保在国际商事交易中并不常见。

四、银行独立保函

在国际经贸活动中银行独立担保最常见的两种形式就是银行独立保函和备用信用证。欧洲普遍提供的是见索即付银行独立保函，而美国由于银行受监管的限制，禁止从事担保业务而普遍采用的是备用信用证的形式。这里我们重点介绍一下银行独立保函的有关问题。

（一）基本运作

银行独立保函又称为银行担保书（letter of guarantee，L/G），是银行与债权人之间独立担保合同的书面表现形式，是银行根据申请人的要求，向受益人开立的，担保申请人履行合同义务，若申请人违约则由银行承担经济赔偿责任的书面承诺文件。要准确理解整个独立保函制度的运作机制，必须先分解独立保函中的法律关系。

根据实践中独立担保运作机制的不同，独立保函又分两种形式，一种是直接独立保函，另一种是间接独立保函。

直接保函是银行独立保函最基本的形式，它一般涉及申请人、担保行和受益人三方当事人，因此有时也称作三方保函。相应的，在直接保函这种运作机制下就存在三个相互独立的合同关系。（见图13－1）

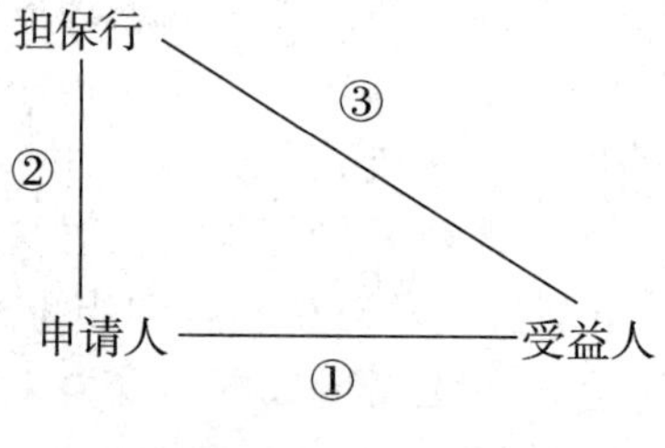

图13－1　直接保函中的三方关系

1. 申请人和受益人之间的基础交易合同关系（underlying contract）

申请人和受益人之间的基础合同关系是整个独立担保关系产生的前提和原因。正是基于基础合同中有关款项的规定，申请人才会向担保行提出开立保函的申请。

2. 申请人和担保行之间的委托合同关系

申请人向银行提出开立独立保函的委托，并详细说明保函的具体要求。银行在考虑是否接受申请人委托时，一般会考虑申请人是否与该行有业务往来，是否在该行开立有账户并有足够存款。尤其是在申请人提出开立见索即付的保函时，如无足够存款，银行则可

---

[11] 《合同担保统一规则》第9条。

能要向申请人收取一定的押金，然后才会接受申请，为其向受益人开出担保函。申请人向银行提出的委托，构成申请人与银行之间的委托合同。担保银行据此开具保函，并在承担责任之后，凭此要求申请人偿付。因此申请人和担保行之间的关系又可称为“赔偿合同”(counter indemnity contract)或偿付合同(reimbursement contract)关系。

3. 担保行和受益人之间的独立担保合同关系(independent guarantee contract)

担保行根据申请人委托的具体内容，向受益人开立相应的银行独立保函。保函一经开出，担保行与受益人之间的独立担保合同关系即告成立。这种独立担保关系，既独立于申请人与受益人之间的基础交易关系，也独立于申请人与担保行之间的委托合同关系。因此，当受益人确信申请人已违约时，受益人即可向担保行提交索赔申请及独立保函要求的其他单据，并要求偿付。只要索赔书及其他有关单据与保函的有关规定完全相符，并且是在保函有效期内或在保函撤销前提交，担保行就必须付款，除非有确切的证据证明受益人欺诈索款或有其他免责事由。

实践中，直接独立保函一般是由与申请人有业务往来的本国银行开出的，而受益人往往位于另一国家。因此，从便利的角度出发，有时担保行会请受益人所在国的一家银行作为通知行(advancing bank)。但是在直接独立保函的运作机制下，它的作用只限于通知和转递银行独立保函，并转达与此有关的信息。就担保而言，通知行除了尽一般的注意义务外，不对受益人承担任何义务。通知行的加入也不会改变直接担保的法律结构，它相当于担保银行的代理人，与申请人和受益人都没有直接的合同关系。

对于受益人来说，其本国的银行往往更能得到他的信任。因此，当受益人要求独立保函必须是由于自己所在国的银行开立时，就产生了国际经济贸易中更为常见的间接银行独立保函。间接银行独立保函，亦称四方保函，它至少涉及四方当事人：申请人、指示行、担保行和受益人。指示行是位于申请人国内的银行，而担保行则是位于受益人国内的银行。(见图 13－2)

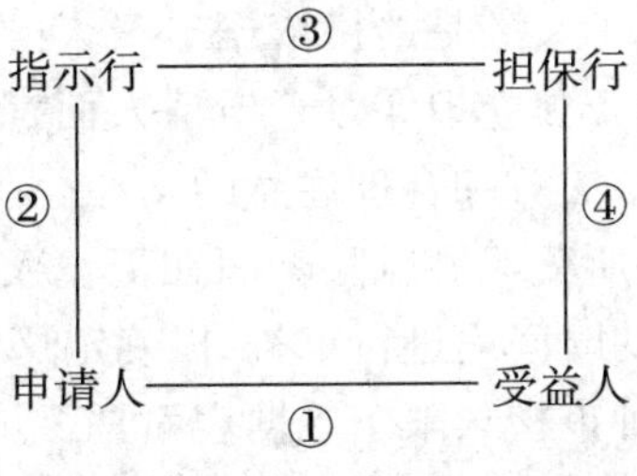

图 13－2　四方保函关系

申请人要求指示行指示担保行根据申请人指定的条款和条件向受益人签发独立保函，当指示行与申请人谈妥委托合同后，就会指示担保行向受益人开立独立银行保函。与直接独立保函不同的是担保银行是以自己的名义签发独立保函的，而不是作为指示行的代理人身份。对受益人而言只有担保行对其承担独立担保义务。因此，担保行会要求指示行出具以担保行为受益人的反担保函(counter－guarantee)，作为担保银行为申请人出具独立保函的前提。因此，相应的，在间接独立保函的运作机制下会存在四个相互独立的合同关系。第一，申请人与受益人之间的基础交易合同关系；第二，申请人与指示行之间的委托合同或偿付合同关系;第三,指示行与担保行之间的反担保合同关系(一般也是独立担保);第四,担保行与受益人之间的独立担保合同关系。上述四个合同之间是相互独立的,各具体合同与非直接当事人无关。申请人与担保行之间、受益人与指示行之间都没有直接的合同关系。如果发生索赔,受益人只能向担保银行提交索赔书及独立银行保函要求的有关单据,只要与保函条款相符,担保行就必须赔付。随后,担保行再凭指示行的反担保函向指示人索赔,如果根据反担保合同索赔无误,指示人就必须向担保行赔付。最后,指示人再凭其与申请人签订的委托合同或偿付合同向申请人索回赔付款项。

(二)独立保函中银行的权利义务

要分析独立保函中银行的权利义务就必须先分清楚银行是处在哪一个法律关系下。以直接银行独立保函为例,直接保函运作过程中有三个相互独立的法律关系。申请人与受益人之间的权利义务关系主要由基础交易合同约束,申请人有义务依据基础交易合同有关条款,及时向担保行申请开立符合规定的银行独立保函。而在受益人基于基础交易不应得到担保银行付款时,申请人有权要求受益人返还其向担保行支付的偿付款。我们在这里主要分析的是担保行在后两个法律关系中的权利和义务。

1. 担保行对申请人享有的权利和承担的义务

担保行与申请人之间主要是通过委托合同或偿付合同建立的法律关系。担保行对申请人享有的首要权利是追索权,即担保行按照保函要求向受益人付款后,有权要求申请人给予赔偿。根据担保行与申请人间的委托合同,担保行是代表申请人对受益人予以赔付的,这是担保行对申请人享有追偿权的法律基础。因此,在担保行和申请人之间的委托合同中一般都会列入申请人将在担保行付款后立即偿付担保银行的条款。即使委托合同对此未作规定,法院一般也会认为这是默示条款而予以支持。除此之外,担保行还享有向申请人要求支付执行委托事务所支出的费用和约定的报酬的权利,这也是银行为申请人开立独立保函所获得的主要收益。

担保行对申请人承担的基本义务是严格依据申请人的委托,向受益人提供符合委托合同规定的独立银行保函。由于独立担保对于申请人而言具有较大的风险,一般担保行对申请人还负有告知义务、审核义务和合理注意的义务。在保函准备签发时,担保行必须告知申请人有关独立银行保函所蕴藏的风险。而在受益人进行索赔时,对于受益人所提交的文件,担保行必须在合理的时间内进行审查,以确定这些文件是否严格地符合保函中所规定的要求。如前所述,这种审核只限于单据表面是否与担保合同中规定的条款相符,对单据内容的真实性不负任何责任。因此只要担保银行在审查过程中尽到了合理注意的义务,其就有权从申请人那里得到偿付。

2. 担保行对受益人享有的权利和承担的义务

担保行与受益人之间的权利义务受到独立担保合同的约束。独立担保的设计就是倾向于最大限度地保护受益人的利益,在受益人向担保行提出索款请求时,只要其所提交的单据符合银行独立保函的要求,银行就必须承担付款的义务。如果担保行认为受益人提供的文件不合格而决定拒付,担保行还须承担另外一项义务,即通知义务。担保行应以最快捷的方式通知受益人拒付的决定及原因。担保行对受益人享有的主要权利则是在受益人进行欺诈性索款时,即使受益人提供的单据与担保合同的付款条件和条款完全一致,担保行也有权拒绝付款,以维护自身及申请人的利益。如果担保行在知道受益人的欺诈后仍向受益人付款,就丧失了前面提到的向申请人追偿的权利。

间接银行独立保函中,担保行对受益人的权利义务关系与直接保函中完全相同。担保行根据指示行的指示向受益人开立独立银行保函,在对受益人付款后,基于担保行与指示行之间的反担保关系享有对指示行的追偿权。而指示行与申请人之间的权利义务关系则可以比照直接银行独立保函中担保行与申请人之间的关系进行分析,唯一不同的是,指示行承担的不是根据申请人的委托向受益人开立银行保函的义务,而是指示担保行开立银行保函的义务。

五、备用信用证

备用信用证(stand－by letter of credit),指开证行根据开证申请人(债务人)的请求对受益人(债权人)开出的承诺承担某项义务的凭证,在此凭证中,开证行保证在申请人未能履行其义务时,受益人根据备用信用证的约定,只要向开证行开具汇票,并提交规定的申请人未履行义务的声明或证明文件,即可取得银行的偿付。虽然备用信用证在形式上属于信用证[12],但是它存在的目的仅仅是保证申请人履行基础合同下的义务。若基础合同履行顺利,备用信用证就在未被使用的情况下自动失效。只有当开证申请人不履行其义务时,才由受益人凭出具的开证申请人违约的声明(该声明的形式要求会在开立备用信用证时进行约定)以及信用证规定的其他单据和汇票向银行请求付款。并且,银行对于任何单据的形式、完整性、准确性、真实性、伪造与否或法律效力概不负责。同时当受益人索款时,备用信用证的开证行同样不得援引基础交易合同的一切抗辩,也就是说备用信用证是和产生它的基础交易合同相互独立的。这些都符合独立担保的本质特征,可见,备用信用证在本质上仍然属于银行独立担保的范围。

从术语上看,备用信用证很容易与商业信用证产生混淆。商业信用证通常出现在国际货物买卖交易中。在商业信用证运作中,买方作为申请人要求银行开立以卖方作为受益人的信用证。卖方根据信用证要求向开证行提交有关文件时即可要求银行支付信用证下的款项。只要卖方提交的文件符合商业信用证的要求,银行就有付款的义务。但是在商业信用证下,卖方需要提交的文件主要包括:提单、商业发票、保险单、质量证明等。这些单据足以向开证行证明卖方已经按要求履行了自己的义务。换言之,商业信用证是在基础货物买卖交易履行顺利的情况下才发生作用。而与之相反的是,备用信用证的受益人只有在基础交易的履行出现问题的时候,也就是在申请人不履行基础合同中规定的义务时才能要求银行付款。如果基础交易履行顺利,备用信用证就是“备而不用”的信用证了。从作用上讲,商业信用证更倾向于是一种货物买卖交易的付款方式,而备用信用证的作用则广泛得多。

备用信用证最早源于美国。在19世纪中叶,美国大多数州的法律都规定银行不能开具银行担保,1879年联邦法律明文禁止美国银行为客户提供担保。银行为他人提供担保将被视为越权行为,所出具的保函均属无效合同。为了满足客户的需求,又要避免与国家

---

〔12〕《跟单信用证统一惯例》(UCP600)第1条将备用信用证纳入了跟单信用证(documentary credit)的范围。

法律相冲突,美国银行才逐渐将其传统的信用证业务扩大运用于担保领域,采用带有保函性质的支付承诺,从而形成了一种全新的担保方式——备用信用证。实际上备用信用证最初就是作为保函的替代物出现的。但是20世纪70年代以后银行对备用信用证的应用甚至已经超过了传统的商业信用证和银行独立保函,备用信用证被广泛应用于国际贸易、国际工程承包、跨国招投标、国际融资、跨国保险等领域,其使用范围也很快就扩展到国际交易中美国以外的其他国家和地区,如日本、法国、中东以及拉丁美洲等。这是因为,一方面很多国际商事交易都会涉及美国的当事人和银行,为了顺应美国银行的做法,其他银行也开始采用备用信用证的担保形式。另一方面,银行对传统商业信用证的运作程序都很熟悉,尽管备用信用证在本质上仍属于银行独立担保,但在形式上与操作上却与传统的商业信用证相似,因而更容易被银行接受和掌握。

第二节 有关独立担保的国际立法

国际独立担保的发展虽然很快,但是在立法上却相对比较缓慢,长期以来一直处于商业惯例调整阶段,很少有国家立法明确地规定了独立担保制度,相关的国际法律制度的欠缺也严重阻碍了国际商事交易活动的顺利进行。因此,从20世纪70年代开始,国际商会和联合国贸易法委员会先后制定了一系列有关国际独立担保的国际惯例和国际公约,主要包括:1978年国际商会《合同担保统一规则》;1992年和2010年国际商会《见索即付保函统一规则》(URDG458 和 URDG758);1998 年国际商会《国际备用信用证惯例》(ISP98);以及1995年联合国国际贸易法委员会《独立担保和备用信用证公约》。

一、《合同担保统一规则》

1978年国际商会公布的《合同担保统一规则》是国际商业社会第一次试图统一国际担保活动的法律制度。《合同担保统一规则》共11条,内容涉及规则适用的范围、合同担保的定义、担保人对受益人的责任、对合同和担保文书的修改、付款请求的提出、担保争议的解决等。但《合同担保统一规则》并未得到国际贸易实践的认可和接受,银行界和国际商人都很少引用该规则。造成这种情况的一个最重要的原因就是《合同担保统一规则》将见索即付的国际独立担保排除在了规则适用范围之外。虽然《合同担保统一规则》没有明确区分独立担保和从属性担保,但是其具体条文的规定却将担保人的担保责任和基础合同的实际履行与否联系了起来。《合同担保统一规则》第9条规定向担保人要求付款必须提出合理的理由或违约证明,即受益人在提出付款请求时需要提供法院的判决、仲裁裁决或者申请人自己的承认书。《合同担保统一规则》提出这项限制条件的本意在于避免受益人滥用索款权或欺诈性索款的出现。这个条件在客观上增加了受益人索款的难度。虽然要求出具法庭判决书或仲裁裁决书是单纯的单据需要,但这实际上意味着受益人必须先对委托人的违约事实进行诉讼或仲裁,导致受益人通过担保迅速得到补偿的目的落空,所以从事国际经济活动的商人们对《合同担保统一规则》缺乏兴趣。此外,这项要求也意味着银行被赋予了审查是否有违约事实出现的义务,从技术上讲这是担保银行很难做到的,而且银行很可能会卷入基础交易纠纷当中,这也是银行不愿看到的情况。这一关键性的障碍使《合同担保统一规则》与国际贸易实践之间的差距越来越远[13],因此国际商会开始考虑制定一套新的规则来替代它。

二、《见索即付保函统一规则》

(一)URDG458

由国际商会银行技术与实务委员会与国际商业惯例委员会共同组建的联合工作组起草的新规则——《见索即付保函统一规则》。在1991年1月由国际商会执行委员会批准,并以国际商会第458号出版物于1992年4月出版发行。鉴于URCG的经验,URDG458不再回避担保的法律性质,而是明确界定了受该规则支配的信用担保为独立担保,并围绕着独立担保特有的法律特征,力求最大限度地对银行、受益人、申请人利益进行平衡。历经17年(1992~2009年)的实践后,URDG458被证明是成功而可靠的,它在世界范围内的众多业务领域获得了银行和商界的广泛应用。

(二)URDG758

国际商会2010年版URDG758是对URDG458的重大升级,同时也是URDG458的延续。在获得银行委员会和商业法律与惯例委员会委员的通过后,URDG758于2009年12月3日获得国际商会执委会的批准,并于2010年7月1日生效。

1. URDG758的发展

与URDG458相比,URDG758的发展主要体现在三个方面:

(1)体系更加完善,内容更加全面。URDG758总共35个条文,采用了与UCP类似的编排方式,基本依照银行保函实务流程的顺序进行排列。除第1~3条和第34~35条涉及规则的适用范围、相关定义与解释、司法救济外,URDG758第4~33条依序对保函的开立与生效、通知与修改、交单与索赔、审单与赔付、终止与免责、保函转让与款项让渡等环节作出了规定。这种编排体系更加切合银行保函业务实际操作的需要,避免了URDG458原有分节方式带来的逻辑混乱。[14]

URDG458在内容上过于简约,未能覆盖保函业务中一些重要做法,如保函的通知、部分索赔等。另外,URDG458仅仅零散涉及了反担保函[15],但在实践中,担保人往往会以债务人提供反担保函作为接受申请开立独立保函的条件。由于对反担保函缺乏相关规则的约束,在追索过程中极易发生争议。新版URDG758在内容上几乎覆盖了所有实务环节,并全面将反担保函纳入保函体系[16],增加了大量涉及反担保函的条文[17],明确了适

---

〔13〕 See Roy M. Goode, *The New ICC Uniform Rules of Demand Guarantees*, Lloyd's Mar. Com. L. Q. 190 (1992).

〔14〕 URDG458共28条分为6节,包括:(1)规则的适用范围(第1条);(2)定义及总则(第2~8条);(3)义务与责任(第9~16条);(4)索款要求(第17~21条);(5)有效期(第22~26条);(6)法律适用及管辖权(第27~28条)。

〔15〕 URDG458第2条、第5条、第20条、第27条、第28条。

〔16〕 URDG758第1条:见索即付保函统一规则适用于任何明确表明使用本规则的见索即付保函或反担保函。

〔17〕 URDG758第1~3条、第5条、第8条、第15条、第16条、第20~26条、第29条、第31~35条。

用于保函的条款同样适用于反担保函。

(2)保函的独立性和单据化特征更加明显。URDG758 反复强调了保函的独立性,在第 2 条的相关定义中,即明确规定:“见索即付保函或保函,无论其如何命名或描述,指根据提交的相符索赔进行付款的任何签署的承诺”,“保函项下的相符交单,指所提交单据及其内容首先与该保函条款和条件相符,其次与该保函条款和条件一致的本规则有关内容相符,最后在保函及本规则均无相关规定的情况下,与见索即付保函国际标准实务相符”,并表明了担保人仅根据相符索赔向债权人付款的原则,相符索赔为担保人承担付款责任的唯一依据,与基础合同无涉。[18] URDG758 第 5 条特别用单独的条文强调适用 URDG758 的保函和反担保函的独立性,即“保函就其性质而言,独立于基础关系和申请,担保人完全不受这些关系的影响或约束。保函中为了指明所对应的基础关系而予以引述,并不改变保函的独立性。担保人在保函项下的付款义务,不受任何关系项下产生的请求或抗辩的影响,但担保人与受益人之间的关系除外”[19]。可见,根据 URDG758 所开立的保函完全脱离基础关系,担保人根据保函条款向债权人承担责任,不得引用债务人在基础关系下的抗辩事由对抗债权人。

案例 13－3 ｜ 中国进出口银行诉深圳市曙光信息技术有限公司和深圳市点通数据有限公司案[20]

埃及达特姆公司是深圳市曙光信息技术有限公司(以下简称曙光公司)在埃及成立的合资公司,其在埃及承包埃及投资总局 IIIS 项目。根据项目主合同的规定,曙光公司向中国进出口银行(以下简称进出口银行)申请开立以投资局为受益人、金额为 497,500 埃镑的不可撤销、不可转让的履约保函和金额为 398 万埃镑的不可撤销、不可转让的预付款保函,深圳市点通数据有限公司(以下简称点通公司)为上述担保函提供反担保。

2002 年 5 月 29 日,进出口银行根据曙光公司的申请,向埃及国民银行开立了履约保函和预付款保函。进出口银行在预付款保函中承诺:请埃及国民银行为 IIIS 项目开立以埃及投资局为受益人的银行预付款保函。埃及国民银行向受益人埃及投资局承诺在埃及投资局首次要求之时,埃及国民银行无息地向受益人埃及投资局支付不超过担保金额的任何金额,即使委托人有所争议。该担保将随每一期项目时间的到期,根据每份接收证明的签发,或该期的每次发运的发票价值,或受益人埃及投资局发给埃及国民银行城堡分行的书面同意而自动地、成比例地缩减。进出口银行亦在该反担保函中承诺在埃及国民银行对上述银行担保函项下的款项进行支付时,毫无任何争论地、无条件地、不可撤销地立即向埃及国民银行支付不超过担保金额的款项。进出口银行在履约保函中,除递减条款外亦作出同样承诺。后经曙光公司申请,进出口银行两次为上述预付款保函展期,点通公司亦书面盖章确认同意上述展期。

2004 年 5 月 18 日,埃及国民银行城堡分行向进出口银行北京分行发出请求付款的索偿电文,请求支付 398 万埃镑和 497,500 埃镑,并附受益人埃及投资局给埃及国民银行

[18] URDG758 第 2 条。

[19] URDG758 第 5 条。

[20] 北京市第二中级人民法院民事判决书,(2005)二中民初字第 00034 号。

布尔格支行两份索赔附文。其间，曙光公司于2004年5月26日向进出口银行深圳分行发函，称其已完成IIIS项目70%的工作量，并已得到埃及投资局的确认，故其申请进出口银行为其减额至894,000埃镑。虽进出口银行要求埃及国民银行对预付款保函予以减额，但埃及国民银行在对30万埃镑予以减额后，坚持要求进出口银行全额付款。经国家外汇管理部门核准，进出口银行分两次对外进行了赔付。扣除曙光公司已划付款项，进出口银行为曙光公司垫付保函项下的款项为691,376.86美元。此后，进出口银行多次向曙光公司发函敦促其尽快划款，但曙光公司、点通公司均未还款，引起纠纷。进出口银行遂诉至法院，请求判令曙光公司支付其保函垫付款项及利息，点通公司对此承担连带责任。

北京市第二中级人民法院一审认为，委托合同及保证合同的订立系双方真实意思表示，符合法律规定，应为有效。曙光公司在与进出口银行建立的委托合同关系中，虽然未事先对URDG458规则的适用作出选择，但双方在庭审期间对适用URDG458不持异议，故进出口银行在开立保函和保函对外赔付的过程中应当适用URDG458进行操作。见索即付保函属于无条件保函，在这类保函项下，担保人在受益人的简单书面索赔面前承担了无条件的支付义务，不论基础交易合同的实际执行情况如何，也不论受益人本身是否实际履行了合同所赋予他的义务，只要担保人在保函的有效期内收到了受益人所提交的符合保函条款规定的书面索赔即应立即付款，而不得以任何理由来对抗受益人，不得拖延付款，更不得拒付。

本案中，埃及国民银行对受益人的保函中列明了保函金额递减的条款，而进出口银行向埃及国民银行开具的反担保函中没有金额递减条款的约定。埃及国民银行在向进出口银行提出索款请求时，不仅提交了书面索偿要求，还将受益人投资局的索款请求和违约声明视为书面声明一并转交给进出口银行，表明已收到了符合保函规定的索款请求。因此，北京市第二中级人民法院判决曙光公司向进出口银行偿付保函垫款691,376.86美元及利息，点通公司应当按照不可撤销反担保函约定在其保证范围内向进出口银行承担连带清偿责任。（本案适用URDG458，但URDG758的相应规定并未变化。）

URDG758对单据化的要求也是非常严格的，规则明确指出“担保人处理的是单据，而不是单据可能涉及的货物、服务或履约行为”[21]，并对非单据化条件的补救措施进行了限制。URDG758要求“除日期条件之外，保函中不应约定一项条件，却未规定表明满足该条件要求的单据”[22]。一旦出现非单据化条件，补救措施仅限于通过担保人自身记录或者保函中指明的指数来确定该条件是否满足，否则担保人将视该条件未予要求并不予置理。但如果是以判断已经提交的保函规定单据和保函的内容是否冲突为目的，则另当别论。换言之，如果提交的保函规定单据的内容和保函非单据化条件存在冲突则会构成不符。[23]

（3）保函操作的具体规则更加详尽、更加清晰。URDG758针对保函运作的各个环节

---

〔21〕 URDG758第6条。

〔22〕 URDG758第7条。

〔23〕 为了避免争议，URDG758在第2条对担保人自身记录的范围作了定义，即指在担保人处所开立账户的借记或贷记记录，这些借记或贷记记录能够让担保人识别其所对应的保函。

进行了规范,内容涵盖了保函开立、通知、修改、索赔、审单、赔付、转让等环节,详细规定了保函各当事人在保函运作不同环节中的权利义务。

2. URDG758 针对保函运作的规定要求

(1)保函的开立与生效:URDG758 第 8 条指出开立保函的指示以及保函本身都应该清晰、准确,避免加列过多细节,并建议保函应明确:申请人、受益人、担保人、赔付金额或最高金额及币种、保函的失效、索赔条件、费用的承担等内容。同时,URDG758 明确了保函离开担保人的控制即为开立,且保函一旦开立即不可撤销,即使保函中并未声明其不可撤销。[24] 一般来讲,保函的开立日和生效日是同一天,除非其条款中明确规定其后某一日期生效,或其生效应依据保函中规定的某一事件。[25] 例如,2006 年 1 月 1 日某银行开立一份预付款保函,明确规定保函凭受益人向担保人提示已将定金付给委托人的证明时保函开始生效。此规定的意图是显而易见的,就是为了防止受益人在实际上没有付定金的情况下向担保人提出索款要求。假设 2006 年的 2 月 2 日受益人向担保人提交了定金已付的证明文件,可以看出,该保函的开立日为 2006 年 1 月 1 日,而生效日为 2006 年 2 月 2 日。尽管在此期间保函已经存在并且不可撤销,但是由于保函尚未生效,受益人则不能行使自己的索赔权利。

(2)通知与修改:URDG758 对保函的通知作了明确规范,规定保函可由通知方通知给受益人[26],并且在第 2 条增订了"通知方"这一定义。[27] 规则明确了通知方的责任,即通知方通知保函,向受益人表明其已确信保函的表面真实性,而且通知准确地反映了其所收到的保函条款。除此之外,通知方不对受益人承担任何额外的责任或义务。如果通知方不准备或无法进行通知时,则应毫不延迟地通知向其发送保函、保函修改书或通知的一方。如果通知方同意予以通知,但无法确信该保函或通知的表面真实性,则其应毫不延迟地就此通知向其发出该指示的一方。如果通知方仍然选择通知该保函,则其应通知受益人其无法确信该保函或通知的表面真实性。[28]

URDG758 对保函的修改设立了明确的规则,根据第 11 条的规定,保函的修改对担保人与受益人具有不同的效果。担保人自出具保函修改之时即受修改的约束,除非受益人拒绝修改;而对受益人而言,自其接受修改后方受约束。受益人可以明示接受修改,或以仅符合修改后保函的交单默示地接受修改。因保函不可撤销的性质,在受益人接受修改之前,受益人随时可以拒绝修改,但是担保人必须受其发出的修改的约束。修改书中约定"除非在指定时间内拒绝否则该修改将生效"的条款应不予置理。[29]

(3)交单与索赔:URDG758 大部分涉及交单、索赔、审单和赔付环节的条款都是可操作性较强的规范。根据 URDG758 第 2 条的定义,交单是指根据保函向担保人提交单据的行为或依此交付的单据,它包括索赔及索赔外的单据,如减额、到期要求的交单。同时,

---

〔24〕 URDG758 第 4 条 a 款和 b 款。

〔25〕 URDG758 第 4 条 c 款。

〔26〕 URDG758 第 10 条。

〔27〕 URDG758 第 2 条,通知方是指应担保人的请求对保函进行通知的一方。

〔28〕 URDG758 第 10 条。

〔29〕 URDG758 第 11 条。

URDG758 还对不完整交单作了规定,"交单时单据必须完整,除非明确表示此后将补充其他单据。在后一种情况下,全部单据应在保函失效当日或之前提交"〔30〕。这项规定赋予受益人或担保人在保函或反担保项下逐步提交单据的灵活性,也节省了担保人或反担保人审单的工作量。URDG758 第 14 条 c、d、e 款对交单的形式作了规定,明确如果保函没有标明交单是电子形式还是纸质形式,则必须以纸质形式交单。〔31〕 URDG758 第 14 条 f 款还对交单时保函的识别也作出了明确的要求,规定"每次交单都应指明其所对应的保函,如标明担保人的保函编号"。如果没有标明,则审单时间从识别之日起开始起算。

根据 URDG758 第 15 条的规定,违约声明是索赔的默示要求,除非保函条款明确排除该条的适用。该声明需要"表明申请人在哪些方面违反了基础关系项下的义务"。在形式上,"声明可以在索赔书中作出,也可以在一份单独签署的随附于该索赔书的单据中作出,或在一份单独签署的指明该索赔书的单据中作出"。

URDG758 确立了相对弹性的索赔原则,允许部分索赔和多次索赔。如果担保人担心受益人滥用索赔的权利,可在保函中加入"禁止多次索赔"的限制。为减少索赔被不当拒绝,URDG758 规定,一项索赔如果超过了保函项下可用的金额,或者保函要求的支持声明或其他单据所表明的金额合计少于索赔的金额,则该项索赔是不相符的索赔。反之则不构成不符索赔。〔32〕

为了最大限度保护受益人的利益,URDG758 第 18 条对每次索赔的独立性作了规定。不管保函是否禁止部分或多次索赔,不符的索赔或者撤回索赔并不代表放弃或影响在保函项下另一次的及时索赔。第 17 条也规定了如保函只能进行一次索赔,而该索赔被拒绝,可以在保函失效当日或之前再次索赔。

(4)审单与赔付:URDG758 第 19 条适当放松了"严格相符"的审单标准,规定"保函所要求的单据的内容应结合该单据本身、保函和本规则进行审核,单据的内容无须与该单据的其他内容、其他要求的单据或保函中的内容等同一致,但不得矛盾"。但是,URDG758 对审单时限的要求却较高,明确规定"如果提交索赔时没有表明此后将补充其他单据,则担保人应从交单翌日起 5 个营业日内审核该索赔并确定该索赔是否相符。这一期限不因保函在交单日当日或之后失效而缩短或受影响"〔33〕。同时,URDG758 还对拒付通知提出了严格要求:要求不符点应一次提出,毫不迟延地在交单后第 5 个工作日结束前通知拒付,如违反则丧失主张该次索赔不符的权利。〔34〕 一旦担保人确定索赔是相符的,就应当付款。

(5)终止与免责:URDG758 第 25 条规定了保函终止的三种情况,即保函到期、保函已无余额可付、向担保人提交受益人签署的解除保函责任的文件。同时,该条还规定"如果保函或反担保函既没有规定失效日,也没有规定失效事件,则保函应自开立之日起 3 年

---

〔30〕 URDG758 第 14 条。

〔31〕 URDG458 规定以纸质和电子形式交单均可。

〔32〕 URDG758 第 17 条。

〔33〕 URDG758 第 20 条。

〔34〕 URDG758 第 24 条。

之后终止,反担保函应自保函终止后30个日历日之后终止”。

URDG758根据因发生不可抗力未及时交单、已经交单但未审单以及相符交单但未付款的不同情况,将营业中断期间保函时效的法律后果作了区分。第26条规定“延期至保函到期后30个工作日”只适用于未及时交单的情况,另两种情况下担保人在恢复营业后仍需负责,保函的时效只是暂时中断。[35]

(6)保函转让与款项让渡:URDG758对保函转让进行了较为详细的规定,强调保函只有特别声明“可转让”时方可转让,而反担保函在任何情况下是不可转让的。即使保函特别声明是可以转让的,保函开立后担保人也没有义务必须执行转让保函的要求,除非是按担保人明确同意的范围和方式进行的转让。[36] 为了防止受益人滥用转让权,URDG758还进一步规定除了转让人与担保人已经达成一致的所有保函修改书外,可转让保函只有在转让人向担保人提供了经签署的声明,表明受让人已经获得转让人在基础关系项下权利和义务的情况下,才能被转让。

关于款项让渡的问题,URDG758原则上也同意“款项让渡自由”,但担保人支付赔款给受让人则以担保人同意为前提,让渡通知或单纯的签收未必能约束担保人。

总的来说,新版的《见索即付保函统一规则》广泛借鉴了其他的独立担保规则,并更好地切合了保函实务操作的需求,其在业界的可接受程度必将会得到明显提高。

三、《国际备用信用证惯例》

银行保函主要是欧洲银行实践的产物,所以在国际商会起草《见索即付保函统一规则》时,起草小组的成员多为欧洲法学学者,美国的银行家们大多未能参与其中。[37] 由欧洲人按照欧洲银行惯例制定的法律来管辖美国银行实践的产物——备用信用证,这是美国银行家们不愿意看到的,尽管大部分的美国学者都承认无论从法律上还是实践功能上看,备用信用证与银行独立保函并没有本质上的区别。而《跟单信用证统一惯例》的制定则恰恰相反,因此,美国的银行界宁愿选择适用他们更熟悉的UCP。事实上UCP是在1983年进行修订(UCP400)时才首次将备用信用证归入其适用范围内的,并在1993年和2007年的修订(UCP500和UCP600)中保留了这一变化。然而,即使是美国人也不得不承认《跟单信用证统一惯例》是专门为商业信用证而设计的,并不是所有的UCP条文都能适用于备用信用证,恰恰相反,多数条文并不能适用于备用信用证。为此,1998年4月6日,在美国国际金融服务协会、国际银行法律与实务学会和国际商会银行技术与实务委员会的共同努力下,《国际备用信用证惯例》(ISP98,国际商会第590号出版物)终于公布,并已于1999年1月1日起正式实施,它填补了备用信用证在国际规范方面的空白。

《国际备用信用证惯例》共有10条规则,89款。这10条规则分别为:总则;义务;提示;审核;单据的通知、排除和处理;转让、让渡及因法律规定的转让;撤销;偿付义务;时间

---

〔35〕 URDG758第26条。

〔36〕 为避免异议,规则特别对可转让的保函进行了定义。URDG758第33条规定:可转让的保函是指可以根据现受益人(转让人)的请求而使担保人向新受益人(受让人)承担义务的保函。

〔37〕 例如,起草小组的主席Roy Goode就是牛津大学圣约翰学院的著名教授。

安排;联合开证与权益份额。与《见索即付保函统一规则》和《跟单信用证统一惯例》相比,ISP98 的规定更为细致,规则的起草者们试图对备用信用证领域可能发生的所有问题都作出规定。

(一)《国际备用信用证惯例》的范围与适用

按照 ISP98 的规定,该惯例适用于备用信用证,包括履约、融资和直接付款备用信用证。在总则部分 ISP98 再次明确了备用信用证的独立性、不可撤销性以及单据性等特点。开证人的义务取决于单据的提示,以及对所要求的单据的表面审查。开证人对任何基础交易的履行或不履行、备用信用证下提示的人和单据的准确性、真实性和有效性都不负责任。[38]

与《见索即付保函统一规则》和《跟单信用证统一惯例》类似,《国际备用信用证惯例》规定只有在明确注明依据 ISP98 开立时,备用信用证方受 ISP98 的管辖。一份备用信用证可同时注明依据 ISP98 和 UCP 开立,此时 ISP98 优先于 UCP,即只有在 ISP98 未涉及或另有明确规定的情况下,才可依据 UCP 原则解释和处理有关条款。[39] 不同于 UCP 将适用范围局限于银行,ISP98 对术语采用了"开证人"(issuers)、"保兑人"(confirmers)这样的规定,也就意味着 ISP98 不仅适用由银行开立的备用信用证,还可适用于由非银行机构开立的备用信用证。

(二)义务

ISP98 在第 2.03 条再次重申:一旦备用信用证脱离开证人的控制,即为开立;除非其中清楚注明该备用信用证那时尚未"开立"或不具有"可执行性"。声明备用信用证不是"可使用的"(available)、"生效的"(operative)、"有效的"(effective)或类似意思,并不影响在它脱离证人控制后的不可撤销性和约束力。

对于备用信用证的修改,ISP98 第 2.06 条把备用信用证的修改分为"自动修改"和"非自动修改"两种。根据该条 a 款的规定,如果备用信用证中明确规定该备用信用证可因使用金额的增减、到期日的展延等而"自动修改",则该修改自动生效,不需要任何进一步的通知或同意。除了"自动修改"的情况之外,对备用信用证的任何修改,均须经受益人的同意才能生效并对受益人具有约束力。同时 ISP98 第 2.06 条 c 款 ii 项也规定,受益人的同意必须明确地通知给修改人或向其通知该修改的人(可能是开证人、保兑人或通知人)。此外,受益人也可以以其行为表示对开证人对备用信用证修改的同意,如果受益人提示付款提交的是修改后的备用信用证而不是修改前的,也表明受益人接受了这种修改,那么开证人就应当按修改后的条件付款。ISP98 第 2.06 条 d 款还明确规定,部分同意修改视为拒绝整个修改,不存在部分接受和部分拒绝的情形。

ISP98 第 2.05 条 a 款 ii 项则就有关备用信用证及其修改的通知问题规定:除非通知中另有声明,否则它表示该通知准确地反映了其收到的内容。那么,假设开证人要求通知人通知受益人的备用信用证金额为 10,000 美元,而通知人错误的传达为了 100,000 美元的话,通知人将对受益人因此而遭受的损失承担责任。就这一点而言,在 UCP 中并没有

---

[38] 《国际备用信用证惯例》第 1.01 条、第 1.06～1.08 条。

[39] 《国际备用信用证惯例》第 1.01 条、第 1.02 条。

类似的规定。类似于 ISP98 第 2.05 条 a 款 i 项的规定,UCP 第 7 条仅仅要求通知人检查所通知信息的表面真实性而已。因此,当受益人因通知人的错误而遭受损失时,显然 ISP98 的规定对其更为有利。

在备用信用证被保兑的情况下,ISP98 规定保兑人的地位犹如一个单独的开证人。[40] 同 UCP 的规定类似,《备用信用证惯例》第 2.01 条进一步规定,如果保兑允许向开证人提示,则保兑人也承担在开证人错误拒付时承付的责任,犹如提示是向保兑人作出一样。相反的,如果备用信用证允许向保兑人提示,则开证人也承担在保兑人错误拒绝履行保兑时承付的义务,犹如提示是向开证人作出一样。

(三)提示

由于银行仅对受益人提示的单据做表面审核,提示的是否适当与受益人能否最终得到赔付有密切的联系,因此 ISP98 对提示这一部分的规定非常详细。

1. 提示的构成

ISP98 规定,收到备用信用证要求的并在该证下提示的单据即构成了提示,应审核它是否与备用信用证的条款相符,即使并非所有要求的单据都已被提示。提示必须标明凭以提示的备用信用证。标明的方式可以是注明备用信用证的完整号码以及开证人名称和地点,或者附以备用信用证的正本或副本。如果开证人不能从收到的单据表面判定是否根据某一备用信用证来处理该份单据,或不能确定与该单据有关的备用信用证,该提示就被认为是在能认定的那一天作出的。[41]

2. 提示的地点和时间

根据 ISP98 的规定,提示必须在备用信用证中注明的地点或场所作出。如果备用信用证没有注明,则提示必须在备用信用证开立的营业地作出。[42] 如果备用信用证规定了到期日或规定了确定到期日的时间或事项,那么提示只要是在开立备用信用证后,到期日前作出的,该提示即为及时的。提示应当在提示地的营业时间内作出,如果提示是在提示地营业结束后作出的,应被视为是在下一个营业日作出的。如果备用信用证注明的提示的最后一天不是营业日,那么在随后第一个营业日作出的提示将被认为是及时的。在因不可抗力导致银行在提示的到期日不营业的情况下,ISP98 第 3.14 条规定,如果在允许提示的最后一个营业日,备用信用证中注明的提示地点由于任何原因停业,那么,除非备用信用证中另有规定,允许提示的最后一天将自动延期到提示地点重新开业后的第 30 个日历日。

3. 提示的载体

根据 ISP98 第 3.06 条 a 款的规定,单据必须以备用信用证中注明的载体作出提示。如果没有注明载体,必须以纸面单据的形式提示。但是应该注意的是,ISP98 产生在电子商务开始兴起的年代。尽管 ISP98 将信用证是否必须采用署名的书面形式签发的问题排

---

〔40〕《国际备用信用证惯例》第 1.11 条。

〔41〕《国际备用信用证惯例》第 3.02 条、第 3.03 条。

〔42〕《国际备用信用证惯例》第 3.04 条。

除在其适用范围之外[43]，ISP98 第 3.06 条 d 款却规定了，如果备用信用证注明了以电子载体提示，则单据必须以电子记录的方式提示，并能为接受提示的开证人或指定人证实。同时 ISP98 还对有关电子提示的术语作出了专门的规定。[44]

4. 提款金额

除非备用信用证中有特别规定，否则，受益人可以就一份备用信用证进行部分提款或多次提示。如果备用信用证含有“禁止部分提款”或类似表述，则受益人必须就可使用的全部金额进行提示；如果备用信用证含有“禁止多次提示”或类似表述，则受益人只能作出一次付款提示，但是金额可少于可使用的总金额，对于剩下的金额受益人无权再主张。对于索款的金额，以索款书中主张金额为准。如果索赔书金额在可使用总额以内，但是其他单据写明的金额超过了可使用的总金额范围的，并不构成一项不适当的提示，担保人应按照索赔书的金额予以支付。

5. 每次提示的单独性

与 UCP 的规定不同，ISP98 特别强调了每次提示的单独性。作出一次不符提示、收回一次提示或者未完成预定的或允许的多次提示中的任何一次，都不影响或损害作出另一次及时提示或再提示权利。对一次相符提示的错误拒付，并不构成对该备用信用证下其他提示的拒付或对该备用信用证的否定。对一次不符提示的承付，无论有无不符点的通知，都不意味着放弃该备用信用证对其他提示的要求。[45]

（四）审核及拒付通知

当受益人提示索款后，担保人将根据对受益人所提供的单据的审核结果来决定是否赔付。因此担保人对于单据是否符合备用信用证的要求的审核标准就显得尤为重要了。ISP98 对单据审核的基本原则与 UCP 保持了一致性，即采用了表面一致的标准。也就是说，担保人只需要审核该单据在形式上是否与备用信用证的要求相符即可，而对单据内容的真实性和准确性不负任何责任。

1. 各单据之间的不一致

根据 ISP98 的规定，开证人或指定人只需在备用信用证规定范围内审核单据之间是否一致，即只有备用信用证明确说明单据之间不一致银行可以拒付时，银行才有权因此拒付。

2. 严格相符原则

UCP 没有直接规定审查单据与信用证条款是否相符的具体标准。一般认为，根据“银行实务的判断标准”[46]即是要求受益人所提示的单据必须与信用证的条款“严格相符”。根据这一标准，一些明显的排版错误或者拼写错误，以及提示单据与信用证条款之

---

[43] 《国际备用信用证惯例》第 1.05 条。

[44] 《国际备用信用证惯例》第 1.09 条 c 款。

[45] 《国际备用信用证惯例》第 3.07 条。

[46] 例如，UCP600 第 14 条 a 款规定：按指定行事的指定银行、保兑行（如果有的话）及开证行须审核交单，并仅基于单据本身确定其是否在表面上构成相符交单。d 款规定：单据中的数据，在与信用证、单据本身以及国际标准银行实务参照解读时，无须与该单据本身中的数据、其他要求的单据或信用证中的数据等同一致，但不得与其矛盾。

间在个别用词上的细微差别将不被视为不符点。例如,信用证条款规定为“Letter of Credit S - 93, issued at Los Angelex, California”,而索款单据上为“Los Angeles, California”,则该单据将被认为符合信用证的要求。ISP98 第 4.01 条似乎认可了这一原则。但是,在其后第 4.09 条,起草者们为了更详细地说明单据审核的标准,却给出了不同的标准。第 4.09 条 a 款规定:“一份没有指定精确措辞的声明,那么在提示的单据中的措辞必须看起来与备用信用证要求的措辞表达的是同一意思。”从这一款的用语上看,惯例似乎对受益人更为有利。第 4.01 条 b 款规定:“使用通过引号、大写、附样或格式指定的措辞,那么,并不要求重复在拼写、标点、空格或其他在上下文中读起来明显的打印错误;为数据而留的空行和空格,可以通过不与备用信用证矛盾的任何形式加以完整。”那么在这种情况下,前例中的“Los Angelex, California”如果是被指定的措辞,而单据中纠正了信用证条款中的拼写错误,则可以使用此款规定。但是要注意的是,假设信用证条款中为“Los Angeles, California”,而提示的单据中错误的拼写成了“Los Angelex, California”,则不能适用该款规定。ISP98 第 4.01(4.09)条 c 款规定:“使用通过引号、大写、附样或格式指定的措辞并规定单据应包含‘完全一样’或‘同一’的措辞,那么,提示的单据必须重复指定的措辞,包括拼写、标点、间隔等打印错误,以及为数据而留的空行和空格。”那么根据该款的规定,同样是前例,如果备用信用证条款指定措辞为“Los Angelex, California”,并且包含了“同一”这样的措辞,如果受益人将拼写错误更改过来,单据表述为“Los Angeles, California”,则开证人完全可以因此拒付。

3. 书面声明问题

ISP98 第 4.17 条规定,提交任何声明的前提条件必须是备用信用证对此作出了明确要求。如果信用证要求提交一份关于违约或其他提款事由的声明,但未指明内容,则该声明的内容并不需要具体化。ISP98 认为只要声明包含备用信用证规定的提款事由已发生,即应该付款。该声明不需要说明申请人已经违约,更不需要说明申请人在哪些方面违约。

4. 非单据条件

ISP98 首次明确规定了非单据条件的问题。如果备用信用证条款不要求提示单据证明其条款被履行,并且开证人根据其自已的记录或在其正常业务范围内不能确定该条款被履行,则该条款为非单据条款。而备用信用证中的非单据条件必须不予考虑。[47]

5. 拒付通知

经过审核后,开证人或付款人如果认为受益人的索款要求符合备用信用证的要求,则应当付款。如果认为存在不符点,则应当在单据提示后的一段合理时间内向受益人发出拒付通知。如果没有及时通知拒付(包括拒绝承兑或拒绝承认延迟付款责任),则开证人在到期时有义务付款。[48] 至于发出拒付通知的时间,ISP98 第 5.01 条规定,在提示日后 3 个营业日内发出的通知被视为是合理的,超过 7 个营业日则被认为是不合理的。

(五)转让

ISP98 第 6.02 条规定,除非备用信用证已经明确注明,否则备用信用证不可转让,这

〔47〕《国际备用信用证惯例》第 4.11 条。
〔48〕《国际备用信用证惯例》第 5.03 条。

一规定与 UCP 的规定是一致的。即使备用信用证表明是可以转让的,受益人转让信用证时仍然要征得开证行的同意。[49]

ISP98 出于对银行的保护规定,担保人在没有对受益人提出的让渡请求予以确认前,没有义务执行款项的转让。并且,担保人也没有义务对受益人提出的让渡请求予以确认。[50] 这一规定表明,如果备用信用证中没有对该信用证项下的款项的转让作出明确规定,受益人是否可以转让该款项完全取决于开证人的态度。如果开证人不同意这种转让,拒绝对转让予以确认,那么受益人的这种转让就无法实现。如果开证人向受让人履行了付款义务,即同时解除了其对受益人的付款义务,而且该付款行为将如同其对受益人所为的付款行为一样,有权得到申请人的偿付。[51] 同时,ISP98 还明确提出开证人对款项让渡的确认并没有赋予受让人有关备用信用证的权利,该受让人只对让渡的款项享有权利,其权利还可能由于备用信用证的修改或取消而受到影响。[52]

(六)撤销

在备用信用证的撤销方面,ISP98 的规定基本上与 UCP 保持了一致。备用信用证下受益人的权利未经其同意不可撤销。受益人的同意可以是书面形式,也可以用行为来证明,例如,通过归还备用信用证正本暗示受益人同意取消。并且,受益人对撤销的同意一经传达给开证人即不可撤销。[53]

总体来说,《国际备用信用证惯例》是一部操作性极强的国际商事惯例,它对备用信用证的有关问题作出了非常详尽的规定。但是也正由于 ISP98 对备用信用证的很多关键条款作出了精确的界定,如 ISP98 第 4.01 条的三款规定,备用信用证的使用者更需要小心了解惯例所采用的专业术语,以避免将自己置于非常不利的地位。对备用信用证的发展而言,ISP98 无疑是起到了巨大的推动作用,我们可以期待该惯例在银行实务领域内的更广泛应用。

四、《独立担保和备用信用证公约》

学者们普遍认识到银行独立保函和备用信用证无论从法律性质上还是功能上都是相同的,然而长期以来两者却适用着不同的法律规定。银行独立保函主要适用的是《见索即付保函统一规则》,而备用信用证则适用《跟单信用证统一惯例》。[54] 因此,国际社会开始寻求在全世界范围内建立一个统一的独立担保法律规则,以促进独立担保的使用。在联合国国际贸易法委员会的努力下,由欧美专家共同组成的国际合同惯例工作小组负责起草了《独立担保和备用信用证公约》。该公约共 7 章 29 条,已于 2000 年 1 月 1 日开

---

〔49〕《国际备用信用证惯例》第 6.02 条 b 款 iii 项。

〔50〕《国际备用信用证惯例》第 6.06 条、第 6.07 条 a 款。

〔51〕《国际备用信用证惯例》第 6.10 条。

〔52〕《国际备用信用证惯例》第 6.07 条 b 款。

〔53〕《国际备用信用证惯例》第 7.01 条。

〔54〕《独立担保和备用信用证公约》的制定工作其实早于国际商会的《国际备用信用证惯例》。由于备用信用证在操作上更接近于商业信用证的运作,因此在 ISP98 出台以前,大多数的备用信用证都选择了适用《跟单信用证统一惯例》。备用信用证和商业信用证有很多相似之处,即使是在 ISP98 开始实施以后,由于两者之间的这种相似性,仍然有很多备用信用证选择适用了 UCP。

始生效。[55]

(一)《独立担保和备用信用证公约》的适用范围

为了强调《独立担保和备用信用证公约》是对银行独立保函和备用信用证均可适用的一套规则,《独立担保和备用信用证公约》首次使用了"承保"(undertaking)这个中性词语来泛指两种单证[56],并明确规定《独立担保和备用信用证公约》只适用于"独立性"担保,而不适用于"从属性"或"附属性"担保。[57]《独立担保和备用信用证公约》的适用范围仅限于国际承保,而不适用于国内的独立担保。[58] 同时,根据《独立担保和备用信用证公约》第6条有关解释的规定,《独立担保和备用信用证公约》将"反担保"和对"承保的保兑"也纳入其调整范围。值得注意的是,《独立担保和备用信用证公约》的适用是任意性的,而不是强制性的,当事人可以任意排除或改变《独立担保和备用信用证公约》规则的适用,而选择适用其他的商业惯例,如URDG或者UCP等。《独立担保和备用信用证公约》在制定的时候充分考虑了与这些规则的相互协调,这使《独立担保和备用信用证公约》可与UCP、URDG、ISP98等惯例规则并行发挥作用。

考虑到商业信用证与备用信用证有一些共同之处,实践中要准确判断某一信用证究竟是备用信用证还是商业信用证有时确实存在困难,因此,《独立担保和备用信用证公约》也允许备用信用证以外的国际信用证的当事方根据他们自己的判断来决定是否适用《独立担保和备用信用证公约》。[59]

(二)承保的形式和内容

《独立担保和备用信用证公约》在这一部分首先强调了承保一经出具即不可撤销,除非承保中有相反的规定。[60] 而在出具承保的形式问题上,《独立担保和备用信用证公约》要求的是一种能留存承保案文的完整记录的形式,而不是直接规定为"书面"形式。[61] 这样的规定具有很好的灵活性和前瞻性,使《独立担保和备用信用证公约》可以照顾到非纸张媒介即以电子数据交换手段出具的承保。

对于承保书的修改问题,《独立担保和备用信用证公约》采取了和URDG类似的态度。根据《独立担保和备用信用证公约》第8条第3款的规定,除非另有规定,一项承保的修改必须得到受益人的接受才能产生效力。但是《独立担保和备用信用证公约》也承认有这种可能,一项修改可以是受益人先给予允许的,在这种情况下,该修改在开具后立

---

〔55〕 目前共有8个国家加入或批准了《独立担保和备用信用证公约》,分别是:白俄罗斯、厄瓜多尔、萨尔瓦多、加蓬、科威特、利比里亚、巴拿马和突尼斯。

〔56〕《独立担保和备用信用证公约》第2条第1款。

〔57〕《独立担保和备用信用证公约》第3条规定:"就本公约而言,一项承保在下述情况下即为独立的承保:(a)担保人/开证人对于受益人的义务不取决于任何基础交易的存在或有效性,也不取决于任何其他承保(包括保兑或反担保所涉及的备用信用证或独立担保);或(b)担保人/开证人对于受益人的义务不取决于承保中未写明的任何条款或条件,除出示单据以外也不取决于任何未来不确定的行为或事件,或担保人/开证人业务范围内的另一此类行为或事件。"

〔58〕《独立担保和备用信用证公约》第1条第1款、第4条。

〔59〕《独立担保和备用信用证公约》第1条第2款。

〔60〕《独立担保和备用信用证公约》第7条第4款。

〔61〕《独立担保和备用信用证公约》第7条第2款。

即生效。[62] 一项修改对委托人/申请人的权利和义务不产生影响，也不影响某一指示方或保兑人的权利义务，除非该人同意该项修改。[63] 在有保兑人的情况下，一项修改对保兑人的约束力在《独立担保和备用信用证公约》中的规定和1998年出台的《国际备用信用证惯例》是不相同的。因为根据ISP98第2.06条b款的规定，当修改脱离保兑人的控制后即对保兑人产生直接的约束力，除非保兑人明确表示其不保兑该修改。而《独立担保和备用信用证公约》的规定是除非保兑人明确表示同意该修改，否则将不受其约束。

《独立担保和备用信用证公约》第9条和第10条是有关受益人索款权利和收益转让的规定。《独立担保和备用信用证公约》明确规定了两种情况的实质性差别。关于索款权利的转让，《独立担保和备用信用证公约》规定承保书必须写明它是可以转让的，并且任何实际的转移必须得到担保人/开证人的同意。而对于收益的转让，除非承保书内有另外的规定，否则受益人是可以自由转让其收益的。如果受益人转让了收益，而且担保人/开证人或者付款人收到了受益人的通知，则担保人/开证人或者付款人只要向受让人作出了付款即可按其支付数额解除其在承保中所承担的赔偿责任。

(三)权利和义务

为了达到协调两大法系的冲突，统一独立担保国际立法的目的，《独立担保和备用信用证公约》对承保各当事人的权利义务，在立法上更多的是采用确立一些基本原则的方法，而非给出具体的规定。根据《独立担保和备用信用证公约》第13条的规定，担保人/开证人及受益人的权利和义务应该按照承保书中所列的条款和条件来确定，这些规定包括在承保书中提及的任何规则、一般条件或惯例，如URDG或者ISP98等。这种方式保证了《独立担保和备用信用证公约》的适时性，即《独立担保和备用信用证公约》可以跟上国际实践发展变化的需要，包括今后对这些惯例、规则的修改以及新拟定的有关国际独立担保的其他国际惯例、规则的适应。

同时，在对承保书的条款进行解释时，以及在解决承保书条款并未规定或《独立担保和备用信用证公约》各条款也未规定的问题时，应充分考虑有关银行独立保函或备用信用证实践中普遍公认的国际规则和惯例。[64] 尤其是在担保人/开证人的行为准则上，除了考虑独立保函或备用信用证方面的一般国际惯例标准外，担保人/开证人必须是基于诚信与合理谨慎行事的原则来履行承保所规定的义务。即使这些惯例规定的标准有可能略低于诚信或谨慎行事的准则，担保人/开证人也不得免除因不遵守诚信或重大疏忽行为所带来的赔偿责任。[65]

(四)索款

索款应在索款期限内，在出具承保的地点向担保人/开证人提出，除非有其他规定。《独立担保和备用信用证公约》对于承保本身规定的形式要求也适用于索款。受益人提

---

〔62〕《独立担保和备用信用证公约》第8条第2款。
〔63〕《独立担保和备用信用证公约》第8条第4款。
〔64〕《独立担保和备用信用证公约》第13条第2款。
〔65〕《独立担保和备用信用证公约》第14条。

出索款后,担保人/开证人就有义务审查索款要求和所附单据,以确定其是否表面上符合承保的条款和条件以及相互之间是否一致,并且这种审查应适当考虑国际实践中适用的标准。[66] 这样的措辞可以保证《独立担保和备用信用证公约》在“表面符合”的概念上跟上国际实践的变化与发展。

《独立担保和备用信用证公约》第16条规定担保人/开证人应有“合理的时间”来审查索款要求及单据。但是,除非承保书中另有规定,担保人应在收到索款要求及任何所附单据之日后最多不超过7个营业日作出是否付款的决定。如果决定不予付款,担保人/开证人须立即通知受益人,说明不付款的理由。如果确定该索款符合要求,则应立即付款,或按承保书规定的在此后的某一时间付款。

另外,《独立担保和备用信用证公约》第11条还规定了索款权利取消的几种情况,包括:受益人发出解除担保人/开证人责任的通知、担保人/开证人和受益人同意终止承保、支付了承保所规定的款额、担保的款项已经清偿或者承保已经到期。

(五)欺诈性或滥用性索款要求及临时司法措施

与一般的国际惯例或规则不同,《独立担保和备用信用证公约》特别涉及了欺诈性或滥用性的索款要求以及在此种情况下的司法救济问题。《独立担保和备用信用证公约》的一个主要目标就是在国际范围内促进更大的统一,从而使担保人/开证人和法院采用更一致的办法对待有关银行独立保函和备用信用证索款要求的欺诈和滥用案件。基于这一目的,《独立担保和备用信用证公约》采用列举的方式明确了担保人/开证人可以不付款的例外情况,这些情况包括了各个法律体系与“欺诈”(fraud)或“滥用权利”(abuse of right)等概念相关的种种事实类型。第19条第1款规定了以下三种情况如果是明显而且清楚的时,担保人/开证人有权不付款给受益人:(1)有任何单据不是真的或者是伪造的;(2)根据索款要求或者单据中所述依据,并不应做出付款;(3)从承保的类型和目的可断定该索款要求无任何可能根据。为了增加确定性,《独立担保和备用信用证公约》进一步举出了索款要求可以被认为并无任何根据的实际例子。例如,即义务已经毫无疑问的(地)被履行,受益人感到满意;受益人的故意不当行为显然妨碍了基本义务的履行;对于反担保情况下的索款,反担保的受益人作为与该反担保相关的承保的担保人/开证人,不受诚信地做出了付款。[67]

需要指出的是,《独立担保和备用信用证公约》规定出现上述情况时,担保人/开证人可以根据诚信原则自主做出决定,而不受其他人的左右。这表明《独立担保和备用信用证公约》注意到了担保人/开证人关心的问题是保持承保业务作为独立与(于)基本交易的承诺所应有的商业可靠性。另外,为了平衡各方的利益,《独立担保和备用信用证公约》也肯定了委托人/申请人在出现上述情况时向法院申请临时司法措施救济的权利。这同时也表明,对基本交易有关事实的调查是法院的职责,而不是担保人/开证人的职责,从而再次肯定了承保的独立性。

委托人/申请人向法院提出临时司法措施的申请后,法院可以发出一项临时命令,阻

〔66〕《独立担保和备用信用证公约》第16条第1款。
〔67〕《独立担保和备用信用证公约》第19条第2款。

止银行付款或者冻结已经支付给受益人的承保款项。但是,这种临时司法措施显然会威胁国际独立担保及时有效补偿受益人这一目的的实现,进而威胁国际独立担保存在的意义。所以,必须对它的实施加以严格的限制。《独立担保和备用信用证公约》第20条进一步规定了为获得此种临时措施而应满足的条件。首先,委托人、申请人或者指示方要想向法院提出该申请,必须要提供足够的证据证明受益人的索款要求"大有可能"存在欺诈或滥用权利的情况。其次,法院要根据"立即可得的有利证据"加以判断。同时,法院还必须考虑如果不发布临时措施是否会使委托人/申请人受到严重损害。一旦法院准许采用临时措施,可以要求提出此申请者提供法院认为适宜形式的保证。[68] 另外,为了尽量减少临时司法措施的使用,以避免形成对承保的干预,《独立担保和备用信用证公约》还规定,除了第19条所规定的情况和利用承保来达到犯罪目的之外,法院不得根据任何其他拒付理由发出临时命令。[69]

《独立担保和备用信用证公约》是联合国国际贸易法委员会对国际独立担保活动进行统一立法的成果,它为促进银行独立保函和备用信用证在国际商事交易中的使用作出了巨大的努力。由于该公约为这两种单证确立了一套统一的规则,因而它对于独立担保在日常商事交易中的使用提供了更大的法律确定性。《独立担保和备用信用证公约》对独立担保的法律性质作出了明确的认定,并且规定了一系列独立担保的基本法律原则。这些法律原则今天已经得到了国际社会的普遍承认。同时,《独立担保和备用信用证公约》对独立担保有关术语的统一,也有助于改善实践中因用词差异造成的混乱。为了平衡两大法系的差异,兼顾欧洲大陆和美国银行实践中的习惯做法,《独立担保和备用信用证公约》在立法技术上有时不得不采用模糊的方式,以便得到更多国家的认同,这在一定程度上削弱了《独立担保和备用信用证公约》在实践中的可操作性。但是,由于《独立担保和备用信用证公约》对其他有关国际独立担保的惯例和规则采取了开放的态度,这使《独立担保和备用信用证公约》可以与UCP、URDG和ISP98等惯例规则并行发挥作用,从而弥补该缺陷。尽管目前批准《独立担保和备用信用证公约》的国家还屈指可数,但是,《独立担保和备用信用证公约》所确立的独立担保的一般原则对于实践的指导作用还是不可忽视的。随着独立担保在国际商事交易中更广泛的应用,《独立担保和备用信用证公约》必将得到越来越多国家的重视。

思考题

1. 结合中国进出口银行诉曙光公司和点通公司案,分析URDG的可适用性和保函的独立性。

2.《独立担保和备用信用证公约》与URDG是何种关系?它对欺诈性或滥用性索款要求的规定有何特色?

---

〔68〕《独立担保和备用信用证公约》第20条第2款。

〔69〕《独立担保和备用信用证公约》第20条第3款。

延伸阅读

独立性和单据性作为独立担保优势特征的同时,也蕴含了诸多风险。为维护交易公平又不至于降低商业效率,独立担保欺诈例外的认定尤为审慎。

对欺诈例外类型的详细分析和评估可参阅 Christopher Hare, *Not so Black and White: The Limits of the Autonomy Principle*(Cambridge,2004);Anna Mari Antoniou, *Fraud, Exceptions to Autonomy and the UCP* 600(Essex,2013)和 *Nullities in Letters of Credit: Extending the Fraud Exception*(Essex,2014);Tareq Al - Tawil, *Letter of Credit and Contract of Sale : Autonomy and Fraud*(London,2013);Richard Hoole , *Fraud and Letters of Credit: Is There a Nullity Exception*? (Cambridge,2002);Ebenezer Oahimire Imonitie Adodo, *An Appraisal of the Fraud Exception and the Principle of Strict Compliance in Letters of Credit*(Singapore,2004);Michelle Kelly - Louw , *Illegality as an Exception to the Autonomy Principle of Bank Demand Guarantees*(Pretoria,2009)。

英国法实践中对欺诈例外的认定可参阅 Anthony Connerty, *Fraud and Documentary Credits: The Approach of the English Courts*(London),此文列举了 Discount Records Limited v. Barclays Bank Limited [1975] 1 All ER 1071 、Edward Owen Engineering Limited v. Barclays Bank International Limited [1978] 1All ER 976、United City Merchants (Investments) Limited v. Royal Bank of Canada [1982] 2 All ER 720、Tukan Timber Limited v. Barclays Bank plc [1987] 1 Lloyd's Report 171、Themehelp Limited v. West [1995] 4 all ER 215、Deutsche Ruckversicherung AG v. Walbrook Insurance Company Ltd. [1996] 1 All ER 791 、Turkiye Is Bankasi AS v. Bank of China [1996] 2 Lloyd's Report 611、Czarnikow - Rionda Sugar Trading Inc. v. Standard Bank London Limited [1999] 1 All ER (Comm)890、Banco Santander SA v. Bayfern Limited [2000] 1 All ER (Comm)776、Standard Chartered Bank v. Pakistan National Shipping Corporation & Others (No. 3)[2000] 2 All ER (Comm)929 等案例中法官对欺诈认定的意见。Monroe Leigh , *United Kingdom: United City Merchants (Investments) Ltd. v. Royal Bank of Canada*, (1982) 2 W. L. R. 1039 (Cambridge, 1983) 和 Odeke, *Double Invoicing in International Trade : The Fraud and Nullity Exceptions in Letters of Credit - Are the America Accord and the UCP* 500 *Crooks' Charters*!? (Bournemouth,2012) 对 The United City Merchants v. Royal Bank of Canada (the American Accord)一案中的第三方欺诈情形进行了详细讨论。

关于欺诈例外在英国法院适用中存在的问题可参阅 Kamal Jamal Awad Alawamleh, *Documentary Credits and Independent Guarantees: A Critique of the 'Fraud Exception' Position in English and Jordanian Law*(Lancashire,2013)。

除英国法外,其他国家法律关于欺诈例外的论述参阅 Marion W. Benfield, *Bank Liability for Fiduciary Fraud*(Alabama,1991);CheHashim, Rosmawani, Mahdzan, Nurul Shahnaz, *Fraud in Letter of Credit Transactions: The experience of Malaysian Bankers* (Netherland, 2014);Xiang Gao, *The Fraud Rule in Law of Letters of Credit in the P. R. C.* (New York, 2007);Han, Chang - Ryung, Nelen, Hans, Joo, Matthew Youngho, *Documentary Credit Fraud*

Against Banks: *Analysis of Korean Cases* (Cambridge, 2015); Mark S. Blodgett, Donald O. Mayer, *International Letters of Credit*: *Arbitral Alternatives to Litigating Fraud* (New York, 1998);郭德香:《国际银行独立担保法律问题研究》,法律出版社 2013 年版。

第十四章　移动设备国际担保统一法：《移动设备国际利益公约》

《移动设备国际利益公约》(以下简称《开普敦公约》)是由国际统一私法协会主持制定,2001 年 10 月在南非开普敦召开的外交会议上通过的,关于移动设备融资租赁担保利益国际保护问题的国际公约。它规定了以"国际利益"为核心的法律制度,以促进对高价值以及具有特别经济利益的移动设备(航空器设备,铁路车辆,空间资产,矿业,农业和建筑设备等)的融资利用,2006 年 3 月 1 日正式生效。目前已经制定出来的《开普敦公约》的议定书共有四个,分别是《航空器设备特定问题议定书》(开普敦,2001 年);《铁路机车车辆特别问题的议定书》(卢森堡,2007 年);《空间资产特定问题的议定书》(柏林,2012 年);《矿业、农业和建筑设备的议定书》[1](草案,待审议批准,2019 年)。其中,前三个议定书已经正式公布,开放各国批准。[2] 截至 2019 年 10 月,《开普敦公约》已经得到 79 个[3]国家批准,《航空器设备特定问题的议定书》的批准国为 76 个[4]。2007 年《铁路机车车辆特别问题的议定书》和 2012 年《空间资产特定问题的议定书》。截至 2019 年 10 月,尚无国家批准。我国于 2008 年批准了《开普敦公约》和《航空器设备特定问题的议定书》,2009 年 6 月 1 日起对我国开始生效。[5]

第一节　概　　述

一、《开普敦公约》的制定及宗旨

(一)《开普敦公约》产生的背景及制定过程

随着世界经济的不断发展,卫星、航天器、铁路运输车辆等移动设备在国际间的融资租赁活动已十分普遍。根据传统的冲突法规则,财产权适用财产所在地法律,但由于这类

---

〔1〕 2018 年 5 月,国际统一私法协会第 97 次理事会通过了《矿业、农业和建筑设备的议定书》(MAC 议定书)草案的正式文本,并决定于 2019 年召开外交大会,以批准该议定书并供各成员国签署。See Study LXXII K – Development of a Fourth Protocol to the Cape Town Convention on Matters Specific to Mining, Agricultural and Construction Equipment, https://www. unicdroit. org/work – in – progress/mac – protocol(2019. 10. 6 visited).

〔2〕 在 2018 年国际统一私法协会第 97 次理事会上,还讨论了《船舶和海上交通设备议定书》和《可再生能源设备议定书》的起草准备工作。

〔3〕 资料来源:https://www. unidroit. org/status – 2001capetown(2019. 10. 6 visited)。

〔4〕 资料来源:https://www. unidroit. org/status – 2001capetown – aircraft(2019. 10. 6 visited)。

〔5〕 资料来源:http://www. unidroit. org/english/conventions/mobile – equipment/depositaryfunction/main. htm (2019. 10. 6 visited)。

高价值移动设备在日常运营中经常穿越或跨越国界,从而使在其上设定的担保利益如何适用法律变得十分困难。[6] 事实上,上述法律冲突降低了交易的预见性,增大了交易风险,融资人、出租人不能确信其担保物权可以得到法律有效的保护,因而要求设置资产担保之外的诸如政府担保或第三方商业担保等其他保证条件,这导致了交易成本的增加。因此移动设备领域成为最迫切需要建立一套国际统一的调整物上担保、产权保留和租赁利益的法律制度的领域之一。在这样的大背景下,1988 年在渥太华召开的关于制定《国际融资租赁公约》和《国际保理公约》的外交会议上,加拿大萨斯卡奇温大学(Saskatchewan)的康明(R. Cuming)教授做了论证担保交易国际公约可行性和必要性的初步报告[7],之后国际统一私法协会成立了工作小组进一步分析了统一担保交易法的经济效益,得出了"制定这样一个国际公约十分必要"的结论。

国际统一私法协会随后开始了相关国际公约的起草工作。公约研究小组下设航空器设备、铁路车辆和空间资产三个工作组,分别起草与公约配套的三个议定书。其中,有关航空器设备的议定书较早形成较为完整的草案。1999 年至 2000 年,国际民用航空组织与国际统一私法协会联合组织三次会议,召集各国政府代表及有关国际组织审议修改公约和航空器议定书。2000 年国际民用航空组织法律委员会第 31 次会议提交了《开普敦公约》和《航空器设备特定问题的议定书》的综合案文。2001 年 11 月,国际民用航空组织和国际统一私法协会在南非开普敦联合召集外交会议,审议并通过了《开普敦公约》及《航空器设备特定问题的议定书》。

(二)《开普敦公约》的宗旨和目的

《开普敦公约》在序言中明确指出,"本公约的缔约各国知悉获得和使用高价值或具有特别经济意义的移动设备的需要和促进有效率的获得和使用此种设备的融资需要",认识到"为此目的进行资产担保融资和租赁的益处,并希望建立明确的规范推动此类交易",铭记"确保此种设备上的利益得到普遍承认和保护的需要",希望"给利益各方带来广泛和相互的经济效益"。简言之,《开普敦公约》的主要宗旨是为高价值移动设备提供融资便利,以一套有效运作的法律制度,增加高价值移动设备融资的便利性,使资金提供者愿意承担风险而提供资金。[8]

具体来说,《开普敦公约》和议定书的制定主要是为了实现下述五个目标:(1)创设为所有缔约国所承认的国际利益;(2)为债权人提供一系列基本的违约和破产救济方式,在有违约证据的情况下,为债权人提供临时快速的救济办法;(3)设立电子化的国际登记处,登记国际利益,使第三方能够知悉国际利益的存在,使债权人获得其已经登记利益以

---

〔6〕 See Diplomatic Conference to Adopt a Mobile Equipment Convention and An Aircraft Equipment Protocol, Draft Convention on International Interests in Mobile Equipment and Draft Protocol Thereto on Matters Specific to Aircraft Equipment, Explanatory Report and Commentary (hereinafter as Explanatory Report and Commentary), ICAO Doc. DCME - IP/2, 11/05/01, at p. 75.

〔7〕 See UNIDROIT 1989 - Study LXXII - Doc. 1, *International Regulation of Aspects of Security Interests in Mobile Equipment: Study* (Ronald C. C. Cuming report), Reprinted in Ronald C. C. Cuming, International Regulation of Aspects of Security Interests in Mobile Equipment, UNIF. L. REV. 63 (1990 - 1991).

〔8〕 See R. Goode, *Transcending the Boundaries of Air and Space: The Preliminary Draft Unidroit Convention on International Interests in Mobile Equipment*, Unif. L. Rev. (1998), at p. 53 - 54.

及未经登记利益的优先权,并对抗债务人的破产管理人;(4)通过具体议定书的制定,满足相关行业的特殊需要;(5)通过这些措施使债权人增加作出融资决定的信心,提高设备获得者的信用。

二、《开普敦公约》的性质与架构

《开普敦公约》是一部以统一部分或特定交易行为的有关私法规则为目的的国际公约,它不是由法律学者或专家以概念拟设所制定的规范体系,而是以国际融资实务中已发展出来的严密的结构安排与风险管控为基础,强调规范内容的实证价值,重视实务操作者的商业习惯与需求,同时《开普敦公约》也尽量避免创设额外、非商业习惯的制度,并以当事人意思自治作为决定担保交易所生国际利益之基本原则。[9]

在《开普敦公约》的架构上,文本在制定之初,就存在较大争议。有观点认为应该实行单一文本,也有观点认为应采取公约与议定书分别制定的伞式公约架构。最后,《开普敦公约》采用了双文本(two - instrument)的伞状公约架构(见图 14 - 1):《开普敦公约》和针对特定移动设备的议定书一起构成一个完整的、对缔约国有法律约束力的、调整特定移动设备融资的法律制度。《开普敦公约》并非针对某类具体设备所制定的,《开普敦公约》内容作为基本原则而适用于相关的移动设备,但《开普敦公约》的原则不会直接适用于某一类移动设备,而是当该类移动设备的议定书制定后,根据其中条款加以适用。且议定书控制着《开普敦公约》的适用:议定书可以对《开普敦公约》进行修改、补充,《开普敦公约》与议定书规定不一致的,以议定书条款之规范内容为准。此种公约架构,可形成完整的公约统一规则,其好处在于:一是可以避免共通条款的重复制定,从而有利于根据不同设备的性质而制定出有针对性的规定;二是还可以保证共通条款对于不同设备的解释是一致的。

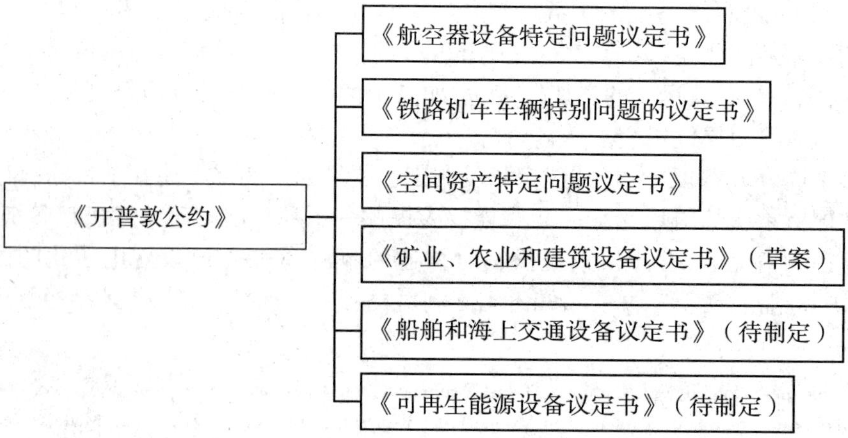

图 14 - 1　《开普敦公约》的伞状架构

〔9〕 See Ronald C. C. Cuming, *The Characterisation of Interest and Transactions under the Convention of International Interests in Mobile Equipment*, 2001, in I. Davies, ed., Security Interests in Mobile Equipment (Dartmouth: Ashgate, 2002), at p. 377.

三、《开普敦公约》的适用条件、范围与对象

(一)适用条件

根据《开普敦公约》的有关内容,《开普敦公约》的适用必须同时符合以下四个要件:

1. 当事人签订担保协议、附条件买卖协议或租赁协议。

2. 涉及设备属于《开普敦公约》第2条第3款所列,并由特定议定书指明的种类,且具备可识别性的标的物。

3. 设定或提供国际利益的协议符合《开普敦公约》规定的形式要件:(1)以书面形式订立;(2)涉及的标的物是担保人、附条件买卖的卖方或出租人有权处置的;(3)该标的物按照议定书的规定能够被识别;(4)属于担保协议的,被担保的义务能够被确定,但无须说明所担保的金额或最高金额。[10]

4. 设定或提供国际利益的协议缔结时,债务人须位于缔约国境内。[11]

(二)适用范围

《开普敦公约》采取了灵活的方式以尽可能地扩大《开普敦公约》的适用范围。《开普敦公约》第3条规定,"在设定或规定国际利益的协议缔结之时,债务人位于缔约国内,即适用本公约,债权人位于非缔约国的,不影响本公约的适用"。根据这一规定,公约适用范围的条件只有一个,即在协议设定之时,债务人位于缔约国内。而根据公约第4条的规定,以下几种情形可以被视为债务人"位于缔约国内":(1)依照该缔约国法律组成或设立。(2)在该缔约国有注册办公机构或法定住所、管理中心、经营场所。如果有一个以上营业场所的,以主营业场所判定,没有营业场所的,以债务人惯常住所确定。

除此之外,对实践中存在的两种特殊情形,即由数个领土单位组成的国家和区域经济一体化组织,《开普敦公约》也作出了明确规定:对于有领土单位的缔约国,如果缔约国根据第52条第1条声明《开普敦公约》适用于缔约国的一个或多个领土单位时,则只有在债务人与标的物都位于《开普敦公约》适用的领土单位时,才可被视为"债务人位于缔约国境内";若组成的领土单位采取不同法律制度,则可以在批准、接受、核准或加入《开普敦公约》时,声明《开普敦公约》的适用范围包括所有领土单位,或是仅适用于其中一个或数个领土单位。[12] 而对于区域经济一体化组织,《开普敦公约》第48条允许它们签署、接受、核准或加入《开普敦公约》,并在《开普敦公约》规范事项"具有权能的限度内"[13],享有等同于缔约国的权利和义务,但《开普敦公约》计算缔约国数目时,如已计算区域经济一体化组织成员,则不应再将该组织计算入内。

---

〔10〕 Cape Town Convention, Art. 7.

〔11〕 Cape Town Convention, Art. 3.

〔12〕 Cape Town Convention, Art. 52.

〔13〕 区域经济一体化组织在签署、接受、核准或加入公约时,应向公约及议定书的保存机关作出声明,说明成员国已将对公约所规范事项的权能转移给该组织。对于该等权能分配的任何变更,包括新的权能转移,区域经济一体化组织应及时通知保存机关。

(三)适用对象

根据《开普敦公约》第2条第3款的规定,《开普敦公约》目前暂时[14]只适用于三类移动设备:航空器机身、航空器发动机或直升机,铁路车辆,空间资产。

1. 航空器标的物

《航空器设备特定问题的议定书》所定义的航空器是指“为《国际民用航空公约》目的所定义的民用航空器,即已安装航空器发动机的航空器机身或直升机”[15]。“航空器标的物”,是指航空器机身、航空器发动机和直升机。[16]

2. 铁路车辆

《铁路机车车辆特别问题的议定书》所定义的铁路车辆是指可在固定铁轨上或直接在导轨上面或下面移动的运输工具,连同其牵引系统、发动机、刹车系统、车轴、导电弓(pantographs)、附属设备、其他设备或零件等构成单元,无论其是否安装或结合于运输工具上,以及所有相关的资料、手册和记录。[17]《铁路机车车辆特别问题的议定书》将高价值的陆地运输工具主要区分为:可固定在铁轨上的运输工具和直接在导轨上面或下面移动的运输工具。前者包括铁路、火车等传统运输工具,后者则指高速铁路、磁浮列车以及任何其他全自动运转的导轨运输“自动导轨捷运”及自动化轻轨捷运等现代化的运输工具。

3. 空间资产

根据《空间资产特定问题的议定书》,所谓“空间”,泛指“包含月球或其他天体(celestial bodies)的外太空”[18]。而“空间资产”则是指任一人造的可单独识别的资产,该资产已被安置在太空中,或是为了发射进入太空而设计的,以及所有装载或附着于这些资产上面从而形成资产的一部分,可以分开识别的零件、附件和装置。具体包括:任一航天器(如卫星、空间站、空间模块、太空舱、太空交通工具或可重复使用的发射载具);任一有效载荷(无论是电信、导航、观察、科学或其他);任一宇宙飞船或有效载荷的一部分。[19]

四、《开普敦公约》及议定书与其他公约的关系

《开普敦公约》第十三章第45条和第46条规定了《开普敦公约》与其他公约的关系,

---

〔14〕《开普敦公约》第51条为未来适用标的物范围的扩大埋下了伏笔:“保存机关可以设立工作小组,与其认为适当的有关非政府组织合作,研究以制定一个或多个议定书的方式,将本公约的适用扩大到除第2条第3款所述种类以外的任何其他种类的高价值移动设备标的物及其相关权利的可行性。构成此种种类的每一标的物的特征应当明晰可辨。”

〔15〕Protocol to the Convention on International Interests in Mobile Equipment on Matters specific to Aircraft Equipment, art. I(2)(a).

〔16〕See Protocol to the Convention on International Interests in Mobile Equipment on Matters specific to Aircraft Equipment, art. I(2)(c).

〔17〕See Protocol to the Convention on International Interests in Mobile Equipment on Matters specific to Railway Rolling Stock, art. I(1)(e).

〔18〕Protocol to the convention on international interests in mobile equipment on matters specific to space assets, art. I (j).

〔19〕See Protocol to the convention on international interests in mobile equipment on matters specific to space assets, art. I (k).

主要是《联合国国际贸易应收款转让公约》和国际统一私法协会《国际融资租赁公约》。

1. 与《联合国国际贸易应收款转让公约》的关系

2001年12月12日在纽约签署的《联合国国际贸易应收款转让公约》的主要目的是为应收款国际融资确立一整套制度,包括登记规则和优先规则,以增加获得信贷的机会,促进国际贸易活动。《联合国国际贸易应收款转让公约》允许除《国际融资租赁公约》外的其他国际协定优先适用。但并不能据此认为所有事项上都享有优先适用。而《开普敦公约》的第45条将《开普敦公约》优先于《联合国国际贸易应收款转让公约》的范围限定在"航空器标的物、铁路车辆和空间资产等标的物在其国际利益相关权利一并转让时"。因此,在《开普敦公约》与《联合国国际贸易应收款转让公约》没有直接冲突的限度内,《联合国国际贸易应收款转让公约》将优先于《开普敦公约》。

2. 与国际统一私法协会《国际融资租赁公约》的关系

1988年5月8日在加拿大渥太华签署的《国际融资租赁公约》主要规范的是国际融资租赁交易当事人的权利义务,包括出租人、承租人和卖方。《开普敦公约》第46条将其与国际统一私法协会《国际融资租赁公约》的关系留给特定议定书加以确定。《航空器设备特定问题的议定书》在第四章第25条作出了规定。对于同属公约和国际统一私法协会《国际融资租赁公约》的缔约国而言,依据《航空器设备特定问题的议定书》第25条的规定,公约和议定书的效力将完全优先于国际统一私法协会《国际融资租赁公约》,而不单是取代与《开普敦公约》和议定书关于航空器标的物的规定不符的部分。

此外,《开普敦公约》的三个议定书还各自规定了与其他相关国际公约的关系。例如,《航空器设备特定问题的议定书》明确了其与《国际承认航空器权利公约》《关于统一预防性扣押航空器某些规则的公约》关系问题。[20]《空间资产特定问题的议定书》则处理了其与《联合国外层空间公约》的关系。[21]

五、《开普敦公约》的特点

《开普敦公约》具有以下特点:

1. 公约—议定书双文本结构模式是国际公约缔约方法的重大创新,对商事法律制度的国际立法具有重要的借鉴作用。《开普敦公约》将有争议的、涉及特定产业的问题留给具体议定书解决,而就一些能达成共识的事项先行达成一致,避免了《开普敦公约》因某些个别问题的争议而胎死腹中,从而推动立法的快速进行。由于将个性化的问题留给了特定议定书,各方在《开普敦公约》中的妥协较少,这就确保了《开普敦公约》的效力,减少《开普敦公约》法律效力的"软化"。而在加入特定议定书前,一国加入《开普敦公约》对其并没有约束力,这使《开普敦公约》更容易为各国所批准,间接促进一国继续加入特定议定书,从而达到《开普敦公约》的目的。

2.《开普敦公约》充分尊重当事人的意思自治和国家的主权,使《开普敦公约》容易为各国所接受。《开普敦公约》一方面规定了国际利益及救济制度、国际利益的登记制度和

---

〔20〕《航空器设备特定问题的议定书》第23~25条。

〔21〕《空间资产特定问题的议定书》第34条。

国际利益的优先权,为特定设备的融资和租赁业务的开展创造条件,从而促进整个移动设备行业的发展;另一方面,《开普敦公约》尊重融资租赁交易的实践,允许当事人就不履行、救济权利、国际利益转让的受偿次序和抗辩权、法律选择和管辖权选择等方面进行自主约定。同时,《开普敦公约》对缔约国施加了一些义务(包括快速救济的程序体制等),但《开普敦公约》允许缔约国就此声明保留,并在《开普敦公约》是否适用于国内交易、缔约国可以声明特定权利或利益、不履行的救济制度等方面充分尊重了缔约国的主权权利。

3.《开普敦公约》为特定移动设备的融资和租赁制度创设了良好的国际法律制度。《开普敦公约》创设了为缔约国所承认的国际利益,赋予了债权人在债务人不履行情况下的一系列救济权利,创建了国际利益的登记制度,建立了一套国际电子登记系统,赋予了国际利益的优先权效力。《开普敦公约》的这些规定提高了特定移动设备租赁权益的信用等级,将有效地降低各方的融资成本。

第二节 《移动设备国际利益公约》的主要法律内容

公约为总括性的法律文件,分为14章62条,对涉及航空器设备、铁路车辆和空间资产三种类型的移动设备的交易进行了规范。主要内容包括:适用范围和总则、国际利益的构成、不履行的救济、国际登记制度、有关登记的其他事项、监管机关和登记官的特权与豁免、登记官的赔偿责任、国际利益对抗第三人的效力、相关权利和国际利益的转让及代位权、缔约国可做出声明的权利或利益、《开普敦公约》对销售的适用、管辖权、与其他公约的关系、最后条款等。其核心主要包括四个制度:国际利益的构成、国际利益登记制度、国际优先权制度、国际利益救济制度。

一、国际利益的构成

(一)国际利益的含义

国际利益是《开普敦公约》针对移动设备这类特殊动产创造的一个新的复合型概念。整个《开普敦公约》就是围绕着国际利益展开的,包括国际利益的登记制度、国际利益的转让、国际利益的救济制度等。因此,解读国际利益的含义是理解《开普敦公约》的基础。[22] 根据《开普敦公约》的规定,国际利益指的是符合《开普敦公约》第7条规定的形式要件,属于受《开普敦公约》调整的移动设备种类,并具备特定议定书指定的可识别性所构成的权利或利益。国际利益中的"国际"是为了表明《开普敦公约》创设的利益是为各缔约国所广泛承认的,而不是指创设这种利益的具体法律关系一定要具有跨国性。国际利益具体包括三项:(1)担保协议赋予担保权人的利益;(2)所有权保留协议的附条件卖方享有的利益;(3)租赁协议的出租人享有的利益,且该利益延及特定标的物的

〔22〕 See Planta, N. V., *The Aircraft Protocol to the Cape Town Convention on Aircraft Financing: A Civil Lawyer' Perspective. Montreal: McGill University*, 2009, p. 83.

收益。[23]

国际利益是《开普敦公约》创设的,不依附于国内法。国际利益可能构成国内法上的财产权益,但是否构成国内法上的财产权益并不影响国际利益的形成。在多数情况下,依据国内法设立的一项利益也可能构成国际利益,因此,国际利益和国内利益会同时存在,国内利益也有可能通过《开普敦公约》受到保护。此外,现实中还有些利益将来可能成为国际利益,这些利益也可以因符合《开普敦公约》条件而构成一项国际利益。为此,《开普敦公约》规定以下三类利益也可以适用《开普敦公约》:

1. 预期国际利益(prospective international interests),是指"基于特定事件(包括债务人取得标的物上的利益)的发生,无论该事件的发生是否确定,而意欲在可预期的未来于标的物上设定为国际利益的利益"[24]。

2. 国内利益(national interest),是指"债权人根据缔约国依《开普敦公约》第 50 条所作声明中涵盖的国内交易产生的债权人对标的物拥有的利益"[25]。缔约国为避免《开普敦公约》调整其国内交易,可根据《开普敦公约》第 50 条进行声明从而排除《开普敦公约》的适用。即便如此,该国内利益仍受到《开普敦公约》规定的优先权规则和其他强制性条款的调整,而并不受国内法限制。尽管国内利益不能作为国际利益登记,但国内利益的通知仍可在国际登记处进行登记,该类已登记国内利益通知等同于登记国际利益,《开普敦公约》保障其优先性。依缔约国国内法产生的利益,未在该国登记处登记的或因该国法律规定不得登记的或担保权人应进行登记而未登记的或该国并无登记机制的,都不属于《开普敦公约》所规定的国内利益。

3. 非约定权利或利益(non - consensual right or interest)是指非基于当事人约定,而是基于缔约国国内法律规定而产生的利益,包括两类:"无须登记即具有优先权的非约定权利或利益"和"可登记的非约定权利或利益"。第一类是指"为确保包括对国家、国家实体或政府间组织或私人组织的义务得以履行,缔约国根据《开普敦公约》第 39 条作出声明,由其国内法律赋予的权利或利益"[26]。此类权利或利益应具备两个条件:一是依据缔约国法律产生;二是缔约国必须依《开普敦公约》进行声明,明确其无须登记即优先,成立者无须向国际登记处登记即可优先于已登记国际利益,但缔约国不得利用《开普敦公约》扩展这些具有优先性的权利。第二类指的是除第一类权利或利益外,缔约国还可以依照《开普敦公约》第 40 条声明某些类别依其国内法产生的非约定权利或利益可向国际登记处登记,已登记的可视同已登记国际利益。[27] 这类权利或利益也需要缔约国声明才能创设,如果未登记,则将从属于已登记国际利益。

(二)国际利益的形式要件

《开普敦公约》规定的形式要件十分简练,目的在于使绝大多数依据国内法有效产生的利益都构成国际利益,并将其登记至国际登记处,从而最全面地实现国际利益的保护,

[23] 《开普敦公约》第 2 条第 2 款规定,凡属于(a)项的利益不能同时又属于(b)或(c)项。

[24] Cape Town Convention, Art. 1(y).

[25] Cape Town Convention, Art. 1(r).

[26] Cape Town Convention, Art. 1(s).

[27] Cape Town Convention, Art. 40.

而且形式要件不允许缔约国任意增减变更。[28] 根据《开普敦公约》第7条的规定,以下详述之:

1. 书面形式。《开普敦公约》和议定书适用设定或提供国际利益的协议必须以书面形式订立,而考虑到电子化的发展,书面形式不仅指纸质文件形式,也包括"以有形形态或其他形态存在,并能在未来以有形形式复制,且能以合理方式表明经特定当事人核准的电子信息记录"[29]。

2. 有权处置。"有权处置"应该依据法院地国冲突规则指引的准据法或《开普敦公约》的优先权规则来判断。担保协议中担保人、附条件买卖的卖方和租赁协议出租人必须是标的物所有权人或经所有权人授权的有权处置人。如果处置人未经授权,或其处置行为超出其实际授权,致使善意相对人信赖时,则构成表见代理的情形,该处置对于所有权人具有约束力而被认为属于有权处置。

3. 可识别性。移动设备标的物"可以识别"是成立国际利益至关重要的要求,设定或提供国际利益的协议必须使标的物能依特定议定书的相关规定被识别,因为国际利益的登记是以资产为基础的。《开普敦公约》可识别性要求涉及整个国际利益的运作,因为《开普敦公约》与特定议定书调整的是以移动资产为基础的担保交易行为,如果仅要求该移动资产符合当事人协议约定,则有可能尚未满足《开普敦公约》对于可识别性要求,所以必须要求标的物在协议中可被特定议定书明确识别。各类高价值移动设备的识别标准,因设备不同而不同,《开普敦公约》规定,特定设备的识别标准由议定书来确定。

4. 被担保的义务能够确定。如果设定或提供国际利益的协议属于担保协议,必须使被担保义务可确定,但无须说明所担保的具体金额或最高金额,对被担保义务的概括描述即可。因为如果要求确定最大数额或具体说明担保的具体义务,将与实务中要担保的未来、潜在义务预先难以定性或定量的操作现实相悖,而且极有可能损害担保交易操作的灵活性。

(三)国际利益的实质要件

根据《开普敦公约》的规定,构成国际利益的实质要件为当事人签订的协议所涉及设备属于《开普敦公约》第2条第3款所列并由特定议定书指明的种类,且协议归属于以下三种类型之一:

1. 担保协议赋予担保权人的利益。担保协议(security agreement)是担保人为确保本人或第三人如约履行已负债务或未来债务,而给予或保证给予债权人其标的物上利益(包括所有权利益)所达成的协议。担保协议的范围十分广泛,在各国均属于一般性担保权,方式包括转移所有权、抵押或担保等。债务可以是现有的,也可为预期的,可担保本人,也可担保第三人。通过担保协议所创设的利益便是担保利益。

2. 所有权保留协议的附条件买卖中卖方享有的利益。所有权保留协议(title reservation agreement),或附条件买卖指的是只有在当事人协议约定的一项或多项条件成就后,

---

[28] Cape Town Convention, Art. 56.

[29] Cape Town Convention, Art. 1 (nn).

才发生标的物所有权转让的买卖协议。[30] 即为了确保相关债务的履行,标的物所有权在协议约定的给付或其他义务履行前,不发生转移。一般来说,买卖协议中所有权转移将依据物权法所有权转移规则进行,或者交付或者转移登记,卖方不保留其所有权。与此相比较,附条件买卖中的卖方须保留所有权,直到协议约定的条件成就,才将标的物所有权转移给附条件买卖的买方。

3. 租赁协议的出租人所享有的利益。租赁协议(leasing agreement)是指"出租人将标的物的占有权或控制权让予承租人,以取得租金或其他报酬的协议,而无论承租人在租期届满时是否享有购买或续租的选择权"[31]。

需要指出的是,虽然在《开普敦公约》第1条定义条款中,已就担保协议、所有权保留协议和租赁协议加以定义,但是《开普敦公约》第2条第4款强调具体交易的定性问题由国际私法规则所指向的准据法加以识别,因此以上三种《开普敦公约》第2条第3款所列的协议类型不是强制性的分类。这样的处理方法主要是考虑各国法律体系的差异性:美国、加拿大等普通法系国家一般将附条件买卖协议和某些租赁协议定性为担保协议,大陆法系则将附条件买卖卖方和租赁出租人视为标的物完全所有权人,并将担保协议和所有权保留协议、租赁协议予以区分并适用不同法律规范。基于此,若强行对协议类型统一定性,将过度牵动各国法律体系的差异,无疑会造成《开普敦公约》难以实行。[32]

此外,《开普敦公约》第41条规定,允许特定议定书将《开普敦公约》扩展适用于销售[33]或预期销售[34],从而使完全销售(outright sale)[35]的买方可以登记并享有相关权利。[36]该条设置的目的在于使得针对特定移动设备标的物进行完全销售交易的买方可利用《开普敦公约》中所建立起来的登记制度成为已登记的权利,从而确立其优先权。只要当事人所进行的完全销售交易符合议定书要求的形式要件,便可适用《开普敦公约》和议定书的规定。[37]

二、国际利益登记制度

《开普敦公约》规定的关于国际利益登记的一系列制度是其保护有关国际利益的关键所在,在《开普敦公约》体系中处于核心地位,对整个《开普敦公约》机制的运转具有十分重要的意义,是《开普敦公约》的最主要成果之一,也是有关国际财产权保护方面建立的第一个有关国际担保利益可以被登记的系统。得益于此,经过登记的国际利益的持有

---

[30] Cape Town Convention, Art. 1(ll).

[31] Cape Town Convention, Art. 1(q).

[32] See Ronald C. C. Cuming, *Overview of the Convention on International Interest in Mobile Equipment*, 2001, Unif. CODE L. J. 35. 2002. at 74 – 75.

[33] 根据《开普敦公约》第1条定义条款的定义,"销售"是指根据销售合同进行的标的物所有权的转移。

[34] 根据《开普敦公约》第1条定义条款的定义,"预期销售"是指基于特定事件的发生,不论该事件的发生是否确定,而意欲在将来进行的销售。

[35] "完全销售"即销售和预期销售的统称。

[36] Cape Town Convention, Art. 41.

[37] 需要指出的是,《开普敦公约》的部分条款对于完全销售并不适用,例如,《开普敦公约》第三章关于不履行的救济部分。

人可以受到有效的对抗第三方和破产管理的全球层面上的保护,这在以前几乎是无法想象的。[38] 具体来说,《开普敦公约》设立的国际利益登记制度具有公示和获得优先权的功能,即权利人通过将其权利进行有效国际登记,可以依据简单、客观、明确的"登记优先原则"公开向第三人公示一项国际利益或预期国际利益的存在,并使其权利获得优先性,且在破产程序中有效对抗其他权利人。

(一)登记系统

《开普敦公约》针对不同的标的物设立不同的登记系统,相关国际登记的具体规则和程序由特定议定书和根据该议定书制定的规章规定。

每一个国际登记处(international registry)均有其各自的登记官(registrar)和监管机关(supervisory)。[39] 登记官是监管机关监督下的独立运营人,而不是监管机关的雇员。[40] 监管机关是一个具有国际法律人格且享有法律程序豁免权的国际组织,监管机关由具体议定书加以指定,其主要职责在于确保整个国际登记制度有效运作。[41]

国际登记系统采取全电子化系统,登记官的责任是确保该系统的正常运营。所以在归责原则方面,采取的不是过错原则,而是严格责任原则。登记官不仅要对其本身及其雇员的过失或不作为承担责任,还须对登记系统发生故障承担责任。但登记官责任也并不是没有任何限制。对于不可避免或不可抗力事项,即使使用电子登记系统设计、操作和安全领域现行最佳做法,仍然无法避免,则不承担责任。

登记系统是一个以提交通知为基础的电子登记系统,是全电子化和在线使用的。在该系统中登记、查询、传输对登记的同意都是通过计算机完成,不需要人工介入。登记处是公开的,任何符合登记处规则的人都可以使用登记处进行登记或查询(在登记处记录的任何信息均可被查询)。[42]

由于登记是以提交通知为基础的,所以登记官对登记并不进行实质审查且登记后的国际利益具有对抗效力。登记是出租人持有的利益登记而非交易标的物所有权登记,内容只涉及当事人的信息、标的物的情况、交易法律文件的名称。但由于登记是针对交易标的物而非交易当事人,因此《开普敦公约》要求交易标的物必须是单独可识别的。

此外,《开普敦公约》还规定了将国内利益登记和国际利益登记申请相互结合的做法。《开普敦公约》第18条第5款规定,缔约国可以指定其国境内某个或多个法律实体作为接入点,如申请人在该国登记国内利益,则可在取得国内利益的同时通过该国与国际登记处的连接,在国际登记处登记国际利益,但根据另一国法律产生的国内利益的通知和可

---

〔38〕 See Draft UNIDROIT Convention on International Interests in Mobile Equipment and Draft Protocol Thereto on Matters Specific to Aircraft Equipment: Explanatory Report and Commentary, DCME IP/2, (Nov. 5, 2001).

〔39〕 Cape Town Convention, Art. 16(2).

〔40〕 需指出的是,监管机关虽有权监督登记官和监管国际登记处的运营,但无权干涉某一项具体登记,更不得要求或指示登记官变更具体的登记数据资料,变更登记数据资料属于登记官的权限范围。依据《开普敦公约》第44条第1款规定,针对登记官所行使的救济权,由登记官管理中心所在地的法院管辖。

〔41〕 See Draft UNIDROIT Convention on International Interests in Mobile Equipment and Draft Protocol Thereto on Matters Specific to Aircraft Equipment: Explanatory Report and Commentary, DCME IP/2, (Nov. 5, 2001), Art. 16, cmt. Para. 2, at p. 34 - 35.

〔42〕 Cape Town Convention, Art. 26.

登记的非约定权利或利益不适用指定接入点的规定。当然,各缔约国也可声明选择不采取指定接入点方式,而允许最终用户直接去国际登记处进行登记。缔约国指定的接入点并非国际登记处组成部分,其运营受到国内法规范,国内法可决定其使用的条件,但所规定的条件不能损害国际登记处的效率。

(二)登记的条件

登记的条件主要包括:首先,进行国际登记的利益必须是已生效的,如果国际利益不是有效设立的,国际登记将不发生任何效力。其次,国际登记是对特定移动设备标的物进行登记,而不是对特定债务人,而且《开普敦公约》和议定书均要求标的物具有可识别性。这主要考虑在跨国高价值移动设备交易中,法律关系比较复杂,标的物所有权可能并非债务人单独所有,债务人也可能参与多个标的物法律关系,倘若以债务人来登记,则难以实际做到。此外,以可识别资产为基础登记,目的还在于使公众可通过查询知悉所涉及标的物的所有已登记利益,而不仅是某债务人所设定的利益。

针对《开普敦公约》所调整设备的移动性和国际性的特征,为了使人们通过简单的查询即可发现所有已登记利益,为了维护交易安全和提高交易效率,《开普敦公约》将可登记的利益明确规定为:(1)国际利益、预期国际利益和可登记的非约定权利和利益;(2)国际利益的转让和预期转让;(3)根据准据法,通过法定或约定的方式代位取得国际利益;(4)国内利益通知;(5)前述利益的从属利益。[43]

需要注意的是,对所有权保留协议和租赁协议所进行的登记,并非所有权登记,而仅是附条件买卖卖方和出租人持有的利益登记。因为附条件买卖卖方或出租人在标的物上的利益不是通过附条件买卖协议或租赁协议获得的,而是通过先于上述协议的一个协议或事实获得,只有在订立符合《开普敦公约》要求的附条件买卖协议或租赁协议后,该利益才可作为附条件买卖卖方和出租人持有的利益登记。而且如缔约国依照《开普敦公约》第50条第1款声明国内交易不适用《开普敦公约》,则该国的国内利益不能作为国际利益有效登记,但还可依《开普敦公约》第16条第1款以国内利益通知登记。

此外,结合《开普敦公约》第19条及第20条的规定,在国际登记处办理对国际利益、预期国际利益或者国际利益的转让或预期转让进行登记,需经协议双方一致同意并经过以书面形式的确认方可。[44] 在一项国际利益从属于另一项国际利益的情况下,则可以由该主权益的拥有者在任何时候办理登记或者经其书面同意后予以登记,该登记的撤销可以由受益方办理或者经其书面同意后予以撤销。[45]

《开普敦公约》允许登记代位权,无论其是产生于《开普敦公约》还是国内法。对于债务人以外利害关系人全额支付担保利益所担保债务后,该利害关系人即代位取得该标的物上的担保利益。《开普敦公约》规定并不限制依照法定或约定方式代位取得国际利益,并允许代位权人登记其所取得的国际利益。

(三)登记的效力

登记的前提条件是国际利益有效成立,登记一项根本不存在的国际利益并不能产生

[43] Cape Town Convention, Art. 16(1).

[44] Cape Town Convention, Art. 19(1).

[45] Cape Town Convention, Art. 20(2).

任何法律效力。如未能满足这一要求而导致登记错误,则受到错误登记影响的债务人或其他利害关系人可以提出损害赔偿诉讼。而且根据《开普敦公约》规定,国际登记并非构成国际利益生效要件,而仅是作为一项利益对抗的基本要求,目的是向公众公示其利益的存在,并保证其优先顺位。登记的效力在于使国际利益具有对抗效力:已登记的利益对在其后登记的任何其他利益和未登记的利益具有优先受偿权。

在满足上述各项条件后,登记申请人在将其申请登记的资料输入国际登记处数据库并可查询时,该登记方为完成。[46] 如果没有特殊规定,有效期从此时开始计算,直到规定的期间届满或者被登记撤销之前都为有效。若该项利益为已经登记的预期国际利益,并且尚在有效期内,则该预期利益转化为国际利益的时间为登记为预期利益之时。[47] 登记生效后,任何人均可以按照议定书和规章规定的方式,通过电子手段向国际登记处查询,查询人是否位于缔约国内在所不问。

案例 14-1 | Belair Holdings Ltd. v. Etole Holdings Ltd. and Another

该案是爱尔兰法院审理的关于登记注销的案件。[48] Etole 对标的物上的国际权益完成了登记,而债务人 Belair 作为原告请求法院作出一个撤销登记的令状,认为其登记是无效的。法院依次从登记的有效性和 Belair 要求的合理性进行审查。首先,需要考察当事双方是否已签订担保协议或所有权保留协议(有条件的销售协议或租赁协议),协议是否符合《开普敦公约》第 7 条的条件,以及在达成协议时,债务人是否位于缔约国内。Belair 和 Etole 虽然签订了担保协议,且符合《开普敦公约》的规定,但是 Belair 公司注册地属于开曼,开曼是英国的一个小岛,英国签署了《开普敦公约》但还没有批准,因此《开普敦公约》还未在英国开曼生效,因此债务人不满足“位于缔约国内”的任一情形,所以不能对该权益在国际登记组织进行登记,登记属于无效。其次,Belair 要求发出令状的请求是否恰当?《开普敦公约》第 44 条第 2 款规定,只有在根据第 25 条提出要求后当事人未作出反应,才可申请向登记官发出令状令其注销登记。Belair 已经向 Etole 邮寄了注销登记的书面要求,但是 Etole 没有按照《开普敦公约》所述,办理原有登记的注销,因此 Belair 有权向登记官管理中心所在地的法院申请发出注销登记的令状。

三、国际优先权制度

《开普敦公约》调整的国际利益的实质内容是由担保协议、所有权保留协议和租赁协议所创设的一种担保利益,《开普敦公约》创设国际利益登记制度的最终目的是使其取得优先受偿地位,一项国际利益在国际登记处完成登记后,即可适用《开普敦公约》的优先权规则。《开普敦公约》设计出统一、简单、客观的优先权规则,这些规则普遍适用于《开普敦公约》调整的各种利益。

(一)优先权的基本规则

《开普敦公约》第 29 条第 1 款阐明了优先权的基本规则,“已登记的利益优先于在其

---

〔46〕 Cape Town Convention, Art. 19(2).

〔47〕 Cape Town Convention, Art. 19.

〔48〕 Belair Holdings Ltd. v. Etole Holdings Ltd. and another, [2015] IEHC 569 THE HIGH COURT.

后登记的任何其他利益和未登记的利益”。

“未登记利益”是指“除《开普敦公约》第 39 条无须登记即具有优先权的非约定权利或利益外,其他可登记而未登记的非约定权利或利益和应登记而未办理登记的约定利益”[49]。该规则参照了许多国家国内法登记相关规定,主要强调了两点:一是登记具有公示效力,一项权利或利益一旦登记,则假定所有债权人都知道此已登记利益存在;二是不能以恶意抢先登记抗辩,这能有效避免登记利益持有人与其他债权人之间陷入是否知悉该未登记利益在其之前存在的事实争议。在已登记的利益之间,先登记的利益优先于其后登记的利益。对于已登记预期国际利益来说,在其成为一项国际利益时,该国际利益视为在预期国际利益登记时已登记,并自取得时起确定其优先权,其优先权可按预期国际利益登记时间确定。[50]

(二)优先权规则的例外

根据《开普敦公约》的规定,优先权规则有三个例外:一是完全销售的买方利益不受未在买方取得其利益前登记的国际利益的影响;[51]二是附条件买卖的买方或承租人的利益不得对抗附条件买卖双方或出租人持有的国际利益登记之前已登记的利益,但不受当时未登记利益的影响;[52]三是对抗利益的优先次序可以利益持有人之间的协议加以变更。[53]

《开普敦公约》第 29 条第 7 款规定,本公约不影响他人对标的物之外的某一物件的权利,只要此人在物件安装到标的物之前已拥有这些权利,而且根据准据法这些权利在安装完毕之后继续存在。

案例 14-2 | Third Eye Capital Corporation v. Ranch Energy Corporation[54]

该案中,ECN 与 OMGI 签订了融资租赁协议,ECN 为 OMGI 贷款购买了两架直升飞机(MU 和 HP),ECN 在国内和国际登记处登记了权利。后因为 OMGI 未到期偿还租金,ECN 试图占有两架直升机以保证其权利不会受损。但冒出一个 TEC,辩称 MU 的直升机曾进行了维修,它里面的发动机来自另一架直升机 MK,而 TEC 对 MK 享有担保权益,因此它对该发动机也享有第一顺位的担保利益。法院分别从两点进行讨论:(1)根据《开普敦公约》,债权人对该发动机的担保权益是否因为安装到标的物上而丧失;(2)根据法院地法,债权人对该发动机的担保权益是否因为安装到标的物上而丧失。《开普敦公约》第 29 条第 7 款规定,本公约不影响他人对标的物之外的某一物件的权利,只要此人在物件安装到标的物之前已拥有这些权利,显然,发动机在安装到此直升机之前是属于 MK 直升机的,而 TEC 对直升机 MK 享有担保物权,因此依照《开普敦公约》TEC 仍享有该权利。但还需要判断第二点,即准据法是否承认权利存在。按照加拿大《个人财产担保法》

[49] Cape Town Convention, Art. 1(mm).
[50] Cape Town Convention, Art. 19(4).
[51] Cape Town Convention, Art. 29(3).
[52] Cape Town Convention, Art. 29(4).
[53] Cape Town Convention, Art. 29(5).
[54] 2019 ABQB 780.

(PPSA)第38条第2款,被安装物件的担保权益人依旧享有优先权益,优先于对整体享有权益,也即TEC不仅享有对发动机的还享有对整个飞机的第一顺位的担保权益;但是第3款规定了例外情形,如果对整体的拥有者在占有整体之前不知道整体的部分被替换,也不知道其上存在担保权益,则他人对部分享有的权益对其不发生效力。事实上,ECN在收回直升机检查时已经发现了发动机被替换,可以认为其是知道的,因此不能适用例外条款。所以法院支持了TEC对发动机和整架飞机享有优先于ECN的担保权益。此案也是通过对一方权益的支持,而限制了另一方的权益。

四、国际利益救济制度

《开普敦公约》所创设的"国际利益"本质上是具有"担保"功能的一种财产权益,在债务的履行受阻或不能实现时发挥作用。《开普敦公约》在其第三章"不履行的救济"中用了8条来规定国际利益的救济制度,内容较为详尽,主要包括三点。

(一)救济前提

"不履行"(default)的存在是对国际利益进行救济的前提。根据《开普敦公约》第11条的规定,"不履行"是指债务人和债权人于任何时候以书面形式约定的情形。如果没有这种约定,判断的标准是看债务人的违约行为是否达到实质上剥夺债权人根据协议有权享有的期望的程度。[55]

(二)救济方式

从尽可能维护债权人利益的角度出发,《开普敦公约》规定的不履行救济方式比较广泛,主要包括:

1. 公力救济。不履行一旦发生,债权人可选择申请法院令状授权或者指令实施下述任一种或多种救济:(1)占有或者控制有关标的物;(2)出售或者出租任何此类标的物;(3)收取或者领受因管理或使用任何此类标的物而产生的收入或盈利。[56]

2. 自力救济。不履行一旦发生,在不违反缔约国根据第54条可能做出声明的情况下,债权人就可以在债务人过去任何时候已经同意的限度内实施下述任一种或多种救济:(1)占有或者控制有关标的物;(2)出售或者出租任何此类标的物;(3)收取或者领受因管理或使用任何此类标的物而产生的收入或盈利。[57]

3. 附加救济(additional remedies)。如果准据法授予附加的救济权或允许当事人约定附加的救济权,那么这些救济权可以在《开普敦公约》规定的救济权以外行使。[58]

4. 快速救济。当债权人可以举出债务人不履行债务的证据时,债权人可以在其权利主张获得最终裁决之前,通过法院令状的形式获得快速的临时性救济(快速救济),条件是债权人证明债务人不履行并且债务人此前同意采取此种救济。快速救济的方式为:申请保全标的物或其价值;冻结标的物;占有控制或监管该标的物;出租和管理标的物及由

---

[55] Cape Town Convention, Art. 11.
[56] Cape Town Convention, Art. 8.2.
[57] Cape Town Convention, Art. 8.1.
[58] Cape Town Convention, Art. 12.

此产生的收益。快速救济类似于我国民事诉讼中的财产保全和先予执行制度。[59]

(三)程序要求

救济措施的行使应遵照行使地国的程序法要求,缔约国可以排除最终裁决前的快速救济措施。[60] 同时,《开普敦公约》创设的违约救济条款是强制性的,国内救济规则仅在与《开普敦公约》不冲突的情况下适用。可以看出,《开普敦公约》在商业预期要求、当事人的意思自治和缔约国维护自身法律体系的一致性中极力寻求平衡。

思考题

1.《开普敦公约》所指的国际利益,需要具备哪些形式要件和实质要件?
2. 依据《开普敦公约》,享有国际利益的债权人可以行使哪些救济方式?

延伸阅读

关于《开普敦公约》及有关具体议定书的内容和具体适用,可参阅 Official Commentary on the Convention on International Interests in Mobile Equipment and the Protocol thereto on Matters Specific to Aircraft Equipment (by Professor Sir Roy Goode) (Fourth edition 2019); Official Commentary on the Convention on International Interests in Mobile Equipment and the Protocol thereto on Matters Specific to Space Assets (by Professor Sir Roy Goode) 2013 (reprinted with corrections 2014);[英]罗伊·古德:《国际铁路车辆融资法律实务——移动设备国际利益公约及卢森堡铁路车辆特定问题议定书正式评述》,高圣平译,法律出版社 2014 年版;[英]罗伊·古德:《国际航空器融资法律实务——移动设备国际利益公约及航空器设备特定问题议定书正式评述》,高圣平译,法律出版社 2014 年版;高圣平:《中国融资租赁法制:权利再造与制度重塑——以〈开普敦公约〉及相关议定书为参照》,载《中国人民大学学报》2014 年第 1 期。

〔59〕 Cape Town Convention, Art. 13.
〔60〕 Cape Town Convention, Art. 14.

第十五章　国际知识产权保护和贸易法

第一节　《保护工业产权巴黎公约》

《巴黎公约》于1883年在法国巴黎订立，历经数次修改。现行文本是1967年的斯德哥尔摩文本。至1998年4月，《巴黎公约》的成员国为146个，中国于1985年3月19日加入该公约。巴黎公约是知识产权领域第一个世界性多边公约，对于工业产权的国际保护具有深刻的影响。

《巴黎公约》所指工业产权的保护对象包括专利、实用新型、外观设计、商标、服务标记、厂商名称、产地标记或原产地名称和制止不正当竞争。[1]

《巴黎公约》所指的"工业"，并不限于一般意义上的与农业相对应的工业，而是包括农业、采掘业和其他所有人工或天然产品的制作。

一、国民待遇

依据《巴黎公约》第2条第1款和第3条的规定，成员国的国民或在成员国有住所或有真实和有效的工商业营业所的非成员国国民在保护工业产权方面，在《巴黎公约》所有其他成员国内应享有各该国法律规范授予或今后可能授予其本国国民的利益；一切都不应损害《巴黎公约》特别规定的权利。因此，他们应和各该国国民享有同样的保护，对侵犯他们的权利享有同样的法律上的救济手段，但是以他们遵守对各该国国民规定的条件和手续为前提。

上述规定表明了三层含义：(1)一成员国国民在任何其他一成员国所取得的工业产权的保护方面应享受国民待遇。(2)各成员国对工业产权的保护不能低于本公约特别规定所设定的最低要求。(3)一成员国国民在其他成员国取得工业产权，须遵守该国工业产权法所规定的实质条件和有关程序。前二层含义涉及已取得的工业产权后的保护问题，后一含义则是针对工业产权的取得，而且是以但书的形式体现出来的。

工业产权的取得，指工业产权申请人依照一国工业产权法向主管机关申请工业产权，主管机关经过实质和程序性审查而批准申请、授予工业产权的行为。工业产权保护，指工业产权所有人依据工业产权法对其专有的工业产权所享有的权利，以及权利受到侵犯时可以获得的救济。

---

〔1〕 参见《巴黎公约》第1条。巴黎公约中的"专利"，只指发明，不包括实用新型、外观设计，而我国《专利法》的专利则包括发明、实用新型、外观设计。

在工业产权取得和工业产权保护上实行国民待遇，切实可行。跨国工业产权申请人在申请国进行工业产权申请时，申请国工业产权法关于授予工业产权的实质要件和程序方面的系统和具体的规定都可资适用。

此外，《巴黎公约》第2条第3款还规定，在涉及工业产权保护事宜时，成员国法律中关于司法和行政程序、管辖权，以及指定送达地址或指定代理人的规定，均可以明确地予以保留。

二、优先权

《巴黎公约》第4条所规定的关于专利、实用新型、外观设计申请的优先权对专利权的取得具有实质性影响。依该条规定，已经在一个成员国正式提出专利、实用新型注册、外观设计注册的任何人，在一定的期限内（自第一次申请日起计算，专利和实用新型为12个月，外观设计和商标为6个月）享有在其他成员国优先申请的权利；在这段时间内，他在任何其他成员国就同一发明或设计所提出的申请，不应由于在这期间完成的任何行为，特别是他人申请的提出、发明的公布或利用，外观设计复制品的出售或使用商标而成为无效。优先权的确立，对于申请人在进行跨国申请时，防止他人抢先申请，防止因第一次申请时的公布而使得以后的申请丧失新颖性是十分有效和必要的。

第4条还对优先权的产生和行使作了规定。只要第一次申请是正规的国家申请（regular national filing），优先权即应产生，而所谓正规的国家申请是指足以确定在有关国家中提出申请日期的任何申请，而不问该申请以后的结局如何。申请人要行使优先权，必须在第一次申请后的申请中作出声明，该声明应说明其第一次申请的日期和受理该申请的国家。如果第一次申请后的申请受理国的法律要求申请人还需提交以前提出的申请（说明书、附图）的副本的，申请人可以在提出后一申请后3个月内随时提交，不需缴纳任何费用。

进行跨国专利申请时，如果不在优先权期内提出，则不会被批准获得专利或者即使被授予专利也可以被申请撤销。

在 Monsanto Co. v. Coramandal Indag Products,（P）Ltd. 中，第一原告为美国跨国企业孟山托公司，第二原告为蒙山托公司在印度的子公司。被告为印度的一家公司。1981年5月，第二原告发现被告正上市一种包含有 Butachlor 成分的配方产品，而该产品为第一原告的专利所覆盖。原告购买了被告所制造的 Butachlor 50 产品的几罐样品。第一原告认为，被告的产品只是对其专利配方产品的复制。原告将被告产品送至某研究所检验，检验结果认为被告的产品包括了化学产品 Butachlor 的成分，Butachlor 分子式为二氯二六乙基。原告请求法院发布禁令。被告认为根据印度1970年专利法第107节其有权请求撤销原告的专利。被告提起了撤销原告专利的反诉。

印度最高法院在审理中发现，研究人员一直在研究能够去除杂草又不伤及水稻的除草剂。在1966~1967年，这种研究取得了突破。John Olin 博士发现了分子式为二氯二六乙基的 CP53619，这种物质具有去除杂草又不伤及水稻的作用。国际水稻学会的1968年度报告提道："二氯二六乙基（CP53619）是最杰出的新型除草剂。"该学会1969年度报告表明，CP53619 被命名为 Butachlor。

本案涉案专利为原告于1970年2月20日在印度取得,专利号为125381,专利名为“具有选择性除草性能的除草化合物”。该专利的权利要求书中明确提到:“权利请求中的活性成分叫作Butachlor。”

法官认为,既然Butachlor(CP53619的一般名称)在1968年被国际水稻协会公开,它的分子式和使用已经为公众所知,没有任何人将其申请专利,那么它就成为世界人民的财产。在杀草前将Butachlor乳化成液体的乳化技术是一种众所周知的方法而不是任何人的发明。按照印度1970年《专利法》,在优先权日之前在印度为公众所知或为公众所使用或在印度向公众公布的发明都不具有新颖性,不能获得专利;如果已经获得专利,也可以被申请撤销。因此,本案中原告的125381号专利应予以撤销,原告败诉。

三、对国际展览的临时性保护

《巴黎公约》第11条规定,成员国应按其本国法律对在任何成员国领土内举办的官方的或经官方承认的国际展览会上展出的商品中可以取得专利的发明、实用新型、外观设计和商标给予临时保护。《巴黎公约》这一规定仍是旨在防止因展览而使发明、实用新型丧失新颖性或被他人抢先申请。《巴黎公约》并未对临时保护的期限作出规定,各国知识产权法的规定不一,有的为12个月,有的为6个月。第11条还对临时保护与优先权期限的关系作了规定:临时保护不应延展优先权期限,如果以后要求优先权,任何国家的主管机关可以规定其期间应自该商品在展览会上展出之日起算。

四、工业产权的相互独立

按照《巴黎公约》第4条之二的规定,成员国国民在向任何成员国申请的工业产权,与在其他国家(无论是否为《巴黎公约》成员国)就同一发明所取得的工业产权是相互独立的。也就是说,在不同的成员国进行的工业产权申请是互不影响的,一国工业产权申请的批准并不表明在另一国家的申请也将成功,同样,一国工业产权申请的驳回也并不表明在另一国家的申请也一定被驳回。

第4条之二还规定,就同一发明所获得的不同工业产权,在无效和剥夺权利的理由、正常有效期等方面,也是相互独立的。也就是说,同一发明的不同工业产权的维持也是互不影响的。

《巴黎公约》第6条规定,任何成员国对成员国国民所申请的商标注册,均不得以其在援属国未申请、注册、续展为由予以拒绝或撤销;在某成员国正式注册的商标,应视为独立于其他成员国的注册商标。

商标独立性原则于专利独立性原则有一个不同之处:如果一项商标在其本国获得了合法注册,那么在一般情况下,它在其他成员国的申请就不应当被拒绝。[2] 而专利权人在其本国获得专利,显然不会有在其他成员国也应获得专利这样一种效果。

专利和商标独立性的不同源于它们的性质不同,商标的作用是标示商品,以相同的商

---

〔2〕《巴黎公约》第6条之五。这里的本国,指申请人设有真实和有效的工商企业的缔约国;如果没有这种缔约国,则指其住所所在国,如果没有住所国,则指其国籍国。

品标示来源相同的产品，既符合商标所有人的利益，也符合不同国家用户的利益，而使商标所有人在本国的注册商标在其他国家获得注册，就可以起到这种效果。[3] 另外一个原因可能是一项发明要具备可专利性较难，而且各国在何种发明具有可专利性上很难达成统一，故只能使专利的独立性很完全，而商标的独立性相对不完全。

商标的相对独立性也受到一些限制。《巴黎公约》规定，在下列情况下，其他成员国可以拒绝已在本国获得注册的商标的申请：(1)商标的注册会侵犯被请求给予保护的国家中的第三人的既得权；(2)商标缺乏任何显著特征，或由完全在商业中用于表示商品种类、质量、数量、用途、价值、原产地或生产日期的符号、标记所组成的商标，以及被请求保护的国家的现代语言或正当商业实践中惯用的符号标记所组成的商标；(3)违反公共道德或公共秩序，尤其是具有欺骗公众性质的商标。[4]

五、缴纳工业产权维持费的宽限期

已取得的工业产权要维持下去，还需缴纳年费。有时，由于种种原因，工业产权人无法按期缴纳年费。《巴黎公约》第5条之二对此规定了6个月的宽限期。这样，如果没有按期缴纳年费但能够在6个月内补交的，仍可维持工业产权。

六、关于专利权的其他规定

(一)发明人的署名权

《巴黎公约》第4条之三规定，发明人有权要求在专利证书上记载自己是发明人。由于大多数发明都属于职务发明、雇佣发明或委托发明，在专利证书上署上发明人的名称以维护精神权利不可转让的原则实属必要。

(二)对驳回专利申请或撤销专利的限制

《巴黎公约》第4条之四规定，不得以专利产品的销售或依专利方法制造的产品销售受到本国法律的限制或限定为理由，而拒绝授予专利或使专利无效。这一规定的理由在于：授予专利并不必然导致产品的销售；法律的限制可能在专利有效期内取消。

《巴黎公约》第5条规定，专利权人将在任何成员国内制造的物品输入到对该物品授予专利的国家的，不应导致该项专利被撤销。

(三)强制许可

第5条规定，为防止专利权人不实施专利等权利滥用行为，成员国可以实施强制许可，但须符合一定的条件：(1)专利权人在专利被授予3年后或专利申请提出后4年内(以时间较长者为准)没有实施专利；(2)强制许可只能是非独占性的；(3)强制许可不可转让；(4)被许可人仍须向专利权人支付使用费。

(四)运输工具和飞行器例外

《巴黎公约》第5条之三规定，在暂时进入或通过某个成员国的领土(包括领水、领空)的其他成员国的交通工具上，如果使用了某项该国的专利技术或专利产品，该国不能

---

〔3〕 参见郑成思：《知识产权论》，法律出版社1998年版，第478页。

〔4〕《巴黎公约》第6条之五。

视为侵犯专利权。

七、关于商标权的其他规定

(一)不得因商品的性质而影响商标的注册

《巴黎公约》第7条规定,成员国在任何情况下决不得因为使用商标的商品的性质而拒绝该商标的注册。该条的理由是,商品因为其性质(如需要获得卫生许可)而不能流通可能是一种暂时状态,因此不应该拒绝其注册;如果因此而拒绝注册,还可能使第三人以同样的商标获得注册,从而导致原商标持有人反而不能获得注册这种不公平结局。[5]

(二)禁止当作商标使用的标记

《巴黎公约》第6条之三规定,对于未经成员国主管部门同意而将成员国的国旗、国徽和其他象征国家的标志、各国用以表示权力和授权的官方符号和标志用作商标或商标的一部分的,成员国应拒绝其注册或使已获得的注册撤销,并禁止其使用;对于将一个或多个成员国参加的政府间国际组织的徽章、旗帜、其他标志、缩写和名称用作商标或商标的一部分的,成员国应拒绝其注册或使已获得的注册撤销,并禁止其使用。

禁止将国旗、国徽和其他象征国家的标志,以及国际组织的徽章、旗帜、其他标志、缩写和名称用作商标或商标的一部分,主要是避免消费者将商品与国家或国际组织联系在一起,从而误导消费者,并使商品生产者获得本不该获得的利益。

上述禁止在下列情形下不适用:(1)将国旗、国徽和其他象征国家的标志用作商标或商标的一部分的,如果这种使用或注册不会使公众误解为该商标使用人与该国家存在联系,则不得禁用;(2)禁止将国际组织的徽章、旗帜、其他标志、缩写和名称用作商标或商标的一部分,如果将使本公约生效前善意使用该商标的人受到损害,也不得禁用;(3)如果成员国国民经批准使用本国的国徽、符号和标志作为商标,即使该商标与另一成员的国徽、符号和标志相似,该商标使用人仍然可以使用该商标。

(三)驰名商标的保护

《巴黎公约》第6条之二规定,如果一个商标在一国被主管部门认定为该国的驰名商标,该主管部门应拒绝将与这种驰名商标相同或相似的标记注册为相同或相似商品的商标,如果已经注册,则应撤销,并禁止使用。驰名商标可以是注册的,也可以是未注册而在使用中的。

关于申请撤销与驰名商标相同或相似的注册商标的期限,由各国法律规定,但不得少于5年。对于以不诚实的手段取得的注册商标或使用的商标,请求撤销注册或禁止使用,没有时间限制。

八、外观设计和厂商名称

《巴黎公约》关于外观设计和厂商名称的规定很简略:外观设计在所有成员国均应得到保护。[6] 厂商名称应在所有成员国获得保护,无须申请或注册,也无论其是否为商标

---

〔5〕 参见郑成思:《知识产权论》,法律出版社1998年版,第479页。

〔6〕《巴黎公约》第5条之五。

的组成部分。[7]

九、不正当竞争

《巴黎公约》将不正当竞争界定为在工商活动中违反诚实经营的任何竞争行为。[8]《巴黎公约》要求各成员国取缔不正当竞争,以确保其国民获得有效保护。

《巴黎公约》还特别禁止几类特殊的不正当竞争行为:(1)采取任何手段造成对竞争对手的企业、商品或工商活动的混淆;(2)在经营中利用谎言诋毁竞争对手的企业、商品或工商活动的商誉;(3)在经商中采用会使公众误解商品性质、生产工序、特征、用途或数量的标志或说法。

十、对带有非法商标、厂商名称、原产地或生产者标志的商品在进口时的没收

《巴黎公约》第 9 条规定,对于带有非法商标、厂商名称、原产地或生产者标志的商品,成员国在进口时应予以没收,或代之以禁止进口或在入境后没收。《巴黎公约》第 10 条规定,对于使用虚假的原产地或生产者、制造商或销售商标志的商品,成员国在进口时应予以没收,或代之以禁止进口或在入境后没收。

第二节　《专利合作条约》

按照《巴黎公约》,一国的发明人想在多国申请跨国专利,必须逐一在这些国家提起申请。这些申请必须分别使用各申请受理国的官方语言撰写并分别委托代理人,而且此时申请人还没有对发明的新颖性进行检索,不知道其专利申请在各受理国批准的可能性有多大。如果能创设一种国际申请,使申请人在一国的申请同时被视为多国的申请,势必有利于发明的跨国取得和传播。

1966 年 9 月巴黎联盟执行委员会会议上,美国提议签订一个在专利申请的受理和初步审理方面进行国际合作的条约。1970 年 6 月 19 日在美国华盛顿召开的《巴黎公约》成员国外交会议上,签订了《专利合作条约》(Patent Cooperation Treaty,PCT),PCT 于 1978 年 1 月 24 日生效,1979 年、1984 年和 2001 年三次修订。至 2013 年 4 月,PCT 共有 146 个成员国,其中包括美国、日本、法国、德国、英国、加拿大、意大利、俄罗斯、韩国等。我国于 1994 年 1 月 1 日正式成为 PCT 的成员国。2020 年根据 PCT 提起的国际申请,前五位分别为:中国 68,720 件、美国 59,230 件、日本 50,520 件、韩国 20,060 件、德国 18,643 件。

PCT 包括通则和 9 章,共 69 条,其中第一章、第二章的内容比较重要,分别规定国际申请和国际检索、国际初步审查二个程序。其基本内容是,国际申请提出后,统一由一个检索单位或一个审查单位进行检索和审查,最后由指定国决定是否批准专利。

---

〔7〕《巴黎公约》第 8 条。

〔8〕《巴黎公约》第 10 条之二。

一、国际申请和国际检索

凡成员国国民或居民,可以用一种规定的文字,按照 PCT 及其实施细则规定的形式要求,向本国专利局(或称为受理局)提出一份国际申请,并就其希望该申请在哪些成员国生效而进行指定(这些国家称为"指定国")。受理局认为申请文件和手续完备的,即确定国际申请日。自该申请日起,国际申请在每一个指定国即具有相当于正规的国内申请的效力,该申请日也成为在该指定国的实际申请日。[9] 受理局应当对国际申请是否符合规定的形式要求进行审查。形式审查合格后,受理局应将国际申请分别送交世界知识产权组织国际局和国际检索单位。对每一国际申请均应进行检索,以检查有无相关的在先技术(检查新颖性)。目前的国际检索单位有 8 个,它们是:欧洲专利局、日本特许厅、美国专利商标局、俄罗斯专利局、瑞典专利局、奥地利专利局、澳大利亚专利局及中国国家知识产权局。

国际检索单位对申请进行检索后提出国际检索报告,并应尽快将报告送交申请人和国际局。自优先权日起满 18 个月后,国际局应当公布国际申请和国际检索报告。[10] 该申请公布后在指定国的法律效力依照各该国专利法的规定。

国际局将国际申请公布后,应当立即将该申请连同检索报告送交指定国专利局。自优先权日起满 20 个月以后,国际申请就进入国内阶段,由指定国专利局对该申请进行审批。[11] 申请人此时才需要委托指定国的代理人,缴纳该国的费用,提交申请译本。

二、国际初步审查

PCT 第二章规定的国际初步审查程序不是强制性的,而是选择性的。一国在加入 PCT 时可以选择不适用第二章,即使一国加入 PCT 时没有对第二章作出保留,申请人也可以选择不适用第二章。

申请人如果是受 PCT 第二章约束的国家的国民或居民,可以申请国际初步审查单位对其申请进行国际初步审查。初步审查的目的是就要求保护的发明是否有新颖性、创造性和工业实用性问题提出初步的无约束力的意见。申请人请求国际初步审查时,应当从受第二章约束的缔约国中选定一些使用国际初步审查的国家(称为"选定国")。目前国际初步审查单位共有 9 个,即上述 8 个国际检索单位以及英国专利局。

国际初步审查单位进行审查后,应当在自优先权日起 28 个月后提出国际初步审查报告送国际局转交申请人。国际局应当将审查报告连同译本及附件一起送交选定国。选定国专利局应该在自优先权日起 30 个月后才开始进行审批,即进入国内阶段。[12] 申请人到这时候才需要委托选定国的代理人,缴纳该国的费用,提交申请译本。

---

〔9〕 PCT 第 11 条。

〔10〕 PCT 第 21 条(2)(a)。

〔11〕 PCT 第 22 条(1)。

〔12〕 PCT 第 39 条。

三、PCT 程序的作用

PCT 所提供的国际申请程序为申请人申请跨国专利提供了极大的便利。申请人如果想在若干成员国申请专利,只需要提交一份专利申请,指定所要申请的国家即可,省去了向各国逐一提出申请的麻烦。

国际检索和国际初步审查程序也对申请人提供了便利和帮助。申请人可以根据国家检索报告和国际初步审查报告决定是否进入国内审批程序,提高了申请的可预见性,减少了申请失败的风险。

PCT 程序给各国专利局也带来很大好处。因为国际申请进入各国的国内阶段时,各国专利局已收到国际检索报告,有的还收到国际初步审查报告,这可以大大减少其检索和审查的工作量,避免一些重复劳动。

PCT 程序事实上延长了《巴黎公约》的优先权期间。由于申请人不一定在提出申请时就最后确定指定国,而是可以在优先权日之后的 20 个月内最后指定,因此,在这段时间内,申请人事实上都能享受优先权。

需要强调的是,PCT 只是为跨国申请专利提供了便利,属于解决程序(专利申请)问题的公约。它对各国专利法的实体规定不产生任何影响。

第三节　《商标国际注册马德里协定》

由于注册商标专有权的地域性,商标所有人要想在不同国家获得注册,如果没有国际注册制度,就必须在各不同国家分别提起申请,需要委托不同的代理人,分别交纳注册费。目前在实践中,由于《马德里协定》所确立的国际注册制度的存在,协定缔约国的国民可以利用该制度同时在多国申请和获得注册。

《马德里协定》缔结于 1891 年,历经数次修订,最近一次修订是在 1979 年。至 1999 年 5 月,共有 51 个成员国。我国于 1989 年加入该协定。《马德里协定》共 18 条,其主要内容如下。

一、国际注册程序

有资格提起国际注册申请的人是协定成员国的国民和在成员国有住所或有实际营业所的非成员国国民。

首先,申请人须以自己的商标在本国获得注册。然后,向本国主管部门提起国际注册申请,同时交纳在指定国(指定的欲获得注册的国家)的注册费。本国主管部门审查确认国际注册申请的商标与申请人在国内已经获得的注册的商标完全一致,即转呈世界知识产权国际局。然后由国际局进行形式审查,即审查申请是否符合协定及其实施条例的要求。如果通过了形式审查,就获得了国际注册。如果形式审查未通过,国际局将通知申请人所在国,要求在 3 个月内修改申请,否则将予以驳回。

二、国际注册的效力

获得国际注册,并不意味着指定国必须给予注册。指定国可以在一年内根据本国法的规定,拒绝注册。只有过了一年而指定国没有拒绝时,国际注册才成为指定国的注册。指定国拒绝注册的依据只能是《巴黎公约》第6条之五规定的三种事由。

获得国际注册和指定国注册的商标仍然受本国注册的影响。如果获得国际注册5年内商标在本国被撤销注册,则它在指定国的注册也随之撤销。只有在5年后,指定国的商标注册才独立于本国商标。

国际注册商标的有效期是20年。

三、国际注册商标的扩展和续展

获得国际注册的商标所有人,可以在任何时间,通过本国主管部门向国际局请求扩大指定国的范围。国际局将其通知新的指定国。指定国可以在一年内依据《巴黎公约》第6条之五规定的三种事由予以拒绝,否则即获得指定国的注册。

获得国际注册的商标所有人,可以在商标到期时办理续展手续,交纳续展费。续展没有次数限制。续展可以有6个月的宽限期。

为了扩大《马德里协定》的成员国范围,1989年,在世界知识产权组织的主持下缔结了《马德里协定议定书》。其主要内容是:申请人可以以其本国的注册申请作为国际申请的依据;各成员国可以收取更高费用;等等。

第四节 《保护文学和艺术作品伯尔尼公约》

《保护文学和艺术作品伯尔尼公约》于1886年9月9日在瑞士首都伯尔尼签订,因而也简称《伯尔尼公约》。该公约于1896年、1908年、1914年、1928年、1948年、1967年及1971年分别进行了7次修订。《伯尔尼公约》现行最新文本就是1971年巴黎文本。虽然1979年对《伯尔尼公约》的个别行政条款作了修订,但修改后的文本仍然称为1971年巴黎文本。到1999年5月,已有140个国家是《伯尔尼公约》的成员国,其中绝大多数参加了1971年巴黎文本。我国于1992年加入《伯尔尼公约》。

《伯尔尼公约》是最早和影响最大的国际版权公约,共38条,其主要内容如下。

一、适用范围

《伯尔尼公约》适用于成员国间对文学和艺术作品的保护。文学和艺术作品,包括文学、科学和艺术领域内的一切成果,不论其表现形式或方式如何。文学和艺术作品具体的表现形式包括:书籍等文字作品;讲演、讲课、布道等口述作品;配词或未配词的乐曲;戏剧或音乐戏剧作品;舞蹈艺术作品;电影作品和以类似摄制电影的方法表现的作品;美术和建筑作品;摄影作品和以类似摄影方法表现的作品;实用艺术作品;与地理、地形、建筑或科学有关的插图、地图、设计图、草图和立体作品。[13] 上述作品在成员国内均应获得保护。同时成员国有权通过国内立法规定作品如果没有以某种物质形式固定下来就不受保护。

翻译或改编作品应得到与原作品同等的保护,但不得损害原作者的版权。汇编作品,如果对材料的选择和编排构成智力创作的,应得到保护,但不得损害汇编内每一作品的版权。

《伯尔尼公约》的保护不适用于日常新闻或纯属报刊消息性质的社会新闻。

下列事项由成员国国内立法规定:立法、行政或司法性质的官方文件以及这些文件的正式译本的保护;政治演讲和诉讼过程中的辩护或代理意见是否全部或部分地受保护;公开发表的演讲、讲课或其他同类性质的作品,在何种条件下可以为了新闻报道的目的由报刊登载或进行广播或向公众传播;在何种程度上保护实用艺术作品以及工业品平面和立体设计。但作者应享有将政治演讲和诉讼过程中的辩护或代理意见、公开发表的演讲、讲课或其他同类性质的作品进行汇编的权利。

二、国民待遇原则

下列作者的作品均可以获得成员国版权法赋予本国国民的待遇,从而得到与成员国国民相同的保护[14]:(1)成员国国民,或非成员国国民但在成员国有惯常住所,其作品无论是否出版。(2)非成员国国民,但其作品首先在某个成员国出版的,或同时在某个成员国和非成员国同时发表。(3)电影作品的作者,如果符合上述条件之一,或不符合上述条件但电影制片人总部或惯常住所在成员国境内;建筑作品的作者,如果符合上述条件之一,或不符合上述条件但建筑物位于成员国境内。

上述作品即视为受《伯尔尼公约》保护。这里的出版,指对作品的复制,因此,戏剧、电影作品的表演、音乐作品的演奏、文字作品的朗诵或广播、美术作品的展览和建筑作品的建造不构成出版。

一个作品在首次出版后30天内在两个或两个以上国家出版,视为同时出版。

《伯尔尼公约》将成员国分为作品起源国和非起源国。下列国家为起源国:(1)对于首次在某一成员国出版的作品,以该国为起源国,对于在几个成员国同时出版的作品,以立法给予较短的保护期的国家为起源国;(2)对于同时在非成员国和成员国出版的作品,以成员国为起源国;(3)对于未出版的作品或者首次在非成员国出版而没有同时在成员国出版的作品,以作者为其国民的成员国为起源国;(4)对于电影制片人总部或惯常住所在某一成员国境内的电影作品,以该国为起源国;(5)对于建造在某一成员国境内的建筑作品,以该国为起源国。

对于受《伯尔尼公约》保护的作品,作者在作品起源国以外的其他成员国享有各该国法律给予其本国国民的待遇。这样,如果一个中国作者的作品在美国被非法使用,中国作者在美国获得的保护只能是美国版权法赋予美国国民的保护。

---

〔13〕《伯尔尼公约》第2条。

〔14〕《伯尔尼公约》第3条和第4条。

对于受《伯尔尼公约》保护的作品,作者在作品起源国以外的其他成员国还享有《伯尔尼公约》所授予的权利。

起源国的保护由该国法律规定。如果作者不是起源国的国民,但其作品受《伯尔尼公约》保护,该作者在该国仍享有同本国作者相同的权利。

三、自动保护和版权独立

受《伯尔尼公约》保护的作品,在所有非起源成员国获得的保护,不需要履行任何手续,也不论作品起源国是否存在保护。[15] 因此,可以获得《伯尔尼公约》保护的作品,一旦完成或首次出版或影片一旦发行、建筑一旦建成,就自动获得保护。

受《伯尔尼公约》保护的作品,在所有非起源成员国获得的保护程度和可能获得的法律救济完全是由被请求给予保护的国家的法律规定的。

四、《伯尔尼公约》赋予的最低保护标准

(一)经济权利

《伯尔尼公约》规定,受《伯尔尼公约》保护的作品的作者,应享有下述经济权利:(1)翻译和授权翻译的专有权[16];(2)复制权,即授权以任何方式和采取任何形式复制其作品的专有权利,录音和录像视为《伯尔尼公约》所指的复制[17];(3)表演权,即戏剧和音乐作品的作者享有授权公开表演和演奏其作品、授权公开播放其作品的表演和演奏的专有权利[18];(4)无线广播和有线传播权,即文学艺术作品的作者授权广播其作品或以任何其他无线传送符号、声音、图像的方式向公众传播其作品的专有权,授权由原广播机构以外的另一机构通过有线传播或转播的方式向公众传播作品的专有权,授权通过扩音器或其他任何传送符号、声音、图像的类似工具向公众传播广播的作品的专有权[19];(5)公开朗诵权,即授权公开朗诵其作品、授权公开播送其作品的专有权[20];(6)改编权,即文学作品的作者授权对其作品进行改编、音乐改编和其他改变的专有权[21];(7)电影制片权,即文学作品的作者授权将其作品改编和复制成电影并予以发行的专有权、授权上映和向公众有线传播上述电影的专有权。[22]

案例 15-1 | 英特莱格公司诉可高公司侵犯实用艺术作品著作权案

1992 年,丹麦乐高公司制造的玩具积木产品由宝隆洋行作为批发商首次进入中国内地市场。1998 年 2 月 25 日,丹麦乐高系统公司(系丹麦乐高公司的子公司,也以乐高未来公司的名义经营业务)出具著作权转让确认书:依据丹麦法律对乐高系统公司和乐高

[15] 《伯尔尼公约》第 5 条第 2 款。
[16] 《伯尔尼公约》第 8 条。
[17] 《伯尔尼公约》第 9 条。
[18] 《伯尔尼公约》第 11 条。
[19] 《伯尔尼公约》第 11 条之二。
[20] 《伯尔尼公约》第 11 条之三。
[21] 《伯尔尼公约》第 12 条。
[22] 《伯尔尼公约》第 14 条。

未来公司的雇员及设计人员创作完成并业已推向市场的所有乐高玩具块中的雕塑、文字、图片、绘画、摄影及文字作品和实用艺术作品所享有的包括著作权在内的所有权和利益；而且，就前述作品已在中国所享有的包括著作权及全部相关续展权在内的所有权及利益以不可撤销的方式转让给瑞士英特莱格公司。1999年1月19日，英特莱格公司在北京市复兴商业城以公证的形式购买了可高(天津)玩具有限责任公司(以下简称可高公司)制造的可高玩具。1999年9月15日原告向北京市第一中级人民法院起诉可高公司和复兴商业城，诉称被告侵犯其53件乐高玩具积木块实用艺术作品的著作权，请求法院责令被告停止侵权、责令被告上交模具和玩具积木块并予以销毁、责令被告登报道歉、判决被告赔偿损失人民币10万元以及诉讼费、取证费和律师费。被告可高公司辩称，我公司生产技术和模具是从韩国引进的，不存在侵犯原告合法权益的问题；原告主张著作权保护的仅是玩具产品的零部件，不是实用艺术产品，不受著作权保护；对于有争议的部分插装玩具组件，我公司已在中国获得外观设计专利，应受法律保护。

一审法院查明，英特莱格公司主张的53件玩具积木块的设计完成日期一般都在20世纪80年代，最早的是1976年。法院经审理认为，英特莱格公司是本案所涉53件乐高玩具积木块实用艺术作品在中国著作权及相关权益的所有者。英特莱格公司为瑞士公司。瑞士及中国均为《伯尔尼公约》成员国。依据《伯尔尼公约》第2条之规定，公约保护之文学艺术作品包括实用艺术作品，故中国对《伯尔尼公约》成员国瑞士国民的实用艺术作品负有保护义务。根据国务院《实施国际著作权条约的规定》的规定，对外国实用艺术作品在中国应自作品完成之日起25年内受中国著作权法律、法规的保护。本案中原告主张权利的53件积木块中有3件不具有独创性和艺术性，其余的则符合实用艺术作品的构成要件，应受法律保护。50件积木块中，17件玩具积木块虽然构成实用艺术作品，但因为是以现实中常见物体为模具而创作，独创性较低，因此在认定是否实质性相似上采用严格标准，为平衡著作权人和社会公众的利益，认为不构成实质性相似因而不构成侵权。可高公司产品与其他30件积木块构成实质性相似因而构成侵权。复兴商业城从可高公司进货时已履行了必要的审查手续，主观上并无过错，其行为不构成侵权，但应负有停止销售侵权产品的义务。

法院依据我国《著作权法》第46条第1、2项及《实施国际著作权条约的规定》第1、2、3条，第6条第1款判决可高公司停止生产、销售侵权产品，将侵权模具交法院销毁，赔偿英特莱格公司经济损失5万元，合理的诉讼支出17,017元，并在《北京日报》上公开向英特莱格公司赔礼道歉；复兴商业城停止销售侵权产品。

宣判后，原告和被告均提起上诉。原告认为其所有53件实用艺术作品均应受保护。被告认为，英特莱格公司的玩具组件不应受著作权法保护。中国《著作权法》没有对实用艺术作品提供保护，实践中此类作品是作为外观设计受《专利法》保护。英特莱格公司就其玩具组件已申请了外观设计专利，也就不应再受著作权法的保护。

二审法院认可一审法院对事实的认定。关于可高公司认为没有证据证实中国法律对实用艺术作品提供著作权和专利权双重保护的观点，法院认为，这一问题应当更符合法律逻辑地理解为现在没有证据表明中国法律对于外国人的实用艺术作品排斥著作权和专利权的双重保护。因此，二审法院维持了一审法院的判决，驳回上诉。

(二)精神权利

《伯尔尼公约》第6条之二规定了作者所享有的2项精神权利。一是署名权,即作者要求表明其作品作者身份的权利。二是保护作品完整权,即作者有权反对对其作品的任何有损作品声誉的歪曲、割裂或其他更改,或其他损害行为。该条规定,上述权利不受经济权利的影响,即使在上述经济权利转让后也是如此。《伯尔尼公约》所称精神权利与我国著作权法中的人身权相近。

(三)保护期

《伯尔尼公约》第7条规定,《伯尔尼公约》给予的保护期限一般为作者有生之年和作者死后50年,但对电影作品,成员国可以规定在作者同意下自作品公之于众后50年,或者如果作品摄制后50年内未公之于众,则自作品摄制后50年;匿名或假名作品,自其公之于众后50年;摄影作品和实用艺术作品不少于自该作品完成之后25年。各国可以规定更高的保护期。《伯尔尼公约》第7条之二规定,本条规定适用于合作作品,但作者死后的保护期应从最后死亡的作者算起。

作者的精神权利的保护期,除包括其有生之年外,在其死后应至少保留到作者经济权利期满为止。作者死后精神权利的保护由被请求给予保护的国家国内法所授权的人或机构行使。[23]

五、权利限制

《伯尔尼公约》第9条规定了最小使用例外,即允许在某些特殊情况下未经授权而复制作品,如果这种复制与该作品的正常利用不相抵触,并且没有不合理地损害作者的合法权利。

《伯尔尼公约》第10条规定了合理使用例外,即允许在成员国中不经作者许可而引用已发表的作品,或为教学的目的通过出版物、广播或录音录像使用已发表的作品作为教学中的讲解,但引用和讲解必须限于合理的范围,并注明出处。

《伯尔尼公约》第10条之二规定,可以为时事报道目的而在广播中使用已发表的经济、政治、宗教等时事性文章,可以为广播的目的而录制有关作品并临时保存该录制品,但都必须注明出处。

六、在起源国保护期尚未届满之作品的保护

《伯尔尼公约》第18条规定,本公约适用于所有在其生效时,在起源国保护期尚未届满之作品。因此,当《伯尔尼公约》对新成员生效时,如果某一作品在起源国仍受保护,则新成员有义务依据其本国法对该作品进行保护,即使该作品是在《伯尔尼公约》对新成员生效前完成的。

---

〔23〕《伯尔尼公约》第6条之二。

第五节　《世界知识产权组织版权条约》与《世界知识产权组织表演和录音制品条约》

国际互联网络数字技术迅速发展，产生了新的作品形式、新的市场和新的传播形式，给知识产权保护带来了新的问题。《伯尔尼公约》和《罗马公约》的最后文本都是在20世纪70年代和60年代制定的，已不能适应新技术的发展。为迎接数字技术所带来的挑战、解决网络传输受保护作品与表演及录音制品的法律问题，1996年12月2日至20日，世界知识产权组织（WIPO）在日内瓦召开了关于版权和邻接权若干问题外交会议，通过了关于版权和邻接权保护的两个条约，它们是《版权条约》（WCT）和《表演和录音制品条约》（WPPT）。

会议最后通过的《版权条约》共计25条。其中实质性条款14条，程序性条款11条。《表演和录音制品条约》共计33条。其中实质性条款23条，程序性条款10条。

《版权条约》于2002年3月6日生效，《表演和录音制品条约》已于2002年5月20日生效。截至2019年9月1日，加入《版权条约》和《表演和录音制品条约》的国家已达102个。2007年3月6日，中国政府向世界知识产权组织正式递交加入这两个条约的加入书，2007年6月9日，《版权条约》和《表演和录音制品条约》在我国正式生效。

一、《版权条约》

（一）《版权条约》的法律性质以及与其他国际条约的关系

根据条约规定，版权条约是《伯尔尼公约》下的一个特别协定，各缔约方不得减轻根据《伯尔尼公约》已承担的各项义务。至于缔约方资格，不仅伯尔尼公约任何文本的成员国，而且WIPO的任何成员国——无论是否为该公约的成员国，还是某些政府间组织，均可加入该条约。

《版权条约》与除《伯尔尼公约》之外的条约包括TRIPS协定和《世界版权公约》没有任何关联，也不影响任何其他条约规定的任何权利和义务。

《版权条约》与《表演和录音制品条约》分别保护不同的主体，两条约之间没有特别关系。它们之间甚至不存在《伯尔尼公约》与《罗马公约》之间的那种关系。根据《罗马公约》规定，只有那些加入了《伯尔尼公约》或《世界版权公约》的国家才能加入《罗马公约》；而原则上讲，WIPO的任何成员国均可加入《表演和录音制品条约》；加入《版权条约》并非加入《表演和录音制品条约》的前提。

（二）版权保护的范围

对于版权保护的范围，《版权条约》重复了TRIPS协定和《伯尔尼公约》的基本原则，规定版权保护延及表达，而不延及思想，过程、操作方法或数字概念等。

对于计算机程序不论其表达的模式或形式，均给予保护。

数据和其他材料的汇编,无论采取何形式,只要内容的选择和安排构成智慧成果,即应受到知识产权保护。该保护不能延及数据和材料本身,并且不得损害汇编中数据和材料本来存在的各类版权。《版权条约》不涉及对于无独创性的数据库的保护。

(三)复制权的范围

为解决电子环境下的复制问题,在提交给 WIPO 外交会议的《版权条约》草案第 7 条规定,"《伯尔尼公约》第 9 条第 1 款中授予文学和艺术作品作者以授权复制其作品的专有权,应包括以任何方式或形式直接和间接地对其作品进行永久或临时性的复制"。因为临时复制可能将复制权的范围无限制地扩大,以至于在电脑上的任何操作都有可能构成复制。该条受到发展中国家的激烈反对,经反复磋商,无法达成一致意见。最后,在 WCT 的正式文本取消了该条规定,代之发表了一个关于复制权的议定声明。此声明确认《伯尔尼公约》规定的复制权适用于数字形式的作品使用,以电子媒体存储受保护的数字形式的作品构成复制。该议定声明为国内法在与《伯尔尼公约》这一款规定相一致的前提下,对某些短暂和偶然复制品适用例外规定提供了一个适当的依据。

(四)发行权

在发行权方面,《版权条约》填补了《伯尔尼公约》和 TRIPS 协定的空白。《版权条约》规定:文学和艺术作品的作者应享有授权通过销售或其他所有权转让形式向公众提供其作品原件和复制品的专有权。

由于发行的方式仅限制在通过销售或其他所有权转让形式,因此,出租行为不属于发行范畴,而是一种独立于发行之外的单独权利,即作品复制品发行权的用尽,并不导致出租权也随之用尽。

通过互联网络进行传输,也并未发生所有权的转移,因此,网络传播不构成发行行为,提供人提供的作品原件或者复制件在作品上网后仍属于提供人所有,未经许可,他人不得将该作品再向公众传播或者发行。

条约规定了发行权用尽原则。即作品原件或者复制品经作者授权发行后,该原件或者复制品的发行权就用尽了。条约并未要求缔约方选择规定发行权在国内穷竭还是在国际穷竭。对于发行权用尽原则涉及的地域范围,《版权条约》留给各缔约方国内法决定。

由于存在发行权只在一国或者一个地区用尽的可能,因此就有可能发行在一国或者一个地区用尽后,在其他国家或者地区并没有用尽。结果就会产生发行权下的另一子权利——进口权,即当作品原件或者复制品的发行权仅在一国或者一个地区用尽时,其他国家或者地区商业性进口该作品原件或者复制品,仍属于作者的权利。

(五)向公众传播的权利

《版权条约》规定,文学和艺术作品的作者应享有专有权,以授权将其作品以有线或者无线方式向公众传播,包括将作品向公众提供,使公众中的成员在其个人选定的地点和时间可获得这些作品。

该条是将原《伯尔尼公约》确定的主要是对音乐作品的传播权,扩大适用到所有作品和数字环境,它主要确认了在网络环境下的传播权问题,公众成员在网络上获取作品时,将受到该项权利的控制。但同时条约允许缔约方在国内立法中确定限制和例外。

（六）对技术措施的义务

《版权条约》规定针对权利人保护措施的“解码”行为确定为非法。由各成员国自己立法规定以何种方式禁止反措施和保护权利人。

（七）关于权利管理信息的义务

规定对作品的电子信息不得擅自改动，并确认这种行为非法。版权人有权禁止他人删除或更换由版权人合法加在其作品上有关作品、作者、版权保留等的标示，特别是以数字或代码显示的标示。

（八）保护期限

适用《伯尔尼公约》有关保护期限的规定。

二、《表演和录音制品条约》

（一）定义

《表演和录音制品条约》规定将录制的概念限定为对声音的录制，而非声音与图像或图像的录制。向公众传播表演也限定于播送表演的声音而非声音与图像或图像。条约将表演者的权利限定在声音的表演，而排除了表演者在图像中的权利。

（二）表演者的精神权利

表演者的精神权利，独立于其经济权利，即使经济权利已经转让，表演者对其现场有声表演，或固定在录音制品中的表演，除非使用方式决定可省略不提其系表演者，否则始终有表明表演者身份的权利；对其表演，始终有反对任何歪曲、篡改或损害其名誉的其他修改的权利。表演者所享有的精神权利，即使在表演者死后，也应当得以保留，至少到其经济权利期满止。

（三）表演者对其未被固定的表演的经济权利

《表演和录音制品条约》规定表演者对其尚未录制的表演享有授权广播、向公众传播和录制的权利。

（四）复制权

录音制品制作者对录制的录音制品，享有许可他人，以各种方式和形式，进行直接或间接复制的排他权利。表演者对其固定在录音制品中的表演，也享有复制权。也就是说，对录音制品的复制，除录音制品的制作者外，还要同时受到表演者复制权的控制。

（五）发行权

录音制品制作者对录音制品原件或复制品，表演者对固定其表演的录音制品的原件或复制品，均享有通过出售或其他转移所有权的方式，许可他人向公众提供的排他权利。所谓的原件或复制品，专指可作为有形物品投放流通的固定的复制品。对于发行权用尽原则，条约规定由缔约方国内法自行确定。

（六）出租权

对固定有其表演的录音制品的原件或复制品，即使经过或根据表演者或录音制品制作者许可，已经发行，表演者和录音制品的制作者都享有根据缔约方的国内法，许可他人向公众商业出租的排他权利。条约同时规定，如果缔约方实行的是获酬权制度，则只要录音制品的商业性出租没有引起对表演者的专有复制权的严重损害,就可保留此制度,也就是说,对出租权,在一定条件下可成为一种获酬权。

(七)向公众提供被固定表演、录音制品的权利

表演者和录音制品录制者均享有许可他人以有线或者无线方式,向公众提供、使公众中的个体成员在其个人选定的地点和时间获得的排他权利。

(八)向公众广播和传播的报酬

表演者和录音制品制作者对广播和向公众传播有一次性获得报酬的权利,而不像作者的广播和向公众传播权是一种专有权。条约还规定,向公众广播和传播,应视为该录音制品已为商业目的发行。

(九)保护的期限

对表演者保护的期限,至少为其表演被固定入录音制品之年的年底起50年,对录音制品制作者保护的期限,至少为其录音制品发行的年底起50年;未发行的,自固定录音制品的年底起50年。

(十)技术措施和权利管理信息

《表演和录音制品条约》关于技术措施和权利管理信息等内容的规定与《版权条约》的规定相同,在此不重复介绍。

第六节 国际许可合同

一、国际许可合同概述

(一)国际许可合同的概念

专利、商业秘密、商标和著作权,均具有一定的财产价值,在国际商业中,也存在许多与知识产权相关的交易,这主要是知识产权的国际许可和国际转让,其中,国际许可尤其普遍。

国际知识产权许可主要采用许可合同的方式。国际许可合同(international licence contract)指,营业地位于不同国家的许可方(licenser)和被许可方(licensee)订立的,由许可方将其所有的或有权许可的知识产权许可给被许可方使用,而由被许可方支付报酬的合同。

国际许可合同具有以下特征:(1)合同具有跨国性,即当事人位于不同的国家。这一特征将国际许可合同与国内许可合同区别开来。(2)合同的标的是知识产权。由于知识产权的地域性,一般来说,许可方所许可的知识产权是许可方在被许可方所在国家获得的知识产权,如专利权、注册商标权和著作权等。这一特征将国际许可合同与有形财产的交易区别开来。(3)合同的主要特征是转移知识产权的使用权。如果许可方将其所有的知识产权许可给被许可方使用,它还可以自己使用,或将知识产权再许可给第三人使用。这一特征将国际许可合同与国际转让合同区别开来。

(二)国际许可合同的分类

按照合同标的的不同,国际许可合同可以分为:专利许可合同;商业秘密许可合同,尤

其是技术秘密许可合同;商标许可合同;著作权许可合同。有的国际许可合同包含两种或多种知识产权的许可。

按照合同许可使用的地域范围和使用权范围的大小,国际许可合同可以分为:(1)独占许可合同,指在指定的时间和地域范围内,被许可方对知识产权的使用是独一无二的,许可方不得将该知识产权再许可给第三方使用,许可方自己也不能使用。(2)排他许可合同,指在指定的时间和地域范围内,被许可方对知识产权的使用是排斥其他被许可方的,许可方不得将该知识产权再许可给第三方使用,但许可方自己可以使用。(3)普通许可合同,指在指定的时间和地域范围内,被许可方对知识产权的使用是不排斥其他被许可方的,许可方可以将该知识产权再许可给第三方使用,许可方自己也可以使用。(4)分许可合同,指在指定的时间和地域范围内,被许可方有权将该知识产权再许可给第三方使用。

还有一种特殊的许可方式——交叉许可,即许可方与被许可方在许可合同中约定,双方将各自知识产权的使用权相互许可,供对方使用。

国际许可合同受一般合同法的调整,国际上并无专门的公约或成文惯例。有的国家对国际许可合同规定有强制性条款,主要涉及限制性商业行为问题。对外贸易法对知识产权的进出口交易,尤其是与技术相关的知识产权进出口交易进行调整,对有的交易进行限制或禁止。

二、国际专利许可合同的主要条款

(一)定义

通常对"专利技术""许可方""被许可方""合同产品""合同工厂""净销售额""净销售价""专利技术资料""年度"等合同关键词作出规定。

(二)授权条款

授权条款也称合同标的或范围条款,是合同的核心部分。主要载明许可方授予被许可方使用的专利、许可方提供专利技术的方式以及许可方授予被许可方的权利范围和合同区域等。

(三)合同价格的计算与支付方式条款

合同价格,就是专利技术的许可使用费。专利使用费的计算方式一般有三种:(1)一次总算价格。也称"固定价格",即在合同中明确固定的使用费数额,由被许可方一次或分次付清。(2)提成价格。即在合同中约定,在项目投产后,按照合同产品的产量、净销售额或利润的一定比例提取使用费。(3)一次总算价格和提成价格相结合。即在合同中约定,在合同生效后,由被许可方先行支付一笔入门费,然后在项目投产后,按照合同产品的产量、净销售额或利润的一定比例提取使用费,也可称"入门费加提成费"方式。

支付工具通常是货币或汇票,付款方式主要采取托收或汇付。

(四)技术资料的交付条款

就技术资料的清单、份数、交付时间、运输风险承担、包装、发运前和交付后的通知、验收等问题作出规定。

(五)合同产品考核验收条款

在专利许可合同中,通常约定被许可方可以对依据专利技术生产的产品进行验收,如果达不到合同指标,许可方应支付罚金。

(六)技术改进和发展条款

对能否对被许可技术进行改进和发展,以及改进和发展后的技术的归属和是否相互交换等问题作出规定。

(七)技术服务条款

技术服务包括设计和安装、调试、操作等方面的指导以及技术人员的培训,是实现技术转让的重要步骤。合同需要对这一问题作出详尽规定。

(八)合同产品责任条款

主要规定,当被许可方使用许可方许可的技术所生产的产品对他人造成人身伤害或财产损失时,由哪一方承担责任的问题。有的合同规定由被许可方承担;有的合同规定,如果被许可方按照许可方提供的技术和技术指导使用技术,而且生产的产品达到许可方的技术指标,产品责任由许可方承担。

(九)保证和索赔条款

通常对许可方的权利担保和技术保证义务作出规定。权利担保包括许可方应保证其是许可专利的合法所有人,或被授权许可该专利的使用,并且该许可在合同规定的地域内没有侵犯任何第三方的权利。技术保证,指许可方保证按合同规定提供技术,并且其提供的技术具有安全性和实用性,可以生产出合格的合同产品。

索赔条款,对许可方违反权利担保和技术保证义务时的责任作出具体规定。

(十)不可抗力条款

通常对不可抗力事故的范围、发生不可抗力时应采取的行动、不可抗力的法律后果和处理原则作出规定。许可合同履行时间较长,对这一问题作出规定是有必要的。

(十一)争议解决和法律适用条款

对合同争议的解决方法和所适用的法律作出约定。

三、国际技术秘密许可合同的主要条款

国际技术秘密许可合同的主要条款与国际专利许可合同的主要条款相似,也包括定义、授权条款、合同价格的计算与支付方式条款、技术资料的交付条款、合同产品考核验收条款、技术改进和发展条款、技术服务条款、合同产品责任条款、保证和索赔条款、不可抗力条款、争议解决和法律适用条款等,而且内容也与国际专利许可合同的条款相近。

国际技术秘密许可合同也包括自身独特的条款,如保密条款。技术秘密与专利权不同,专利技术是公开的,而技术秘密是因为所有人采取了保密措施使其他人不知晓其技术才拥有事实上的专有权的,技术秘密所有人在许可他人使用其技术秘密时必然要求被许可方对技术严格保密,因此,技术秘密许可合同中都包含保密条款,而且,合同对被许可方施加的保密义务期限不但覆盖合同的履行期间,还延及合同期满之后。

四、国际许可合同中的限制性商业条款

在国际许可合同中,由于许可方对许可的标的具有专有权,在谈判中往往处于优势地位,在工业产权许可合同中,许可方往往还要考虑在获得许可使用费的同时,确保自己在技术上的优势和垄断地位,因此,许可方在合同中往往加入一些限制被许可方商业行为的条款。这些限制性条款有的合理,有的不合理。

对于国际许可合同中的限制性商业条款,发达国家一般通过竞争法来调整,对限制竞争的限制性商业条款加以禁止或限制。发展中国家,尤其是没有制定竞争法的发展中国家,往往在专门的技术进出口管理法中对妨碍经济发展和技术进步的限制性商业条款进行明文禁止。例如,我国 2002 年 1 月 1 日开始实施的《技术进出口管理条例》规定,技术进口合同中不得包含下列限制性条款:(1)搭授条款,即要求被许可方接受并非技术进口所必不可少的附带条件,包括购买非必需的技术、原材料、产品、设备或服务。(2)禁止异议条款,即要求被许可方为专利有效期届满或专利权被宣告无效的技术支付使用费或承担相关义务。(3)限制改进条款,即限制被许可方改进被许可的技术或限制被许可方使用所改进的技术。(4)限制竞争条款,即限制被许可方从其他来源获得与许可方提供的技术相类似的技术或与其竞争的技术。(5)不合理地限制购买条款,即限制被许可方购买原材料、零部件、产品或设备的渠道或来源。(6)不合理地限制经营条款,即限制被许可方产品的生产数量、品种或者销售价格。(7)不合理地限制出口条款,即限制被许可方利用进口的技术生产产品的出口渠道。

第七节　国际特许经营法律问题

特许经营一词译自英文“franchise”。它是一种拓展业务、销售商品和服务的经营方法,而不是一个行业。国际特许经营协会(International Franchising Association, IFA)认为,特许经营是特许人和被特许人之间的契约关系。在这种关系中,特许人愿意或有义务对被特许人的经营在诸如专有技术、经营诀窍和培训指导等方面给予持续的关注;同时,被特许人在由特许人所拥有或控制的统一的商号、经营模式和(或)方法下经营,并且被特许人已经或将要利用自有资金进行实质性投资。此外,其他重要的特许经营协会或组织也有自己的特许经营定义。但是,其与 IFA 的定义并无实质性差异。我国《商业特许经营管理条例》第 3 条规定:商业特许经营是指拥有注册商标、企业标志、专利、专有技术等经营资源的企业(以下称特许人),以合同形式将其拥有的经营资源许可其他经营者(以下称被特许人)使用,被特许人按照合同约定在统一的经营模式下开展经营,并向特许人支付特许经营费用的经营活动。

实践证明,特许经营是特许人利用其知名品牌建立连锁营业以销售其货物和服务并避免巨额投资资金和连带责任的一种理想的选择。国际特许经营则有助于特许人快速进入外国市场拓展其业务。在国际特许经营中,特许人的成功很大程度上依赖于被特许人的成功。被特许人通常拥有比特许人的直接雇员更大的激励,因为被特许人在相关营业

中拥有直接的利益关系,相关营业的成功与否直接决定了被特许人的收益。

一、国际特许经营的概念和法律特征

国际特许经营作为一种低成本、高速度、智慧型的扩张手段和经营方式,被誉为"迄今为止最成功的营销模式"。不仅为从事特许经营的企业带来了丰厚的利润和回报,而且作为一种重要的经营方式在世界各国的经济生活中发挥着日益重要的作用。与一般特许经营相比较,国际特许经营是指特许人与被特许人分别位于不同国家,是一种具有跨国特征的特许经营。

国际特许经营通常具有以下法律特征:(1)国际特许经营是相互独立的民事主体之间的合同关系。在国际特许经营法律关系中,国际特许人与被特许人是相互独立、自负盈亏的法律主体,不存在隶属关系,也不是母公司与子公司或分支机构的关系。被特许人自行承担经营风险,特许人并不保证被特许人的特许业务能够盈利。被特许人不是特许人的代理人、买卖代表、雇员或合伙人,被特许人无权以特许人的名义对外签订合同。(2)特许经营本质上是一种以特许权的授予为核心的合同关系。特许权是特许人进行商业扩张的利器,也是被特许人投身特许经营的基石。它是一系列复合的知识产权使用许可权,涉及商标、商号、专利、商业秘密、经营诀窍和著作权等知识产权的许可。实际上,特许经营正是凭借以特许权为核心建构起来的知名品牌和良好声誉,编织广泛的销售网络,迅速地打开销路和占领市场。(3)国际特许经营是一种跨国合同关系。分处不同国家或地区的特许人和被特许人之间的权利义务关系基于国际特许经营合同而产生,有关产品的配送、原料的供应、员工的培训、技术的传授、质量的监督、经营的指导以及有关合同的履行、终止、转让、展期,包括合同发生纠纷争议时的司法管辖等,都由国际特许经营合同规定。由于国际特许经营的广泛性、长期性、复杂性和国际性,客观上要求特许经营合同对经营事项作出详细、完善的约定,保证特许人与被特许人经营内容和形式的高度统一,以便特许经营企业和众多的加盟被特许人有章可依、有据可循、齐心协力维护特许经营体系的稳健发展。

二、国际特性经营的主要类型

国际特许经营可以根据不同的标准进行多种分类。

以国际特许经营所涉及的行业为标准,主要可以分为三类:(1)工业特许(industrial franchise),指特许人特许其他制造商按照它提供的商标、专有技术、生产规格等生产同类产品。(2)分销特许(distribution franchise),指特许人特许其他分销商按它提供的产品、商标、销售渠道等进行销售。(3)服务特许(service franchise),指特许人特许其他服务商按其提供的服务商标、商号、服务模式等从事餐饮、旅店等服务型经营。

以国际特许经营的结构形式为标准,也可以分为三类:(1)直接特许(direct franchise),即由特许人直接将特许权授予从事经营活动的被特许人,被特许人不得再行转让特许权。(2)分特许(sub - franchise),即由特许人在特定区域内将特许权先独占授予总被特许人,再由它转授予直接从事经营的分被特许人。(3)发展商特许(developer franchise),即由特许人在特定区域内先将特许权独占授予发展商,但发展商出于方便业务管理以及获得更多利润的考虑,不再将特许权转授他人,而是由自己投资直接设立经营网点。

三、国际特许经营合同

国际特许经营合同是特许人和被特许人之间以有偿授予特许经营权为目的而签订的跨国民事合同,它既是国际特许经营的基础性文件,也是国际特许人和被特许人明确彼此权利义务关系的主要依据。除法律另有强制性规定外,特许人和被特许人之间的权利和义务均通过国际特许经营合同予以规定。因此,国际特许经营合同在国际特许经营中居于核心地位。

(一)国际特许经营合同的订立

国际特许经营合同的订立需要遵循合同订立的一般程序。此外,基于国际特许经营合同自身的特性,其订立还应当注意一些特殊的问题。这些问题包括相关国家的法律对格式合同条款的规制、特许合同的批准和登记、特许合同备案等问题。

(二)国际特许经营合同的主要条款

1. 特许经营权条款

特许经营权是指为了实现一定的商业目的,由特许人拥有并授予被特许人使用的具有市场竞争力的商业要素的组合,又称特许权或特许组合权。从法律角度看,特许经营权通常是以知识产权为核心的一系列权利的组合。特许合同应对特许经营权的范围、内容、使用形式、许可形式、权利的限制和保留、授权的区域等作出明确规定。

2. 培训和指导条款

特许人对被特许人的培训和指导是保证特许体系完整统一的重要手段,国际特许经营合同应当对培训和指导的具体内容、时间、方式、费用等事项进行明确规定。提供培训和指导是特许人的义务。从被特许人角度而言,认真接受培训和指导以保证实现培训和指导的目标也构成其在特许经营关系中的一项重要义务。在特许经营期限内,国际特许经营的特许人应当向被特许人提供特许经营操作手册,并按照约定的内容和方式为被特许人持续提供经营指导、技术支持、业务培训等服务。

3. 广告和广告费用负担条款

国际特许经营中的广告通常包括加盟广告和业务广告两种。前者是指特许人为招募被特许人而发布的广告,后者是指特许人或被特许人为促进具体特许经营业务的发展而发布的广告。国际特许经营合同应当明确分配广告发布的分工和责任以及费用负担。特许人向被特许人收取的推广、宣传费用,应当按照合同约定的用途使用。推广、宣传费用的使用情况应当及时向被特许人披露。

4. 期限条款

国际特许经营合同属于典型的继续性契约,其一般都不能即时履行,因为特许经营业务的开展需要在一段时间内连续不断地进行,在约定的期限里,特许人向被特许人提供持续性的服务与管理。特许人对被特许人给付义务的实现与国际特许经营合同的期限密切相关。因此,期限条款往往是国际特许经营合同的重要条款之一。特许经营合同约定的特许经营期限通常应当不少于法律和相关法规规定的最短期限,但是,被特许人明确表示同意的除外。特许人和被特许人续签特许经营合同的,可以规定少于法律和相关法规规定的最短期限的特许经营期限。

5. 特许经营费条款

特许经营费是被特许人取得特许经营权的对价,是特许经营的核心内容。特许经营费通常包括加盟费、使用费和其他费用。加盟费是指特许经营合同签订之初,被特许人为获得特许经营权而向特许人支付的一次性费用,也称"入门费"。使用费是指被特许人在使用特许权的过程中按一定标准或比例向特许人定期支付的费用。其他费用一般是指被特许人根据合同约定,为从特许人获得相应的货物或者服务供给而承担的费用支付义务。

此外,一份完整的国际特许经营合同除包括上述条款之外,还应当包括合同的变更、解除和终止、违约责任以及争端解决等条款。

四、国际特许经营与知识产权

国际特许经营的客体主要由一揽子知识产权所组成。这些知识产权主要包括商标、商号、产品包装、店面陈设、专利、专有技术和经营诀窍等。对这些知识产权提供有效的保护是国际特许经营能否成功的关键所在。

作为国际特许经营网络整体形象和市场声誉的最主要载体,商标是特许经营中最重要的知识产权。因此,在国际特许经营中,特许人均把在东道国获得并维护特许商标作为其开拓市场的第一步。应当说,根据现有的商标国际注册制度,国际特许人在东道国取得商标权方面不会遇到很大困难。但是在取得商标权之后,对它的维持与保护则是国际特许经营的难点。许多国家商标法规定,商标所有人在许可他人使用其商标时,应当保证被特许人提供的产品和服务具有一定的质量水平,如果商标所有人没有充分履行该义务,在法律上可能导致包括商标权丧失在内的严重后果。实践中,如果被特许人在特许商标名义下经营的产品或服务质量低劣,不仅影响该网点的经营业绩,而且可能使整个特许网络的市场声誉受到损害。可见,特许人对被特许人的产品或服务质量进行有效监督是维护特许商标权的一个重要方面。鉴于此,国际特许经营的特许人往往在多数国际特许协议中明确规定其可以通过以下几种途径监督被特许人的产品或服务的质量:(1)规定特许产品或服务的配方、程式、原料以及其他质量标准;(2)监督生产过程中对质量标准的遵守程度,并可亲自聘请第三人进行质量检测;(3)对被特许人的员工进行技术培训以及提供其他技术帮助。维护特许商标权的另一重要方面是商标权遭受侵犯时,能够及时采取措施,获得充分有效的司法救济。虽然特许人作为商标所有人可以原告身份向法院提起侵权之诉,但被特许人却不都能够成为商标侵权诉讼的原告。一些国家的法律规定只有独占的商标被特许人能够以自己的名义向法院提起诉讼,而其他被特许人只有经过商标所有人的同意后,以商标所有人的名义提起诉讼。不过许多国际特许经营协议中都规定了被特许人必须在侵权诉讼中全力协助国际特许人,包括及时向特许人报告其所发现的商标侵权行为,积极协助特许人收集侵权证据等,以保障整个国际特许网络的共同利益。

国际特许经营中另一重要的知识产权是特许人的专有技术及经营模式。一般而言,它们如果满足一定条件,可以在许多国家作为商业秘密得到保护。国际上公认的商业秘密的构成要件包括:(1)并非通常从事有关信息相关的工作的人所普遍了解或容易获得。在国际特许经营中可能产生的问题是有关技术在东道国尚未被相关领域和普通公众所了解,但在另一国却已经成为公开信息,则应否依然被东道国认定为商业秘密。因为当今通信和网络技术高度发达,在一国公开的信息很可能迅速传遍全球,可以认为商业秘密必须在全球范围内维持其秘密性。(2)因为其属于秘密而具有商业价值。这里有必要提及的是国际特许经营中的商业秘密所具有的商业价值,应主要针对该特许经营业务而言,如果特许人将虽有商业价值但与特许经营无关的商业秘密也一并授予被特许人,很可能构成违反竞争法的搭售(tying - in)行为。(3)合法控制该信息的人根据有关情况采取了广泛、合理的保密措施。国际特许经营中最常用的保密措施通常是在特许协议中订入保密条款,其大致内容包括:被特许人在整个特许期间以及特许结束之后均不得基于特许业务之外的目的使用商业秘密,除非该商业秘密已合法地转变为公知信息;被特许人在特许期间以及特许期间结束之后均不得向第三人披露商业秘密;被特许人应当要求其雇员承担相同的保密义务等。此外,有些国家的法律还规定,在签订特许合同之前,特许人应将有关其经营状况的信息披露给被特许人作为是否加盟特许的考虑因素。这时双方虽然尚未签订特许协议,但如果被特许人擅自利用或向第三人披露这些经营状况信息,国际特许人仍可依据侵权法要求司法救济。另外,在很多情况下,国际特许经营中的商业秘密还可能得到版权法的保护。因为国际特许人往往会将有关技术和经营程式编入特许手册分发给各个被特许人,未经特许人授权而对特许手册进行复制与散发都将是侵犯版权的行为。

除特许人的商标、专有技术和经营模式之外,特许经营中其他重要的客体还包括商号、产品包装、店面装饰等。商号在大陆法系国家一般都可以得到注册保护,注册商号所有人有权制止未经许可对商号的使用。在英美法系国家,商号除非以商标的方式进行使用,一般不能获得类似商标的注册保护,但盗用他人商号的行为可以根据反假冒(anti - passing off)原则得到普通法上的救济。就产品包装、店面装饰而言,它们均为典型的实用美术作品,根据《伯尔尼公约》有关规定,许多国家都对实用美术作品采取版权保护。除了版权法之外,与产品外观设计有关的实用美术作品在一些国家还可得到专利法保护,还有一些国家则制定了专门的工业版权法来保护实用美术作品。

五、与国际特许经营相关的国际规范

尽管特许经营的国际性日益增强,但是由于各国的特许经营模式存在较大的差别,至今仍没有专门用于调整国际特许经营关系的国际条约。当今,国际社会中与国际特许经营直接相关的规范主要体现为各种没有直接约束力的规范性文件。在这些规范性文件中比较重要的有:经合组织(OECD)1994 年发布的有关特许经营的报告、世界知识产权组织 1994 年发布的特许经营 WIPO 指南、国际商会起草的国际特许经营协议示范合同以及国际统一私法协会 1998 年制定的《国际特许经营指南》。其中,《国际特许经营指南》是目前涉及特许经营的最有代表性的国际示范法。这些规范性文件的存在从某种程度上弥补了有关特许经营国际公约缺失的不足。然而,这些规范性文件毕竟没有直接的法律约束力。实践中,适用于国际特许经营合同关系的依据主要还是各国国内法。因此,在签订国

际特许经营合同时如何选择管辖法院和准据法在很大程度上影响到合同的法律适用并最终影响特许人和被特许人之间的权利义务关系的确定。

思考题

1. 结合 Monsanto 诉 Coramandal Indag Products 案分析《巴黎公约》的优先权制度和国民待遇原则。
2. 结合英特莱格公司诉可高公司侵犯实用艺术作品著作权案分析《伯尔尼公约》关于经济权利的规定以及该公约对著作权国际保护的影响。

延伸阅读

相关文献可参阅 Henning Grosse Ruse - Khan, *The Protection of Intellectual Property in International Law*, Oxford University Press, 2016; Robert W. Gomulkiewicz, *Licensing Intellectual Property: Law and Application*, 3rd edition, Wolters Kluwer Law & Business in New York, 2014; Roger M Milgrim, *Milgrim's guide to IP licensing*, Wolters Kluwer Law and Business, New York, 2012;张乃根:《国际贸易的知识产权法》(第2版),复旦大学出版社出版2007年版;马忠法:《国际技术转让法律制度理论与实务研究》,法律出版社2007年版;[德]约亨·帕根贝格、[德]迪特里希·拜尔:《知识产权许可协议》(第6版),谢喜堂译,上海科学技术文献出版社2009年版。Mark A. Lemley, Beyond Preemption, *The Law and Policy of Intellectual Property Licensing*, California Law Review, Vol. 87, No. 1; Wendy J. Gorden, *Intellectual Property as Price Discrimination: Implications for Contract*, 73 Chi. - Kent L. Rev. 1367 1997 - 1998.

参 考 文 献

一、参考书目

1. R. H. Folsom, M. W. Gordon, J. A. Spanogle, P. L. Fitzgerald, *International Business Transactions*, West Publishing Co. ,2005,8th edition.
2. Ray August, *International Business Law*, Pearson Education ,Inc. ,2004,4th edition.
3. Klaus Peter Berger, *The Creeping Codification of the Lex Mercatoria*, Kluwer Interntational,1999.
4. J. Bonell, *An International Restatement of Contract Law: The UNIDROIT Principles of International Commercial Contracts*, 2nd *ed.* ,Transnational Publishers Inc. ,1997.
5. Filip De Ly, *International Business Law and Lex Mercatoria*, North – Holland,1992.
6. Roy Goode, Herbert Kronke and Ewan Mckendrick, *Transnational Commercial Law: Texts, Cases and Materials*, 2nd edition, Oxford University Press,2015.
7. [英]施米托夫:《国际贸易法文选》,赵文秀译,中国大百科全书出版社 1993 年版。
8. [美]哈罗德·J. 伯尔曼:《法律与革命——西方法律传统的形成》,法律出版社 2008 年版。
9. [德]K. 茨威格特、[德]H. 克茨:《比较法总论》,潘汉典等译,法律出版社 2003 年版。
10. 张玉卿:《国际货物买卖统一法》,中国商务出版社 2009 年版。
11. 沈四宝、王军编著:《国际商法》,对外经济贸易大学出版社 2010 年版。
12. 李巍:《联合国国际货物销售合同公约评释》,法律出版社 2009 年版。
13. 高旭军:《〈联合国国际货物销售合同公约〉适用评释》,中国人民大学出版社 2017 年版。
14. 司玉琢、李志文主编:《中国海商法基本理论专题研究》,北京大学出版社 2009 年版。
15. 姜世波:《国际商法理论问题研究》,中国人民公安大学出版社 2006 年版。
16. 郑远民:《现代商人法研究》,法律出版社 2001 年版。
17. 刘瑛:《〈联合国国际货物销售合同公约〉解释问题研究》,法律出版社 2009 年版。
18. 曾涛:《示范法比较研究》,人民法院出版社 2007 年版。
19. 罗洁:《〈联合国国际货物销售合同公约〉统一解释问题研究》,吉林大学出版社 2010 年版。
20. 吴思颖:《国际商事合同法统一化:原理、目标和路径》,法律出版社 2011 年版。
21. 向前:《国际商法自治性研究》,法律出版社 2011 年版。
22. 朱雅妮:《国际商法视野中的法律重述》,法律出版社 2011 年版。
23. 刘丽:《国际商法视阈下的一般法律原则》,法律出版社 2015 年版。
24. 杨梦莎:《〈联合国国际货物销售合同公约〉优先适用问题研究》,法律出版社 2020 年版。
25. 宋阳:《国际商事惯例的理论与实践研究》,人民出版社 2021 年版。

二、相关网站

1. 联合国国际贸易法委员会:http://www.uncitral.org。
2. 国际统一私法协会:http://www.unidroit.org。
3. 国际商会:http://www.iccwbo.org。
4. 国际海事委员会:http://www.comitemaritime.org。
5. 佩斯大学国际商法研究所:http://www.cisg.law.pace.edu。